职业教育课程改革创新系列规划教材

网络服务器配置与管理项目教程

（Windows Server 2003 版）

陈启浓　主编

苏　秦　唐凡江　朱红星　副主编

科学出版社

北　京

内 容 简 介

本书采用项目教学和任务驱动教学相结合的编写思想，涵盖网络管理员（中高级）考试的基本实操内容及职业院校国家技能大赛企业网、网络信息安全等竞赛项目 Windows 部分基本的网络服务器配置内容。

全书共 18 个项目，内容包括双绞线的制作与综合布线应用、IP 地址与子网划分、虚拟机和网络操作系统的安装、DNS 服务器的安装与配置、Web 服务器的配置、FTP 服务器的配置和应用、DHCP 服务器的组建与管理、邮件服务器的组建与配置、Windows Server 2003 域服务的组建与管理、CA 证书服务器的组建与配置、网络负载均衡、磁盘卷管理、文件服务器的搭建与配置、组策略管理、流式媒体服务器的组建与管理、Windows 路由和远程访问、简易无线路由器的设置、常用网络检测命令的应用。

本书可作为职业院校、技术院校计算机及相关专业计算机网络课程的实验教材，也可作为网络培训或工程技术人员自学的参考书。

图书在版编目（CIP）数据

网络服务器配置与管理项目教程：Windows Server 2003 版 / 陈启浓主编. —北京：科学出版社，2015

（职业教育课程改革创新系列规划教材）

ISBN 978-7-03-043793-8

Ⅰ. ①网… Ⅱ. ①陈… Ⅲ. ①Windows 操作系统-网络服务器-职业教育-教材 Ⅳ. ①TP316.86

中国版本图书馆 CIP 数据核字（2015）第 051979 号

责任编辑：张振华 / 责任校对：刘玉靖
责任印制：吕春珉 / 封面设计：曹 来

科学出版社 出版
北京东黄城根北街 16 号
邮政编码：100717
http://www.sciencep.com

北京虎彩文化传播有限公司 印刷
科学出版社发行 各地新华书店经销

*

2015 年 5 月第 一 版 开本：787×1092 1/16
2020 年 7 月第四次印刷 印张：21 3/4
字数：510 000

定价：54.00 元

（如有印装质量问题，我社负责调换<虎彩>）

销售部电话 010-62134988 编辑部电话 010-62135120-2005（VT03）

前　言

编者从事职业院校计算机网络教学工作多年，最头痛的就是网络教材的选用问题。现在计算机网络教材很多，但适合职业教育以学习网络组建技能为目的的教材很少，绝大多数教材的内容以大量枯燥、繁杂的理论知识为主（学者型），忽略了建立中、小型网络所需的许多细节，对组建中、小型网络指导作用不强。本书旨在培养学生自己动手组建多种网络的能力，讲解了从简单的网线制作到多种网络服务器的配置方法，涉及局域网中常用的实验、诊断网络故障命令；实训过程中配以大量的图示和说明，步骤清晰、明确，对实际操作有极强的指导作用，实用性强；帮助学生在理解计算机网络的基本概念、网络组成、网络功能和原理的基础上，通过具体的实训，提高实际组网能力，同时加深对网络系统的认识，为进一步学习相关内容奠定基础。

本书采用全新的职业教育课程理念——基于项目教学、基于工作过程，以项目为核心，以任务为载体，以工作过程为导向，淡化理论，强化应用，注重操作技能的提高和岗位职业能力的培养。

本书是采用 Windows Server 2003 版本编写的，该版本技术成熟、系统稳定性强，适合 Windows 服务器设置的教学，教学兼容性好，同样适用于 Windows 2008 等服务器版本的教学，其技术原理和设置过程完全相同。

全书共 18 个项目，包括双绞线的制作与综合布线应用、IP 地址与子网划分、虚拟机和网络操作系统的安装、DNS 服务器的安装与配置、Web 服务器的配置、FTP 服务器的配置和应用、DHCP 服务器的组建与管理、邮件服务器的组建与配置、Windows Server 2003 域服务的组建与管理、CA 证书服务器的组建与配置、网络负载均衡、磁盘卷管理、文件服务器的搭建与配置、组策略管理、流式媒体服务器的组建与管理、Windows 路由和远程访问、简易无线路由器的设置、常用网络检测命令的应用。

本书由陈启浓（高级讲师、广东省职业院校首届教学名师、广东省计算机网络管理员技师技能大赛裁判、中国技能大赛第 43 届世界技能大赛裁判）担任主编，苏秦（网络工程师）、唐凡江（高级教师）、朱红星（广东省职业训练局　广东省职业技能鉴定计算机网络管理员专家组组长）担任副主编。全书由陈启浓统稿。

由于编者水平有限，书中难免存在疏漏和不足之处，敬请广大读者批评指正。

编　者

2015 年 2 月

目　　录

项目 1 双绞线的制作与综合布线应用

>>>>

◎ 项目导读

双绞线缆是中小型企业和日常生活中应用广泛的网络线缆，是网络应用中最基本的部件。掌握双绞线的制作方法及应用是学习网络最基本的要求。双绞线的综合布线技术是一门理论与实践紧密结合的专业技能。本项目先学习双绞线的制作方法，在掌握双绞线制作方法的基础上结合中小企业网络布线的基本要求，以办公室作为网络布线实训环境，学习双绞线在办公室网络综合布线的应用。

◎ 能力目标

- 能制作直通线和交叉线。
- 能正确使用测线工具进行双绞线测试。
- 能完成中小型企业普通办公室和机房的双绞线网络综合布线基本功能搭建。

双绞线的制作与应用

◎ 任务描述

本任务包括确定常用非屏蔽双绞线(UTP)的结构和标准，明确双绞线 T568A 和 T568B 的用途，认识实训工具，制作直通线、交叉线以及用电缆测试仪测试直通线和交叉线。

◎ 任务目标

1. 掌握直通线和交叉线的制作方法。
2. 掌握剥线压线钳和普通网线测试仪的使用方法。
3. 了解双绞线和水晶头的组成结构。
4. 了解各网络设备之间网线连接的特点。

◎ 设备工具

1. 两台以上安装 Windows 操作系统，并带网卡的计算机作为网络工作站。
2. 集线器（或交换机）、双绞线、双绞线专用剥线/压线钳、RJ-45 水晶头、电缆测试仪。

知识 双绞线的组成及应用

双绞线由 8 根相互绝缘的导线组成；导线为铜质线芯，直径 0.5mm，具有彩色绝缘层和灰色的橡胶保护层；颜色相近（橙—白橙、蓝—白蓝、绿—白绿、棕—白棕）的线对拧在一起。

鉴于双绞线良好的性价比及其易于制作和安装的特点，目前局域网绝大多数采用的传输介质都是双绞线。

双绞线两端通过 RJ-45 接口连接网卡、集线器和交换机端口等，所以双绞线的制作是组网的第一步，双绞线的质量关系着今后网络运行和维护的难易程度。

活动 1 确定布线标准

国际组织 EIA/TIA 制定了两种布线标准，如图 1-1-1 所示。

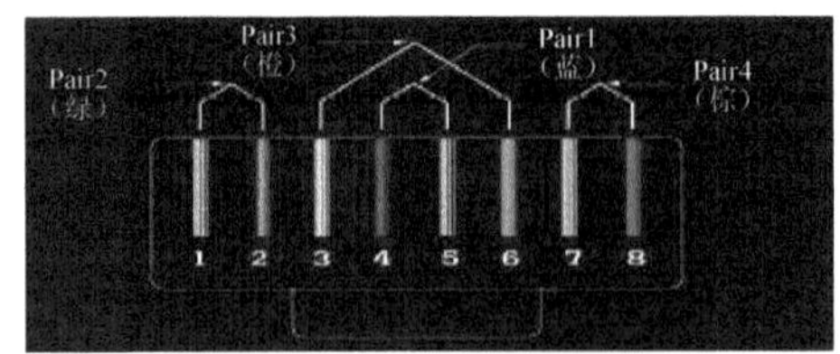

（a）EIA/TIA-568A 的标准线序

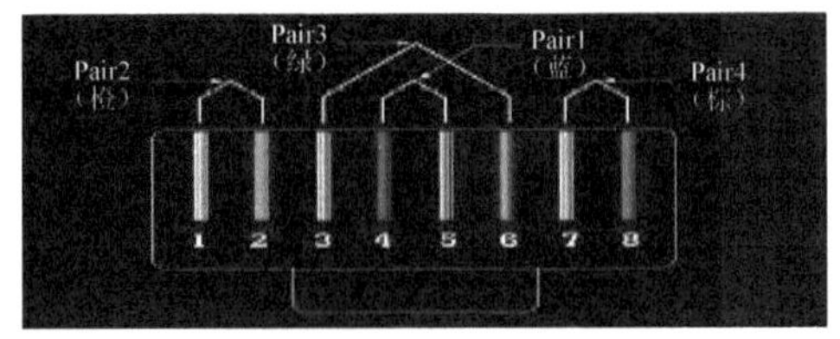

（b）EIA/TIA-568B 的标准线序

图 1-1-1 国际组织 EIA/TIA 制定的两种布线标准

1）EIA/TIA-568A 标准。其排线顺序为白绿→绿→白橙→蓝→白蓝→橙→白棕→棕（从左起）。

2）EIA/TIA-568B 标准。其排线顺序为白橙→橙→白绿→蓝→白蓝→绿→白棕→棕（从左起）。

活动 2　明确双绞线用途

根据用途不同所制作的双绞线有两种。

1）直通线。两端排线顺序采用相同的标准，完全是一一对应的，应用于设备连接。具体应用如表 1-1-1 所示。

2）交叉线。两端排线顺序采用不同的标准，即 1 与 3、2 与 6 对换位置，应用于同性设备连接。具体应用如表 1-1-2 所示。

表 1-1-1　直通线的应用列表

序　　号	连接的设备
1	PC—HUB
2	HUB 普通口—HUB 级联口
3	SWITCH—HUB 级联口
4	SWITCH—ROUTER
5	ADSL MODEM—PC

注：表中 HUB 代表集线器，SWITCH 代表交换机，ROUTER 代表路由器，PC 代表计算机。

表 1-1-2　交叉线的应用列表

序　　号	连接的设备
1	PC—PC
2	HUB 普通口—HUB 普通口
3	HUB 级联口—HUB 级联口
4	SWITCH—HUB 普通口
5	SWITCH—SWITCH
6	ROUTER—ROUTER

活动 3　认识实训材料与工具

01 认识 RJ-45 接头。RJ-45 接头俗称水晶头（因为它外表晶莹剔透），其结构如图 1-1-2 所示。

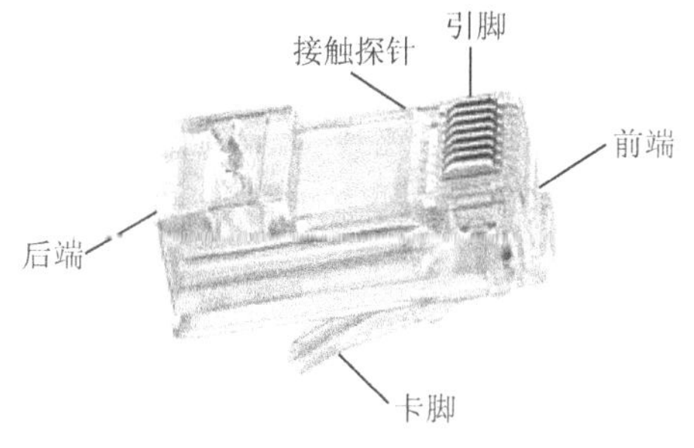

图 1-1-2　水晶头结构

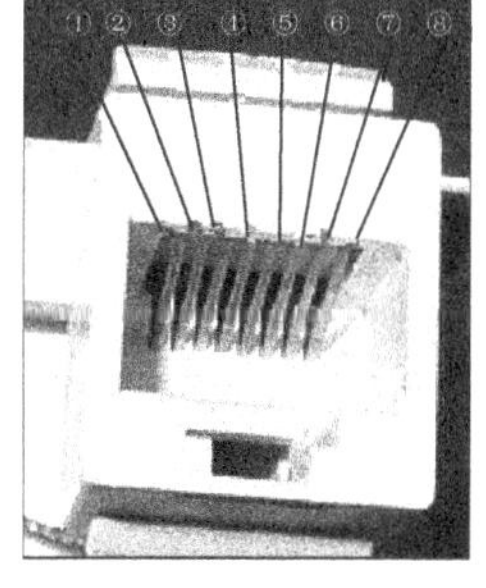

图 1-1-3　水晶头引脚排列

将水晶头有塑料弹簧的一面向下，有针脚的一端向上，使有针脚的一端指向远离自己的方向，有方形孔的一端对着自己，此时，最左边的是第①引脚，最右边的是第⑧引脚，如图 1-1-3 所示。其各引脚的定义如表 1-1-3 所示。

表 1-1-3　RJ-45 接头引脚的定义

脚　　位	功　　能	简　　称
①	传输数据正极	Tx+
②	传输数据负极	Tx−
③	接收数据正极	Rx+
④	未使用	

续表

脚　位	功　能	简　称
⑤	未使用	
⑥	接收数据负极	Rx-
⑦	未使用	
⑧	未使用	

02 认识剥线/压线钳。剥线/压线钳是制作双绞线时的专用工具，如图 1-1-4 所示，一般具有以下功能。

图 1-1-4　剥线/压线钳

① 剪线：剪下所需要长度的双绞线。

② 剥线：将双绞线的外皮除去 2～3cm。

③ 压线：将 RJ-45 接头的插头放入压线钳的压头槽内压实。

03 认识网线测试仪。常用的网线测试仪有以下两种。

① 专用网线测试仪。专用网线测试仪不仅能测试网络的连通性、接线的正确与否，验证网线是否符合标准，而且对网线传输质量也有一定的测试能力，如识别墙中网线、监测网络流量、自动识别网络设备、识别外部噪声干扰及测试绝缘等，如图 1-1-5 所示。

② 普通网线测试仪。普通网线测试仪的使用非常简单，只要将已制作完成的双绞线或同轴电缆的两端分别插入水晶头插座，然后打开电源开关，观察对应的指示灯是否为绿灯，如果依次闪亮绿灯，表明各线对已连通，否则可以判断没有接通，如图 1-1-6 所示。

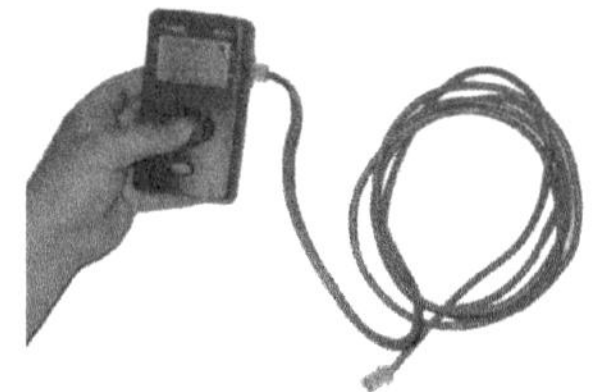

图 1-1-5　专用网线测试仪

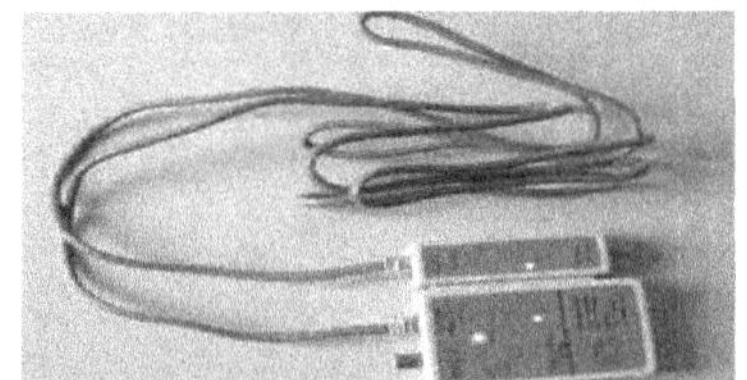

图 1-1-6　普通网线测试仪

活动 4　制作直通线和交叉线

01 截线、剥线。利用剥线/压线钳剪下所需要长度的双绞线，至少 0.6m，最多不超过 100m。然后将双绞线的外皮除去 2～3cm，如图 1-1-7 所示。

有一些双绞线电缆上含有一条柔软的尼龙绳，在剥除双绞线的外皮时，如果觉得裸露的部分太短，而不利于制作 RJ-45 接头，可以紧握双绞线的外皮，再捏住尼龙绳往外皮的下方剥开，就可以得到较长的裸露线，排线前剪掉尼龙绳，如图 1-1-8 所示。

图 1-1-7　两种不同的剥线方法

图 1-1-8　裸露线

02 排线。按已确定的排线标准把剥好的双绞线里的 4 对 8 条线进行排列并整理好。两种排线标准可以任选，没有区别。在实际应用中，一个局域网所用的直通线最好选用同一个标准，如图 1-1-9 所示。

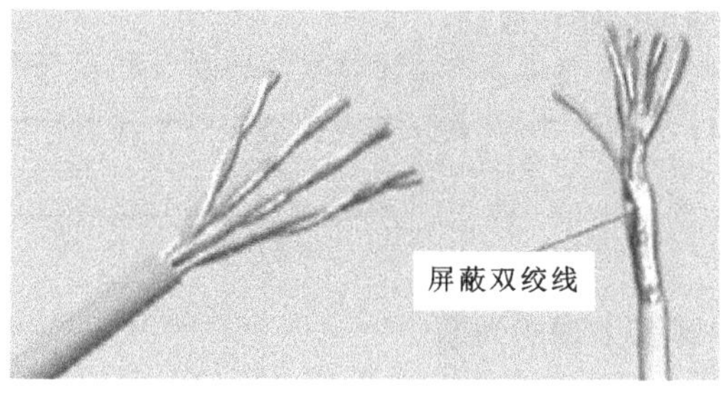

图 1-1-9 五类双绞线排线示意图

03 插线。将排好顺序的 8 条线捋直，用压线钳将多余的线切除，只剩下约 14mm 的长度，注意切口部分要整齐，再将网线整齐插入 RJ-45 水晶头，第一只引脚内应该放白橙色的线，其余类推，如图 1-1-10 所示。让网线的每根芯都顶到水晶头的顶端，外皮夹在水晶头里边，如图 1-1-11 所示。

04 压线。确定双绞线的每根线已经正确放置好后，将 RJ-45 水晶头有接触铜片的一面朝上放入压线钳，压好，把水晶头里的 8 块小铜片压下去后，使每一块铜片的尖角都接触到一根铜线，如图 1-1-12 所示。

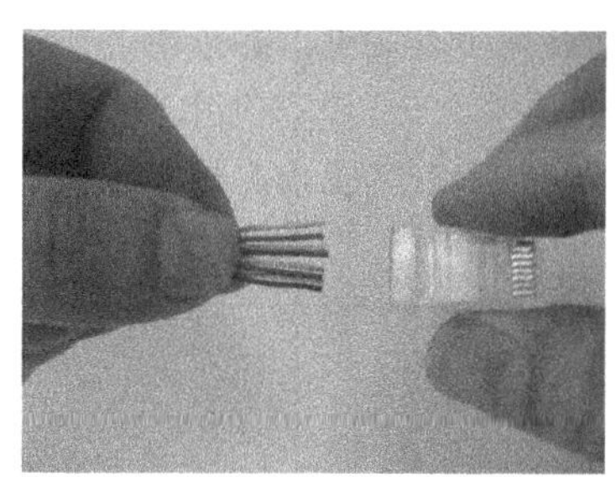

图 1-1-10 排序好的双绞线插入水晶头

图 1-1-11 双绞线插入水晶头

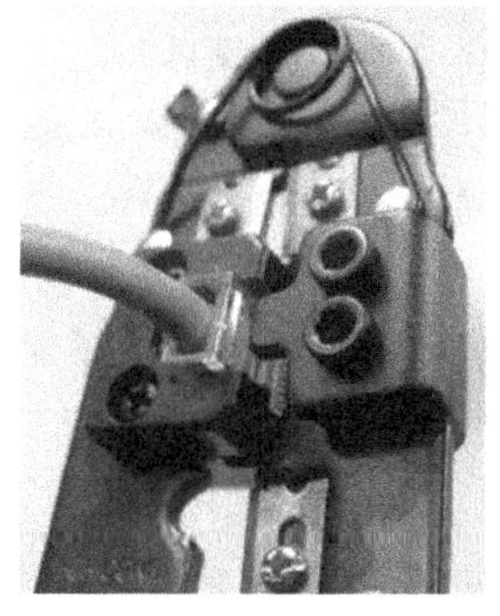

图 1-1-12 压线钳压水晶头

05 制作另一个接头。若制作直通线，则完全重复 01～04 的步骤，制作双绞线的另一端水晶头，这样一条双绞线便做好了。若制作交叉线，应注意线序，两端采用不同的排序标准，如图 1-1-13 所示。

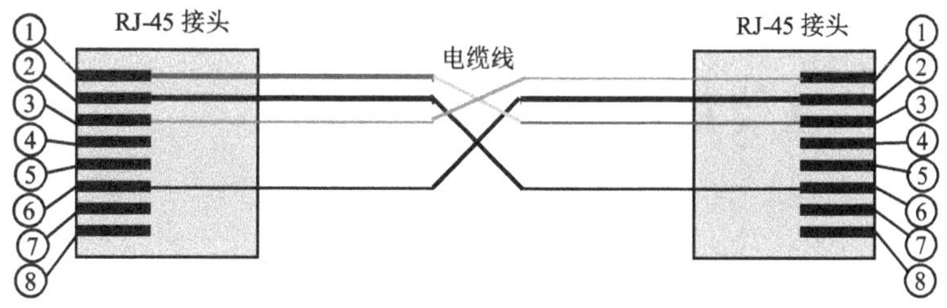

图 1-1-13 交叉线的排序

活动 5 用电缆测试仪测试直通线和交叉线

01 测试直通线。用电缆测试仪测试网线和水晶头是否连接正常，如果两组 1、2、3、4、5、6、7、8 指示灯对应的灯同时亮，则表示直通线制作成功。

02 测试交叉线。用电缆测试仪测试网线和水晶头是否连接正常，如果一组 1、2、3、4、5、6、7、8 指示灯亮，而另一组 3、6、1、4、5、2、7、8 指示灯亮，表示交叉线制作成功。

小贴士

实训过程中容易出现的问题

1. 剥线时千万不能把芯线剪破或剪断，否则会造成芯线之间短路或不通，或相互干扰，使通信质量下降。

2. 应仔细检查双绞线颜色与 RJ-45 水晶头接线标准是否相符，以免出错。

3. 插线一定要插到底，否则芯线与探针会接触不良或不能接触。

4. 在排线过程中，左手一定要紧握已排好的芯线，否则芯线会移位，造成白线之间不能分辨，出现芯线错位现象。

5. 双绞线外皮是否已插入水晶头后端，并被水晶头后端夹住，这直接关系到所做线头的质量，否则在使用过程中会造成芯线松动。

6. 压线时一定要均匀缓慢用力，并且要用力压到底，使探针完全刺破双绞线芯线，否则会造成探针与芯线接触不良。

7. 双绞线两端水晶头接线标准应做到相同设备相异、相异设备相同，如不明确，请参考其他相关资料。

8. 测试时要仔细观察测试仪两端指示灯的对应是否正确，如果不正确表明双绞线两端排列顺序有错，不能认为灯能亮就可以。

巩 固 练 习

1. 练习制作直通线和交叉线。
2. 练习用电缆测试仪测试双绞线。
3. 练习用双绞线直接连接两台计算机。

任务 1.2 双绞线综合布线应用

◎ 任务描述

本任务是根据普通机房的布线形式，先介绍机柜、双绞线、配线架、理线器、模块、面板、面板底座、打线工具等双绞线布线部件，简单介绍综合布线的基本原理和基本原则，以端接信息插座和双绞线配线架的制作方法为实训过程，达到学习布线基本技能的目的。

◎ 任务目标

1. 掌握双绞线综合布线的设计原则。
2. 掌握配线架配线和打线钳的用法。
3. 掌握双绞线模块的打法。
4. 掌握理线器的作用和用法。
5. 掌握安装机柜及综合布线管理和应用的方法。

◎ 设备工具

1. 综合布线的打线和测验工具。
2. 机柜、双绞线、配线架、理线器、模块、面板和面板底座、扎线带。
3. 办公室布线实验环境。

知识　综合布线技术与综合布线系统的概念

综合布线技术是一门理论与实践紧密结合的专业技术，结合职业学校学生特点和社会用工的需求以及学校实验环境，这里只介绍了双绞线综合布线的应用，并以办公室作为网络布线实训环境。

网络布线加网络设备构成了物理上的现代信息网络体系。网络布线作为网络信息基础设施，在网络系统集成中占有重要地位。布线系统的设计、连接和安装的质量，都直接影响网络通信的质量。布线设计从根本上决定着网络布线的性能，对局域网络也会产生较大的影响。

综合布线系统（Premises Distributed System，PDS）是一种集成化通用传输系统，在楼宇和园区范围内，利用双绞线或光缆来传输信息，可以连接电话、计算机、会议电视和监视电视等设备的结构化信息传输系统。

活动 1　学习办公室网络布线的设计原则

为办公室网络设计布线方案时，应当遵守以下基本原则。

1. 综合布线

在设置办公网络布线时，需要考虑电力线和双绞线的统一敷设。电力线不能离双绞线太近，否则会对双绞线产生干扰，但也不宜离得太远，否则将不便于计算机的使用，因为计算机是要用电的。

2. 适当冗余

由于网络成员会有所增加，办公网络大多要求具有一定的发展空间，应该从发展的角度出发，尽量提供多个冗余互连性信息点插座。

3. 便于使用

在保证通风的前提下，集线设备应当位于比较隐蔽的位置。需要注意的是：第一，集线设备需要电源的支持，因此集线设备应当位于电源插座附近；第二，集线设备应当避免安装在潮湿、容易被淋湿和电磁干扰非常严重的位置；第三，如果采用 ADSL 接入 Internet，那么集线设备和宽带路由器还应当靠近待连接的外网设备。

4. 远离干扰

双绞线、集线设备、路由设备和计算机应当尽量远离空调、电风扇等电器，以避免这些电器对网络信号产生干扰。

5. 电源分置

计算机、打印机和集线设备使用的电源线，应当与荧光灯、电冰箱、空调、电风扇等使用的电源线分开，实现单独供电，以避免脉冲电流对计算机的冲击，保证计算机的安全和运行稳定。

活动 2 设计布线方案

1. 布线方案

办公网络布线方案采用标准布线设计，借助双绞线、配线架和信息插座构建布线链路，从而在交换机上实现信息点之间的互联；并可调整交换机与配线架之间的跳线，节约交换机端口，控制用户对网络的连接，布线设计如图 1-2-1 所示。

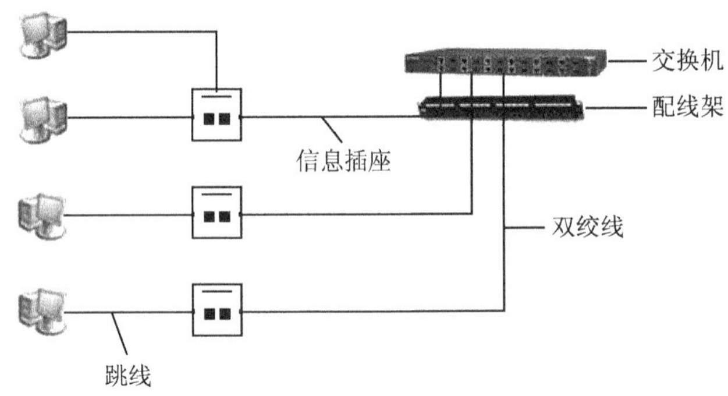

图 1-2-1　布线设计图

2. 信息点数量

通常情况下，为每个座位或员工预留一个信息点即可。另外，在合适的位置为网络打印机或无线接入点预留 2 或 3 个信息点。电话线的数量通常不需要太多，一般每个房间一部电话即可，负责人或助理人员房间可以预留 2 个电话插座，以方便同时连接传真机。

3. 信息插座位置

信息插座的位置应当在办公桌附近，既便于计算机接入网络，同时也可以利用桌子遮掩弯曲的网线，使办公场所看起来比较整洁。信息插座与地面的垂直距离不应小于 20cm，与电源插座的相对位置也要保持在 20cm 左右。

活动 3　明确布线方式

根据办公场所的不同，办公网络的布线通常可采用三种方案敷设双绞线：明装式、地面式和暗埋式。

1. 明装式

如果办公桌是沿墙摆放的，那么可以采用明装式布线。明装式是指将 PVC 线槽沿墙壁固定，并隐藏在护壁板内的布线方式。该方式由于无需剔挖墙壁和地面，不会对原有建筑造成破坏，且施工简单方便，并且便于随时打开线槽向其中添加新的双绞线。该方式通常使用明装盒，线缆的数量决定所使用线槽的尺寸。

2. 地面式

如果办公桌在办公室中间成排摆放，那么应该采用地面式。地面式是指将 PVC 线槽和信息插座直接敷设在地面上，并巧妙地利用储物柜或隔断将线槽和插座隐藏起来，防止被践踏而损坏。通道处的线槽可以使用铝合金线槽进行保护，并固定在地面上。

3. 暗埋式

如果需要对办公室进行装修，那么应当在装修之前进行布线，将电源线和双绞线直接埋入墙内，从而使办公室环境更加整洁美观。

活动 4　了解布线产品

1. 双绞线

由于办公用户对网络传输速率和安全性的要求都不是很高，同时外界的电磁干扰也较小，而超五类非屏蔽双绞线完全可以实现 1000Mb/s 的传输速率，并且基本可以不受外界电磁干扰影响，因此性价比最高的超五类非屏蔽双绞线是办公室布线的首选，如图 1-2-2 所示。

2. 信息插座

信息插座由三部分组成，即底盒、面板和信息模块。

1）底盒。底盒安装在墙上或被埋入墙内，为整个信息插座提供支撑，因此必须非常结实，安装要牢固，如图 1-2-3 所示。

2）面板。底盒与面板必须采用统一标准，面板宜采用双孔面板，用于分别连接计算机和电话。如果确定只连接一台计算机，也可以选择单口面板，如图 1-2-4 所示。

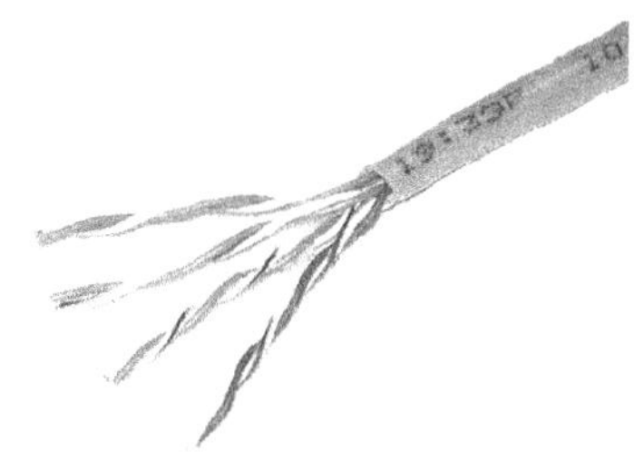

图 1-2-2　超五类非屏蔽双绞线

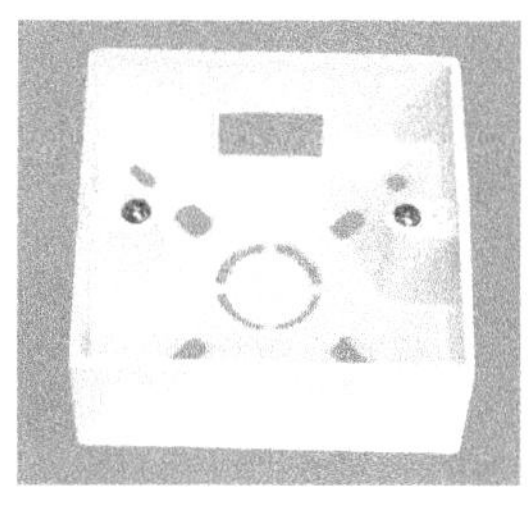

图 1-2-3　底盒

图 1-2-4　面板

3）信息模块。信息模块必须与布线系统保持一致，因此也应当选择使用超五类非屏蔽线模块，如图 1-2-5 所示。

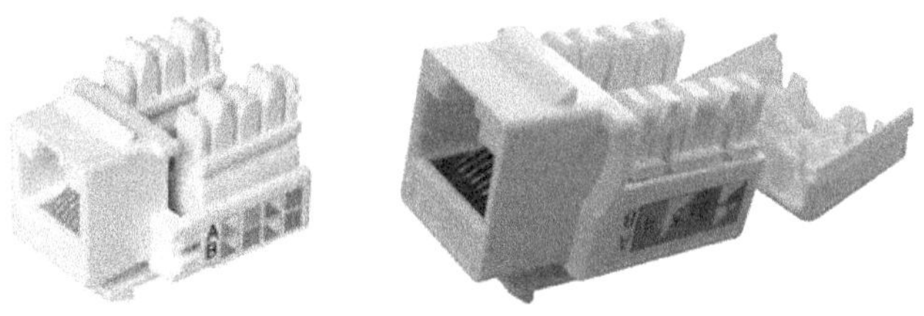

图 1-2-5　信息模块

3. 配线架

配线架是管理子系统中最重要的组件，是实现垂直干线和水平布线两个子系统交叉连接的枢纽。配线架通常安装在机柜或墙上。办公网络应当采用机架式配线架，以容纳更多的用户。配线架分为 24 口和 48 口两种，应当根据网络内的信息点数合理选择。在本活动中，我们用的配线架是双绞线配线架，如图 1-2-6 所示。

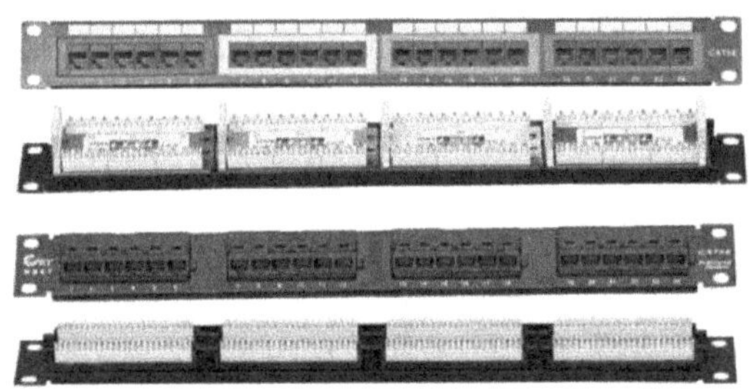

图 1-2-6　双绞线配线架

4. 跳线

RJ45-to-RJ45 跳线用于连接信息插座与计算机，适用于设备间或水平子系统的互配端接，满足 T-568A 超五类传输标准，符合 T568A 和 T568B 线序。如果使用机架式配线，办公网络将只使用 RJ45-to-RJ45 跳线。该跳线用于在通信设备、模块化配线架之间实现快速互连，具有极大的灵活性，并有多种长度、接头方式和颜色可供选择，如图 1-2-7 所示。

5. 理线器

为了使配线架和交换机之间的跳线更加美观，每个交换机和配线架之间最好配一个理线器，如图 1-2-8 所示。

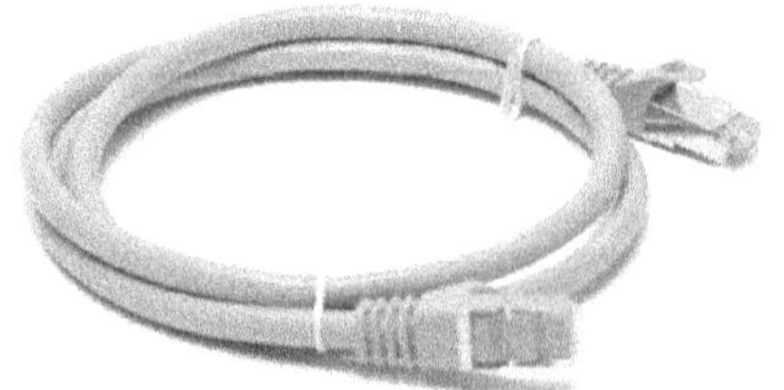

图 1-2-7　RJ45-to-RJ45 跳线

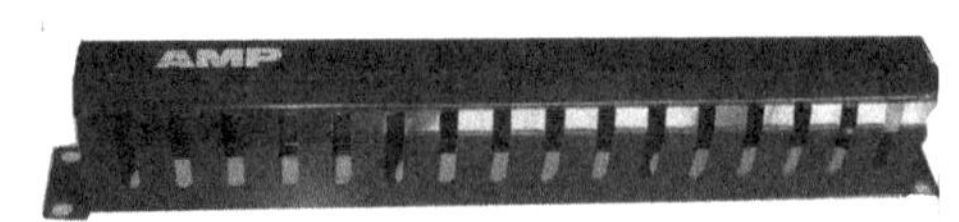

图 1-2-8　理线器

6. 机柜

机柜也是小型网络布线中不可或缺的设备，用于固定配线架和集线设备。通常情况下，1m高甚至只有 0.5m 高的机柜就可以满足要求，如图 1-2-9 所示。

7. 网络布线工具和材料

端接信息插座，除了需要使用剥线钳和偏口钳外，还需要使用打线工具，用于将双绞线压入模块，并剪断多余的线头，如图 1-2-10 所示。

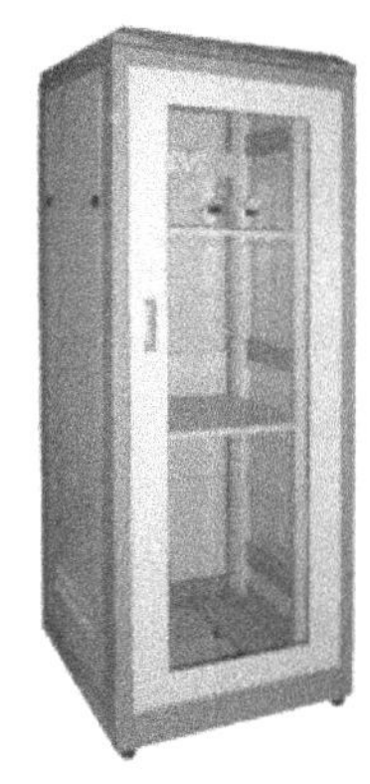

图 1-2-9 网络机柜

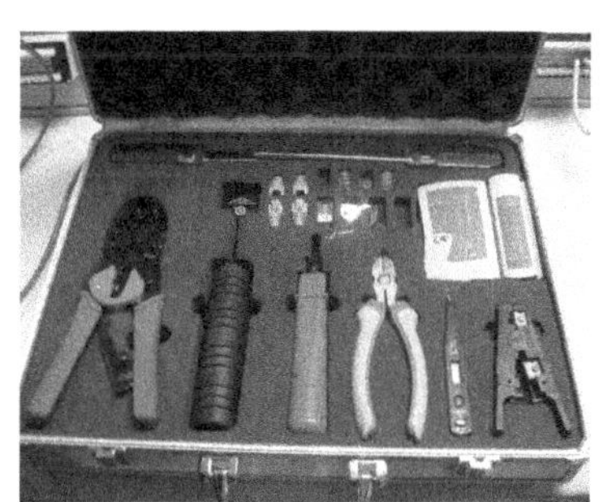

图 1-2-10 布线工具箱

8. 其他辅料

除此之外，还应当配备一些扎线带、PVC 管和弯头，用于敷设电缆。

活动 5 综合布线操作

第 1 步 端接信息插座

01 把双绞线从布线底盒中拉出，使用剥线/压线钳剪好足够长度，再剥除外层绝缘皮，然后剪除抗拉线。

02 将信息模块置于专用工具或桌面等较硬的平面上。

03 开 4 个线对，但线对之间不要拆开，按照信息模块上所指示的色标线序（一定要与配线架执行相同的标准），稍稍用力将导线一一置入相应的线槽内，如图 1-2-11 所示。（注：通常情况下，模块上同时标记有 T568A 和 T568B 两种线序，应当根据布线设计时的规定，与其他连接设备采用相同的线序）

04 将打线工具的刀口对准信息模块上的线槽和导线，垂直向下用力，听到“咯”的一声，模块外多余的线被剪断，如图 1-2-12 所示。重复该操作，将 8 条导线一一打入相应颜色的线槽中，如图 1-2-13 所示。

05 将塑料防尘片沿缺口穿入双绞线，并固定于信息模块上，如图 1-2-14 所示。

06 用双手压紧防尘片，信息模块端接完成。将信息模块插入信息面板中相应的插槽内，如图 1-2-15 所示，听到“咔”的一声后，说明两者固定在一起。最后，用螺钉将面板固定在信息插座的底盒上，如图 1-2-16 所示。

图 1-2-11　模块分线图

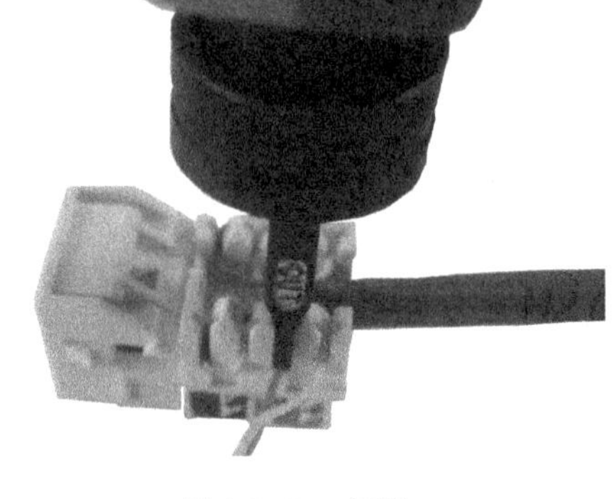

图 1-2-12　打线

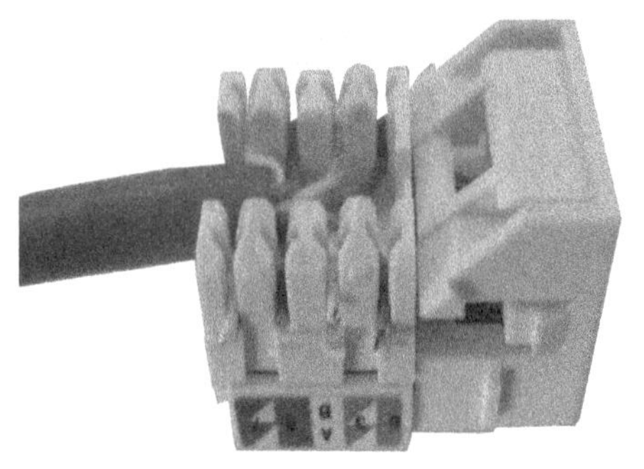

图 1-2-13　完成后模块图

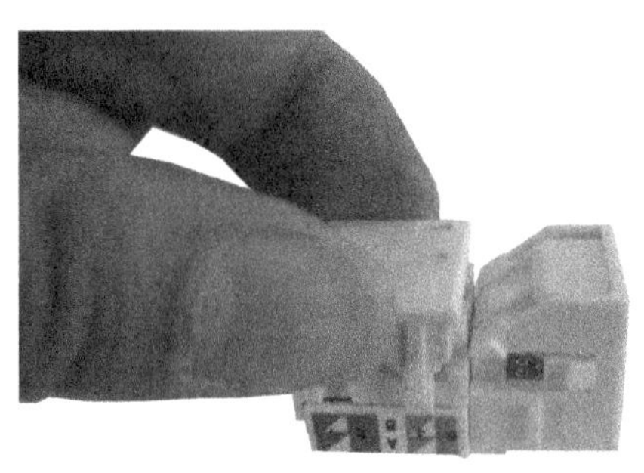

图 1-2-14　装入防尘片图

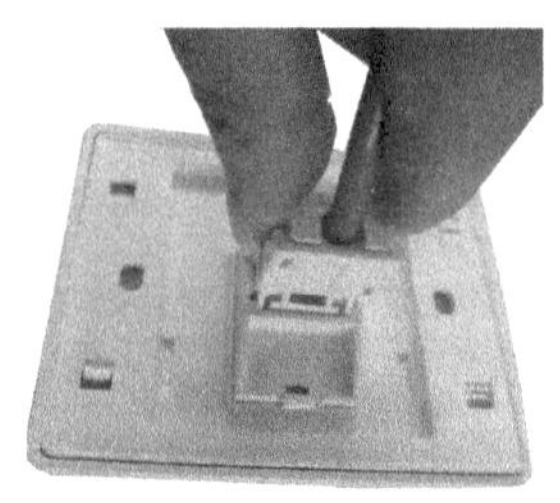

图 1-2-15　插入信息面板

图 1-2-16　装入底盒

第 2 步　端接双绞线配线架

端接配线架和端接信息插座所使用的工具完全相同。

01 将附送的金属支架安装在配线架上，用于支撑和理顺双绞线。

02 利用网络钳将双绞线剪至合适长度，用剥线钳剥除双绞线的绝缘层包皮，并剪除抗拉线。

03 依据所执行的线序标准（一定要与信息模块执行完全相同的标准），依照配线架上的色标，将双绞线的 4 对线按照正确的顺序一一分开。

04 根据配线架上所指示的颜色，将导线一一置入线槽。将 4 对线完全置入后如图 1-2-17 所示。

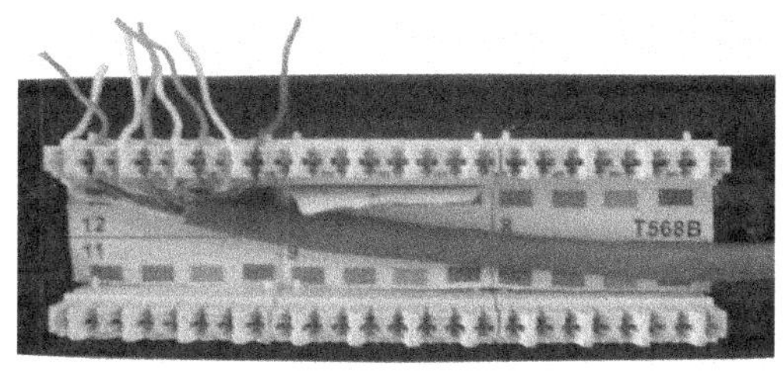
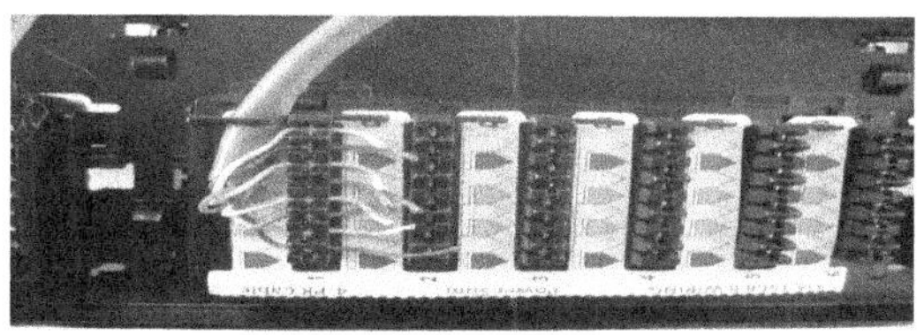

图 1-2-17　两种配线架插线槽

05 利用打线工具端接配线架与双绞线，如图 1-2-18 所示。注意，一定要使刀口向外侧，从而将多余的导线切断。重复操作，端接其他双绞线，完成打配线后如图 1-2-19 所示。

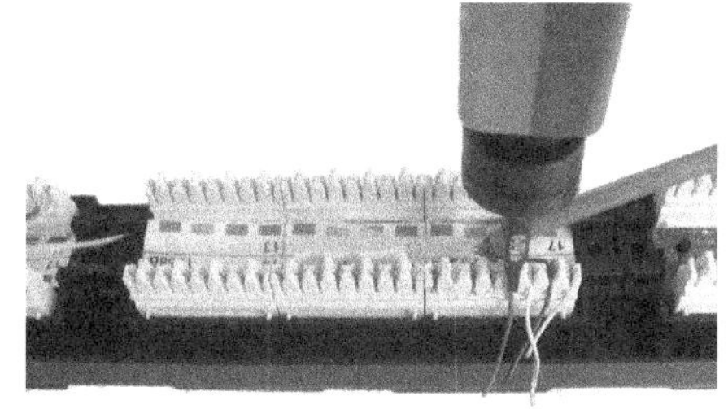

图 1-2-18　打配线

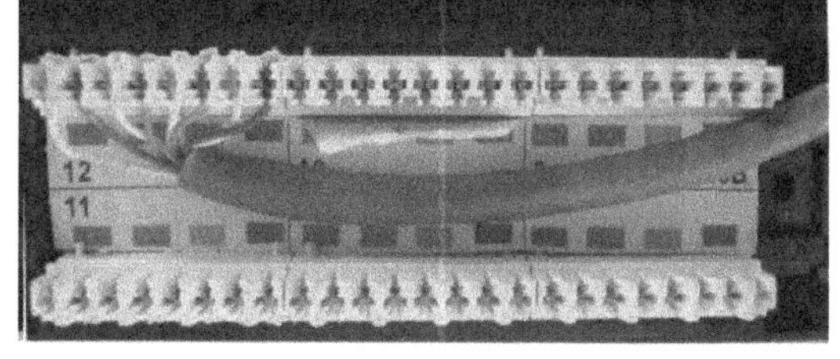

图 1-2-19　完成打配线

06 将线缆理顺，并利用尼龙扎带将双绞线与理线器固定在一起，然后成束固定在机柜上。最后，使用网络钳剪去扎带多余部分。整理完成的效果如图 1-2-20 所示。另外，也可以先打好配线架，然后将配线架安装到机柜中。最后，将理线器固定在机柜正面，并利用跳线将配线架与交换机连接在一起。

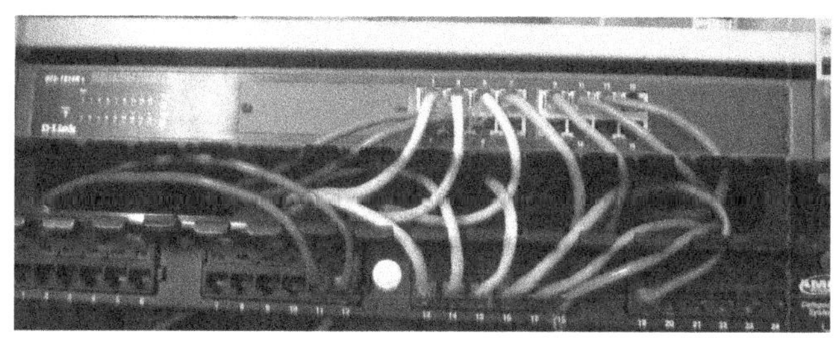

图 1-2-20　配线架、理线器固定在机柜上

07 插好、理好线后，在每个线头上贴好标签，标识出每个线的作用，最后盖上理线器盖，做到美观、清晰，如图 1-2-21 所示。

图 1-2-21　完成理线图

08 如果做较大的综合布线，多个交换机和配线架之间都要配置一个理线器，并做好清晰的标识，效果如图 1-2-22 所示。

图 1-2-22　双绞线综合布线效果图

巩固练习

1. 练习制作信息模块的方法。
2. 练习双绞线配线架的安装。
3. 熟悉将交换机、配线架、理线器固定在机柜中的操作。
4. 熟练掌握双绞线的理线过程并做好标识，做到美观、清晰。

项目 2 IP 地址与子网划分

◎ 项目导读

IP 地址是网络最基本的知识，是网络设置的基础。本项目介绍了 IP 地址的概念、IP 地址分类、IP 地址与子网掩码的关系和子网划分等，并讲解了 IP 地址在网络设置过程中的应用。

◎ 能力目标

- 能进行局域网的 IP 地址设置。
- 能进行 IP 地址分类，能通过子网掩码与 IP 地址的关系计算网络规模。
- 能进行子网划分，并按需求规划子网。

任务 2.1 IP 地址与子网掩码

◎ 任务描述

本任务包括认识 IP 地址，了解 IP 地址分类，理解子网掩码和 IP 地址的关系，能进行 IP 地址分类和计算网络的规模。

◎ 任务目标

1. 了解 IP 地址的概念。
2. 掌握 IP 地址的分类。
3. 掌握 IP 地址和子网掩码的关系。

知识 IP 地址的概念

Internet 的网络地址是指连入 Internet 网络的计算机的地址编号。要确认网络上的每一台计算机，就需要依靠能唯一标识计算机的网络地址，这个地址就称作 IP（Internet Protocol）地址，即用 Internet 协议语言表示的地址。

我们知道，Internet 是全世界范围内的计算机连为一体而构成的通信网络的总称。连接在某个网络上的两台计算机之间在相互通信时，在它们所传送的数据包里都会含有某些附加信息，这些附加信息就是发送数据的计算机的地址和接收数据的计算机的地址。像这样，人们为了通信的方便给每一台计算机都事先分配一个类似我们日常生活中的电话号码一样的标识地址，该标识地址就是 IP 地址。根据 TCP/IP 协议规定，IP 地址是由 32 位二进制数组成的，而且在 Internet 范围内是唯一的。例如，某台连在 Internet 上的计算机的 IP 地址为 11010010 01001001 10001100 00000010。

很明显，这些数字对于人们来说不太好记忆。人们为了方便记忆，将组成计算机的 IP 地址的 32 位二进制分成 4 段，每段 8 位，中间用小数点隔开，然后将每 8 位二进制数转换成十进制数，这样上述计算机的 IP 地址就变成 210.73.140.2。

Internet 是把全世界的无数个网络连接起来的一个庞大的网间网，每个网络中的计算机通过其自身的 IP 地址而被唯一标识。据此我们可以设想，在 Internet 这个庞大的网间网中，每个网络也有自己的标识符。这与我们日常生活中的电话号码很相似，如有一个电话号码为 0757××××2432，这个号码中的前四位表示该电话是属于佛山地区的，后面的数字表示该地区的某个电话号码。与上面的例子类似，我们把计算机的 IP 地址也分成两部分，分别为网络标识（用以标明具体的网络段）和主机标识（用以标明具体的结点，即某个网络中的特定的计算机号码）。同一个物理网络上的所有主机都用同一个网络标识，网络上的一个主机（包括网络上工作站、服务器和路由器等）都有一个主机标识与其对应。例如，盐城市信息网络中心的服务器的 IP 地址为 210.73.140.2，对于该 IP 地址，我们可以把它分成网络标识和主机标识两部分，如表 2-1-1 所示。

表 2-1-1　IP 地址标识

IP 地址	网络标识	主机标识
	210.78.140.0	2

活动 1　了解 IP 地址的分类

由于网络中包含的计算机数有可能不同，有的网络可能含有较多的计算机，也有的网络含有较少的计算机。于是人们按照网络规模的大小，把 32 位地址信息设成 5 种定位的划分方式，这 5 种划分方法分别对应于 A 类、B 类、C 类、D 类、E 类 IP 地址，如图 2-1-1 所示。

图 2-1-1　IP 地址分类

1. A 类 IP 地址

A 类地址是网络中最大的一类地址，它的默认子网掩码是 255.0.0.0，它使用 IP 地址中的第一个 8 位组表示网络地址，其余三个 8 位组表示主机地址。A 类地址的结构使每个网络拥有的主机数非常多，因此 A 类地址是为巨型网络（或超大型网络）所设计的。

A 类地址的第一个 8 位组的第一位总是被设置为 0，这就限制了 A 类地址的第一个 8 位组的值，它始终小于 127，也就是说仅有 127 个可能的 A 类网络，如图 2-1-2 所示。

0×××××××	主机	主机	主机

（0～127）

图 2-1-2　A 类地址

实际上，A 类地址的范围是 1～126。虽然从理论上讲，127.×.×.×和 0.×.×.×也属于 A 类地址，但是 127.×.×.×已经被保留做回路测试之用，网络 0.0.0.0 也保留用于广播地址（未知网络），所以它们不能分配给任何网络。

因为有三个 8 位组用于表示主机地址，所以每个 A 类网络的主机数可能值是 16777214($2^{24}-2$)。但是由于全 0 的主机地址表示网络，全 1 的主机地址表示到这个网络的定向广播，因此实际的主机数比可能的主机数少 2 个。

小贴士

主机地址数的运算公式是 2^n-2（n 是主机部分的位数，如 A 类地址取 24）。

2. B 类 IP 地址

B 类地址的默认子网掩码是 255.255.0.0，B 类地址使用前两个 8 位组表示网络地址，后两个 8 位组表示主机地址。设计 B 类地址的目的是支持中到大型网络。B 类地址的第一个 8 位组的前两位总是被设置为 10，所以 B 类地址的范围是 128.0.0.0～191.255.0.0，如图 2-1-3 所示。

10×××××× （128～191）	××××××××	主机	主机

图 2-1-3　B 类地址

B 类地址可能拥有的网络数是 16384（2^{14}）（实际上要减去两个特例），每个网络可能拥有的主机数是 65534（$2^{16}-2$）。

3. C 类 IP 地址

C 类地址的默认子网掩码是 255.255.255.0，C 类地址使用前三个 8 位组表示网络地址，最后一个 8 位组表示主机地址。设计 C 类地址的目的是支持大量的小型网络，因为这类地址拥有的网络数很多，而每个网络所拥有的主机数却很少。

C 类地址的第一个 8 位组的前三位总是被设置为 110，所以 C 类地址的范围是 192.0.0.0～233.255.255.0，如图 2-1-4 所示。

110××××× （192～223）	××××××××	××××××××	主机

图 2-1-4　C 类地址

C 类地址可能拥有的网络数是 2097152（2^{21}），每个网络可能拥有的主机数是 254（$2^{8}-2$）。

4. D 类地址

D 类地址用于 IP 网络中的组播（多点广播）。它不像 A、B、C 类地址那样有网络号和主机号，而是用一个组广播地址标识一个 IP 地址组。因此可以同时把一个数据流发送到多个接收端，这比为每个接收端创建一个数据流的流量要小得多，因此它可以有效地节省网络的带宽。

D 类地址的第一个 8 位组的前四位总是被设置成 1110，所以 D 类地址的范围是 224.0.0.0～239.255.255.255，如图 2-1-5 所示。

1110××××	24 位组 ID

图 2-1-5　D 类地址

D 类地址拥有 268435456（2^{28}）个组，任何主机都可以自由地加入或离开任何组。组播地址没有子网掩码。

5. E 类地址

E 类地址虽然被定义，但被 Internet 工程任务组（Inernet Engineering Task Force，IETF）保留做研究使用，因此 Internet 上没有可用的 E 类地址。

E 类地址的第一个 8 位组的前四位恒为 1，因此有效的地址范围是 240.0.0.0～255.255.255.255，如图 2-1-6 所示。

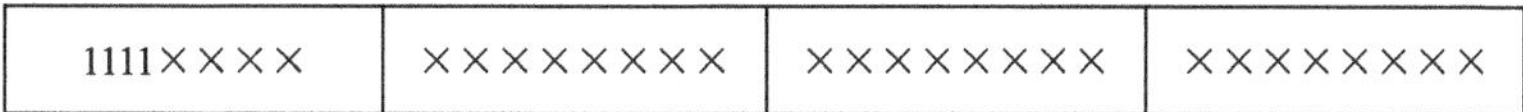

1111××××	××××××××	××××××××	××××××××

图 2-1-6　E 类地址

活动 2　理解子网掩码的作用、子网掩码和 IP 地址的关系

网络设备如何区分网络地址（网络 ID）和主机地址（主机 ID），这里就要引出掩码这个概念。网络设备通过使用掩码来确定 IP 地址的组成，具体说就是通过掩码可以确定哪一部分属于网络，哪一部分属于子网，哪一部分属于主机。

1. 子网掩码的作用

子网掩码由 32 位 0 和 1 组成，与 IP 地址的组成相似，既可用二进制表示，也可以用十进制表示。与 IP 地址不同的是：表示掩码的 1 是连续的，而不是由 0 和 1 混合组成的。掩码包含了两个域（即组成部分）：网络域和主机域，这些域分别代表网络 ID 和主机 ID，如图 2-1-7 所示。

十进制表示:	255	255	0	0
二进制表示:	11111111	11111111	00000000	00000000
作用表示:	网络域		主机域	
表示 IP 地址的:	网络 ID		主机 ID	

图 2-1-7　掩码的作用

掩码用于划分 IP 地址的哪些位属于网络 ID，哪些位属于主机 ID。每一类 IP 地址都有默认掩码，A 类地址的默认掩码为 255.0.0.0，B 类地址的默认掩码为 255.255.0.0，C 类地址的默认掩码为 255.255.255.0。对应的二进制表示如表 2-1-2 所示。

表 2-1-2　A 类、B 类、C 类 IP 地址默认掩码的表示

IP 地址的类别	十进制	二进制
A 类	255.0.0.0	11111111.00000000.00000000.00000000
B 类	255.255.0.0	11111111.11111111.00000000.00000000
C 类	255.255.255.0	11111111.11111111.11111111.00000000

前面介绍的是掩码的默认状态，大家会发现每一类 IP 地址仅有一个默认的掩码。这在实际的 IP 地址管理中是很不实用的，因为我们经常要根据应用和管理的需要重新划分 IP 地址的网络 ID 和主机 ID，为此引入了子网掩码的概念。

子网掩码主要用于子网的划分。默认情况下一个 IP 地址由网络 ID 和主机 ID 组成，但通过子网掩码划分，可以将主机 ID 中的部分 IP 地址作为网络 ID 使用，将默认状态下属于主机 ID 的这部分 IP 地址称为子网 ID。这样在引入子网掩码后，IP 地址将由网络 ID、子网 ID 和主机 ID 三部分组成，如图 2-1-8 所示。

从图 2-1-8 中可以看出：有了子网掩码，原来的网络结构和层次便发生了变化。具体来说，就是在使用了子网掩码后，原来的“网络 ID→主机 ID”的结构将转变成“网络 ID→子网 ID→主机 ID”的结构。

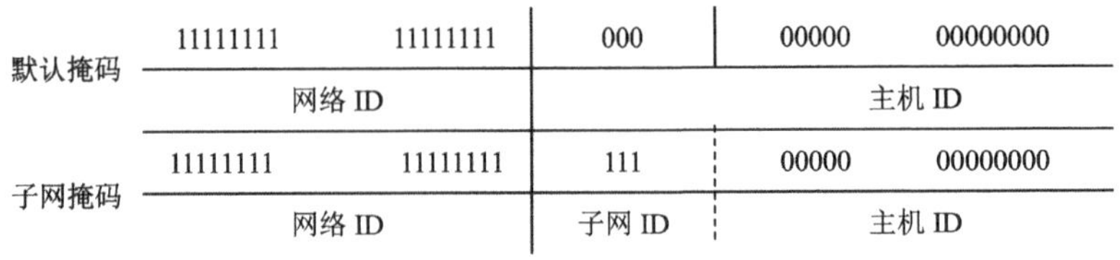

默认掩码	11111111	11111111	000	00000	00000000
	网络 ID		主机 ID		
子网掩码	11111111	11111111	111	00000	00000000
	网络 ID		子网 ID	主机 ID	

图 2-1-8　子网掩码的作用

子网掩码的应用打破了默认掩码的限制，使用户可以根据实际需要自己定义和管理网络地址。因为子网掩码确定了子网域的界限，所以当我们给子网域分配了一些特定的位数（连续的二进制位数 1）后，剩余的位数就是新的主机域。

2. 子网掩码和 IP 地址的关系

子网掩码是用来判断任意两台计算机的 IP 地址是否属于同一子网络的根据。最为简单的理解就是两台计算机各自的 IP 地址与子网掩码进行 AND 运算（与运算）后，如果得出的结果是相同的，则说明这两台计算机是处于同一个子网络上的，可以进行直接通信。

请看以下示例：

运算演示之一：

IP 地址为 192.168.0.1，子网掩码为 255.255.255.0，转化为二进制进行运算：

```
IP 地址   11000000. 10101000. 00000000. 00000001
子网掩码  11111111. 11111111. 11111111. 00000000
AND 运算  11000000. 10101000. 00000000. 00000000
```

结果转化为十进制后为 192.168.0.0。

运算演示之二：

IP 地址为 192.168.0.254，子网掩码为 255.255.255.0，转化为二进制进行运算：

```
IP 地址   11000000. 10101000. 00000000. 11111110
子网掩码  11111111. 11111111. 11111111. 00000000
AND 运算  11000000. 10101000. 00000000. 00000000
```

结果转化为十进制后为 192.168.0.0。

运算演示之三：

IP 地址为 192.168.0.4，子网掩码为 255.255.255.0，转化为二进制进行运算：

```
IP 地址   11000000. 10101000. 00000000. 00000100
子网掩码  11111111. 11111111. 11111111. 00000000
AND 运算  11000000. 10101000. 00000000. 00000000
```

结果转化为十进制后为 192.168.0.0。

通过以上对三组计算机 IP 地址与子网掩码的 AND 运算后，我们可以看到运算结果是一样的，均为 192.168.0.0。所以计算机就会把这三台计算机视为在同一子网络，然后进行通信。许多单位使用的代理服务器的内部网络就是这样规划的。

那么，这样的子网掩码究竟有多少个 IP 地址可以用呢？根据上面的讲解我们可以看出，局域网内部的 IP 地址是我们自己规定的（当然和其他 IP 地址是一样的），这个是由子网掩码决定的。通过对 255.255.255.0 分析，前三位 IP 码分配下来的数字就只能固定为 192.168.0，所以就只剩下了最后一位了。显而易见，IP 地址只能有 2^8-1，即 256－1＝255，一般末位为 0 或者 255 的 IP 地址都有特殊的作用。

如果子网掩码不是 255.255.255.0 呢？假设某单位子网掩码是 255.255.128.0，那么局域网内的 IP 地址的前两位是固定的，这样，就可以按照下面的方法来计算同一个子网内到底能有多少台机器。

1）十进制 128 转换为二进制 1000 0000。

2）IP 地址和子网掩码进行 AND 运算：

IP 地址	11000000. 10101000. 1*******. ********
子网掩码	11111111. 11111111. 10000000. 00000000
AND 运算	11000000. 10101000. 10000000. 00000000

结果转化为十进制后为 192.168.128.0。

3）可知内部网可用的 IP 地址为

11000000.10101000.10000000.00000000～11000000.10101000.11111111.11111111

4）转化为十进制：192.168.128.0～192.168.255.255。

5）0 和 255 通常作为网络的内部特殊用途，一般不使用。

6）于是最后的结果如下：

该单位所有可用的 IP 地址为

192.168.128.1～192.168.128.254
192.168.129.1～192.168.129.254
192.168.130.1～192.168.130.254
192.168.131.1～192.168.131.254
……
192.168.139.1～192.168.139.254
192.168.140.1～192.168.140.254
192.168.141.1～192.168.141.254
192.168.142.1～192.168.142.254
192.168.143.1～192.168.143.254
……
192.168.254.1～192.168.254.254
192.168.255.1～192.168.255.254

因为以上 IP 地址和子网掩码 255.255.128.0 的与运算产生的结果都是 192.168.128.0，所以以上 IP 地址都属于同一个子网。

7）可产生网络总数为

（255－128＋1）×（254－1＋1）＝128×254＝32512

巩固练习

1．对于 B 类的 IP 地址而言，其网络号的位数是_____，每个网络所能够表示的主机地址数为_____。（　　）

A．与主机号的位数相等，65534　　B．大于主机号的位数，256

C．小于主机号的位数，65536　　D．与主机号的位数不相等，254

2．IP 地址 219.25.23.56 的默认子网掩码有（　　）位。

A．8　　B．16　　C．24　　D．32

3．IPv4 中，IP 地址是由（　　）位二进制无符号数组成的。

A．4　　B．8　　C．16　　D．32

4．B 类地址 154.19.2.7 中的（　　）表示网络地址。

A．154　　B．154.19　　C．154.19.2　　D．154.19.2.7

5．C 类 IP 地址中，每个网络可有（　　）台主机。

A．127　　B．254　　C．512　　D．1024

6．IP 地址为 204.101.11.123，其默认子网掩码为（　　）。

A．255.0.0.0　　B．255.255.0.0

C．255.255.255.0　　D．255.255.255.255

7．子网掩码为 255.255.0.0，下列 IP 地址不在同一网段中的是（　　）。

A．172.25.15.201　　B．172.25.16.15

C．172.16.25.16　　D．172.25.201.15

任务 2.2　可变长子网掩码（VLSM）和子网划分

◎ 任务描述

Internet 组织机构定义了五种 IP 地址，用于主机的有 A、B、C 三类地址。其中 A 类网络有 126 个，每个 A 类网络可能有 16777214 台主机，它们处于同一广播域。而在同一广播域中有这么多结点是不可能的，网络会因为广播通信而饱和，结果造成 16777214 个地址大部分没有分配出去，导致浪费。随着互联网应用的不断扩大，IP 地址资源越来越少。为了实现更小的广播域并更好地利用主机地址中的每一位，可以把基于类的 IP 网络进一步分成更小的网络。使用可变长子网掩码（VLSM）就是指一个网络可以用不同的掩码进行配置，这样做的目的是使把一个网络划分成多个子网更加方便，可有效利用网络，减少广播域，避免广播风暴堵塞网络，有效地规划 IP 地址，便于维护和管理。

◎ 任务目标

1. 掌握划分和计算子网的方法。
2. 掌握通过子网划分来管理网络。
3. 掌握子网划分的应用。

知识　可变长子网掩码的概念

VLSM 其实是相对于类的 IP 地址来说的。A 类地址的第一段是网络号（前 8 位），B 类地址的前两段是网络号（前 16 位），C 类地址的前三段是网络号（前 24 位）。而 VLSM 的作用就是在类的 IP 地址的基础上，从其主机号部分借出相应的位数来做网络号，也就是增加网络号的位数。各类网络可以用来再划分子网的位数为：A 类为 24 位，B 类为 16 位，C 类为 8 位（可以再划分的位数就是主机号的位数。实际上不可以都用于划分子网，因为 IP 地址中必须要有主机号的部分，而且主机号部分剩下一位是没有意义的，所以在实际中可以借的位数是在那些数字中再减去 2，借的位作为子网部分）。

这是一种产生不同大小子网的网络分配机制，指一个网络可以配置不同的掩码。开发可变长度子网掩码的思路就是在每个子网上保留足够的主机数的同时，把一个子网进一步分成多个小子网时有更大的灵活性。如果没有 VLSM，一个子网掩码只能提供给一个网络，这样就限制了要求的子网数上的主机数。另外，VLSM 是基于比特位的，而类网络是基于 8 位组的。

活动 1　理解子网划分的概念

子网的划分，实际上就是设计子网掩码的过程。子网掩码主要用来区分 IP 地址中的网络 ID 和主机 ID，它用来屏蔽 IP 地址的一部分，从 IP 地址中分离出网络 ID 和主机 ID。子网掩码是由 4 个十进制数组成的，数值中间用“．”分隔，如 255.255.255.0。若将它写成二进制的形式，为 11111111.11111111.11111111.00000000，其中为“1”的位分离出网络 ID，为“0”的位分离出主机 ID，也就是通过将 IP 地址与子网掩码进行“与”逻辑运算，得出网络号。如果得出的网络号相同，表示这些 IP 地址都在同一个网段，否则就在不同网段。

前面说明了每类 IP 地址都有自己的默认子网掩码，但是这些默认子网掩码并不能让我们有效地利用 IP 地址。如果我们在默认子网掩码后再添加几位连续的“1”，使掩码中的全“1”位变得更长，则会出现什么情况呢？

如表 2-2-1 和表 2-2-2 所示，将 C 类网络 192.168.1.0/24（这里的“24”说明该地址的子网掩码为 24 位）的子网掩码延长为 27 位，这样就可以“创造出更多的新网络”，不过每个网络所拥有的主机数减少了。这种被额外创建的网络就是子网。

表 2-2-1　C 类默认网络

网络	网络 ID	网络 ID	网络 ID	主机 ID
192.168.1.1～192.168.1.254	11000000	10101000	00000001	00000001～11111110
默认子网掩码 255.255.255.0	11111111	11111111	11111111	00000000
AND 运算结果	11000000	10101000	00000001	00000000

表 2-2-2　创建子网

网络	网络 ID	网络 ID	网络 ID	子网	主机 ID
192.168.1.1～192.168.1.254	11000000	10101000	00000001	00000001～11111110	
新子网掩码 255.255.255.224	11111111	11111111	11111111	111	00000
AND 运算结果	11000000	10101000	00000001	000～111	00000

从表 2-2-1 和表 2-2-2 可以看出，IP 地址和默认子网掩码的与运算结果为 192.168.1.0，即网络号为 192.168.1.0，只有一个网络，而这个网络的主机数为 254 个。

从表 2-2-2 可以看出，IP 地址和新子网掩码与运算可得子网部分二进制为 000、001、010、011、100、101、110、111 共 8 个子网，即为 192.168.1.0、192.168.1.32、192.168.1.64、192.168.1.96、192.168.1.128、192.168.1.160、192.168.1.192、192.168.1.224 共 8 个子网，而每个子网的主机数只有 30 个。

活动 2　理解为什么要进行子网划分

Internet 的发展快得让人难以置信，当前 IP 地址已经面临即将耗尽的挑战。如果不对 IP 地址进行子网划分，很可能会浪费许多 IP 地址。

一个 B 类网络可以寻址 65534 个主机，但是对于一个单一的局域网而言，它的地址实在太多了，如图 2-2-1 所示。

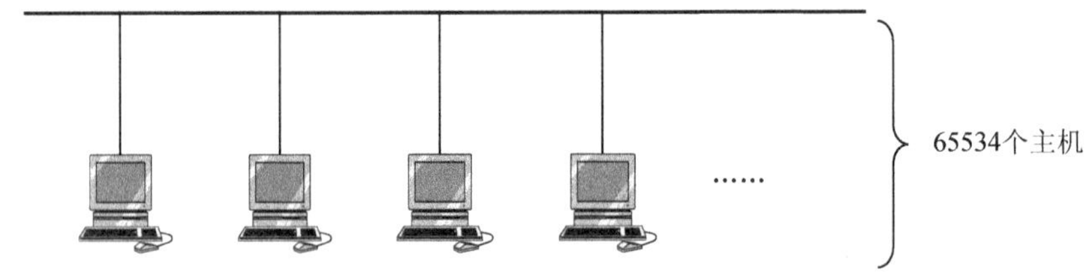

图 2-2-1　一个不切实际的网络

在图 2-2-2 所示的网络中，我们使用子网掩码 255.255.255.0 将 B 类网络 172.16.0.0/16 分成了许多更小的网络，这样 IP 地址的使用将更加有效。

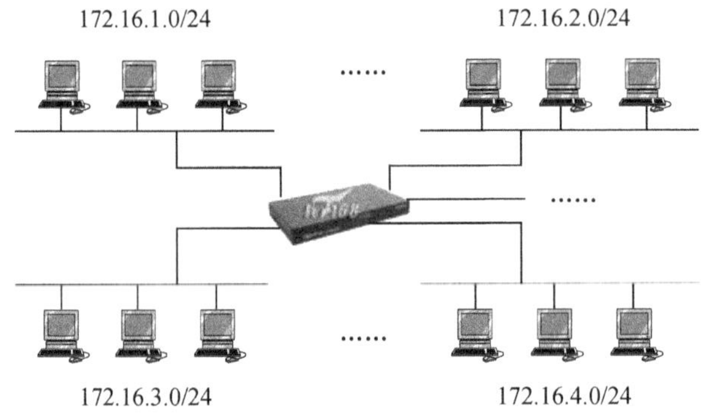

图 2-2-2　子网规划

在这个例子中，网络 172.16.0.0 被划分成了 255 个子网：172.16.1.0、172.16.2.0、172.16.3.0…

172.16.254.0，每个子网拥有的主机数为 254 个。这样划分子网的代价是减少了每个网络所能拥有的主机数，但是额外地“创造”出了更多的新网络。

也许读者还没有意识到子网划分的意义所在，我们再举一个例子：在图 2-2-3 所示的点到点的广域网链路中，每个网段只需两个地址。如果在两台对点连接的路由器之间使用 192.168.10.0/24 这个 C 类网络，那么只使用了 192.168.10.1 和 192.168.10.2，其余的 252 个可用 IP 地址就全部浪费了。

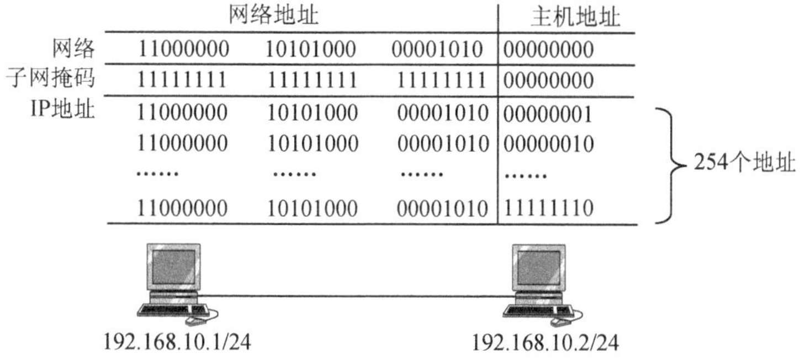

图 2-2-3　IP 地址的不合理规划

两台点对点连接的路由器之间只需要两个 IP 地址，其实完全可以为它们定义一个只有两台主机的子网，这样就不会浪费其余 252 个地址了，如图 2-2-4 所示。

	网络地址				主机地址
网络	11000000	10101000	00001010	000000	00
子网掩码	11111111	11111111	11111111	111111	00
IP地址	11000000	10101000	00001010	000000	01
	11000000	10101000	00001010	000000	10

2个地址

192.168.10.1/30　　192.168.10.2/30

图 2-2-4　合理地规划 IP 地址

在上面的例子中，我们使用 192.168.10.0/30 这个子网对两台路由器间的链路进行 IP 地址分配，这个子网恰好只能容纳两台主机。这样就充分利用了 IP 地址，使得剩余的 IP 地址可以发挥应有的作用。

划分子网还可以限制通信流量。网络主机能和与其处于相同网段上的其他主机进行通信，假如一个 A 类地址不进行子网划分，一台主机对这个网段发送一个定向广播，那么成千上万台主机将接收到这个定向广播，这种网络是绝对低效的。只有划分子网后用路由器去隔离广播，才能让网络发挥出最好的性能。

活动 3　子网规划的运算

首先我们给出进行子网规划时所运用到的公式：

计算创建的子网数：划分子网后，新创建的子网数＝2^n-2（n 是默认掩码被扩展的位数）。新建的子网中包含子网 0 和子网 1。

计算每个子网能容纳的主机数：2^n-2（n 是主机地址的可用位数）。

下面使用一个网络规划的例子来介绍子网划分的计算方法。某学校需要对其校内部的机房网络进行 VLAN 划分。该学校有 C 类网络 192.168.1.0/24（共有 254 个 IP 地址），但一个机房只有 60 台机器，如果把这些 IP 地址只用到一个机房，会造成 IP 地址的很大浪费。所以要求把这个网络划分出 4 个子网，分别用于不同的 VLAN，每个 VLAN 能容纳的主机数为 62，如图 2-2-5 所示。

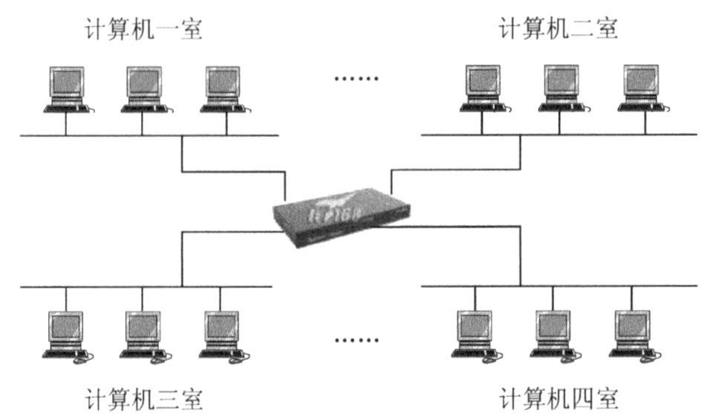

图 2-2-5　子网规划举例

01 确定子网位。假设创建子网的数量＝2^n（n 是默认子网掩码被扩展的位数），则 $2^2=4$。如果掩码位扩展两位，则可以创建 4 个子网，符合以上要求。C 类网络的默认掩码为 24 位，因此新的子网掩码长度为 26 位。

02 验证主机位。在使用这个子网掩码前，需要验证一下它是否满足每个子网所需的主机数。使用 2 位子网后，剩下的主机位数为 6 位，因此每个子网可以拥有 $2^6-2=62$ 台主机，满足学校的需要，如图 2-2-6 所示。

C 类 IP 地址的默认掩码：

网络 ID	网络 ID	网络 ID	主机 ID
11111111	11111111	11111111	00000000
255	255	255	0

新的子网掩码：

网络 ID	网络 ID	网络 ID	子网 ID	主机 ID
11111111	11111111	11111111	11	000000
255	255	255	192	

图 2-2-6　划分新子网

03 确定子网的地址。我们知道最小的子网 ID 是 0，即子网 0。本例中通过子网划分得到的第一个子网是 192.168.1.0/26，它的 IP 地址的范围为 192.168.1.1～192.168.1.62，其他子网及其 IP 地址范围如图 2-2-7 所示。

04 确定每个子网的主机地址。图 2-2-8 可以清楚地解释怎样确定主机地址，我们以例子中的 192.168.1.64/26 子网予以说明。

05 给出子网设计和地址分配，如图 2-2-9 所示。

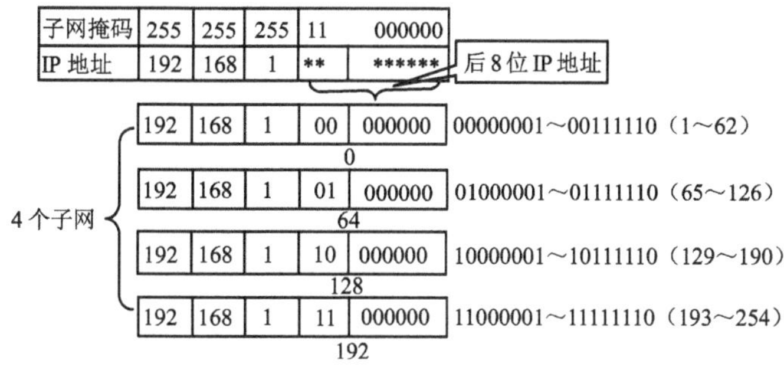

图 2-2-7　确定子网的地址

192.168.1.64/26	11000000	10101000	00000001	01	000000	子网
255.255.255.192	11111111	11111111	11111111	11	000000	新子网掩码
192.168.1.65/26	11000000	10101000	00000001	01	000001	第一个主机
	⋮	⋮	⋮		⋮	
192.168.1.126/26	11000000	10101000	00000001	01	111110	最后一个主机
192.168.1.127/26	11000000	10101000	00000001	01	111111	子网广播
	默认子网掩码位			子网 ID	主机 ID	

图 2-2-8　计算主机地址空间

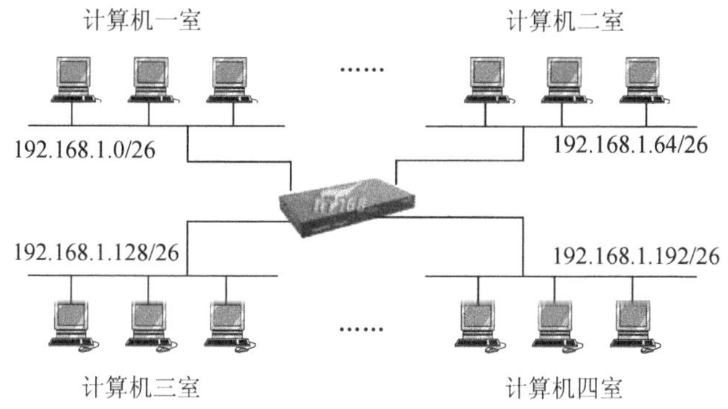

图 2-2-9　子网设计图

为了方便读者进行网络设计，在此列出 A、B、C 三类网络子网数与子网掩码的转换表，如表 2-2-3～表 2-2-5 所示，以供参考。

表 2-2-3　A 类网络子网数目与子网掩码转换表

子网数目	子网 ID 占用位数	子网掩码	子网中主机数
2	1	255.128.0.0	8288606
4	2	255.192.0.0	4194302
8	3	255.224.0.0	2097150
16	4	255.240.0.0	1048574
32	5	255.248.0.0	524286

续表

子网数目	子网 ID 占用位数	子网掩码	子网中主机数
64	6	255.252.0.0	262142
128	7	255.254.0.0	131070
256	8	255.255.0.0	65534

表 2-2-4　B 类网络子网数目与子网掩码转换表

子网数目	子网 ID 占用位数	子网掩码	子网中主机数
2	1	255.255.128.0	32766
4	2	255.255.192. 0	16382
8	3	255.255.224.0	8190
16	4	255.255.240.0	4094
32	5	255.255.248.0	2046
64	6	255.255.252.0	1022
128	7	255.255.254.0	510
256	8	255.255.255.0	254

表 2-2-5　C 类网络子网数目与子网掩码转换表

子网数目	子网 ID 占用位数	子网掩码	子网中主机数
2	1	255.255.255.128	126
4	2	255.255.255.192	62
8	3	255.255.255.224	30
16	4	255.255.255.240	14
32	5	255.255.255.248	6
64	6	255.255.255.252	2

巩固练习

1．如果一个单位的网络规模在 120 台计算机左右，为了节约 IP 地址，试为该单位设计出最合适的子网掩码。

2．假设某个子网拥有 1000 台主机，那么至少应该给它分配_____个 C 类地址。如果分配给它的网络号是 172.15.4.0，则其子网掩码最合适的应该是_____。（　　）

A．2，255.255.255.0　　B．3，255.255.254.0

C．4，255.255.248.0　　D．5，255.255.224.0

3．一个局域网中某台主机的 IP 地址为 176.68.160.12，使用 22 位作为网络地址，那么该局域网的子网掩码为_____，最多可以连接的主机数为_____。（　　）

A．255.255.255.0，254　　B．255.255.248.0，512

C．255.255.252.0，1022　　D．255.255.0.0，1024

4．假设某台 PC 的 IP 地址是 192.168.1.1/22，那么其网络号应该是_____，其广播地址是_____。（　　）

A．192.168.1，192.168.1.255　　B．192.168.0，192.168.3.255

C．192.168，192.168.0.255　　D．192.0，192.168.255.255

5．某公司申请到一个 C 类 IP 地址，但要连接 6 个子公司，最大的一个子公司有 26 台计算机，每个子公司在一个网段中，则子网掩码应设为（　　）。

A．255.255.255.0　　B．255.255.255.128

C．255.255.255.192　　D．255.255.255.224

6．192.168.1.0/24 使用掩码 255.255.255.240 划分子网，其可用子网数为_____，每个子网内可用主机地址数为_____。（　　）

A．14　14　　B．16　14　　C．254　6　　D．14　62

7．与 10.110.12.29 的子网掩码 255.255.255.224 属于同一网段的主机 IP 地址是（　　）。

A．10.110.12.0　　B．10.110.12.30　　C．10.110.12.31　　D．10.110.12.32

项目3 虚拟机和网络操作系统的安装

◎ 项目导读

本项目主要学习 VMware Workstation 10 虚拟机和 Windows Server 2003 系统的安装，重点介绍虚拟机的配置过程。虚拟机就是用软件模拟计算机软、硬件环境，通过共享宿主机的部分硬件以及宿主机 CPU 模拟的部分虚拟硬件，建立完整的运行环境。

◎ 能力目标

- 能进行 VMware Workstation 虚拟机的安装。
- 能配置 VMware Workstation 虚拟机。
- 能在 VMware Workstation 虚拟机上安装 Windows Server 2003 系统。

任务 3.1 虚拟机 VMware Workstation 的安装与配置

◎ 任务描述

本任务主要学习虚拟机的安装及简单配置。现如今很多人都拥有自己的计算机，但多数人都只有一台，想组建一个自己的局域网或者是做一个小规模的网络实验，一台机器是无法实现的，最少也要 2 或 3 台。可为了这个目的再买计算机也不太现实，VMware 可以解决这个问题。只要主机的配置足够，VMware 可以在一台计算机上虚拟出很多的主机。

◎ 任务目标

1. 掌握安装 VMware 的方法。
2. 学会设置 VMware 网卡连接方式。
3. 掌握添加 VMware 硬盘的方法。

◎ 设备工具

一台装有 Windows 7 操作系统的计算机，VMware 安装软件。

知识

VMware Workstation 是 VMware 公司提供的一款功能强大的桌面虚拟计算机软件，此软件可以提供虚拟机功能，使计算机可以同时运行多个不同操作系统。用户可在单一的桌面上同时运行不同的操作系统，是进行开发、测试、部署新的应用程序的最佳解决方案。VMware Workstation 可在一部实体机器上模拟完整的网络环境，以及可便于携带的虚拟机器，其良好的灵活性与先进的技术胜过了市面上其他的虚拟计算机软件。对于企业的 IT 开发人员和系统管理员而言，VMware Workstation 在虚拟网路、实时快照、共享信息、支持 PXE 等方面的特点使它成为必不可少的工具。

VMware Workstation 10 现在支持 vSphere 5.5 中推出的新型虚拟硬件版本。这个最新的虚拟硬件提升了支持虚拟机的功能，最多可支持 16 个虚拟处理器（vCPU）、8TB SATA 磁盘、64GB 内存和多达 20 个虚拟网络。使用者可以在 VMware Workstation 上安装并且执行 Solaris、Windows、DOS、Linux、OS/2 Warp、OpenBSD 及 FreeBSD 等系统作为客户端操作系统。

实训

活动 1　安装 VMware Workstation 软件

虚拟机 VMware Workstation 的安装方法和其他软件的安装方法一样，步骤如图 3-1-1～图 3-1-6 所示。具体步骤这里不再赘述。

图 3-1-1　开始安装界面

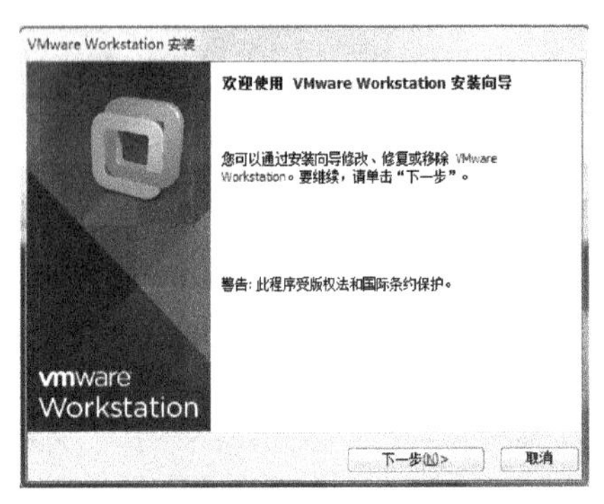

图 3-1-2　安装向导

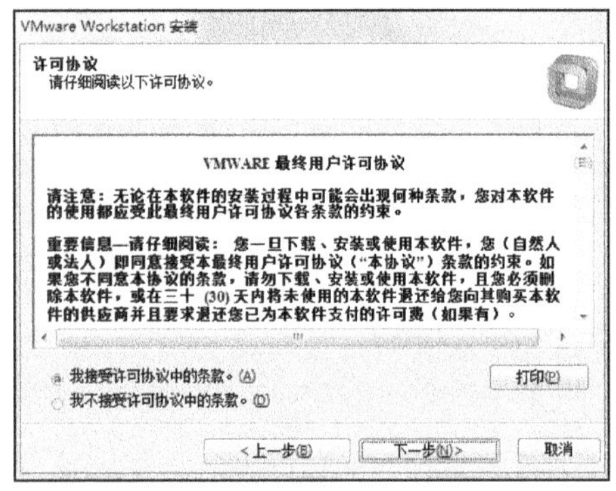

图 3-1-3　用户许可协议

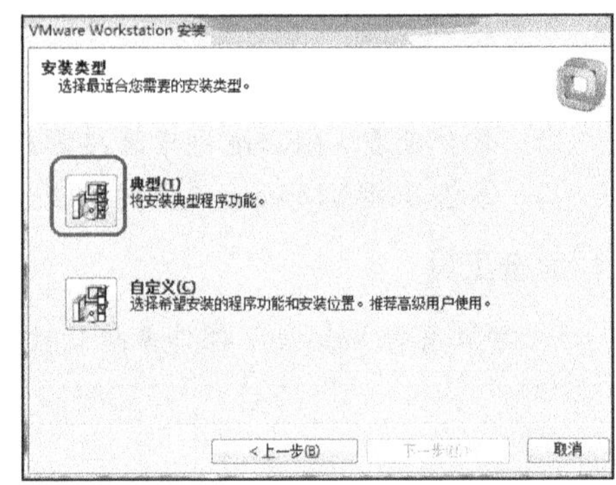

图 3-1-4　选择安装类型

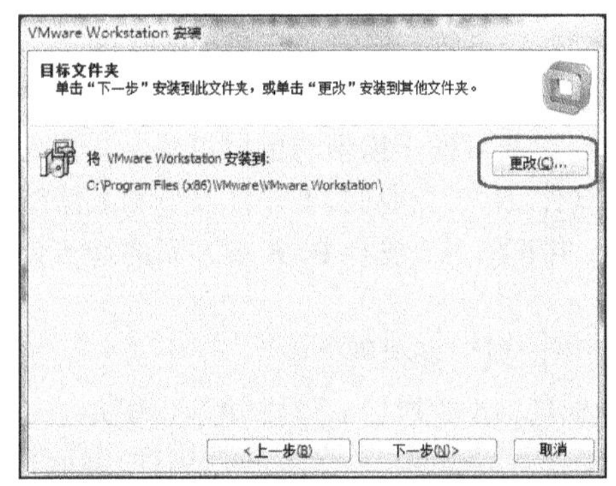

图 3-1-5　选择安装路径

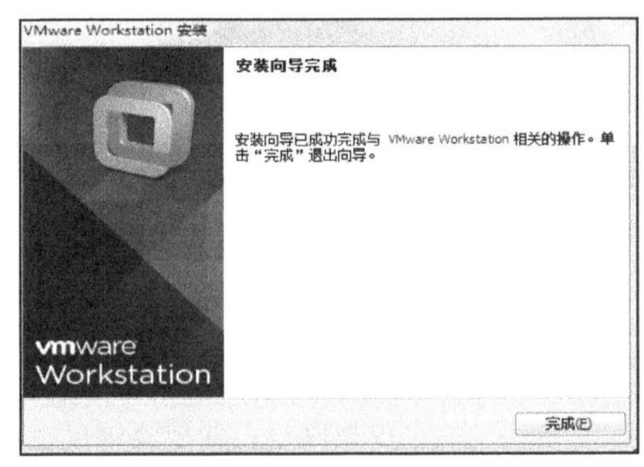

图 3-1-6　安装成功

活动 2　应用配置 VMware Workstation

01 安装完 VMware Workstation 软件后，启动后的界面如图 3-1-7 所示。

02 在 VMware Workstation 软件界面中，选择“文件→新建虚拟机”命令或单击“创建新的虚拟机”图标，如图 3-1-8 所示。

03 进入“欢迎使用新建虚拟机向导”界面。选择安装类型，如果选择“典型”单选按钮则进入典型安装，用户基本上不需要对 VMware Workstation 进行配置。在此选择“自定义”单选按钮，如图 3-1-9 所示。

04 单击“下一步”按钮，进入“选择虚拟机硬件兼容性”界面，保持默认设置即可，如图 3-1-10 所示。

图 3-1-7　安装完成后启动界面

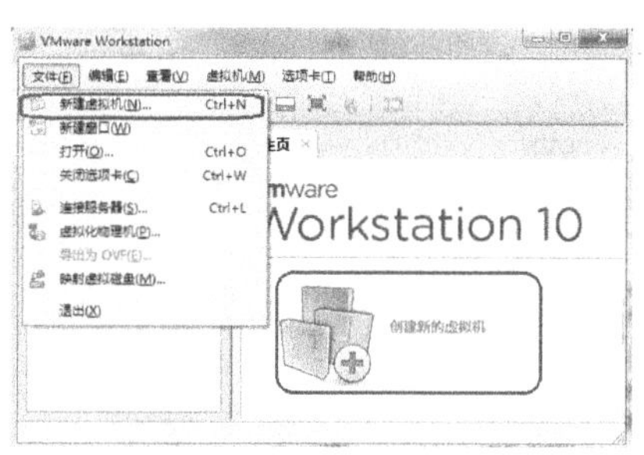

图 3-1-8　新建虚拟机

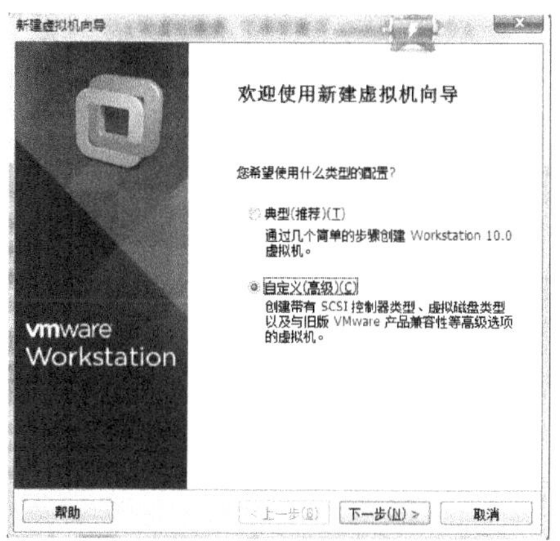

图 3-1-9　选择安装类型

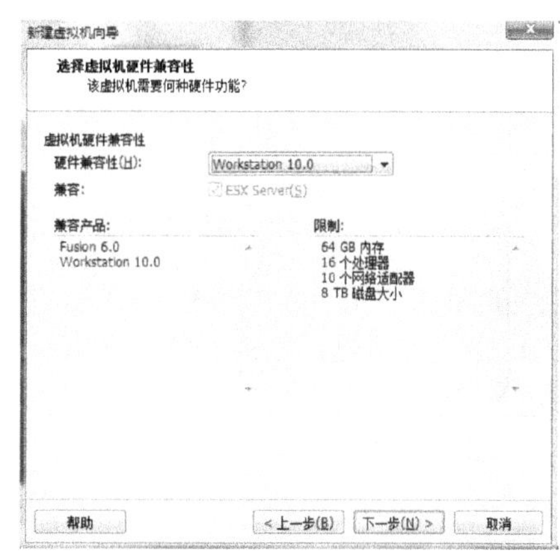

图 3-1-10　“选择虚拟机硬件兼容性”界面

05 单击“下一步”按钮，进入“安装客户机操作系统”界面，选择安装软件的来源，选择“安装程序光盘映像文件”单选按钮，并选择系统映像文件，如图 3 1 11 所示。

06 单击“下一步”按钮，进入“简易安装信息”界面，可输入系统安装的密钥和系统登录用户名和密码，也可以忽略这些信息，如图 3-1-12 所示。

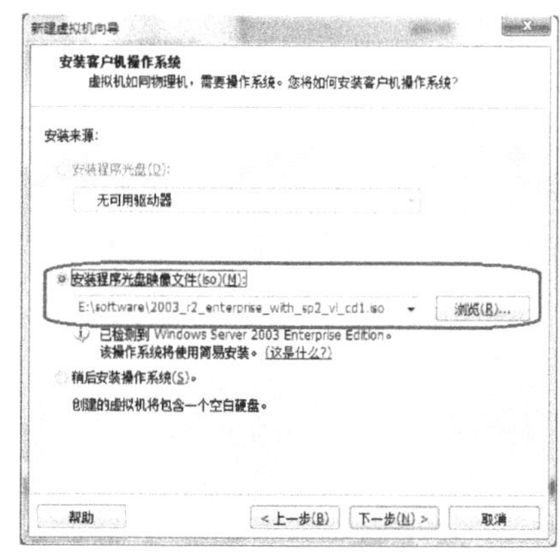

图 3-1-11　“安装客户机操作系统”界面

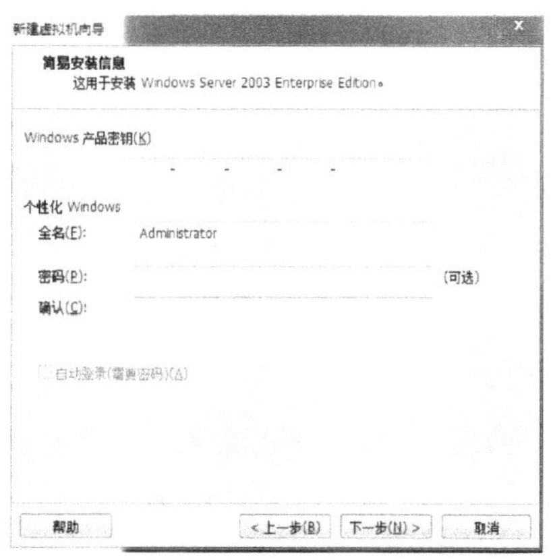

图 3-1-12　“简易安装信息”界面

07 单击“下一步”按钮，进入“命名虚拟机”界面，设置虚拟机名称和存放路径。在“位置”文本框中设置路径为 D:\VMSystem（该目录是预先创建好的），如图 3-1-13 所示。

08 单击“下一步”按钮，进入“处理器配置”界面，设置处理器的数量，默认选择一个处理器，如图 3-1-14 所示。

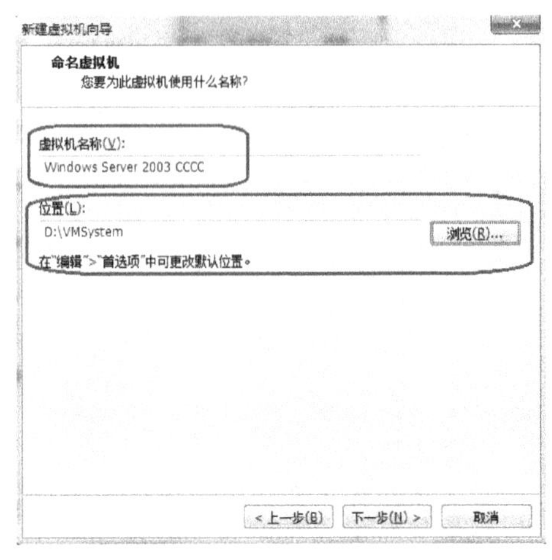

图 3-1-13 “命名虚拟机”界面

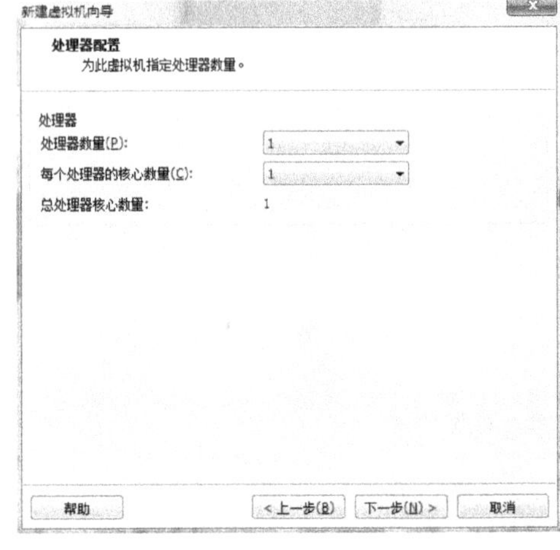

图 3-1-14 “处理器配置”界面

09 单击“下一步”按钮，进入“此虚拟机的内存”界面，根据宿主机内存的大小分配适当的内存给虚拟机，本例设置内存默认为 384MB，如图 3-1-15 所示。

10 单击“下一步”按钮，进入“网络类型”界面，设置网络连接方式为“使用桥接网络”，如图 3-1-16 所示。

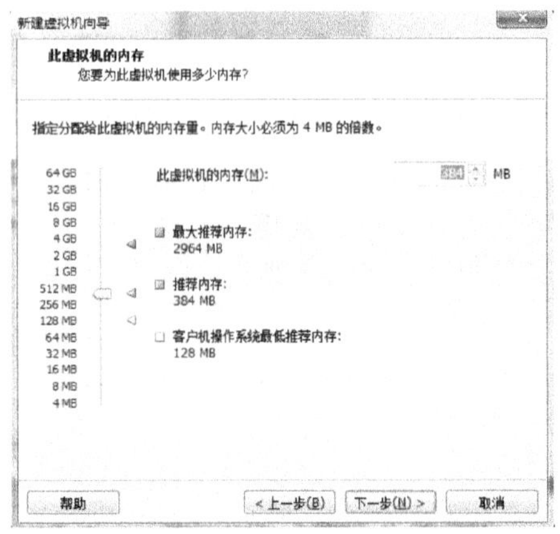

图 3-1-15 “此虚拟机的内存”界面

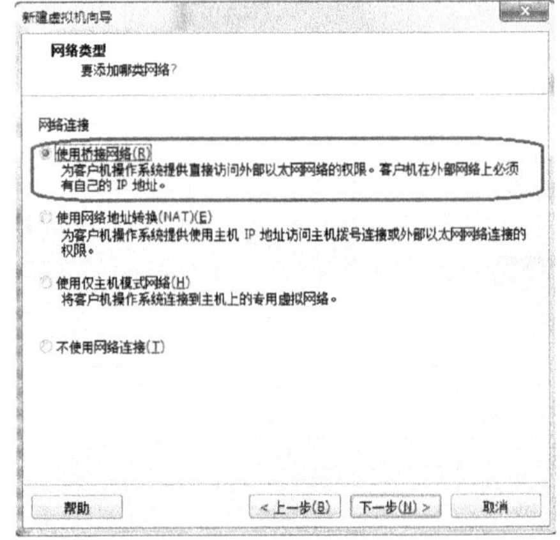

图 3-1-16 “网络类型”界面

小贴士

VMware Workstation 网络连接方式主要有以下几种：

① Use bridged networking（网桥）：这种方式使得虚拟机系统拥有一个和物理机系统不一样的 IP 地址，从而与网络上的任何计算机互相通信时，默认使用虚拟网卡 Vmnet0。

② Use network address translation（NAT）：这种方式使得虚拟机系统拥有一个和物理

机系统一样的 IP 地址，实现虚拟机系统和物理机系统互相通信。虚拟机系统可以访问网络上的其他计算机，而网络上的其他计算机不能访问虚拟机系统，默认使用虚拟网卡 Vmnet8。例如，可以使用 NAT 通过主机上的一个拨号网络连接或者通过主机的以太网适配器、无线以太网适配器或者令牌环卡连接虚拟机到 Internet。

③ Use host-only networking：这种方式只实现虚拟机系统和物理机系统互相通信，不能与网络上的其他计算机通信，默认使用虚拟网卡 Vmnet1。

11 单击“下一步”按钮，进入“选择 I/O 控制器类型”界面，默认选择 LSI Logic（L）单选按钮，如图 3-1-17 所示。

12 单击“下一步”按钮，进入“选择一个磁盘”界面，选择“创建一个新的虚拟磁盘”单选按钮，如图 3-1-18 所示。

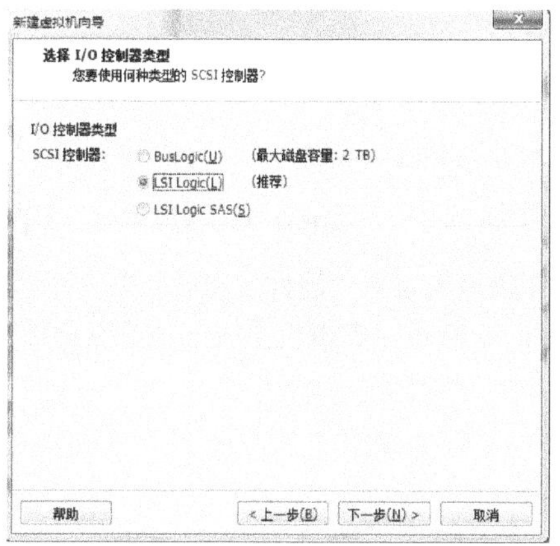

图 3-1-17　“选择 I/O 控制器类型”界面

新建虚拟机向导

选择一个磁盘

你想要让该驱动器使用哪一个磁盘?

磁盘

创建一个新的虚拟磁盘(V)

虚拟磁盘文件是由主机文件系统上的一个或多个文件组成，在客户机操作系统中一个磁盘文件代表着一个硬盘。虚拟磁盘可以十分方便的在相同的或不同的主机之间进行复制或移动。

使用一个已存在的虚拟磁盘(E)

选择该选项重新使用一个先前已配置的磁盘。

使用物理磁盘(P)（仅供高级用户使用）

选择该选项让该虚拟机直接访问一个本地磁盘。

< 上一步(B)　下一步(N) >　取消

图 3-1-18　“选择一个磁盘”界面

13 单击“下一步”按钮，进入“选择磁盘类型”界面，选择“IDE”单选按钮，创建一个 IDE 虚拟硬盘，如图 3-1-19 所示。

14 单击“下一步”按钮，进入“指定磁盘容量”界面，设置虚拟硬盘容量为 10GB，如图 3-1-20 所示。

图 3-1-19　“选择磁盘类型”界面

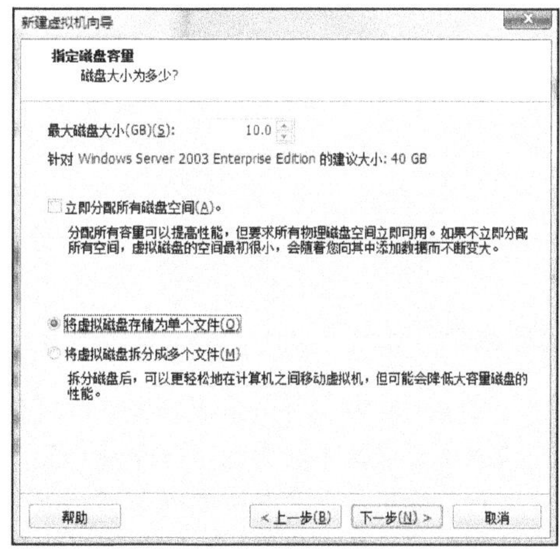

图 3-1-20　“指定磁盘容量”界面

15 单击“下一步”按钮，进入“指定磁盘文件”界面，指定磁盘文件，如图 3-1-21 所示。

16 单击“下一步”按钮，进入“已准备好创建虚拟机”界面，取消“创建后开启此虚拟机”复选框的勾选，如图 3-1-22 所示。

图 3-1-21　“指定磁盘文件”界面

图 3-1-22　“已准备好创建虚拟机”界面

17 单击“完成”按钮，虚拟机设置基本完成，在虚拟机设置“硬件”选项卡中选择“软盘”选项，单击“移除”按钮删除软盘的启动引导，如图 3-1-23 所示，虚拟机系统安装设置全部完成。

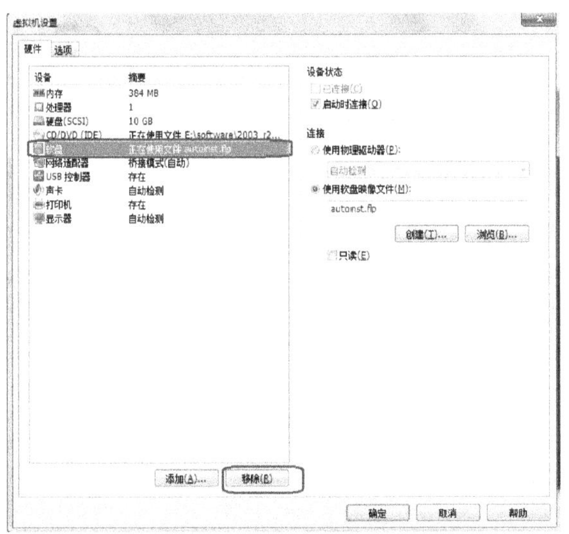

图 3-1-23　删除软盘的启动引导

小贴士

VMware Workstation 新建虚拟机安装 Windows 操作系统时，会默认使用 easyinstall，这个步骤中会默认不让我们进行手动分区，而是在虚拟机中只建一个分区。那么要求在虚拟机中进行多分区的用户就得摒弃 VMware 的默认设置，简单的做法是，在新建虚拟机最后一步，取消“创建后开启此虚拟机”复选框的勾选，那么建立完后就不会立即启动虚拟机了，然后修改虚拟机的设置，将软驱移除，再启动虚拟机，安装系统，中间步骤中就会有分区选项了。

活动 3　在 VMware 添加多硬盘

做网络服务器实验时，有可能需要多个硬盘，如做磁盘镜像、RAID 磁盘阵列等都要求有多个硬盘，这时可以进行如下操作。

01 打开 VMware Workstation 虚拟软件，选择控制器虚拟系统，关闭系统电源，如图 3-1-24 所示。

02 选择“虚拟机→设置”命令，弹出“虚拟机设置”对话框，选择“硬件”选项卡，如图 3-1-25 所示，显示该虚拟系统上现有的硬件。

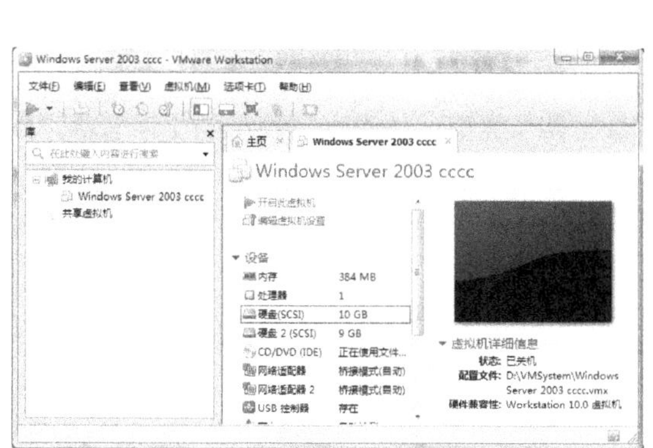

图 3-1-24　VMware Workstation 虚拟软件界面

图 3-1-25　“虚拟机设置”对话框

03 单击“添加”按钮，进入“硬件类型”界面，选择需要添加的硬件类型为“硬盘”，如图 3-1-26 所示。

04 单击“下一步”按钮，弹出“选择磁盘类型”界面，选择一种磁盘类型选项创建一个硬盘，如图 3-1-27 所示。

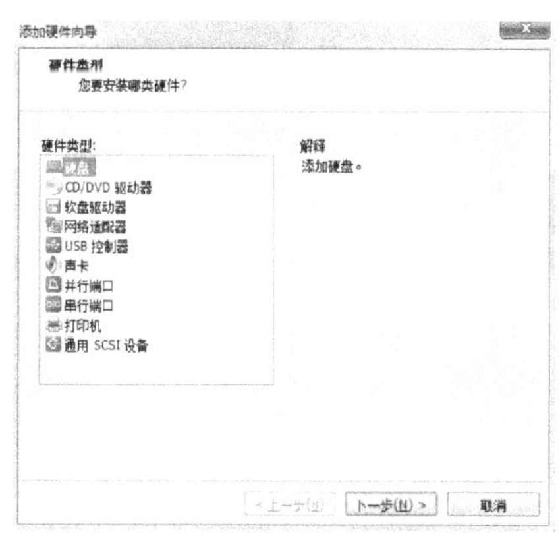

图 3-1-26　“硬件类型”界面

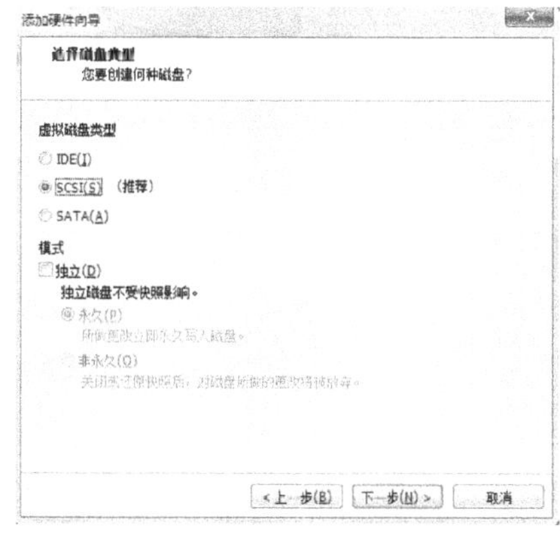

图 3-1-27　“选择磁盘类型”界面

05 单击“下一步”按钮，进入“选择磁盘”界面，指定创建一个新的虚拟硬盘还是使用一个已存在的硬盘。在此选择“创建新虚拟磁盘”单选按钮创建一个新的虚拟硬盘，如图 3-1-28 所示。

06 单击“下一步”按钮，进入“指定磁盘容量”界面，在“最大磁盘大小（GB）”文本框中输入虚拟硬盘的容量大小，如图 3-1-29 所示。

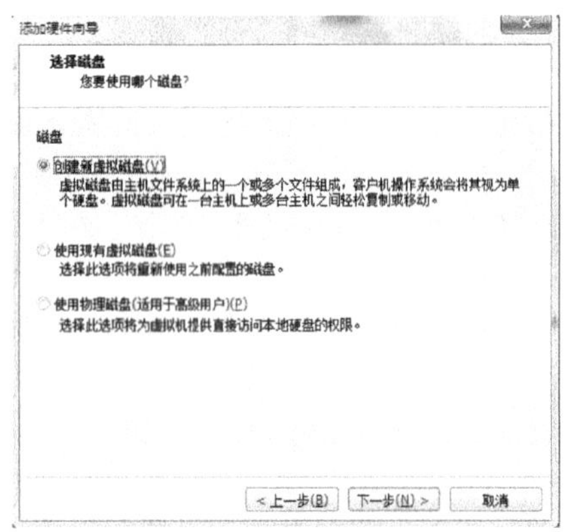

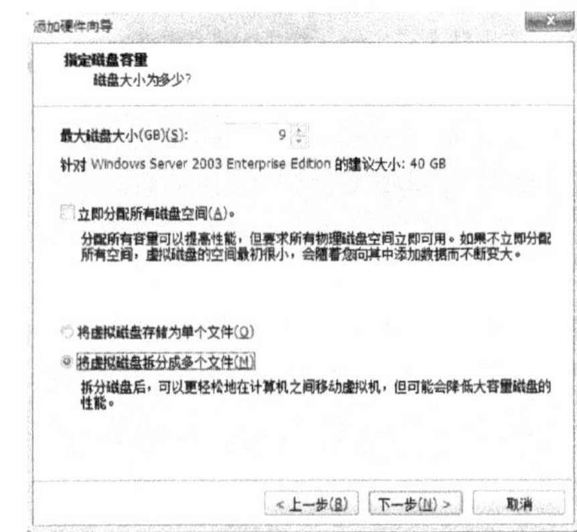

图 3-1-28　“选择磁盘”界面　　　　图 3-1-29　“指定磁盘容量”界面

07 单击“下一步”按钮，进入“指定磁盘文件”界面，设置虚拟硬盘的文件名称，默认即可，如图 3-1-30 所示。

08 单击“完成”按钮，返回“虚拟机设置”对话框，选择“硬件”选项卡，如图 3-1-31 所示，可以看到已经添加了第二个虚拟硬盘，容量为 9GB。

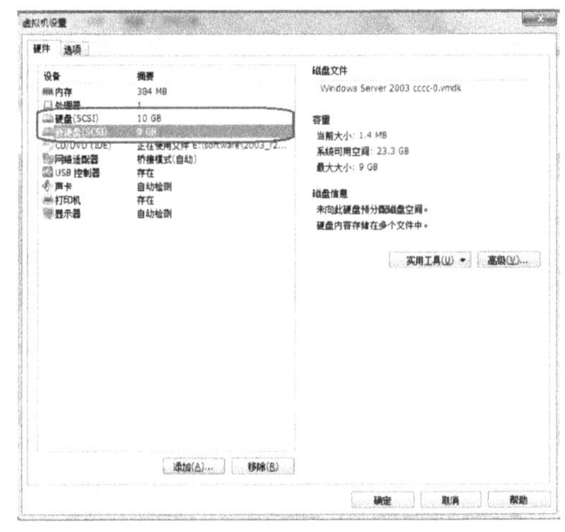

图 3-1-30　“指定磁盘文件”界面　　　　图 3-1-31　“虚拟机设置”对话框

09 启动虚拟机系统，经过简单的转换向导过程后，选择“磁盘管理”选项，如图 3-1-32 所示，可以看到两个硬盘（磁盘 0 和磁盘 1）。

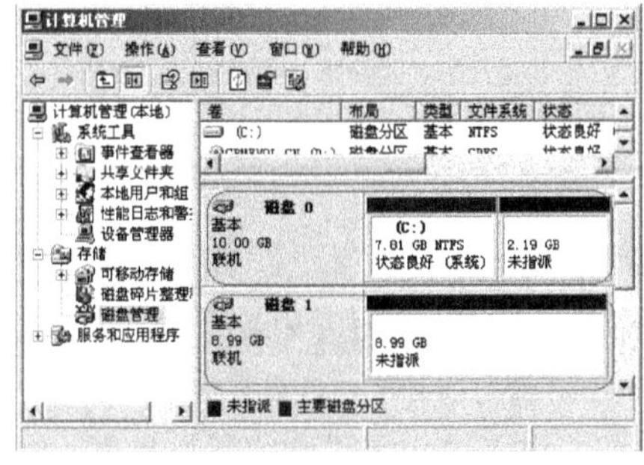

图 3-1-32　磁盘管理中显示出添加的硬盘

活动 4　在 VMware Workstation 添加双网卡

由于实验环境的需要，经常会用到双网卡的服务器，如 VPN、NAT 等。进行如下操作即可实现双网卡服务器。

01 选择“虚拟机→设置”命令，弹出“虚拟机设置”对话框，选择“硬件”选项卡，如图 3-1-33 所示，显示该虚拟系统上现有的硬件。

02 单击“添加”按钮，进入“硬件类型”界面，选择需要添加的硬件类型为网络适配器，如图 3-1-34 所示。

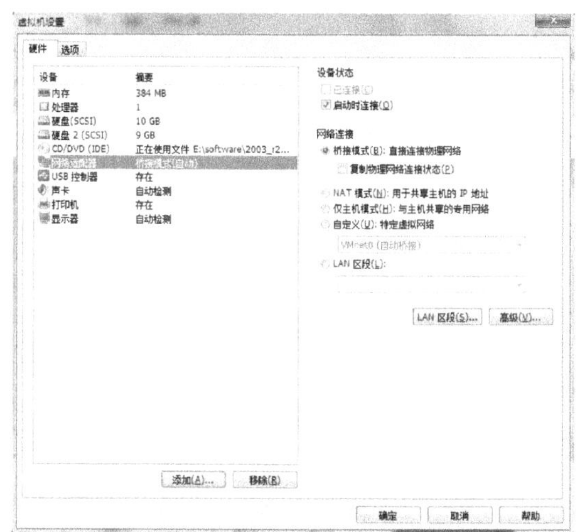

图 3-1-33　“虚拟机设置”对话框

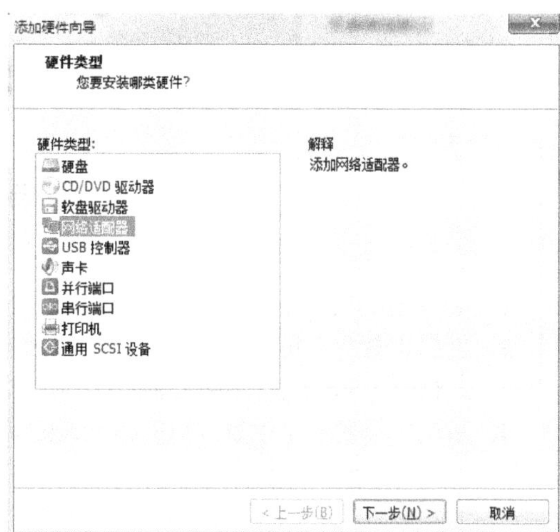

图 3-1-34　“硬件类型”界面

03 单击“下一步”按钮，进入“网络适配器类型”界面，选择“桥接模式”单选按钮，用网桥连接方式，如图 3-1-35 所示。

04 单击“完成”按钮，返回“虚拟机设置”对话框，如图 3-1-36 所示，可以看到已经添加了网络适配器 2。

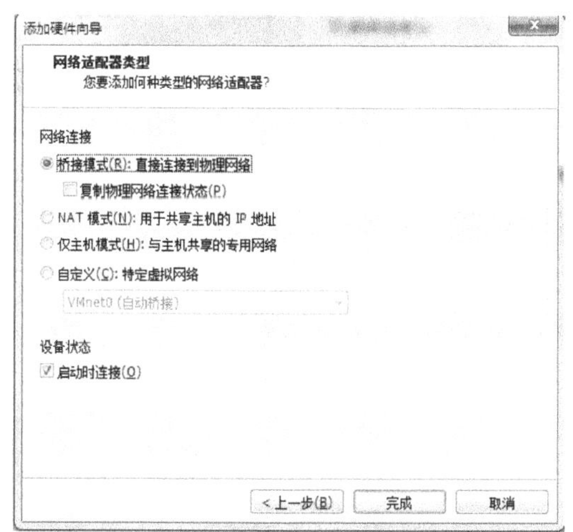

图 3-1-35　“网络适配器类型”界面

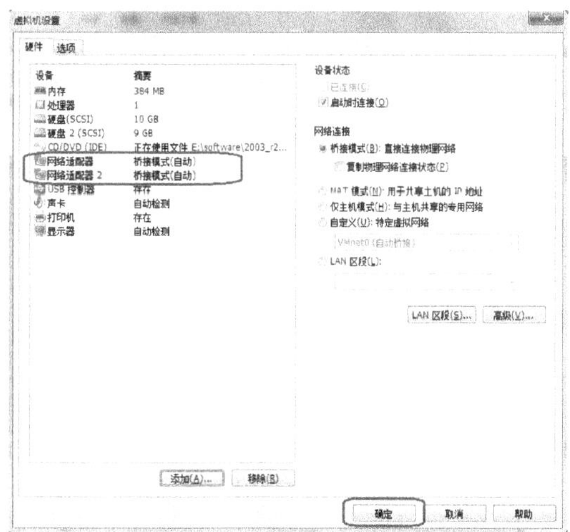

图 3-1-36　完成添加网络适配器界面

05 再次启动系统，可以看到“网络连接”窗口中有两个网络适配器，如图 3-1-37 所示。

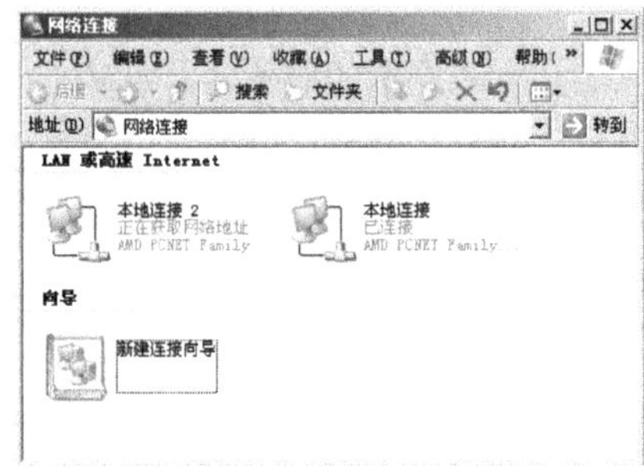

图 3-1-37 “网络连接”窗口

1. VMware Workstation 与“多启动”系统相比有何不同？
2. 虚拟机与宿主机之间的关系是怎样的？
3. 如何在 Windows Server 2003 中安装 VMware Workstation 软件？
4. 从实际出发应用配置 VMware Workstation，熟练多硬盘、双网卡的设置与使用方法。

任务 3.2 在 VMware Workstation 安装 Windows Server 2003 系统

◎ 任务描述

本任务主要学习如何在 VMware 虚拟机上安装 Windows Server 2003 系统，安装完成后的此系统和在一台实体机上安装的 Windows Server 2003 系统有着几乎一致的体验。然而虚拟机资源涉及多个方面：CPU、内存、网络及磁盘。在规划虚拟机时，应该考虑这些资源之间的关系，否则分配的资源不合理将导致虚拟机内的应用程序性能表现不佳。

◎ 任务目标

学会在 VMware Workstation 安装 Windows Server 2003 系统。

◎ 设备工具

一台装有 Windows Server 2003 操作系统的计算机（作为共享服务器）。

虚拟系统可以生成现有操作系统的全新虚拟镜像，它具有与真实 Windows 系统完全一样的功能。进入虚拟系统后，所有操作都在这个全新的独立的虚拟系统中进行，可以独立安装运行

软件，保存数据，拥有自己的独立桌面，不会对真正的系统产生任何影响 ，而且能够在现有系统与虚拟镜像之间灵活切换。

活动　在 VMware Workstation 安装 Windows Server 2003 系统

01 在完成配置 VMware Workstation 后，做好 VMware 系统安装前的准备，返回 VMware 设置界面，如图 3-2-1 所示。

02 单击“开始此虚拟机”按钮启动虚拟机的系统安装过程，进入安装界面，如图 3-2-2 所示。

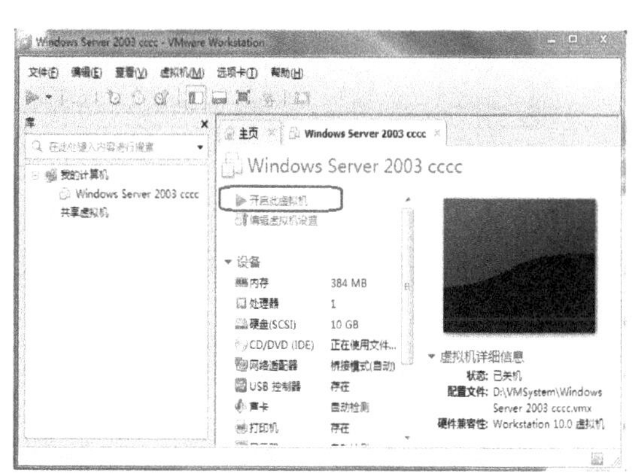

图 3-2-1　VMware 设置界面　　　图 3-2-2　“安装欢迎程序”界面

03 选择“要现在安装 Windows，请按 Enter 键”单选按钮，显示“Windows 授权协议”界面，如图 3-2-3 所示。

04 按 F8 键表示同意进入安装程序，显示安装程序界面，如图 3-2-4 所示。选择“要在尚未划分的空间中创建磁盘分区，请按 C”单选按钮，对磁盘进行分区。

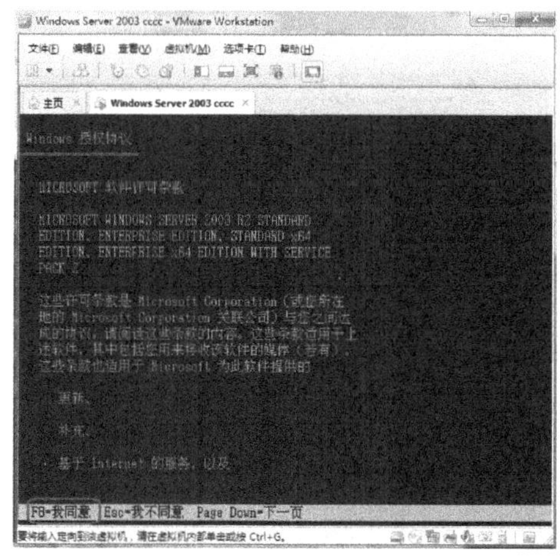

图 3-2-3　“Windows 授权协议”界面

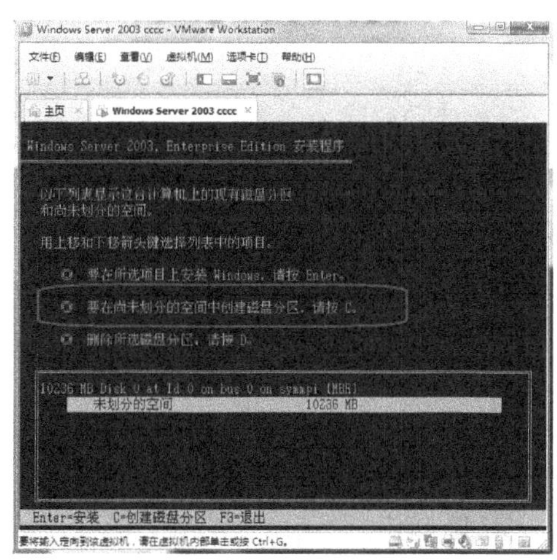

图 3-2-4　显示未划分的空间

05 填写创建系统 C 逻辑盘的大小，本例硬盘空间为 10236MB，这里填写 8000MB 作为系统盘，剩余的空间可以划为其他逻辑盘，如图 3-2-5 所示。

06 按 Enter 键表示创建，显示磁盘分区和尚未划分的空间，如图 3-2-6 所示。

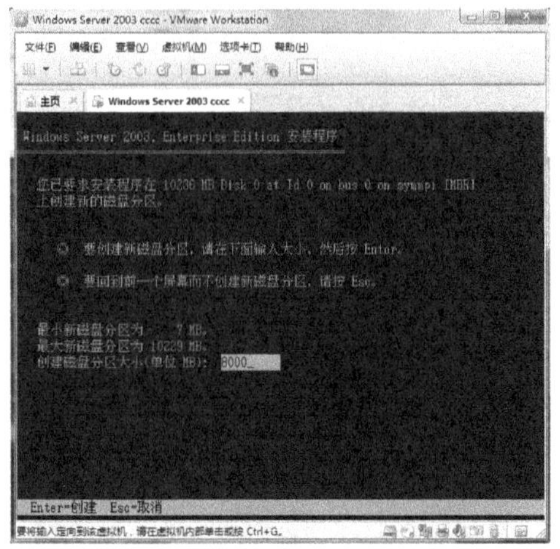

图 3-2-5 创建新的磁盘分区

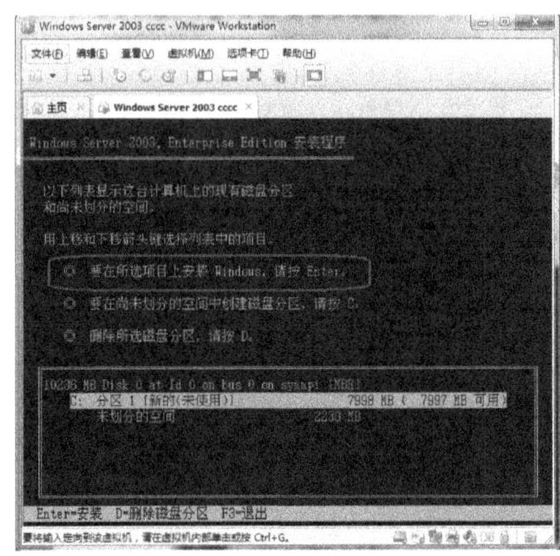

图 3-2-6 新创建的磁盘分区 1

07 继续按 Enter 键进入格式化分区界面，用上移和下移箭头键选择“用 NTFS 文件系统格式化磁盘分区”，要对逻辑盘进行格式化，如图 3-2-7 所示。

08 继续按 Enter 键进入安装程序格式化和安装界面，显示安装程序格式化界面，如图 3-2-8 所示。

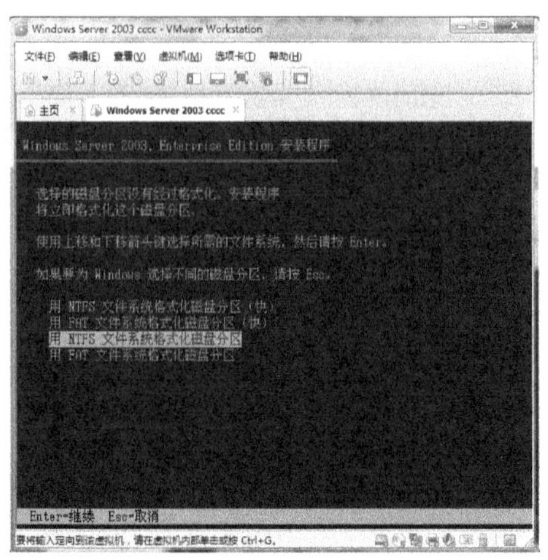

图 3-2-7 格式化分区界面

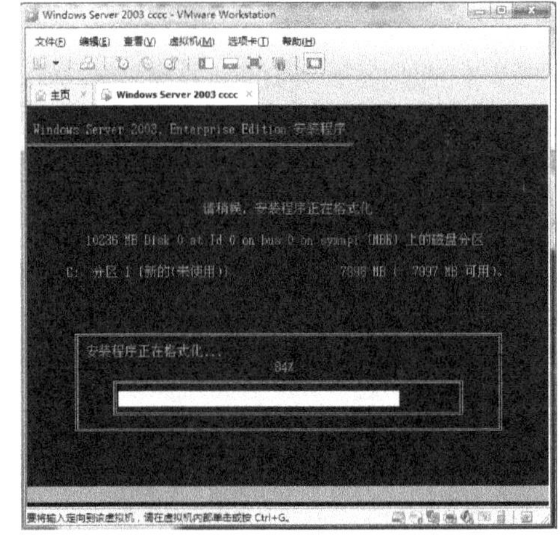

图 3-2-8 安装程序正在格式化

09 等待一段时间后进入图形配置界面，进入“区域和语言选项”界面，如图 3-2-9 所示，默认即可。

10 单击“下一步”按钮，进入“自定义软件”界面，填写姓名和单位名称，如图 3-2-10 所示。

11 单击“下一步”按钮，填写产品密钥，如图 3-2-11 所示。

12 单击“下一步”按钮，选择授权模式，这里选择“每服务器”模式，数目是默认的 5 台，如图 3-2-12 所示。

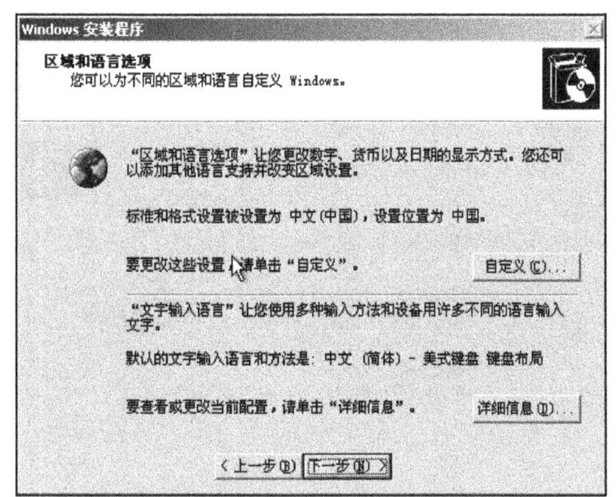

图 3-2-9　“区域和语言选项”界面

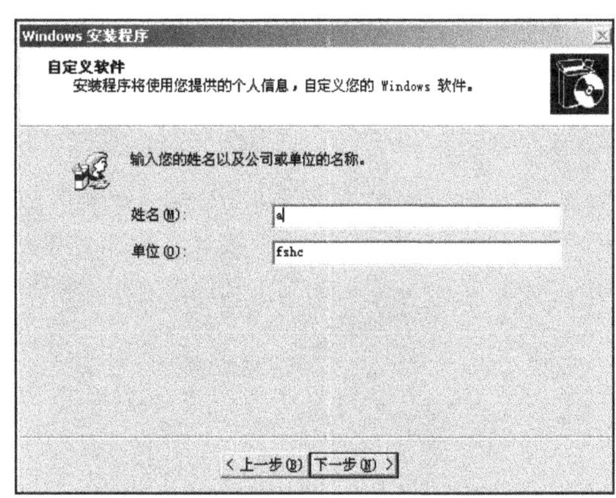

图 3-2-10　“自定义软件”界面

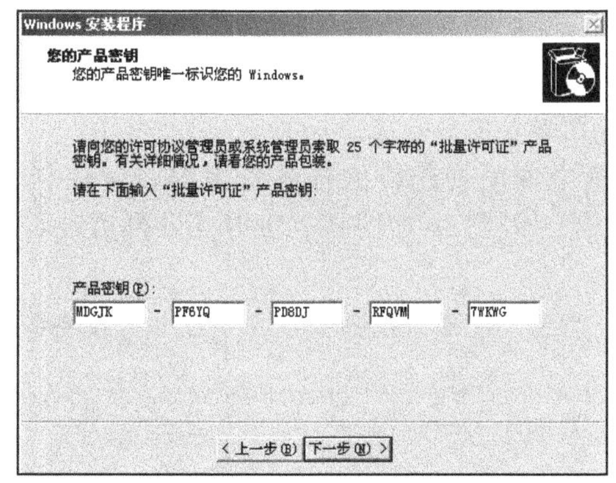

图 3-2-11　填写产品密钥

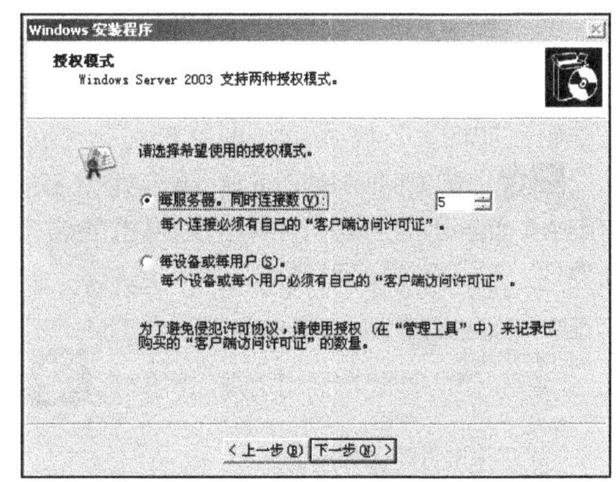

图 3-2-12　选择授权模式

13 单击“下一步”按钮，进入“计算机名称和管理员密码”界面，填写计算机名称和管理员密码，如图 3-2-13 所示。

14 单击“下一步”按钮，选择时区和时间，默认选择北京时区，如图 3-2-14 所示。

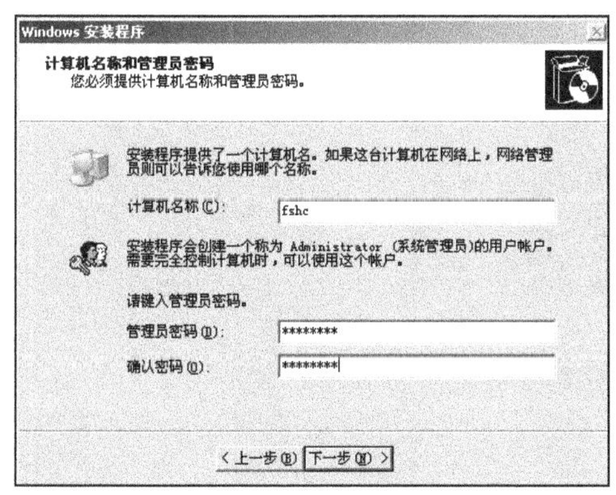

图 3-2-13　“计算机名称和管理员密码”界面

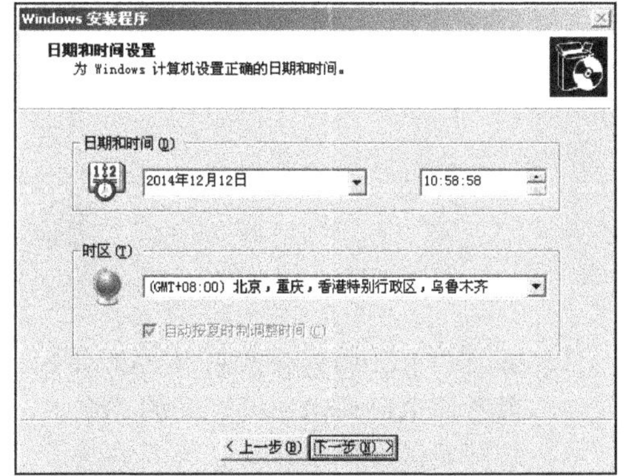

图 3-2-14　“选择时区和时间”界面

15 单击“下一步”按钮，进入系统安装过程界面，显示安装程序的内容和时间，如图 3-2-15 所示。

16 等待一段时间后，进入“网络设置”界面，本例选择“典型设置”单选按钮，系统安装完成后再对网络进行设置，如图 3-2-16 所示。

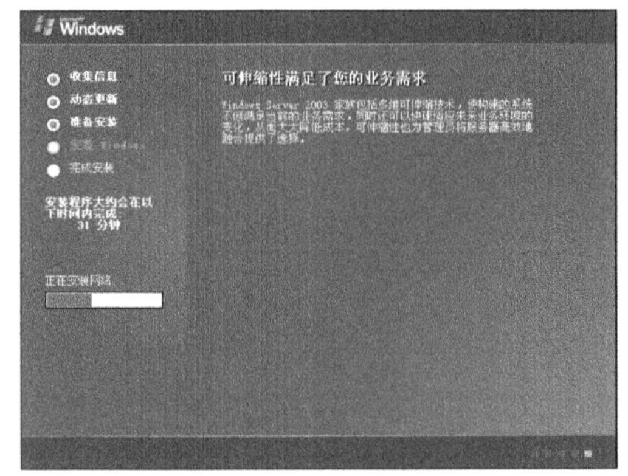

图 3-2-15　系统安装过程界面

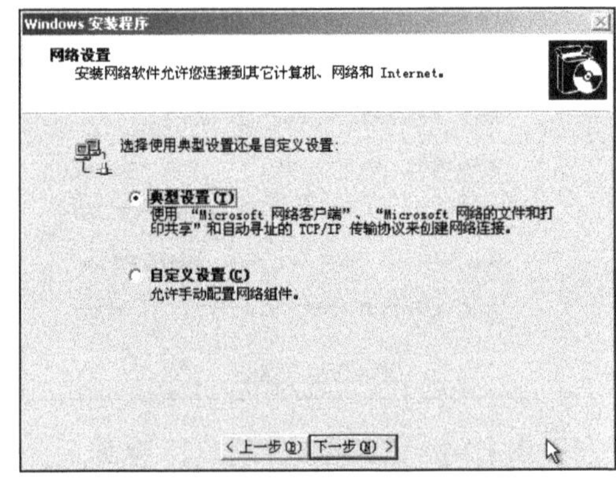

图 3-2-16　“网络设置”界面

17 单击“下一步”按钮，进入“工作组或计算机域”界面，默认加入 WORKGROUP 工作组，如图 3-2-17 所示，再单击“下一步”按钮，系统安装完成。

18 按 Ctrl+Alt+Delete 组合键（在虚拟机中调出物理机的任务管理器，建议使用 Ctrl+Alt+Insert 组合键，不同的虚拟机的这个设置也不相同），如图 3-2-18 所示，然后进入登录界面，输入密码即可登录，进入系统。

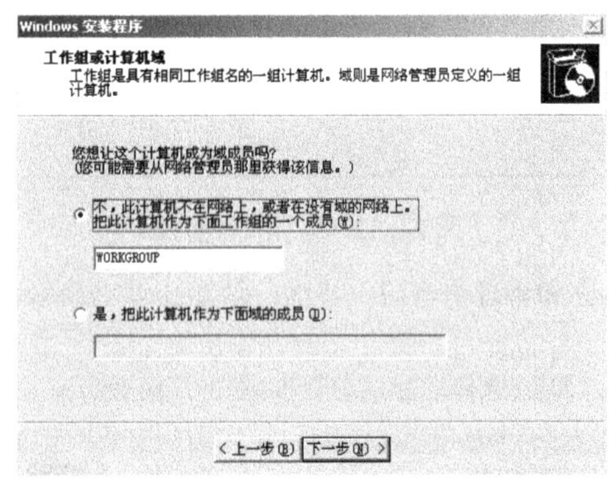

图 3-2-17　“工作组或计算机域”界面

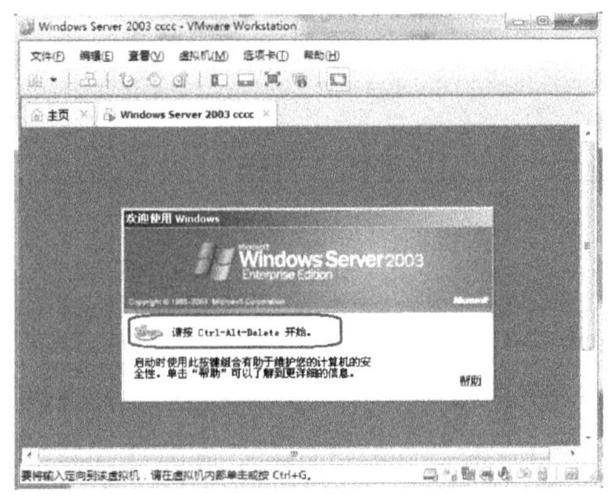

图 3-2-18　系统登录界面

1. 练习在 VMware 中安装 Windows Server 2003 系统。
2. 思考虚拟机与宿主机之间的关系。
3. 掌握安装过程中硬盘分区的方法。

项目 4 DNS服务器的安装与配置

◎ 项目导读

DNS（Domain Names System，域名系统）是一种组织为域层次结构的计算机和网络服务命名系统，用户可以通过它使用友好的名称查找计算机和服务在网络上的位置。本项目讲解 DNS 服务器的安装、设置与管理方面的内容，并深入介绍 DNS 主区域、辅助区域、存根区域、子域委派和转发的设置与管理。

◎ 能力目标

- 能理解 DNS 的概念和工作原理。
- 能正确配置 Windows 环境中的 DNS 服务器。
- 能理解和配置 DNS 主区域、辅助区域、存根区域、子域委派和转发。

DNS 服务器的安装与基本配置

◎ 任务描述

本任务包括在 Windows Server 2003 上安装 DNS 服务，使用 DNS 控制台配置和管理 DNS 服务。

◎ 任务目标

1. 掌握 DNS 服务的安装及客户端的配置。
2. 理解、设置和应用 DNS 服务器。
3. 掌握创建 DNS 正、反向解析区域的方法。
4. 会通过 DNS 域名服务器将指定的域名解析为正确的 IP 地址并能在局域网中访问。

◎ 设备工具

1. 一台安装有 Windows Server 2003 操作系统的计算机（作为 DNS 服务器）。
2. 一台装有 Windows XP、Windows 7 或 Windows Server 2003 操作系统的计算机（作为 DNS 客户端）。
3. 一张 Windows Server 2003 操作系统安装光盘（安装 DNS 服务器用）。

DNS 是 TCP/IP 中用于实现层次型名称管理的机制，是 TCP/IP 主机的静态层次结构名称的服务。DNS 包括概念上两个相互独立的方面：抽象方面，它规定名称语法以及名称管理特权的分派规则；具体方面，它描述高效名称/地址映射分布式计算机系统的实现。

DNS 的工作任务是在计算机主机名与 IP 地址之间进行映射，工作过程如图 4-1-1 所示。

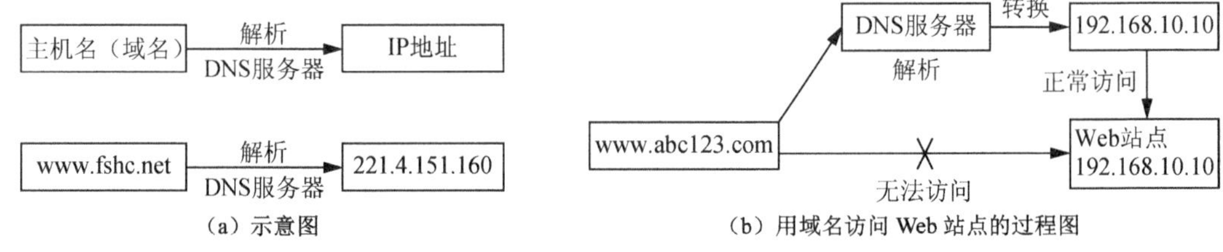

图 4-1-1　DNS 工作过程

在网络中当给每一台计算机（主机）分配了独立的 IP 地址后，可以通过 IP 地址找到这台计算机并与之进行通信。但是，当网络的规模较大时，使用 IP 地址就不太方便了，所以出现域名与 IP 地址之间的一种对应解决方案，即可以通过使用形象易记的主机名而非 IP 地址进行网络访问，这显然比单纯使用 IP 地址方便得多。

DNS 功能的形象比喻：当需要给张三打电话时，你可能知道这个人的姓名，而不知道他的电话号码，这时，可以通过查看电话号簿查得他的电话号码，从而与他进行通话。由此可以看出，电话号码的功能便是建立姓名与电话号码之间的映射关系，而 DNS 的功能类似电话号码簿。

活动 1　在 Windows Server 2003 上安装 DNS 服务

01 为服务器安装 DNS 服务。首先双击控制面板中的“添加/删除程序”图标，进入“添加/删除程序”窗口，单击左上方的“添加/删除 Windows 组件”按钮，弹出“Windows 组件向导”对话框，勾选“网络服务”复选框，如图 4-1-2 所示。

02 单击“详细信息”按钮，弹出“网络服务”对话框，勾选“域名系统（DNS）”复选框，如图 4-1-3 所示。

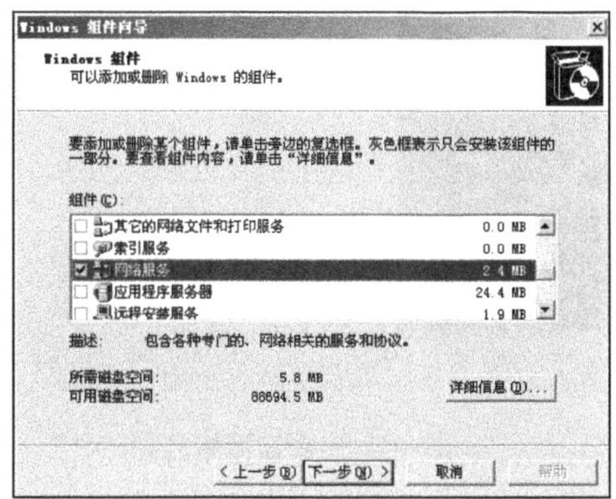

图 4-1-2　“网络服务”选项

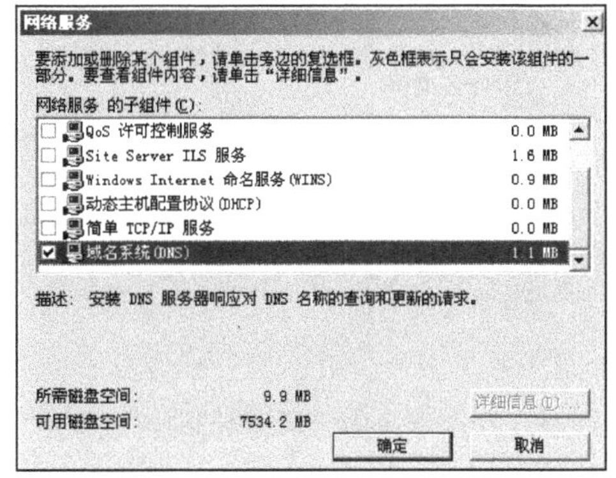

图 4-1-3　“域名系统（DNS）”选项

03 单击“确定”按钮，安装过程中要求插入“Windows Server 2003”安装光盘，查找到“I386”子目录并选择如图 4-1-4 所示的安装 DNS 服务器的文件。

04 选择文件后，单击“打开”按钮，完成 DNS 安装，如图 4-1-5 所示。

图 4-1-4　查找安装 DNS 服务器文件

图 4-1-5　完成 DNS 安装

活动 2　使用 DNS 控制台配置和管理 DNS 服务

DNS 控制台是 Windows Server 2003 中用于配置和管理 DNS 服务的基本工具。利用 DNS 控制台，用户既可以配置一个新的 DNS 服务器，又可以管理本地或远程 DNS 服务器，如添加和删除正、反向搜索区域，更新区域中的数据，管理区域如何在 DNS 服务器之间进行存储和复制，管理 DNS 服务器如何处理查询和动态更新以及管理区域的安全属性等。一旦用户成功地安装了 DNS 服务，即可使用 DNS 控制台配置和管理 DNS 服务。

第 1 步　创建 DNS 正向解析区域

01 在 DNS 服务器上选择“开始→程序→管理工具→DNS”命令，打开 DNS 控制台，如图 4-1-6 所示。

02 右击“正向查找区域”选项，在弹出的快捷菜单中选择“新建区域”命令，弹出“新建区域向导”对话框，如图 4-1-7 所示。

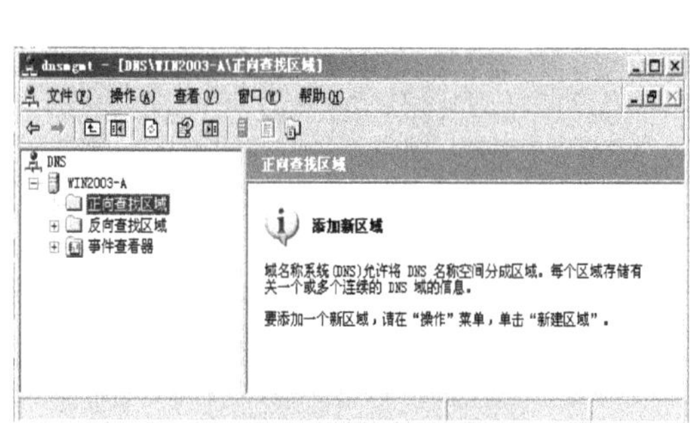

图 4-1-6　DNS 控制台

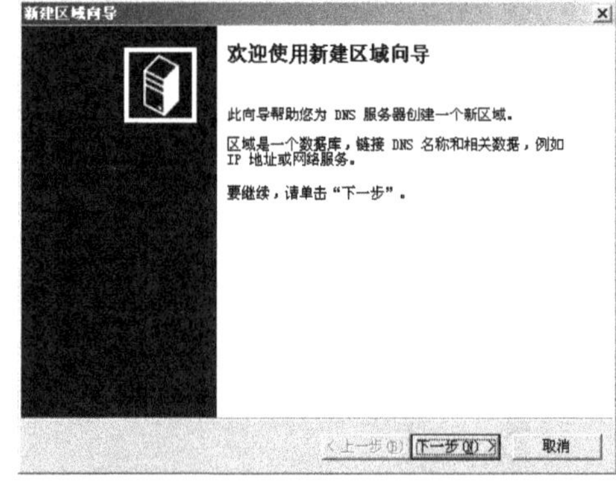

图 4-1-7　新建区域向导

03 单击“下一步”按钮，进入“区域类型”界面，可选择区域的类型，如图 4-1-8 所示。

04 选择“主要区域”单选按钮，单击“下一步”按钮，进入“区域名称”界面，在“区域名称”文本框中输入区域名称 cqn.com，如图 4-1-9 所示。

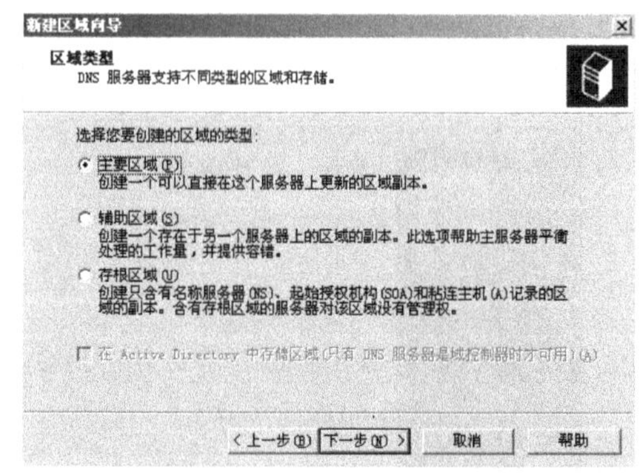

图 4-1-8　“区域类型”界面

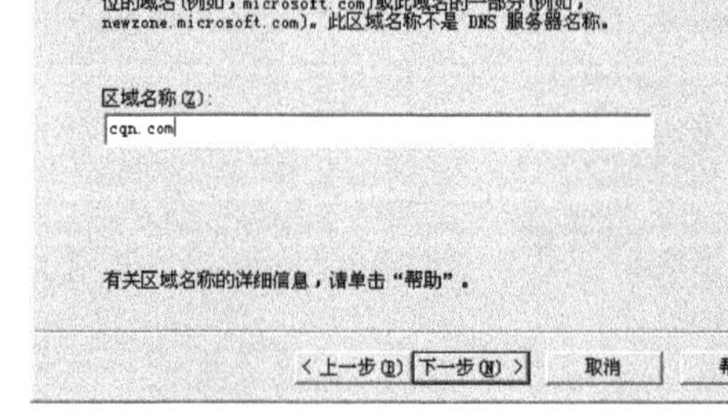

图 4-1-9　“区域名称”界面

05 单击“下一步”按钮，进入“区域文件”界面，如图 4-1-10 所示，可输入所建区域的文件名。系统会自动在区域名后加“.dns”作为扩展名，或使用一个已有文件。

06 选择“创建新文件，文件名为”单选按钮，单击“下一步”按钮，进入“正在完成新建区域向导”界面，对所建的区域设置信息进行汇总，如图 4-1-11 所示。

07 单击“完成”按钮，完成 DNS 正向解析区域的创建，返回 DNS 控制台就可以查看区域的状态，如图 4-1-12 所示。

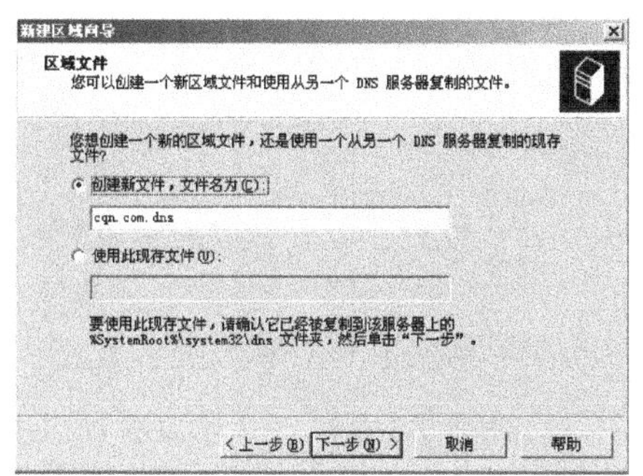

图 4-1-10　“区域文件”界面

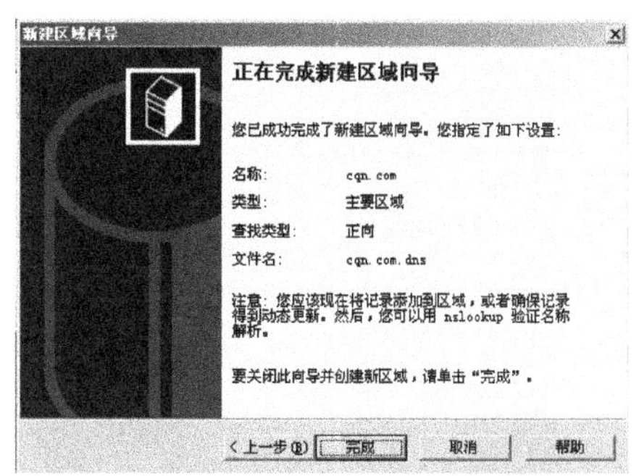

图 4-1-11　“正在完成新建区域向导”界面

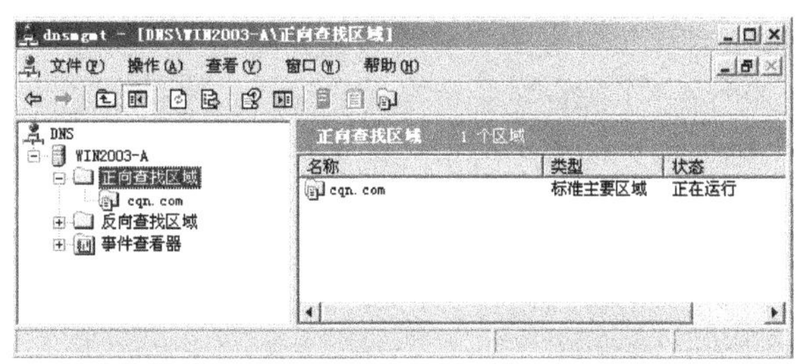

图 4-1-12　在 DNS 控制台下查看区域的状态

第 2 步　创建 DNS 反向解析区域

01 在图 4-1-13 中右击“反向查找区域”，在弹出的快捷菜单中选择“新建区域”命令，进入新建区域向导。

02 在“新建区域向导”对话框中单击“下一步”按钮，进入“区域类型”界面。同正向查找区域一样，在此选择所建反向查找区域的区域类型，如图 4-1-14 所示。

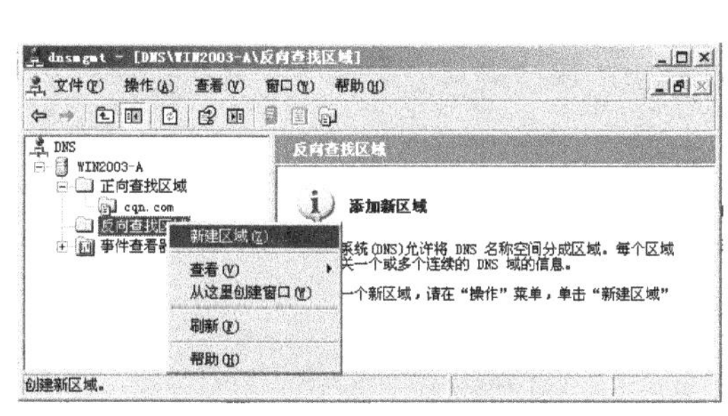

图 4-1-13　DNS 控制台

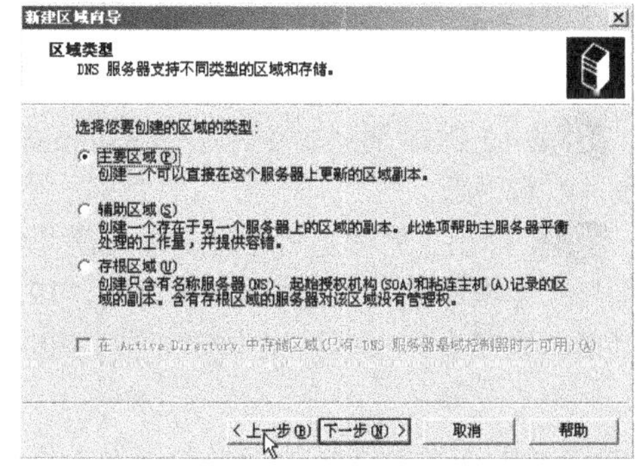

图 4-1-14　选择所建反向查找区域的区域类型

03 选择“主要区域”单选按钮，单击“下一步”按钮，进入“反向查找区域名称”界面，如图 4-1-15 所示。输入用来标识区域的网络 ID（本服务器 IP 地址的前三个数值），根据所输入的网络 ID 自动生成反向查找区域的名称。

04 单击“下一步”按钮，进入“区域文件”界面，在此为反向查找区域创建了一个文件。同正向查找一样，系统会自动在区域名后加“.dns”作为扩展名，或者使用一个已有文件，如图 4-1-16 所示。

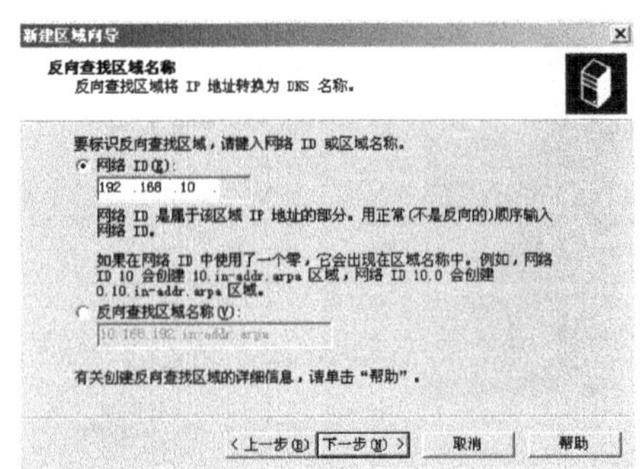

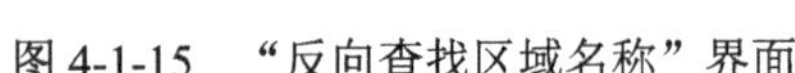
图 4-1-15 “反向查找区域名称”界面

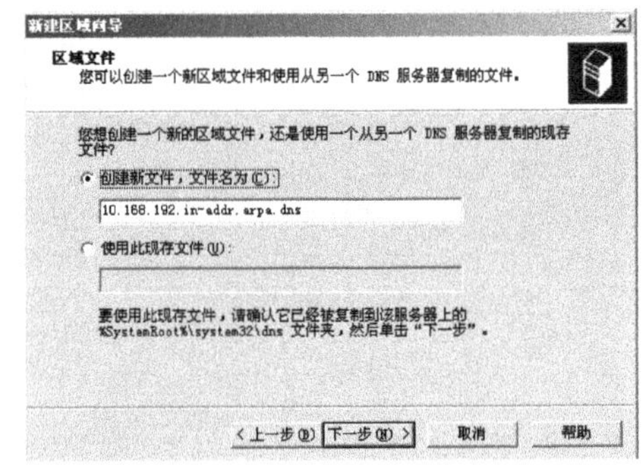

图 4-1-16 “区域文件”界面

05 选择“创建新文件，文件名为”单选按钮，单击“下一步”按钮，进入“正在完成新建区域向导”界面，如图 4-1-17 所示。

06 单击“完成”按钮就可完成反向查找区域的创建。返回 DNS 控制台可查看所建的区域信息，如图 4-1-18 所示。

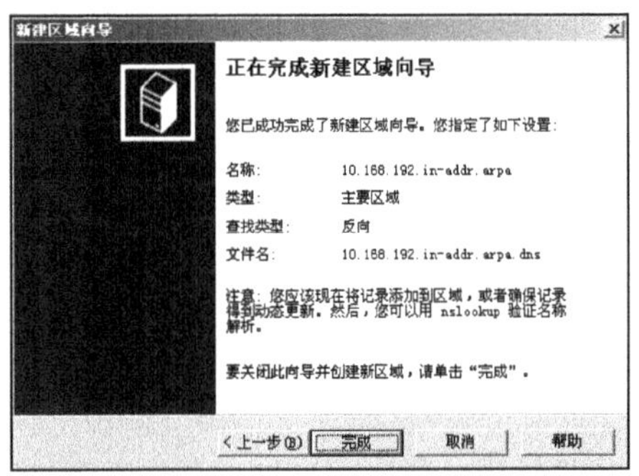

图 4-1-17 正在完成新建区域向导

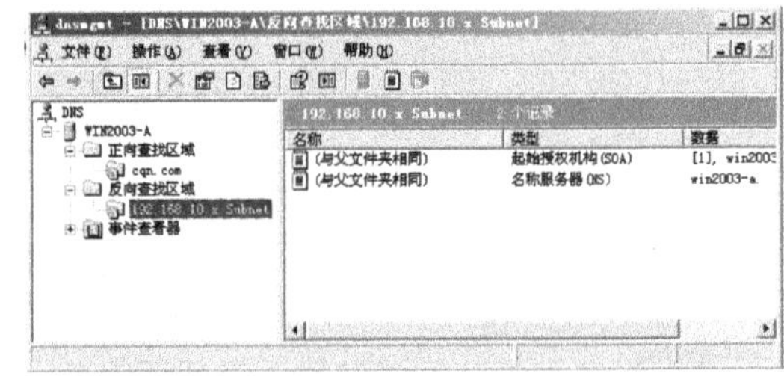

图 4-1-18 在 DNS 控制台下查看所建的区域信息

第 3 步 在 DNS 服务器上创建主机记录

01 在 DNS 服务器中右击 cqn.com 选项，在弹出的快捷菜单中选择“新建主机”命令，如图 4-1-19 所示。

02 弹出“新建主机”对话框，在“名称”文本框中输入主机记录名称“www”，在“IP 地址”文本框中输入此主机的 IP 地址“192.168.10.1”。勾选“创建相关的指针（PTR）记录”复选框，系统会在反向区域中自动创建指针记录，如图 4-1-20 所示。

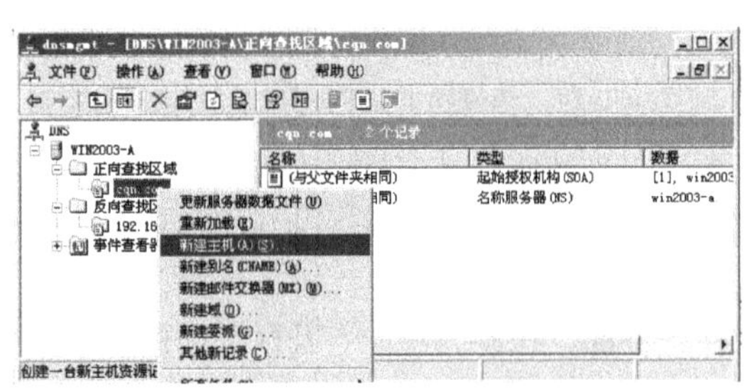

图 4-1-19 在 DNS 控制台下新建主机记录

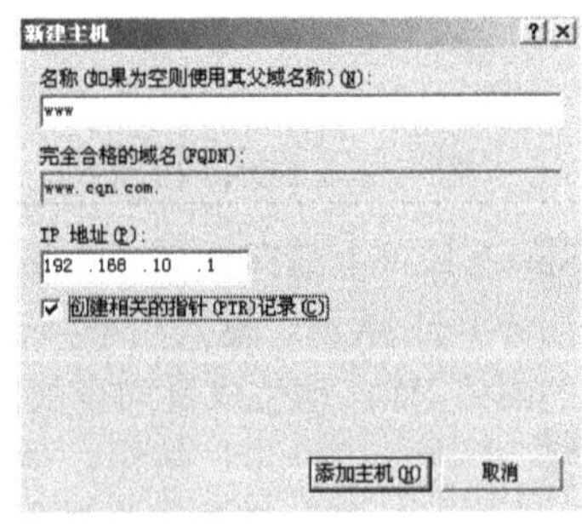

图 4-1-20 新建主机

03 单击“添加主机”按钮，在反向查找区域内创建了“wwww.cqn.com”指针，如图 4-1-21 所示。

04 在 DOS 环境下，使用 nslookup 命令，可查看到主机名，如图 4-1-22 所示（注意：如果把自己的计算机设置成为 DNS 服务器，则在设置“TCP/IP 属性”时，首选 DNS 服务器应该是自己的计算机的 IP 地址，否则无法正确解析，如图 4-1-23 所示）。

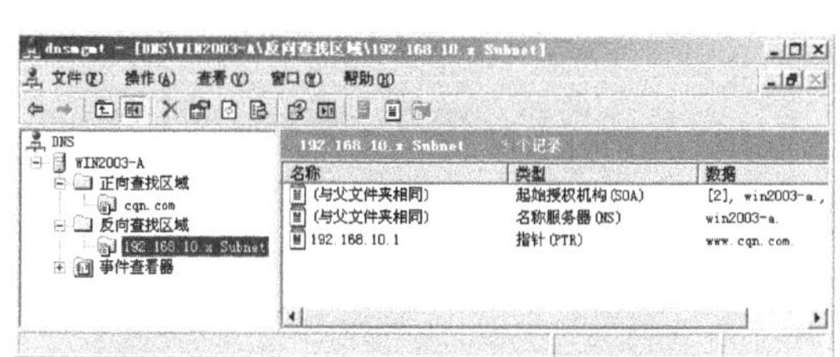

图 4-1-21　在反向查找区域创建指针

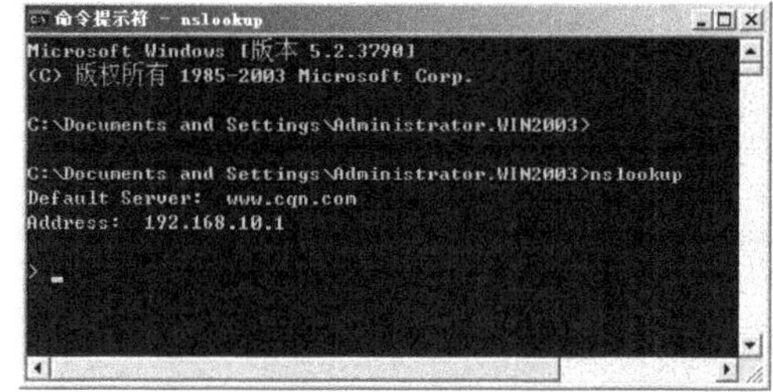

图 4-1-22　用 nslookup 命令查看解析结果

05 在 DOS 窗口中输入“nslookup www.cqn.com”命令进行解析，出现如图 4-1-24 所示界面。这表明当客户端把主机名作为查询请求提交给 DNS 服务器时，DNS 服务器把主机名解析为 IP 地址。

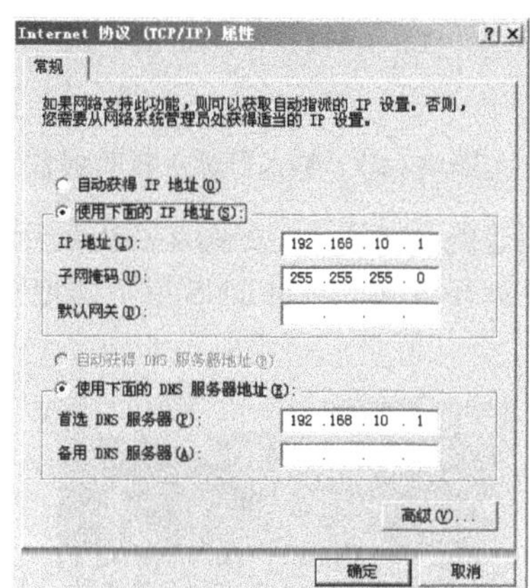

图 4-1-23　首选 DNS 服务器设置

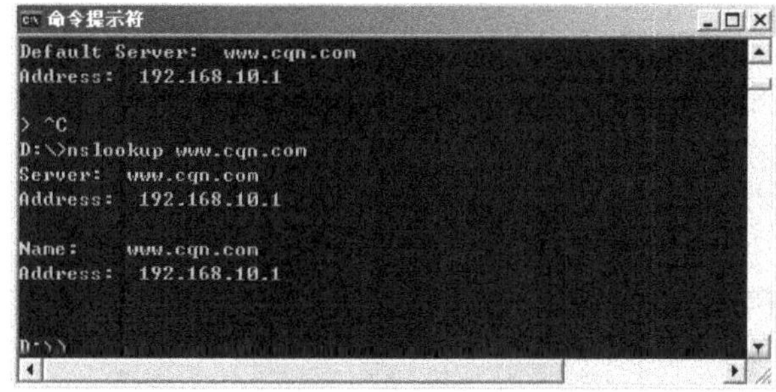

图 4-1-24　用 nslookup 命令进行名称解析

06 还可以利用 ping 命令进行测试。在客户端 DOS 窗口中输入“ping www.cqn.com”命令，出现如图 4-1-25 所示界面，说明解析成功。

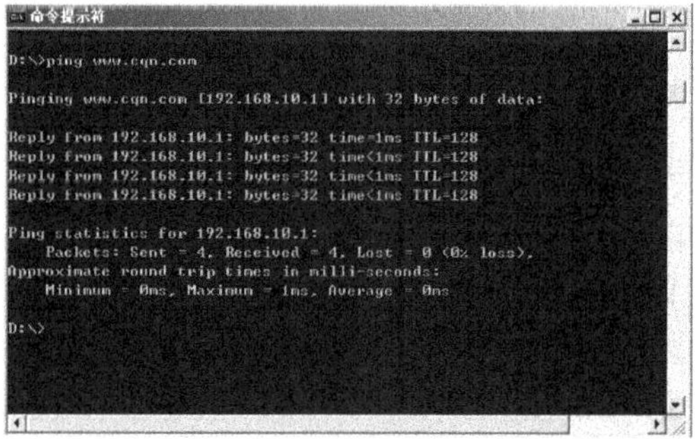

图 4-1-25　用 ping 命令进行名称解析

第 4 步　创建别名记录

01 在 DNS 服务器中右击 cqn.com 选项，在弹出的快捷菜单中选择“新建别名”命令，如图 4-1-26 所示。

02 弹出“新建资源记录”对话框，在“别名”文本框中输入记录的名称，在“目标主机的完全合格的名称”文本框处浏览、查找或者创建要为哪个主机记录创建别名，如图 4-1-27 所示。

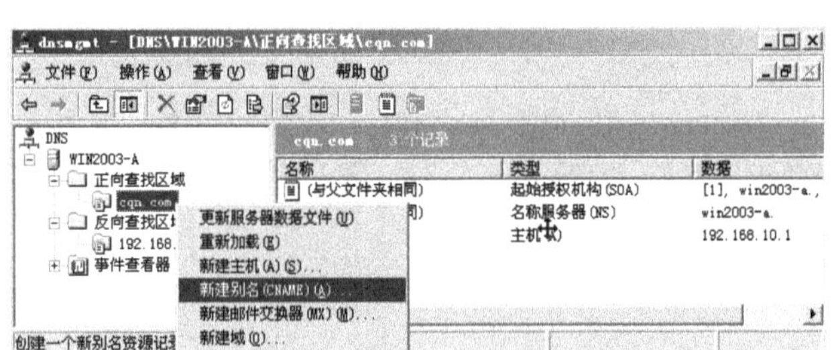

图 4-1-26　新建别名

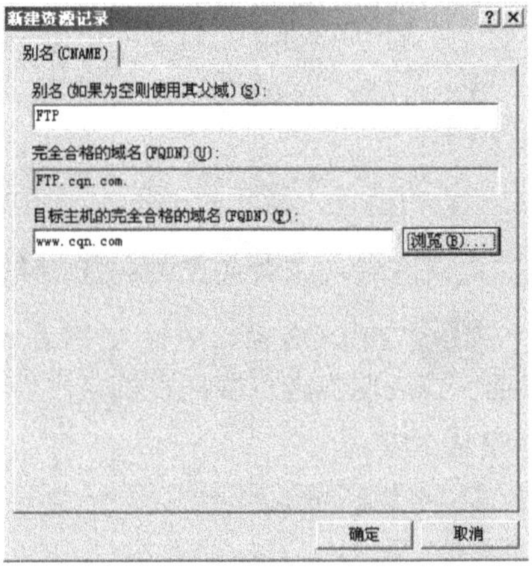

图 4-1-27　输入目标主机的别名

03 单击“确定”按钮，返回 DNS 控制台，可看到所建的别名记录，如图 4-1-28 所示。

04 在 DOS 窗口中输入“nslookup ftp.cqn.com”命令进行查询，说明 DNS 服务器把别名 FTP 解析为 www.cqn.com，如图 4-1-29 所示。

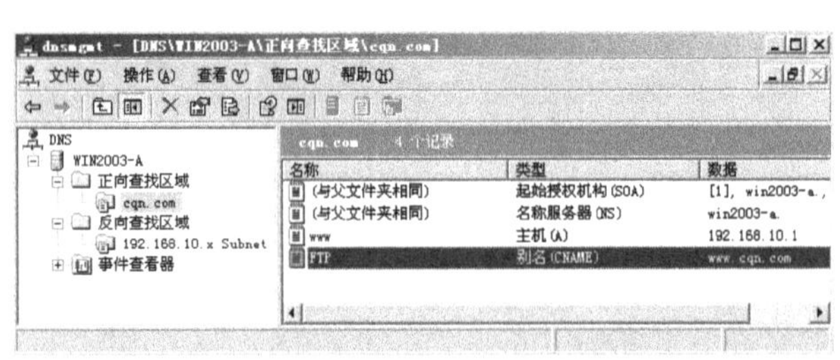

图 4-1-28　在 DNS 控制台下查看别名记录资源

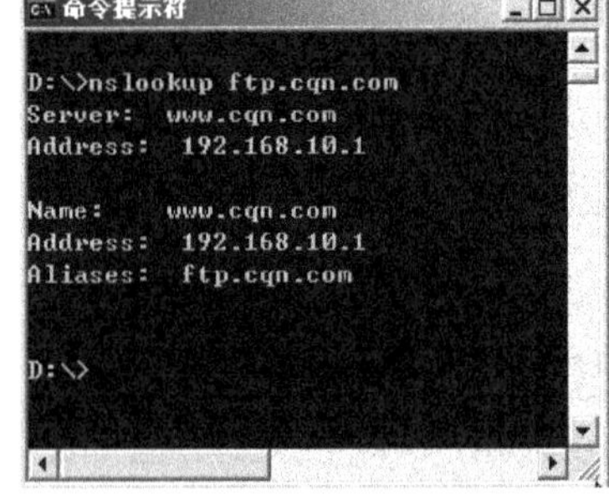

图 4-1-29　利用 nslookup 命令进行名称解析

第 5 步　在主要区域内创建电子邮件交换记录

当发送电子邮件时，用户的邮件服务器必须要将该邮件转发到目的邮件服务器中，那么用户的邮件服务器如何得知目的邮件服务器名称呢？这就需要在 DNS 服务器中创建 MX 记录，通过 MX 记录告知邮件该发往何处。下面介绍邮件交换记录的创建方法。

01 在 DNS 服务器中右击已创建的主要区域（cqn.com），弹出如图 4-1-30 所示的快捷菜单。

02 选择“新建邮件交换器”命令，弹出如图 4-1-31 所示的“新建资源记录”对话框。

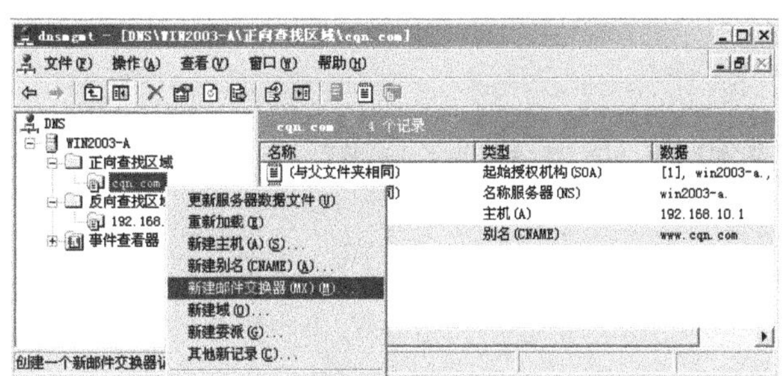

图 4-1-30　DNS 控制台　　　　图 4-1-31　“新建资源记录”对话框

03 在确认输入无误后，单击“确定”按钮，该邮件交换记录（即邮件服务器）创建成功，其名称将会显示在 DNS 窗口中，如图 4-1-32 所示。

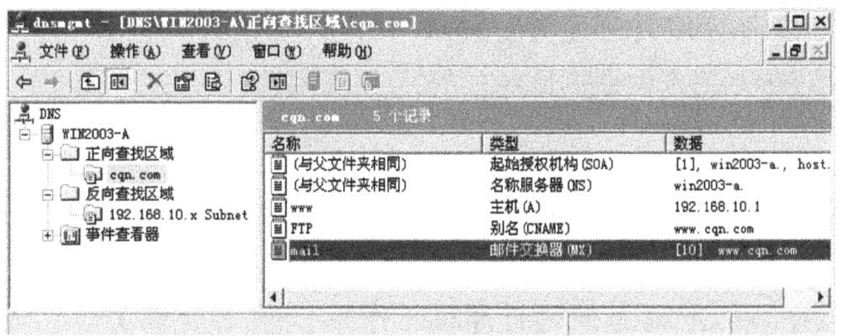

图 4-1-32　创建邮件交换器

小贴士

DNS 对话框中的主要功能项

1）主机或域：在此输入邮件交换记录（一般是指邮件服务器）的域名，如果该域名与“父域”的名称相同，可以不输入。

2）邮件服务器：在此输入负责域中邮件传送工作的邮件服务器的全称域名 FQDN（如 cqn.com），这个 FQDN 必须为一条已创建的主机记录。

3）邮件服务器优先级：当该区域内有多个 MX 记录（即有多个邮件服务器）时，可以在此处输入一个数字来确定其优先级，数字越低，优先级越高（0 最高）。当一个区域中有多个邮件服务器，且邮件要经此区域的邮件服务器传送时，它会先选择优先级最高的邮件服务器，如果传送失败，再选择优先级较低的邮件服务器；如果有两台以上的邮件服务器的优先级相同时，会从中随机地选择一台邮件服务器。

1．DNS 解析和 Hosts 有何不同？

2．如何在局域网中实现 DNS 服务？
3．如何在 Windows Server 2003 中创建主要区域及其记录？
4．如何在 Windows Server 2003 中创建反向区域及其记录？
5．如何利用所掌握的知识解决实际中可能出现的问题？

任务 4.2 DNS 辅助区域和存根区域的配置

◎ 任务描述

在完成 DNS 服务器的安装与基本配置后，本任务讲述 DNS 的辅助区域和存根区域的配置和应用环境，让学生更进一步地掌握 DNS 的应用。

◎ 任务目标

1. 掌握 DNS 辅助区域的配置与管理。
2. 掌握 DNS 存根区域的配置与管理。
3. 掌握 DNS 辅助区域和存根区域的特点与区别。

◎ 设备工具

1. 一台安装有 Windows Server 2003 操作系统的计算机（作为 DNS 主服务器和辅服务器）。
2. 一台安装有 Windows 系统的计算机（作为 DNS 客户端）。
3. 一张 Windows Server 2003 安装光盘（安装 DNS 服务器用）。

知识 1 DNS 辅助区域

为了防止 DNS 服务器由于各种软硬件故障导致停止 DNS 服务，建议在同一个网络中部属两台或两台以上的 DNS 服务器，其中一台作为主 DNS 服务器，其他的作为辅助 DNS 服务器。当主 DNS 服务器正常运行时，辅助 DNS 服务器只起备份作用。当主 DNS 服务器发生故障后，辅助 DNS 服务器立即启动承担 DNS 解析服务。另外，辅助 DNS 服务器会自动从主 DNS 服务器中获取相应的数据，因此无需在辅助 DNS 服务器中添加各个主机记录。

知识 2 DNS 存根区域

存根区域是 Windows Server 2003 新增加的功能。存根区域依然是一种副本区域，但与辅助区域不同的是，在存根区域内只保存 SOA、NS 以及 A 记录。也就是说，我们为某一区域配置存根区域，实际上在生成的存根区域中只包含这三种记录，其他的都不会被复制，此区域只是包含了用于分辨主要区域权威 DNS 服务器的记录。

SOA（委派区域的起始授权机构）：此记录用于识别该区域的主要来源 DNS 服务器和其他区域属性。

NS（名称服务器）：此记录包含了此区域的权威 DNS 服务器列表。

A 记录（粘附 A 记录）：此记录包含了此区域的权威 DNS 服务器的 IP 地址。

默认情况下，区域数据以文本文件格式存放，不过也可以和主要区域一样将存根区域的数据存放在活动目录中并且随着活动目录数据的复制而复制。

活动 1　部署实训环境

DNS 辅助或存根区域实训拓扑结构如图 4-2-1 所示。

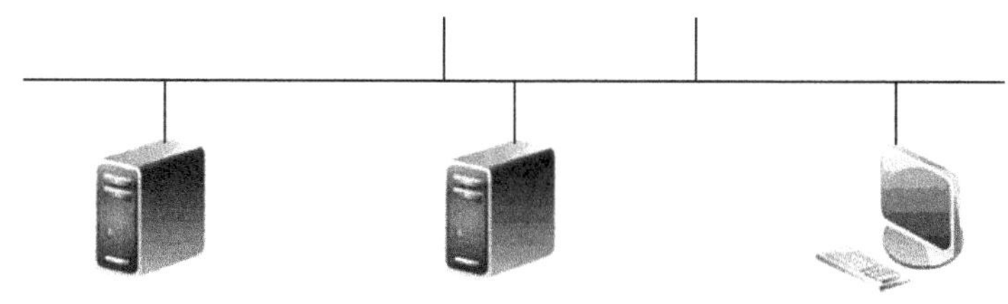

主机名称：DNS1
系统：Windows Server2003 SP2
IP地址：192.168.10.1
掩码：255.255.255.0
首选DNS：192.168.10.1
角色：DNS主要区域解析

主机名称：DNS2
系统：Windows Server2003 SP2
IP地址：192.168.10.11
掩码：255.255.255.0
首选DNS：192.168.10.11
角色：DNS辅助区域或
DNS存根区域解析

主机名称：XP3
主DNS扩展名：cqn.com
系统：Windows Server2003 SP2
IP地址：192.168.10.1
角色：单机

图 4-2-1　辅助或存根 DNS 区域实训拓扑图

活动 2　创建辅助区域

01 设置主 DNS 服务器 WIN2003-A（DNS1）：IP 地址为 192.168.10.1，在 A DNS 服务器上创建一个正向查找区域 cqn.com，并添加两条 A 记录：www.cqn.com 对应 IP 地址为 192.168.10.1 和 aaa.cqn.com 对应 IP 地址为 192.168.10.11（两条记录用于测试），如图 4-2-2 所示。

02 设置辅助 DNS 服务器 WIN2003-B（DNS2）：IP 地址为 192.168.10.11，在 B DNS 服务器上，右击“正向查找区域”选项，在弹出的快捷菜单中选择“新建区域”命令，如图 4-2-3 所示。

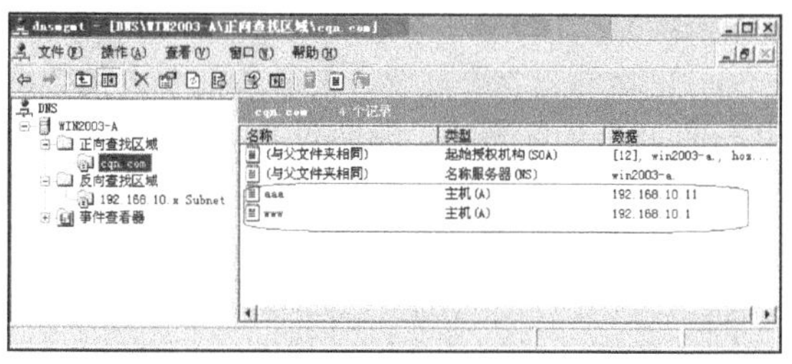

图 4-2-2　设置主 DNS 服务器

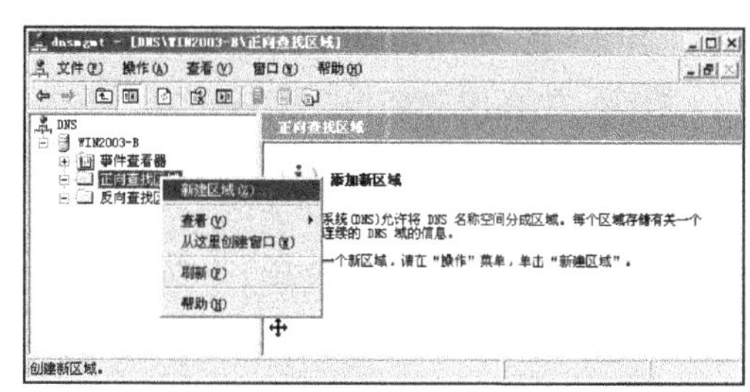

图 4-2-3　新建区域界面

03 弹出“新建区域向导”对话框，单击“下一步”按钮。在弹出的“区域类型”对话框中选择“辅助区域”单选按钮，并单击“下一步”按钮，如图 4-2-4 所示。

04 进入“区域名称”界面，需要输入区域名称。需要注意的是，这里输入的区域名称必须和主要区域的名称完全相同。在“区域名称”文本框中输入“cqn.com”，并单击“下一步”按钮，如图 4-2-5 所示。

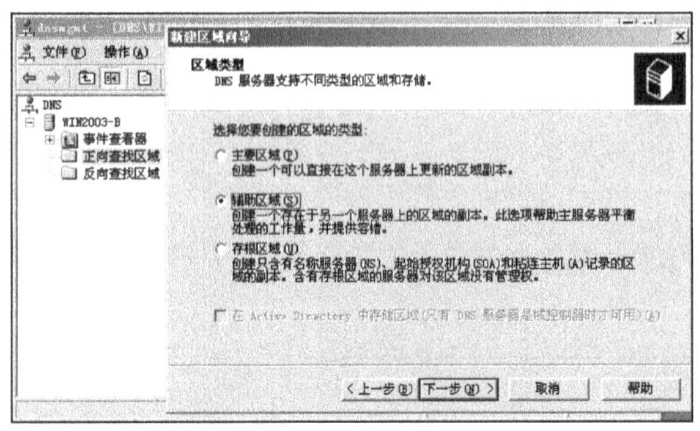

图 4-2-4　选择辅助区域

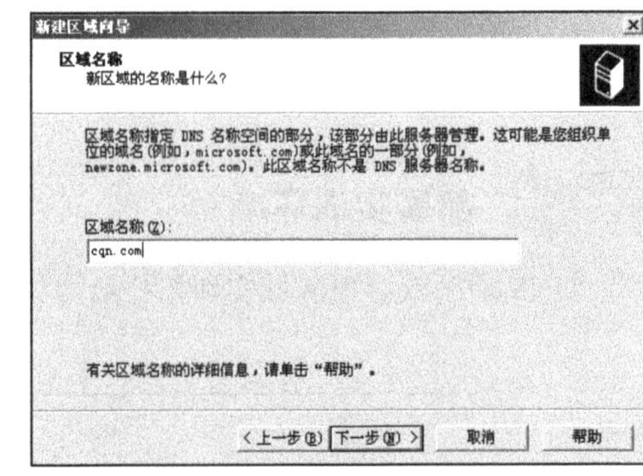

图 4-2-5　设置主要区域名称

05 进入“主 DNS 服务器”界面，在“IP 地址”文本框中输入主 DNS 服务器的 IP 地址，以便从主 DNS 服务器中复制数据。完成输入后依次单击“添加”、“下一步”按钮，如图 4-2-6 所示。

06 进入“正在完成新建区域向导”界面，列出已经设置的内容。确认无误后，单击“完成”按钮，完成辅助 DNS 区域的创建过程，该辅助 DNS 服务器会每隔 15min 自动和主 DNS 服务器进行数据同步操作，如图 4-2-7 所示。

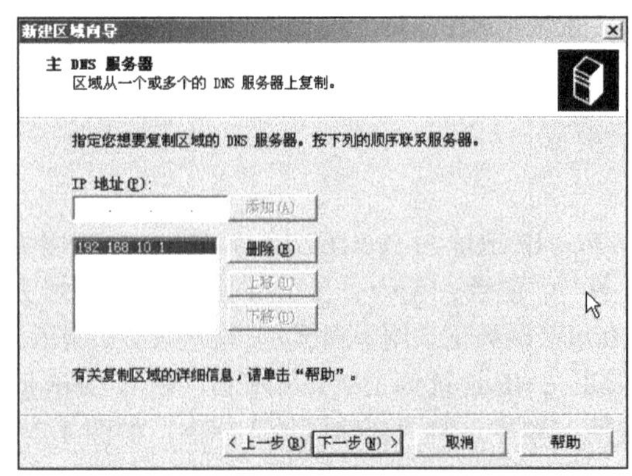

图 4-2-6　添加主 DNS 服务器 IP 地址

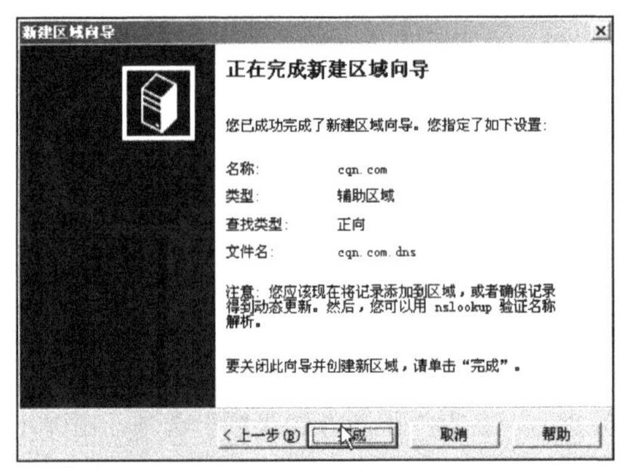

图 4-2-7　完成创建辅助区域界面

07 在 B 服务器上，如图 4-2-8 所示，cqn.com 区域前面有个红叉，表示 A 服务器的数据没有加载到 B 服务器，我们需要在 A 服务器上做一些相应的配置才能复制过来。

08 在 A 服务器上，右击 cqn.com 选项，在弹出的快捷菜单中选择“属性”命令，在弹出的对话框中选择“区域复制”选项卡，勾选“允许区域复制”复选框，选择“到所有服务器”单选按钮（或选择“只允许到下列服务器”单选按钮，并在“IP 地址”文本框中输入 DNS 辅助服务器的计算机的 IP 地址，单击“添加”按钮）。最后，单击“确定”按钮，保存所做的设置即可，如图 4-2-9 所示。

09 回到 B 服务器上，右击 cqn.com 选项，在弹出的快捷菜单中选择“从主服务器复制”命令，如图 4-2-10 所示。

10 在 B 服务器上，刷新一下，区域就复制过来了，对照图 4-2-2 所示界面，显示的记录信息完全相同，如图 4-2-11 所示。

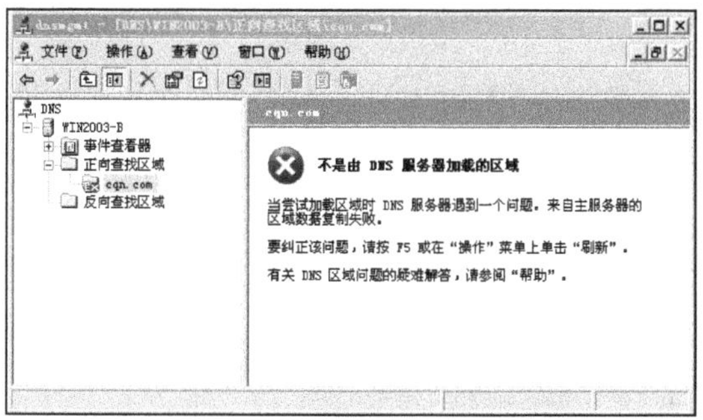

图 4-2-8　辅助域复制主域数据失败

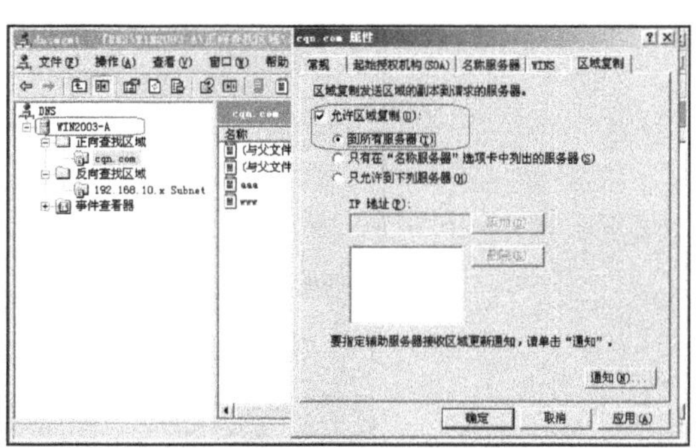

图 4-2-9　设置 A 服务器的允许区域复制

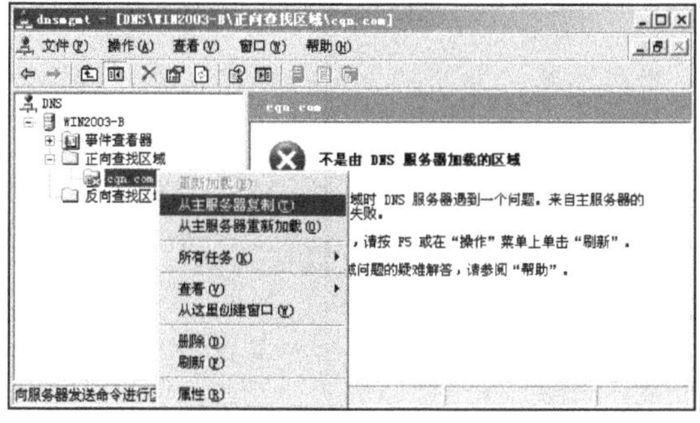

图 4-2-10　从主服务器复制数据

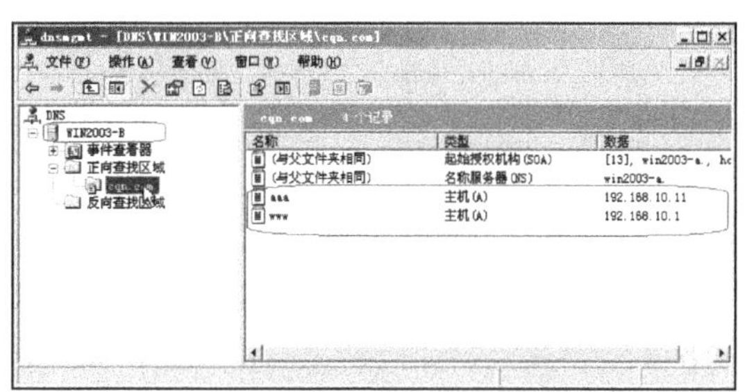

图 4-2-11　成功从主服务器复制数据界面

活动 3　创建 DNS 存根区域

01 设置主 DNS 服务器 WIN2003-A（DNS1）：跟“活动 1 创建辅助区域”做法一样，有 1 条 SOA、NS 和 2 条 A 记录，cqn.com 共有 4 个记录，如图 4-2-12 所示。

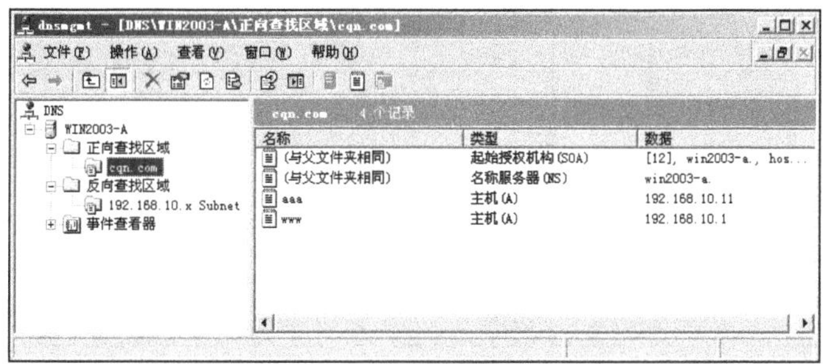

图 4-2-12　设置主 DNS 服务器

02 设置存根 DNS 服务器 WIN2003-B（DNS2）：IP 地址为 192.168.10.11，在 B DNS 服务器上，右击“正向查找区域”选项，在弹出的快捷菜单中选择“新建区域”命令，如图 4-2-13 所示。

03 弹出“新建区域向导”对话框，单击“下一步”按钮。在弹出的“区域类型”对话框中选择“存根区域”单选按钮，并单击“下一步”按钮，如图 4-2-14 所示。

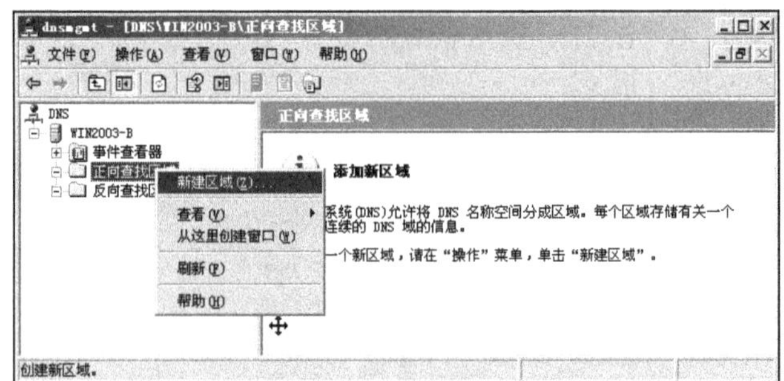

图 4-2-13　新建区域界面

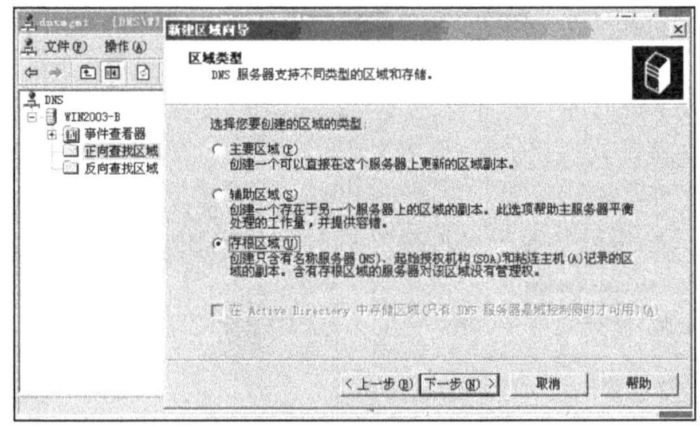

图 4-2-14　选择存根区域

04 接下来的做法如图 4-2-4、图 4-2-5 所示，最后进入“正在完成新建区域向导”界面，完成“存根区域”的创建过程，如图 4-2-15 所示。

05 接下来的做法如图 4-2-7～图 4-2-9 所示，完成 A 服务器（主 DNS 服务器）的数据加载（复制）到 B 服务器（存根 DNS 服务器）过程，存根区域只显示 SOA 和 NS 记录，结果如图 4-2-16 所示。

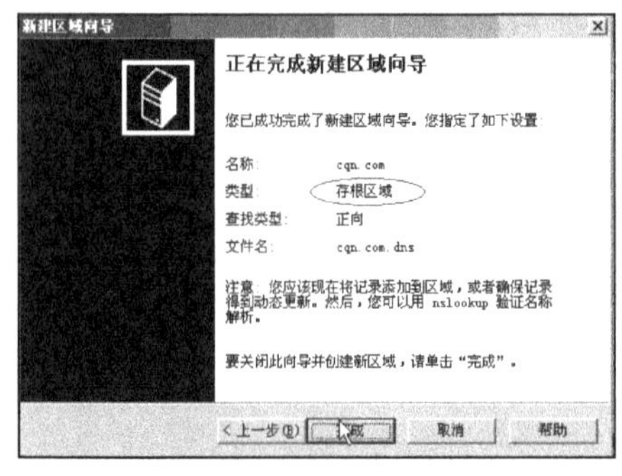

图 4-2-15　完成创建“存根区域”界面

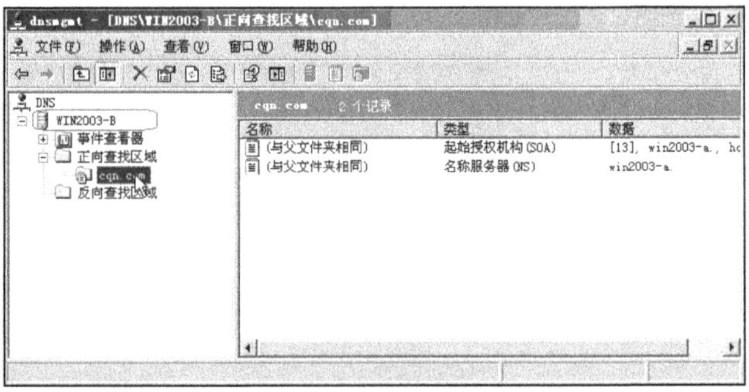

图 4-2-16　成功从主服务器复制 SOA 和 NS 数据

小贴士

DNS 存根区域和辅助区域的区别

存根区域和辅助区域有类似之处，都要从区域的主服务器复制数据。不同之处在于，辅助区域复制区域中的所有记录，但存根区域只复制区域的 SOA 记录、NS 记录以及解析

NS 记录的 A 记录（也称粘连记录）。也就是说，存根区域并不需要在自己的区域中保存所有的 DNS 记录，存根区域只要知道利用哪个 DNS 服务器可以对 DNS 记录进行解析就可以了。

存根区域是一个区域副本，只包含标识该区域的权威域名系统（DNS）服务器所需的那些资源记录。存根区域用于使主持父区域的 DNS 服务器知道其子区域的权威 DNS 服务器，从而保持 DNS 名称解析效率。

1．搭建 DNS 主服务器，并添加一条以上 A 记录。

2．搭建 DNS 辅助区域服务器，完成主—辅服务器数据的区域复制。

3．搭建 DNS 存根区域服务器，完成主—存根服务器数据的区域复制，并跟辅助服务器复制的数据进行比较。

任务 4.3　DNS 委派、转发的配置

◎ 任务描述

在完成 DNS 的辅助区域和存根区域的配置后，本任务讲述 DNS 委派和转发的配置和应用环境，让学生更进一步地掌握 DNS 的应用。

◎ 任务目标

1．掌握 DNS 子域与委派配置与管理。

2．掌握 DNS 转发的配置与管理。

3．掌握 DNS 辅助区域、存根区域、委派、转发应用的特点和区别。

◎ 设备工具

1．两台安装有 Windows Server 2003 操作系统的计算机（作为主 DNS 服务器和辅助 DNS 服务器）。

2．一台装有 Windows 系统的计算机作为 DNS 客户端。

3．一张 Windows Server 2003 安装光盘（安装 DNS 服务器用）。

现在一些大公司下面有许多小公司，这些小公司可能分布在世界各地，这时就需要根据地理位置配置许多 DNS，但是整个公司会有一个主 DNS 及很多的子域，它们对各个区域进行分别管理，在域中划分多个区域的主要目的是简化 DNS 的管理任务，即委派一组权威名称服务器来管理每个区域。采用这样的分布式结构，当域名称空间不断扩展时，各个域的管理员可以有效地管理各自的子域。

DNS 负责本网络区域的域名解析，对于非本网络的域名，可以通过上级 DNS 解析。通过设置转发器，可将自己无法解析的名称转到下一个 DNS 服务器。

活动 1 配置 DNS 子域委派

第 1 步 部署实训环境

DNS 子域委派实训拓扑结构如图 4-3-1 所示。

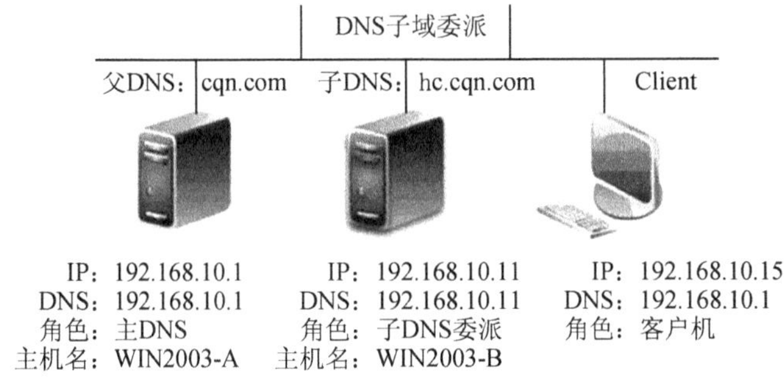

图 4-3-1 DNS 子域委派实训拓扑图

第 2 步 DNS 子域委派的配置

01 设置主 DNS 服务器 WIN2003-A：IP 地址为 192.168.10.1，在 A DNS 服务器上创建一个正向查找区域 cqn.com，如图 4-3-2 所示。

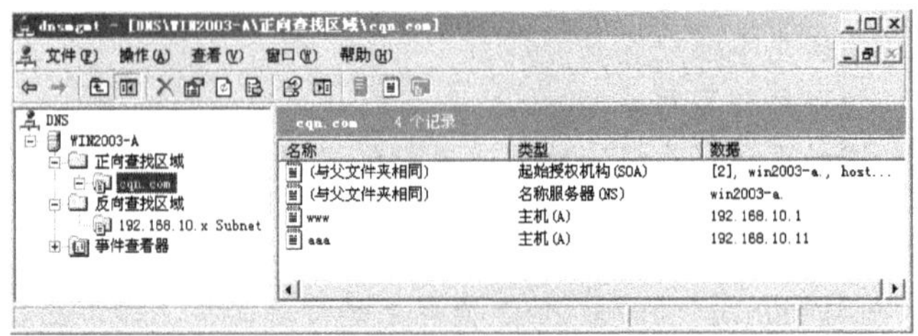

图 4-3-2 设置主 DNS 服务器

02 右击 cqn.com 选项，在弹出的快捷菜单中选择“新建委派”命令，如图 4-3-3 所示。

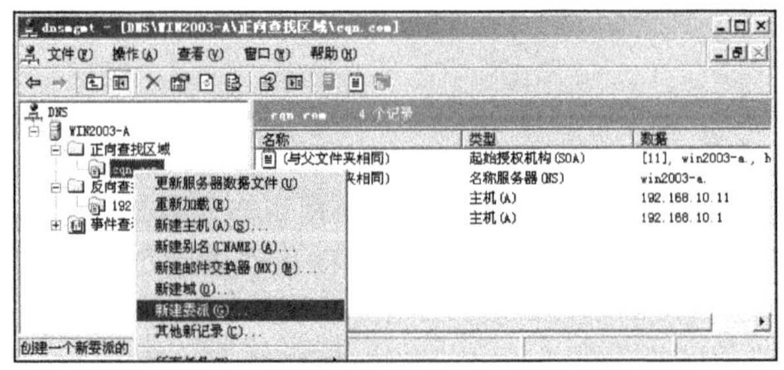

图 4-3-3 新建委派

03 在“委派的域”文本框中输入“hc”，生成 hc.cqn.com 子域，单击“下一步”按钮，如图 4-3-4 所示。

04 在“名称服务器”界面中单击“添加”按钮，弹出“新建资源记录”对话框，在“服务器完全合格的域名（FQDN）”文本框中输入受委派的 DNS 服务器的域名或主机名，单击“解析”按钮，在 IP 地址出现与域名对应的 IP 地址，单击“添加”按钮，添加一个受委派的 DNS 服务器，如图 4-3-5 所示。

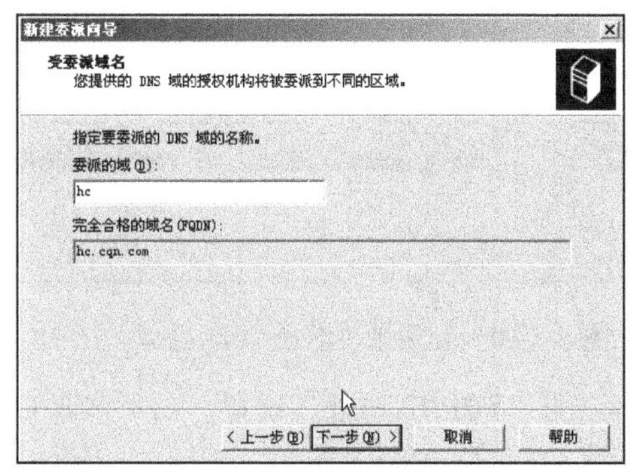

图 4-3-4　创建受委派域名

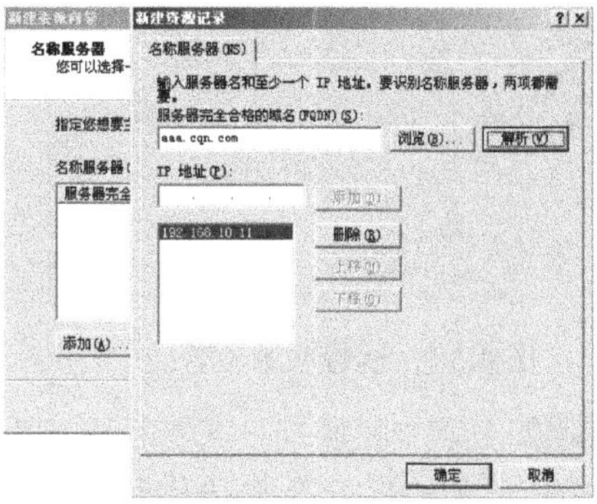

图 4-3-5　添加名称服务器

05 单击“确定”按钮，成功添加受委派的 DNS 服务器，如图 4-3-6 所示。

06 单击“下一步”按钮，完成委派的创建，如图 4-3-7 所示。

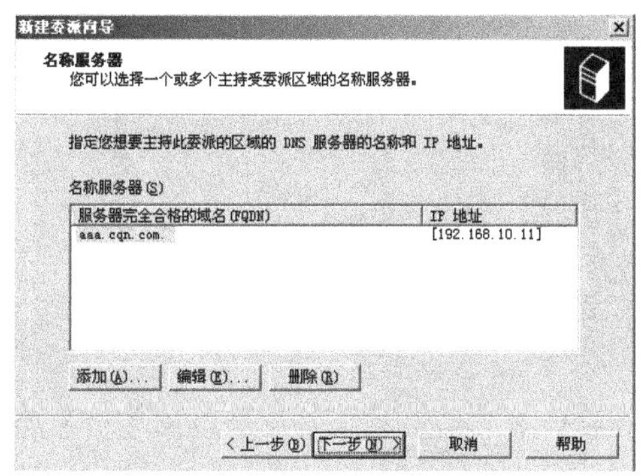

图 4-3-6　成功添加名称服务器

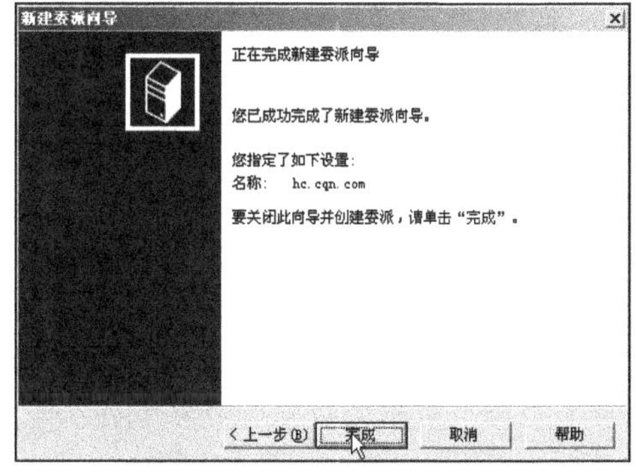

图 4-3-7　成功创建受委派域

07 设置受委派 DNS 服务器 WIN2003-B：右击“正向查找区域”选项，在弹出的快捷菜单中选择“新建区域”命令，如图 4-3-8 所示。

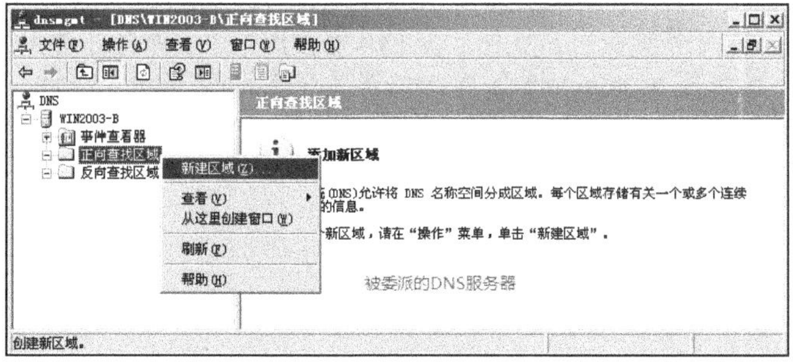

图 4-3-8　新建区域

08 进入“区域类型”界面，选择“主要区域”单选按钮，如图 4-3-9 所示。

09 新建一个正向查找区域为 hc.cqn.com，添加一条 A 记录 mail.hc.cqn.com，如图 4-3-10 所示。

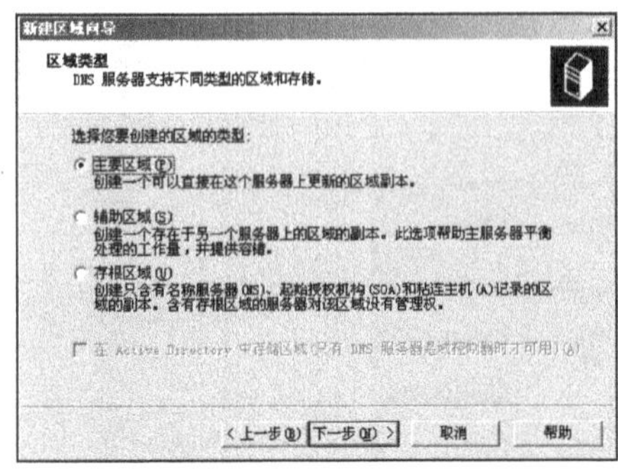

图 4-3-9　选择区域类型

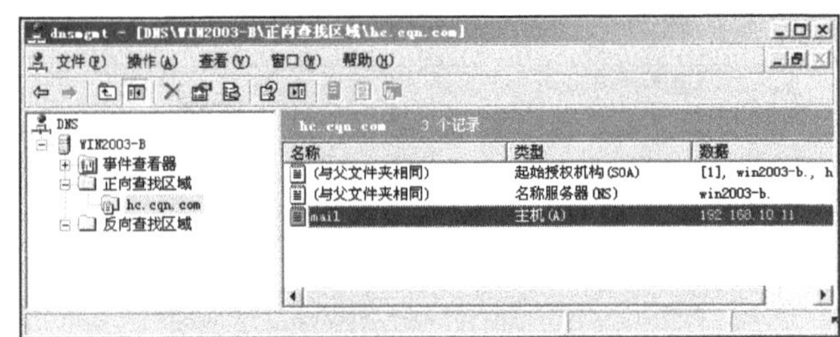

图 4-3-10　创建受委派子 DNS 区域

10 到客户机验证一下委派是否成功，进行客户机“TCP/IP 属性”设置，在“首选 DNS 服务器”中输入主 DNS 的 IP 地址，如图 4-3-11 所示。

11 验证。在客户机中 ping 受委派服务器的主机记录（ping mail.hc.cqn.com），成功解析 ping 通，表示委派成功，如图 4-3-12 所示。

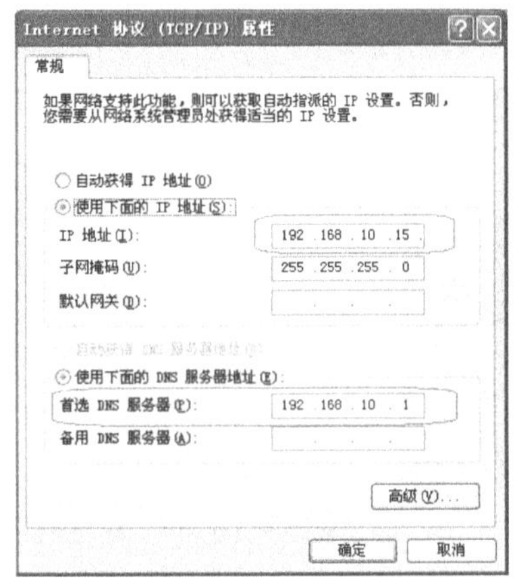

图 4-3-11　客户机“TCP/IP 属性”设置

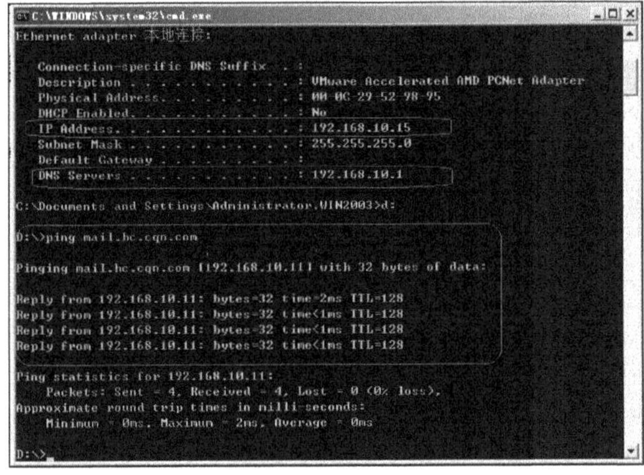

图 4-3-12　客户机 ping 受委派服务器的主机记录

小贴士

委派通过在区域中新建委派，可以将子域（hc.cqn.com）委派到其他服务器进行维护。这里主 DNS 服务器里有 hc.cqn.com 区域，但是区域里没有 mail.hc.cqn.com 记录，该记录在受委派的 DNS 服务器上，当客户机查找 mail.hc.cqn.com 时，是受委派的域进行解析的。

活动 2　配置 DNS 转发

第 1 步　部署实训环境

A 服务器（192.168.10.1）为企业内部 DNS 服务器，现在企业内部客户机想访问外网的 Web

网站，但是企业内部 DNS 没有外网 Web 网站的 A 记录。这里我们用 WIN2003-B 服务器（192.168.10.11）模拟外网的 DNS 服务器。

第 2 步　DNS 转发的配置

01 在 A 服务器上，打开 DNS，右击 DNS 服务器名，在弹出的快捷菜单中选择“属性”命令，弹出“属性”对话框，选择“转发器”选项卡，在“所选域的转发器的 IP 地址列表”中输入需要转发的外网 DNS 服务器 IP 地址（192.168.0.11），并单击“添加”按钮，如图 4-3-13 所示。

02 在 B 服务器上，打开 DNS，右击“正向查找区域”选项，在弹出的快捷菜单中选择“新建区域”命令，弹出“新建区域向导”对话框，单击“下一步”按钮。在“区域类型”界面中选择“主要区域”单选按钮，如图 4-3-14 所示。

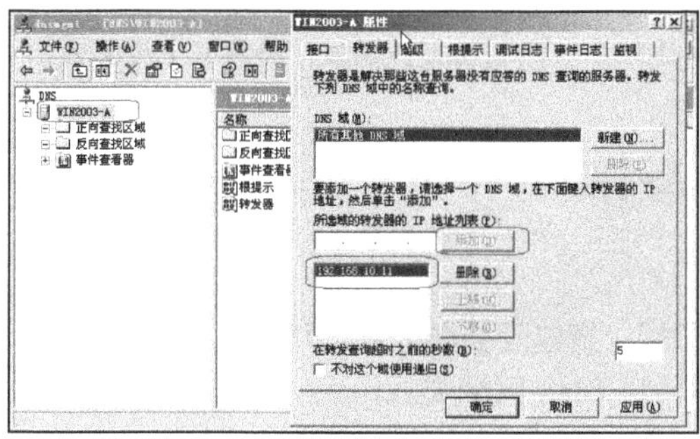

图 4-3-13　DNS 域转发器

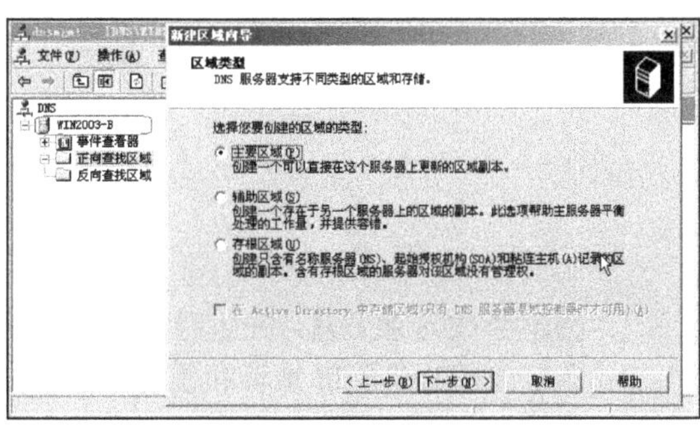

图 4-3-14　“区域类型”界面

03 单击“下一步”按钮，进入“区域名称”界面，输入区域名称，如图 4-3-15 所示。

04 在 B 服务器上，新建一个 abcd.com 区域，添加 A 记录为 www.abcd.com，如图 4-3-16 所示。

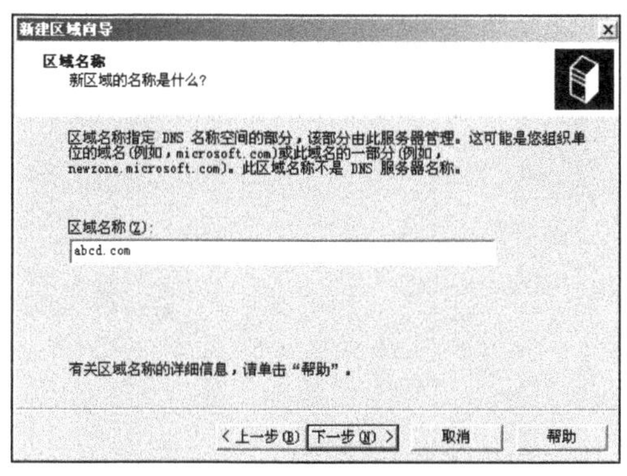

图 4-3-15　“区域名称”界面

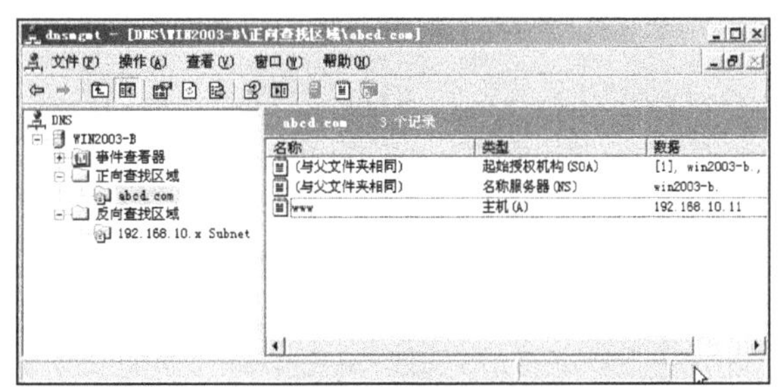

图 4-3-16　在 B DNS 服务器中添加主机记录

05 配置客户机 Internet 协议（TCP/IP）属性，在“首选 DNS 服务器”文本框中输入主 DNS 服务器的 IP 地址，如图 4-3-17 所示。

06 验证。在客户机中 ping 受转发 DNS 服务器的主机记录（ping www.abcd.com），成功解析 ping 通，表示转发器配置成功，如图 4-3-18 所示。

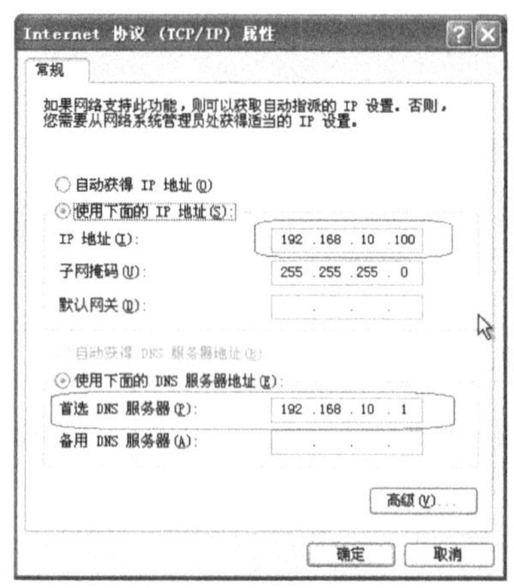

图 4-3-17　客户机 Internet 协议（TCP/IP）属性

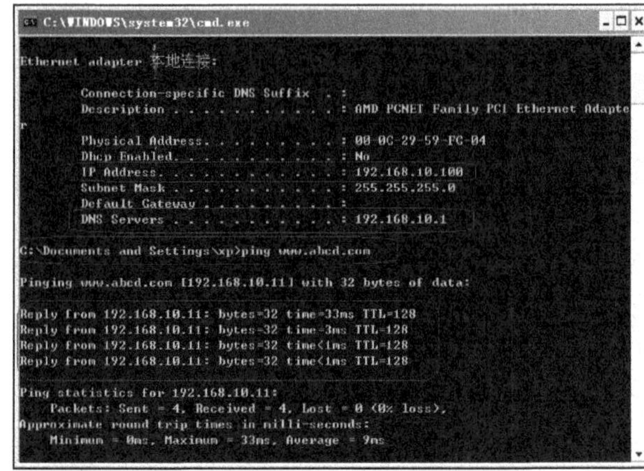

图 4-3-18　客户机 ping 受转发服务器的主机记录

1．搭建主 DNS 服务器，在主服务器添加委派子域，搭建受委派区域，并添加主机记录。
2．在客户机上设置 IP 地址和首选 DNS，正确验证 DNS 区域委派。
3．理解 DNS 转发器的原理，并搭建 DNS 转发的验证环境，正确验证 DNS 转发。

项目 5 Web服务器的配置

◎ 项目导读

本项目讲解 Web 服务的基础知识，如何安装、配置并使用 IIS 和 Apache 软件组建 Web 服务，以及安全管理 Web 服务器。Web 服务即 WWW 服务，它是 Internet 主要的服务之一，为实现信息发布、资料查询、数据处理及视频欣赏等多项应用搭建平台。目前比较流行的 Web 服务器软件主要有 IIS 和 Apache，本项目分别介绍如何用这两个软件组建 Web 服务器。

◎ 能力目标

- 能使用 IIS 组建和管理 Web 服务。
- 能使用 Apache 设置和管理 Web 服务。
- 能完成 Web 服务的管理和搭建。

任务 5.1 使用 IIS 组建 Web 服务

◎ 任务描述

本任务将讲述 Windows Server 2003 高级服务器版中自带的 IIS 的配置和管理方法，即使用 IIS 组建 Web 服务。Internet 信息服务（IIS）的主要作用是管理 Internet 或其 Intranet 上的网页，以设置 Web 主站点、虚拟目录、站点的 TCP 端口及站点安全等内容设置 Web 服务的信息发布。

◎ 任务目标

1. 掌握利用 Windows Server 2003 创建 Web 服务器的方法。
2. 掌握在 IIS 创建多种形式的 Web 服务器。
3. 掌握设置 Web 站点安全的方法。

◎ 设备工具

1. 一台安装 Windows Server 2003 操作系统的计算机（作为 Web 服务器）。
2. 一台安装有 Windows XP 或 Windows 7 操作系统的计算机（作为 Internet 信息客户端）。

知识 互联网信息服务的概念

IIS（Internet Information Server，互联网信息服务）是一种 Web（网页）服务组件，其中包括 Web 服务器、FTP 服务器、NNTP 服务器和 SMTP 服务器，分别用于网页浏览、文件传输、新闻服务和邮件发送等方面，它使得在网络（包括互联网和局域网）上发布信息成为一件很容易的事。

活动 1 在 Windows Server 2003 安装 Internet 信息服务（IIS）

01 选择“开始→所有程序→管理工具→配置您的服务器向导”命令，弹出“配置您的服务器向导”对话框，单击“下一步”按钮，在“服务器角色”界面中选择“应用程序服务器（IIS，ASP.NET）”选项，如图 5-1-1 所示。

02 单击“下一步”按钮，在“应用程序服务器选项”界面中勾选“启用 ASP.NET”复选框，如图 5-1-2 所示。

03 单击“下一步”按钮，进入“选择总结”界面，如图 5-1-3 所示，单击“下一步”按钮，系统开始复制文件，在安装过程中放入 Service Pack 2 CD-ROM 光盘，如图 5-1-4 所示。

04 组件安装完成后，单击“完成”按钮，如图 5-1-5 所示，完成 IIS 服务器的安装。

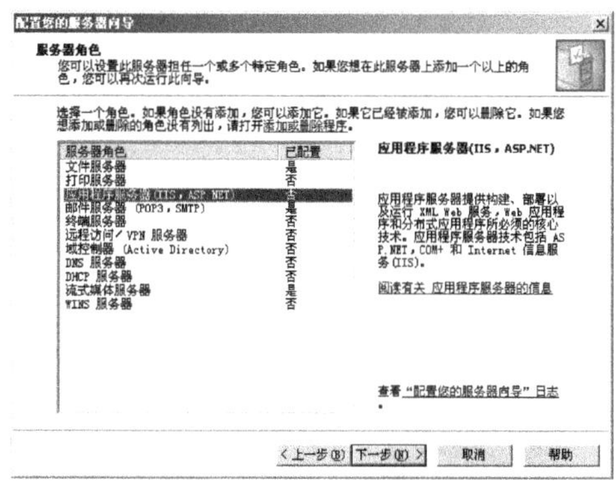

图 5-1-1　“服务器角色”界面

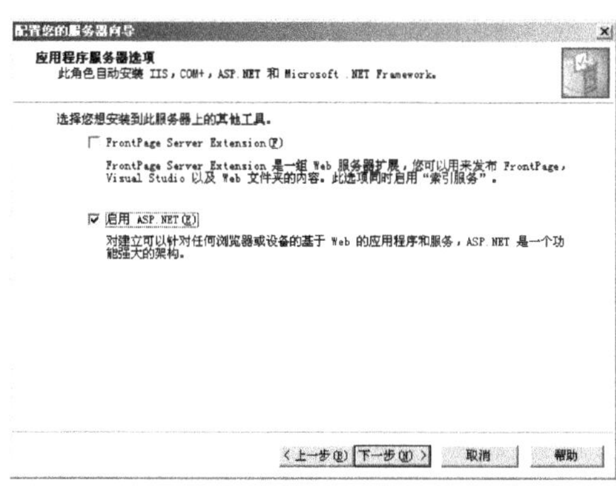

图 5-1-2　“应用程序服务器选项”界面

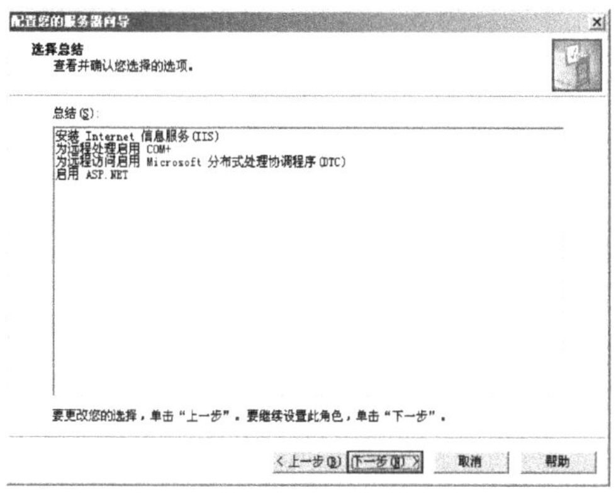

图 5-1-3　“选择总结”界面

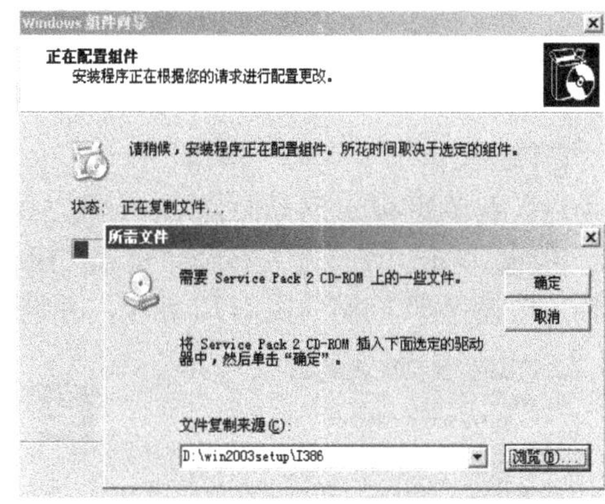

图 5-1-4　复制文件

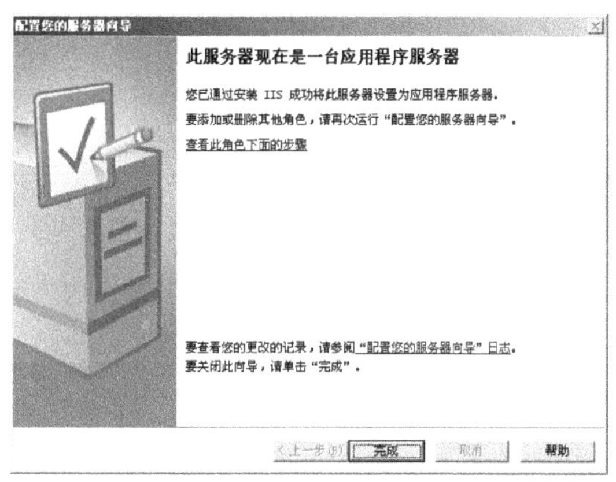

图 5-1-5　完成 IIS 服务器的安装

活动 2　在 IIS 上面设置 Web 服务器

第 1 步　新建 Web 网站

在“Internet 信息服务（IIS）管理器”窗口主目录下已经有一个默认网站，但一般还需要新建一个 Web 网站，具体操作过程如下。

01 在应用程序服务器控制台中依次展开“Internet 信息服务（IIS）管理器”主目录，右击“网站”选项，在弹出的快捷菜单中选择“新建→网站”命令，如图 5-1-6 所示。弹出“网站创建向导”对话框，如图 5-1-7 所示。

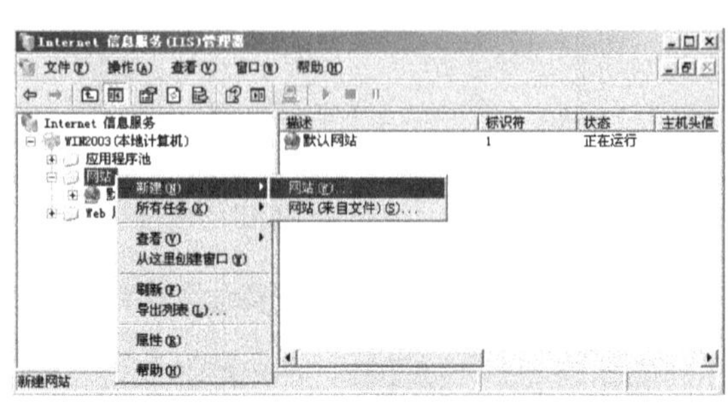

图 5-1-6　在应用程序服务控制台下新建 Web 站点

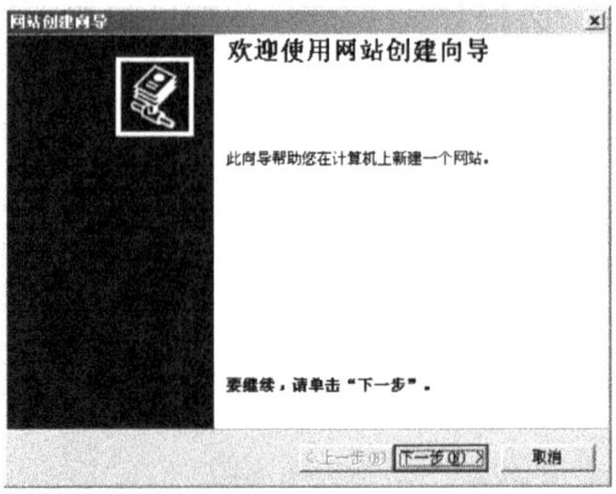

图 5-1-7　“网站创建向导”对话框

02 单击“下一步”按钮，进入“网站描述”界面设置网站描述。在“网站描述”文本框中输入有关此 Web 网站的说明，如图 5-1-8 所示。

03 单击“下一步”按钮，进入“IP 地址和端口设置”界面。单击“网站 IP 地址”下拉按钮，选择 Web 网站使用的 IP 地址，并设置网站 TCP 端口，如图 5-1-9 所示。

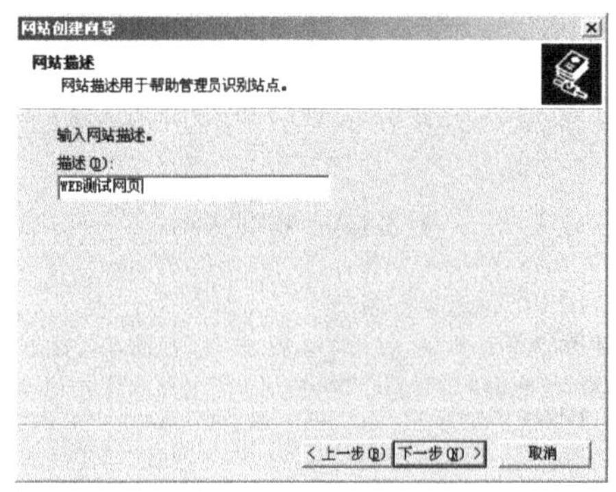

图 5-1-8　设置网站描述

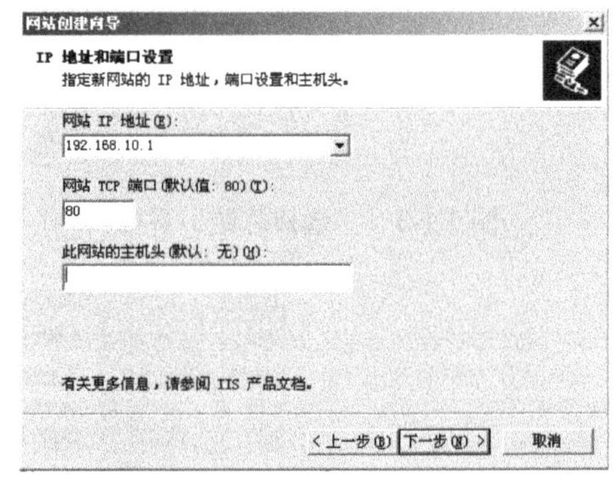

图 5-1-9　“IP 地址和端口设置”界面

04 单击“下一步”按钮，进入“网站主目录”界面，如图 5-1-10 所示。在“路径”文本框中输入该 Web 网站主目录所在的物理路径。

05 单击“下一步”按钮，进入“网站访问权限”界面，如图 5-1-11 所示，设置用户对此 Web 网站的访问权限。

06 返回应用程序服务器控制台，可看到所建立的站点，如图 5-1-12 所示。

07 设置站点属性，右击“Web 测试网页”站点，在弹出的快捷菜单选择“属性”命令，如图 5-1-13 所示。

08 在弹出的属性对话框中选择“文档”选项卡，勾选“启用默认内容文档”复选框。单击“添加”按钮，弹出“添加内容页”对话框，输入自定义的默认文档文件名“index.html”，如图 5-1-14 所示。

09 单击“确定”按钮，将该文件名添加至默认文档列表，在默认文档列表中选中刚刚添加的文件名“index.html”，单击“上移”按钮将其调整至顶端位置，并单击“确定”按钮，完成设置，如图 5-1-15 所示。

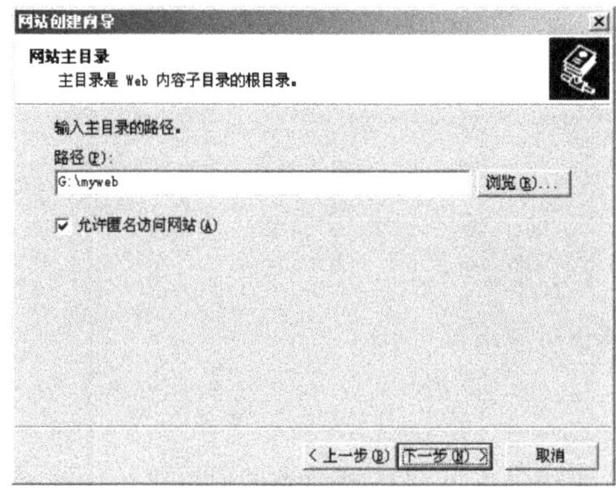

图 5-1-10　设置主目录所在的物理路径

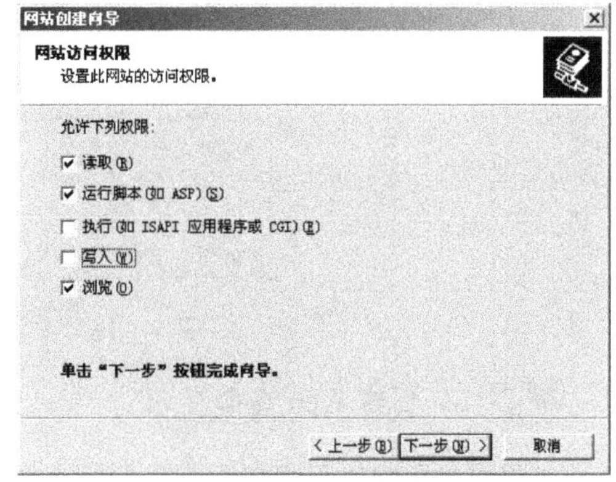

图 5-1-11　设置 Web 网站的访问权限

图 5-1-12　新建立的站点

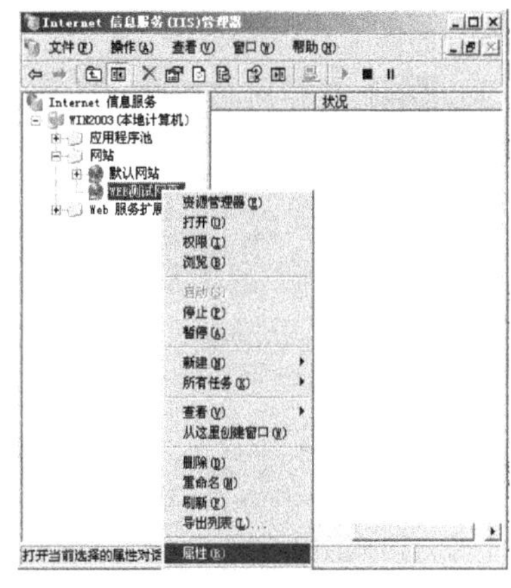

图 5-1-13　选择站点属性

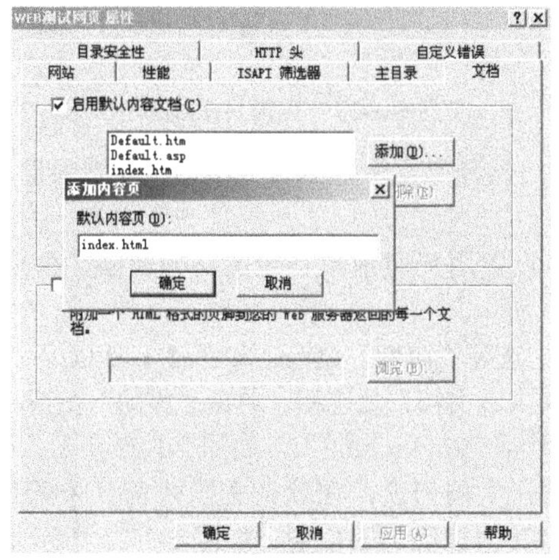

图 5-1-14　添加默认内容页

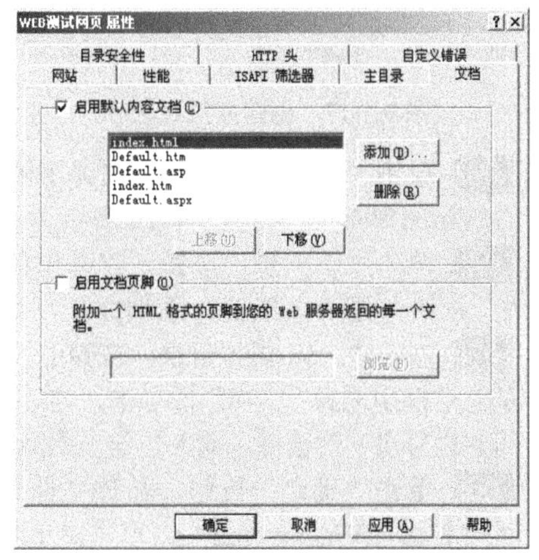

图 5-1-15　调整默认文档顺序

10 在本主机或客户机上打开浏览器，在地址栏输入“http://主机 IP 地址”或“http://主机名”，如图 5-1-16 所示，表明 Web 站点创建成功。

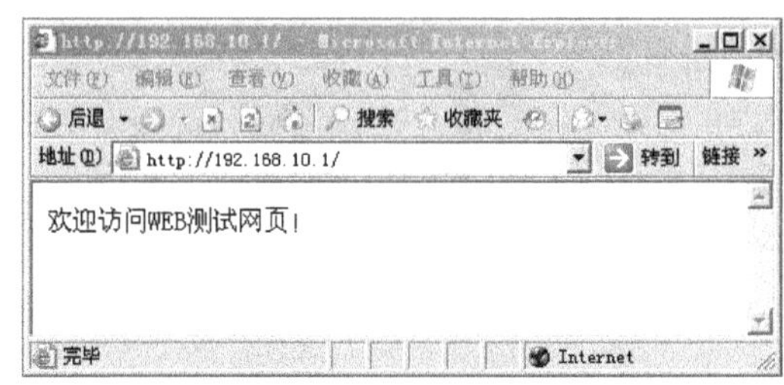

图 5-1-16　利用浏览器访问 Web 站点

第 2 步　创建 Web 虚拟目录

如果网站包含的某些文件不在主目录中或其他计算机上，则必须创建虚拟目录将这些文件包含到网站中，创建 Web 虚拟目录的操作过程如下：

01 在“Web 测试网页”目录上右击，在弹出的快捷菜单中选择“新建→虚拟目录”命令，如图 5-1-17 所示。

02 在弹出的“虚拟目录创建向导”对话框中单击“下一步”按钮，则弹出如图 5-1-18 所示的对话框，在“别名”文本框输入“test”。

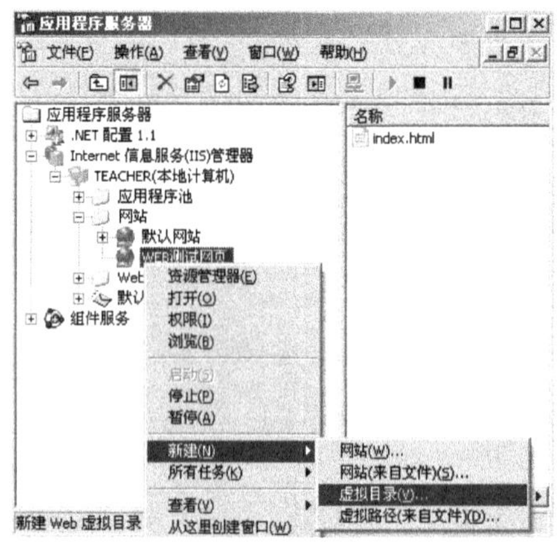

图 5-1-17　创建虚拟目录

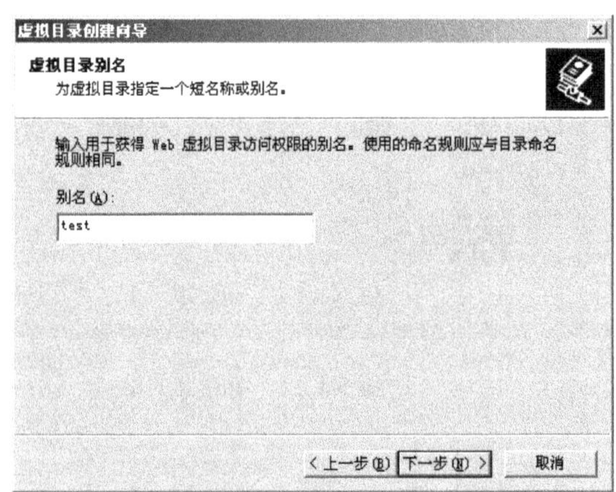

图 5-1-18　虚拟目录别名

03 单击“下一步”按钮，在弹出的对话框的“路径”文本框中输入网站内容目录路径，如“G:\VirualWeb”，如图 5-1-19 所示。

04 单击“下一步”按钮，在弹出的对话框中设置用户对虚拟目录的访问权限，再单击“完成”按钮，提示虚拟目录添加成功，如图 5-1-20 所示。

05 右击“test”虚拟目录，在弹出的快捷菜单中选择“属性”命令，如图 5-1-21 所示。在弹出的对话框中选择“文档”选项卡，勾选“启用默认内容文档”复选框。单击“添加”按钮，弹出“添加内容页”对话框，输入自定义的默认文档文件名“Vindex.html”，如图 5-1-22 所示。

06 单击“确定”按钮，将该文件名添加至默认文档列表，在默认文档列表中选择刚刚添加的文件名“Vindex.html”，单击“上移”按钮将其调整至顶端位置，如图 5-1-23 所示。单击“确定”按钮，完成设置。

07 在本主机或客户机上打开浏览器，在地址栏输入“http://主机 IP 地址/别名”或“http://

主机名/别名”，打开如图 5-1-24 所示的网页，表明虚拟目录创建成功。

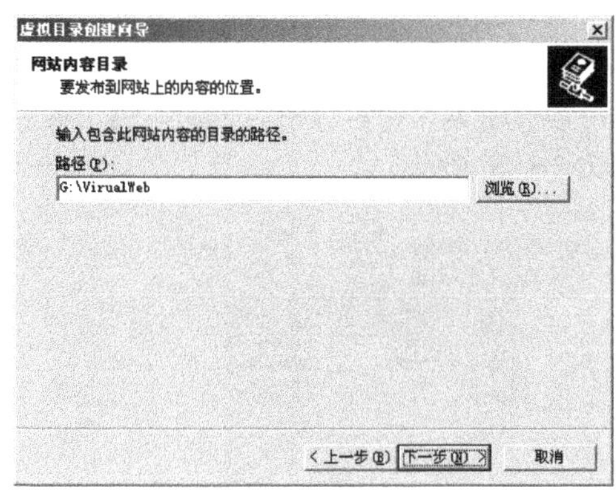

图 5-1-19　设定网站内容目录路径

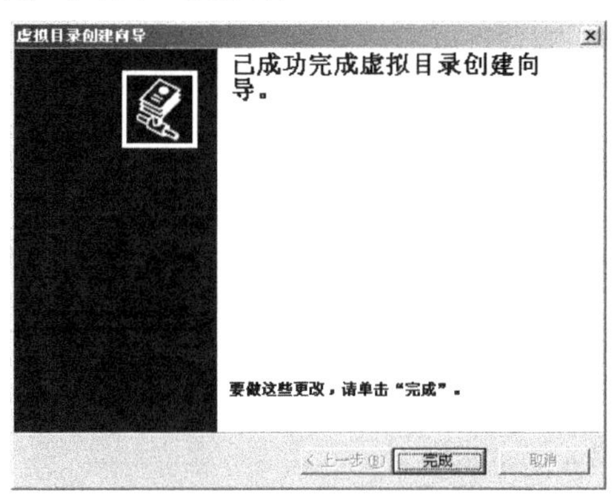

图 5-1-20　成功完成虚拟目录创建

图 5-1-21　虚拟目录快捷菜单

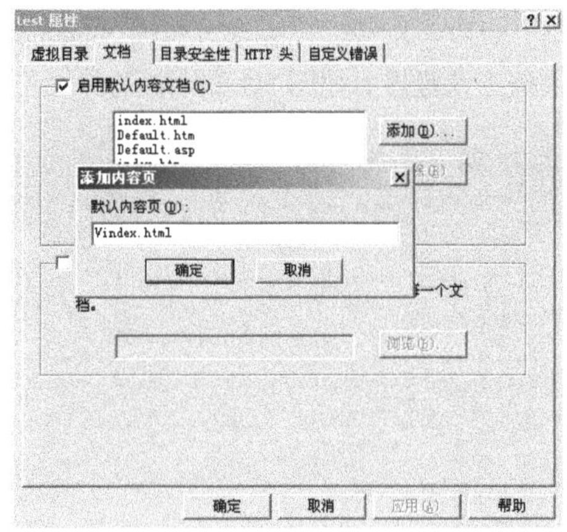

图 5-1-22　添加默认文档 Vindex.html

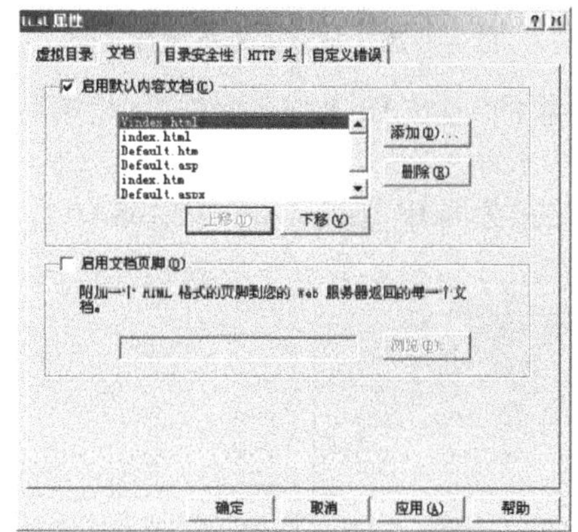

图 5-1-23　调整默认文档顺序

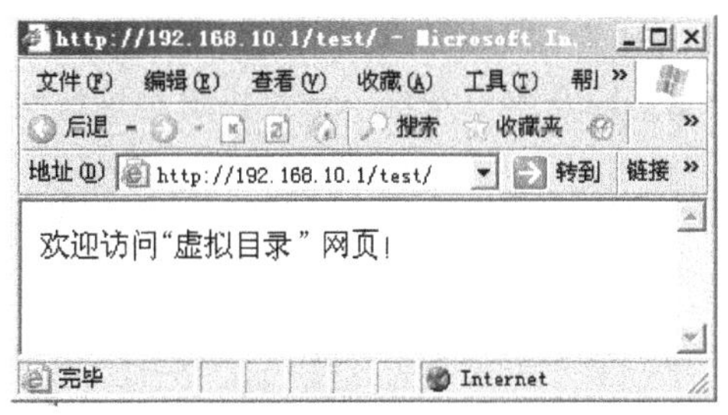

图 5-1-24　访问“虚拟目录”网页

第 3 步　设置 Web 网站主机头

如果要在同一台服务器中的一个 IP 地址创建多个 Web 站点，可以为每个 Web 站点添加

HTTP 主机头，从而可使用一个 IP 地址和端口号创建多个 Web 站点，这种方式称为“虚拟主机”，操作过程如下。

01 在分区中创建三个网页文件，用来分别设置三个 Web 站点，如图 5-1-25 所示。

02 在 DNS 服务器中创建一个域名 cqn.com，并创建两个主机分别为 aaa、bbb，这三个主机域名都对应同一个 Web 服务器的 IP 地址，如图 5-1-26 所示。

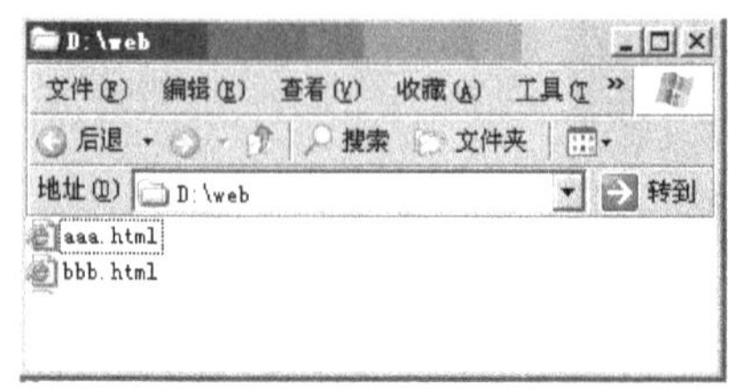

图 5-1-25　创建两个网页文件

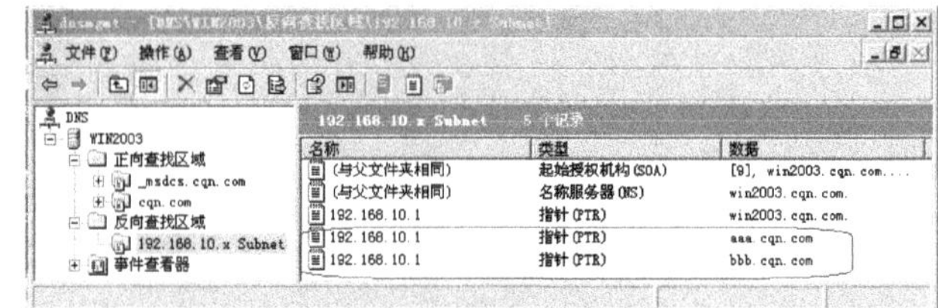

图 5-1-26　设置 DNS 服务器

03 设置三个 Web 站点，分别对应 aaa.html、bbb.html 两个网页，并在“主机头值”中分别填上对应主机域名，分别对应为“aaa.cqn.com”、“bbb.cqn.com”，如图 5-1-27 所示，站点的主机头设置界面如图 5-1-28 所示。

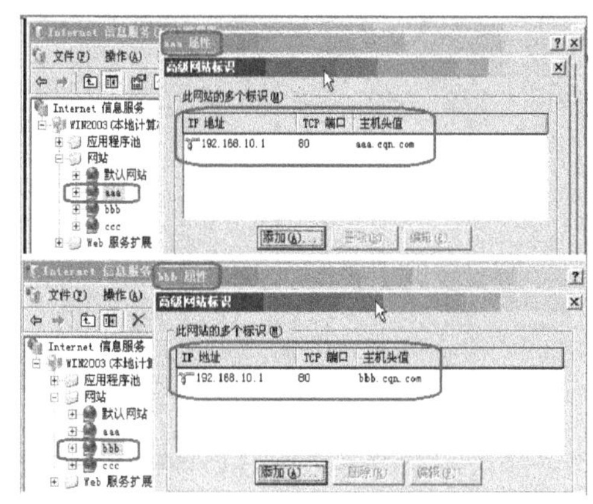

图 5-1-27　各站点设置主机头值

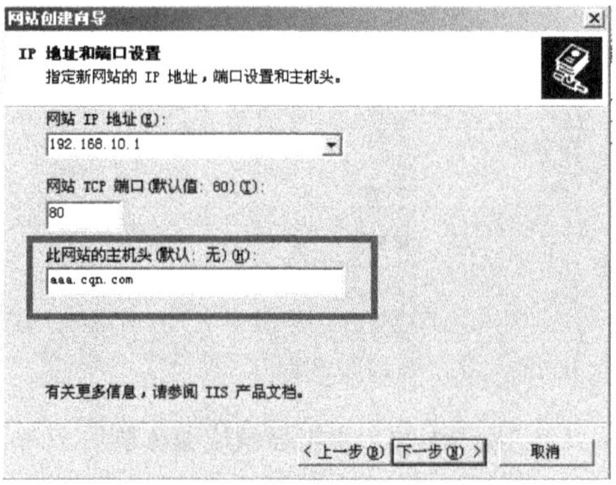

图 5-1-28　站点主机头设置界面

04 在客户端访问网站前先在 TCP/IP 属性对话框的“首选 DNS 服务器”文本框填写 DNS 服务器 IP 地址。

05 在客户机上打开浏览器，在地址栏输入网站服务器 IP 地址 http://192.168.10.1，出现如图 5-1-29 所示界面，表示用 IP 地址访问网站不成功。

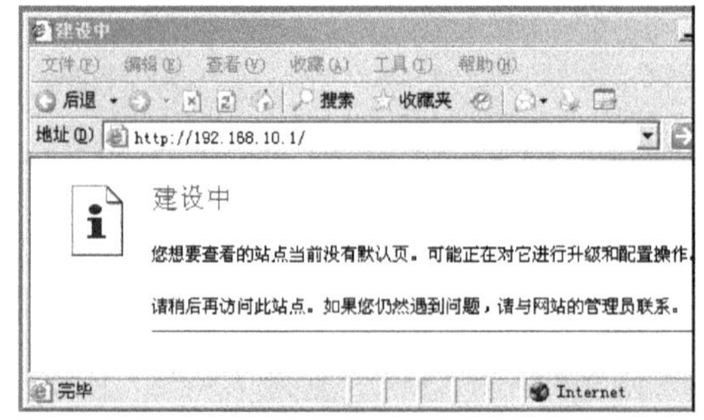

图 5-1-29　设置主机头后 IP 地址不能访问

06 在客户机上打开浏览器，在地址栏分别输入两个不同的主机域名，分别访问到两个不同的网站，如图 5-1-30 所示，表示虚拟主机创建成功。

图 5-1-30　访问虚拟主机成功界面

小贴士

网站设置主机头的意义：当一个 IP 地址建多个 Web 站点的时候，设置域名对应站点后，访问网站时只能使用域名，IP 地址不能访问站点。

第 4 步　Web 站点的 TCP 端口设置

用上面的方法建好所有的 Web 站点后，对于做虚拟主机，还可以通过给各 Web 站点设不同的端口号来实现，如给一个 Web 站点设为 80，一个设为 81，一个设为 82……，如图 5-1-31 所示。对于端口号是 80 的 Web 站点，访问格式仍然直接用 IP 地址就可以了；而对于绑定其他端口号的 Web 站点，访问时必须在 IP 地址后面加上相应的端口号，即使用“http://192.168.10.1:81”的格式，如图 5-1-32 所示。

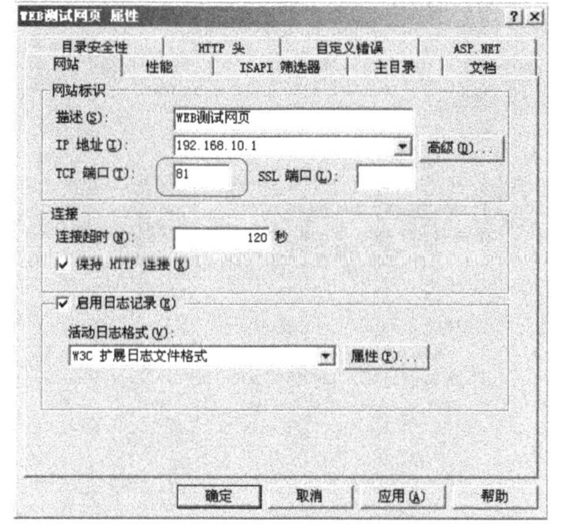

图 5-1-31　设置 TCP 端口

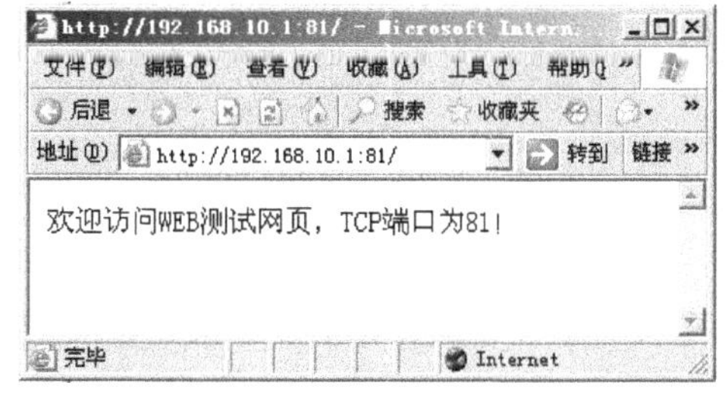

图 5-1-32　设置 TCP 端口的访问方式

第 5 步　Web 站点安全设置

01 设置主目录的访问权限。

当将主目录指定为“此计算机上的目录”或“另一台计算机上的共享”时，可控制用户对主目录的访问权限，如图 5-1-33 所示。

① “脚本资源访问”复选框。若要允许用户访问已经设置了“读取”或“写入”权限的资源代码，可勾选该复选框。资源代码包括 ASP 应用程序中的脚本。

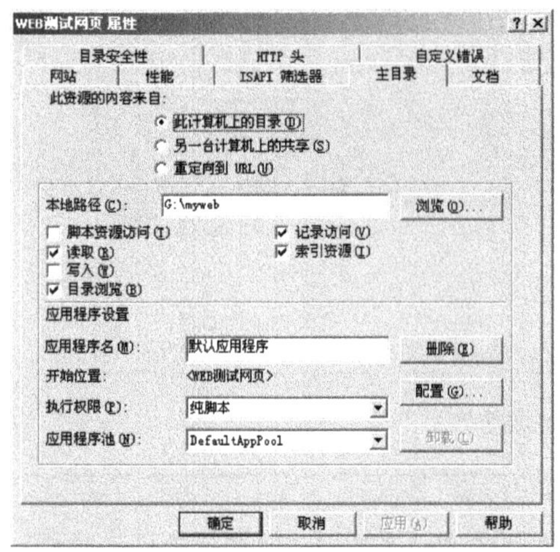

图 5-1-33　Web 站点“主目录”选项卡

②“读取”复选框。若要允许用户读取或下载文件（目录）及其相关属性，可勾选该复选框。

③“写入”复选框。若要允许用户将文件及其相关属性上传到服务器上已启用的目录中，或者更改可写文件的内容，可勾选该复选框。“写入”操作只能在支持 HTTP 1.1 协议标准的 PUT 功能的浏览器中进行。

④“目录浏览”复选框。若要允许用户查看该虚拟目录中文件和子目录的超文本列表，可勾选该复选框，但为了安全起见，建议不勾选该复选框。

⑤“记录访问”复选框。若要在日志文件中记录对该目录的访问，请勾选该复选框。只有启用该 Web 站点的日志记录，才会记录访问。

⑥“索引资源”复选框。若要允许 Microsoft Indexing Service 将该目录包含在 Web 站点的全文本索引中，请勾选该复选框。

02 设置目录安全性。

在网页属性对话框中选择“目录安全性”选项卡，如图 5-1-34 所示，其设置方法如下。

① 匿名访问和验证控制：单击“编辑”按钮，弹出如图 5-1-35 所示对话框。匿名访问是指允许此站点接受未经验证的用户访问。也可以勾选“启用匿名访问”复选框，再单击“浏览”按钮。在此可设置用于匿名访问的用户账号。

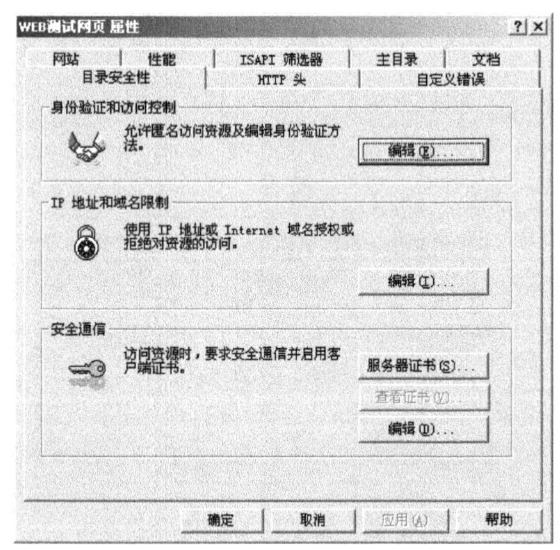

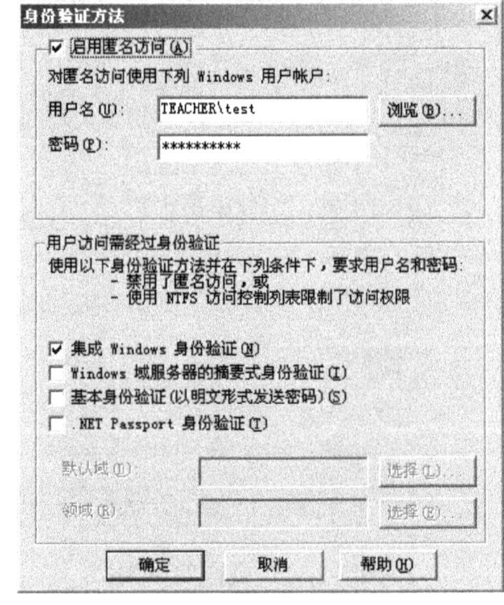

图 5-1-34　“目录安全性”选项卡

图 5-1-35　设置 Web 站点身份验证方法

② 当 Web 网站中的信息非常敏感，只允许那些特殊权限人士浏览时，用户的授权就成为网络安全的重要组成部分。此时，应当禁止用户的匿名访问，取消勾选“启用匿名访问”复选框，如图 5-1-36 所示，只有输入用户名和密码才能实现对 Web 网站的访问。

03 IP 地址及域名限制设置。

① 授予计算机、计算机组或域访问 Web 网站权限。

该方案仅适用于授予少量用户以访问权限的情况。若欲授予大量用户以访问权限，而只是拒绝少量用户对该 Web 网站的访问，可使用“拒绝计算机、计算机组或域访问 Web 网站”中的设置，方法如下。

a. 在“Web 测试网页属性”对话框中单击“编辑”按钮，弹出“IP 地址和域名限制”对话框，选择“拒绝访问”单选按钮，如图 5-1-37 所示。当选择该单选按钮时，将拒绝所有计算机和域对该 Web 服务器的访问，但特别授予访问权限的计算机除外。

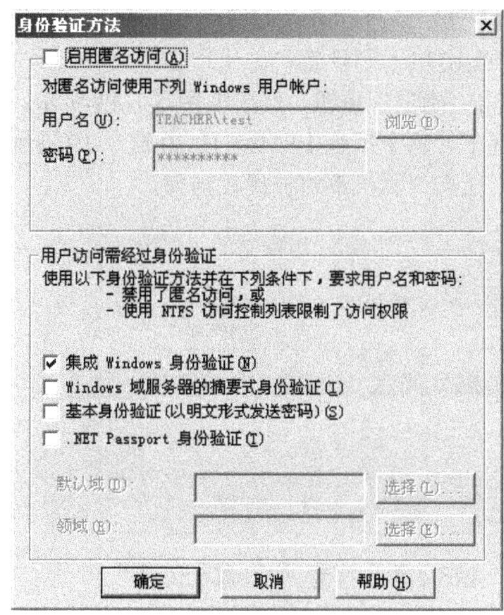

图 5-1-36　所禁止用户匿名访问

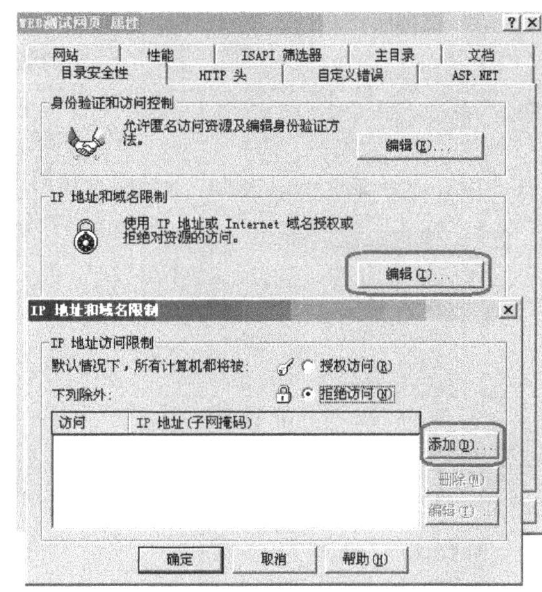

图 5-1-37　“IP 地址及域名限制”对话框

b. 单击“添加”按钮，弹出如图 5-1-39 所示的“授权访问”对话框，并根据需要选择“一台计算机”、“一组计算机”或“域名”单选按钮，本例填写 IP 地址为 192.168.10.0、掩码为 255.255.255.128 的一组计算机。

c. 单击“确定”按钮，结果如图 5-1-40 所示，在默认情况下，除了可以接受 192.168.10.1~126 这些 IP 地址访问以外，所有计算机都将被拒绝访问。

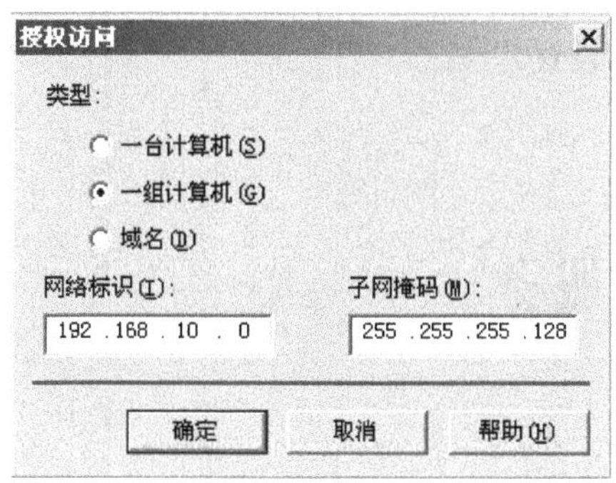

图 5-1-38　“授权访问”对话框

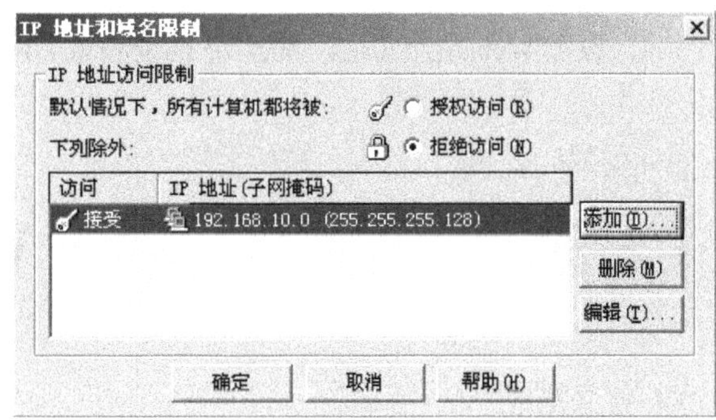

图 5-1-39　接受一组计算机访问

② 拒绝计算机、计算机组或域访问 Web 网站。

该方案仅适用于拒绝少量用户访问的情况。若欲拒绝大量用户访问该 Web 网站，而只是授予少量用户以访问权限，可使用“授予计算机、计算机组或域访问 Web 网站权限”中的设置。

a．在“IP 地址及域名限制”对话框中，选择“授权访问”单选按钮，如图 5-1-41 所示。当选择该单选按钮时，将向所有计算机和域授予访问权限，但特别拒绝访问权限的计算机除外。

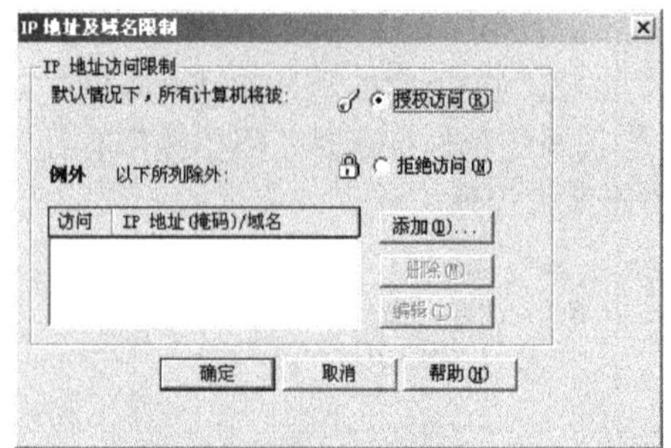

图 5-1-41　“IP 地址及域名限制”对话框

b．单击“添加”按钮，弹出如图 5-1-42 所示的“拒绝访问”对话框，并根据需要选择“一台计算机”、“一组计算机”或“域名”单选按钮，本例填写 IP 地址为 192.168.10.10 的一组计算机。

c．单击“确定”按钮，结果如图 5-1-43 所示。在默认情况下，除了拒绝 192.168.10.10 这个 IP 地址访问以外，所有计算机都将被授权访问。

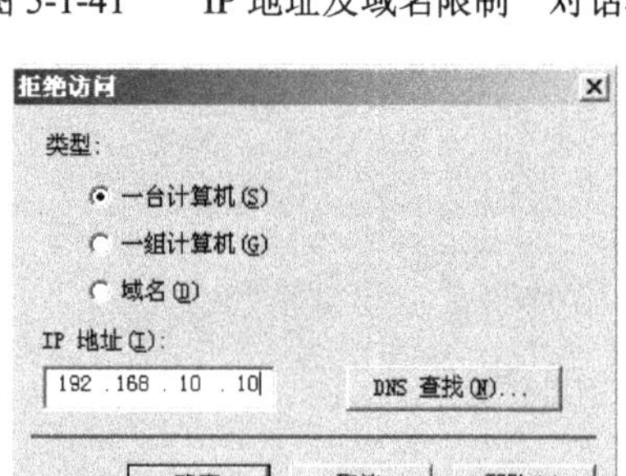

图 5-1-42　“拒绝访问”对话框

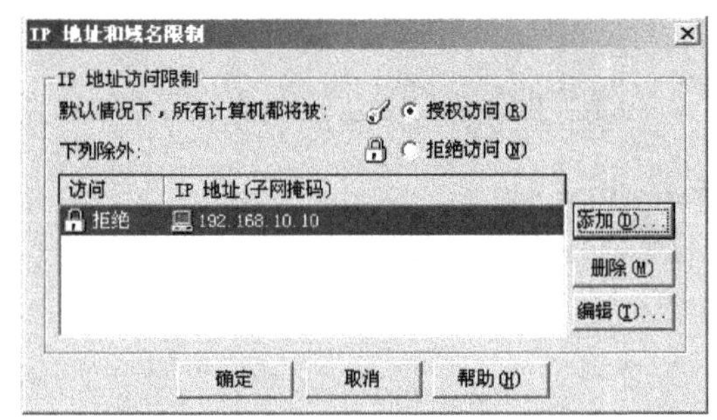

图 5-1-43　拒绝一台计算机访问

1．设置 Web 站点。
2．设置 Web 站点的虚拟目录。
3．设置 Web 站点主机头。
4．设置 Web 站点安全，掌握 IP 地址和域名限制的设置方法。

任务 5.2　使用 Apache 组建 Web 服务

◎ 任务描述

Apache 源于 NCSAhttpd 服务器，经过多次修改，成为世界上流行的 Web 服务器软件之一。Apache 的特点是简单、速度快、性能稳定，并可作为代理服务器来使用。到目前为止，Apache 是世界上用得最多的 Web 服务器，市场占有率达 60%左右。本任务对在 Windows 系统下建立 Web 主站点、配置虚拟目录、配置虚拟主机和 Web 服务器的安全管理等内容进行介绍。

◎ 任务目标

1. 理解和应用 Apache 创建 Web 服务器。
2. 掌握配置 Apache 文件。
3. 掌握 Apache 系统下 Web 服务器的虚拟目录、虚拟主机配置和安全管理。

◎ 设备工具

1. 安装 Windows 操作系统的计算机。
2. apache_2.0.48-win32-x86-no_ssl 软件。
3. 一台 Web 客户机，测试 Web 服务器网站。

知识　Apache 的主要应用

Apache 是目前应用广泛的 Web 服务器软件之一，它主要以高效、稳定、安全、免费而著称。Apache 可运行在 Windows 9X/Me/NT/2000/XP、UNIX、Linux 等多种系统平台之上。如果需要创建一个每天有数百万人访问的 Web 服务器，Apache 可能是最佳选择。

活动 1　下载 Apache

Apache 是免费软件，可以到 http://httpd.apache.org/download.cgi 上找到 Apache 的所有版本，在这里既有源代码，也有已经编译好的程序。Apache 的新版本随着程序的完善而不断更新，当前的最新稳定版本是 2.0.48，Win32 MSI 版大小只有 5865KB。下载完毕后，会得到一个文件名为 apache_2.0.48-win32-x86-no_ssl 的 Windows 安装文件。

活动 2　安装 Apache

安装 Apache 非常简便，它是全英文界面，但使用起来却很方便。

01 运行安装文件“apache_2.0.48-win32-x86-no_ssl.msi”，会看到欢迎界面，如图 5-2-1 所示。单击“Next”按钮继续。

02 出现“License Agreement”（协议许可）界面，如图 5-2-2 所示。选择“I accept the terms in the license agreement”单选按钮接受许可协议后，单击“Next”按钮继续。

03 输入服务器信息（Server Information）。在“Network Domain”文本框中输入申请的网络域名；在“Server Name”文本框中输入服务器名称，本服务器的名称为 hezx103.d；在“Administrator’s Email Address”文本框中输入管理员信箱；然后选择“for All Users，on Port 80，as a Service”（所有用户使用 80 端口服务）单选按钮，如图 5-2-3 所示。单击“Next”按钮继续。

04 选择安装类型（Setup Type）。Apache 提供“Typical”（典型安装）和“Custom”（自定义安装）两种安装方式，一般选择“Typical”（典型安装），如图 5-2-4 所示。

05 如果选择“Custom”（自定义安装）单选按钮，可以继续选择要安装的组件，如图 5-2-5 所示。

06 选择安装目标目录（Destination Folder）。系统默认将把 Apache 安装到“C:\Program Files\Apache Group\Apache2”中。为了以后操作方便起见，建议单击“Change”按钮将此处的

安装路径改变到“C:\”下。系统安装成功后将自动在此建立一个名为“Apache”的目录，也就是说，安装之后的实际 Apache 系统文件所在路径改为“C:\Apache”目录。确认后，单击“Next”按钮继续。当复制完成后出现如图 5-2-6 所示对话框，单击“Finish”按钮完成安装。

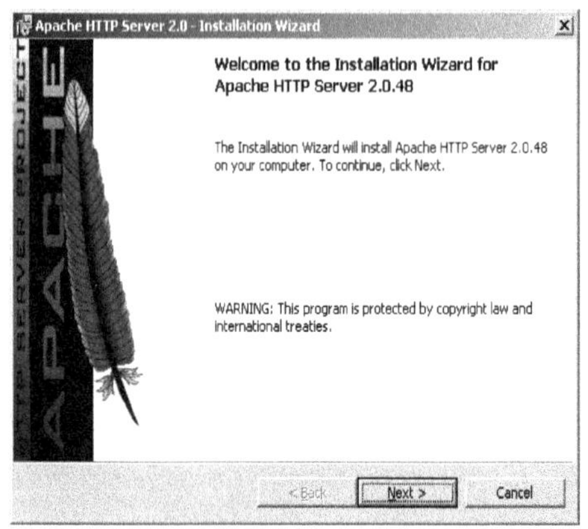

图 5-2-1 Apache 安装欢迎界面

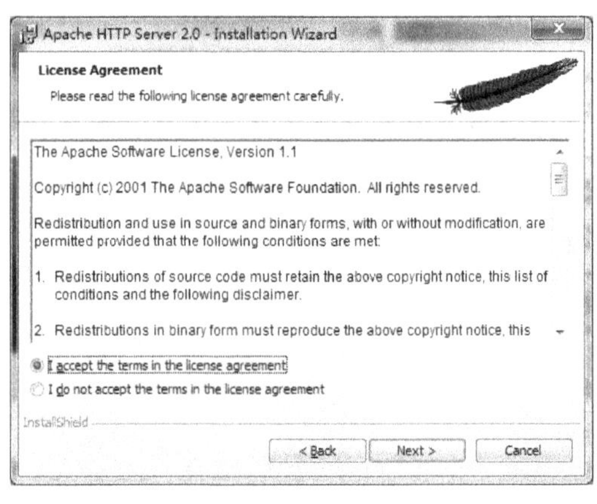

图 5-2-2 接受许可协议

图 5-2-3 服务器信息

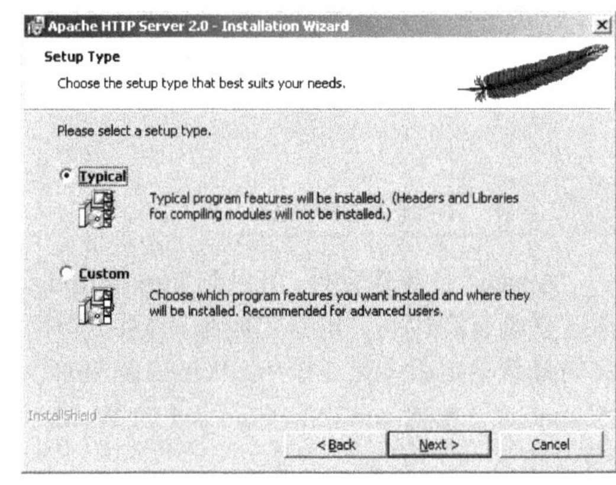

图 5-2-4 典型安装

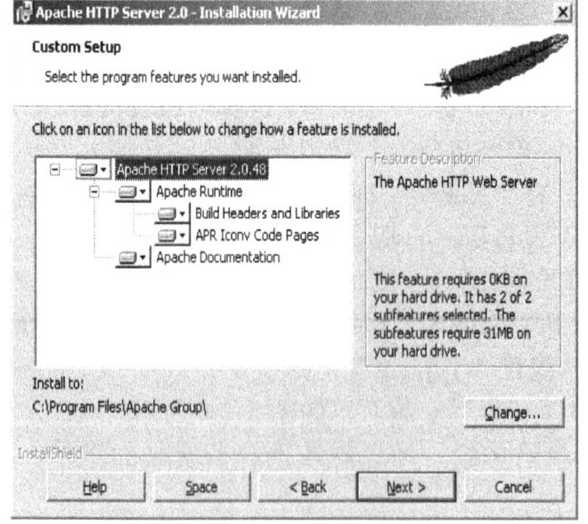

图 5-2-5 自定义安装

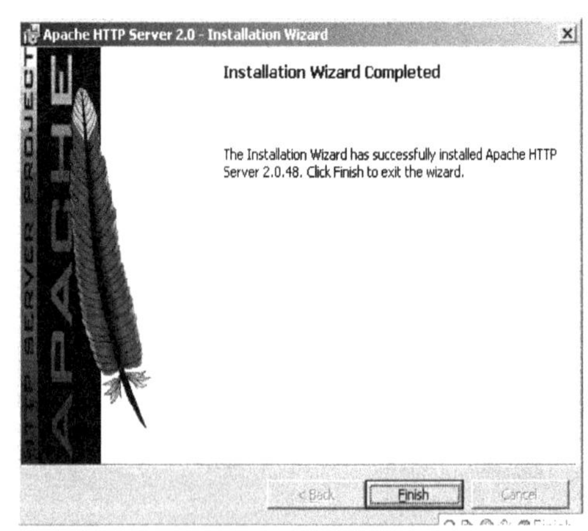

图 5-2-6 安装完成

小贴士

如果是 Windows XP 用户，最好先安装 SP1 服务包，这样可以避免 Apache 崩溃。

在安装 Apache 之前，应该卸载（或停止服务）IIS 等其他的 HTTP 服务器端软件，以免服务器端软件强占 80 端口，导致 Apache 工作不正常。

活动 3　启动 Apache 服务

Apache 安装成功后需根据提示重新启动计算机。Apache 默认随系统自动启动，它会在任务栏的通知区域创建一个图标。右击该图标，然后在弹出的快捷菜单中选择“Open Apache Monitor”命令，即可打开 Apache 服务监视器，如图 5-2-7 所示。

此外，在“开始”菜单的“程序”子菜单中也有 Apache HTTP Server 的组件，如图 5-2-8 所示。

1）Configure Apache Server（配置 Apache 服务器）项：可以编辑配置文件和测试配置。

2）Control Apache Server（控制 Apache 服务器）项：可以开启（Start）、停止（Stop）和重启动（Restart）Apache 的服务。

3）Review Server Log Files（查看日志文件）：可以查看 Apache 的系统日志文件等。

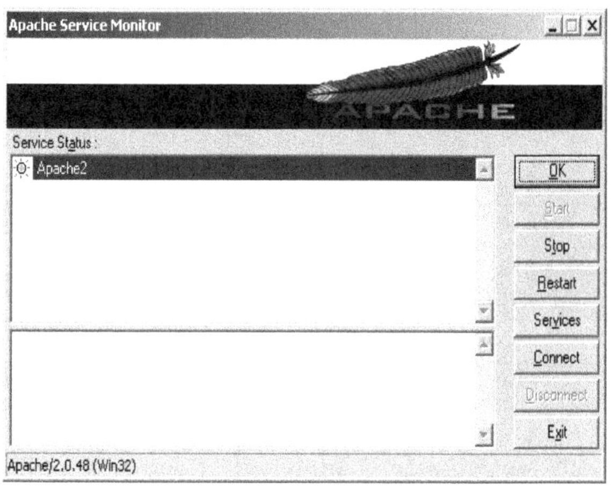

图 5-2-7　Apache 服务监视器

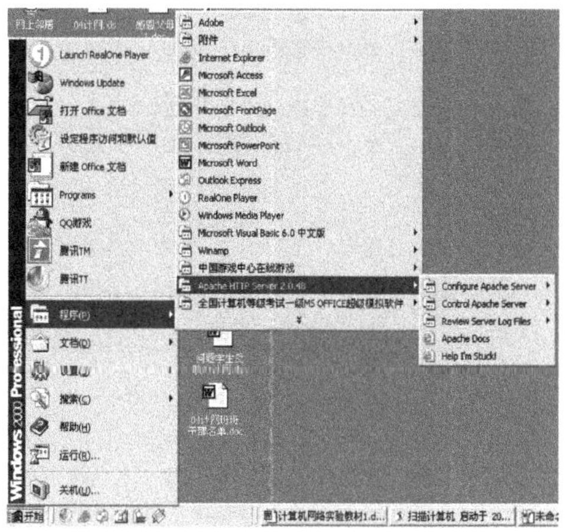

图 5-2-8　Apache HTTP Server 的组件

活动 4　配置 Apache

Apache 的核心配置文件是 Httpd.conf，它在计算机中的位置为 Apache 的安装路径 C:\Program Files\Apache Group\Apache2\ Httpd.conf，如果安装在 C 盘的根目录下，则该文件应该在 C:\Apache\ Httpd.conf 中。用记事本打开它，可以看到这些配置文件都以文本方式存在，如图 5-2-9 所示。

此外，也可以选择“开始→程序→Apache HTTP Server 2.0.48→Configure Apache Server→Edit the Apache httpd.conf Configuration File”命令。

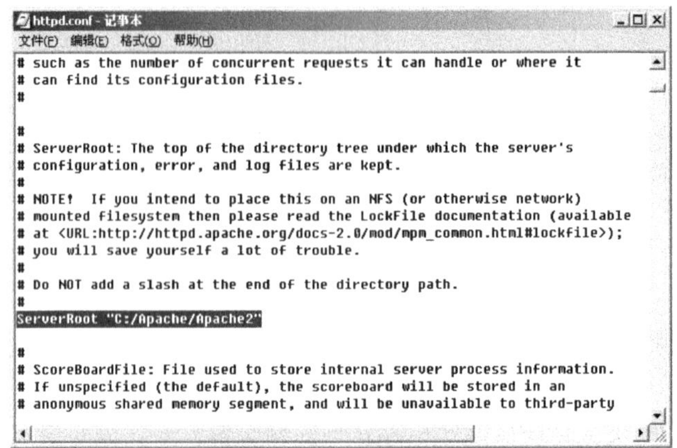

图 5-2-9　Apache 配置文件

第 1 步　配置网站目录路径 DocumentRoot

在配置文件中，“#”为 Apache 的注释符号，可以在记事本菜单中选择“编辑→查找”命令逐一输入下面要配置的关键字，并进行相应配置。例如，查找“DocumentRoot”即可找到该配置命令行，如图 5-2-10 所示。

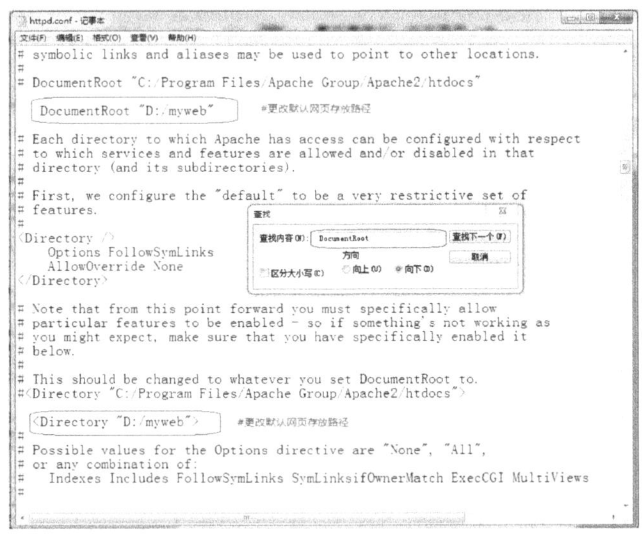

图 5-2-10　更改默认网页存放路径

这个命令行可指定网站路径，也就是主页放置的目录。可以使用默认的，一般就是 Apache 安装目录下的一个子目录，当然也可以指定一个。需要注意，这句末尾不要加“\”。此外，路径的分隔符在 Apache Server 里写成“/”。

第 2 步　配置默认文档 DirectoryIndex

一般情况下，在此处还可以加入“index.htm　index.html　index.php　index.php3　index.cgi　index.pl　default.htm”等。注意，每种类型之间都要留一空格，如图 5-2-11 所示，保存并重新启动 Apache 后，可以在本机 IE 访问测试网页，如图 5-2-12 所示。

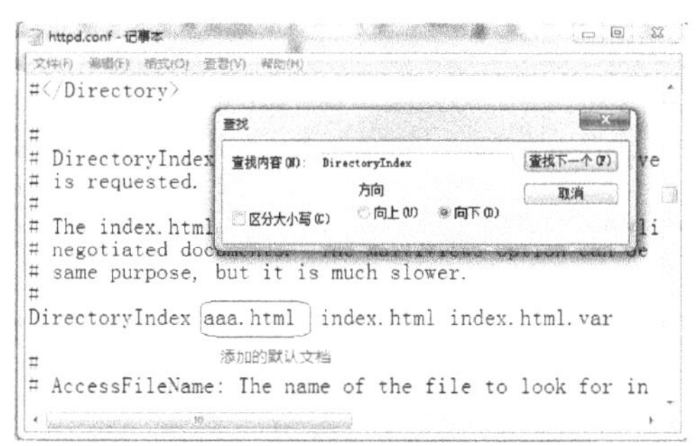

图 5-2-11　配置默认文档

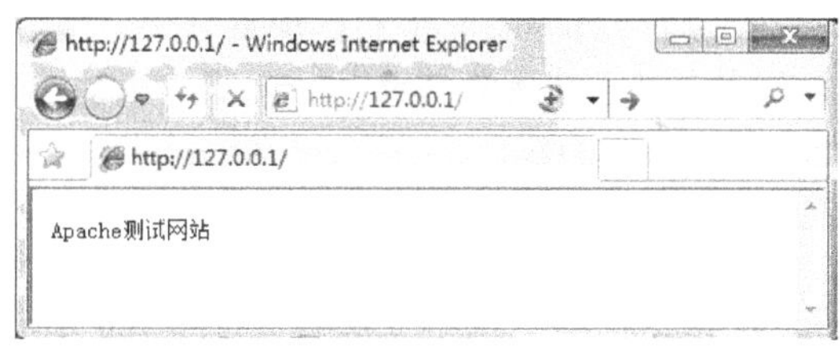

图 5-2-12　Apache 测试网页

第 3 步　配置虚拟目录

安装 Apache 后，默认创建虚拟目录/icons/，我们可以重新设置虚拟目录和网站路径。打开 httpd.conf 文件，找到 Alias /icons/的内容，如下所示：

```
Alias /icons/ "C:/Program Files/Apache Group/Apache2/icons/"
#<Directory "C:/Program Files/Apache Group/Apache2/icons">
    Options Indexes MultiViews
    AllowOverride None
    Order allow, deny
    Allow from all
</Directory>
```

如果需要增加一个虚拟目录/bbb 对应 D:/myweb/AliasWeb/文件夹，则可修改其代码，如下所示：

```
 Alias /bbb "D:/myweb/AliasWeb/"   #虚拟目录为 bbb，网站路径为 D:/myweb/
                                   AliasWeb/
<Directory "D:/myweb/AliasWeb/">   #网站路径为 D:/myweb/AliasWeb/
    DirectoryIndex bbb.html        #添加本行，虚拟目录的默认文档为 bbb.html
    Options Indexes MultiViews
    AllowOverride None
    Order allow, deny
    Allow from all
</Directory>
```

修改好设置后，保存并重新启动 Apache 后生效，通过本机访问 http://127.0.0.1/bbb/虚拟目录，即可访问到 D:/myweb/AliasWeb/目录下的网页文件内容，如图 5-2-13 所示。

图 5-2-13　虚拟目录文件内容

第 4 步　配置虚拟主机

利用 Apache 服务器可以实现如下多种虚拟主机的配置方式。

1）在一个 IP 地址上配置多个基于域名的 Web 站点，如可以基于一个 IP 地址 192.168.10.1 配置 aaa.cqn.com 和 bbb.cqn.com 两个站点。

2）在多个 IP 地址上配置多台虚拟主机，如果服务器有两个 IP 地址，每个 IP 地址可以分别对应一个域名站点。

3）在不同的 IP 地址提供相同的内容，如可以实现在 192.168.10.1 和 192.168.10.2 两个 IP 地址上对应到同一个域名站点 aaa.cqn.com。

4）在不同端口上运行不同的站点，如果需要同一个 IP 地址（如 192.168.10.1）的不同端口（如 8080 和 8088），可以通过这种方式实现。

虚拟主机的配置均在 httpd.conf 文件中<VirtualHost>配置段中实现。

第 4 种方式的配置示例如下：

```
#在 httpd.conf 中增加侦听端口
Listen 8080
Listen 8088
#在 httpd.conf 文本的最后面部分修改
NameVirtualHost  192.168.10.1:8080
NameVirtualHost  192.168.10.1:8088
#设置第一个虚拟主机,以端口 8080 打开
<VirtualHost 192.168.10.1:8080>
     DocumentRoot  d:/aaa
     DirectoryIndex  aaa.html
</VirtualHost>
#设置第二个虚拟主机,以端口 8088 打开
     <VirtualHost 192.168.10.1:8088>
         DocumentRoot  d:/bbb
           DirectoryIndex  bbb.html
</VirtualHost>
```

第 5 步　Apache Web 服务的安全管理

01 禁止显示目录。

客户端在访问 Apache 服务器的某个目录且该目录中没有主页文档时，将显示该目录中的全部文件，如图 5-2-14 所示，这样给服务器的安全造成了巨大的危害。

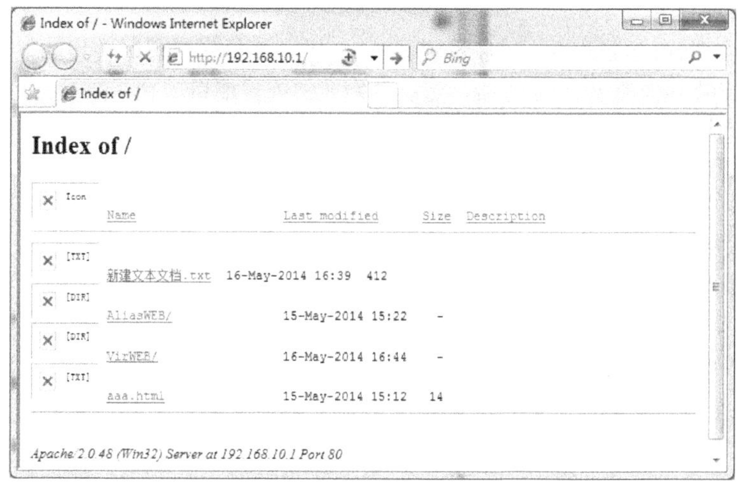

图 5-2-14　显示全部文件

为禁止显示目录，打开 httpd.conf 配置文件，只需要修改 Options Indexes FollowSymLinks 为 Options None 即可，保存后，重新启动 Apache 服务器。当用户再次打开该目录时，服务器将禁止访问页面，从面提高安全性。

02 实现 IP 地址授权/拒绝访问 Apache 服务器。

可以在配置文件 httpd.conf 中用特有命令 Deny 及 Allow 指定拒绝及允许访问的用户，当同时使用两个命令时，用命令 Order 决定二者的顺序。

Order Allow、Deny 或 Order Deny、Allow 命令决定 Deny 和 Allow 规则的优先顺序。如禁止 192.168.10.X 网络的用户访问。

```
<Directory "D:/myweb">
      Order deny, allow
     Deny from 192.168.10.0/24
</Directory>
```

【例 1】除了来自 cqn.com 域和 IP 地址为 192.168.10.12 的客户机外，允许所有客户机的访问。

```
Order deny, allow
Deny from cqn.com
Deny from 192.168.10.12
```

【例 2】仅允许来自网络 192.168.10.0/24 客户机的访问。

```
Order allow, deny
Allow from 192.168.10.0/24
```

第 6 步　Apache Web 服务的其他设置

01 配置服务器名 ServerName。

很多人在 Windows 中安装了 Apache 后还是启动不了服务器，原因在于没有设置 ServerName。现在要做的就是把“#ServerName new.host.name”这一行的“#”号去掉，并把“new.host.name”换成自己的域名或写成“localhost”。

02 配置端口 PORT。

在服务器名 ServerName 后，可以设置 Apache Web Server 运行时使用的端口号，默认的是 80，如果已经安装其他的 Web 服务器，建议改为其他闲置端口。

03 配置服务器路径 ServerRoot。

该命令行用来指定服务器配置文件及日志文件的存放路径。默认为 Apache 的安装路径，一般无需修改。

04 配置支持简体中文。

在默认的情况下，Apache 不能显示简体中文，只能显示英文，要显示中文必须改变以下设置：

打开设置文件 httpd.conf，查找 AddDefaultCharset ISO-8859-1。

把#AddDefaultCharset ISO-8859-1 改为 AddDefaultCharset GB2312。

活动 5 调试 Apache

Apache 已经启动，可以检测一下 Apache 是否正常工作。用 netstat 命令查看端口进入 DOS 命令行窗口，执行“netstat—na”命令，如果可以看到诸如“TCP *.*.*：80”字样，则说明 Apache 确实在 80 端口上监听，如图 5-2-15 所示。

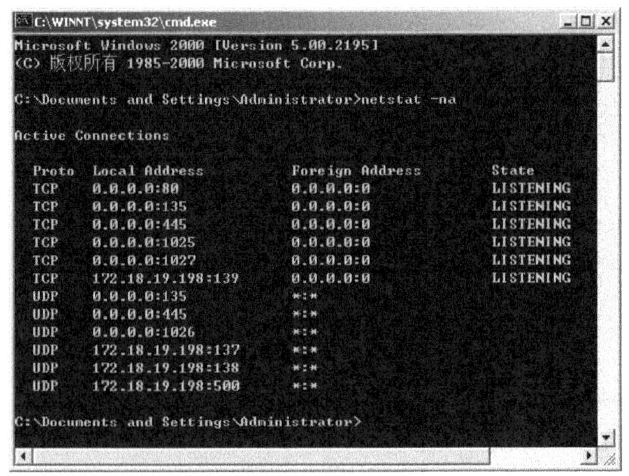

图 5-2-15 用 netstat 命令查看端口

1．练习 Apache 的安装，注意安装前的准备工作。
2．练习配置核心文件“Httpd.conf”。
3．练习网站目录路径 DocumentRoot 的配置。
4．练习默认文档 DirectoryIndex 的配置。
5．练习虚拟目录和虚拟主机的配置。
6．练习配置实现 IP 地址授权/拒绝访问 Apache 服务器。

项目 6 FTP服务器的配置和应用

◎ 项目导读

FTP（File Transfer Protocol，文件传输协议）用于Internet上的控制文件的双向传输。同时，它也是一个应用程序。用户可以通过它把自己的PC与世界各地所有运行FTP的服务器相连，访问服务器上的大量程序和信息。

本项目主要介绍IIS中FTP的“不隔离用户”和“隔离用户”服务器设置与应用，还介绍应用软件FTP Serv-U服务的设置。

◎ 能力目标

- 能进行IIS中FTP的“不隔离用户”和“隔离用户”服务器的设置。
- 能进行FTP匿名用户和计算机用户的安全设置。
- 能使用FTP Serv-U建立FTP服务，并能够安全灵活应用。

任务 6.1 使用 IIS 创建 FTP 服务

◎ 任务描述

本任务学习 Windows Server 2003 系统下 FTP 服务器的安装与应用，主要学习在非域的环境中设置和应用“不隔离用户”和“隔离用户”。

◎ 任务目标

1. 了解和应用 Windows Server 2003 创建 FTP 服务器。
2. 掌握 FTP“不隔离用户”和“隔离用户”的设置及应用。
3. 理解 FTP“不隔离用户”和“隔离用户”安全应用的区别。

◎ 设备工具

1. 一台安装有 Windows Server 2003 操作系统的计算机（作为 FTP 服务器）。
2. 一台安装有 Windows XP、Windows 7 或 Windows Server 2003 操作系统的计算机（作为 FTP 客户端）。
3. 一张 Windows Server 2003 安装光盘（安装 FTP 服务器用）。

知识 FTP 用户的隔离模式

1. 不隔离用户

该模式不启用 FTP 用户隔离。该模式的工作方式与以前版本的 IIS 类似。由于在登录到 FTP 站点的不同用户间的隔离尚未实施，该模式最适合于只提供共享内容下载功能的站点或不需要在用户间进行数据访问保护的站点。

2. 隔离用户

该模式在用户访问与其用户名匹配的主目录前，根据本机或域账户验证用户。所有用户的主目录都在单一 FTP 主目录下，每个用户均被安放和限制在自己的主目录中。不允许用户浏览自己主目录外的内容。如果用户需要访问特定的共享文件夹，可以再建立一个虚拟根目录。该模式不使用 Active Directory 目录服务进行验证。注意：当使用该模式创建了上百个主目录时，服务器性能会下降。

3. 用 Active Directory 隔离用户

该模式根据相应的 Active Directory 容器验证用户凭据，而不是搜索整个 Active Directory，那样做需要大量的处理时间为每个客户指定特定的 FTP 服务器实例，以确保数据完整性及隔离性。当用户对象在 Active Directory 容器内时，可以将 FTPRoot 和 FTPDir 属性提取出来，为用户主目录提供完整路径。如果 FTP 服务能成功地访问该路径，则用户被放在代表 FTP 根位置的该主目录中。用户只能看见自己的 FTP 根位置，因此受限制而无法向上浏览目录树。如果 FTPRoot 或 FTPDir 属性不存在，或它们无法共同构成有效、可访问的路径，用户将无法访问。

活动 1　在 IIS 上设置 FTP 服务器（不隔离用户）

第 1 步　创建 FTP 服务器

01 打开控制面板，单击“添加或删除程序”图标，单击“添加/删除 Windows 组件”按钮，弹出“Windows 组件向导”对话框，勾选“应用程序服务器”复选框，如图 6-1-1 所示。

02 打开“应用程序服务器”窗口，勾选“Internet 信息服务（IIS）”复选框，单击“详细信息”按钮，弹出“Internet 信息服务（IIS）”对话框，勾选“文件传输协议（FTP）服务”复选框，如图 6-1-2 所示。

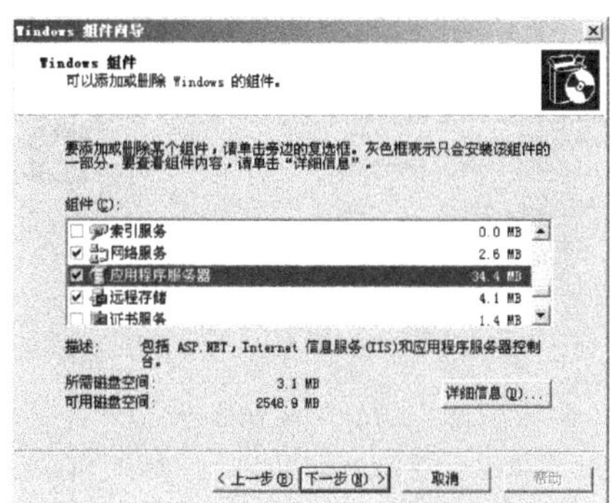

图 6-1-1　Windows 组件向导

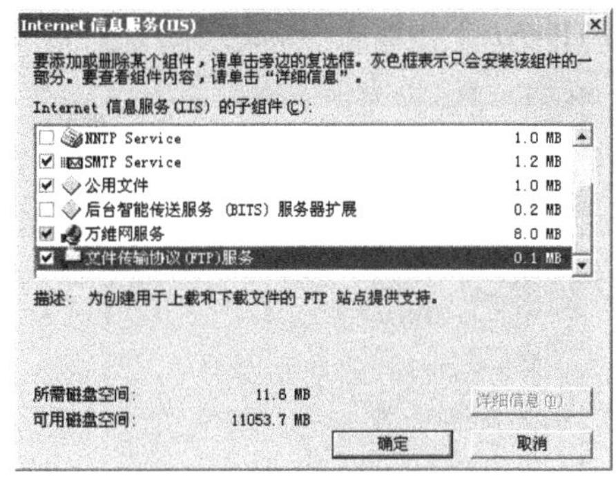

图 6-1-2　安装 FTP 服务

03 在“Internet 信息服务（IIS）管理器”主目录下右击“FTP 站点”选项，在弹出的快捷菜单中选择“新建→FTP 站点”命令，如图 6-1-3 所示。弹出“FTP 站点创建向导”对话框，开始创建站点，如图 6-1-4 所示。

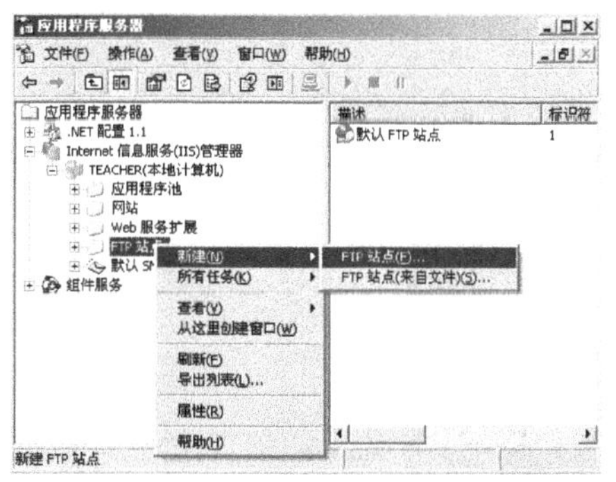

图 6-1-3　新建 FTP 站点

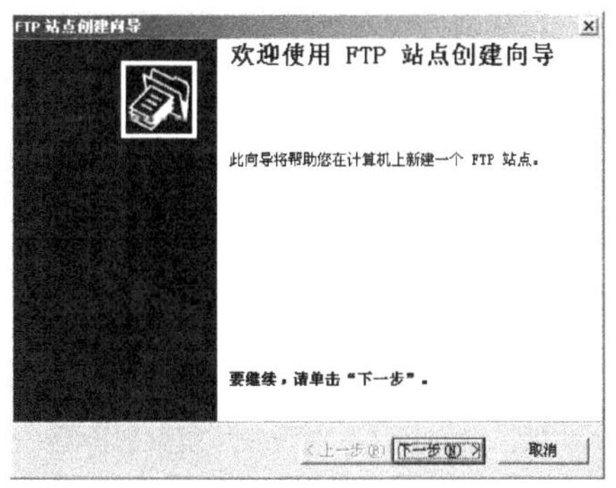

图 6-1-4　FTP 站点创建向导

04 单击“下一步”按钮，进入“FTP 站点描述”界面，如图 6-1-5 所示。在“描述”文本框中输入关于此 FTP 站点的描述。

05 单击“下一步”按钮，进入“IP 地址和端口设置”界面，如图 6-1-6 所示。单击“输入此 FTP 站点使用的 IP 地址：”下拉按钮，选择此 FTP 站点使用的 IP 地址并填写 TCP 端口（默认为 21）。

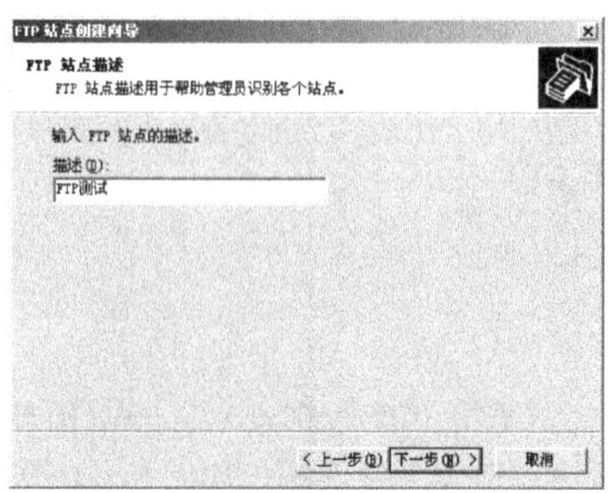

图 6-1-5　FTP 站点的描述

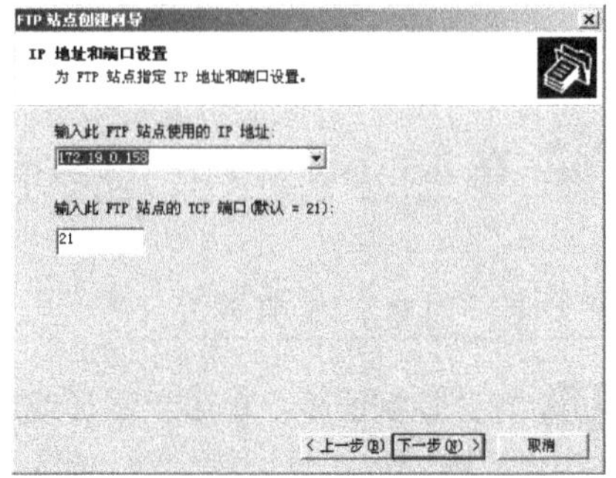

图 6-1-6　选取 FTP 站点使用的 IP 地址

06 单击“下一步”按钮，进入“FTP 用户隔离”界面，选择“不隔离用户”单选按钮，如图 6-1-7 所示。然后单击“下一步”按钮，在“FTP 站点主目录”界面中输入主目录的路径“G:\FTPAAA”，如图 6-1-8 所示。

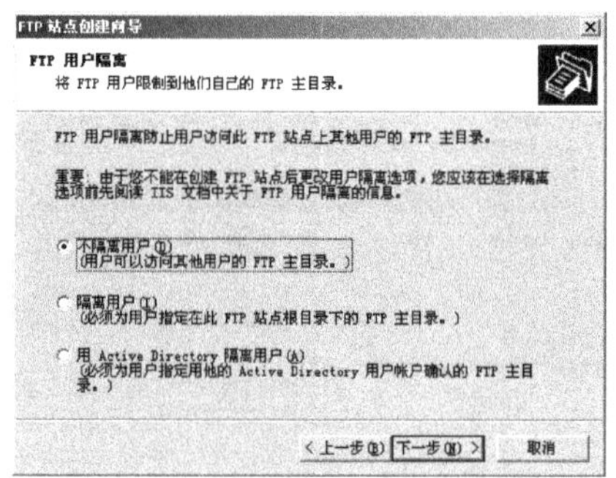

图 6-1-7　“FTP 用户隔离”界面

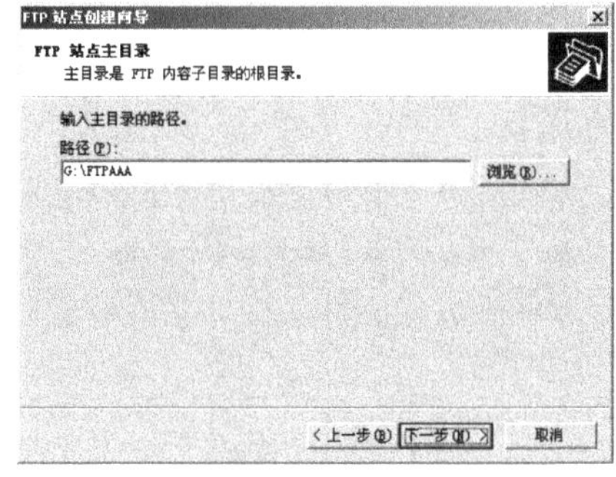

图 6-1-8　设置 FTP 站点的主目录路径

07 单击“下一步”按钮，进入“FTP 站点访权限”界面，如图 6-1-9 所示，设置用户对此 FTP 站点的访问权限，“读取”复选框表示允许用户从此 FTP 站点下载文件；“写入”复选框表示允许用户从此 FTP 站点上传文件。单击“下一步”按钮，提示完成 FTP 站点创建向导，如图 6-1-10 所示。

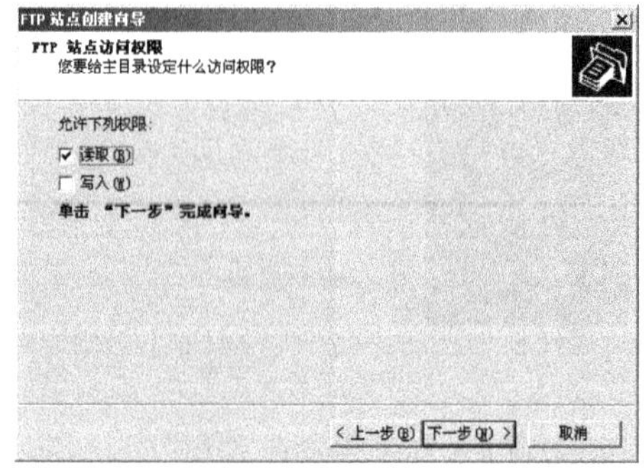

图 6-1-9　设置 FTP 站点的访问权限

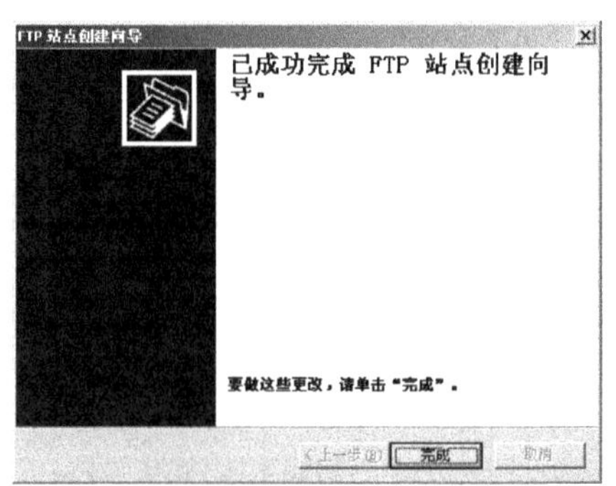

图 6-1-10　完成 FTP 站点创建向导

08 单击“完成”按钮，完成 FTP 站点的创建。返回“Internet 信息服务（IIS）管理器”主目录可看到所建的 FTP 站点，如图 6-1-11 所示。

09 在 FTP 客户机的 IE 中输入“ftp://FTP 服务器 IP 地址”，可以匿名打开 FTP 服务器站点，如图 6-1-12 所示。

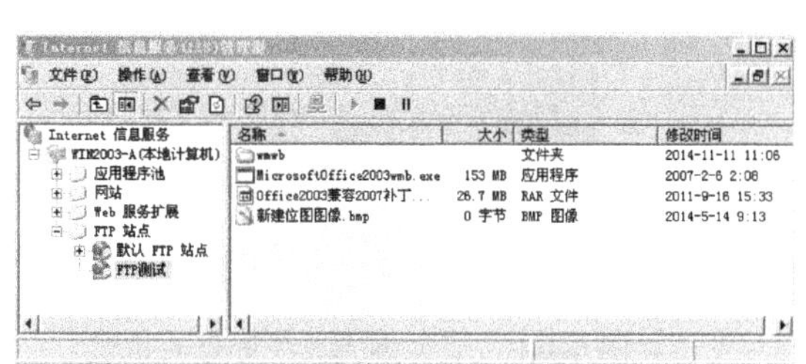

图 6-1-11　在信息控制台查看所建的 FTP 站点

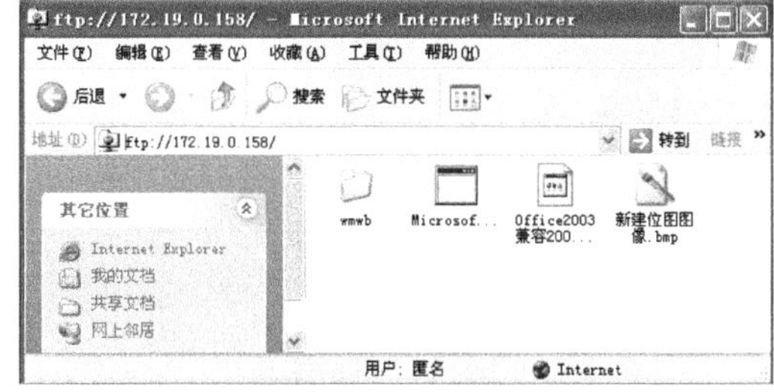

图 6-1-12　FTP 客户机匿名打开 FTP 站点

第 2 步　FTP 站点的安全设置

01 在如图 6-1-11 所示的窗口中右击“FTP 测试”选项，在弹出的快捷菜单中选择“属性”命令，在弹出的对话框中选择“安全账户”选项卡，默认勾选“允许匿名连接”复选框，也可以单击“浏览”按钮，选择一个用户作为匿名登录时默认的用户，如图 6-1-13 所示。

02 如要求登录 FTP 服务器使用特定用户，则需取消勾选“允许匿名连接”复选框，如图 6-1-14 所示。

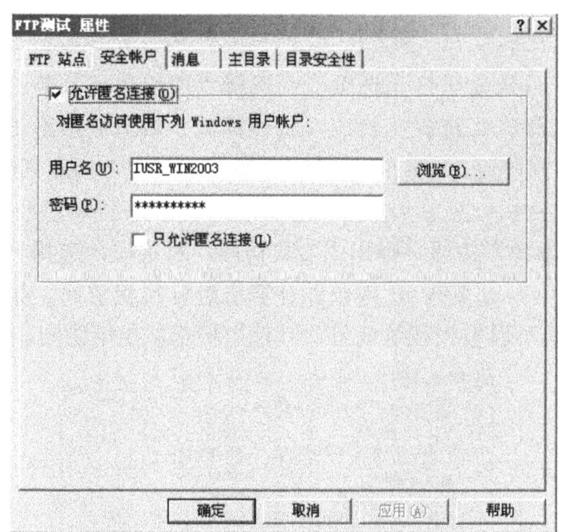

图 6-1-13　test 作为匿名连接用户

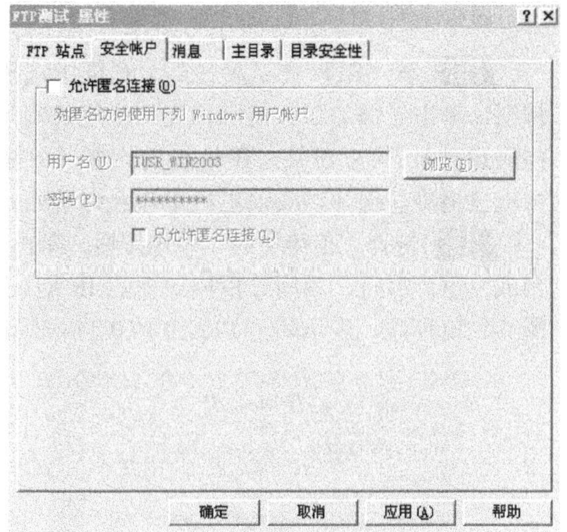

图 6-1-14　特定用户登录 FTP 站点

03 添加登录 FTP 服务器用户：在“计算机管理”窗口创建 cqn 新用户，如图 6-1-15 所示。

04 在网络中任意一台计算机的 Web 浏览器地址栏输入“ftp://172.19.0.158”，并按 Enter 键，然后会弹出如图 6-1-16 所示的“登录身份”验证对话框，输入合法的用户名和密码，并单击“登录”按钮，可成功登录 FTP 服务器。也可以在 Web 浏览器地址栏输入“ftp://用户名：密码@FTP 服务器 IP 地址”直接登录，如图 6-1-17 所示。

05 成功登录 FTP 服务器后，就可以上传和下载文件了，如图 6-1-18 所示。

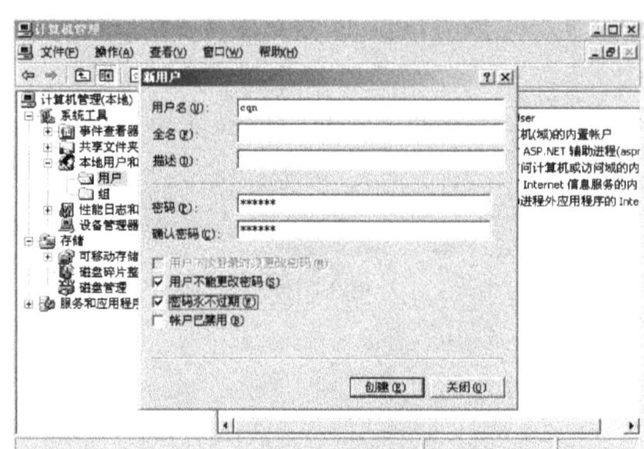

图 6-1-15　创建新用户

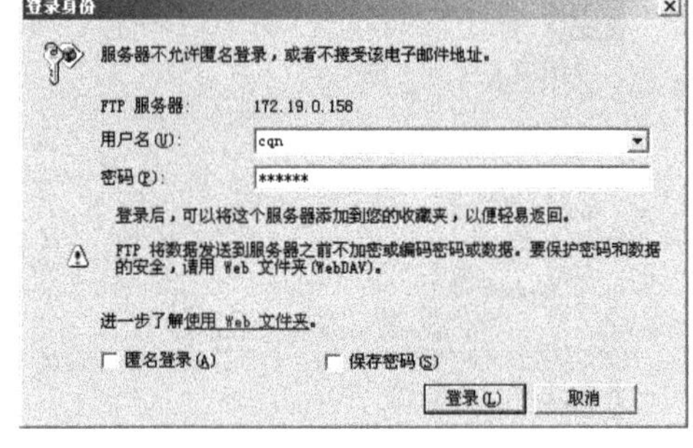

图 6-1-16　“登录身份”验证对话框

图 6-1-17　用户名和密码直接登录方式

图 6-1-18　成功登录 FTP

06 在“FTP 测试属性”对话框中选择“目录安全性”选项卡，选择“授权访问”单选按钮，单击“添加”按钮，弹出“拒绝访问”对话框，选择一台或一组计算机，填写被拒绝访问的IP地址，可以对某些IP地址的计算机进行访问限制，如图6-1-19所示，表示除了172.19.0.100主机被拒绝访问外，其他主机都被允许访问。

07 选择“拒绝访问”单选按钮，单击“添加”按钮，弹出“授权访问”对话框，选择一台或一组计算机，填写被授权访问的 IP 地址，可以对某些 IP 地址的计算机进行授权访问，如图 6-1-20 所示，表示除了 172.19.10.0/24 一组主机可以被授权访问外，其他主机都被拒绝访问。

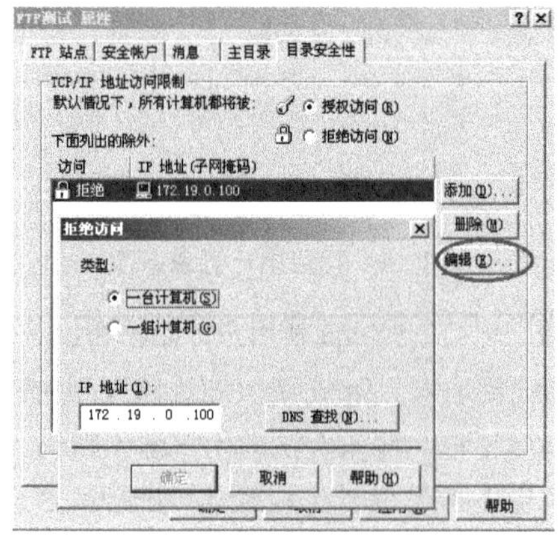

图 6-1-19　被拒绝访问

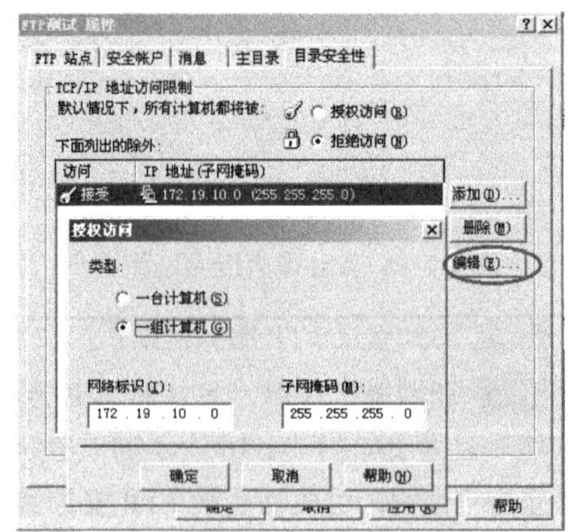

图 6-1-20　被授权访问

活动 2　FTP 服务器设置（隔离用户）

第 1 步　创建 FTP 隔离用户服务器

01 在 FTP 服务器中创建 aaa 和 bbb 两个用户名，用于 FTP 隔离用户的验证与测试，如图 6-1-21 所示。

02 建立 FTP 站点的主目录：在哪个盘都可以，最好不要放在 C 盘，本次在 D 盘下建一个 FtpSite 文件夹来做 FTP 的主目录，如图 6-1-22 所示。

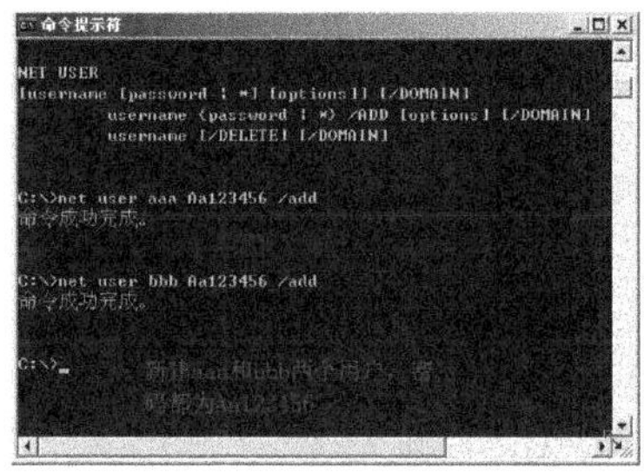

图 6-1-21　创建两个用户名

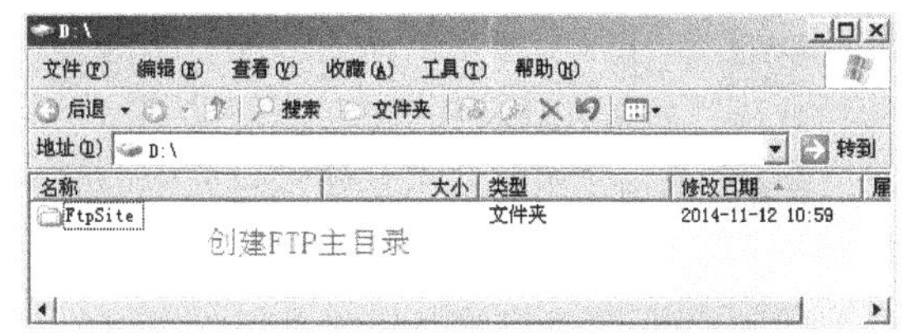

图 6-1-22　创建 FTP 主目录

03 建好站点的主目录后，在站点的主目录下创建 LocalUser 文件夹，这个文件夹要用来存放用户的主目录和匿名访问目录（注意：只能是 LocalUser 这个文件夹，不能用其他的），如图 6-1-23 所示。

04 建好 LocalUser 文件夹后，接下来在 LocalUser 下建用户的主目录文件夹及匿名访问文件夹（注意：用户的主目录文件夹必须和用户的登录名一一对应，匿名访问文件夹必须是 Public，否则无效）。匿名访问文件夹就是站点配置允许匿名访问的情况下，匿名用户所登录到的文件夹，该文件夹里的内容对匿名用户是开放的。这次分别建两个用户主目录文件夹 aaa、bbb 和匿名访问文件夹 Public，如图 6-1-24 所示。

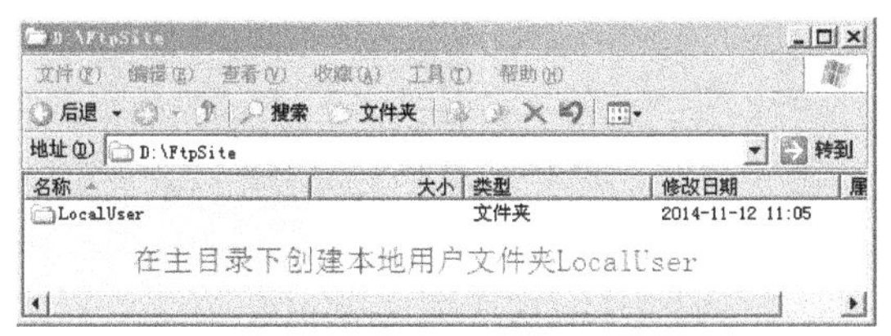

图 6-1-23　在主目录下创建本地用户文件夹 LocalUser

05 右击“FTP 站点”选项，在弹出的快捷菜单中选择“新建→FTP 站点”命令，如图 6-1-25 所示。

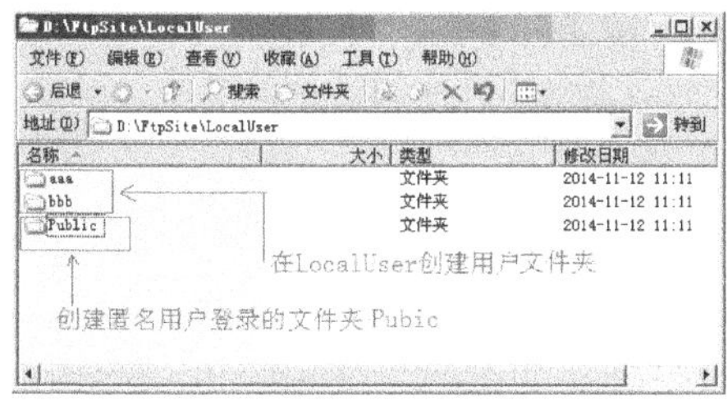

图 6-1-24　创建用户主目录文件夹和匿名访问文件夹 Public

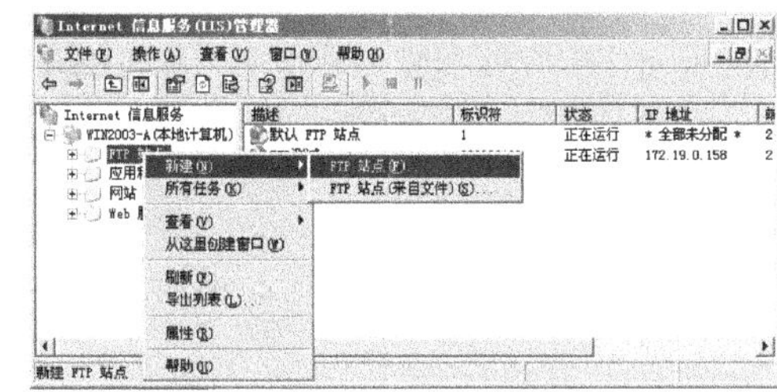

图 6-1-25　新建 FTP 站点

06 出现新建站点向导，如图 6-1-26 所示，单击“下一步”按钮。

07 进入“FTP 站点描述”界面，在“描述”文本框中输入“隔离用户 FTP 站点”，如图 6-1-27 所示。

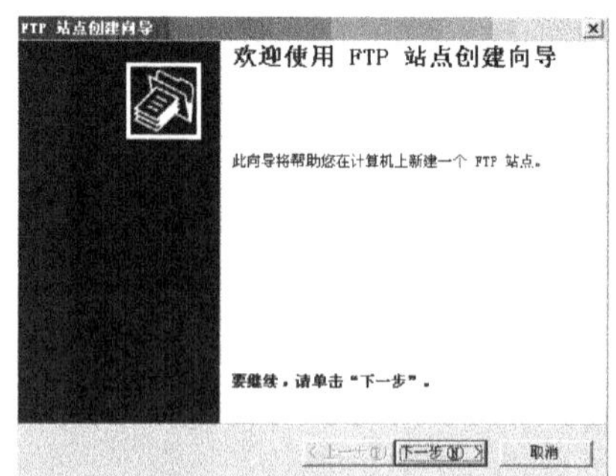

图 6-1-26　FTP 站点创建向导

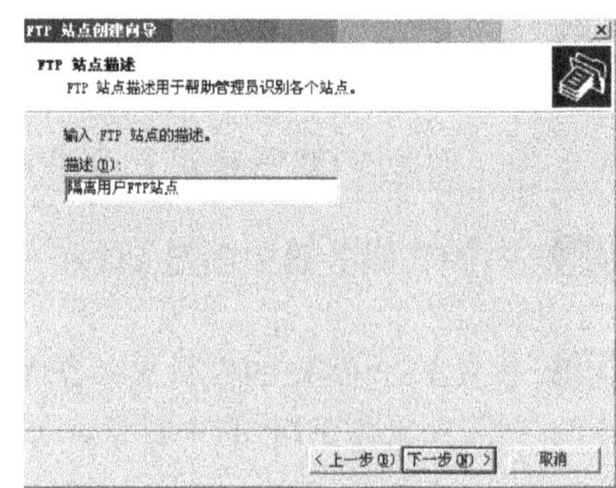

图 6-1-27　FTP 站点描述

08 单击“下一步”按钮，进入“IP 地址和端口设置”界面，IP 地址就选本机 IP 地址，端口默认，如图 6-1-28 所示。

09 单击“下一步”按钮，进入“FTP 用户隔离”界面，选择“隔离用户”单选按钮，如图 6-1-29 所示。

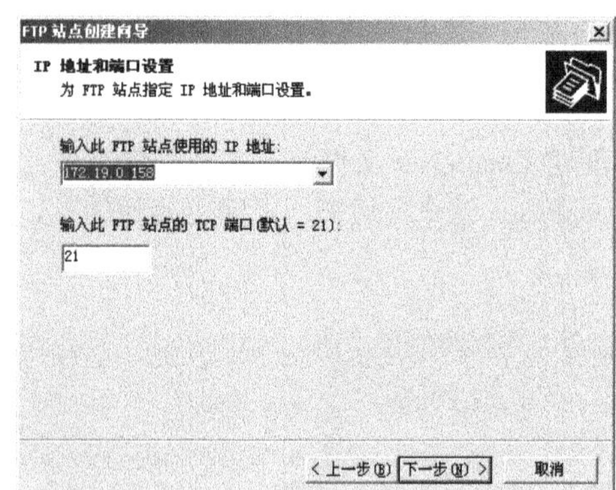

图 6-1-28　设置 IP 地址和端口

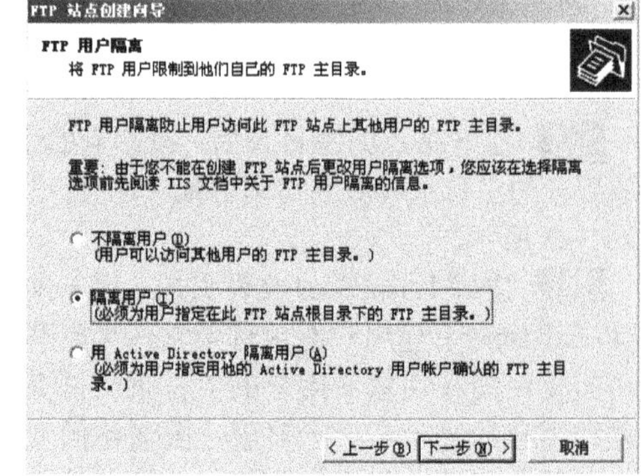

图 6-1-29　选择“隔离用户”选项

10 单击“下一步”按钮，进入“FTP 站点主目录”界面，选择刚才建的目录 D:\FtpSite，如图 6-1-30 所示。

11 单击“下一步”按钮，进入“FTP 站点访问权限”界面，勾选“读取”和“写入”复选框，如图 6-1-31 所示。

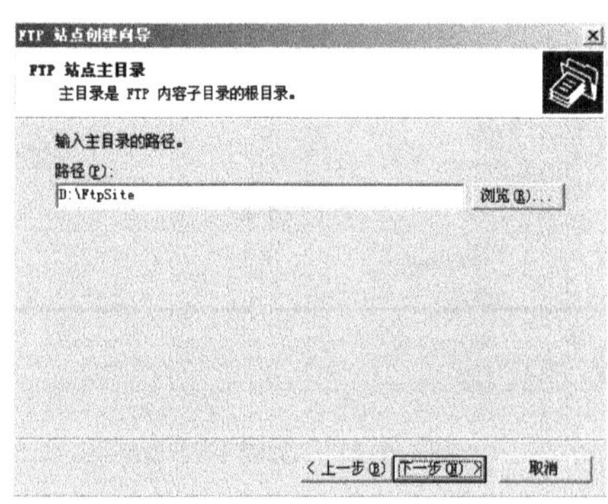

图 6-1-30　FTP 站点主目录

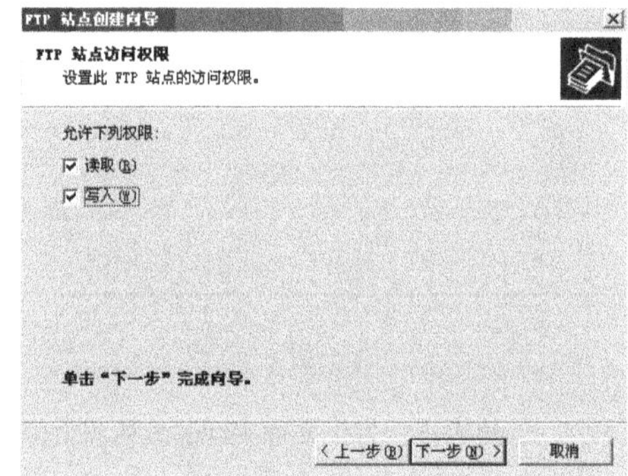

图 6-1-31　FTP 站点访问权限

12 单击“下一步”按钮，提示 FTP 站点创建完成，单击“完成”按钮，如图 6-1-32 所示。

13 完成后，回到 IIS 管理器查看 FTP 站点，如图 6-1-33 所示。

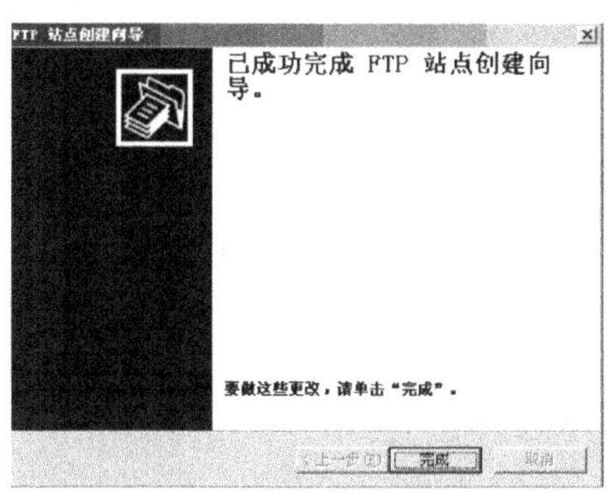

图 6-1-32　FTP 站点创建完成

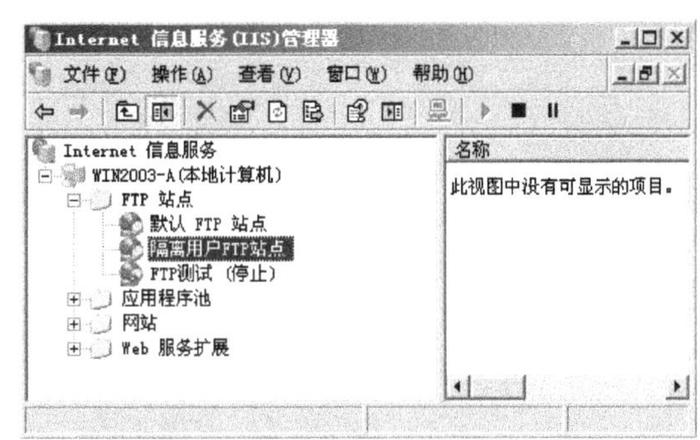

图 6-1-33　完成隔离用户 FTP 站点设置

第 2 步　FTP 隔离用户测试与验证

01 先用匿名访问，配置网站允许匿名访问，如图 6-1-34 所示。

02 在 FTP 客户端用匿名访问 FTP 服务器，访问的结果是 Public 文件夹的内容，表示隔离用户匿名访问成功，如图 6-1-35 所示。

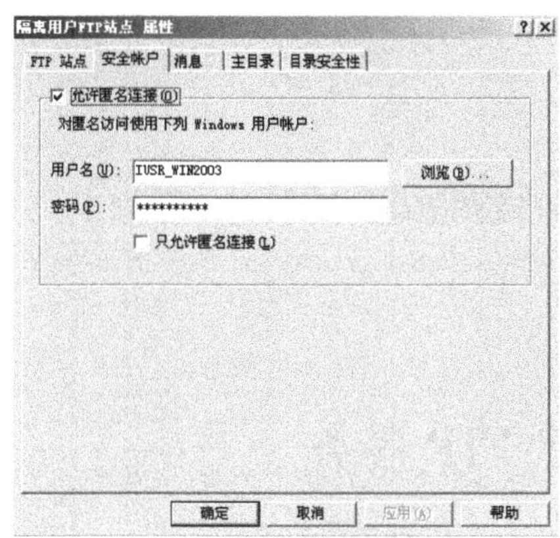

图 6-1-34　允许匿名连接

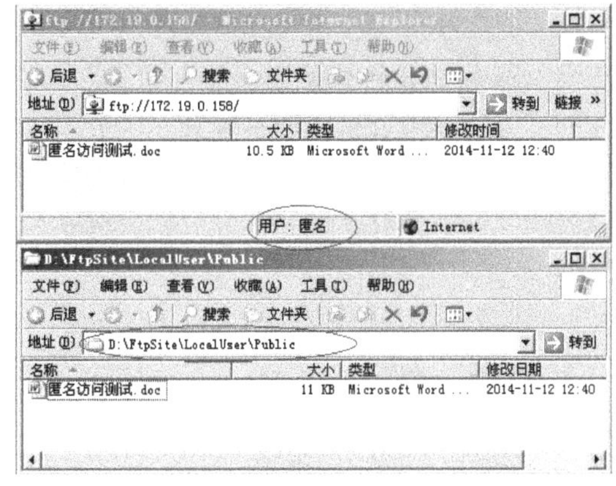

图 6-1-35　隔离用户匿名访问测试

03 要求用户名访问看能否成功，先配置站点禁止匿名访问，如图 6-1-36 所示。

04 用 aaa 用户名访问隔离用户 FTP 服务器，如图 6-1-37 所示。

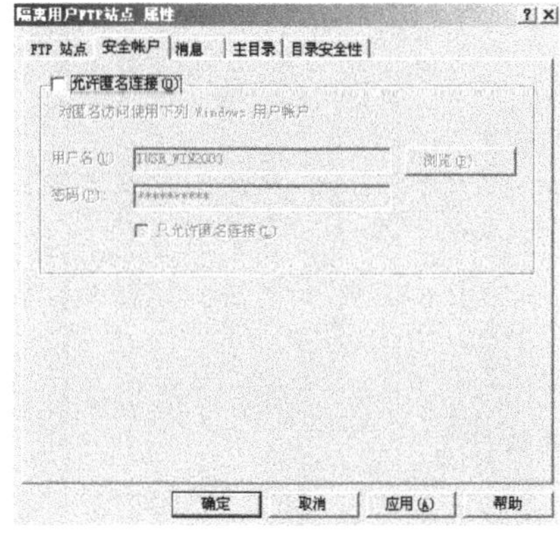

图 6-1-36　禁止匿名访问

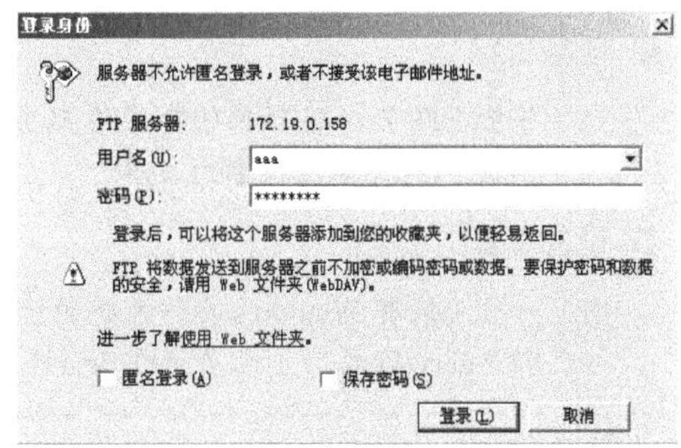

图 6-1-37　aaa 用户登录 FTP 服务器界面

05 用 aaa 用户名访问隔离用户 FTP 服务器，访问的结果是用户 aaa 文件夹的内容，表示隔离用户名访问成功，如图 6-1-38 所示。

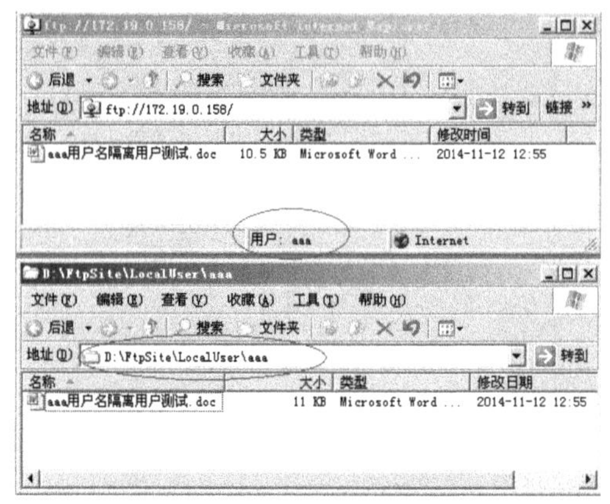

图 6-1-38　用户名访问测试

1．设置 FTP 服务器站点。
2．设置 FTP 站点的安全账号。
3．设置 FTP 隔离用户站点，并验证匿名用户和用户名的隔离权限。

任务 6.2　使用 FTP Serv-U 创建 FTP 服务

◎ 任务描述

FTP Serv-U 是现今 Windows 下较流行、功能强大、使用简单的 FTP 服务器软件之一，同时也是目前国内应用最多的 FTP 服务器软件。本任务将从 Serv-U 的安装和设置方面入手介绍这个软件的基本使用方法。

◎ 任务目标

1. 掌握 FTP Serv-U 软件组建 FTP 服务器的方法。
2. 掌握 FTP Serv-U 服务的应用。

◎ 设备工具

1. 一台安装有 Windows 操作系统的计算机
2. FTP Serv-U 软件（本书使用 ServU_15.1.0.480 软件）。

知识　Serv-U 的主要功能

在所有的 FTP 服务器端软件中，Serv-U 除了拥有其他同类软件所具备的几乎全部功能外，还支持断点续传、带宽限制、远程管理、远程打印、虚拟主机等；支持实时的多用户连接、匿名用户的访问、通过限制同一时间最大的用户访问人数，确保服务器的正常运转。再加上良好的安全机制、友好的管理界面及稳定的性能，使它赢得了很高的赞誉，并广泛应用。

活动 1　安装 Serv-U 服务器

01 选择安装语言为中文（简体），如图 6-2-1 所示。其他的单击“下一步”按钮，按默认设置即可，如图 6-2-2 和图 6-2-3 所示。

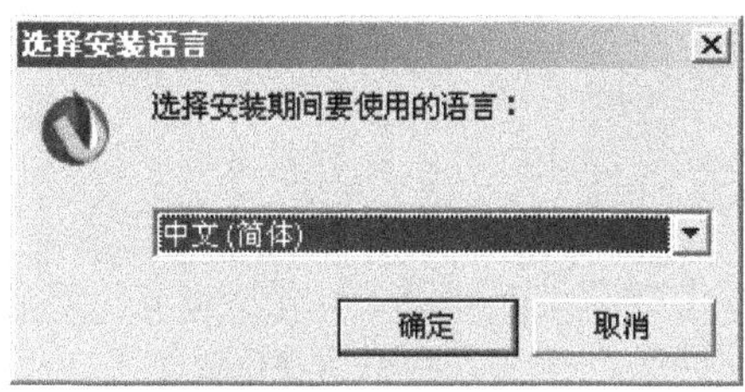

图 6-2-1　选择安装语言

02 在“选择附加任务”安装向导界面中，勾选“将 Serv-U 作为系统服务安装”复选框，如图 6-2-4 所示，表示当系统启动时本 FTP Serv-U 服务器将自动启动服务。

03 在“Windows 防火墙”界面中勾选“添加 Serv-U 到 Windows 防火墙的例外列表中”复选框，如图 6-2-5 所示，表示本 FTP Serv-U 服务不在 Windows 防火墙的限制规则之中，保证 FTP 服务器的连通性。

04 在“通用即插即用”界面中，默认勾选“允许 Serv-U 以配置支持 UPnP 的路由器”复选框，如图 6-2-6 所示，保证 Internet 用户连接本 FTP 服务器。

05 在“完成 Serv-U 安装”界面，勾选“启动 Serv-U 管理控制台”复选框，如图 6-2-7 所示，使初学者更直观地进一步进行 FTP 服务器的设置。

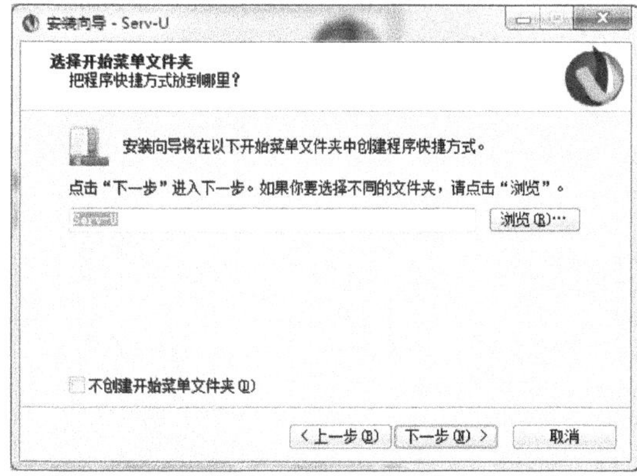

图 6-2-2　选择开始菜单文件夹

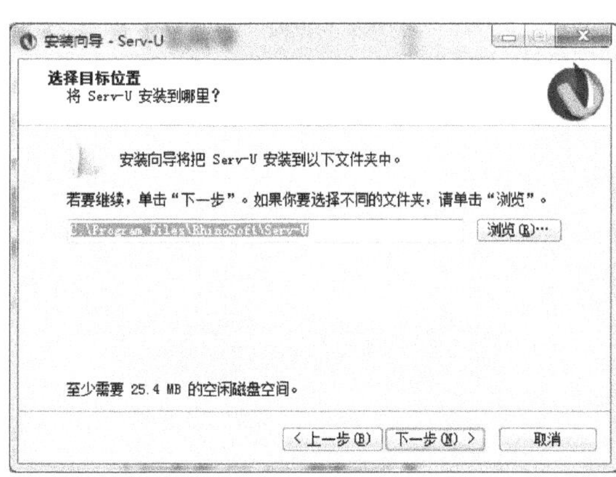

图 6-2-3　选择目标位置

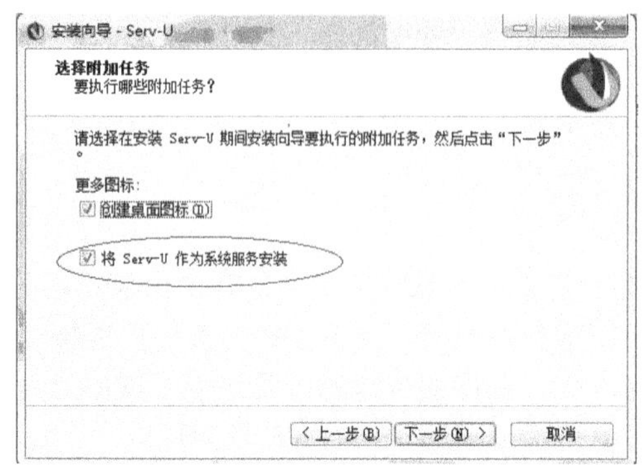

图 6-2-4　选择附加任务窗口

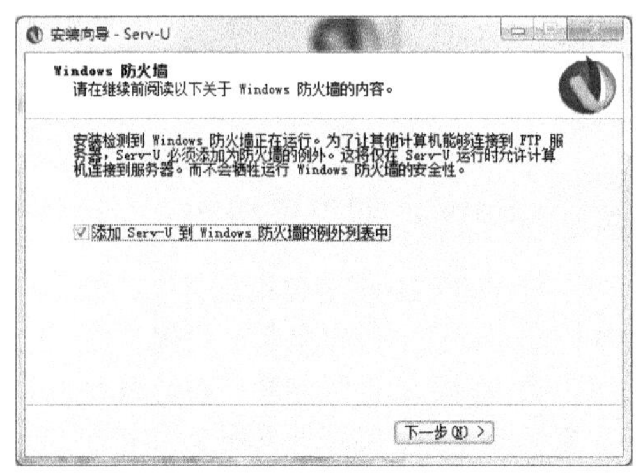

图 6-2-5　添加 Windows 防火墙的例外列表

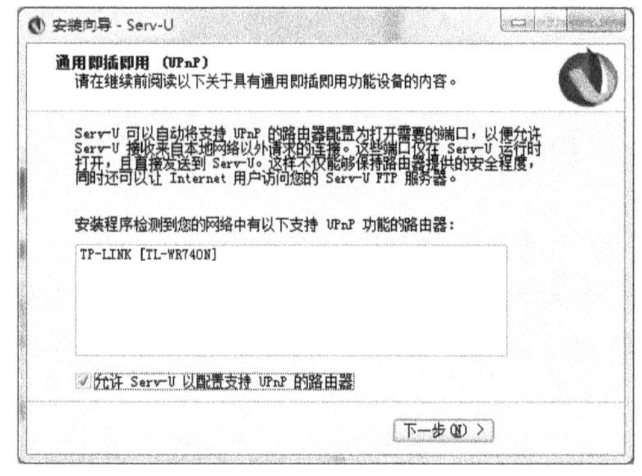

图 6-2-6　通用即插即用的安装向导

图 6-2-7　启动 Serv-U 管理控制台

活动 2　创建域

01 单击“完成”按钮，在 Serv-U 管理控制台中弹出提示框，如图 6-2-8 所示，首先必须创建一个域，在提示框中单击“是”按钮。

02 在域向导中，在名称栏输入域名“fshc.cm”（每个域名都是唯一的标识符，用于区分文件服务器上的其他域，这个域名可按自己的意愿填写），并默认勾选“启用域”复选框，如图 6-2-9 所示。

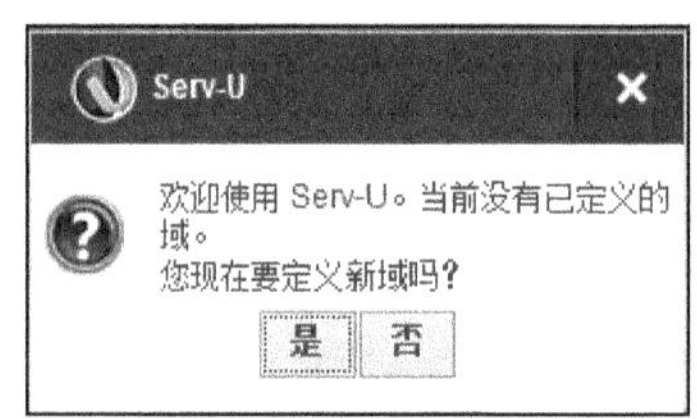

图 6-2-8　新建域

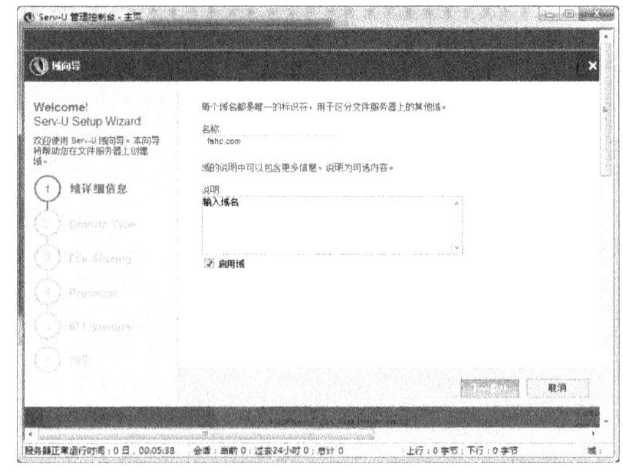

图 6-2-9　输入域名

03 单击“下一步”按钮，在域类型中勾选“File Transfer Domain”复选框，另外一项“File Sharing Domain”也可以同时勾选，这里勾选第一项，如图 6-2-10 所示。

04 单击“下一步”按钮，在域向导的 Protocols（协议）界面勾选“FTP 和 Explicit SSL/TLS”复选框，其他可不选，如图 6-2-11 所示。

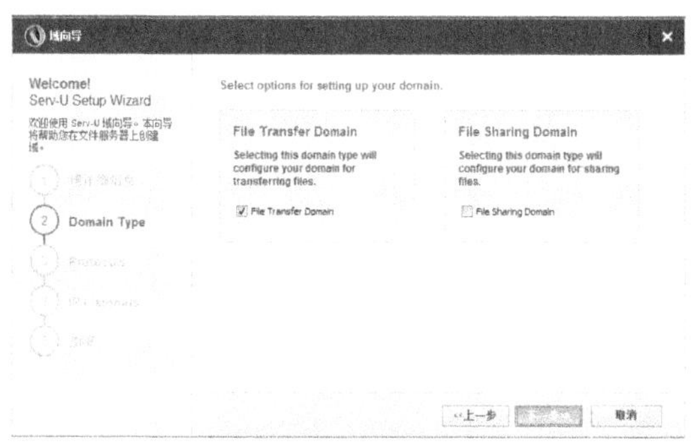

图 6-2-10　选择域类型

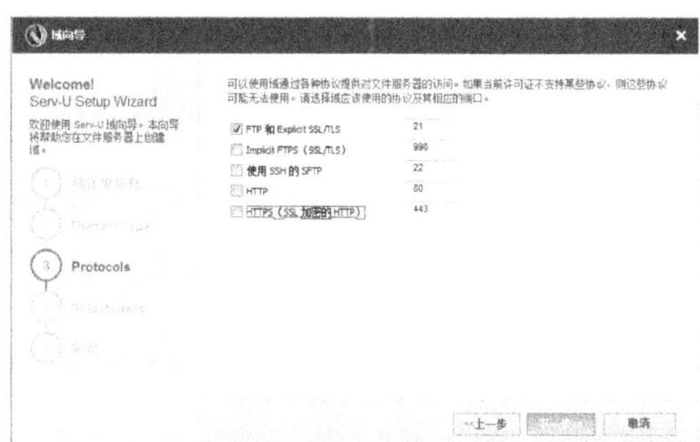

图 6-2-11　选择启用协议

05 单击“下一步”按钮，在域向导的 IP Listeners 界面，创建 IP 地址监听器，这里可以选择本机 IP 地址或默认，如图 6-2-12 所示。

06 单击“下一步”按钮，在域向导的加密项中，密码加密模式默认即可，如图 6-2-13 所示。

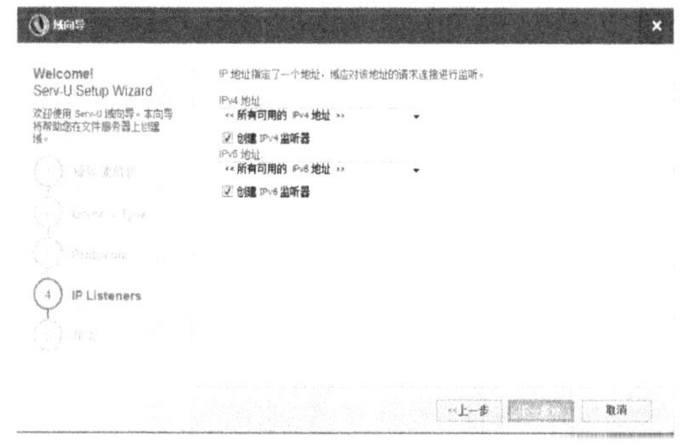

图 6-2-12　选择 IP 地址监听器

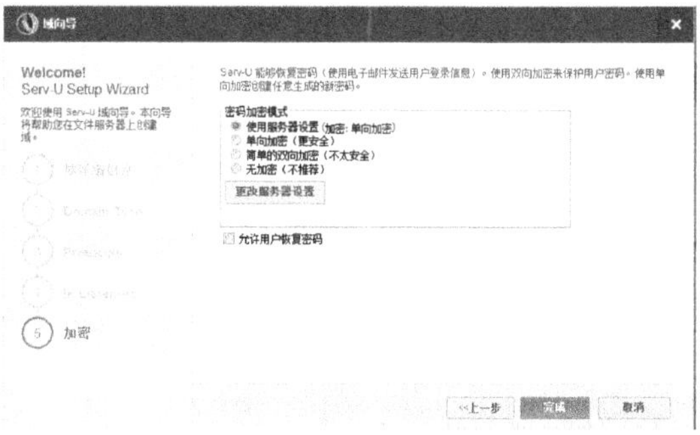

图 6-2-13　域加密模式

活动 3　创建域用户

01 在“域向导”对话框中单击“完成”按钮，弹出为该域创建用户账户提示框，为域创建用户，如图 6-2-14 所示。

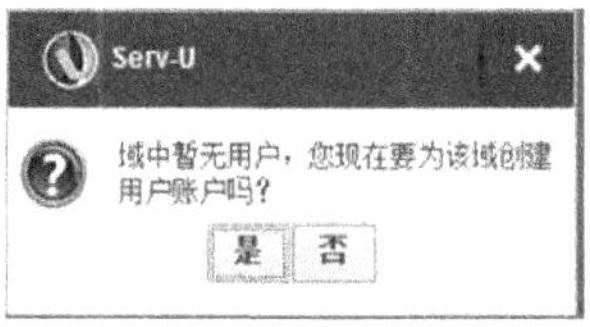

02 单击“是”按钮，出现“您要使用向导创建用户吗？”提示框，对于初学者，可单击“是”按钮，如图 6-2-15 所示。

03 单击“是”按钮，出现用户向导对话框，在“登录 ID”文本框输入用户名，如图 6-2-16 所示。

04 单击“下一步”按钮，在“密码”文本框输入密码，如图 6-2-17 所示。

图 6-2-14　为域创建用户

05 单击“下一步”按钮，单击“根目录”文本框右侧按钮，选择根目录的文件夹，并勾选“锁定用户至根目录”复选框，如图 6-2-18 所示。如果不锁定用户到根目录，用户还可以访问这个根目录以外的其他文件夹，FTP 服务器安全得不到保障。

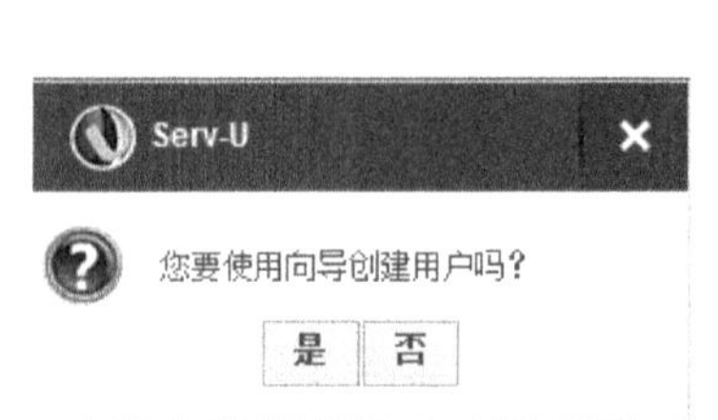

图 6-2-15　用向导创建用户

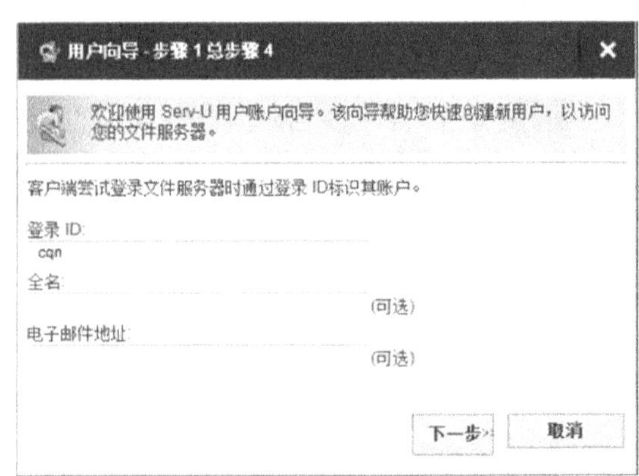

图 6-2-16　输入用户名

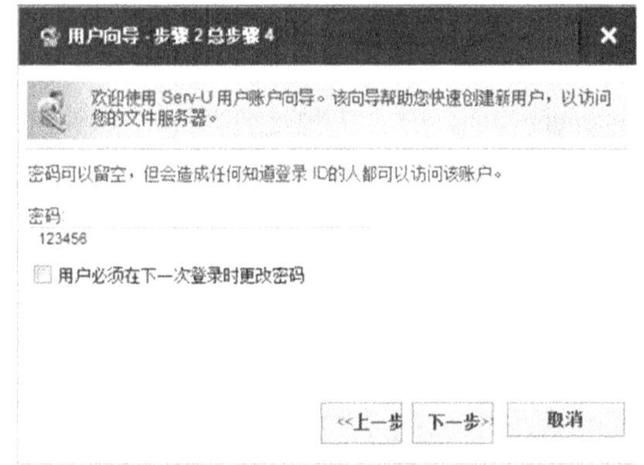

图 6-2-17　输入密码

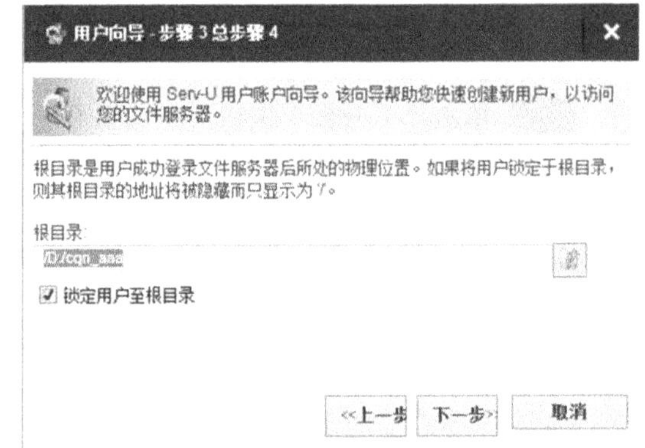

图 6-2-18　设置用户根目录

06 单击“下一步”按钮，在“访问权限”下拉列表框中选择用户访问权限，如图 6-2-19 所示，单击“完成”按钮，完成域用户创建。

07 用户访问验证：在 FTP 客户机的 IE 中输入“ftp://FTP 服务器 IP 地址”，弹出“登录身份”对话框，输入用户名与密码，如图 6-2-20 所示，单击“登录”按钮，可以正常访问用户根目录的资料。

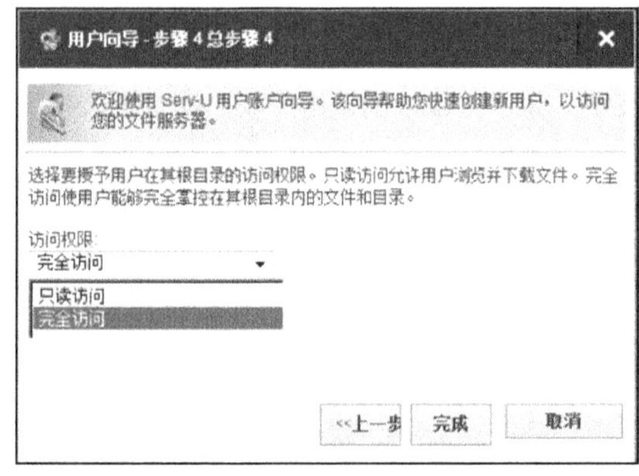

图 6-2-19　设置用户权限

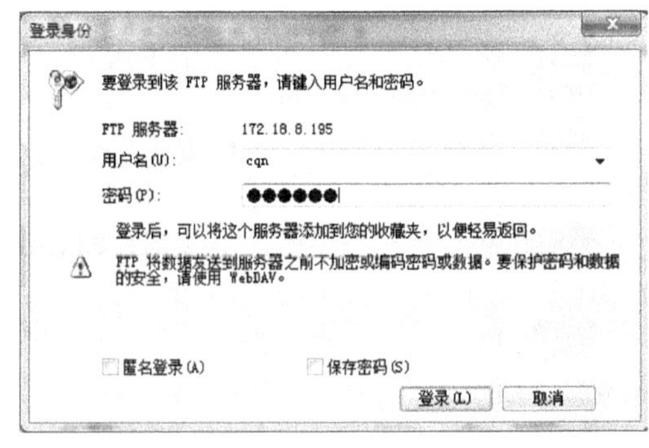

图 6-2-20　用户登录窗口

活动 4　创建匿名用户

01 在 Serv-U 管理控制台中，选择用户项，则在右侧出现已经创建的用户，如图 6-2-21 所示。

02 单击“添加”按钮，出现创建用户对话框，在登录 ID 中输入用户名，本次创建匿名用户，用户名为“Anonymous”，密码为空，在“根目录”下拉列表框中选择匿名用户文件夹，如图 6-2-22 所示。其他用户名的创建过程与此相同。

图 6-2-21　显示已创建的用户名

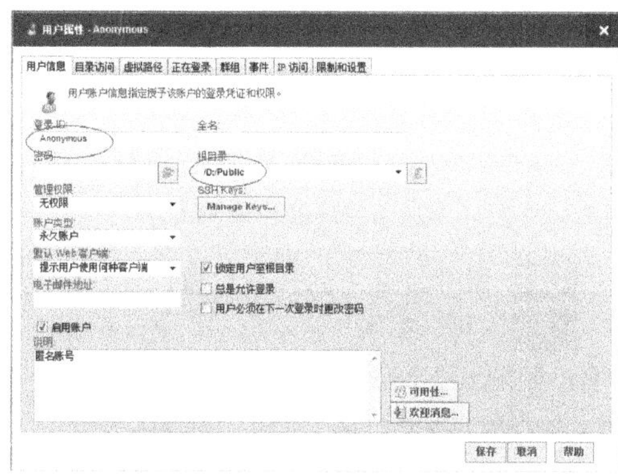

图 6-2-22　创建匿名用户

03 单击“保存”按钮，返回浏览用户窗口，发现刚创建的 Anonymous 用户前面有！号，如图 6-2-23 所示，表示该用户名有错误信息。

04 双击该 Anonymous 匿名用户名，出现如图 6-2-24 所示提示框，要求对该账户的目录访问规则进行修改。

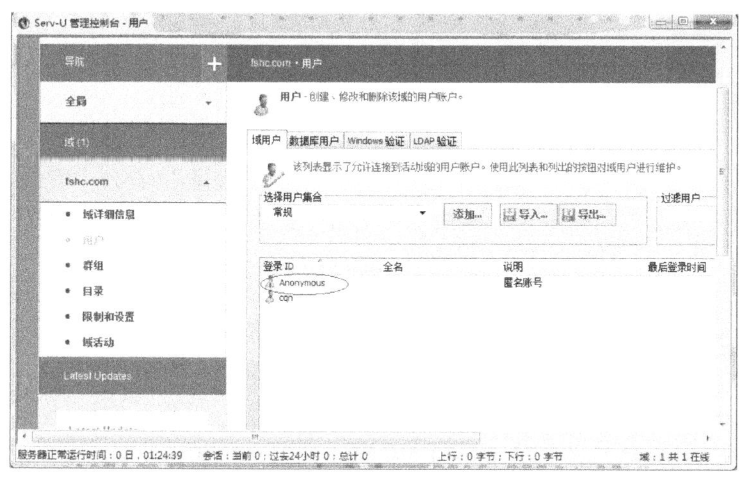

图 6-2-23　创建的用户有误

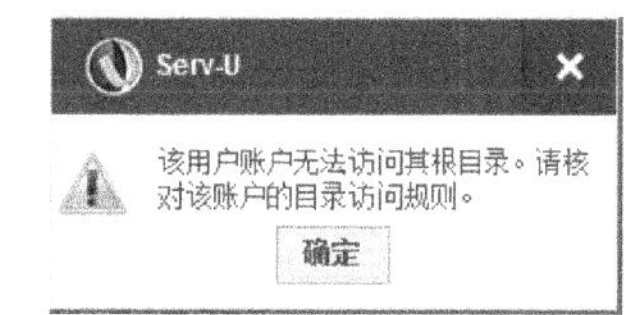

图 6-2-24　错误信息提示

05 在该用户属性对话框中选择“目录访问”选项卡，发现该用户可访问的文件目录的路径和访问权限是空的，如图 6-2-25 所示。

06 单击“添加”按钮，弹出该用户的目录访问规则对话框，在“路径”列表框中正确选择根目录，并设置好访问权限，如图 6-2-26 所示。

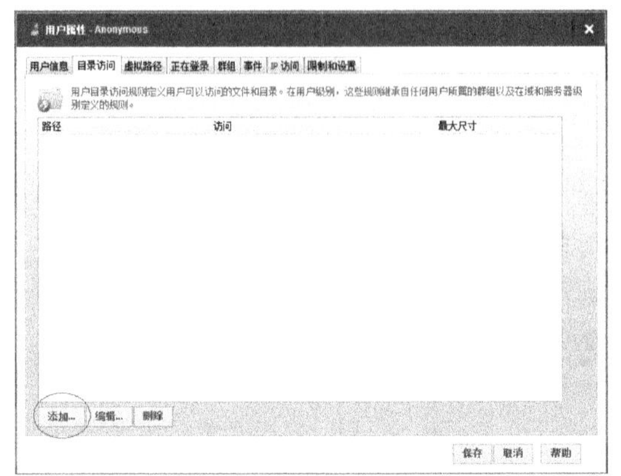

图 6-2-25　用户的目录访问项

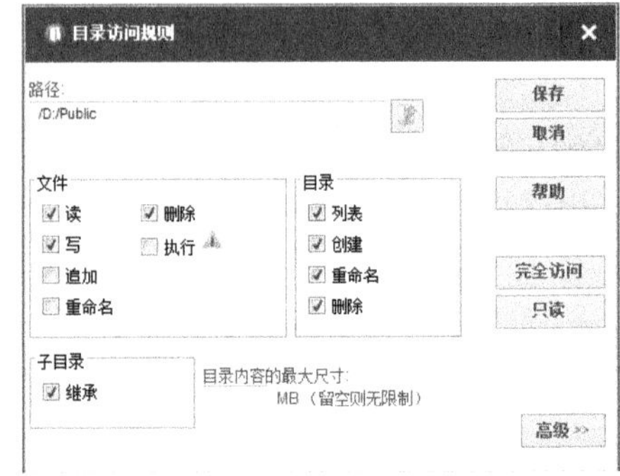

图 6-2-26　目录访问规则

07 保存目录访问规则设置，在目录访问项中出现路径和访问权限，如图 6-2-27 所示。

08 返回域用户显示窗口，Anonymous 用户前面的！号没有了，表示现在的用户名是正常的，如图 6-2-28 所示。

图 6-2-27　用户的目录访问项

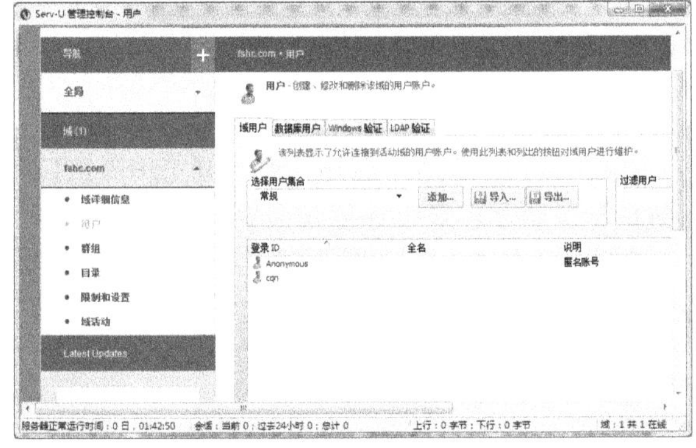

图 6-2-28　正常的 Anonymous 用户

09 用户访问验证：在 FTP 客户机的 IE 中输入“ftp://FTP 服务器 IP 地址”，出现“登录身份”对话框，勾选“匿名登录”复选框，如图 6-2-29 所示，单击“登录”按钮，可以正常匿名访问 FTP 服务器。

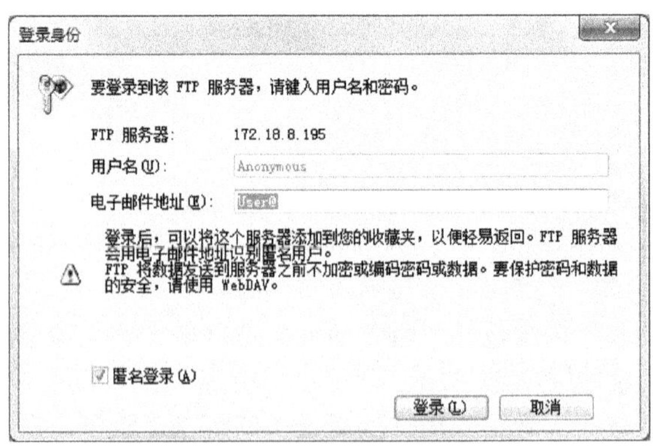

图 6-2-29　匿名登录窗口

巩固练习

1．安装 FTP Serv-U 软件。
2．设置 FTP Serv-U 服务器。
3．练习创建域用户和匿名用户，并能正常访问。
4．练习域用户的复制，并对用户可用性进行设置。
5．练习创建群组并设置群组权限，把用户添加到群组中。

项目 7 DHCP 服务器的组建与管理

>>>>

◎ 项目导读

DHCP（Dynamic Host Configure Protocol，动态主机配置协议）的主要作用是通过 DHCP 服务器为网络内部的客户端计算机自动分配 TCP/IP 配置信息，从而使得网络管理员不必手动配置相关选项。本项目详细介绍 DHCP 工作原理、安装并设置 DHCP 服务、客户端的设置以及 DHCP 服务高级管理。

◎ 能力目标

- 能理解 DHCP 的功能和工作原理。
- 能正确配置 DHCP 服务器和 DHCP 客户端。
- 能进行 DHCP 服务的高级管理与设置。

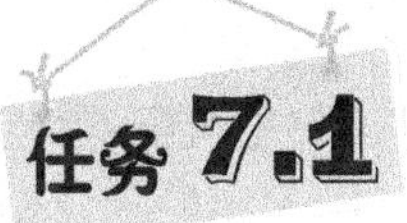

DHCP 服务器的配置

◎ 任务描述

本任务介绍了 DHCP 的功能与工作原理，以及在 Windows Server 2003 上安装 DHCP 服务器，使用 DHCP 控制台配置并管理 DHCP 服务器，配置 DHCP 服务器选项，设置 DHCP 客户端，查看客户端 TCP/IP 配置的方法。

◎ 任务目标

1. 了解 DHCP 的功能和工作原理。
2. 掌握 DHCP 服务的安装，配置 DHCP 客户端。
3. 理解、配置和应用 DHCP 服务器，创建作用域，设定 IP 地址池及路由器。
4. 掌握 DHCP 服务器各选项的设置。

◎ 设备工具

1. 一台安装有 Windows Server 2003 操作系统的计算机（作为 DHCP 服务器）。
2. 一台安装有 Windows XP、Windows 7 或 Windows Server 2003 操作系统的计算机（作为 DHCP 客户端）。
3. 一张 Windows Server 2003 安装光盘（安装 DHCP 服务器用）。

知识　DHCP 的功能与工作原理

DHCP（动态主机配置协议）的主要作用是通过对 IP 地址进行集中配置和管理来实现 IP 地址的动态分配，从而解决 IP 地址不足和 TCP/IP 配置时的繁琐和复杂等问题。简而言之，DHCP 的主要功能是，将 TCP/IP 子网的所有 IP 地址及其相关配置参数都存储在 DHCP 服务器的数据库中，从而实现对 IP 地址的集中管理。

DHCP 服务对 TCP/IP 子网的 IP 地址进行自动分配，即当客户机第一次访问网络时，DHCP 服务器自动为其分配 IP 地址、子网掩码、默认网关和 DNS 服务器地址等配置参数。用户不需要给计算机输入固定的 IP 地址，而是由 DHCP 服务器来提供并自动完成设置操作，这样可以避免手工设置时可能出现的错误，减轻了管理上的负担，所以很适合于较大型的网络。当客户机在子网之间移动时，初始的 IP 地址及其相关的配置信息将被释放回可用地址池，客户机在重新启动时被重新分配新的 IP 地址及其相关信息。由于使用动态 IP 地址时，网络中必须要有一台以上的 DHCP 服务器，而且客户端 IP 地址的获得过程及其使用中都需要占用一定的网络带宽，所以对网络整体性能尤其是服务器要求较高。

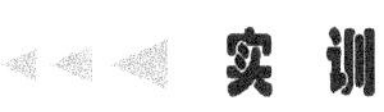

活动 1　在 Windows Server 2003 上安装 DHCP 服务器

01 首先双击控制面板中的“添加/删除程序”图标，进入“添加/删除程序”窗口，单击左上方的“添加/删除 Windows 组件”按钮，弹出“Windows 组件向导”对话框勾选“网络服务”复选框，如图 7-1-1 所示。

02 单击“下一步”按钮，在“网络服务的子组件”列表框中勾选“动态主机配置协议（DHCP）”复选框，如图 7-1-2 所示。

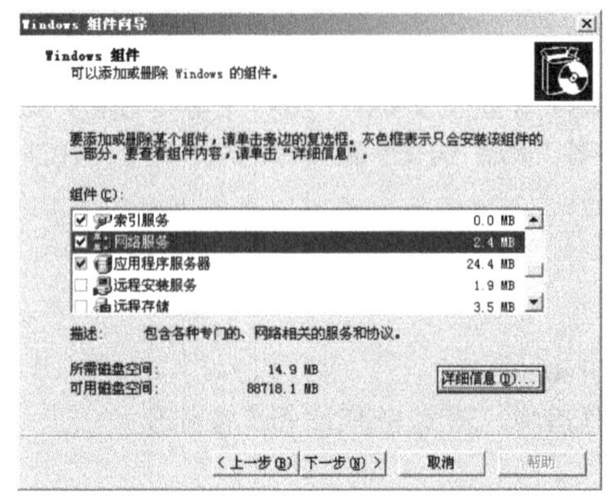

图 7-1-1 “网络服务”选项

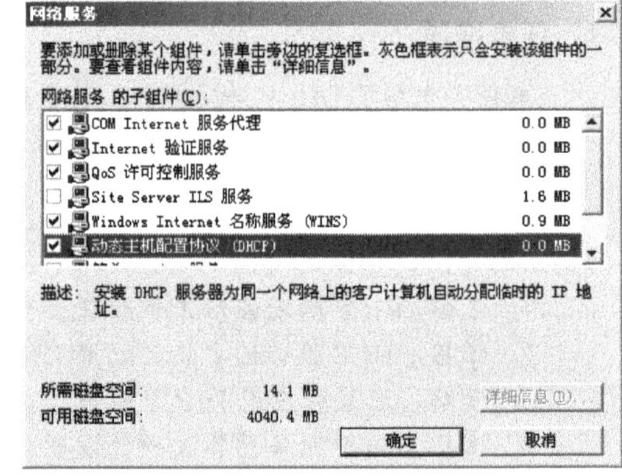

图 7-1-2 “网络服务的子组件”列表框参数设置

03 单击“确定”按钮，系统将自动安装所需的组件并进行必要的配置，安装过程中可能会需要插入 Windows Server 2003 的安装光盘，如图 7-1-3 所示。系统配置完成后，会出现提示框，单击“确定”按钮即可完成安装。

图 7-1-3 “插入 Windows Server 2003 光盘”提示框

活动 2 使用 DHCP 控制台配置并管理 DHCP 服务器

DHCP 控制台是 Windows Server 2003 中用于配置和管理 DHCP 服务的基本工具。利用 DHCP 控制台，用户既可以配置一个新的 DHCP 服务器，又可以管理本地或远程 DHCP 服务器，如添加和删除作用域、管理作用域等。一旦用户成功安装 DHCP 服务，就可以利用 DHCP 控制台配置和管理 DHCP 服务。DHCP 控制台的启动方法是选择“开始→所有程序→管理工具→DHCP”命令。

01 要为 DHCP 服务器建立一个新作用域，则在 DHCP 控制台左侧控制树中选中要新建作用域的 DHCP 服务器，并右击，在弹出的快捷菜单中选择“新建作用域”命令，弹出如图 7-1-4 所示的“新建作用域向导”对话框，按照“新建作用域向导”的提示完成后续操作步骤即可。

02 单击“下一步”按钮，在弹出的对话框中输入新建作用域的名称和说明信息，如图 7-1-5 所示。

03 单击“下一步”按钮，在弹出的对话框中输入作用域的 IP 地址范围和子网掩码。其中，IP 地址范围由起始 IP 地址和结束 IP 地址决定，子网掩码由长度或掩码的 IP 地址决定，如图 7-1-6 所示。

04 单击“下一步”按钮，在弹出的对话框中指定作用域的排除范围，如图 7-1-7 所示。每个连续的排除范围可以通过在“起始 IP 地址”和“结束 IP 地址”文本框内输入来设置。

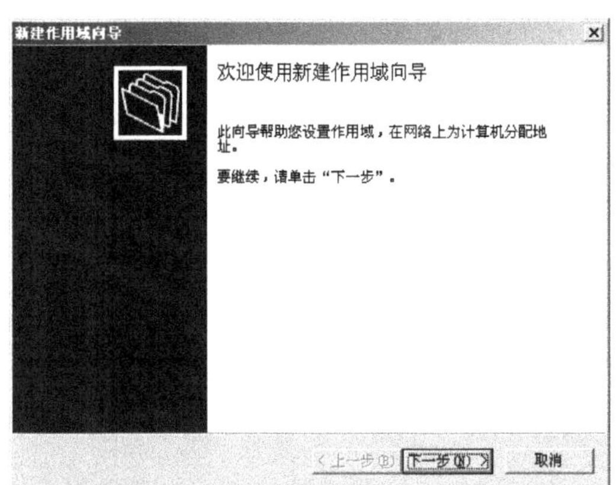

图 7-1-4　“新建作用域向导”对话框

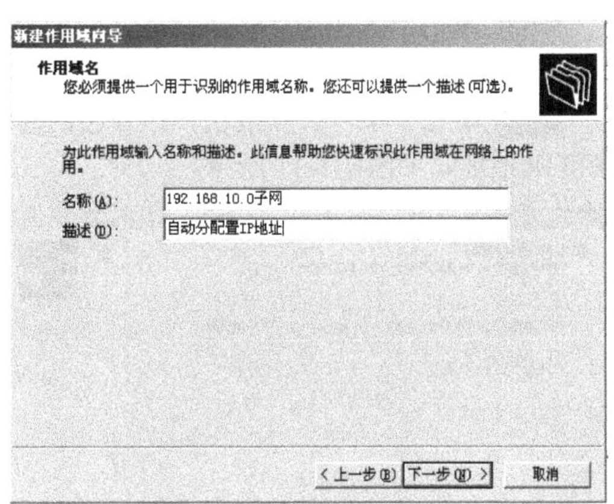

图 7-1-5　“作用域名”界面

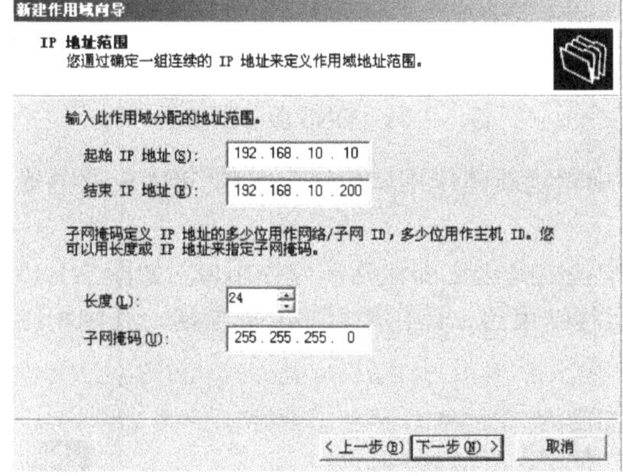

图 7-1-6　“IP 地址范围”界面

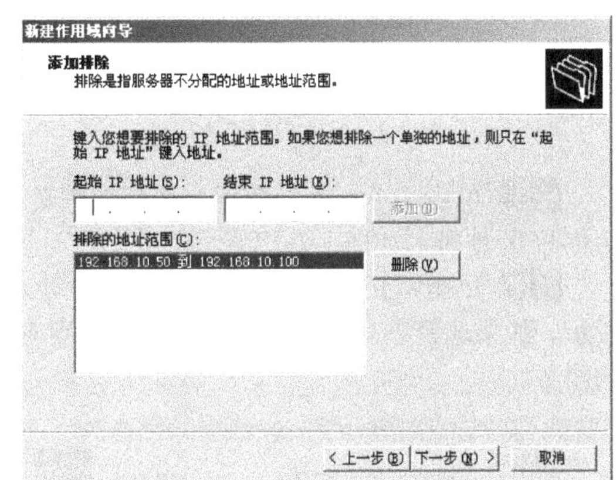

图 7-1-7　添加排除 IP 地址

05 单击“下一步”按钮，在弹出的对话框中设置作用域的租期，系统默认的租期为 8 天，用户可以根据实际需求进行调整，如图 7-1-8 所示。

06 单击“下一步”按钮，在弹出的对话框中决定是否立即配置新建作用域的各种选项，如图 7-1-9 所示。

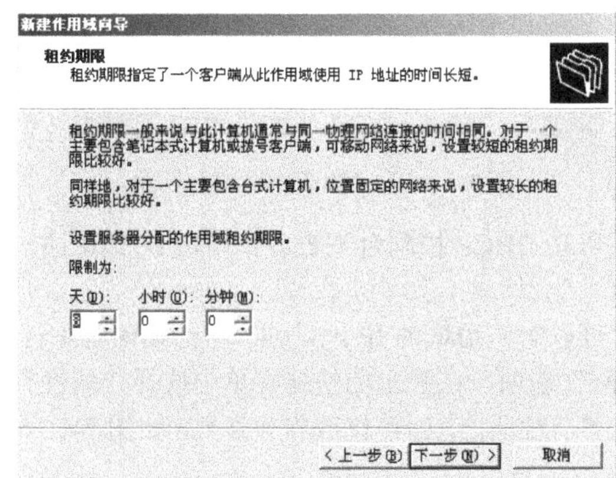

图 7-1-8　“租约期限”界面

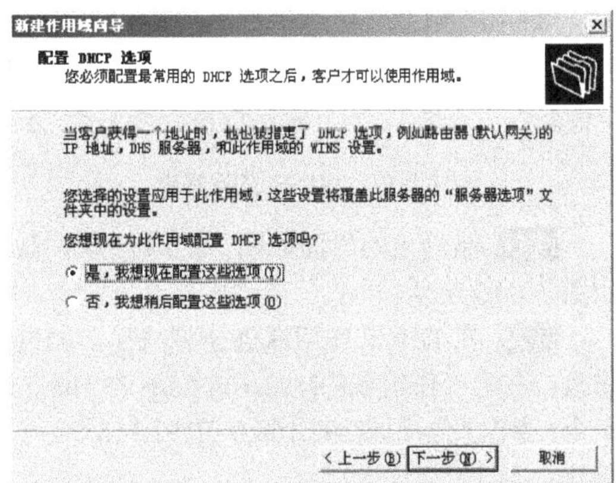

图 7-1-9　“配置 DHCP 选项”界面

07 单击“下一步”按钮，在弹出的对话框中通过指定 IP 地址的方法为新建作用域的客户机指定默认网关，如图 7-1-10 所示。

08 单击“下一步”按钮，在弹出的对话框中指定新建作用域中客户机的 DNS 服务器名称和 IP 地址，如图 7-1-11 所示。

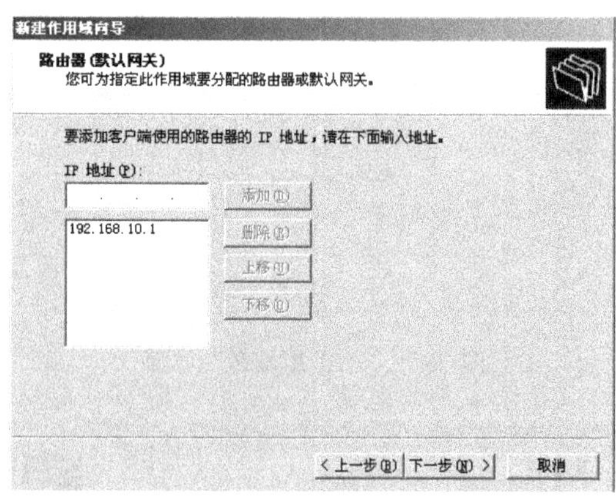

图 7-1-10 默认网关

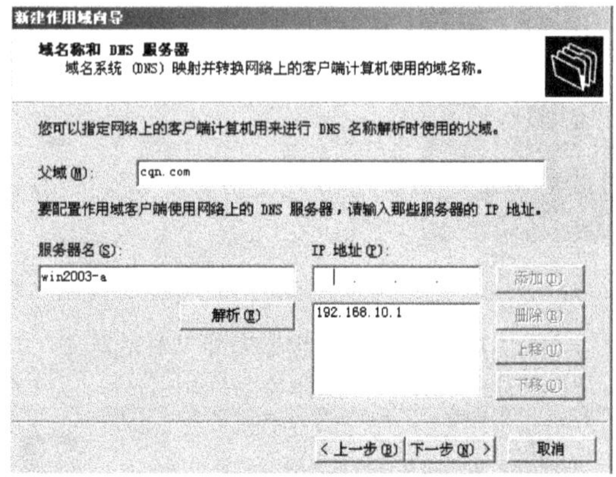

图 7-1-11 DNS 服务器解析

09 单击“下一步”按钮，在弹出的对话框中指定新建作用域中客户机的 WINS 服务器名称和 IP 地址，如图 7-1-12 所示。

10 单击“下一步”按钮，在弹出的对话框中决定是否立即激活新建作用域，如图 7-1-13 所示。如果选择了立即激活新建作用域，则向导运行结束后，该作用域将立即激活，开始相应的服务。

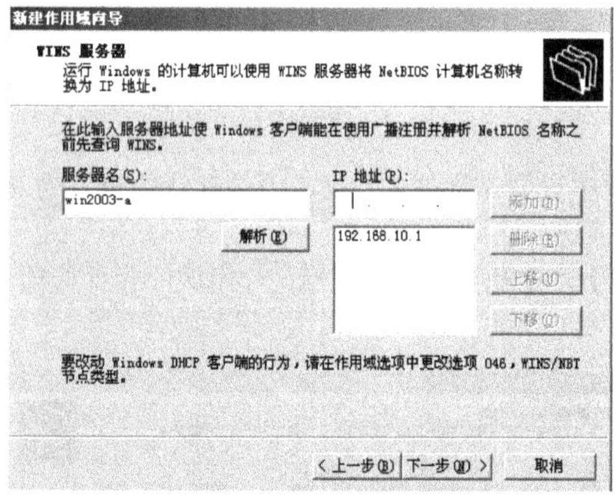

图 7-1-12 WINS 服务解析

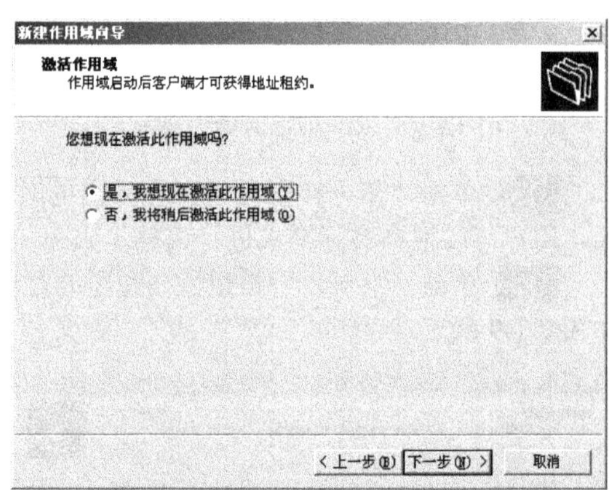

图 7-1-13 “激活作用域”界面

11 激活后的界面如图 7-1-14 所示。激活后可在 DHCP 控制台下查看作用域 IP 地址池，如图 7-1-15 所示。

12 在 DHCP 作用域创建完成后，如果需要可以对作用域的 IP 地址池、租约期限等进行修改。右击“作用域的[192.168.0.0]192.168.0.1 子网”选项，在弹出的快捷菜单中选择“属性”命令，弹出“作用域[192.168.0.0]192.168.0.1 子网属性”对话框，即可修改相关参数，如图 7-1-16 所示。

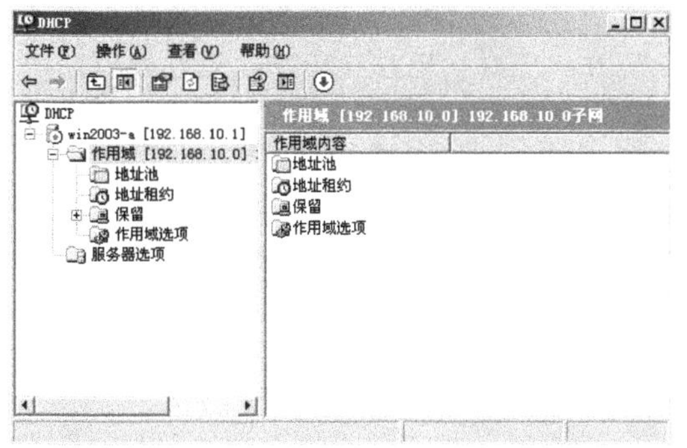

图 7-1-14　激活后的界面

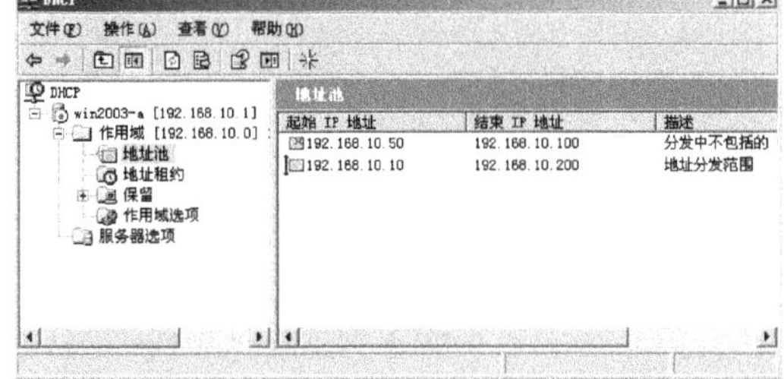

图 7-1-15　在 DHCP 控制台下查看作用域 IP 地址池

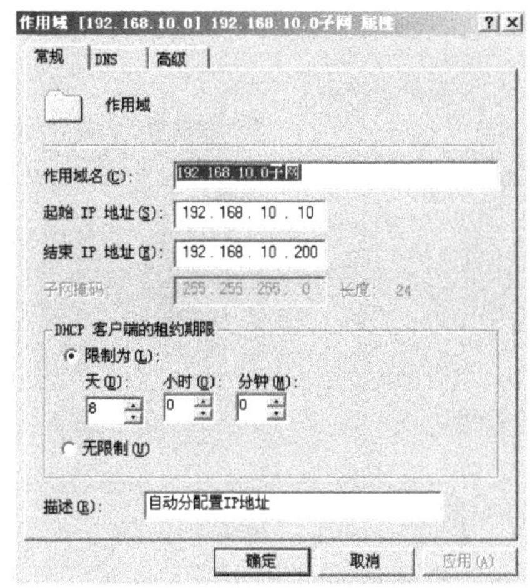

图 7-1-16　作用域子网属性对话框

活动 3　配置 DHCP 服务器选项

通过配置 DHCP 服务器选项，使其在给客户端提供 IP 地址的同时还可提供其他的设置。

01 在图 7-1-17 所示窗口中，右击“服务器选项”选项，在弹出的快捷菜单中选择“配置选项”命令，弹出“作用域选项”对话框，如图 7-1-18 所示，可进行有关参数的设置。在 DHCP 服务器选项中经常用到以下几个选项。

003：路由器的 IP 地址。

006：DNS 服务器的 IP 地址。

015：DNS 域名。

044：WINS 服务器的 IP 地址。

046：NetBIOS 名称解析的类型。

02 实验中以 003 和 006 为例进行设置。设置 003 选项路由器的 IP 地址为“192.168.0.1”，设置 006 DNS 服务器的 IP 地址为“210.14.241.2”，单击“应用”按钮，然后单击“确定”按钮，即完成对服务器选项的设置。返回控制台可看到所设置的内容，如图 7-1-19 所示。

03 完成“服务器选项”设置后，选择“作用域选项”选项，其参数设置如图 7-1-20 所示。

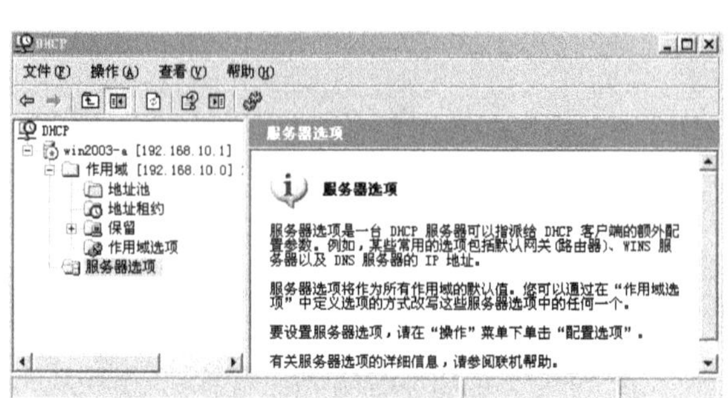

图 7-1-17　服务器选项

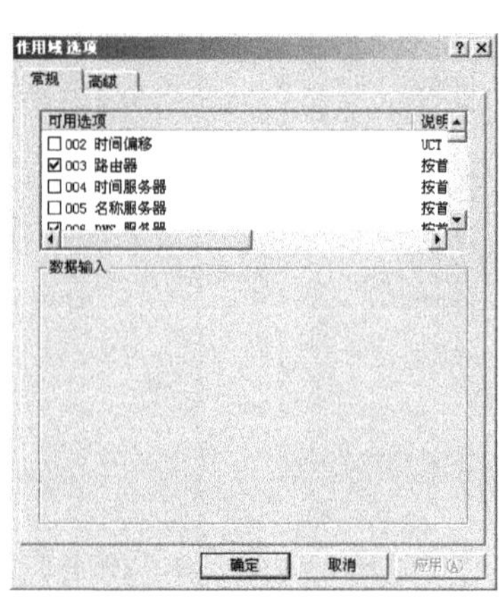

图 7-1-18　有关参数的设置

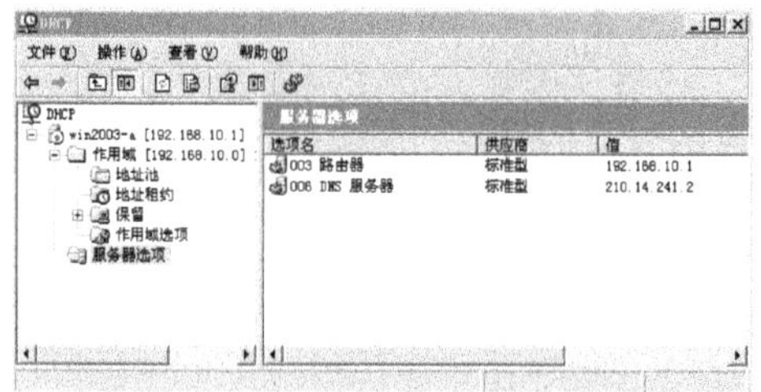

图 7-1-19　设置后的效果

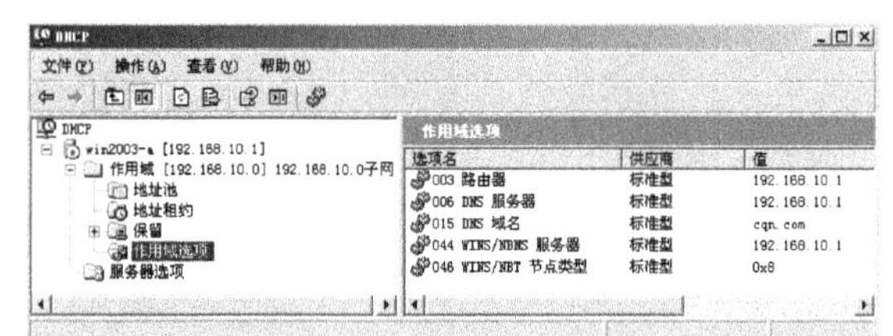

图 7-1-20　作用域选项结果

活动 4　设置 DHCP 客户端

01 右击网上邻居，在弹出的快捷菜单中选择“属性”命令，弹出如图 7-1-21 所示窗口。

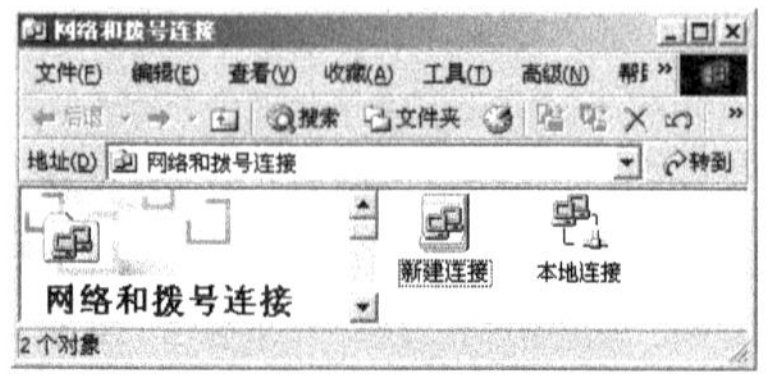

图 7-1-21　网络和拨号连接

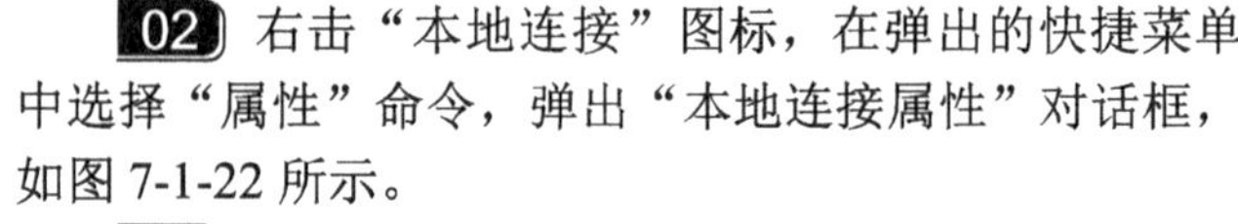

02 右击“本地连接”图标，在弹出的快捷菜单中选择“属性”命令，弹出“本地连接属性”对话框，如图 7-1-22 所示。

03 勾选“Internet 协议”复选框，单击“属性”按钮，在弹出的如图 7-1-23 所示的对话框中选择“自动获得 IP 地址”单选按钮即可。

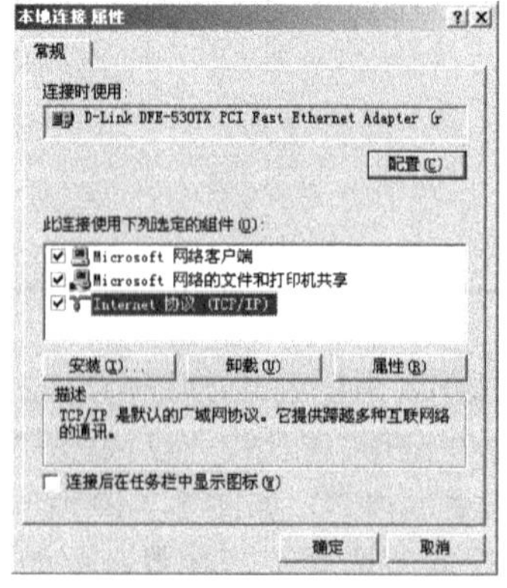

图 7-1-22　本地连接属性

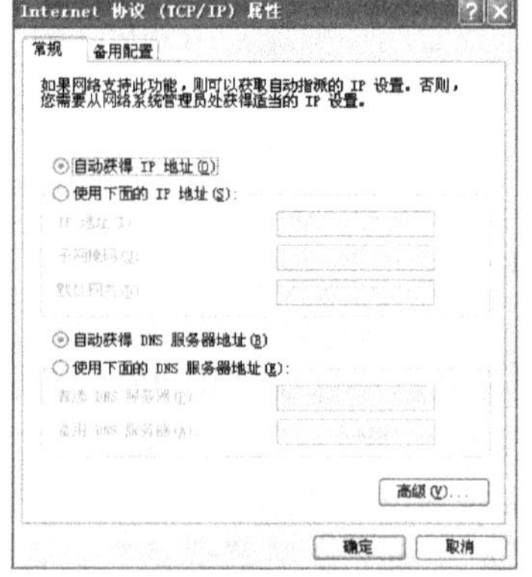

图 7-1-23　“Internet 协议属性”对话框

活动 5　查看客户端 TCP/IP 配置

01 在客户端计算机上选择“开始→运行”命令，在弹出的对话框中输入“cmd”命令，如图 7-1-24 所示，单击“确定”按钮，进入 DOS 模式。

02 在 DOS 提示符下输入“ipconfig/all”命令，可查看客户端计算机 TCP/IP 的详细配置，如图 7-1-25 所示。

图 7-1-24　运行 cmd 命令

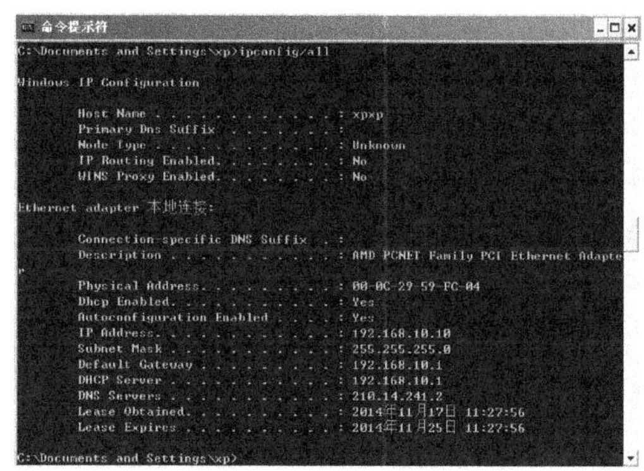

图 7-1-25　运行 ipconfig/all 命令

03 可在客户端运行 ipconfig/release 命令，手工释放 IP 地址；或运行 ipconfig/renew 命令，重新向 DHCP 服务器申请 IP 地址，如图 7-1-26 所示。

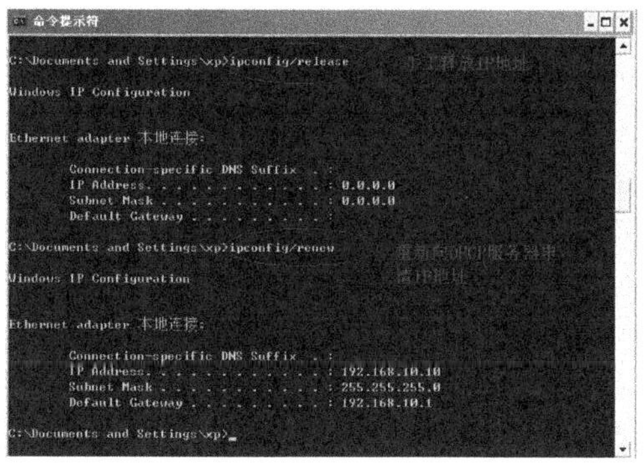

图 7-1-26　手工释放和重新申请 IP 地址命令

1．在 Windows Server 2003 上安装并应用 DHCP 服务。
2．练习 DHCP 客户端设置。
3．从实际出发练习创建作用域、配置 DHCP 服务器选项。
4．熟练查看客户端 TCP/IP 配置。
5．结合实际练习配置 DHCP 服务保留 IP 地址选项。
6．练习在一个小型局域网中应用 DHCP 服务器。

任务 7.2 DHCP 服务的高级管理与设置

◎ 任务描述

本任务是学习 DHCP 服务高级管理与配置及 DHCP 服务器基本设置之外的安全管理，主要学习内容有添加、排除 IP 地址范围、建立保留、备份及还原 DHCP 服务器配置信息、移植 DHCP 服务器数据库等，加强 DHCP 服务的管理。

◎ 任务目标

1. 了解 DHCP 排除 IP 地址范围、建立 IP 地址保留的意义和设置方法。
2. 掌握备份及还原 DHCP 服务器配置信息的方法。
3. 掌握移植 DHCP 服务器数据库的方法。

◎ 设备工具

1. 一台安装有 Windows Server 2003 操作系统的计算机（作为 DHCP 服务器）。
2. 一台安装有 Windows Server 2003 操作系统的计算机（作为 DHCP 备份服务器）。

知识 DHCP 服务的主要功能

IP 地址排除：在 DHCP 自动为计算机分发 IP 地址的时候，这一段 IP 地址不分发给计算机用，所以叫排除，主要是预留给将来或者现在已经在使用的，但是需要固定 IP 地址的设备用，如服务器、网管交换机等。

IP 地址保留：保留的 IP 地址一般是服务器、路由器要设定的固定 IP 地址，如果这些设备用 DHCP 分配的话会很不方便，所以设置保留的 IP 地址。保留的 IP 地址是不会被分配出去的，为有特殊需求的主机分配固定的 IP 地址，即当主机关机再开机后仍获得同样的 IP 地址，此 IP 地址只为这个主机用，不用时也给它留着

DHCP 服务器数据库管理：在网络管理工作中，备份一些必要的配置信息是一项重要的工作，以便当网络出现故障时，能够及时地恢复正确的配置信息，保障网络正常的运转。在配置 DHCP 服务器时也不例外，Windows Server 2003 服务器操作系统中，也为我们提供了备份、还原移植 DHCP 服务器配置的数据库功能。

活动 1 DHCP 添加排除 IP 地址范围

如果设置 DHCP 服务后，还需要在网络中添加一些 IP 地址为静态 IP 地址，以分配给特定机器使用，则可以将其排除，操作过程如下。

01 打开“DHCP”窗口，展开“作用域”选项，右击“地址池”选项，在弹出的快捷菜单中选择“新建排除范围”命令，如图 7-2-1 所示。

02 弹出“添加排除”对话框，输入要排除的 IP 地址范围，如果只是排除一个单独的 IP 地址，则只需要在“起始 IP 地址”文本框中输入该 IP 地址，如图 7-2-2 所示。

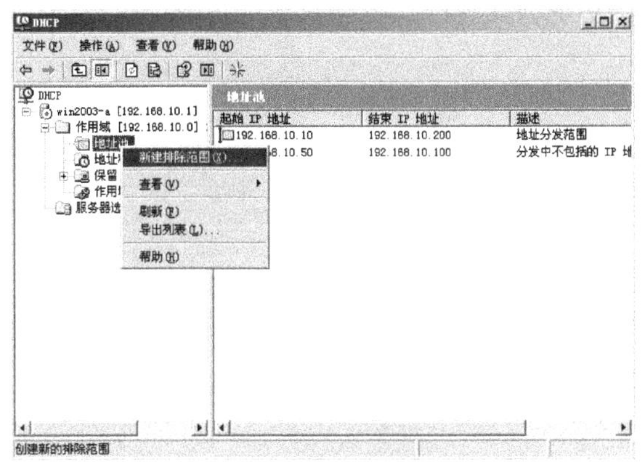

图 7-2-1　选择“新建排除范围”选项

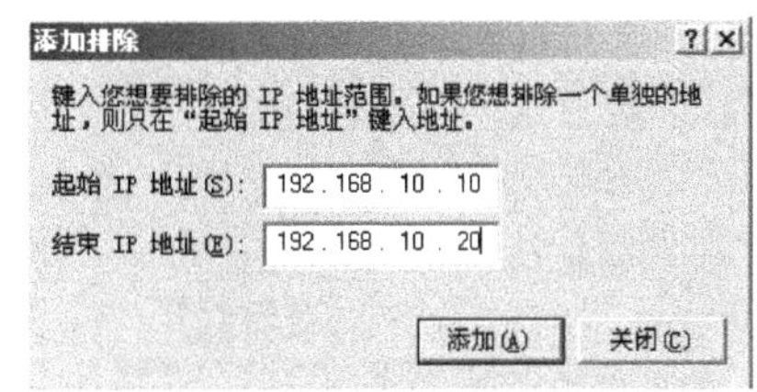

图 7-2-2　添加排除范围

03 单击“添加”按钮，在“地址池”窗格中已经添加排除 IP 地址范围，如图 7-2-3 所示。

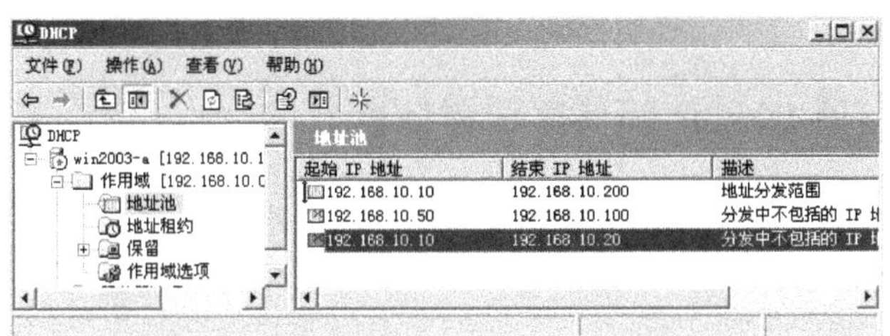

图 7-2-3　地址池成功添加排除范围

活动 2　配置 DHCP 服务保留 IP 选项

如果用户想保留特定的 IP 地址给指定的客户机，以便客户机在每次启动时获得相同的 IP 地址，保留选项优先于作用域选项，设置 DHCP 保留选项的方法如下。

01 打开“DHCP”窗口，展开“作用域”选项，右击“保留”选项，如图 7-2-4 所示，在弹出的快捷菜单中选择“新建保留”命令，弹出“新建保留”对话框。输入 IP 地址、MAC 地址（网卡物理地址），单击“添加”按钮，即完成新建保留设置，如图 7-2-5 所示。

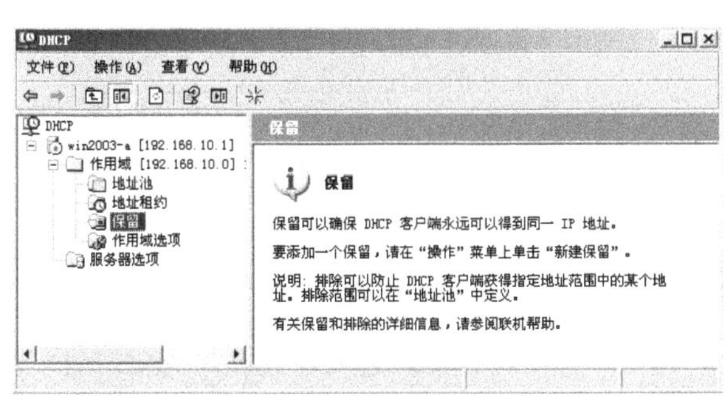

图 7-2-4　DHCP 保留选项

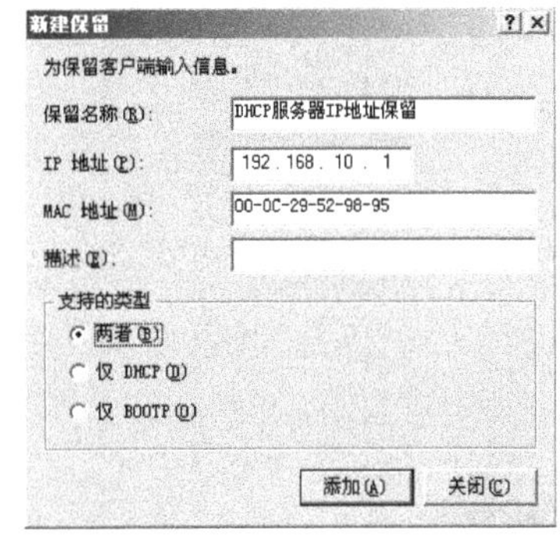

图 7-2-5　“新建保留”对话框

02 新建保留后，在 DHCP 控制台下查看所建保留的信息，如图 7-2-6 所示。保留会自动继承作用域选项的设置。

03 对新建保留项进行设置与修改主要在保留客户端属性对话框中进行，如图 7-2-7 所示。

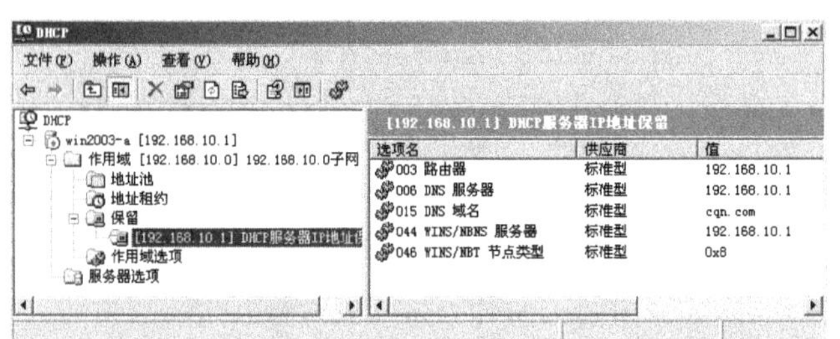

图 7-2-6　查看保留的信息界面

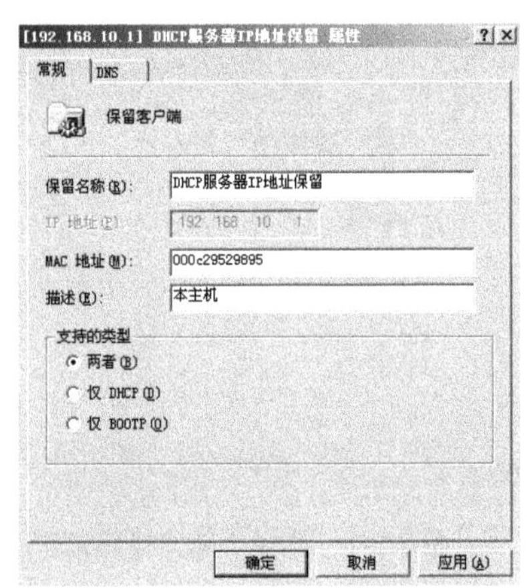

图 7-2-7　保留客户端属性对话框

活动 3　备份及还原 DHCP 服务器配置信息

在网络管理工作中备份一些必要的配置信息，可以在网络出现故障时及时地恢复正确的配置信息，保障网络的正常运转。在配置 DHCP 服务器时，可以使用备份和还原 DHCP 服务器配置的功能。

第 1 步　备份 DHCP 服务器配置

01 打开“DHCP”窗口，展开“作用域”选项，右击已经建立的 DHCP 服务器，在弹出的快捷菜单中选择“备份”命令，如图 7-2-8 所示。

02 弹出“浏览文件夹”对话框，选择放置备份信息的路径。在默认情况下，DHCP 服务器的配置信息放在系统安装盘的“Windows\system32\dhcp\backup”目录中，用户也可以根据需要更改备份的路径，如图 7-2-9 所示。

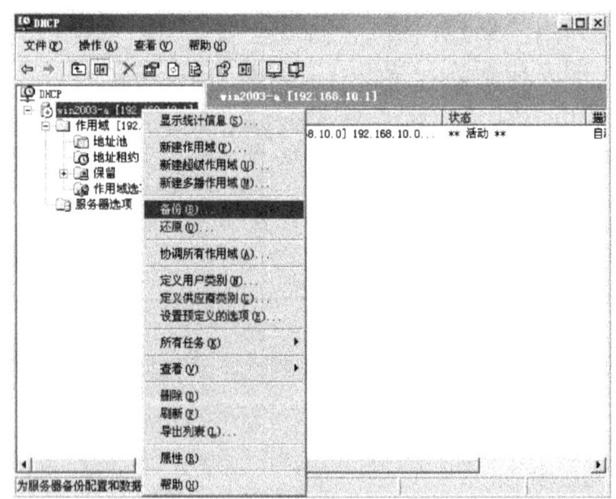

图 7-2-8　“备份”选项

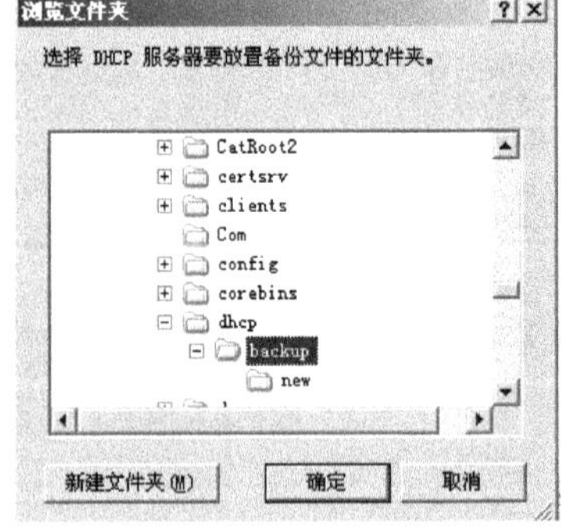

图 7-2-9　“浏览文件夹”对话框

第 2 步　还原 DHCP 服务器配置

当出现 DHCP 服务器配置故障时，可以还原 DHCP 服务器的配置信息，以恢复正常工作，操作过程如下。

01 右击 DHCP 服务器名，在弹出的快捷菜单中选择“还原”命令，如图 7-2-10 所示。

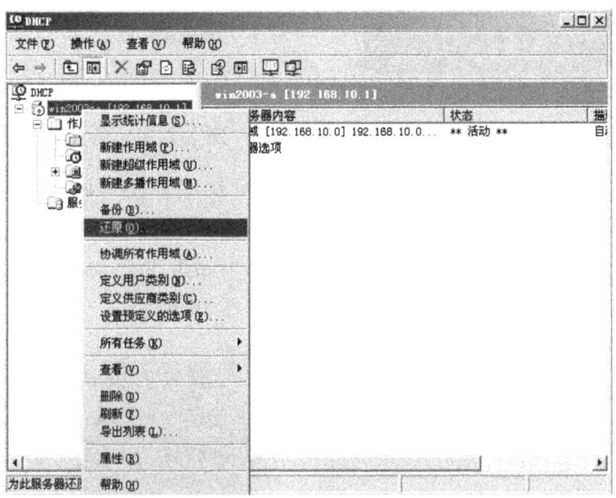

图 7-2-10　“还原”选项

02 弹出“浏览文件夹”对话框，选择还原信息的所在位置，如图 7-2-9 所示。

03 单击“确定”按钮，显示“停止和重新启动服务”提示框，如图 7-2-11 所示。单击“是”按钮，DHCP 服务器恢复最初的备份配置，并弹出相应的提示信息，如图 7-2-12 所示。

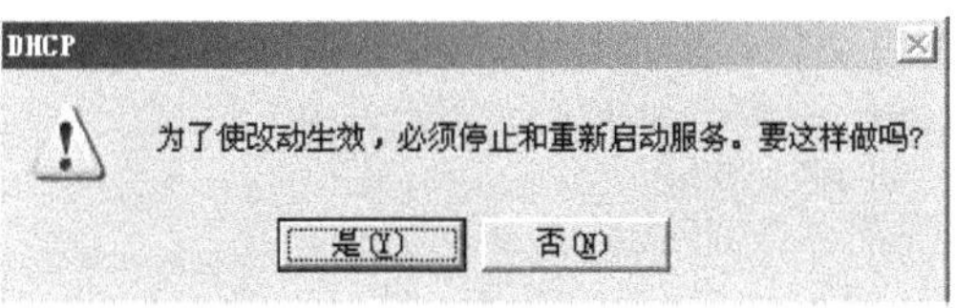

图 7-2-11　“停止和重新启动服务”提示框

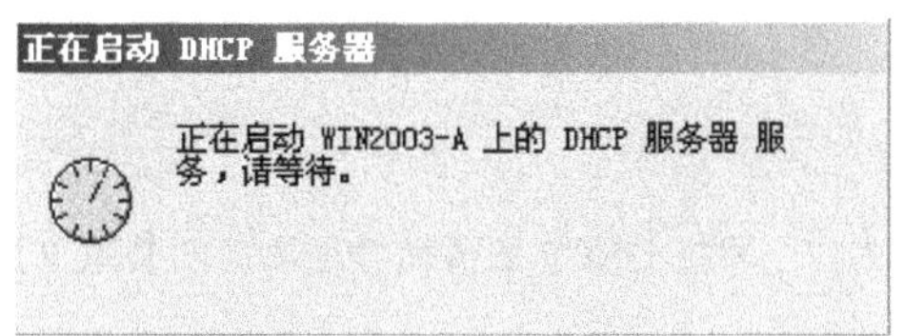

图 7-2-12　启动提示信息

第 3 步　移植 DHCP 服务器数据库

在使用相同 DHCP 服务器配置信息设置另外一台 DHCP 服务器时，可以考虑重新配置，但手工实现比较繁琐，也可以使用移植 DHCP 服务器数据库的方法（这种方法比较简单，能保持数据一致）。具体操作过程如下。

01 在已经配置 DHCP 的服务器 win2003-a 上，打开命令提示符窗口，输入“netsh dhcp server export d:\dhcp_bak.txt all”命令，按 Enter 键将 DHCP 服务器数据库信息备份到 D 盘的

dhcp_bak.txt 文件中。显示“命令成功完成”提示信息，表示备份完成，如图 7-2-13 所示。打开 D 盘，看到一个名为 dhcp_bak.txt 的 DHCP 服务器备份文件，如图 7-2-14 所示。

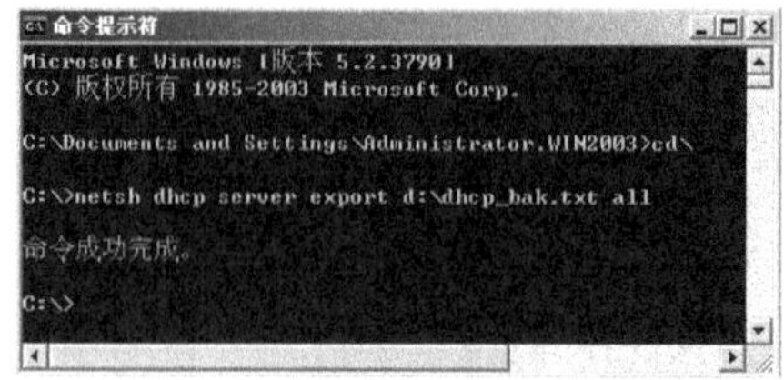

图 7-2-13　备份 DHCP 服务器数据库信息命令

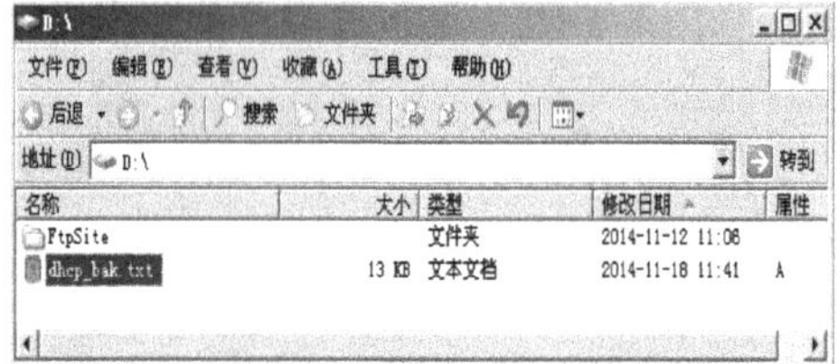

图 7-2-14　备份的 DHCP 服务器数据库文件

02 将备份的 dhcp_bak.txt 文件通过网络或可移动介质复制到需要配置 DHCP 服务的 win2003-b 服务器中，这台计算机先安装 DHCP 服务器，但不进行任何配置，如图 7-2-15 所示。

03 在本服务器中打开命令提示符窗口，输入“netsh dhcp server import e:/dhcp_bak.txt all”命令，按 Enter 键完成 DHCP 服务器的配置，如图 7-2-16 所示。

图 7-2-15　未进行任何配置的 DHCP 服务器

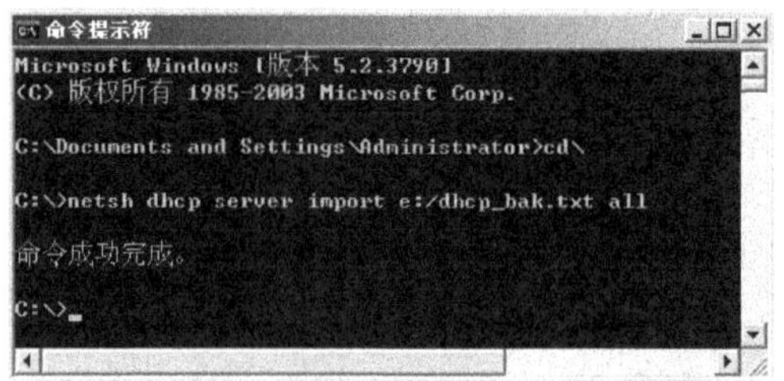

图 7-2-16　完成 DHCP 服务器的配置命令

04 重新打开用命令配置后的 DHCP 服务器 win2003-b，结果所有的数据配置跟 win2003-a 的 DHCP 服务器一样，表示 DHCP 服务器的数据库移植成功，如图 7-2-17 所示。

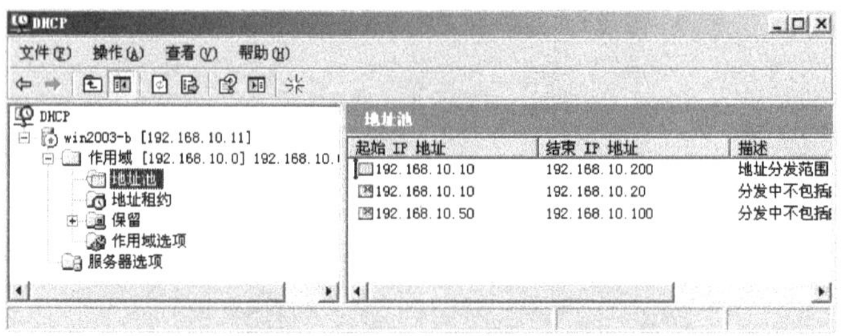

图 7-2-17　移植 DHCP 服务器数据库后的 DHCP 服务器

1．学习 DHCP 排除 IP 地址范围、建立 IP 地址保留的设置。
2．练习备份及还原 DHCP 服务器配置信息。
3．练习用命令备份和移植 DHCP 服务器数据库。

项目 8 邮件服务器的组建与配置

>>>>

◎ 项目导读

E-mail 是 Internet 上应用广泛的服务之一，该服务除了可以发送简单的文本信息外，还能以附件形式发送图像、声音和视频等多媒体信息。本项目是利用 Windows Server 2003 系统自带的邮件服务器进行邮件服务的设置，主要通过 SMTP 和 POP3 协议进行邮件的发送和接收，并利用 Windows 系统自带的 Outlook Express 软件进行邮件客户端的设置和测试。

◎ 能力目标

- 能正确安装和配置邮件服务器。
- 能理解和应用配置 SMTP 和 POP3 服务。
- 能用 Outlook Express 作为邮件客户端软件进行设置。
- 能理解邮件网络服务的几个协议。

任务 8.1 邮件服务器的安装与配置

◎ 任务描述

本任务是学习邮件服务器的安装与配置过程及邮件服务工作原理，重点学习 SMTP 和 POP3 协议的设置。

◎ 任务目标

1. 掌握安装和配置邮件服务器的方法。
2. 理解和应用配置 SMTP 和 POP3 服务的方法。
3. 理解邮件网络服务的几个协议。

◎ 设备工具

1. 一台安装有 Windows Server 2003 操作系统的计算机（作为邮件服务器，可以在实现 Active Directory 的 Windows Server 2003 域控制器上）。
2. 一张 Windows Server 2003 安装光盘（安装 SMTP 和 POP3 服务用）。

知识 电子邮件服务的概念及相关网络服务协议

电子邮件（Electronic Mail，E-mail）是网上使用频繁、应用广泛的一种服务。电子邮件服务允许用户发送和接收互联网其他用户发来的电子邮件，即利用 E-mail 可以实现电子邮件的接收和发送，是目前常用的联系方式之一，用户可以使用申请到的免费或收费电子邮箱传递资料和信息，既方便又快捷。随着 Windows Server 2003 系统中内置了 POP3（邮局协议）服务组件，用户无需借助第三方工具软件也能够搭建邮件服务器。

与邮件服务器产品有关的网络服务协议主要有以下 6 个。

1）SMTP 协议。SMTP 协议是简单的邮件传输协议（Simple Mail Transfer Protocol）的缩写。这是最早出现的，也是被普遍使用的最基本的 Internet 邮件服务协议。

2）POP3 协议。POP3 协议是邮局协议（Post Office Protocol）的缩写，是一种允许用户从邮件服务器收发邮件的协议。与 SMTP 协议相结合，POP3 是目前最常用的电子邮件服务协议。

3）IMAP4 协议。IMAP4 协议是 Internet 消息访问协议（Internet Message Access Protocol）的缩写，现在常用的是版本 4，它为用户提供了有选择地从邮件服务器接收邮件的功能、基于服务器的信息处理功能和共享电子邮箱功能。IMAP4 在用户登录到邮件服务器以后，允许采取多段处理方式查询邮件。首先，用户可以仅读取电子邮箱中的邮件信头（Messageheader）；然后，用户可以选择下载指定的邮件或者全部邮件。IMAP4 在邮件服务器一端为用户保留邮件。

4）HTTP 协议和 HTML 语言。HTTP 协议是超级文本传输协议（Hyper Text Transfer Protocol）的缩写，支持这个协议的邮件服务器，可以提供通过 Web 的电子邮件收发服务。

5）MIME 协议。MIME 是多用途 Internet 邮件扩展（Multipurpose Internet Mail Extensions）协议的缩写。作为对 SMTP 协议的扩充，MIME 规定了通过 SMTP 协议传输非文本电子邮件附件的标准。目前，MIME 的用途早已经超越了收发电子邮件的范围，成为在 Internet 上传输多媒体信息的基本协议之一。

6）LDAP 协议。LDAP 协议是轻量目录访问协议（Lightweight Directory Access Protocol）的缩写。通过将相关的内容存放在统一的目录之下，目录服务为用户提供了基于客户/服务器工作方式的信息查询手段。

活动 1　在 Windows Server 2003 的 IIS 中安装、配置 SMTP 服务器

01 选择“开始→设置→控制面板→添加/删除程序→添加/删除 Windows 组件”命令，在弹出的对话框中勾选“应用程序服务器”复选框，如图 8-1-1 所示。

02 单击“下一步”按钮，弹出“应用程序服务器”对话框，勾选“Internet 信息服务（IIS）”复选框，单击“详细信息”按钮，如图 8-1-2 所示。

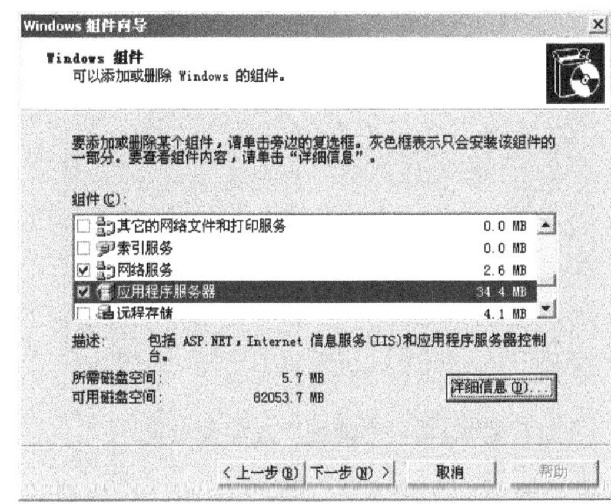

图 8-1-1　添加 Windows 组件

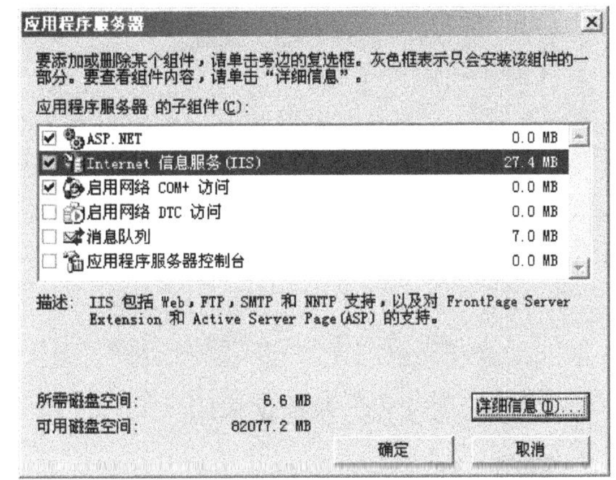

图 8-1-2　“应用程序服务器”对话框

03 在弹出的“Internet 信息服务（IIS）”对话框中勾选“SMTP Service”复选框，如图 8-1-3 所示，单击“确定”按钮，完成 SMTP 的安装过程。

04 配置 SMTP 服务器：选择“开始→所有程序→管理工具→Internet 信息服务（IIS）管理器”命令，在打开的“Internet 信息服务（IIS）管理器”窗口中右击“默认 SMTP 虚拟服务器”选项，在弹出的快捷菜单中可以看出安装好 IIS 以及 SMTP 组件后，SMTP 服务就已经自动启动了。如果需要停止服务，选择快捷菜单中的“停止”命令即可，如图 8-1-4 所示。

05 指定 IP 地址：右击“默认 SMTP 虚拟服务器”选项，在弹出的快捷菜单中选择“属性”命令，在弹出的“默认 SMTP 虚拟服务器属性”对话框中选择“常规”选项卡，在“IP 地址”下拉列表中选择用于 SMTP 服务的一个 IP 地址，单击“应用”按钮即可，如图 8-1-5 所示。

06 设置连接数：在“常规”选项卡设置界面中，为了确保 SMTP 虚拟服务器的性能，可以勾选“限制连接数为”复选框，并指定具体连接数（默认为 10），还可以指定连接超时的分钟数（默认为 10 分钟），如图 8-1-6 所示。

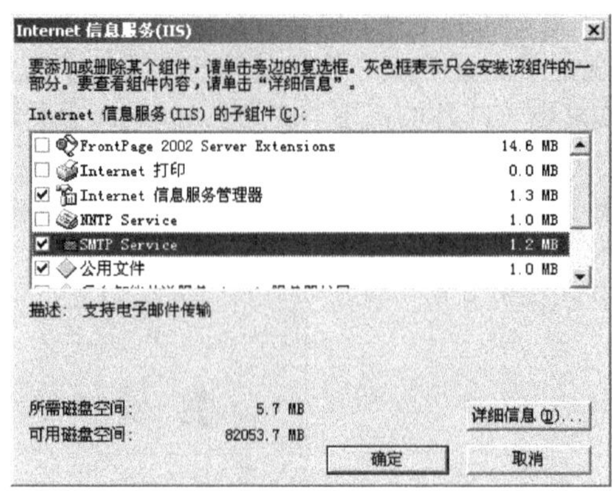

图 8-1-3　安装 SMTP Service 组件

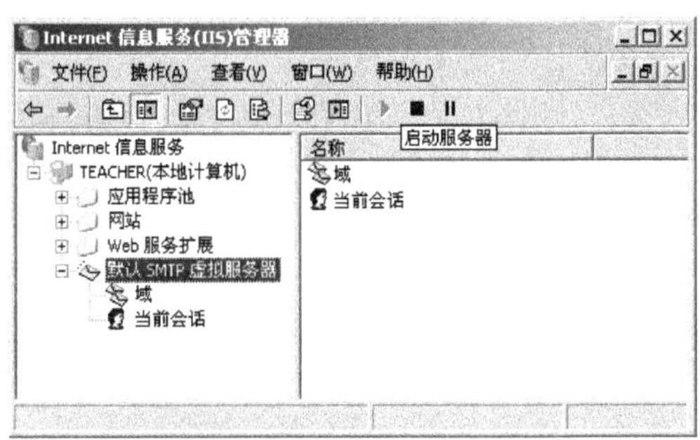

图 8-1-4　配置 SMTP 服务器

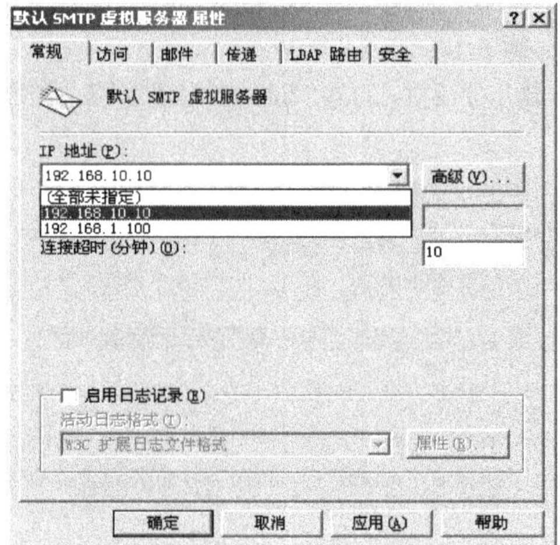

图 8-1-5　指定 IP 地址

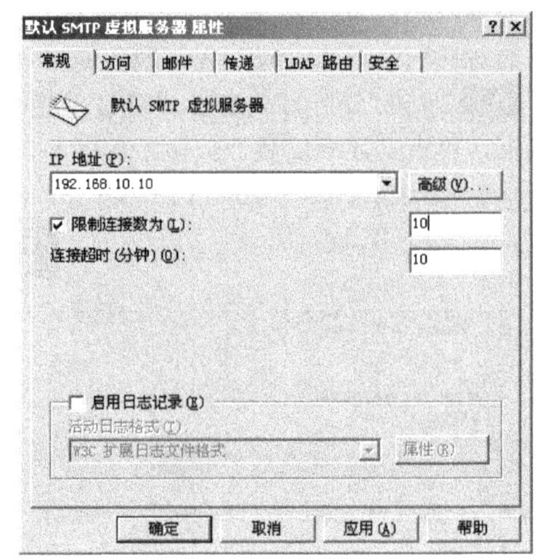

图 8-1-6　“常规”选项卡设置

07 设置日志：要想使用日志功能，必须勾选“常规”选项卡设置界面中的“启用日志记录”复选框，如图 8-1-7 所示。单击右侧的“属性”按钮，还可以对日志文件的属性进行设置。在弹出的“日志记录属性”对话框的“常规”选项卡设置界面中，可以指定 W3C 扩展日志的记录计划、文件大小。还可以自定义保存路径，默认保存在“C:\Windows\System32\LogFiles\SmtpSvc1”目录中。

08 邮件限制：在“默认 SMTP 虚拟服务器属性”对话框的“邮件”选项卡设置界面中，可以通过设置邮件的属性来充分发挥 SMTP 虚拟服务器的整体效率。此处还可以指定死信目录的地址，默认是“C：\Inetpub\mailroot\Badmail”，单击“浏览”按钮可以进行自定义选择，如图 8-1-8 所示。

09 设置传递项：在“传递”选项卡设置界面中，可以设置邮件发送出现错误时的重试时间等，如图 8-1-9 所示。

10 身份验证：单击“出站安全性”按钮，弹出“身份验证”对话框，可以设置各种身份验证方式，可以启用远程传递的传输层加密机制“TLS 加密”，让 SMTP 虚拟服务器将所有输出的邮件进行加密，也可以勾选“基本身份验证”复选框，将密码使用标准命令以明文形式在网络上发送，如图 8-1-10 所示。

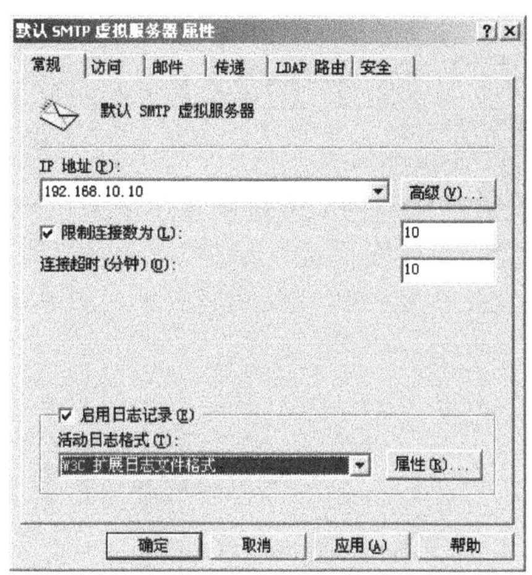

图 8-1-7　设置日志

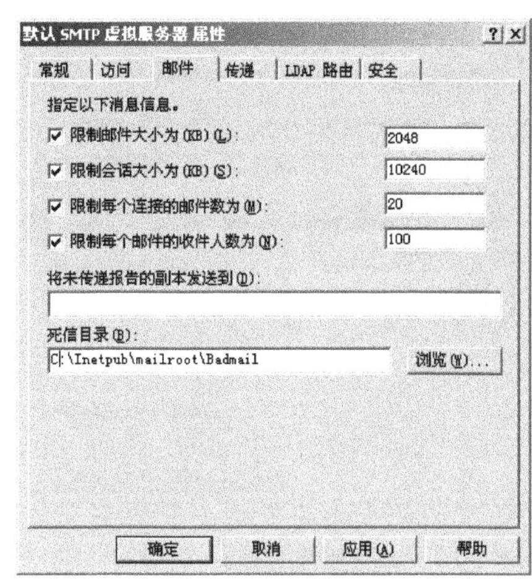

图 8-1-8　邮件限制

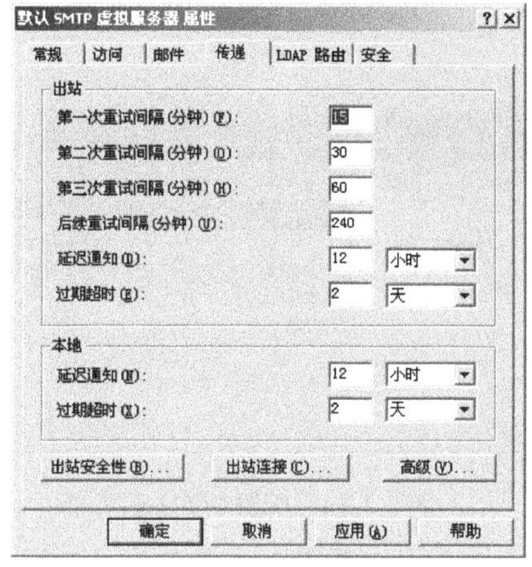

图 8-1-9　设置传递项

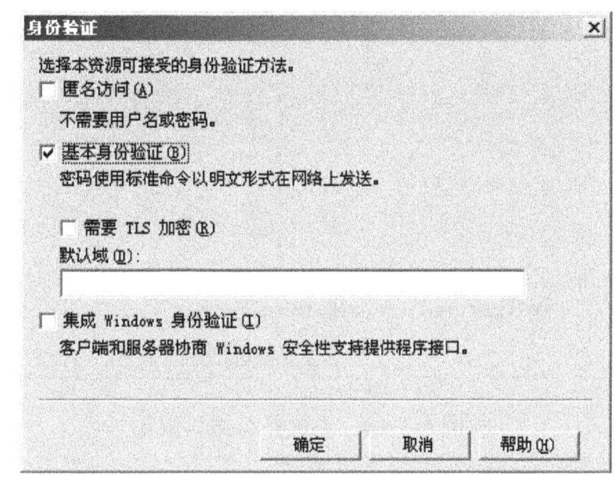

图 8-1-10　“身份验证”对话框

活动 2　安装与配置邮件服务器（POP3、SMTP）

01 安装邮件服务器（POP3、SMTP）：依次选择“开始→所有程序→管理工具→管理您的服务器”命令，在弹出的对话框中单击“添加/删除角色”超级链接。在弹出的“服务角色”界面中，选择“邮件服务器（POP3，SMTP）”选项，单击“下一步”按钮继续，如图 8-1-11 所示。

02 选择用户身份验证的方式：在“配置 POP3 服务”界面中，在“身份验证方法”下拉列表中选择用户身份验证的方式，默认会有 Windows 账户身份验证和加密密码文件身份验证两种方式。如果该计算机升级为域控制器，就会有 Active Directory 集成的身份验证和加密密码验证两种方式。接着在“电子邮件域名”文本框中输入电子邮件的域名，如 fshc.com，如图 8-1-12 所示。

03 单击“下一步”按钮，在“选择总结”界面弹出时，将 Windows Server 2003 安装光盘放入光驱，单击“下一步”按钮，组件将开始安装，如图 8-1-13 所示。当出现“此服务器现在是邮件服务器”界面时，表示邮件服务器已经安装成功。

04 配置 POP3 服务器：因为 POP3 服务器和 SMTP 服务器需要分别进行设置，在上面安装 POP3 服务器时已经创建了一个 fshc.com 邮件域，如图 8-1-14 所示。

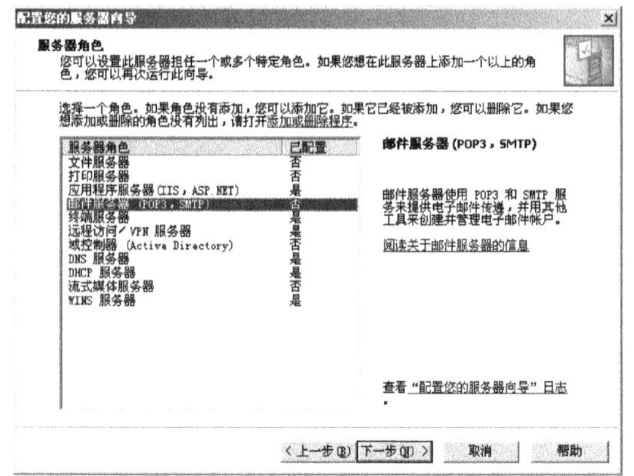

图 8-1-11　安装邮件服务器（POP3，SMTP）

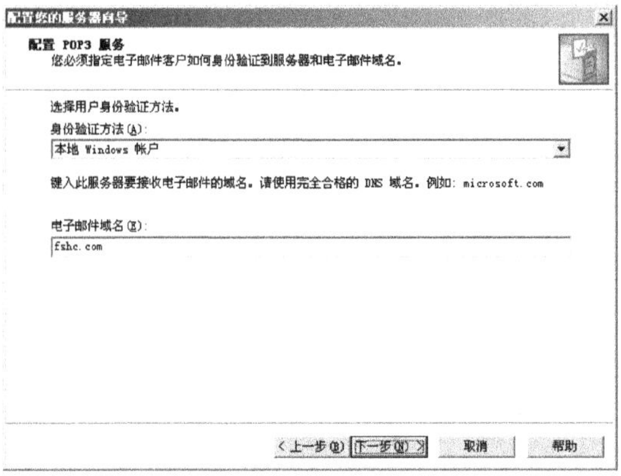

图 8-1-12　选择用户身份验证方式

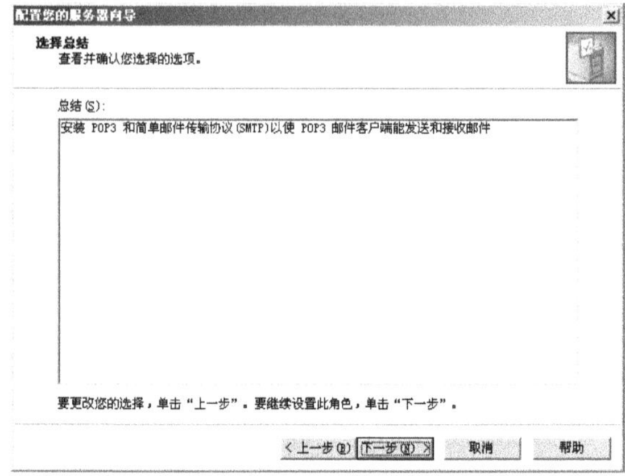

图 8-1-13　“选择总结”界面

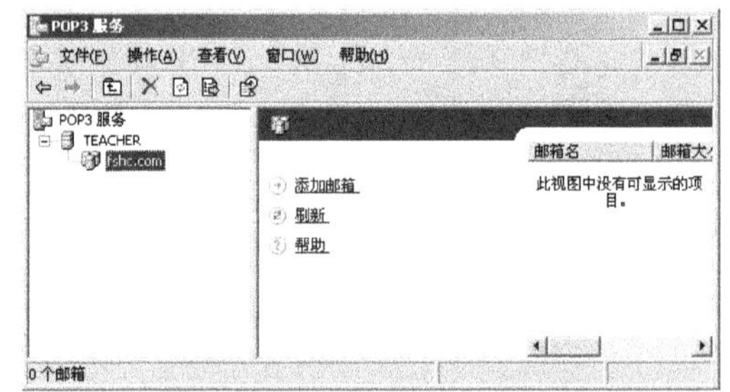

图 8-1-14　配置 POP3 服务器

05 选择刚刚创建的“fshc.com”域，在其右侧选择“添加邮箱”选项，在弹出的“添加邮箱”对话框中的“邮箱名”文本框中输入邮箱账户名（如 test），然后为该账户设置密码，如图 8-1-15 所示。然后，单击“确定”按钮完成邮箱的创建，在弹出的提示框中，可以看到刚创建的电子邮箱全称为“test@fshc.com”，以及一些其他信息，如图 8-1-16 所示，其中 test 是用户名（邮箱名），fshc.com 为邮箱域名。

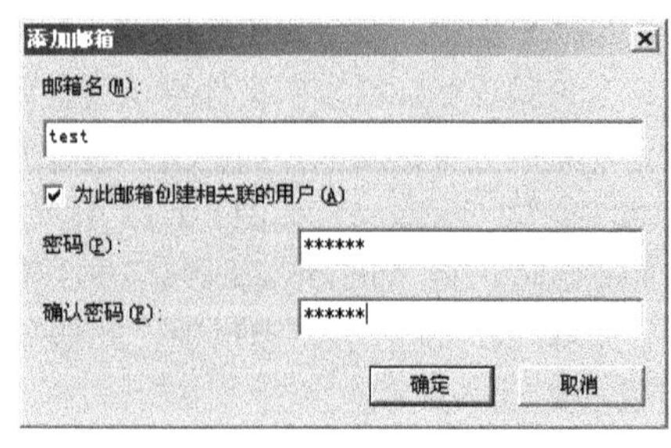

图 8-1-15　“添加邮箱”对话框

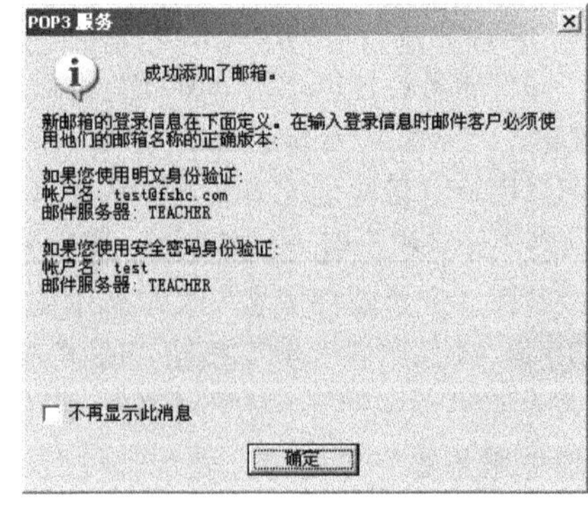

图 8-1-16　成功添加邮箱窗口

06 添加邮箱名后，如图 8-1-17 所示，在右侧出现刚创建的 test 邮箱名。当使用多个邮箱时可以再添加多个邮箱名。

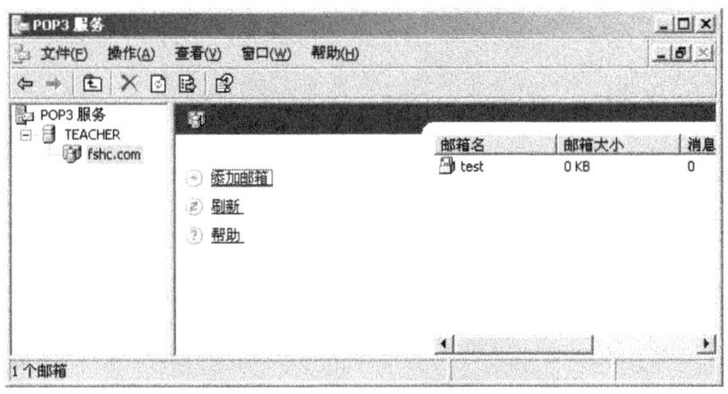

图 8-1-17　添加邮箱后界面

1. 在 Windows Server 2003 上安装配置 SMTP 服务。
2. 在 Windows Server 2003 上安装配置 POP3 服务。

任务 8.2　Windows 邮件客户端的设置

◎ 任务描述

本任务是在掌握了邮件服务器的安装与配置的基础上，利用 Windows 系统自带的 Outlook Express 软件进行邮件客户端的设置，并用该软件测试和验证邮件服务器的配置正确性。

◎ 任务目标

1. 掌握邮件客户端的设置方法。
2. 能用 Outlook Express、Outlook 或 FoxMail 软件设置邮件客户端。

◎ 设备工具

1. 一台安装有 Windows Server 2003 操作系统的计算机（作为邮件服务器）。
2. Outlook Express、Outlook 或 FoxMail（作为邮件客户端软件）。

知识　常用的邮件客户端软件

常用的邮件客户端软件有 Outlook Express、Outlook、FoxMail 等，它们在“发送邮件服务器（SMTP）”和“接收邮件服务器（POP3）”项中设置邮件服务器的 IP 地址或主机名，POP3

用户名和口令在输入用户管理中设定。

活动 邮件客户端的设置

下面以 Outlook Express 为例，讲述如何设置邮件客户端。

01 增加邮件账户：选择“工具→账户”命令，如图 8-2-1 所示。

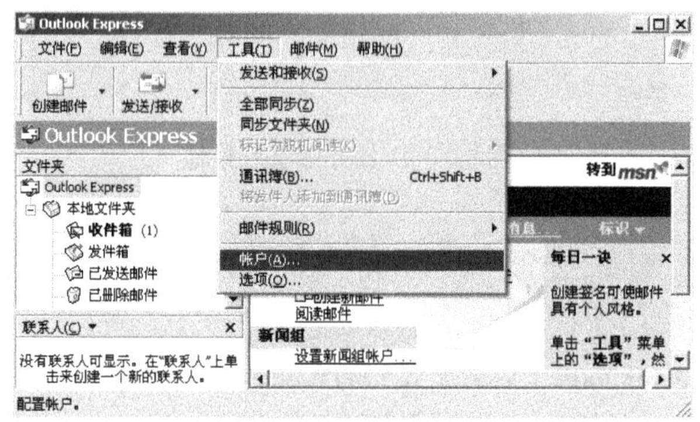

图 8-2-1 增加邮件账户

02 在弹出的“Internet 账户”对话框中，选择“邮件”选项卡，单击“添加”按钮，选择“邮件”命令，如图 8-2-2 所示。

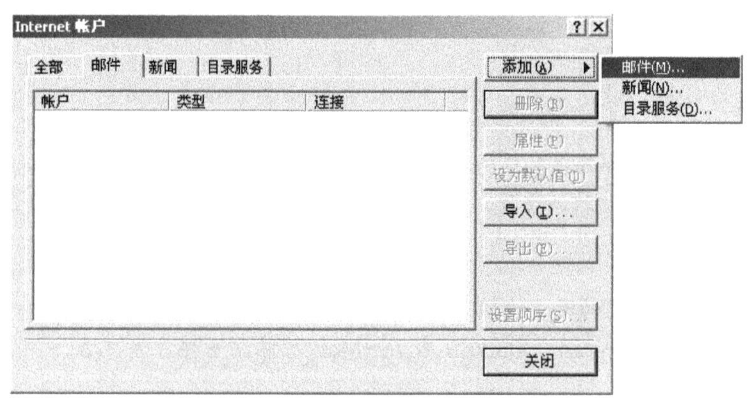

图 8-2-2 增加邮件账户过程界面

03 设置发件人姓名：在弹出的对话框中输入用户的姓名，单击“下一步”按钮，如图 8-2-3 所示。

04 填写邮件地址：在“电子邮件地址”文本框中输入在邮件系统增加的用户的电子邮件地址，如图 8-2-4 所示。

05 填写邮件服务器：在弹出的对话框中设置接收邮件服务器为“POP3”，在“接收邮件服务器 POP3”文本框输入邮件服务器的主机名或 IP 地址，而在“发送邮件服务器 SMTP”文本框输入邮件服务器的主机名或 IP 地址，如图 8-2-5 所示。

06 填写账户名和密码：在弹出的对话框中输入邮件系统中的用户的账户名和密码，单击“下一步”按钮，如图 8-2-6 所示。

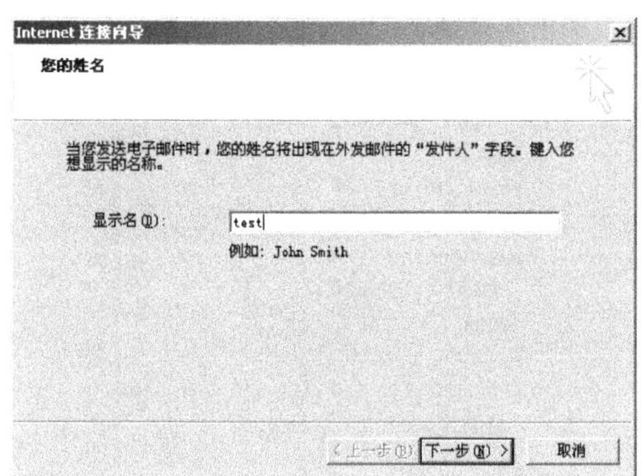

图 8-2-3　设置发件人姓名

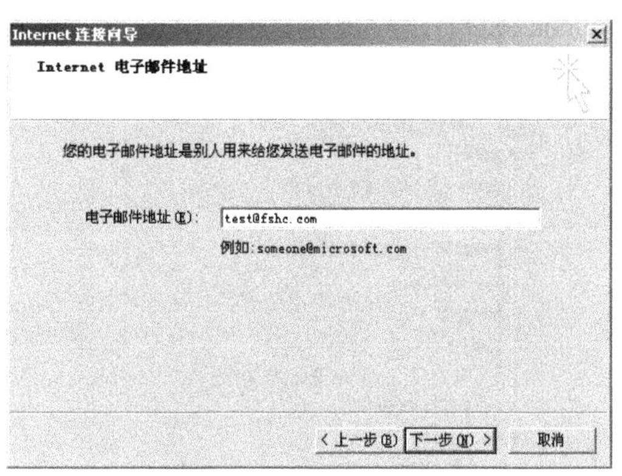

图 8-2-4　填写电子邮件地址

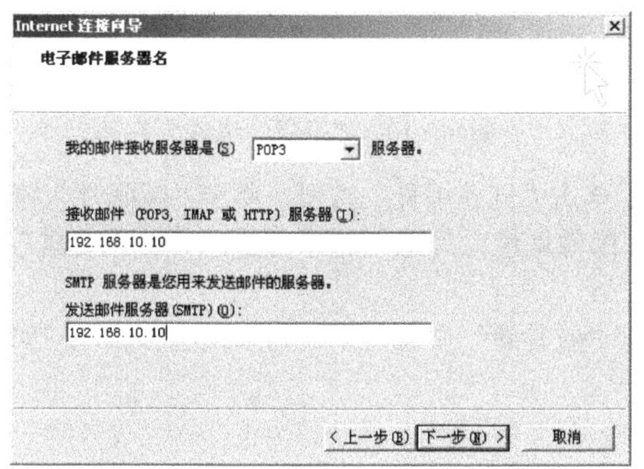

图 8-2-5　设置电子邮件服务器名

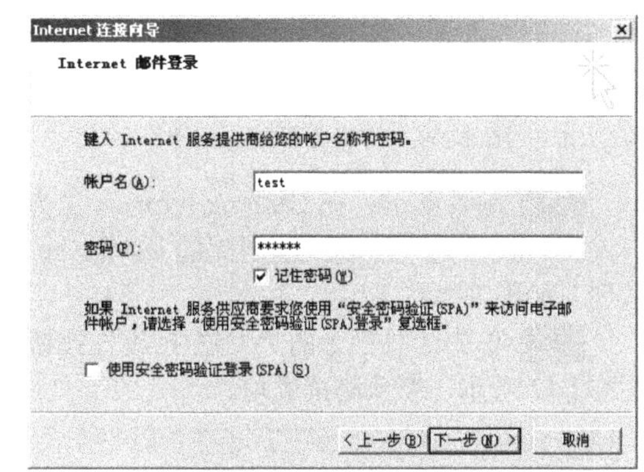

图 8-2-6　输入账户名和密码

07 添加账户完成：系统会“祝贺您”完成设置信息，单击“完成”按钮，如图 8-2-7 所示。

08 添加账户完成后，在“邮件”选项卡中就会出现刚添加的账户，如图 8-2-8 所示。

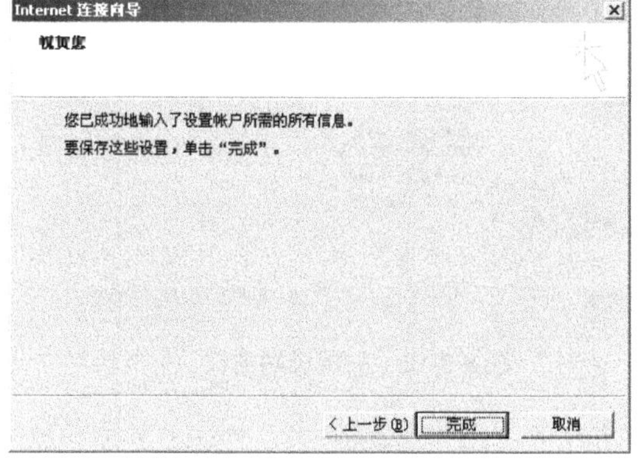

图 8-2-7　添加账户完成

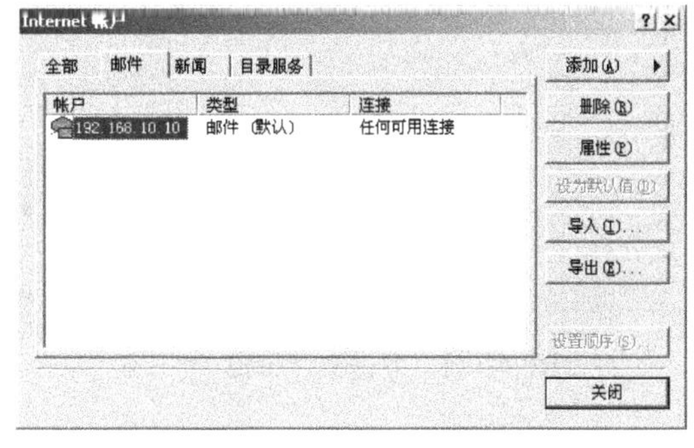

图 8-2-8　新添加的账户

09 检查修改账户属性：单击账户的“属性”按钮，弹出账户属性对话框，选择“服务器”选项卡，如果邮件系统的 SMTP 服务激活了“发送认证功能”，则必须勾选“发送邮件服务器”选项组中的“我的服务器要求身份验证”复选框，如图 8-2-9 所示。

10 设置账户的高级属性：假如用户希望在收信之后，不删除服务器上的邮件，可以在

Outlook Express 的“高级”选项卡中勾选“在服务器上保留邮件副本”复选框，如图 8-2-10 所示。

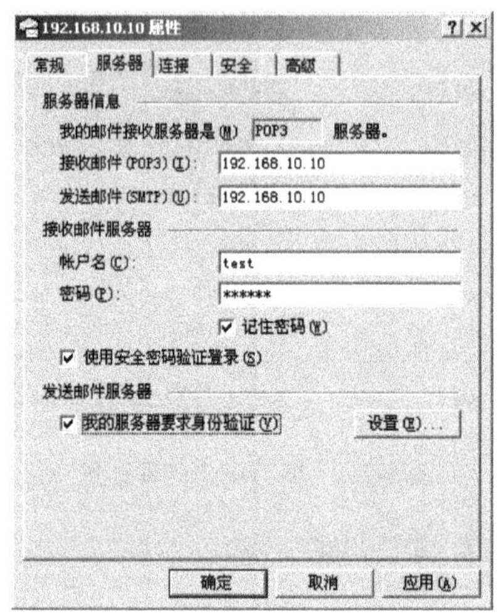

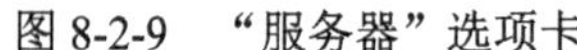
图 8-2-9 “服务器”选项卡

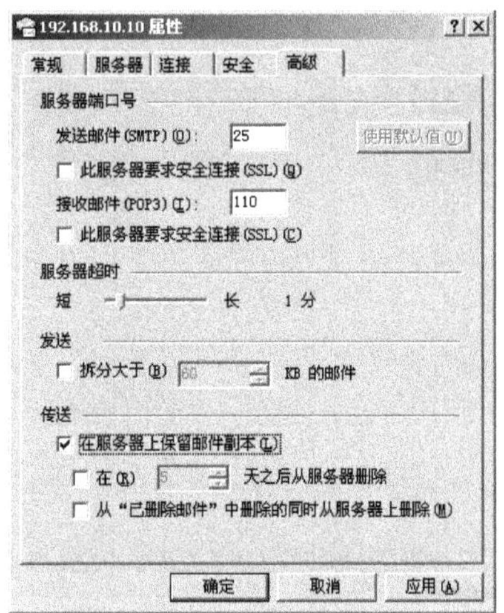

图 8-2-10 “高级”选项卡

11 邮件测试：在 Outlook Express 主界面，单击“创建邮件”按钮，弹出“新邮件”窗口，在“收件人”栏填上刚创建的 test@fshc.com 邮件地址，写上主题和内容，单击“发送”按钮，如图 8-2-11 所示。

12 单击工具栏上的“发送/接收”按钮，在“收件箱”中就可以收到刚发送的邮件，如图 8-2-12 所示，表示测试成功。

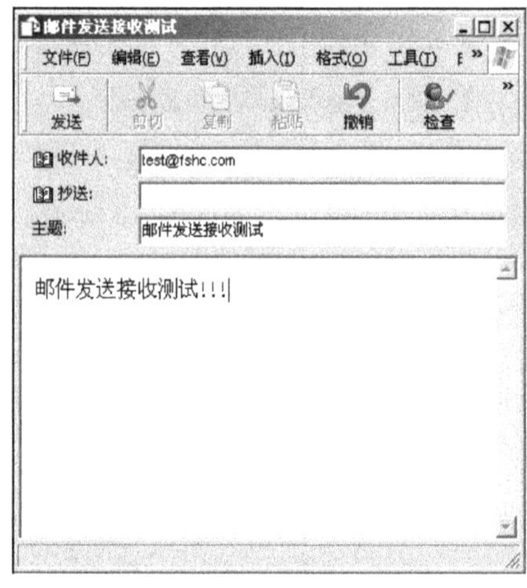

图 8-2-11 发送邮件窗口

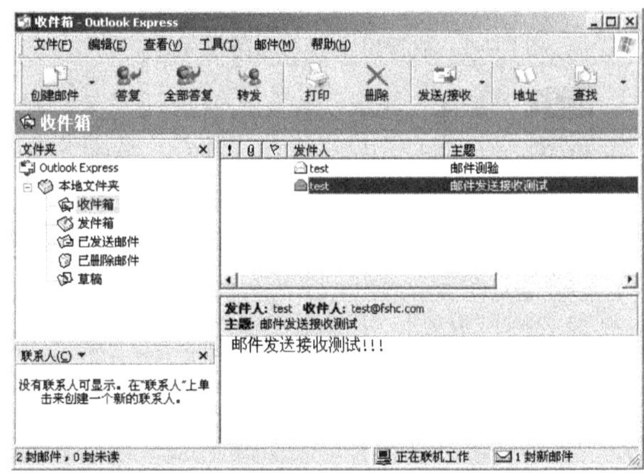

图 8-2-12 测试成功窗口

1．练习配置 Outlook Express 邮件客户端软件。

2．练习配置 FoxMail 邮件客户端软件。

项目9 Windows Server 2003域服务器的组建与管理

◎ 项目导读

域（Domain）是 Windows 网络中独立运行的单位。它既是 Windows 网络操作系统的逻辑组织单元，也是 Internet 的逻辑组织单元。在 Windows 网络操作系统中，域是安全边界，也是一种管理边界，用于一组计算机共享共用的安全数据库。域实际上就是一组服务器和工作站的集合。在规模较小的企业环境中，可以使用工作组的形式来组织和管理计算机；如果企业的网络规模较大，地理位置分散，计算机和服务器数量多，就需要使用域的形式来组织，以便进行集中的用户身份验证。本项目主要介绍域服务器的安装和配置、域用户、用户组管理和域用户权限设置案例。

◎ 能力目标

- 学会搭建域环境。
- 学会将安装有 Windows XP、Windows 7 等系统的计算机加入域、退出域。
- 理解域中计算机如何使用 DNS 解析计算机名。

任务 9.1 域服务器的安装和配置

◎ 任务描述

为了使对一系列计算机的管理更为方便，引入了域这个概念。能对域进行设置的服务器叫做域控制器，而安装的这个服务，称为活动目录。在域环境中安装了活动目录的服务器，也就是域控制器。

本任务首先要搭建一个单一域环境，掌握活动目录的功能，介绍在单一域控制器环境中如何使用活动目录集中管理和统一身份验证。

◎ 任务目标

1. 学会安装活动目录和卸载活动目录。
2. 掌握将安装 Windows XP 系统的计算机加入到域中的方法。
3. 能够将已加入域中的计算机退出域。

◎ 设备工具

1. 一台安装有 DNS 服务的 Windows Server 2003 计算机（作为要升级为域控制器的服务器）。
2. 一台安装有 Windows XP 操作系统的计算机（作为要加入域的计算机）。
3. 一张 Windows Server 2003 安装光盘（安装 SMTP 和 POP3 服务用）。

知识 域与工作组的关系

域和工作组可以联系起来理解，在工作组上的一切设置都在本机上进行，包括各种策略、用户登录也是登录在本机上的，密码是放在本机的数据库来验证的。而如果计算机加入域，则各种策略由域控制器统一设定，用户名和密码也是放到域控制器上去验证的，这样你的账号密码可以在同一域的任何一台计算机登录。

如果说工作组是“免费的旅店”，那么域（Domain）就是“星级宾馆”；工作组可以随便出出进进，而域则需要严格控制。“域”的真正含义指的是服务器控制网络上的计算机能否加入的计算机组合。一提到组合，势必需要严格的控制。所以实行严格的管理对网络安全是非常必要的。

工作组是一群计算机的集合，它仅仅是一个逻辑的集合，各个计算机还是各自管理的，要访问其中的计算机，还是要到被访问计算机上来实现用户验证的。而域不同，域是一个有安全边界的计算机集合，在同一个域中的计算机彼此之间已经建立了信任关系，在域内访问其他计算机，不再需要被访问计算机的许可。

域控制器中包含了由这个域的账户、密码、属于这个域的计算机等信息构成的数据库。当计算机连入网络时，域控制器首先要鉴别这台计算机是否属于这个域，用户使用的登录账号是否存在，密码是否正确。如果以上信息有一样不正确，那么域控制器就会拒绝这个用户从这台计算机登录。如果不能登录，用户就不能访问服务器上有权限保护的资源，只能以对等网用户的方式访问 Windows 共享出来的资源，这样就在一定程度上保护了网络上的资源。

活动 1　在 Windows Server 2003 上安装活动目录服务

01 首先固定自己的 IP 地址，设置首选 DNS 服务器为自己的 IP 地址，如图 9-1-1 所示。

02 安装好 DNS 服务，由于活动目录会用到 DNS 服务，并且在安装的过程中会自动生成所需的 DNS 服务选项，因此不用新建区域，只安装服务即可，如图 9-1-2 所示。

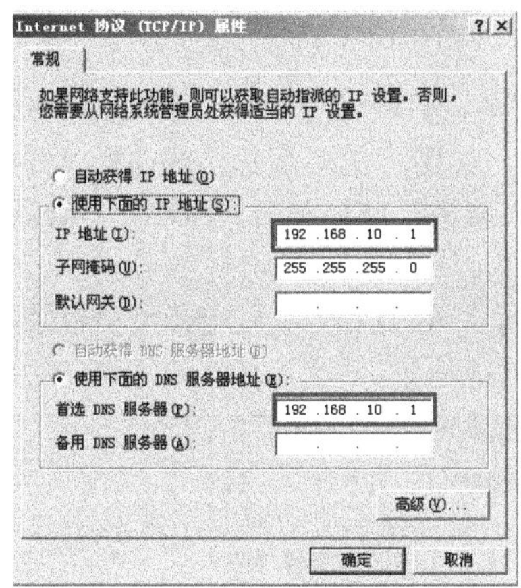

图 9-1-1　TCP/IP 属性

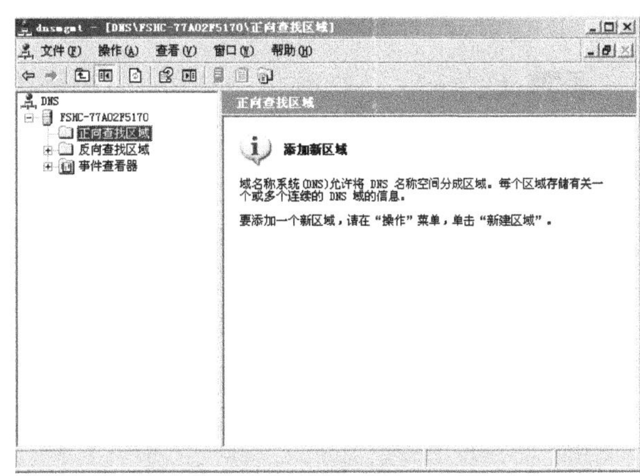

图 9-1-2　DNS 服务器

03 做好准备工作后，开始为服务器安装活动目录，选择“开始→管理工具→配置您的服务器向导”命令，如图 9-1-3 所示。

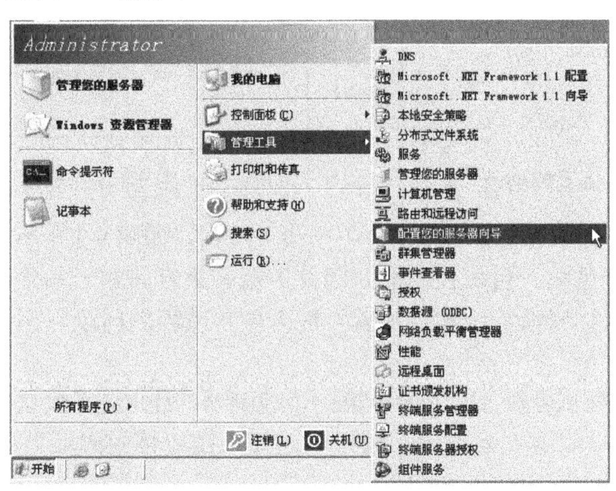

图 9-1-3　选择“配置您的服务器向导”命令

04 打开配置您的服务器向导后，如图 9-1-4 所示，单击“下一步”按钮，可以看到预备安装步骤，如图 9-1-5 所示。

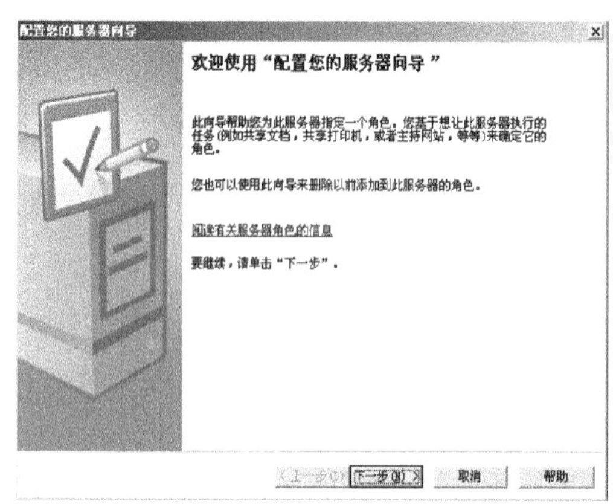

图 9-1-4　配置您的服务器向导

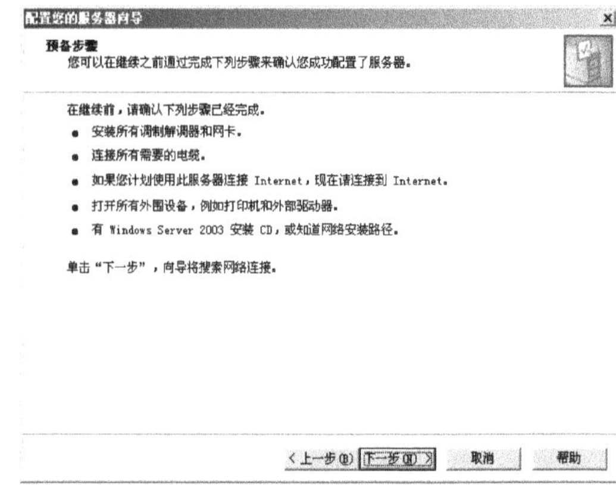

图 9-1-5　预备安装步骤

05 单击“下一步”按钮后，可以看到这里能安装的服务，选择“域控制器（Active Diretory）”选项，也就是所说的活动目录，然后单击“下一步”按钮，如图 9-1-6 所示。或选择“开始→运行”命令，在弹出的对话框中输入“dcpromo”命令，直接进行域控制器（Active Diretory）的安装。卸载也是同样的命令。

06 上一步选中的服务，会在“总结”文本框中显示，由于上一步只选择活动目录，这里就只能看到这一个，然后单击“下一步”按钮，如图 9-1-7 所示。

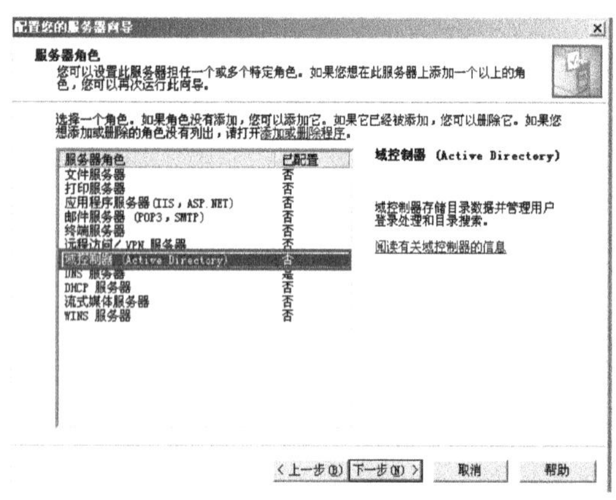

图 9-1-6　选择域控制器

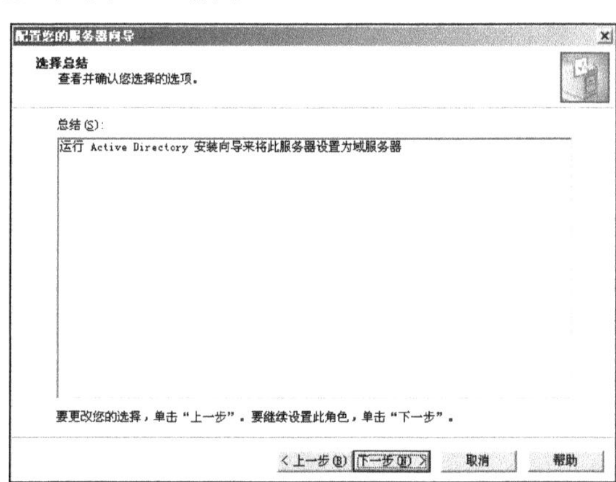

图 9-1-7　确认运行活动目录

07 进入安装活动目录向导，单击“下一步”按钮，如图 9-1-8 所示。然后就是操作系统兼容性解释，由于这里是第一台域控制器，因此不会有兼容问题。如果是后加入别的服务器，并且之前的域控制器有比较低的版本，那就可能产生不兼容的问题，因此要注意，服务器是向下兼容的，如图 9-1-9 所示。

08 这里选择域控制器类型，由于是第一个控制器，因此选择默认的“新域的域控制器”，如图 9-1-10 所示。同样单击“下一步”按钮，选择“在新林中的域”单选按钮，如图 9-1-11 所示。

09 这里为新域命名为“cqn.com”，然后单击“下一步”按钮，如图 9-1-12 所示。单击“下一步”按钮，这里是为早期的 Windows 版本用户设置的，这里使用默认设置即可，单击“下一步”按钮，如图 9-1-13 所示。

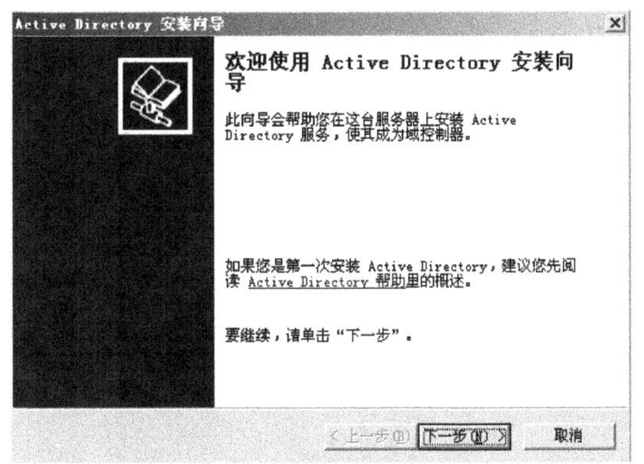

图 9-1-8　安装向导

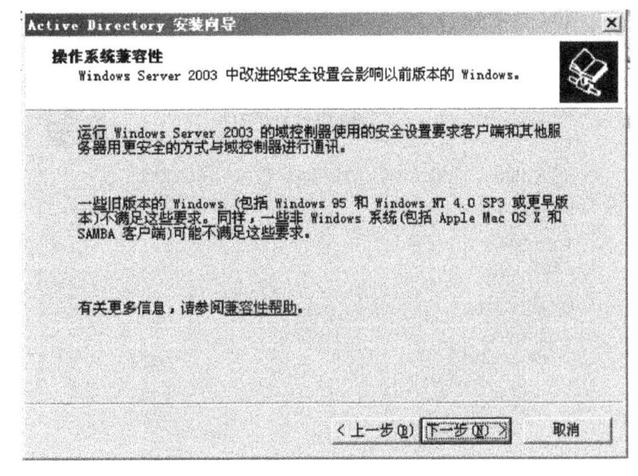

图 9-1-9　操作系统兼容性

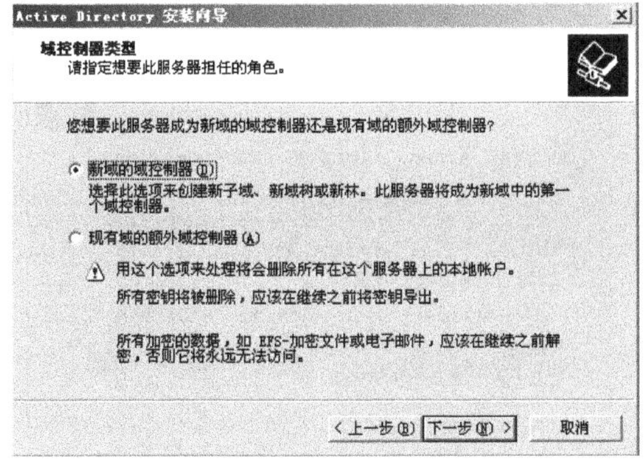

图 9-1-10　域控制器类型

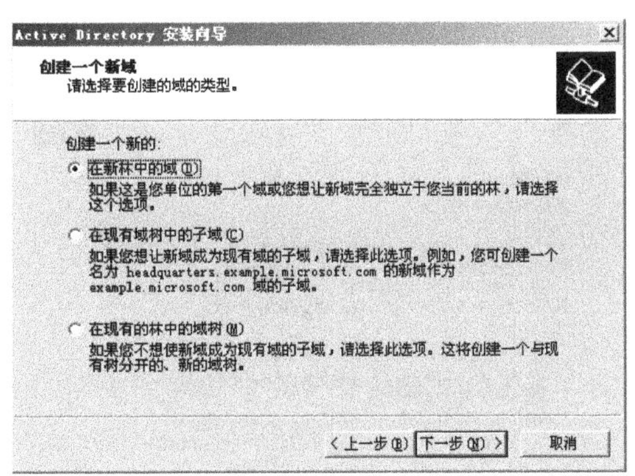

图 9-1-11　创建一个新域

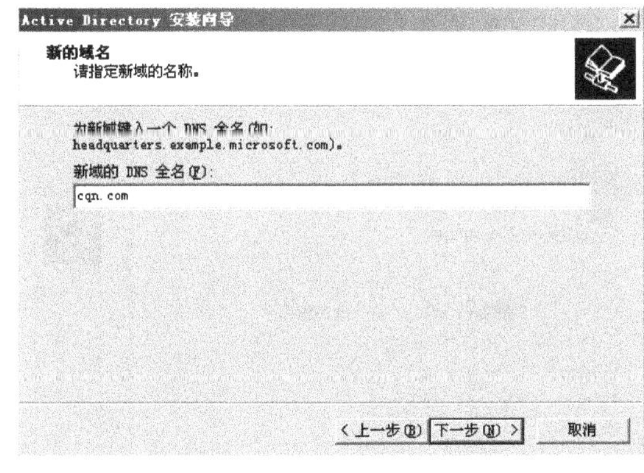

图 9-1-12　为新域命名

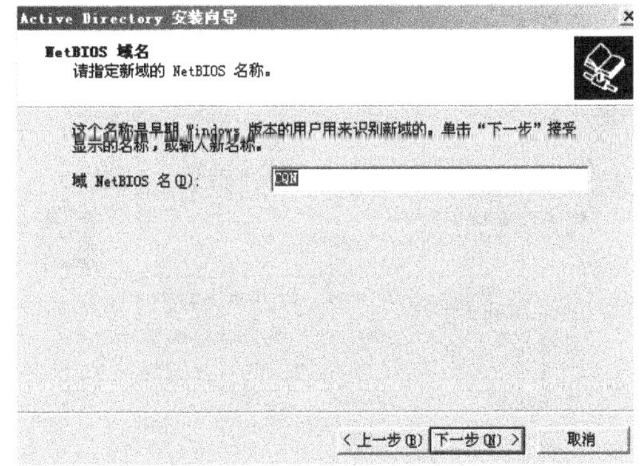

图 9-1-13　为 NetBIOS 命名

10 域会产生一个数据库文件以及系统日志，这里要选择这两种文件的保存位置，使用默认设置即可，如图 9-1-14 所示。单击“下一步”按钮，选择共享的系统卷位置，这里使用默认设置，单击“下一步”按钮，如图 9-1-15 所示。

11 检查服务器是否安装 DNS 服务，选择第二个选项，单击“下一步”按钮，如图 9-1-16 所示。

12 选择用户和组对象的默认权限，这里选择第二个选项，如果有需要与 Windows 2000

之前的服务器兼容，就需要选择第一个选项了，单击“下一步”按钮，如图 9-1-17 所示。

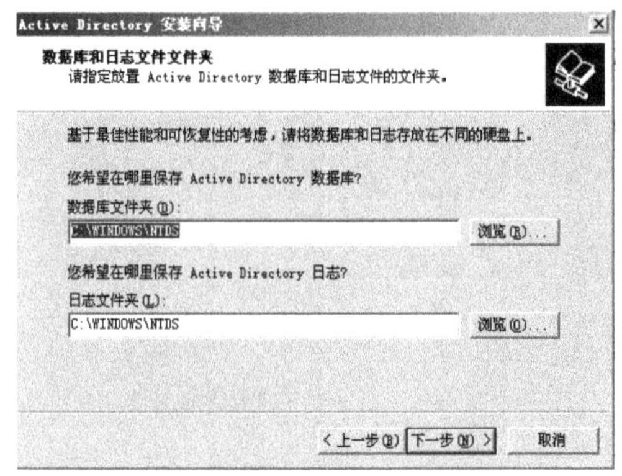

图 9-1-14　数据库和日志位置

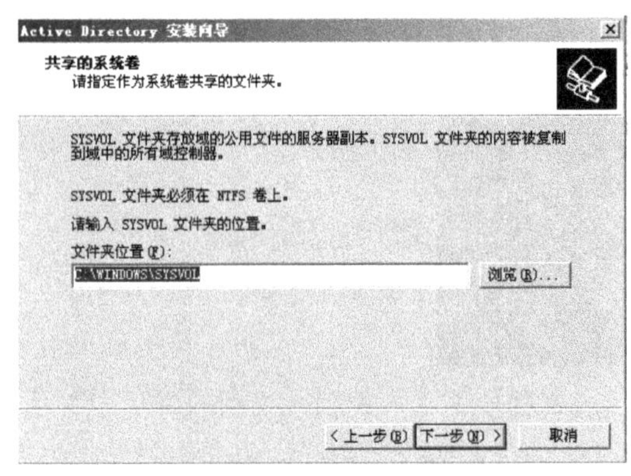

图 9-1-15　共享系统卷的位置

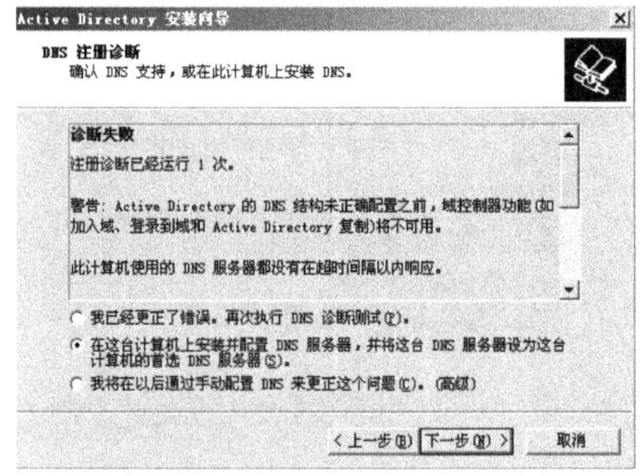

图 9-1-16　DNS 服务检测

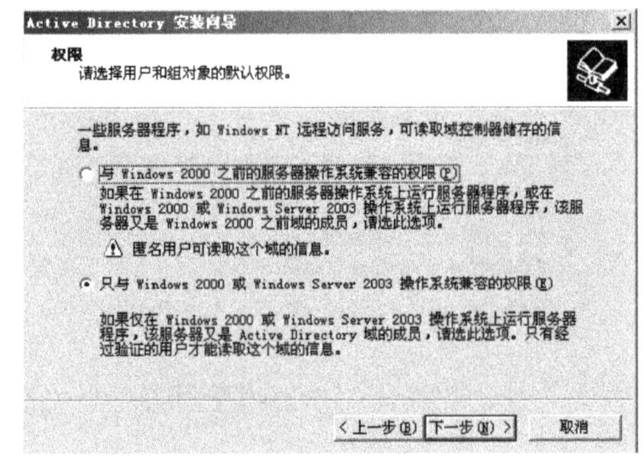

图 9-1-17　权限

13 当活动目录出现问题时可以进行还原，这里是设置还原密码，如图 9-1-18 所示。

14 复查刚才的选择，然后单击“下一步”按钮，就开始安装活动目录了，如图 9-1-19 所示。

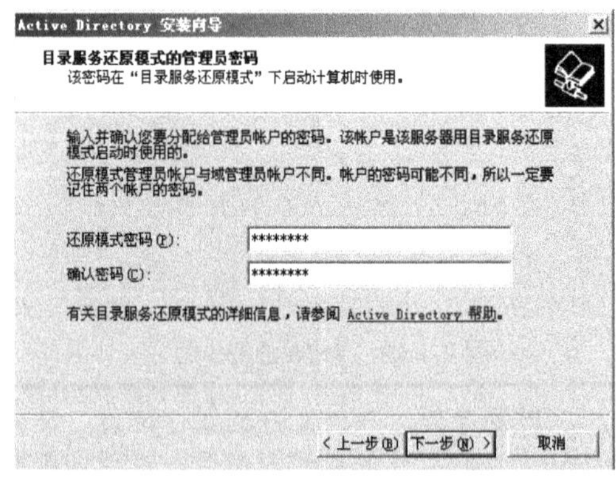

图 9-1-18　还原密码设置

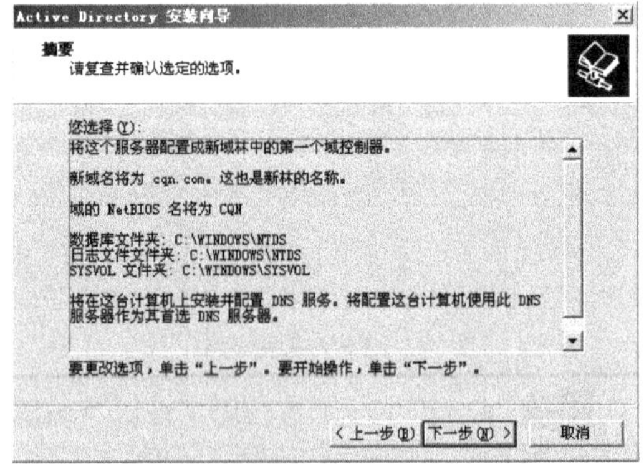

图 9-1-19　摘要

15 如图 9-1-20 所示是安装过程，在等待一段时间后，安装完成，如图 9-1-21 所示。

16 重启生效，至此活动目录就安装完成了，如图 9-1-22 和图 9-1-23 所示。

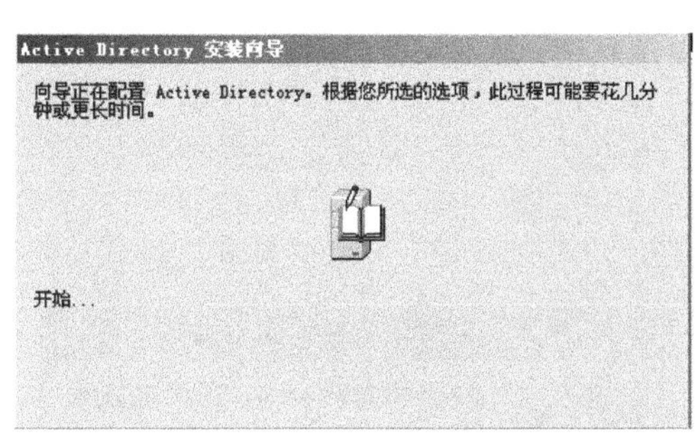

图 9-1-20　安装过程

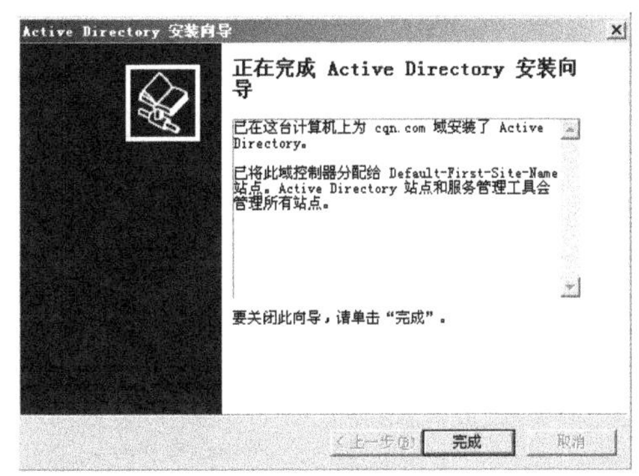

图 9-1-21　完成安装

图 9-1-22　重启生效

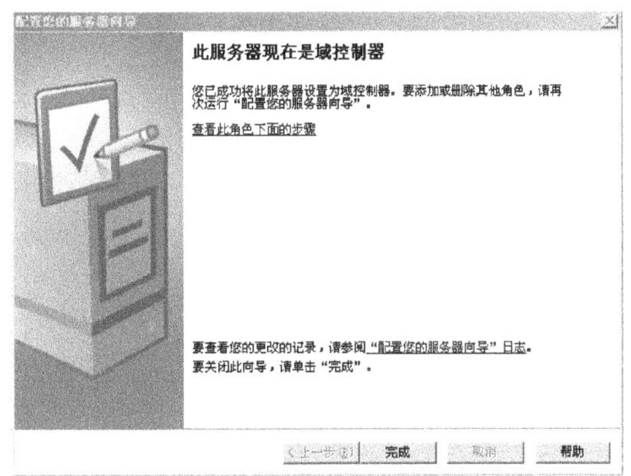

图 9-1-23　将服务器设置为域控制器

活动 2　将装有 Windows XP 系统的计算机加入到域中

01 将准备的 Windows XP 系统计算机的 IP 地址设置为 192.168.10.2，首选 DNS 服务器为 192.168.10.1，这样就能和服务器连通，并能通过服务器的 DNS 进行解析，如图 9-1-24 和图 9-1-25 所示。

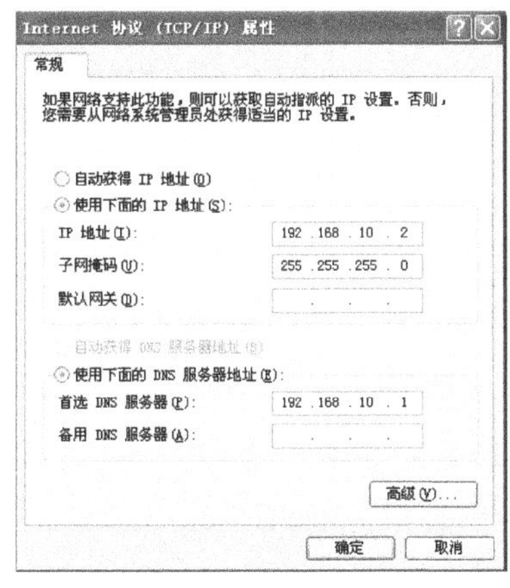

图 9-1-24　IP 属性

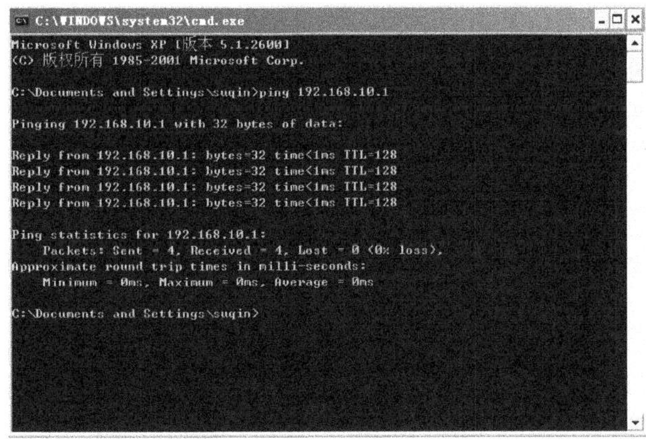

图 9-1-25　测试连通性

02 在 Windows XP 系统中“我的电脑”图标上右击，在弹出的快捷菜单中选择“属性”命令，弹出“系统属性”对话框选择“计算机名”选项卡，如图 9-1-26 所示，再单击“更改”按钮，弹出“计算机名称更改”对话框，选择“域”单选按钮，填写域控制器的名称“cqn.com”，单击“确定”按钮，如图 9-1-27 所示。

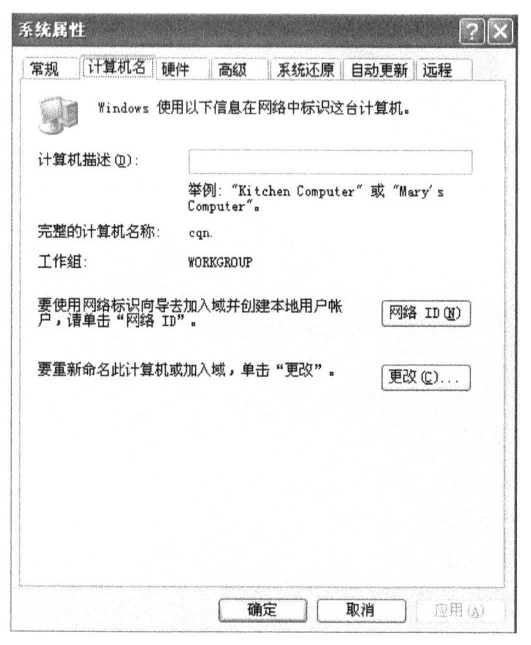

图 9-1-26 系统属性

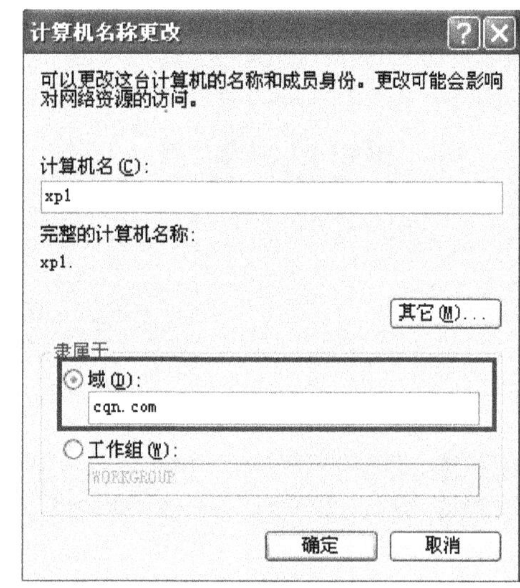

图 9-1-27 计算机名称更改

03 输入域控制器的管理员用户名和密码，单击“确定”按钮，如图 9-1-28 所示，稍等就会出现“欢迎加入 cqn.com 域”提示框，单击“确定”按钮，重启生效，如图 9-1-29 所示。

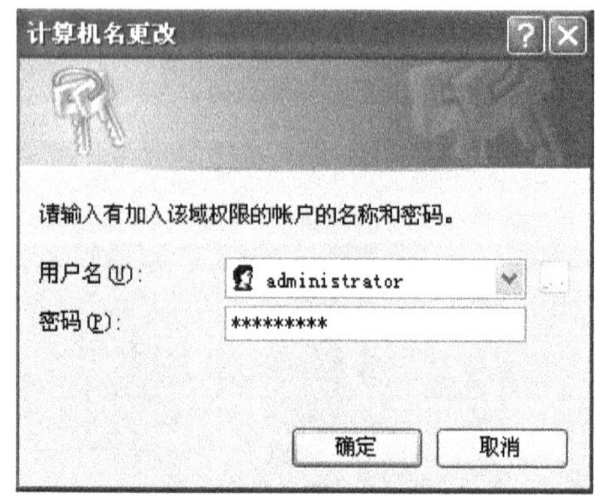

图 9-1-28 输入用户名和密码

图 9-1-29 加入域成功

04 加入成功后，在系统属性中，可以看到如图 9-1-30 所示信息，在域控制器中选择“开始管理工具→Active Directory 用户和计算机→cqn.com”，再展开 Computers 选项，在右边就能看到计算机 xp1，如图 9-1-31 所示。

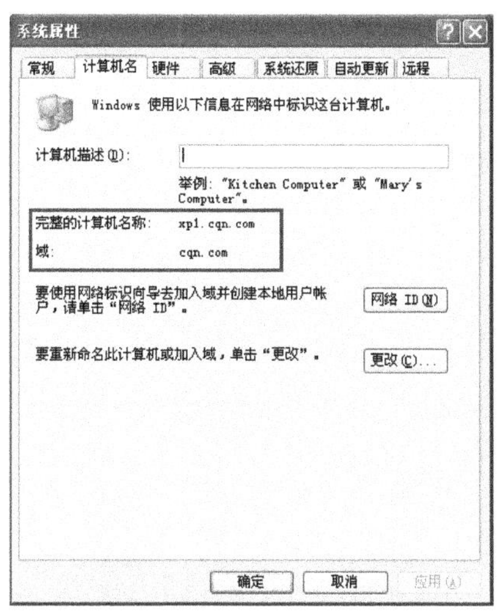

图 9-1-30　查看计算机

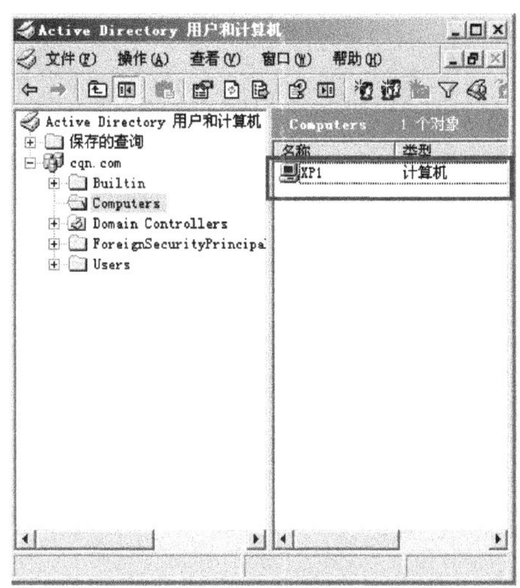

图 9-1-31　域控制器中查看

活动 3　将已加入域中的计算机退出域

01 在如图 9-1-30 所示的“系统属性”对话框中，单击“更改”按钮。

02 在打开的“计算机名称更改”对话框中，选择“工作组”单选按钮，输入“WORKGROUP”，单击“确定”按钮，如图 9-1-32 所示，输入密码，稍等就会出现加入工作组成功提示信息，如图 9-1-33 所示。

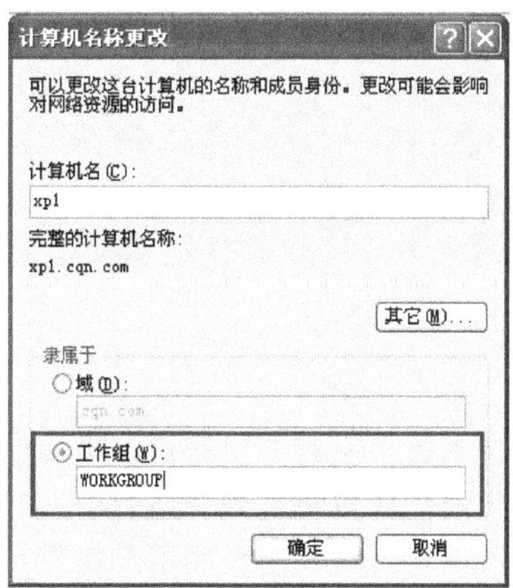

图 9-1-32　“计算机名称更改”对话框

图 9-1-33　成功退出域

小贴士

实训过程中容易出现的问题

1. 安装活动目录的时候，需要先安装 DNS 服务。

2. 加入域和退出域的时候，输入的用户名和密码是域服务器的，而不是 Windows XP 系统的。

巩固练习

1．在 Windows Server 2003 上设置 Active Directory。
2．练习工作组计算机加入域、退出域。

任务 9.2 域用户、用户组管理

◎ 任务描述

本任务将介绍在域环境中管理域用户和组，包括创建域用户，设置域用户属性，设置域用户的登录时间，配置域用户的主目录，实现域网络管理模式的创建和管理用户组。

◎ 任务目标

1. 了解域用户和计算机用户的区别。
2. 创建和管理域用户。
3. 掌握管理域用户账户的方法。
4. 掌握客户机登录域服务器的过程。

◎ 设备工具

1. 一台安装有活动目录的 Windows Server 2003 域控制器的服务器。
2. 一台加入了活动目录的 Windows XP 的计算机。

知识 域管理员的职责

域的最基本功能是管理账户，由于域中的账户能登录本域中所有的计算机，因此如果不能很好地管理用户和组的权限，用户可能会滥用权限，破坏其他计算机上的网络资源，对整个域造成不可估计的损失。因此，域管理员要根据管理和业务需求，合理配置域用户账户和域组账户，加强域账户的管理。

活动 1 创建、配置域用户账户

01 选择“开始→所有程序→管理工具→Active Directory 用户和计算机”命令，打开“Active Directory 用户和计算机”控制台窗口，右击 User 文件夹，在弹出的快捷菜单中选择“新建→用户”命令，如图 9-2-1 所示。

02 在弹出的对话框中输入姓名和用户登录名，如图 9-2-2 所示。

图 9-2-1 “Active Directory 用户和计算机”控制台

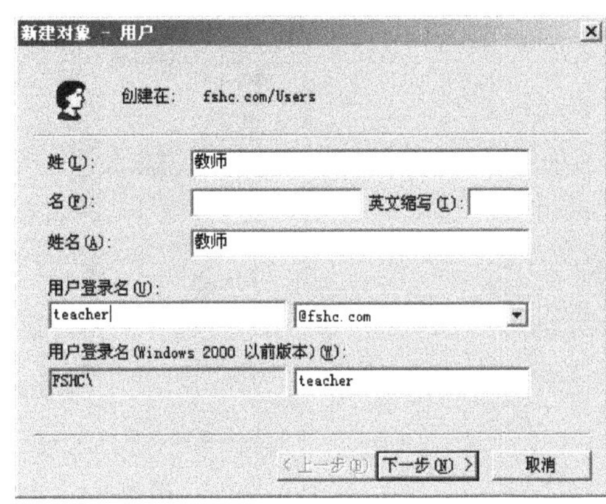

图 9-2-2 “新建对象-用户”对话框

注意：用户登录名不能超过 20 个字符（大写或者小写），且不能使用/、“、[、]、：、；、0、=、？、+、*、<、>等字符，用户名不能仅由空格组成。

03 单击“下一步”按钮，弹出密码设置对话框。根据实际情况，为用户设置密码，下面列出了该对话框中各个选项的详细描述（图 9-2-3）。

①“密码”：用来鉴别用户密码。为了具有更好的安全性，应该指定用户的密码。

②“确认密码”：重复输入第一次输入的密码以确认密码是否正确。

③“用户下次登录时须更改密码”：如果希望在用户第一次登录时更改密码，勾选这个复选框，这样可以保证用户是唯一知道这个密码的人。

④“用户不能更改密码”：如果想让多人使用同一用户账户，或为了能够对用户账户密码进行控制，可以勾选该复选框，这样就只有管理员才能控制这个密码了。

⑤“密码永不过期”：如果不希望改变密码，可以勾选这个复选框。

⑥“账户已禁用”：勾选这个复选框，可以禁用这个账户。

04 单击“下一步”按钮，在“新建对象-用户”对话框中将显示出所创建的用户信息，如图 9-2-4 所示。

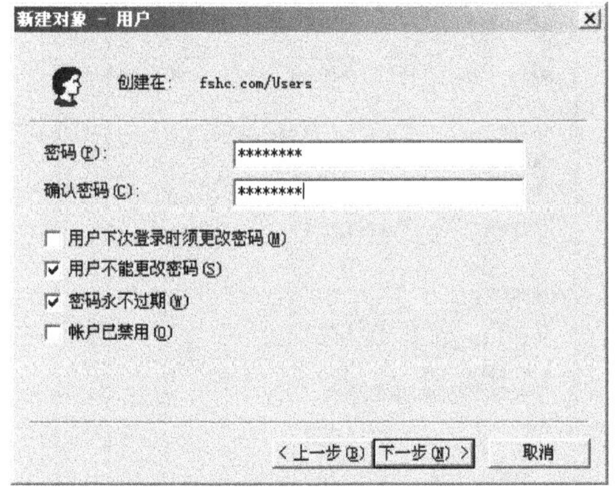

图 9-2-3 设置用户密码

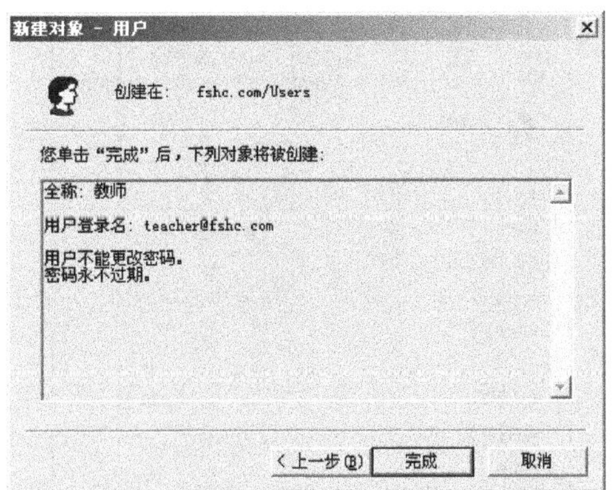

图 9-2-4 “新建对象-用户”对话框

05 单击“完成”按钮后，在域用户（Users）中出现教师（teacher）域用户，如图 9-2-5 所示。

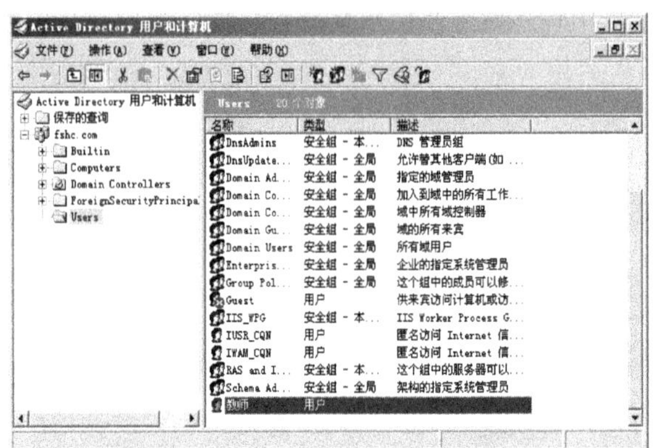

图 9-2-5　完成添加域用户后窗口

活动 2　设置域用户账户属性

每个创建的用户账户，都有相关的一系列属性，可以为其配置个人属性、账户属性、登录选项、拨入设置等。

第 1 步　设置用户属性

要想设置用户的属性，必须先打开用户的属性对话框，其方法是：在如图 9-2-5 所示的“Active Directory 用户和计算机”窗口中选择要设置属性的用户。在菜单栏中选择“操作→属性”命令，或右击该用户，在弹出的快捷菜单中选择“属性”命令，弹出如图 9-2-6 所示的用户属性对话框。该对话框中包含了用户的所有信息，为每个用户填写这些属性后就可以方便地查找用户，以及快速定位用户。

第 2 步　设置账户属性

利用属性对话框中的“账户”选项卡，可以设置域用户有关选项，操作步骤如下。

01 选择“账户”选项卡，如图 9-2-7 所示。

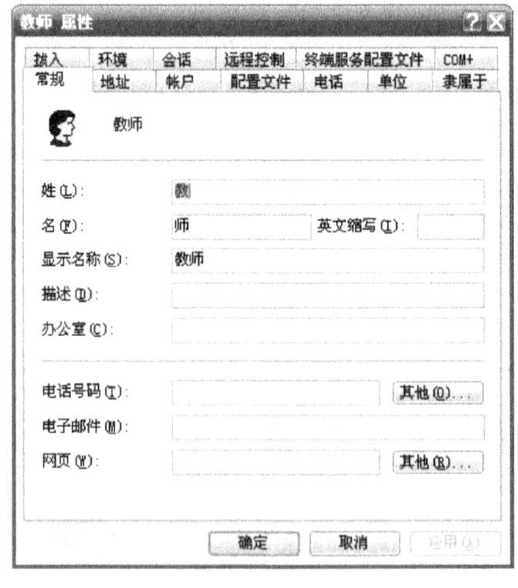

图 9-2-6　用户属性对话框

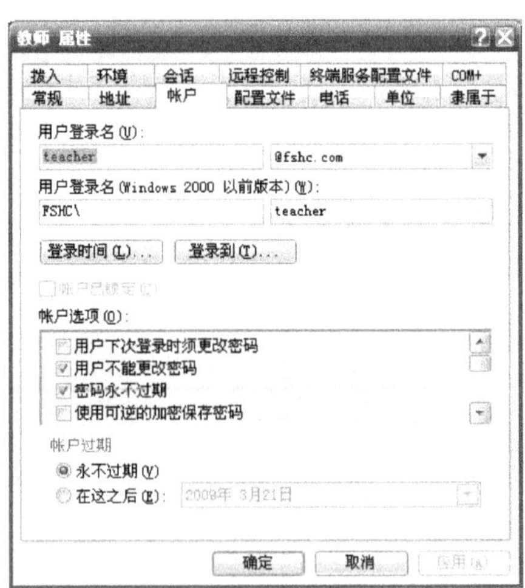

图 9-2-7　“账户”选项卡

02 根据实际情况，填写有关的选项，其中各选项要求的规则与创建新用户时要求的规则基本相同，单击“应用”按钮即可。

第 3 步　设置登录时间

设置登录时间可以控制用户登录到域上的时间。默认情况下，Windows Server 2003 允许用户 24h 都可以访问网络，但管理员可能会希望只允许在工作时间才能登录域中资源。设置登录时间减少了账户暴露给未经授权用户的访问，其操作步骤如下。

01 在“账户”选项卡中，单击“登录时间”按钮，弹出设置登录时段对话框，如图 9-2-8 所示。其中深色部分表示可以登录的时间，白色表示不能登录的时间。

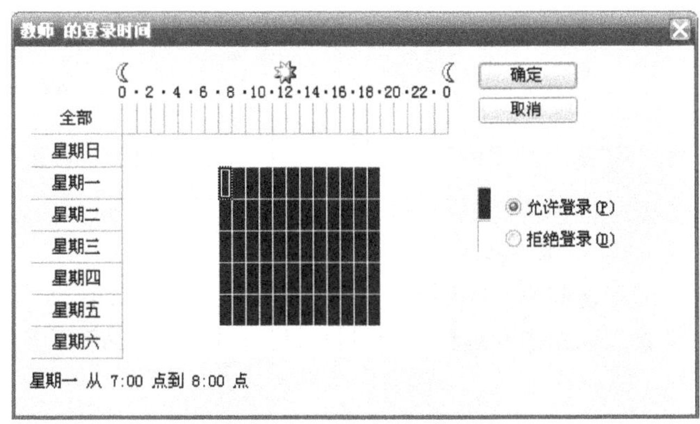

图 9-2-8　设置登录时段对话框

02 设置允许或拒绝访问时间。

① 设置允许访问时间的方法是：选择“允许登录”单选按钮，然后选择开始时间，拖动鼠标指针至结束时间即可。

② 设置拒绝访问时间的方法是：选择“拒绝登录”单选按钮，然后选择开始时间，拖动鼠标指针至结束时间即可。

03 单击“确定”按钮，返回用户属性对话框。

第 4 步　设置能够登录的计算机

通过设置域用户账户的登录选项，可以控制用户从哪些计算机登录到域上。在默认配置下，每个用户都可以从域中的任意一台计算机登录。如果限制只能从某些计算机登录，可以避免用户访问存放在其他计算机的数据。设置登录计算机的步骤如下。

01 在“账户”选项卡中，单击“登录到”按钮。弹出如图 9-2-9 所示的“登录工作站”对话框。

02 选择“下列计算机”单选按钮。

03 在“计算机名”文本框中，输入可以进行登录的计算机名称，并单击“添加”按钮。

04 单击“确定”按钮，关闭“登录工作站”对话框。

第 5 步　配置拨入设置

为用户配置拨入设置之后，就可以让用户从远程通过拨号连接到网络。选择用户属性对话框的“拨入”选项卡。“拨入”选项卡中有以下选项（图 9-2-10）。

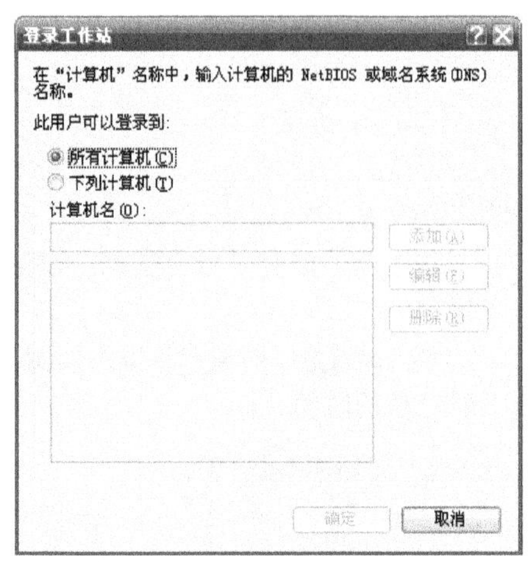

图 9-2-9 “登录工作站”对话框

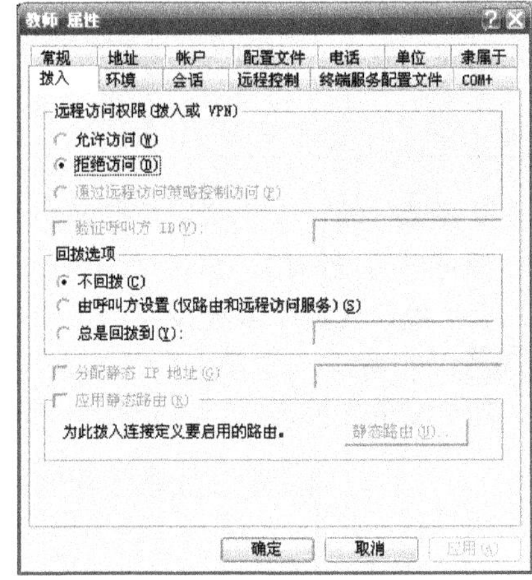

图 9-2-10 “拨入”选项卡

1）“允许访问”或“拒绝访问”：指明是否允许通过远程访问。

2）“验证呼叫方 ID”：用户拨入时必须使用的电话号码。

3）“不回拨”：远程访问不回叫用户，这是默认选项。

4）“由呼叫方设置（仅路由和远程访问服务）”：用户给 RAS 服务器提供回叫的电话号码，公司为通话付费。

5）“总是回拨到”：RAS 服务器使用指定的号码回叫用户，用户必须在特定的电话号码上才能连接到服务器，由于这个号码是预先设置的，所以禁止了未授权用户拨号进入。

第 6 步 设置用户密码

当用户不能登录到域或者本地计算机时，可能需要重新设置用户的密码。要完成这个任务，必须以具有组织单元管理权限的身份登录。

设置用户密码，可以按以下步骤执行。

01 在如图 9-2-5 所示的“Active Directory 用户和计算机”窗口中，选择需要改变密码的用户。

02 在菜单栏中选择“操作→重设密码”命令，或右击该用户，在弹出的快捷菜单中选择“重设密码”命令，弹出如图 9-2-11 所示的“重设密码”对话框。

03 在文本框中输入适当密码，并单击“确定”按钮即可。

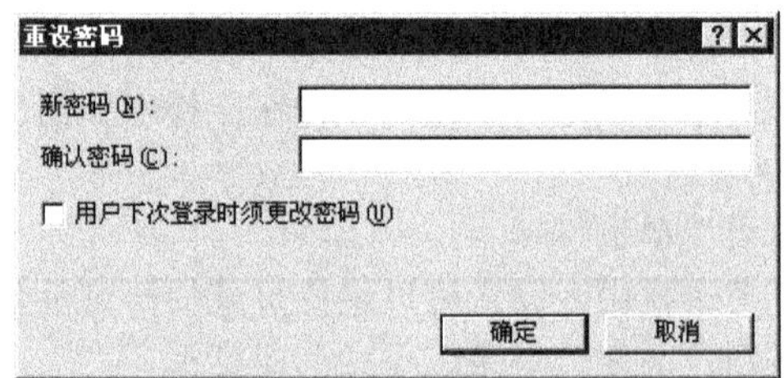

图 9-2-11 “重设密码”对话框

活动 3 管理域用户组

每个账户都必须分配到一个组中，因此可以利用组来管理账户，简化网络的管理工作。只要设置了组的优先级，则组中所有成员都具有该权限。在添加用户时，只要将其加入组内，则该用户就具有该组的权限。

在 Windows Server 2003 中的组有两种作用域，即本地组和全局组。本地组设置的优先权只能在本地工作站上。当只管理一个工作站时，可以使用本地组。全局组可以管理任何地方。Windows Server 2003 内置的组主要有以下几种。

1）Administrator（系统管理员组）。本组中的用户都是系统管理员，他们拥有对域或计算机最大的控制权，内置的系统管理员 Administrator 就是该本地组的成员，不能删除。

2）Backup Operators（备份操作员组）。本组的成员可以备份并还原服务器中的目录与文件，也可以关闭服务器。

3）Power Users（强大的用户组）。此组只存在于 Windows Server 2003 和 Windows 2003 Advance Server 系统中，域上并没有此组。此组中的用户除具有 Users 组所有的权限外，还可以建立用户账户，修改所建立的用户账户，将用户加入本组、用户组、来宾组等，以及建立、管理、删除服务器内的共享目录与打印机。

4）Replicator（复制员组）。此组的成员提供域内的文件复制。

5）Users（用户组）。其中的成员为一般的用户，拥有最少的权限。

6）WBEM Users（WBEM 用户组）。其中的成员拥有对 WBEM 的只读权限。

活动 4　创建域用户组

创建用户组是系统管理员的一项重要日常工作，可以使用 Active Directory 来创建新的域用户组账户。要创建用户组，可以按如下步骤执行。

01 选择“开始→所有程序→Active Directory 用户和计算机”命令，显示出活动目录结构。

02 双击要创建用户组的域，并单击域中的“Users”文件夹。

03 在菜单栏中选择“操作→新建→组”命令，弹出如图 9-2-12 所示的“新建对象-组”对话框。

图 9-2-12　“新建对象-组”对话框

04 据实际情况填写合适的选项。

①“组名”：新建组的名称，这个名称必须在该组所在的域中是独一无二的。

②“安全组”和“通讯组”：设置组的类型是安全组还是通讯组。

③“本地域”和“全局”：设置组的作用范围是本地域还是全局。

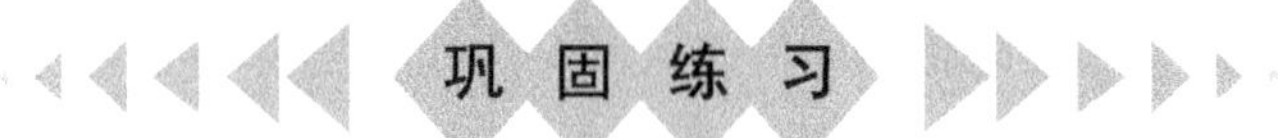

1．在 Windows Server 2003 上设置 Active Directory。
2．在域服务器活动目录（Active Directory）中创建域用户和域用户组。
3．从实际出发设置域用户的属性，为用户登录域做准备。

任务 9.3 域用户权限设置

◎ 任务描述

本任务通过特定的域用户权限设置案例，学习创建“组织单位”、“组”和设置用户、“密码策略”，设置用户的登录时间文件夹的 AD 用户登录权限，并利用 FTP 服务站点来测试文件夹 AD 用户权限。

◎ 任务目标

1．了解 Active Directory 中的通讯组和安全组。
2．了解组织单位、组和用户的关系。
3．掌握管理域组织单位、组和用户账户的方法。
4．掌握设置 Active Directory“密码策略”的方法。

◎ 设备工具

1．一台安装了活动目录的 Windows Server 2003 域控制器的服务器。
2．一台安装了活动目录的 Windows XP 的计算机。

知识 Active Directory 中的组类型

Active Directory 中有两种组类型，即通讯组和安全组。可以使用通讯组创建电子邮件通讯组列表，使用安全组给共享资源指派权限。

1）通讯组：在电子邮件应用程序（如 Exchange Server）中，可以使用“通讯组”将电子邮件发送给一组用户。通讯组不使用 Windows Server 的安全机制，这意味着通讯组不能被添加到“对象访问控制列表（ACL）”中。如果需要使用组来控制对共享资源的访问，则需要使用安全组。

2）安全组：安全组提供了一种有效的方式来指派对网络上资源的访问权。安全组使用 Windows Server 的安全机制，这意味着安全组可以根据需要添加到随机“对象访问控制列表（ACL）”中。使用安全组，可以带来以下方面的安全性和简易性。

活动 1　明确域用户权限设置情境

1）在 Active Directory 中添加组织单位 sells、technics、officers。

2）在组织单元中分别添加 Tom、Rose 和 Jack 用户，并加入 sell、technic、officer 工作组，密码与用户名一致。

3）每个组织用户只能在周一至周五 9:00～17:00 登录。

4）设定 FTP 主机，每个组织的用户只能访问自己部门的目录，如表 9-3-1 所示。

表 9-3-1　用户权限

部　　门	目　　录	访问性
sell	D:\www\site1	只读
officer	D:\www\site2	读写
technic	D:\www\site3	读写

活动 2　设置域用户权限

第 1 步　在安装了活动目录的 Windows Server 2003 上新建“组织单位”

组织单位（OU）是一个容器对象，这是活动目录逻辑结构的一部分，可以把域中的对象组织成逻辑组，它可以帮助系统管理员简化管理工作。组织单位可以包含下列类型的对象：用户、计算机、工作组、打印机、应用程序、安全策略、文件共享、其他组织单位，但只有一种对象不能包含在组织单位中，即其他域中的任何对象。所以可以利用组织单位使域中的对象形成一个完全逻辑上的层次结构，就像是将多个域连接在一起形成了一个完整的目录。

01 选择“开始→所有程序→管理工具→Active Directory 用户和计算机”命令，打开“Active Directory 用户和计算机”控制台窗口。在控制台窗口中右击域名 cqn.com，在弹出的快捷菜单中选择“新建→组织单位”命令，如图 9-3-1 所示。弹出“新建对象-组织单位”对话框，在“名称”文本框中输入的组织单位名“sells”，如图 9-3-2 所示。单击“确定”按钮，即可完成 sells 组织单位的创建。

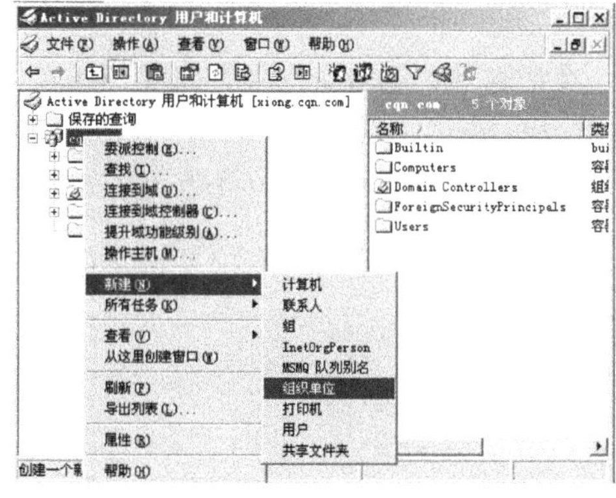

图 9-3-1　“新建→组织单位”命令

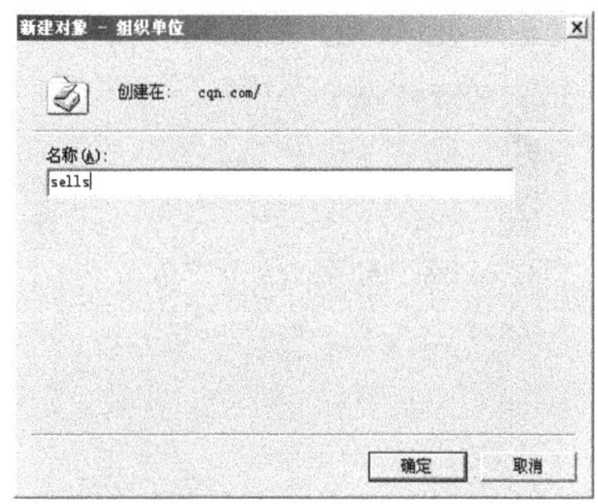

图 9-3-2　输入“组织单位”名称

02 重复以上操作过程，创建 technics、officers 组织单位，如图 9-3-3 所示。

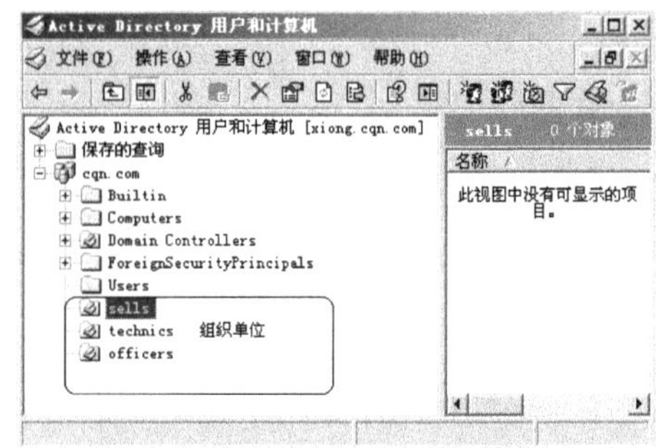

图 9-3-3 完成创建“组织单位”

第 2 步 在“组织单位”中创建“组”

01 右击“sells”组织单位，在弹出的快捷菜单中选择“新建→组”命令，如图 9-3-4 所示。

02 弹出如图 9-3-5 所示“新建对象-组”对话框，在“组名”文本框中输入新组的名称，如 sell。在“组作用域”选项组中选择“本地域”单选按钮；在“组类型”选项组中选择“安全组”单选按钮，创建一个 sell 本地域安全组。

图 9-3-4 新建“组”命令

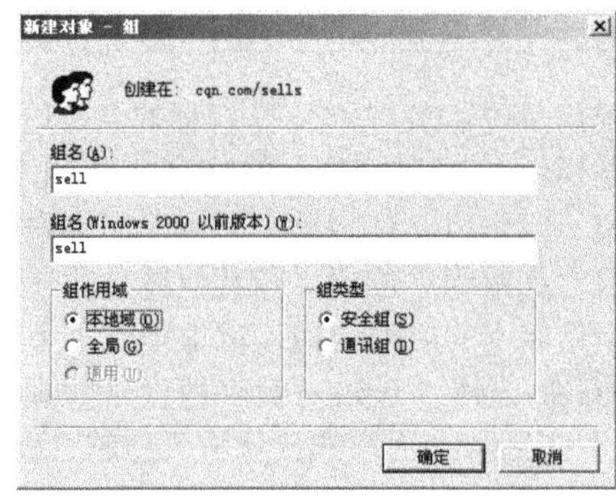

图 9-3-5 创建 sell 本地域安全组

03 重复以上过程，在 technics 组织单位创建 technic 组，如图 9-3-6 所示。在 officers 组织单位创建 officer 组，如图 9-3-7 所示。

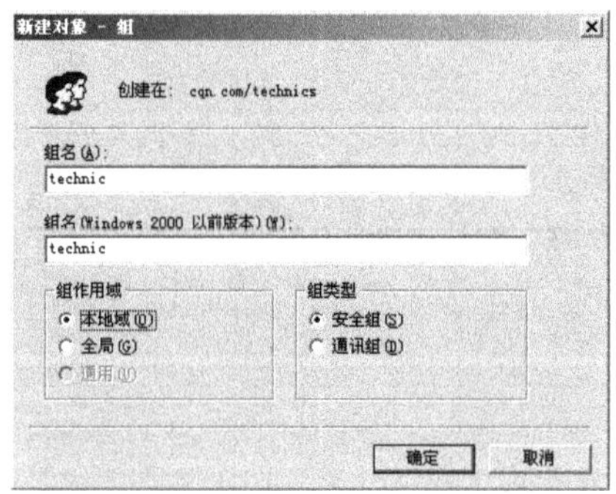

图 9-3-6 创建 technic 本地域安全组

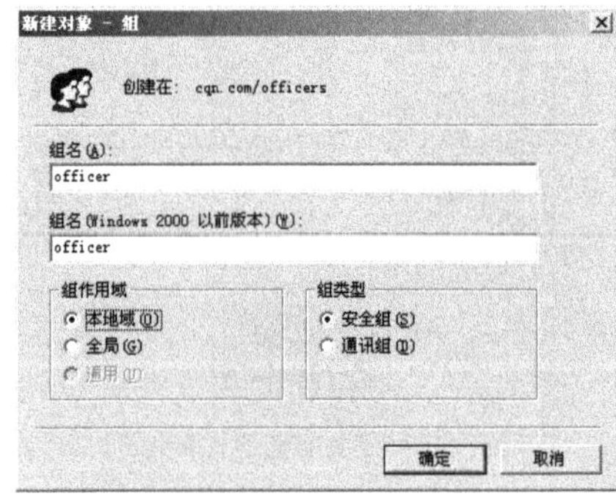

图 9-3-7 创建 officer 本地域安全组

第 3 步　设置“密码策略”

由于要设置 Tom、Rose 和 Jack 密码与用户名一致，默认系统的密码复杂性和长度都不能满足设置这些密码的要求。而“密码策略”就是服务器的超级管理员对服务器中的密码配置规则进行管理，包括密码复杂性要求、密码长度最小值、密码最长使用期限、强制密码历史、使用还原的加密来存储密码等几项，其他用户在设置密码时应遵守这一规则。在安装好的 Windows Server 2003 服务中，不需要安装任何组件就能配置“密码策略”。具体步骤如下。

01 选择“开始→管理工具→域安全策略”命令，如图 9-3-8 所示。

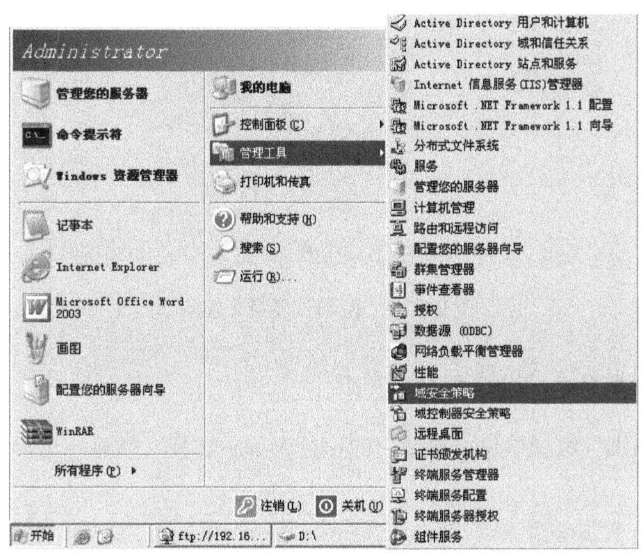

图 9-3-8　“域安全策略”命令菜单

02 在打开的“默认域安全设置”窗口中找到“密码策略”选项，在窗口右侧的“策略”列表中双击“密码必须符合复杂性要求”选项，打开其属性对话框，在“安全策略设置”选项卡中选择“已禁用”单选按钮，如图 9-3-9 所示。单击“确定”按钮。

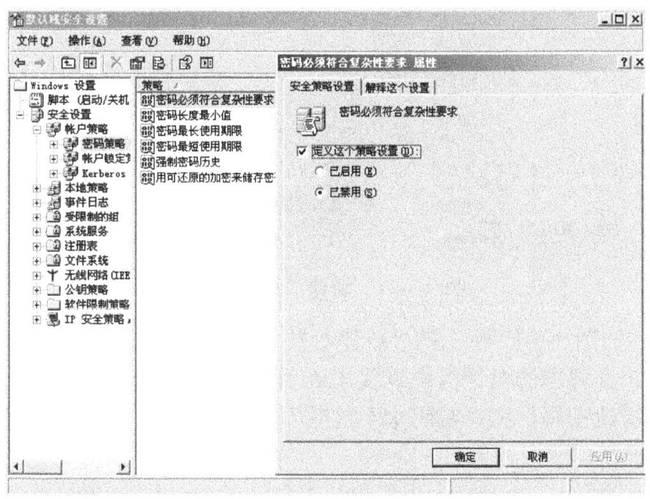

图 9-3-9　密码复杂性要求设置

03 双击“策略”列表中的“密码长度最小值”选项，在其属性对话框中取消勾选“定义这个策略设置”复选框，如图 9-3-10 所示。单击“确定”按钮。

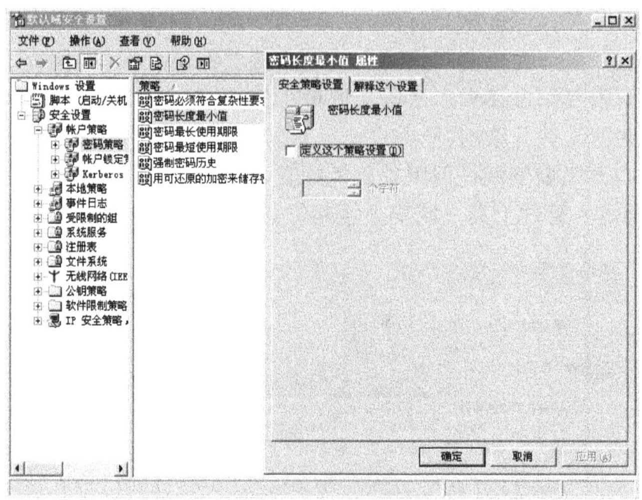

图 9-3-10　密码长度最小值设置

第 4 步　在“组织单位”中创建“用户”

01 右击“sells”组织单位，在弹出的快捷菜单中选择“新建→用户”命令，如图 9-3-11 所示。

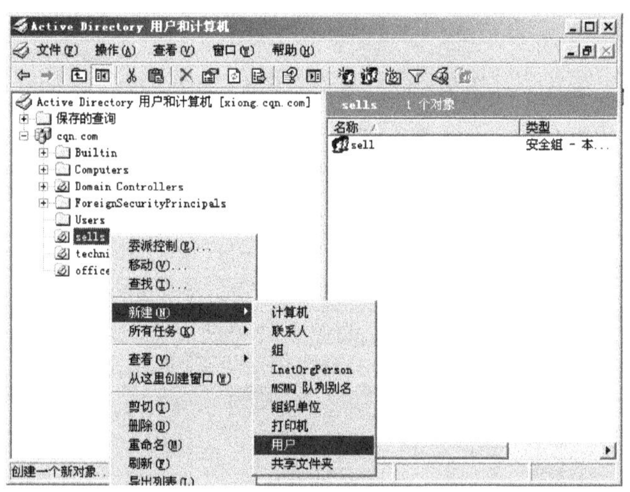

图 9-3-11　新建“用户”命令

02 在弹出的如图 9-3-12 所示的“新建对象-用户”对话框中输入姓名和用户登录名。单击“下一步”按钮，在弹出的对话框中设置 Tom 用户的密码，按题意密码也设置成“Tom”，并勾选“用户不能更改密码”和“密码永不过期”两个复选框，如图 9-3-13 所示。依照提示操作，完成设置。

03 重复以上过程，在 technics 组织单位中创建 Rose 用户，密码为 Rose，如图 9-3-14 所示；在 officers 组织单位中创建 Jack 用户，密码为 Jack，如图 9-3-15 所示。

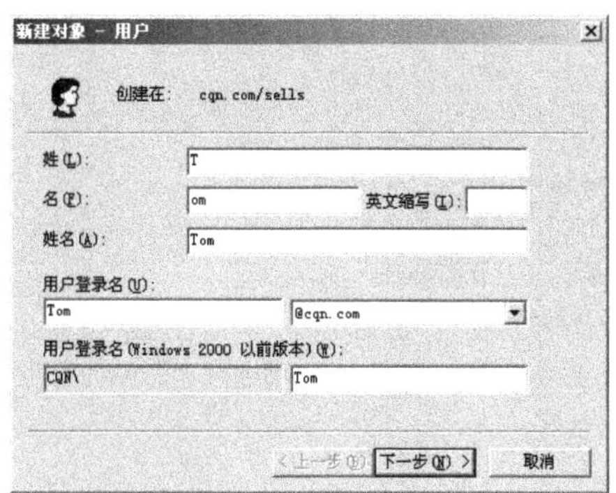

图 9-3-12 新建 Tom 用户

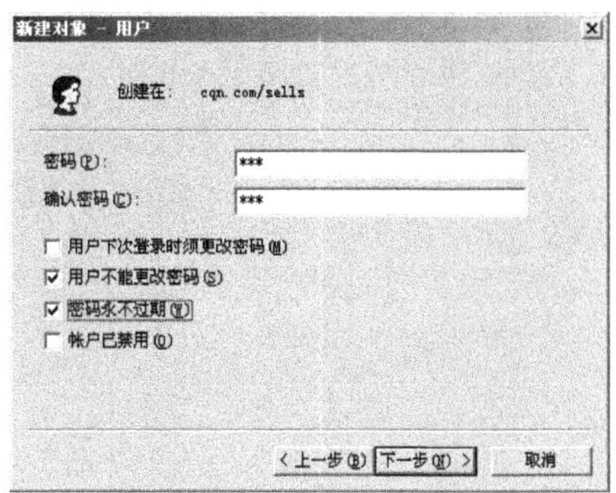

图 9-3-13 设置 Tom 密码

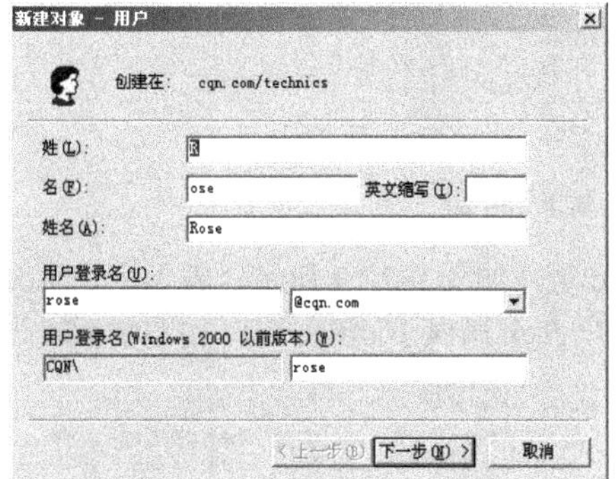

图 9-3-14 新建 Rose 用户

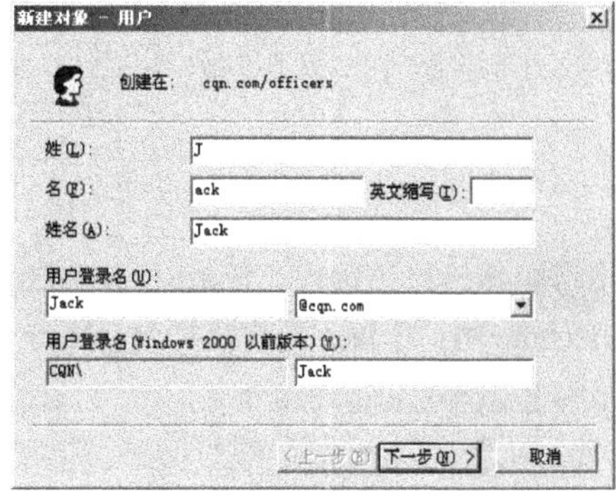

图 9-3-15 新建 Jack 用户

第 5 步 用户加入到组

01 打开用户 Tom 的属性对话框，选择“隶属于”选项卡，如图 9-3-16 所示。单击“添加”按钮，弹出“选择组”对话框，查找要添加的“sell”组，如图 9-3-17 所示。单击“确定”按钮。

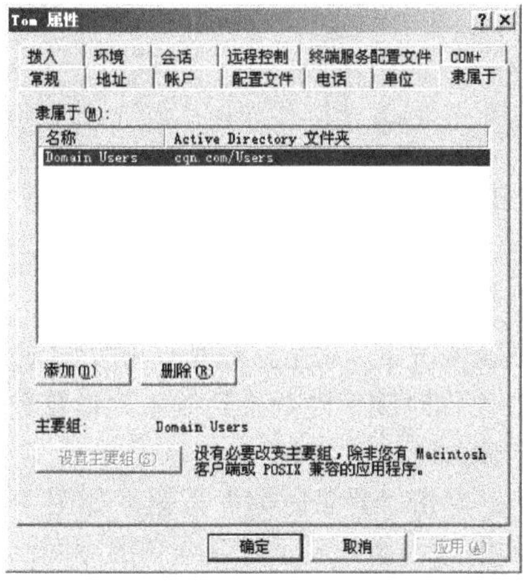

图 9-3-16 “隶属于”选项卡

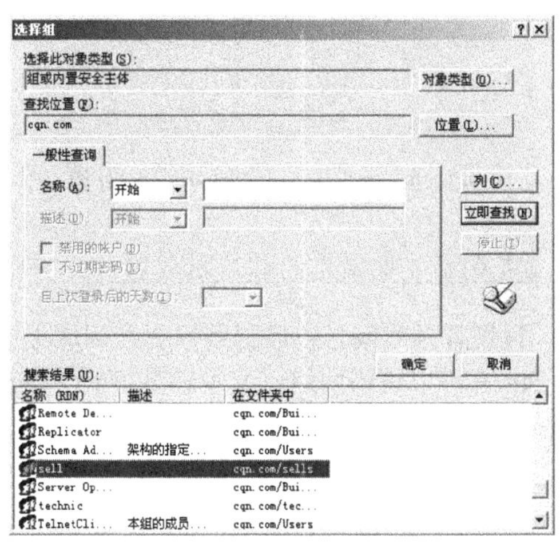

图 9-3-17 “选择组”对话框

02 添加组后，返回用户属性对话框，在“隶属于”选项卡中多了 sell 组，如图 9-3-18 所示，表示 Tom 用户隶属于 sell 组。

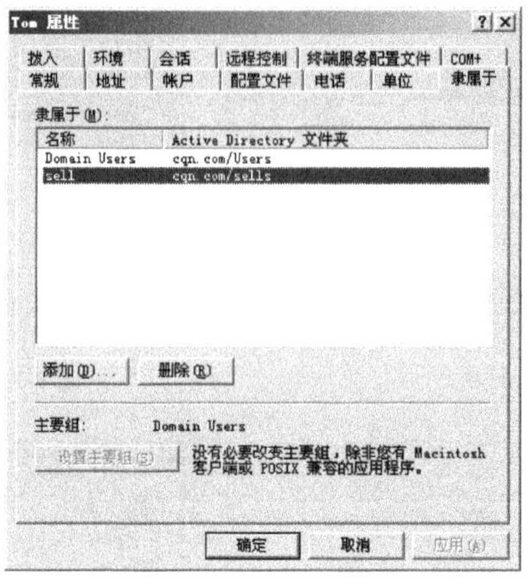

图 9-3-18　用户 Tom 隶属于 sell 组

03 重复以上过程，把 Rose 用户添加到 technic 组，如图 9-3-19 所示，表示用户 Rose 隶属于 technic 组；把 Jack 用户添加到 officer 组，表示用户 Jack 隶属于 officer 组，如图 9-3-20 所示。

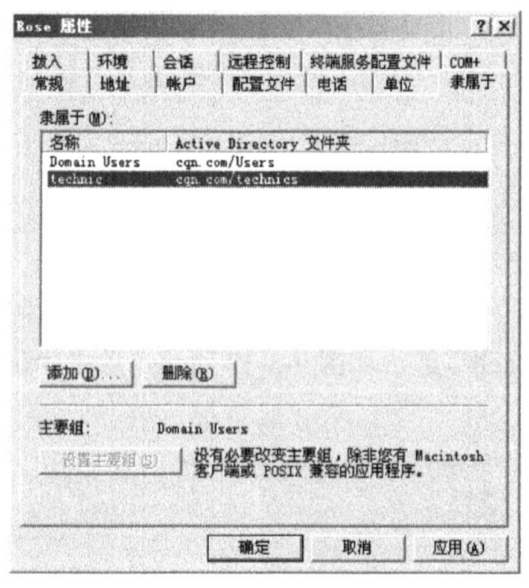

图 9-3-19　用户 Rose 隶属于 technic 组

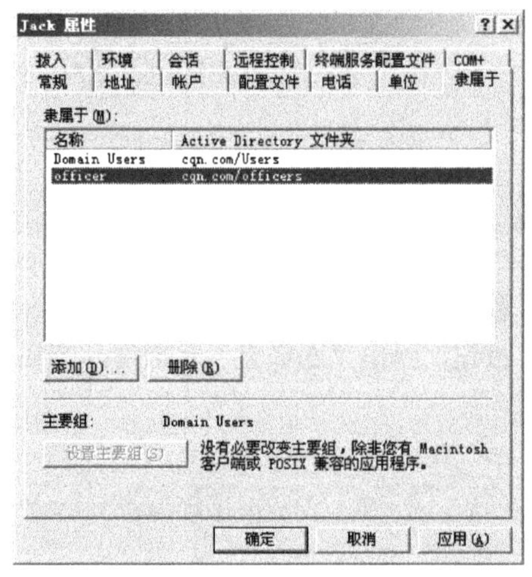

图 9-3-20　用户 Jack 隶属于 officer 组

第 6 步　设置用户的登录时间

设置登录时间可以控制用户登录到域上的时间。默认情况下，Windows Server 2003 允许用户 24h 都可以访问网络，但管理员可能会希望只允许在工作时间才能登录到域中。设置登录时间减少了账户暴露给未经授权的访问的时间，其操作步骤如下。

01 打开账户属性对话框，选择“账户”选项卡，单击“登录时间”按钮，如图 9-3-21 所示。打开设置登录时段对话框，如图 9-3-22 所示。其中深色部分表示可以登录的时间，白色表示不能登录的时间，该 Tom 用户的可登录时间为星期一至星期五的 9:00～17:00。

02 重复以上步骤设置 Rose 和 Jack 用户的登录时间。

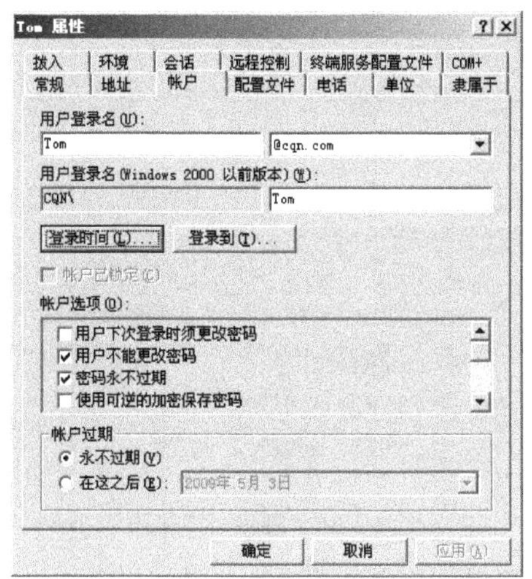

图 9-3-21　“账户”选项卡

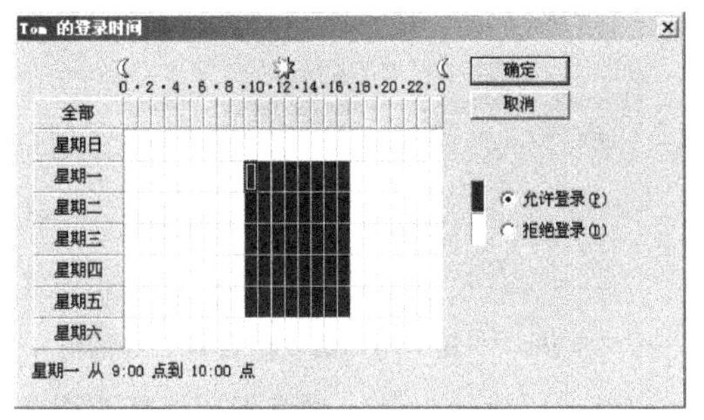

图 9-3-22　设置用户登录时间

第 7 步　设置文件夹的用户登录权限

01 在格式为 NTFS 的 D 盘创建一个 www 文件夹，并在 www 文件夹中创建 site1、site2、site3 文件夹，如图 9-3-23 所示。

02 设置 site1 文件夹的安全属性：打开“site1 属性”对话框，选择“安全”选项卡，如图 9-3-24 所示，默认已经有一些权限设置，这些设置是从父文件夹或磁盘所继承的，灰色阴影对勾的权限就是继承来的。

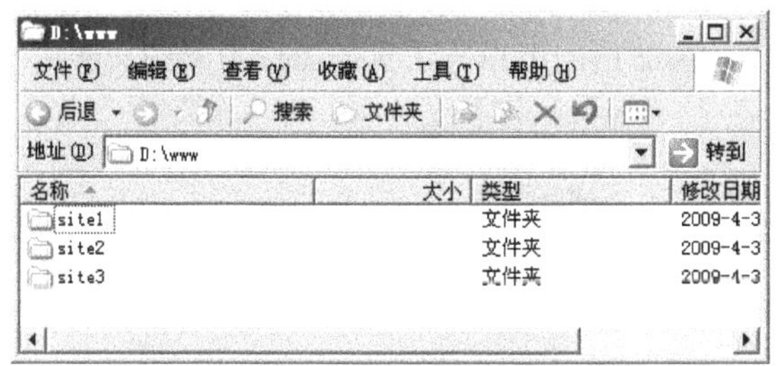

图 9-3-23　创建文件目录

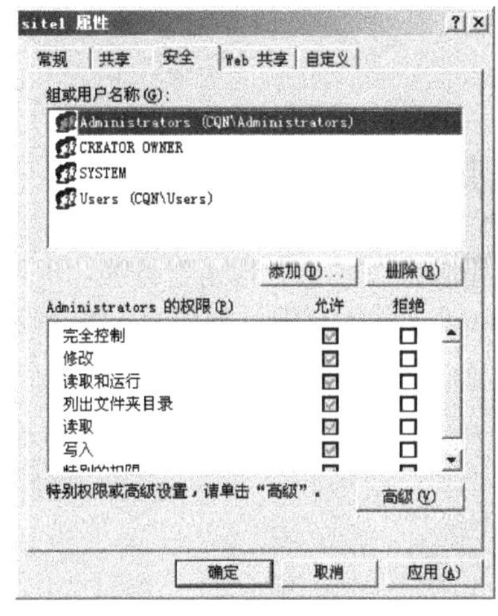

图 9-3-24　site1 文件目录的安全属性

03 如果不想继承上一层的权限，可在“安全”选项卡中单击“高级”按钮，弹出如图 9-3-25 所示的“site1 的高级安全设置”对话框。取消勾选“允许父项的继承权限传播到该对象和所有子对象……”复选框。单击“删除”按钮，弹出“安全”提示框，单击“删除”按钮将此权限删除，如图 9-3-26 所示。

04 删除完所有的默认用户后，效果如图 9-3-27 所示，表示目前该文件夹所有用户都没有访问权限。

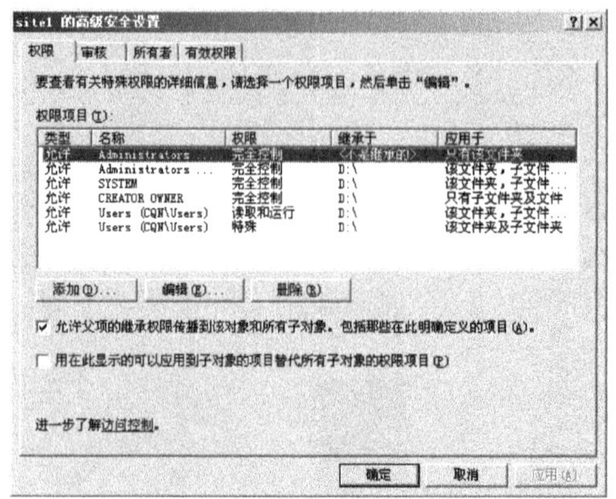

图 9-3-25 “site1 的高级安全设置”对话框

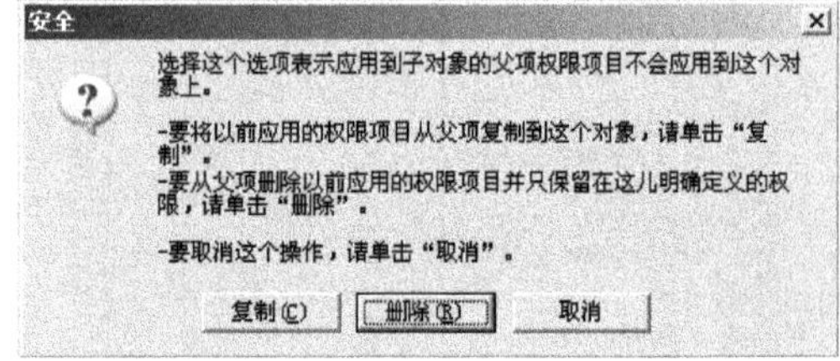

图 9-3-26 删除用户权限

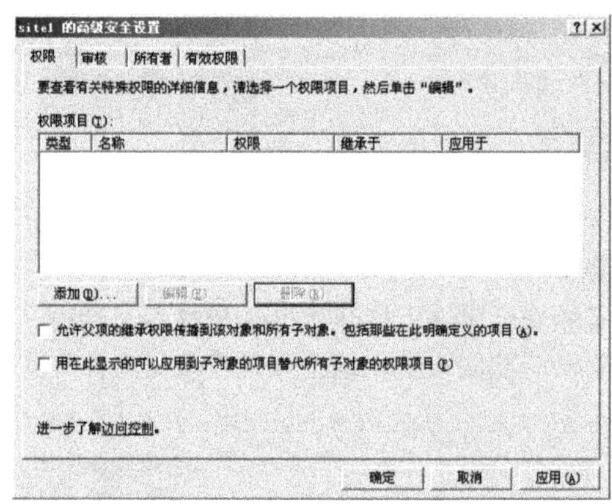

图 9-3-27 删除用户权限效果图

05 设置用户或组访问 site1 文件夹权限：在图 9-3-27 所示的对话框中单击“添加”按钮，在弹出的“选择用户、计算机或组”对话框中选择 sell 组，如图 9-3-28 所示。

06 两次单击“确定”按钮，返回至“site1 属性”对话框，在“sell 的权限”列表中选择访问 site1 文件的权限，如图 9-3-29 所示，表示只有 sell 组的用户可以读取 site1 目录的文件。

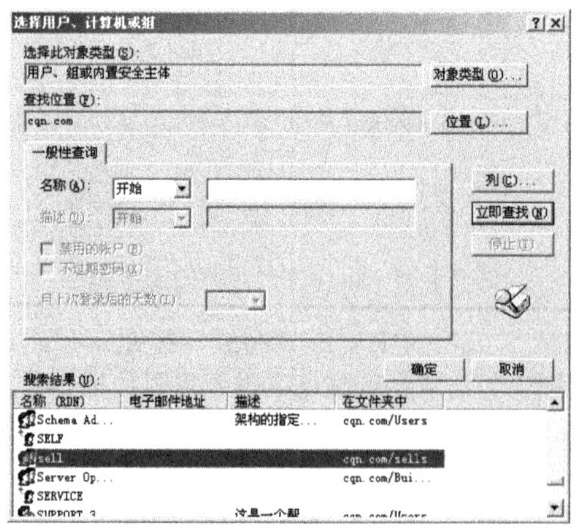

图 9-3-28 “选择用户、计算机或组”对话框

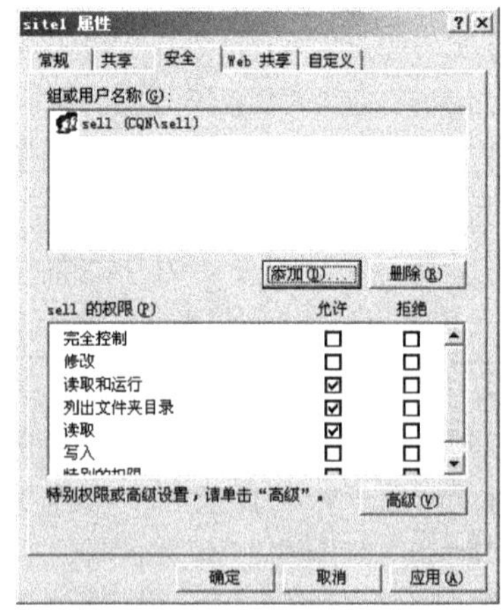

图 9-3-29 设置 sell 组访问权限

07 重复以上步骤，设置 site2 和 site3 文件夹的用户访问权限。如图 9-3-30 所示，表示只有 officer 组的用户可以读写 site2 文件夹中的文件。如图 9-3-31 所示，表示只有 technic 组的用户可以读写 site3 文件夹中的文件。

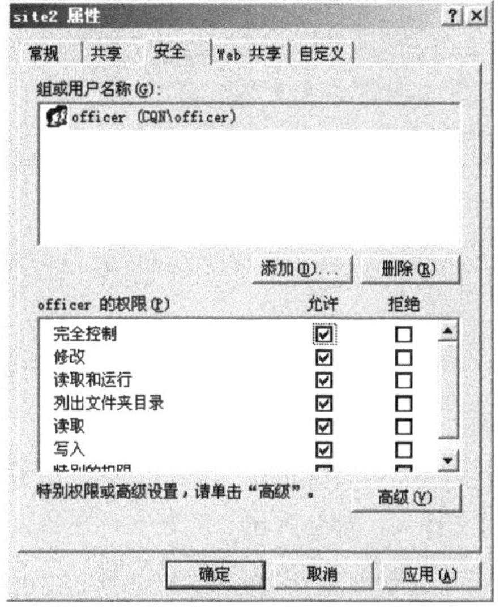

图 9-3-30　设置 officer 组访问权限

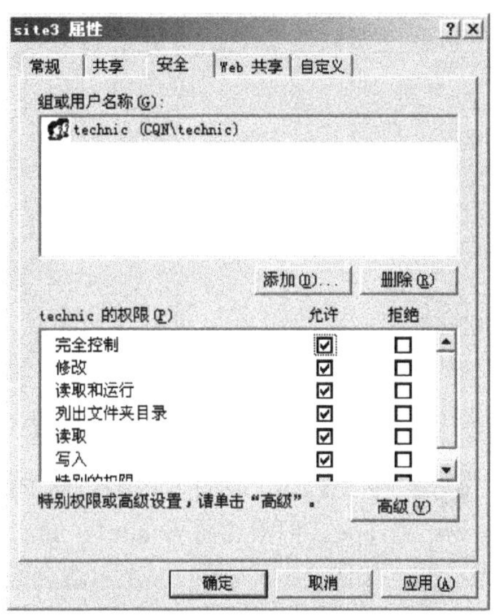

图 9-3-31　设置 technic 组访问权限

第 8 步　设置 FTP 站点，测试文件夹用户权限

具体设置 FTP 站点的过程请参考项目 6，下面只描述一些重要步骤。

01 选择此 FTP 站点使用的 IP 地址和填写 TCP 端口（默认为 21），如图 9-3-32 所示。

02 在弹出的“FTP 用户隔离”对话框中选择“不隔离用户”单选按钮，如图 9-3-33 所示。

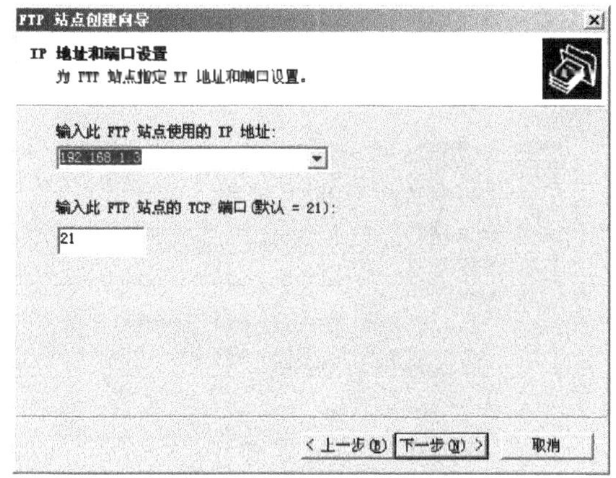

图 9-3-32　设置 IP 地址和端口

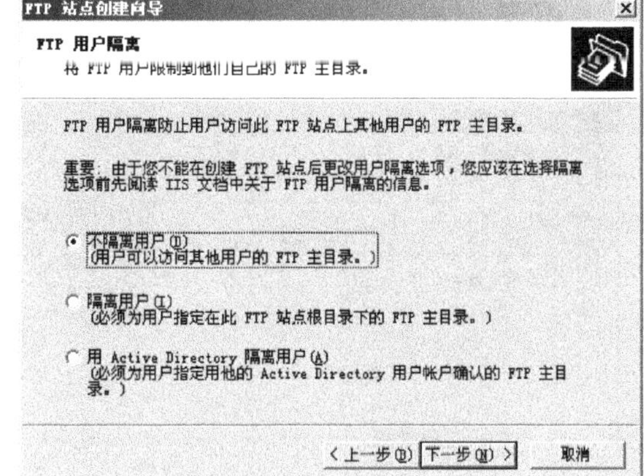

图 9-3-33　FTP 用户隔离设置

03 在弹出的“FTP 站点主目录”对话框中，选择主目录的路径“D:\www”，如图 9-3-34 所示。并在该 FTP 站点的属性窗口的“主目录”选项卡中勾选“读取”和“写入”复选框，如图 9-3-35 所示。

图 9-3-34　FTP 站点主目录设置

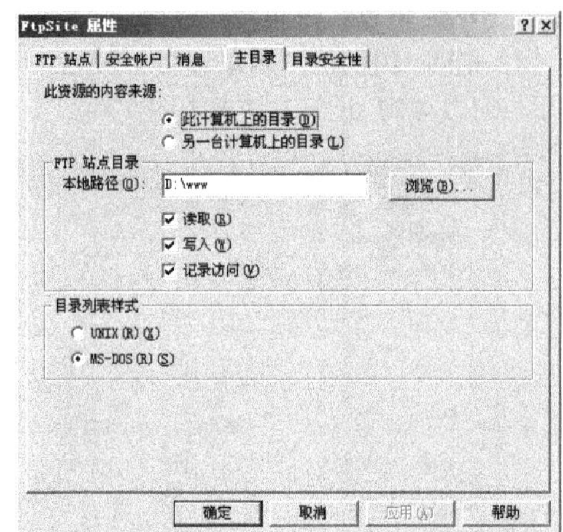

图 9-3-35　FTP 站点目录权限

04 在 cqn.com 域的客户端访问 FTP 域服务器，如图 9-3-36 所示，表示匿名用户可以访问 www 文件夹。但双击打开 site1、site2、site3 任何文件夹，都会弹出“FTP 文件夹错误”信息提示框，如图 9-3-37 所示，表示匿名登录用户没有打开这些文件夹的权限。

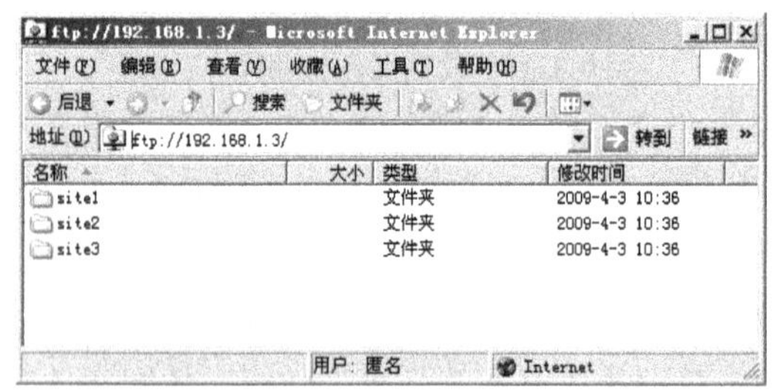

图 9-3-36　客户端匿名访问 FTP 域服务器

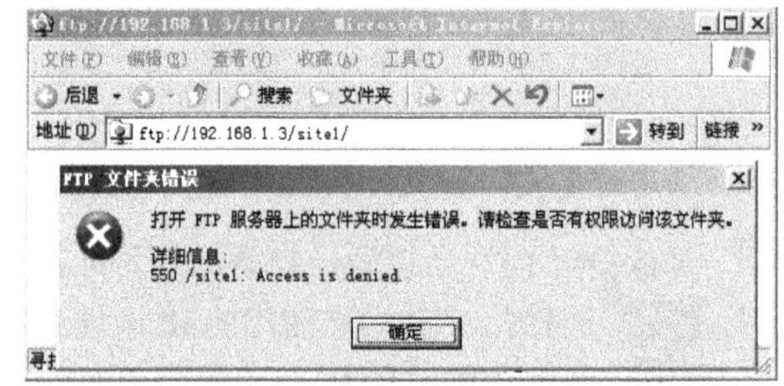

图 9-3-37　“FTP 文件夹错误”提示框

05 更换登录用户：在图 9-3-38 所示的窗口空白处右击，在弹出的快捷菜单中选择“登录”命令，弹出“登录身份”对话框，输入“Tom”用户名和密码，如图 9-3-39 所示。

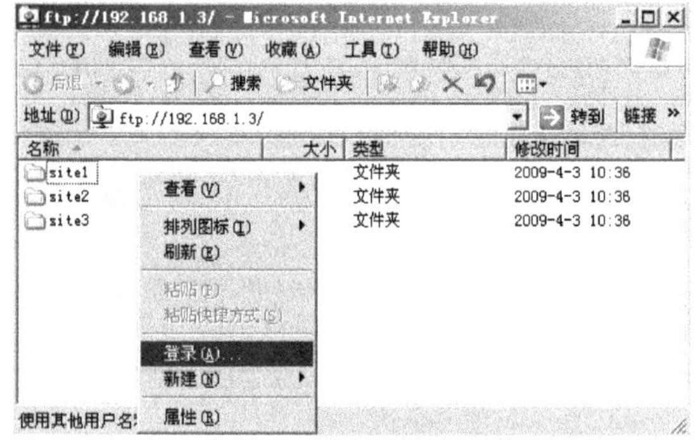

图 9-3-38　更换登录用户

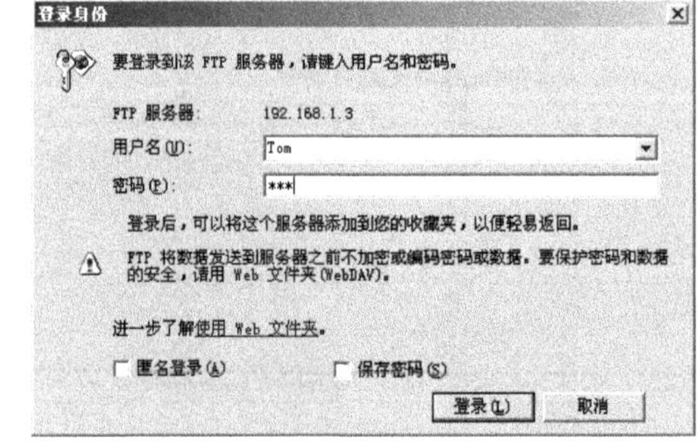

图 9-3-39　输入“Tom”用户名和密码

06 更换“Tom”用户登录后，双击 site1 文件夹，如图 9-3-40 所示，表示 Tom 用户可访问 site1 文件夹。后退再双击 site2 和 site3 文件夹，弹出图 9-3-41 所示的提示框，表示 Tom 用户不能访问 site2 和 site3 文件夹。

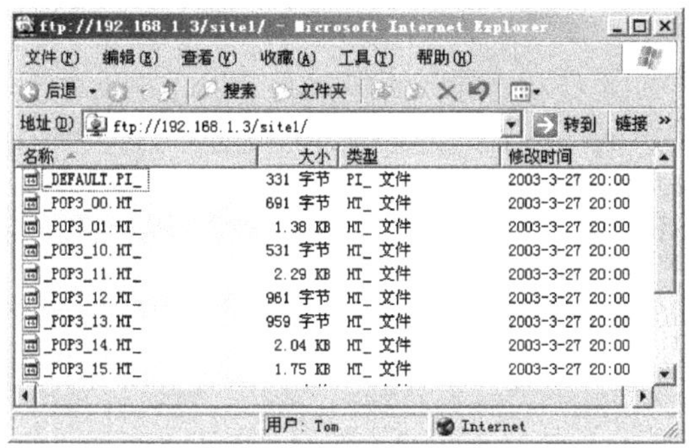

图 9-3-40　Tom 有访问 site1 文件夹的权限

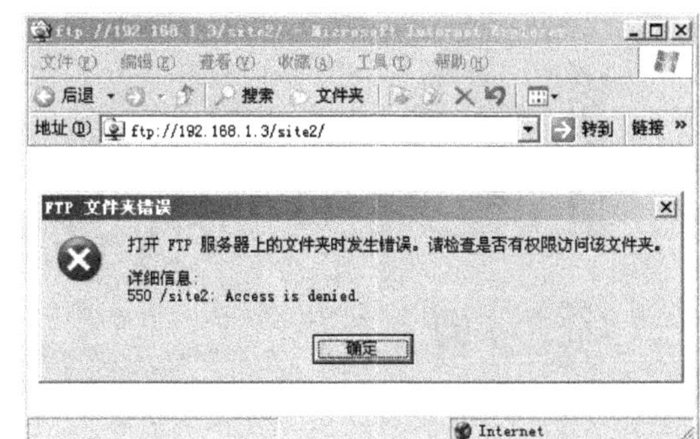

图 9-3-41　Tom 没有访问 site2 文件夹的权限

07 再更换“Rose”和“Jack”用户登录，可以测试到 Rose 用户只可访问 site3 文件夹，而 Jack 用户只可访问 site2 文件夹，完全符合文件夹用户权限设置要求。

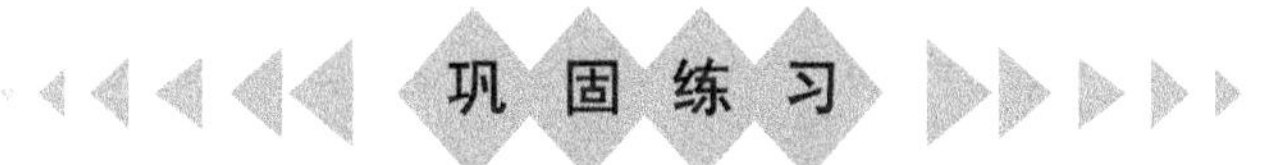

1．在 Windows Server 2003 上设置 Active Directory。
2．在域服务器活动目录（Active Directory）中创建组织单位、用户和域用户组。
3．完成域用户权限设置案例。

项目 10 CA 证书服务器的组建与配置

◎ 项目导读

本项目讲解 CA 证书服务的基础知识，如何安装、配置并使用 CA 证书服务器组建 CA 服务。安全管理 Web、邮件服务器证书服务是 Internet 主要的服务之一，为实现信息安全认证提供了重要方法。本项目主要介绍 Web 和邮件证书服务的使用和配置方法。

◎ 能力目标

- 能使用 CA 证书服务器组建和管理 CA 证书服务。
- 能使用 CA 证书服务验证 Web 服务。
- 能使用 CA 证书服务验证邮件服务。

任务 10.1 Web 证书服务器的组建

◎ 任务描述

CA 证书就是由大家信任的一个机构去申请证书，但由于证书加密的非对称性，所以连证书机构也不能盗取任何人的证书，只能作为公证使用。http 的网站是没有证书验证的，所以容易被假冒，而 https 的网站是有证书的，一旦假冒就会出现报错信息。

本任务是使用 IIS 组建 Web 证书服务，采用 CA 证书服务器进行证书 + IIS SSL 安全机制验证。只有拥有 CA 证书机构颁发的客户端证书并且必须通过 https 方式才能对 Web 网站进行访问。

◎ 任务目标

1. 掌握安装独立证书的方法。
2. 会申请证书、安装独立证书。
3. 会查看已经颁发和注销的证书。

◎ 设备工具

1. 一台安装有 Windows Server 2003 操作系统的计算机（作为 CA 证书服务器）。
2. 一台安装有 IIS 的计算机（作为 Web 服务器）。
3. 一台安装有 Windows XP 操作系统的计算机（作为要测试计算机）。

知识　CA 的概念及证书服务

为保证网上数字信息的传输安全，除了在通信传输中采用更强的加密算法等措施之外，必须建立一种信任及信任验证机制，即参加电子商务的各方必须有一个可以被验证的标识，这就是数字证书。数字证书是各实体（持卡人/个人、商户/企业、网关/银行等）在网上信息交流及商务交易活动中的身份证明。该数字证书具有唯一性。它将实体的公开密钥同实体本身联系在一起，为实现这一目的，必须使数字证书符合 X.509 国际标准，同时数字证书的来源必须是可靠的。这就意味着应有一个网上各方都信任的机构，专门负责数字证书的发放和管理，确保网上信息的安全，这个机构就是 CA 认证机构，即数字证书认证中心（Certficate Authority，CA）。

CA 中心为每个使用公开密钥的用户发放一个数字证书，数字证书的作用是证明证书中列出的用户合法拥有证书中列出的公开密钥。CA 机构的数字签名使得攻击者不能伪造和篡改证书。在 SET 交易中，CA 不仅对持卡人、商户发放证书，还要对获款的银行、网关发放证书。

CA 是证书的签发机构，它是 PKI 的核心。CA 是负责签发证书、认证证书、管理已颁发证书的机关。它要制定政策和具体步骤来验证、识别用户身份，并对用户证书进行签名，以确保证书持有者的身份和公钥的拥有权。

CA 也拥有一个证书（内含公钥）和私钥。网上的公众用户通过验证 CA 的签字从而信任 CA，任何人都可以得到 CA 的证书（含公钥），用以验证它所签发的证书。

如果用户想得到一份属于自己的证书，应先向 CA 提出申请。CA 判明申请者的身份后，便为他分配一个公钥，并且将该公钥与申请者的身份信息绑在一起，并为之签字后，便形成证书发给申请者。

证书实际是由证书签证机关（CA）签发的对用户的公钥的认证。证书的内容包括电子签证机关的信息、公钥用户信息、公钥、权威机构的签字和有效期等。

证书加密：将文字转换成不能直接阅读的形式（即密文）的过程称为加密。

证书解密：将密文转换成能够直接阅读的文字（即明文）的过程称为解密。

证书验证过程：收方在收到信息后用如下的步骤验证发信方的签名。

1）使用自己的私钥将信息转为明文。

2）使用发信方的公钥从数字签名部分得到原摘要。

3）收方对发信方所发送的源信息进行 hash 运算，也产生一个摘要。

4）收方比较两个摘要，如果两者相同，则可以证明信息签名者的身份。

证书认证作用：

1）保密性——只有收件人才能阅读信息。

2）认证性——确认信息发送者的身份。

3）完整性——信息在传递过程中不会被篡改。

4）不可抵赖性——发送者不能否认已发送的信息。

CA 证书服务的认证过程如图 10-1-1 所示。

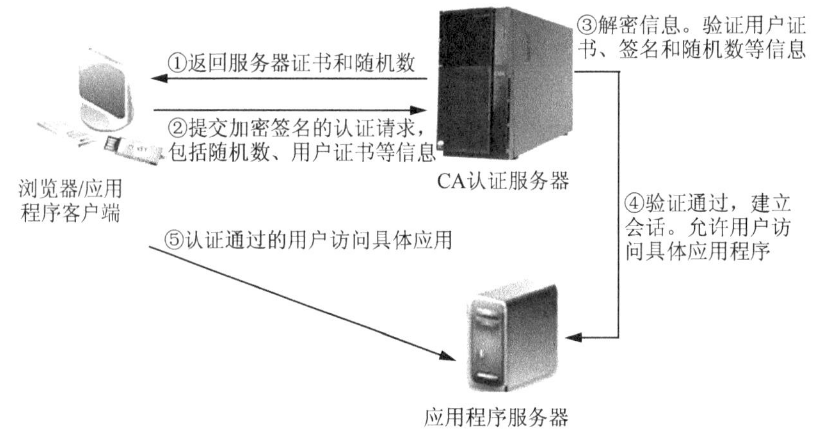

图 10-1-1　CA 证书服务的结构功能拓朴图

实训

本实训情景的拓扑结构如图 10-1-2 所示。

由于证书服务需要一个 Web 申请功能，在安装证书服务之前，需要先安装 IIS 服务，并新建一个 Web 服务器，以用来申请证书。并且要注意这些服务器和客户端的时间要一致，不能相差太多，客户端时间可以稍微晚一点。

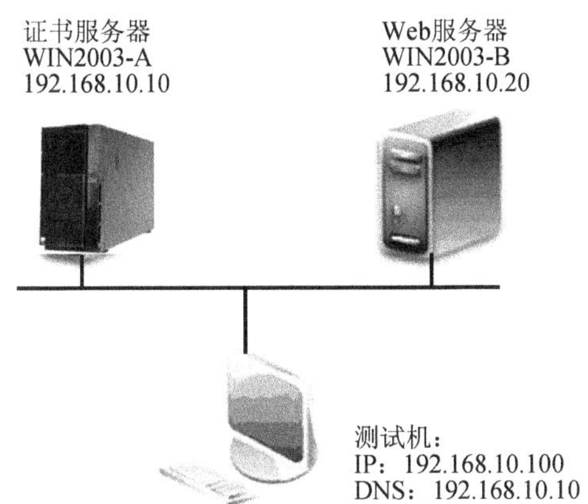

图 10-1-2　实训情景拓扑图

活动 1　安装 IIS 服务

在“WIN2003-A”证书服务器上打开控制面板，双击“添加/删除程序”图标，进入“添加/删除程序”窗口，单击“添加/删除 Windows 组件”按钮，弹出“Windows 组件向导”对话框，勾选“应用程序服务器”复选框，单击“下一步”按钮，在弹出的“应用服务器”对话框中勾选“Internet 信息服务（IIS）”复选框，单击“确定”按钮后，完成 IIS 安装，如图 10-1-3 所示。

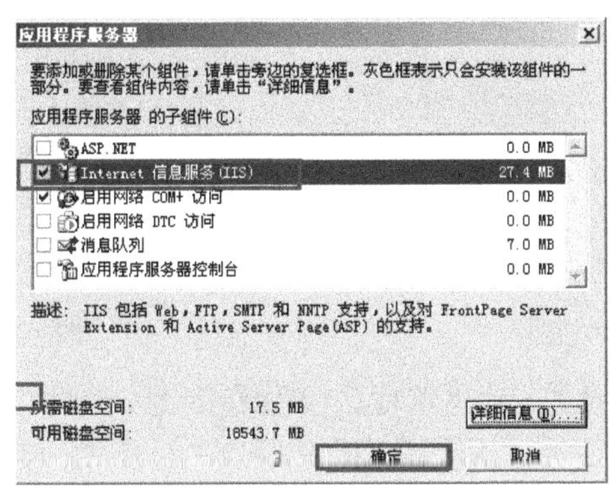

图 10-1-3　IIS 服务的安装

活动 2　在“WIN2003-A”下安装证书服务

01 打开控制面板，双击“添加/删除程序”图标，进入“添加/删除程序”窗口，单击“添加/删除 Windows 组件（A）”按钮，弹出“Windows 组件向导”对话框，勾选“证书服务”复选框，单击“下一步”按钮，如图 10-1-4 所示。

02 这里在选择证书服务的时候，会弹出一个确认提示框，证书一旦安装，计算机名到 CA 信息的绑定就会存储在 Active Directory 中。更改计算机名称和域成员身份将使此证书无效，所以这里需要确认以后计算机名称不要更改，如图 10-1-5 所示。

03 选择要设置的 CA 类型，本例选择“独立根 CA”单选按钮。“独立从属 CA”需要从另外一个已经颁发的 CA 上获取证书，相当于继承关系。由于本例是新建一个 CA，因此这里选择独立根 CA。并且这里选择“用自定义设置生成密钥对和 CA 证书”复选框，这样后面就可以详细进行设置，如图 10-1-6 所示。

04 单击“下一步”按钮，进入“公钥/公钥对”界面，选择散列算法和密钥长度，本例使用了默认设置。还可以通过导入文件的方式，设置已有的密钥对，如图 10-1-7 所示。

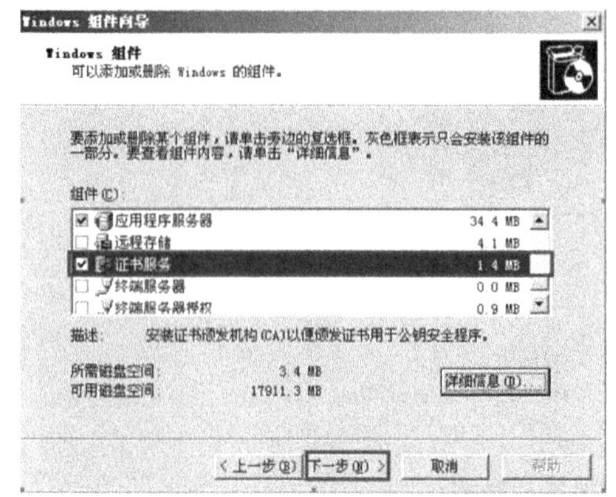

图 10-1-4　Windows 组件向导

图 10-1-5　证书服务安装提示

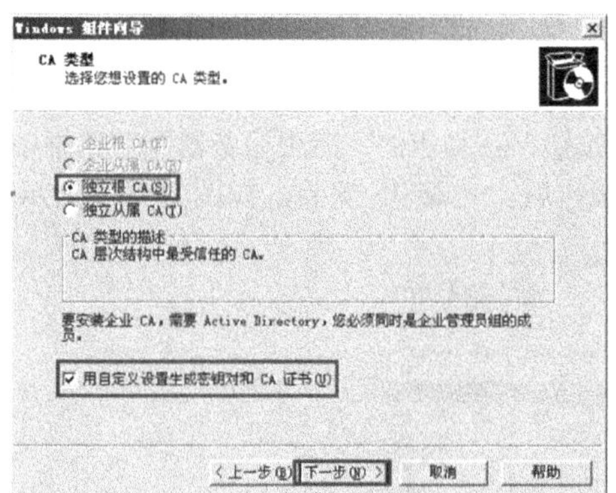

图 10-1-6　CA 类型

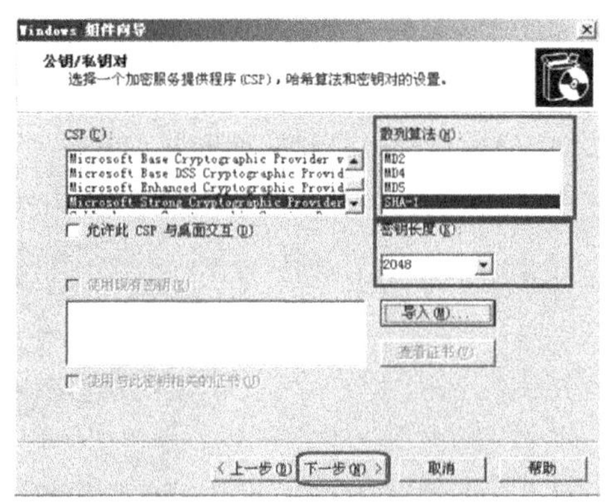

图 10-1-7　公钥/私钥对

05 单击“下一步”按钮，这里填写 CA 的识别信息，这些信息是用来公开辨别的，可以使用任意字符，在“可分辨名称后缀”文本框中输入“dc=***”（如 dc=com），或者可以不填。可以选择证书的有效期，如图 10-1-8 所示。

06 单击“下一步”按钮，进入“证书数据库设置”界面，证书生成的文件将存储到这里，保持默认设置即可，如图 10-1-9 所示。

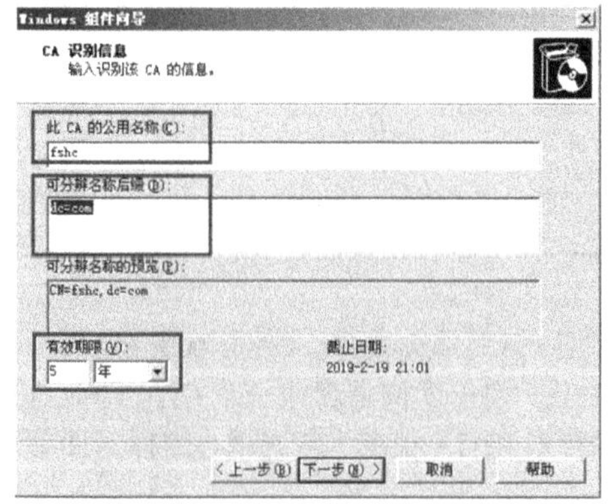

图 10-1-8　CA 识别信息

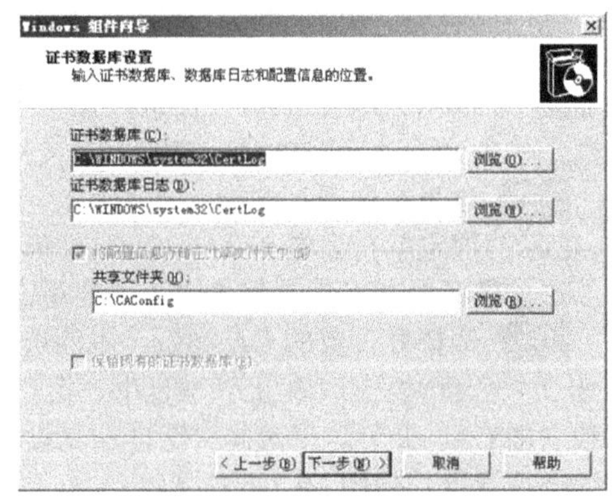

图 10-1-9　证书数据库设置

07 单击“下一步”按钮，进入“正在配置组件”界面，如图 10-1-10 所示。如果没有安装 IIS，就先安装证书服务，会有提示信息，提示 Web 注册支持将不可用，需要在安装了 IIS 服务后再重新安装证书服务，如图 10-1-11 所示。

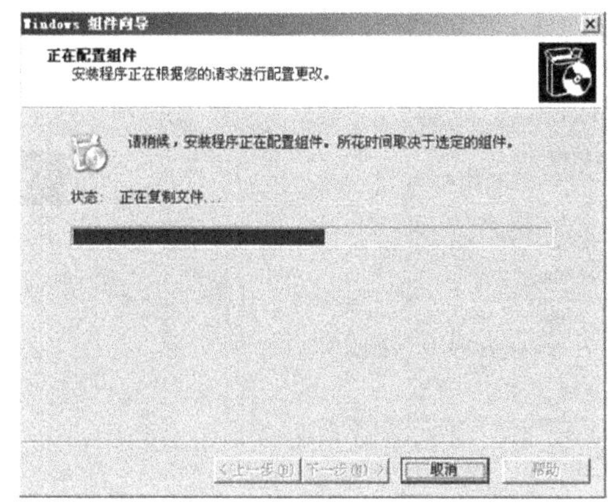

图 10-1-10　正在配置组件

图 10-1-11　证书服务

活动 3　创建测试网站并安装 CA 证书

01 创建测试网站：在“WIN2003-B”上安装 IIS 服务，创建新测试网站，如图 10-1-12 所示。

02 打开网站“cqn”的“属性”对话框，选择“目录安全性”选项卡，如图 10-1-13 所示。

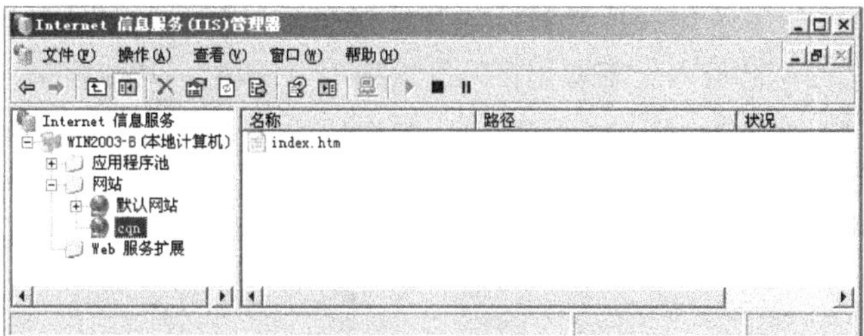

图 10-1-12　信息服务管理器

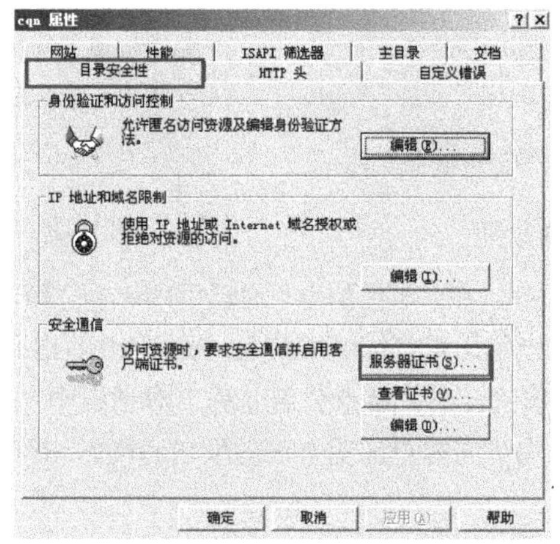

图 10-1-13　cqn 属性设置

03 在“cqn 属性”对话框的“目录安全性”选项卡中的“安全通信”选项组中，单击“服务器证书”按钮，弹出“欢迎使用 Web 服务器证书向导”对话框，如图 10-1-14 所示，开始为申请证书做准备。

04 单击“下一步”按钮，出现“服务器证书”安装对话框，由于这是一个新的网站，在选择此网站使用的方法中选择“新建证书”单选按钮，如图 10-1-15 所示。

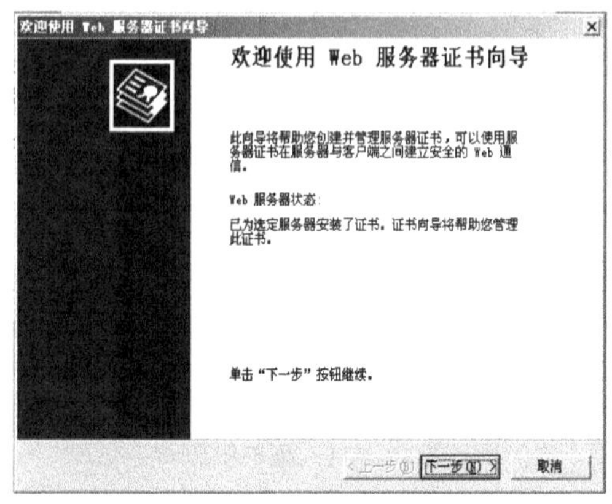

图 10-1-14　使用 Web 服务器证书向导

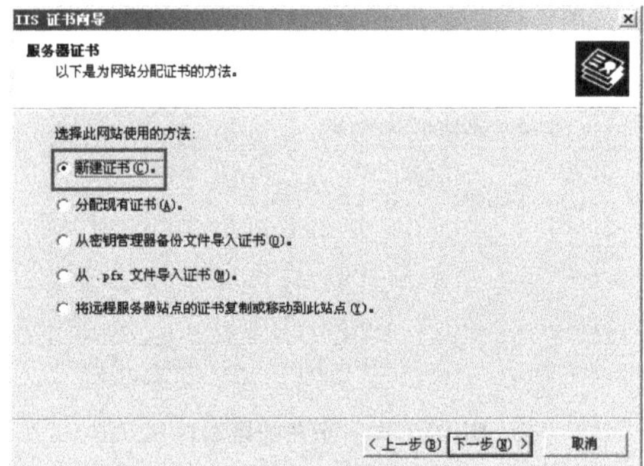

图 10-1-15　服务器证书

05 单击“下一步”按钮，在证书请求界面，选择“现在准备证书请求，但稍后发送”单选按钮，如图 10-1-16 所示。

06 单击“下一步”按钮，在“名称和安全性设置”对话框中，填写名称“cqn”，这个名称是没有实际意义的，只是为了方便记忆，位长填写“1024”，其他留空，如图 10-1-17 所示。

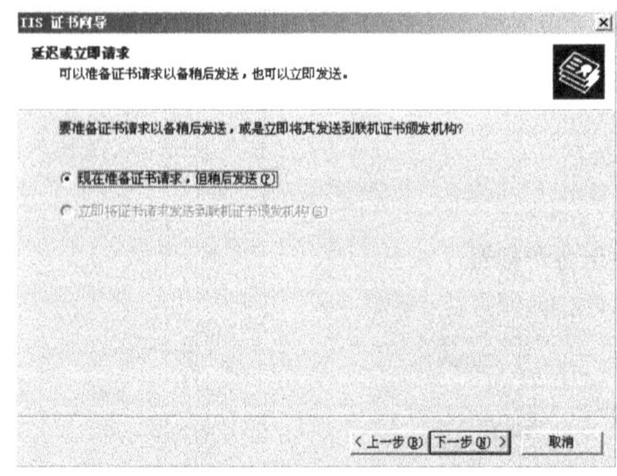

图 10-1-16　准备请求

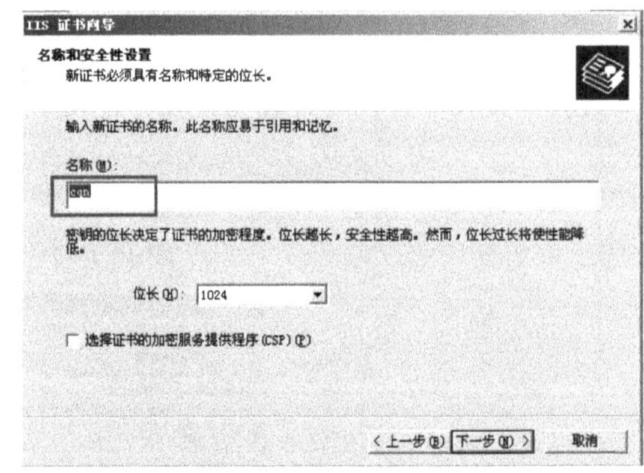

图 10-1-17　名称和安全性设置

07 单击“下一步”按钮，在“单位信息”对话框中，单位填写“fshc”，部门填写“fshc”，这个按照实际情况填写就可以了，也可以随意填写，如图 10-1-18 所示。

08 单击“下一步”按钮，在“站点公用名称”对话框中，公用名称一定要填写网站所用的域名，因为站点证书是为了向客户证明自己的域名和网站相符，如果填错了就只能重新申请证书，如图 10-1-19 所示。

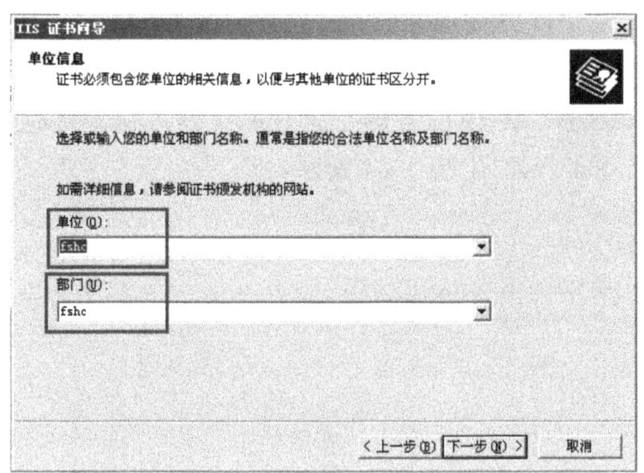

图 10-1-18　单位信息图

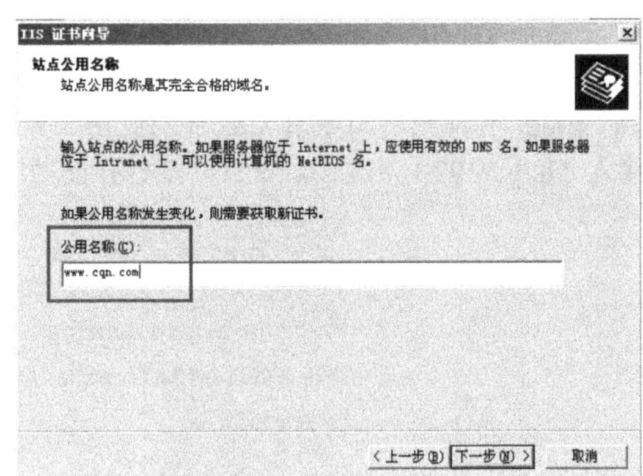

图 10-1-19　站点公用名称

09 单击“下一步”按钮，在“地理信息”对话框中选择对应信息，如图 10-1-20 所示。

10 单击“下一步”按钮，在“证书请求文件名”对话框中，文件名设置为“c:\certreq.txt”（这个文件需要记住，后面要用到），如图 10-1-21 所示。

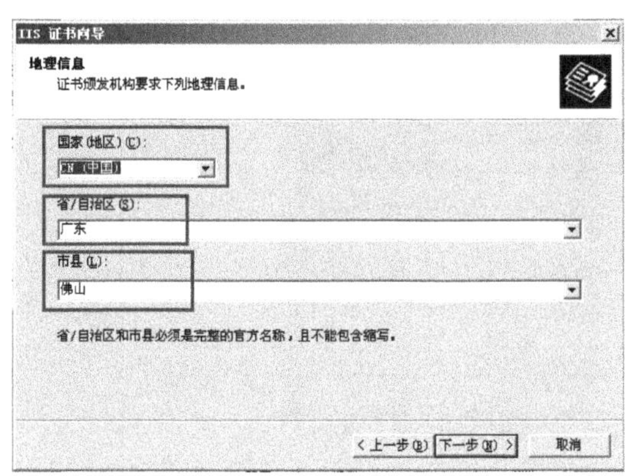

图 10-1-20　地理信息设置

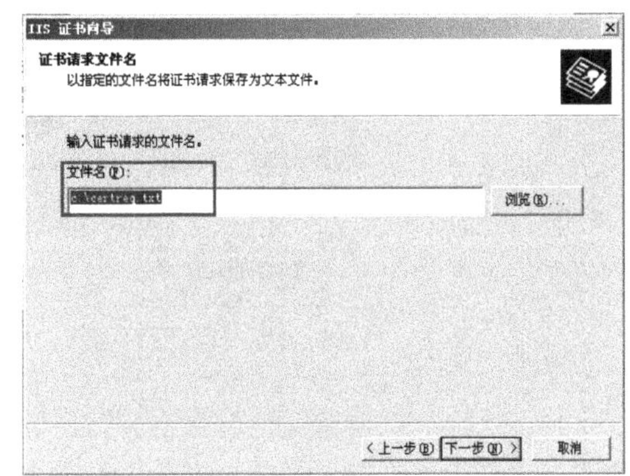

图 10-1-21　证书请求文件名设置

11 单击“下一步”按钮，在“请求文件摘要”对话框中会列出之前所设置好的信息，如图 10-1-22 所示。

12 单击“下一步”按钮，完成 Web 服务器证书安装设置，如图 10-1-23 所示。

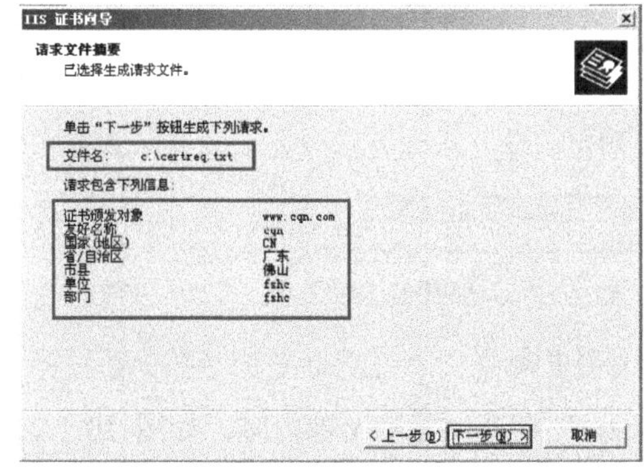

图 10-1-22　请求文件摘要

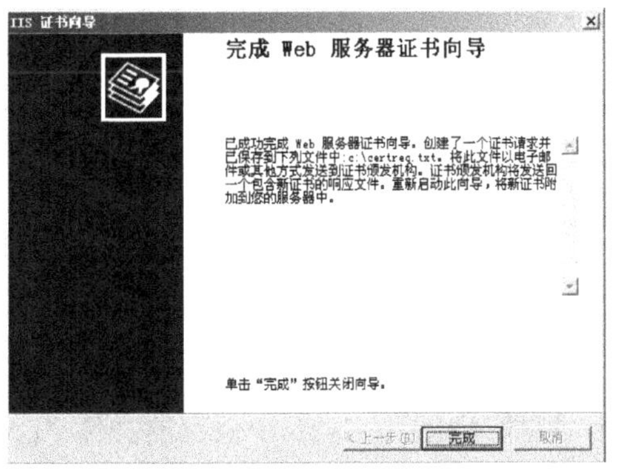

图 10-1-23　完成 Web 服务器证书安装

活动 4 Web 服务器申请证书验证身份

01 到证书机构申请 CA 证书：在“WIN2003-B”Web 服务器上打开浏览器，在地址栏输入“http://192.168.10.10/certsrv”，打开证书申请界面，如图 10-1-24 所示。

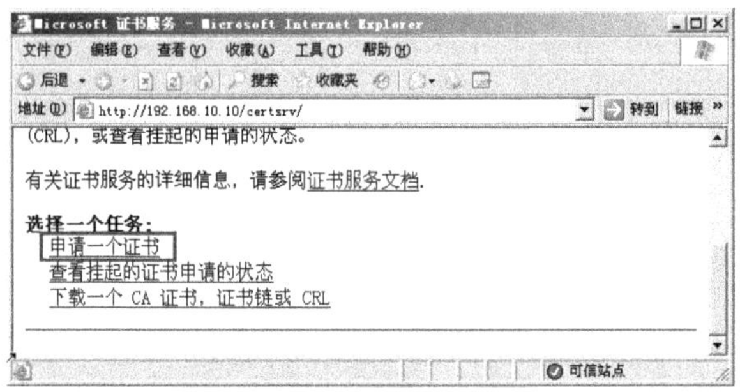

图 10-1-24 在浏览器中申请证书

02 单击“申请一个证书”链接，出现“申请一个证书”页面，如图 10-1-25 所示，单击“高级证书申请”链接。

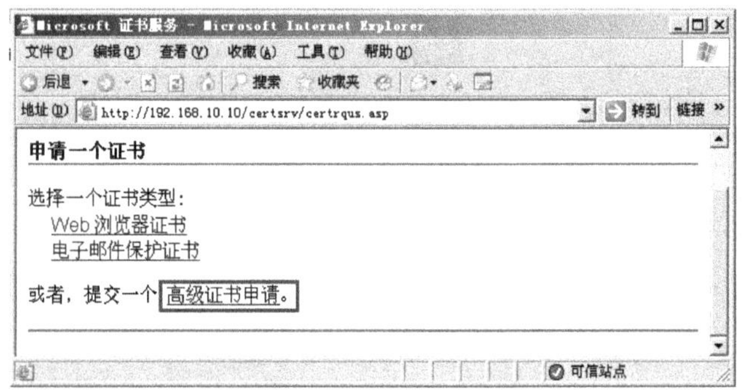

图 10-1-25 申请一个证书

03 在“高级证书申请”页面中，单击“使用 base64 编码的 CMC 或 PKCS#10 文件提交一个证书申请，或使用 base64 编码的 PKCS#7 文件续订证书申请”链接，如图 10-1-26 所示。

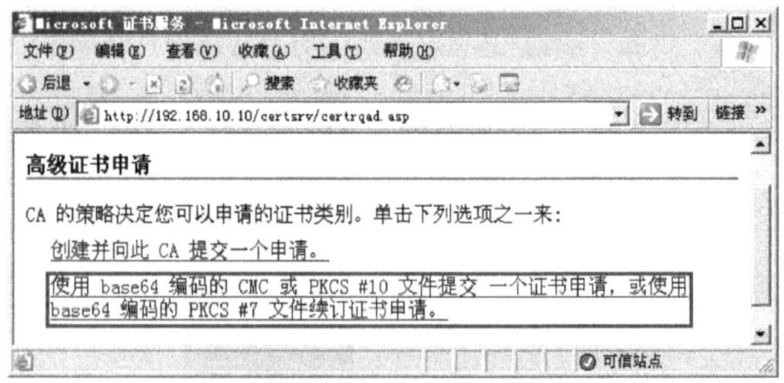

图 10-1-26 高级证书申请

04 将图 10-1-21 中保存的文件“c:\certreq.txt”打开，复制全部内容，如图 10-1-27 所示，将复制的内容粘贴到“保存的申请”页面的证书申请文本框中，如图 10-1-28 所示。

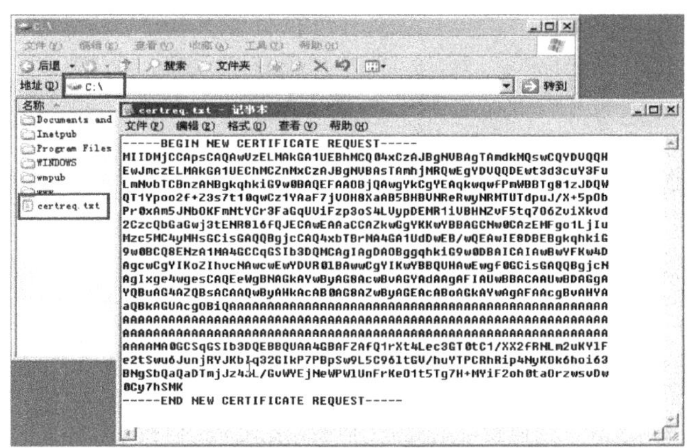

图 10-1-27　文件“certreq.txt”内容

图 10-1-28　提交一个证书申请

05 单击“提交”按钮，则证书提交给证书颁发机构，等待证书机构的审核颁发，如图 10-1-29 所示，注意记住这里申请的 ID 为“3”。

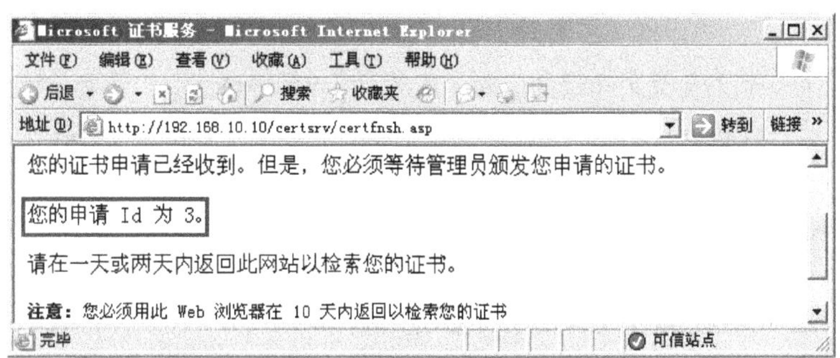

图 10-1-29　证书挂起

06 证书颁发：回到“WIN2003-A”上，选择“开始→管理工具→证书颁发机构”命令，展开“fshc”选项，选择“fshc 证书颁发机构”选项，如图 10-1-30 所示。

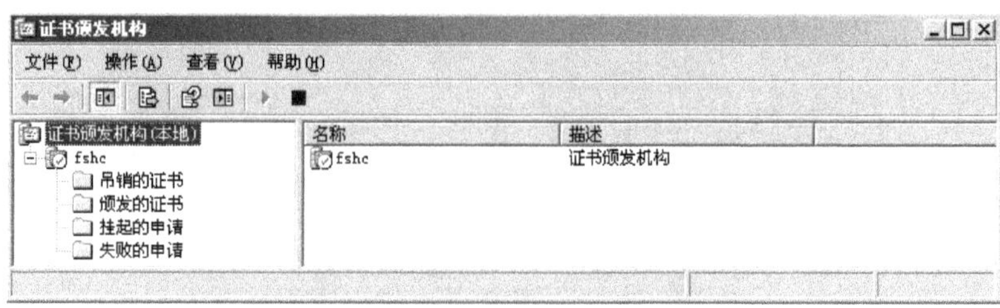

图 10-1-30　证书颁发机构

07 选择“挂起的申请”选项，在右边的申请中，右击 ID 为 3 的申请，在弹出的快捷菜单中选择“所有任务→颁发”命令，如图 10-1-31 所示。

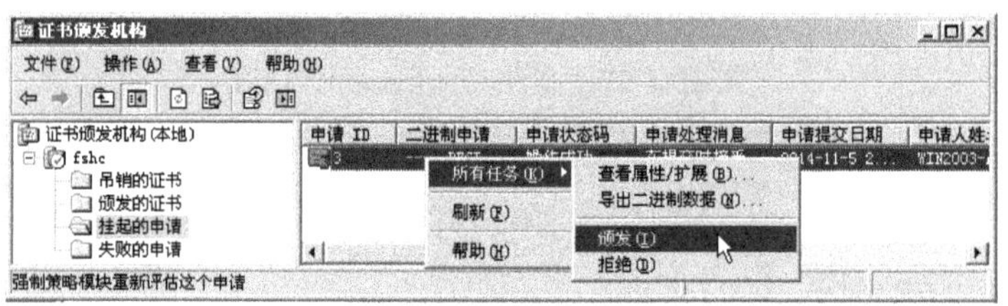

图 10-1-31　颁发证书

08 取回证书：证书机构已经颁发给 Web 服务器证书，现在要把这个颁发的证书取回来，再次回到“WIN2003-B”上的浏览器，打开“http://192.168.10.10/certsrv”，单击“查看挂起的证书申请的状态”链接，如图 10-1-32 所示。

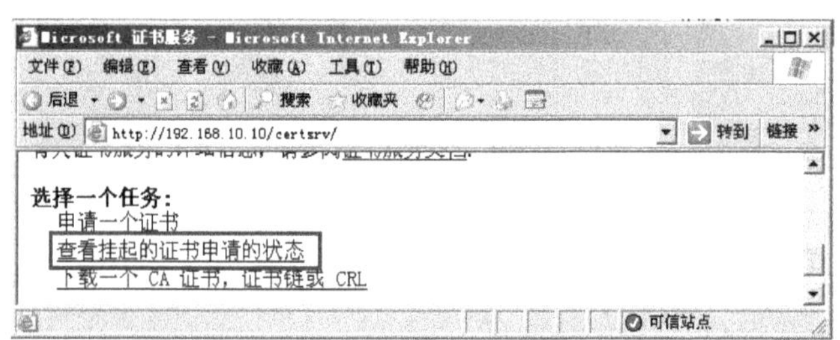

图 10-1-32　查看挂起的证书

09 在页面中可看到之前申请的证书，单击“保存的申请证书”链接，如图 10-1-33 所示。

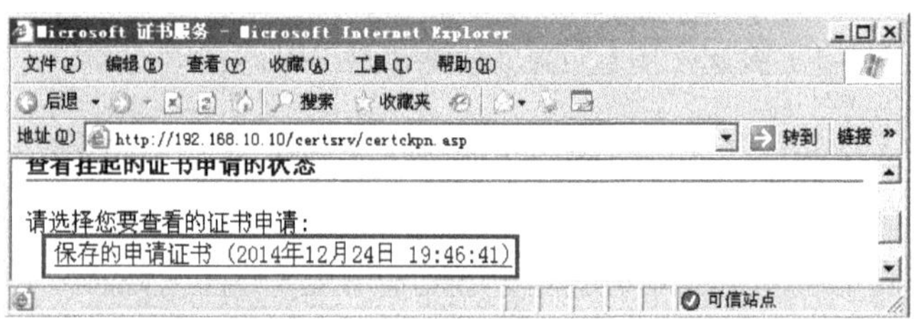

图 10-1-33　保存的申请证书

10 证书编码选择“DER 编码”（DER 编码和 Bose 64 编码两种编码都是常用编码，都可以选择），单击“下载证书”链接，如图 10-1-34 所示，将下载的证书保存为 C:\certnew.cer，后面的步骤将会用到。

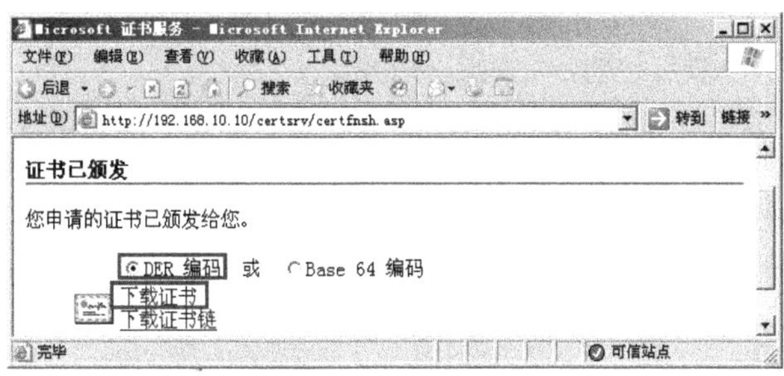

图 10-1-34　下载证书

11 接着在 cqn 网站属性的“目录安全性”选项卡的“安全通信”选项组中，单击“服务器证书”按钮，如图 10-1-35 所示，打开欢迎使用 Web 服务器证书向导。

12 单击“下一步”按钮，在“挂起的证书请求”对话框中，选择“处理挂起的请求并安装证书”单选按钮，如图 10-1-36 所示。

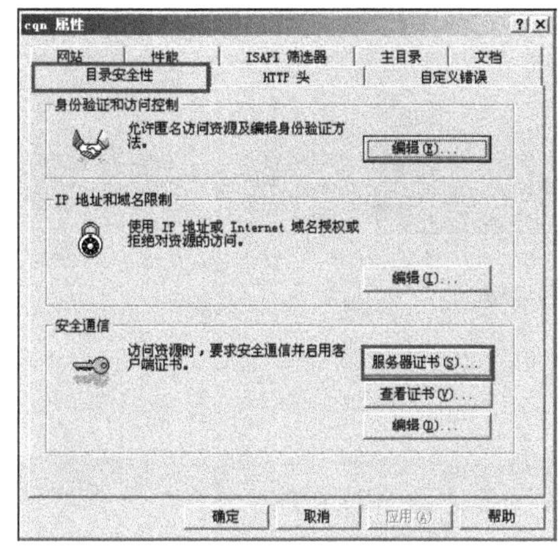

图 10-1-35　cqn 网站属性

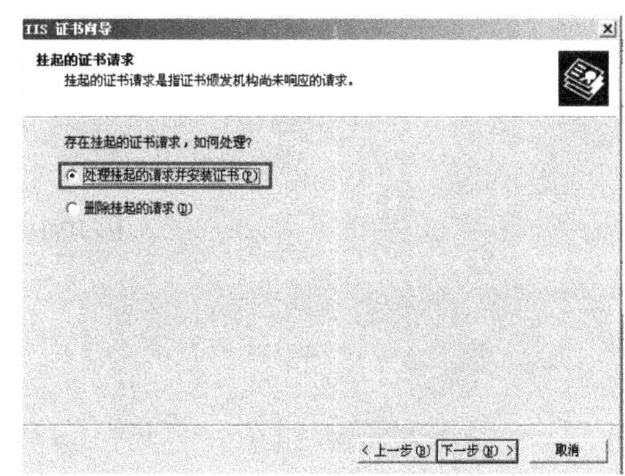

图 10-1-36　处理挂起的证书请求

13 单击“下一步”按钮，在“处理挂起的请求”对话框中，单击“浏览”按钮，“路径和文件名”选择“c:\certnew.cer”，如图 10-1-37 所示。

14 单击“下一步”按钮，SSL 端口默认为“443”，如图 10-1-38 所示。

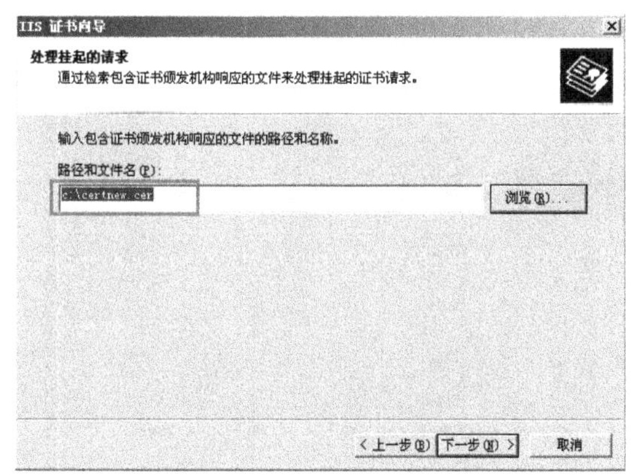

图 10-1-37　处理挂起的请求

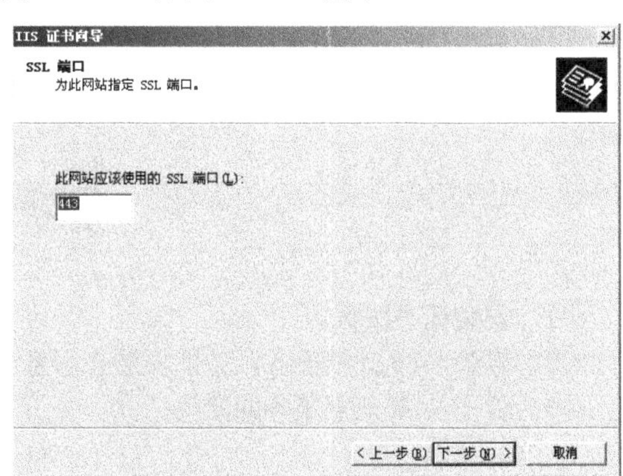

图 10-1-38　设置 SSL 端口

15 单击“下一步”按钮，出现“证书摘要”对话框，如图 10-1-39 所示，可以看到证书摘要信息，再单击“下一步”按钮，完成证书安装。

16 测试：在测试机浏览器输入“https://www.cqn.com”，就能通过证书服务浏览网站，弹出“安全警报”提示框，如图 10-1-40 所示，提示“该安全证书有一个与您试图查看的网页名称匹配的有效名称”，这说明这个网站是要访问的网站，且没有被假冒。

17 单击“是”按钮，正常安全访问网站，并且在浏览器右下角能看到一把小锁，表示网站是有证书验证的，如图 10-1-41 所示。

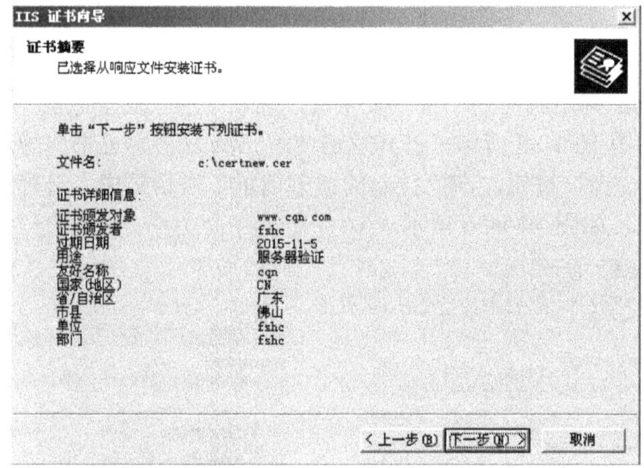

图 10-1-39　证书摘要

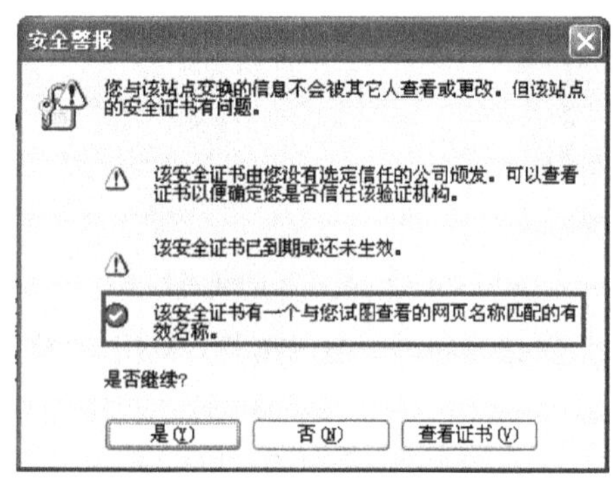

图 10-1-40　“安全警报”提示框

图 10-1-41　成功测试 Web 证书认证

1．安装证书服务。
2．申请 Web 证书服务，并能安装在服务器上。
3．验证 Web 证书服务的应用。

任务10.2　邮件证书服务器的组建

◎ 任务描述

本任务主要学习证书服务在邮件发送过程中的使用方法。证书服务能给发送的邮件进行签名，使邮件不能被更改或者被冒充。发送者在发送消息、文件或其他数字编码信息时，可以利用数字签名将身份和这些信息链接在一起，从而确认信息的真实性和来源的可靠性。

◎ 任务目标

1. 能申请电子邮件证书。
2. 能安装电子邮件证书。
3. 能发送带签名的电子邮件。
4. 能查看带签名的电子邮件。

◎ 设备工具

1. 一台 WIN2003-A（作为 CA 证书服务器）。
2. 一台 WIN2003-B（作为邮件服务器）。
3. 两台安装有 Windows 7 操作系统的客户端计算机“zhangsan”和“lisi”。

知识　数字签名的作用

数字签名本身是一个二进制序列，附着在数字文档的后面。数字签名的目的：只有某个拥有私人密钥的人才可能看见数字签名；任何一个能够访问对应的公共密钥的人都可以确认和验证该数字签名。

本实训情境的拓扑结构如图 10-2-1 所示。

小贴士

一定要注意这些服务器和客户端的时间要一致，不能相差太多，客户端时间可以稍微晚一点。

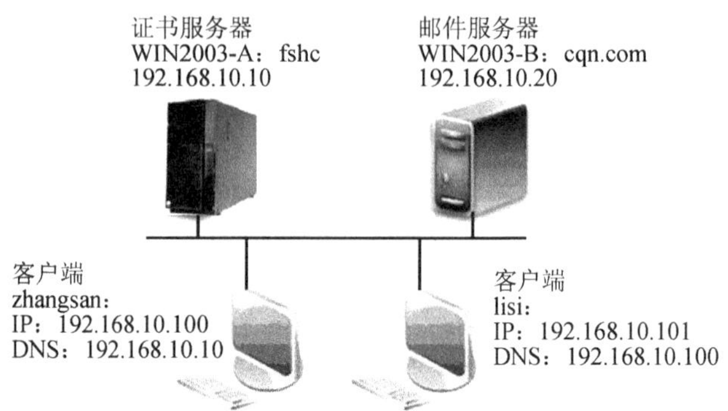

图 10-2-1　实训情境拓扑图

活动 1　安装证书服务和邮件服务器

01 在 WIN2003-A 安装证书服务（具体安装过程参见前面内容），然后选择“开始→管理工具→证书服务”命令，如图 10-2-2 所示。

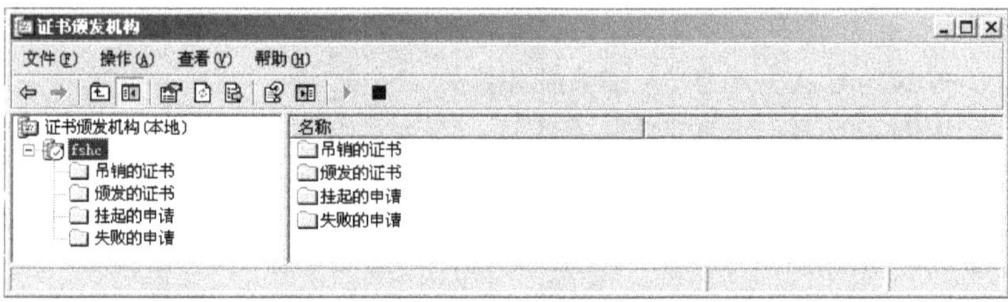

图 10-2-2　证书机构

02 在 WIN2003-B 安装邮件服务器，选择“开始→管理工具”命令，打开“POP3 服务窗口”，添加一个新域“cqn.com”，在“cqn.com”域中添加两个用户“zhangsan@cqn.com”、“lisi@cqn.com”，如图 10-2-3 所示。

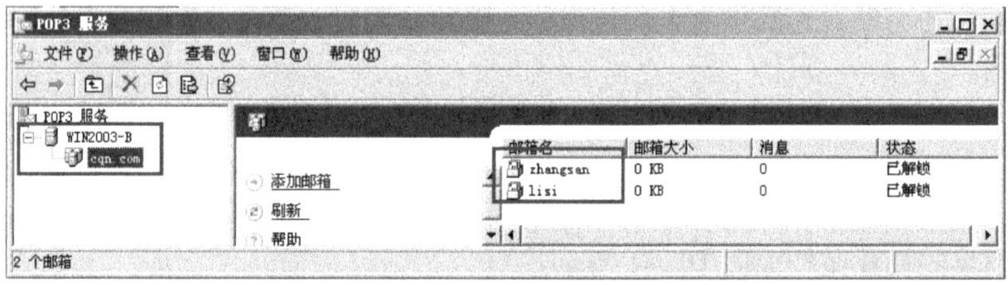

图 10-2-3　POP3 服务

活动 2　申请电子邮件证书并安装

01 在客户端“zhangsan”计算机上申请电子邮件证书：在客户端“zhangsan”上打开浏览器并输入“http://192.168.10.10/certsrv”，单击“下载一个 CA 证书，证书链或 CRL”链接，如图 10-2-4 所示。

02 在“下载 CA 证书、证书链或 CRL”页面中可以看到，当前证书服务器的名称是“fshc”，单击“安装此 CA 证书链”链接，如图 10-2-5 所示。弹出安装证书警告提示框，如图 10-2-6 所示，单击“是”按钮，完成 CA 证书的安装，如图 10-2-7 所示。

图 10-2-4　选择一个任务

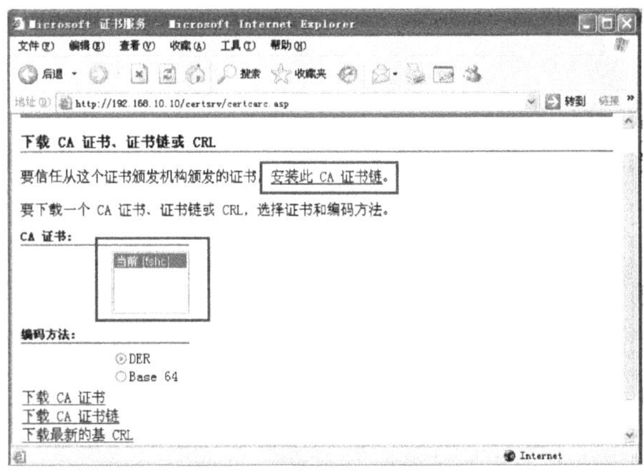

图 10-2-5　安装此 CA 证书链接

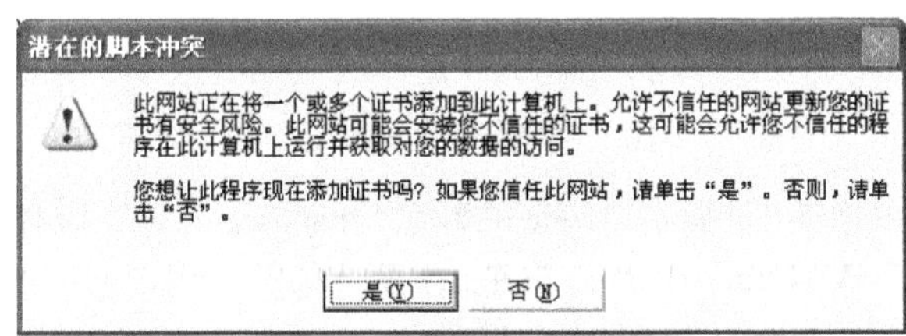

图 10-2-6　安装证书警告

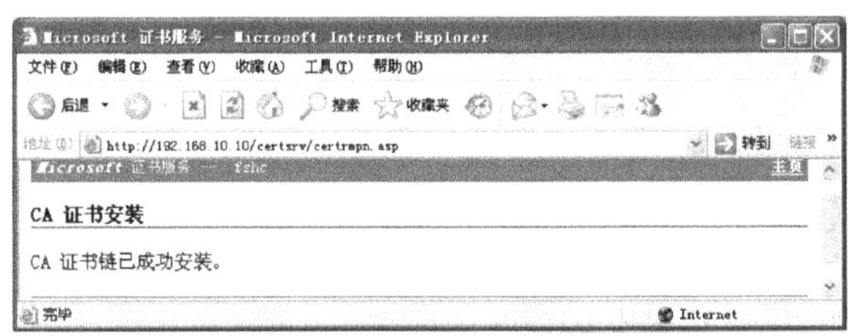

图 10-2-7　CA 证书安装完成

03 申请一个电子邮件证书：回到首页 http://192.168.10.10/certserv，单击“申请一个证书”链接，如图 10-2-8 所示。

04 单击“高级证书申请”链接（这里也可以单击“电子邮件保护证书”链接），如图 10-2-9 所示。

图 10-2-8　申请一个证书

图 10-2-9　高级证书申请选项

05 单击“创建并向此 CA 提交一个申请”链接，如图 10-2-10 所示。

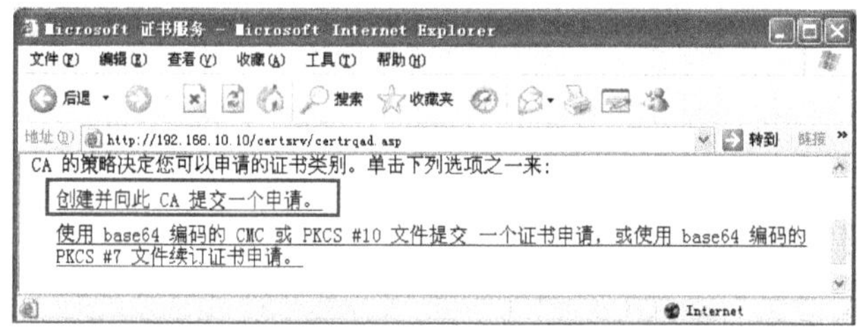

图 10-2-10　创建并向此 CA 提交一个申请

06 在“高级证书申请”页面中填写证书姓名“zhangsan”，电子邮件“zhangsan@cqn.com”，一定要跟在邮件服务器 WIN2003-B 上的 POP3 中新建邮件的用户名和地址一致，“需要的证书类型”为“电子邮件保护证书”，如图 10-2-11 所示。

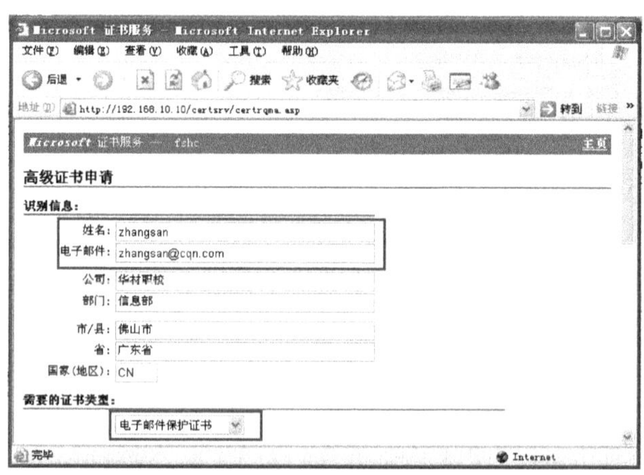

图 10-2-11　高级证书申请

07 单击“提交”按钮后，申请的证书就被挂起了，ID 为“7”，如图 10-2-12 所示。

08 在证书服务器 WIN2003-A 上进行证书颁发，打开挂起的证书，在申请 ID 为“7”的证书上右击，在弹出的快捷菜单中选择“所有任务”命令，单击“颁发”按钮，如图 10-2-13 所示。

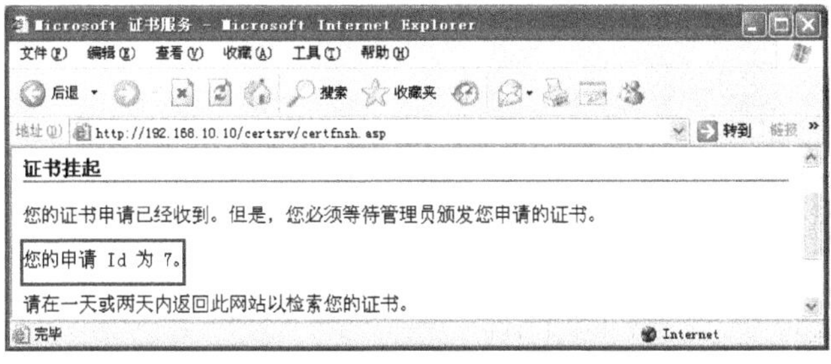

图 10-2-12　申请 ID 为“7”

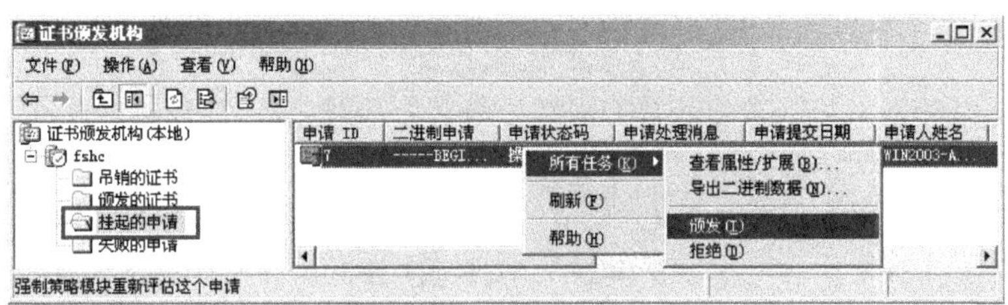

图 10-2-13　颁发证书

09 再次回到客户端“zhangsan”计算机上，打开浏览器，访问网址：“http://192.168.10.10/certsrv”，单击“查看挂起的证书申请的状态”链接，如图 10-2-14 所示。

10 在挂起的证书中看到刚才申请的证书已经可以下载了，单击“电子邮件保护证书”链接，进行下载，如图 10-2-15 所示。

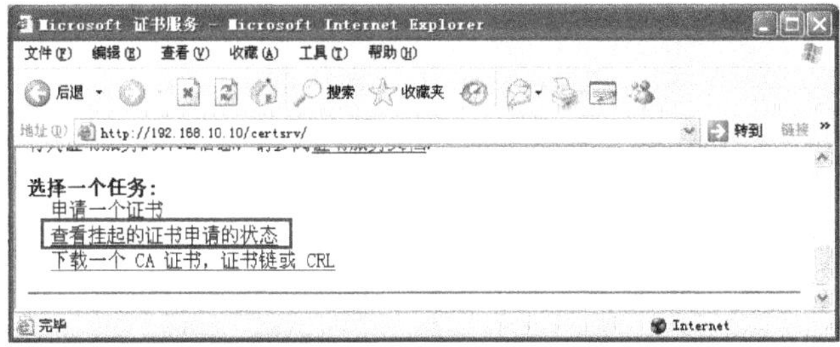

图 10-2-14　查看挂起的证书申请的状态

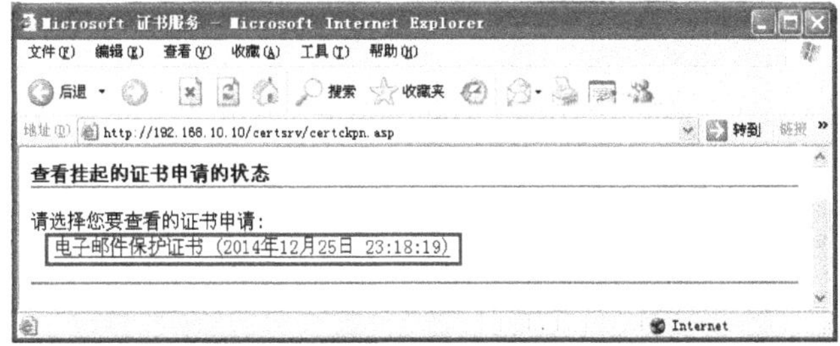

图 10-2-15　选择要查看的证书申请

11 单击“安装此证书”链接即可安装，如图 10-2-16 所示。

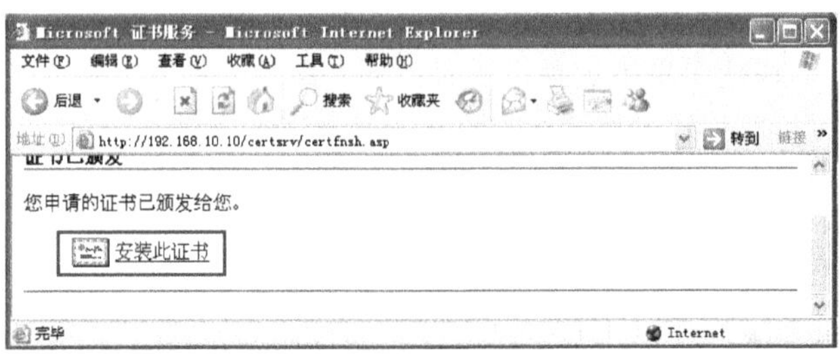

图 10-2-16　安装此证书

12 安装证书会弹出警告信息，单击“是”按钮进行安装，如图 10-2-17 所示。安装完成后，如图 10-2-18 所示。

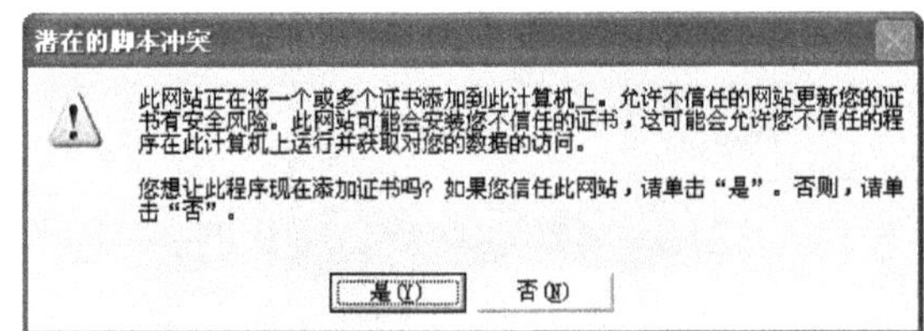

图 10-2-17　安装证书警告

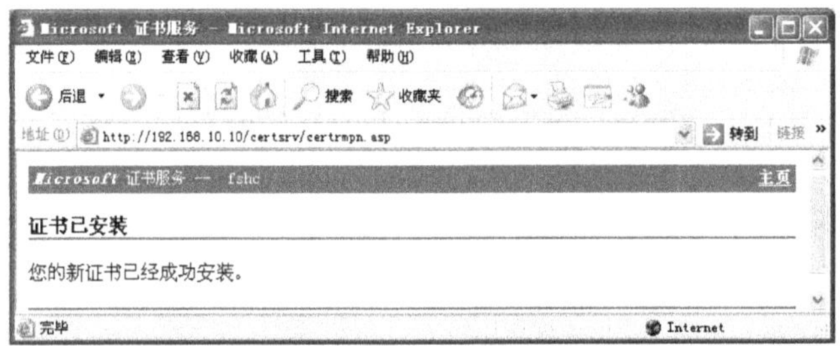

图 10-2-18　证书成功安装

活动 3　验证电子邮件证书

01 在客户端“zhangsan”计算机上打开 Outlook Express，添加用户 zhangsan@cqn.com，单击“属性”按钮，如图 10-2-19 所示。

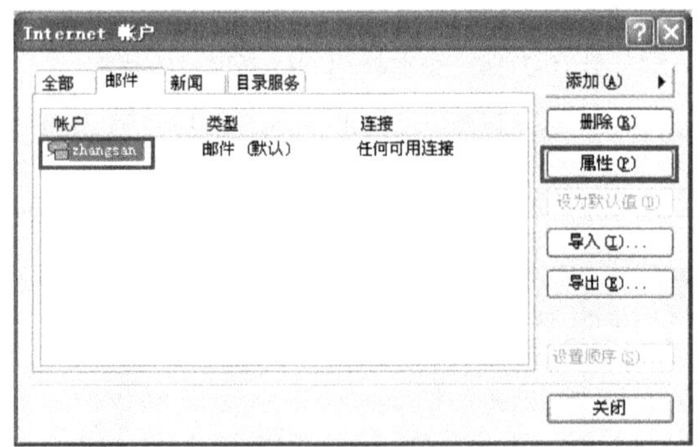

图 10-2-19　用户“zhangsan”属性

02 在“zhangsan 属性”对话框中，选择“安全”选项卡，单击“选择”按钮，如图 10-2-20 所示。

03 在弹出的“选择要使用的证书”对话框中选择“zhangsan”证书，单击“确定”按钮，如图 10-2-21 所示，再单击“确定”按钮，完成签署证书的选择。

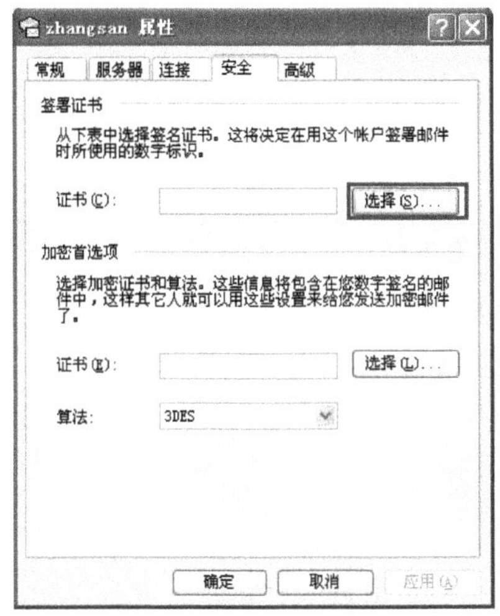

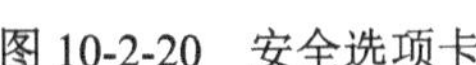
图 10-2-20　安全选项卡

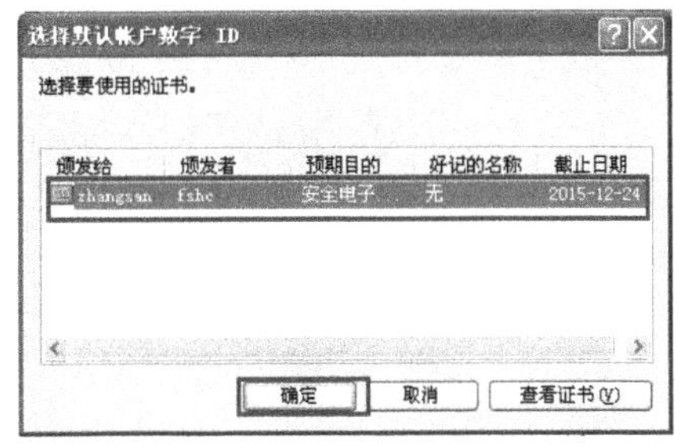

图 10-2-21　选择证书

04 发送带签名的邮件：创建一个邮件，收件人为 lisi@cqn.com，主题是“test”，内容是“test”，在邮件右上角单击“签名”按钮，这样发送的邮件中就会添加自己的签名。在邮件中，收件人就能通过这个签名来判断邮件是否为真实用户发出，如图 10-2-22 所示。

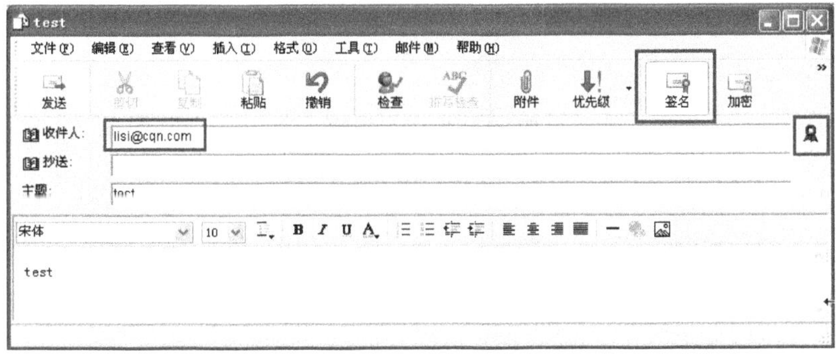

图 10-2-22　创建签名邮件

05 在客户端“lisi”计算机中，打开 Outlook Express，添加用户“lisi@cqn.com”，单击“发送/接收”按钮就能收到邮件，如图 10-2-23 所示。

06 打开邮件，可看到此邮件已经有签名，如图 10-2-24 所示。

07 单击“继续”按钮，弹出安全警告窗口，并且在警告中可以看到“邮件未被篡改”，等安全信息，如图 10-2-25 所示。

08 单击“打开邮件”按钮，就能看到“test”邮件内容，完成邮件证书验证过程，如图 10-2-26 所示。

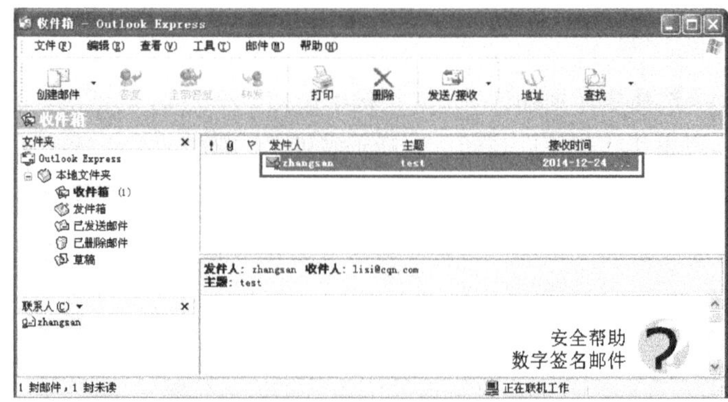

图 10-2-23　用户“lisi”接收邮件

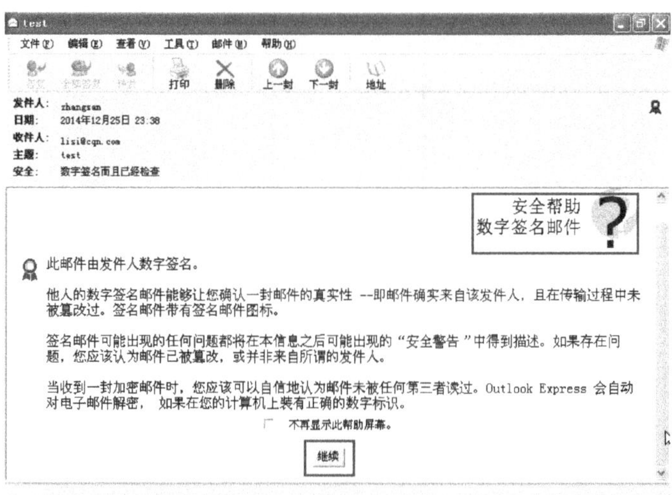

图 10-2-24　查看邮件

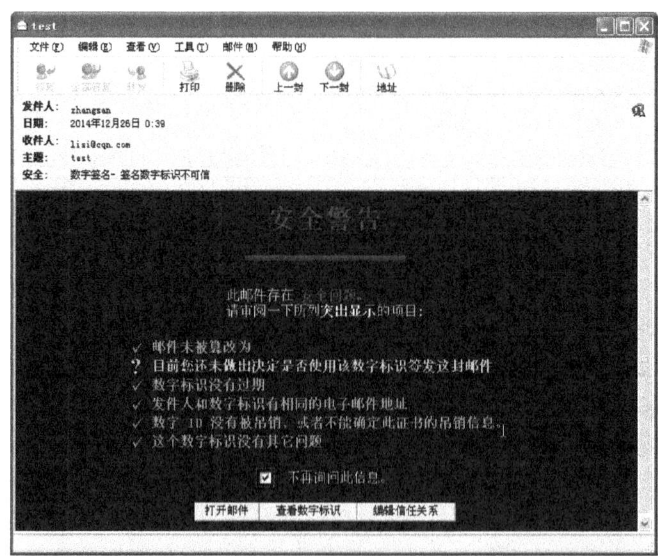

图 10-2-25　安全警告

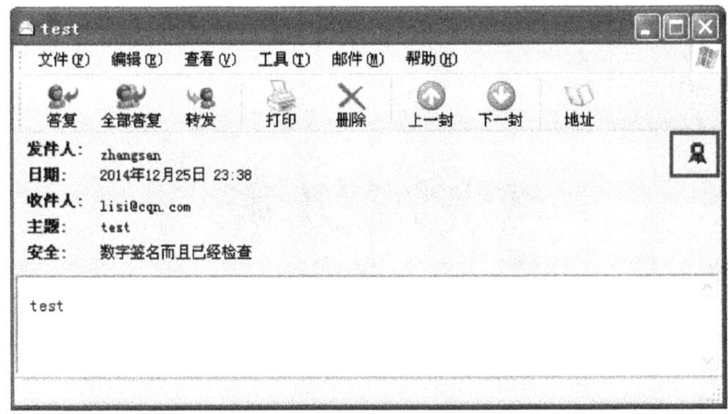

图 10-2-26　查看邮件

1. 申请电子邮件证书服务，并安装在客户端上。
2. 发送并验证邮件带签字的邮件服务器。

项目 11 网络负载均衡

◎ 项目导读

负载均衡（Load Balancing）建立在现有网络结构之上，它提供了一种廉价、有效、透明的方法来扩展网络设备和服务器的带宽、增加吞吐量、加强网络数据处理能力、提高网络的灵活性和可用性。本项目讲解了两个常见的负载均衡类型，任务 11.1 通过 NLB（网络负载均衡）来达到均衡的效果；任务 11.2 是通过 DNS 轮询来达到均衡的效果。

◎ 能力目标

- NLB 服务器的安装与配置。
- 能够理解 NLB 的工作原理，并能拓展到更多台集群服务器。
- 能完成大中型企业对 NLB 服务器的基本功能搭建。
- 能够理解 DNS 轮询的工作原理，并实现负载均衡。

任务 11.1 NLB 服务器的安装与配置

◎ 任务描述

网络负载平衡（Network Load Balancing，NLB）服务增强了如 Web 服务器之类的 Internet 服务器应用程序的可用性和可伸缩性。运行 Windows 的单个计算机可提供有限的服务器可靠性和可伸缩的性能。但是，通过将两个或多个运行一种 Windows Server 2003 系列产品的计算机资源组合为单个群集，网络负载平衡可以提供 Web 服务器和其他关键任务服务器所需的性能和可靠性。

◎ 任务目标

1. 了解 NLB 的工作原理和工作过程。
2. 掌握 NLB 的安装和配置方法。

◎ 设备工具

1. 两台安装有 Windows Server 2003 操作系统并带双网卡的计算机（作为集群服务器）。
2. 两台安装有 Windows XP 操作系统的计算机（作为客户端测试机）。

知识 NLB 的工作过程

在 NLB 群集中，每台服务器都会有一个属于自己的静态 IP 地址，但 NLB 群集中的所有服务器还有一个共同的 IP 地址——NLB 群集地址。客户端可以通过这个 IP 地址连接到 NLB 群集，就像连接到其他 IP 地址一样。当有客户端请求连接到这个共享的 IP 地址时，NLB 群集会给每个访问请求指派一个具体的群集成员。

本实训情境拓扑结构如图 11-1-1 所示。

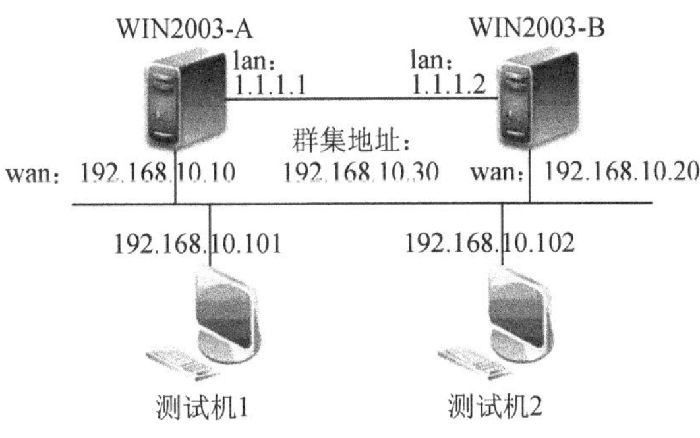

图 11-1-1　NLB 实训情境拓扑结构

活动 1 在 Windows server 2003 上的准备工作

01 对两台服务器上的双网卡重命名，连接交换机的是“wan”口，直连的是“lan”口，如图 11-1-2 所示。

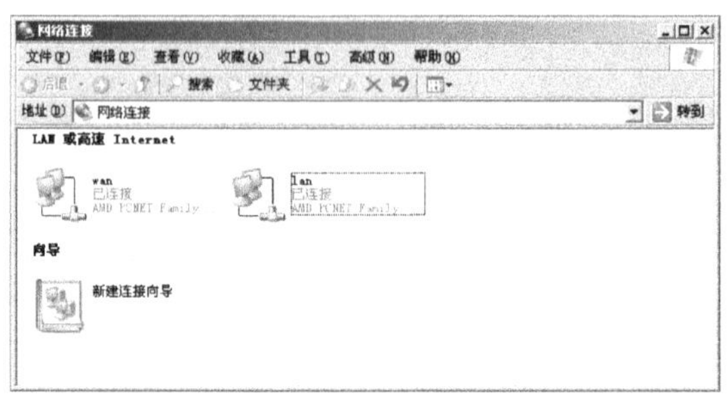

图 11-1-2 网络连接

02 设置 WIN2003-A 的 IP 地址，将“wan”网卡 IP 设置为 192.168.10.10，如图 11-1-3 所示。将“lan”网卡 IP 设置为 1.1.1.1，如图 11-1-4 所示。

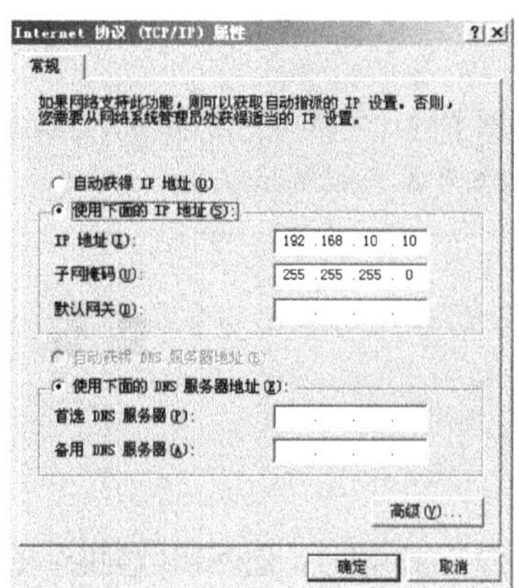

图 11-1-3 Internet 协议（TCP/IP）属性（一）

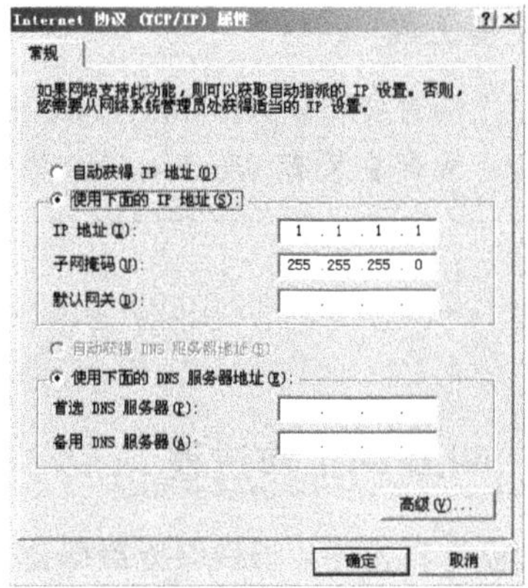

图 11-1-4 Internet 协议（TCP/IP）属性（二）

03 设置 WIN2003-B 的 IP 地址，将“wan”网卡 IP 设置为 192.168.10.20，如图 11-1-5 所示。将“lan”网卡 IP 设置为 1.1.1.2，如图 11-1-6 所示。

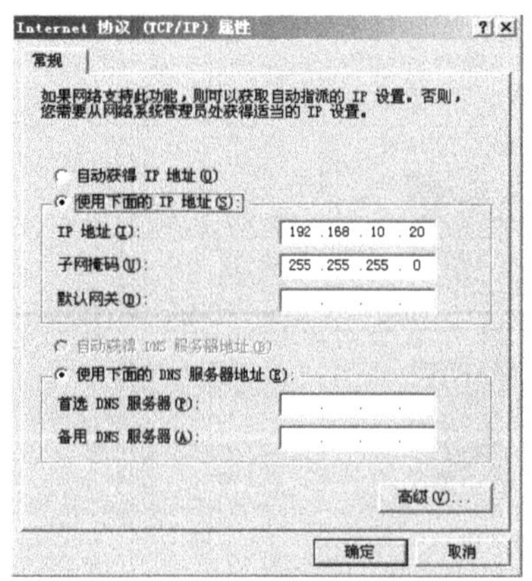

图 11-1-5 Internet 协议（TCP/IP）属性（三）

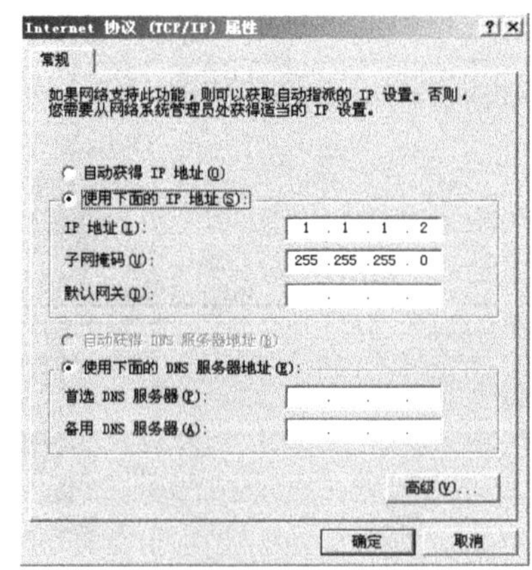

图 11-1-6 Internet 协议（TCP/IP）属性（四）

活动 2　NLB 的实现

01 在 WIN2003-A 上，选择“开始→管理工具→网络负载平衡管理器”命令，如图 11-1-7 所示。

02 在网络负载平衡管理器中，右击“网络负载平衡群集”选项，在弹出的快捷菜单中选择“新建群集”命令，如图 11-1-8 所示。在弹出的“群集参数”对话框中，填写群集地址，群集 IP 地址为 192.168.10.30，子网掩码为 255.255.255.0（和服务器的地址在同一个网段），如图 11-1-9 所示。

03 这里可以添加附加群集 IP 地址，如果没有，就直接单击“下一步”按钮，如图 11-1-10 所示。

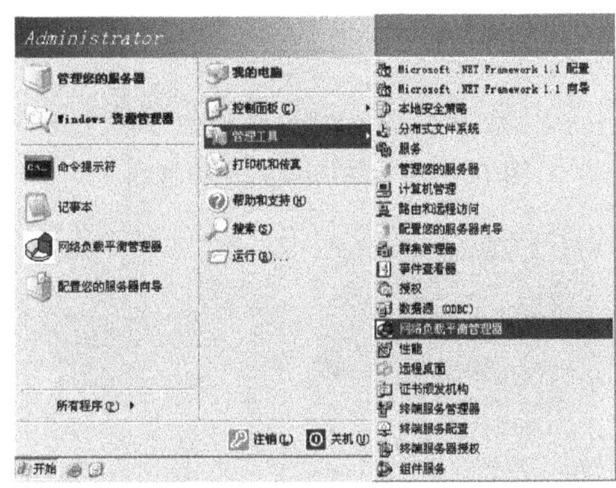

图 11-1-7　打开 NLB 管理器

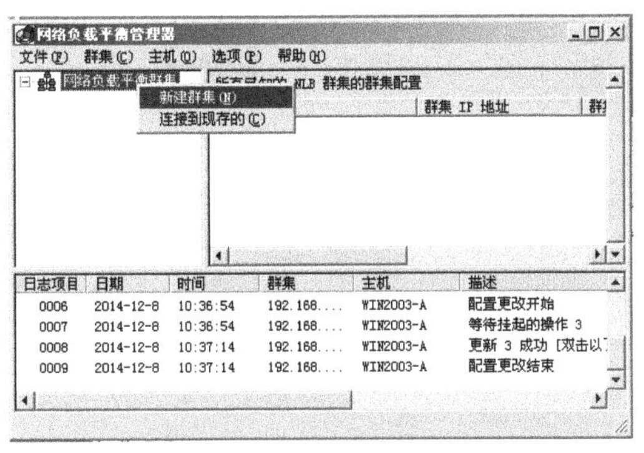

图 11-1-8　NLB 管理器界面

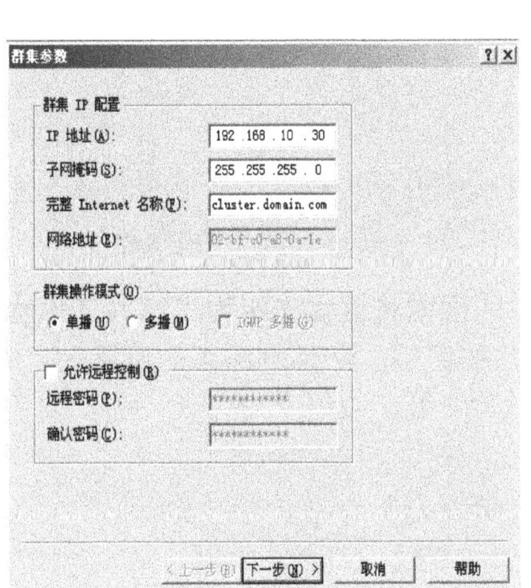

图 11-1-9　群集参数

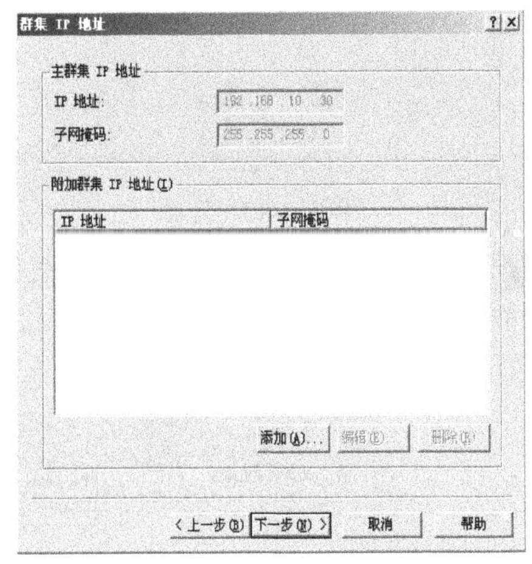

图 11-1-10　群集 IP 地址

04 端口规则，可以选择添加规则，或者编辑当前默认规则，如图 11-1-11 和图 11-1-12 所示。

05 单击“下一步”按钮，在连接界面上，输入 WIN2003-A 计算机的“lan”网卡的 IP 地址：1.1.1.1，连接当前计算机（这里也可以输入 wan 网卡地址），连接成功后，选择桥接网卡 192.168.10.10 这个地址（即和群集地址在同一个网段），如图 11-1-13 所示。

06 单击“下一步”按钮，在主机参数界面选择优先级为 1 即最高优先级，这样的设置是只有当前服务器不能正常工作，才能启用优先级低的服务器。设置效果如图 11-1-14 所示。

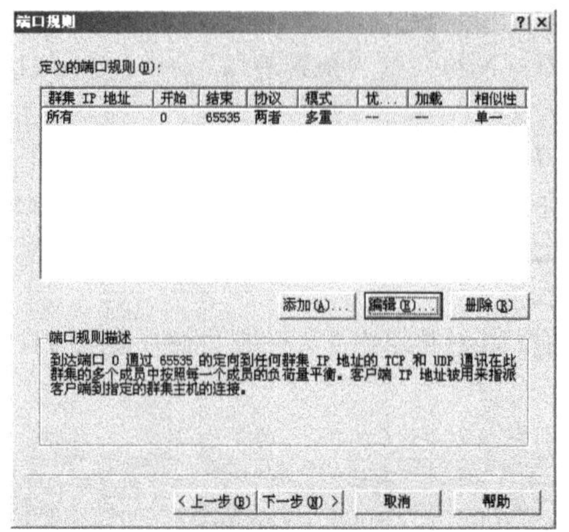

图 11-1-11　端口规则

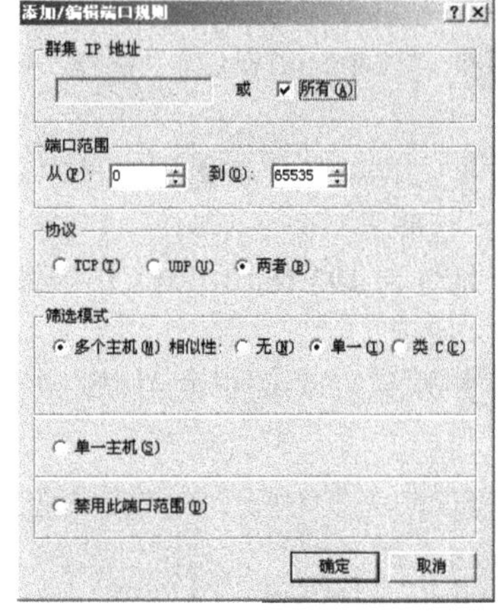

图 11-1-12　添加/编辑端口规则

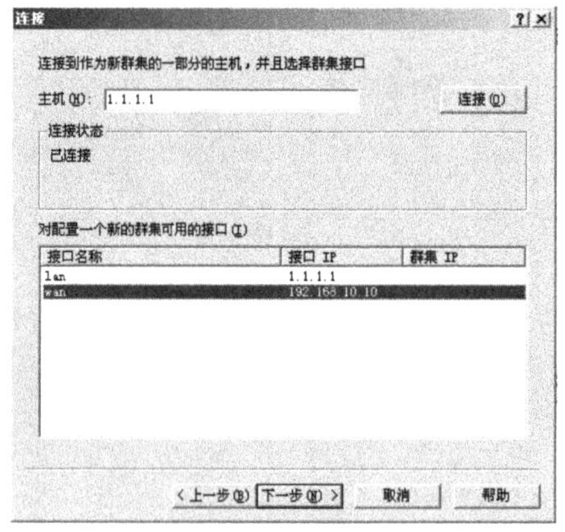

图 11-1-13　连接

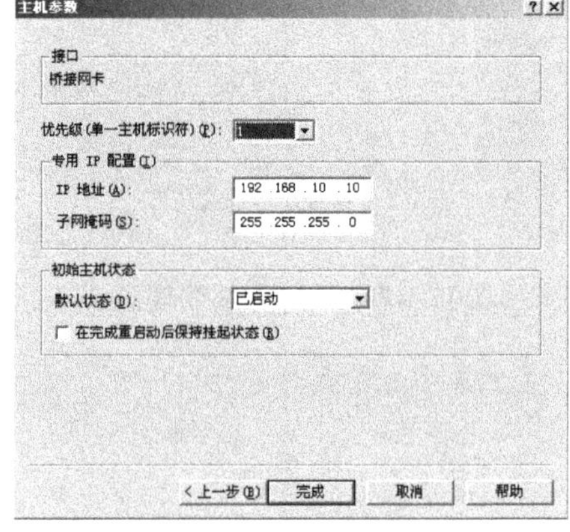

图 11-1-14　主机参数

07 优先级选择“1”（这个服务器优先被访问，后面的设置优先级为“2”），IP 设置为 192.168.10.10，子网掩码为 255.255.255.0。单击“完成”按钮后，WIN2003-A 的设置就完成了，效果如图 11-1-15 所示。

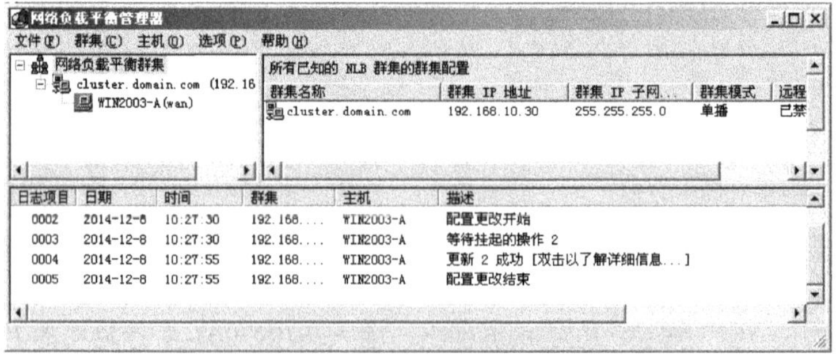

图 11-1-15　WIN2003-A 的网络负载平衡器

08 通过以上步骤，WIN2003-A 已经被添加到 192.168.10.30 这个群集中。下面添加

WIN2003-B 到这个群集。继续在 WIN2003-A 服务器上右击，在弹出的快捷菜单中选择“添加主机到群集”命令，如图 11-1-16 所示。

09 在“连接”对话框中，填写 WIN2003-B 的“lan”网卡 IP 地址 1.1.1.2，单击“连接”按钮，等待一段时间，WIN2003-B 的两个接口就会在下面显示出来，选中“wan”接口：192.168.10.20，如图 11-1-17 所示。

10 在“主机参数”对话框中，需要注意的是，优先级要选择“2”，当第一个服务器出现不能访问后，第二个服务器才被访问，IP 地址为 192.168.10.20，子网掩码为 255.255.255.0。单击“完成”按钮即可添加成功，如图 11-1-18 所示。

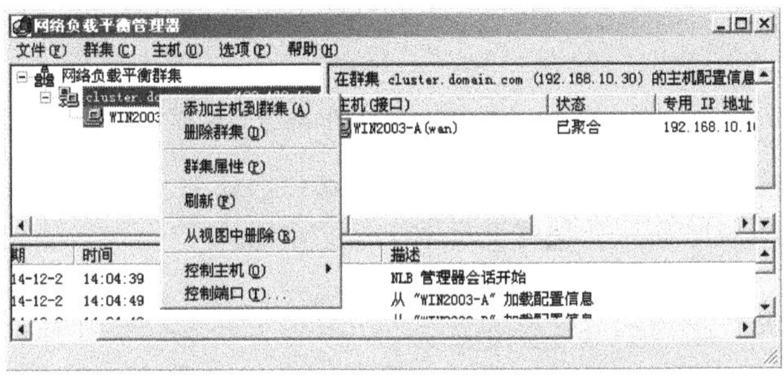

图 11-1-16 添加主机到群集

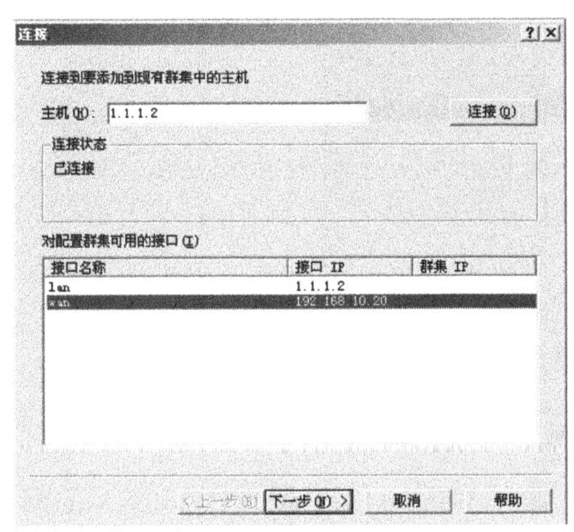

图 11-1-17 “连接”对话框

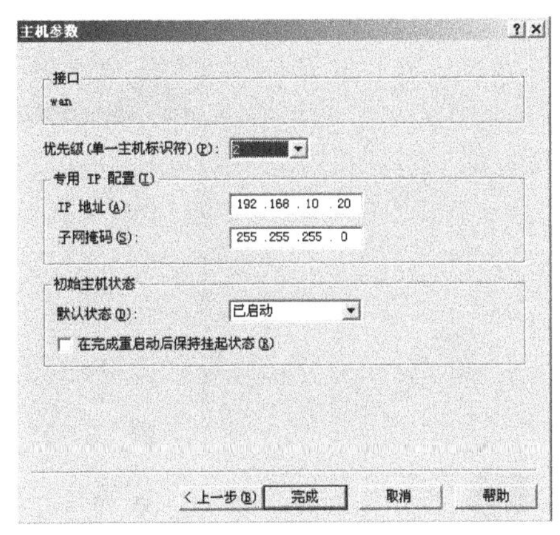

图 11-1-18 “主机参数”对话框

11 至此，服务器已经设置完成，但是一般为了方便管理，在其他群集服务器上也会连接现有的群集，连接之后的每个群集是平等的，一个改变设置，其他同样改变，如图 11-1-19 所示。

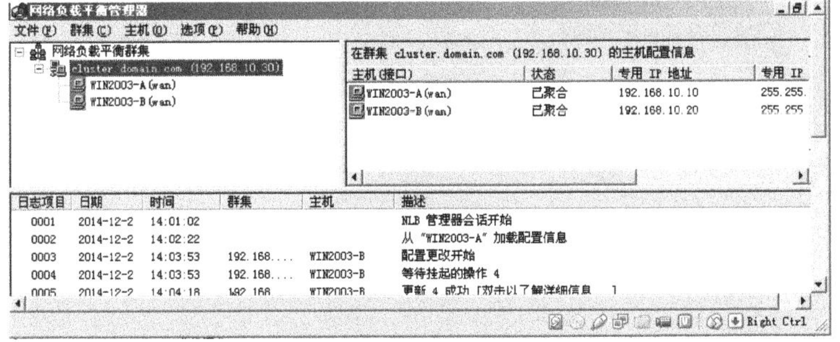

图 11-1-19 在 WIN2003-A 上群集成功

12 在第二个服务器 WIN2003-B 上，打开网络负载平衡管理器，右击“网络负载平衡管理器”选项，在弹出的快捷菜单中选择“连接到现存的”命令，如图 11-1-20 所示。

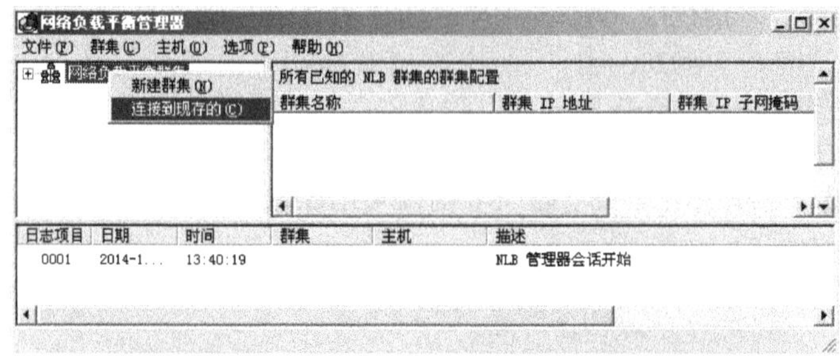

图 11-1-20　WIN2003-B 的网络负载平衡器

13 连接到已经新建成功的群集服务器上，接口地址为 WIN2003-A 的“lan”网卡 IP 地址为 1.1.1.1，如图 11-1-21 所示，选择群集 192.168.10.30。

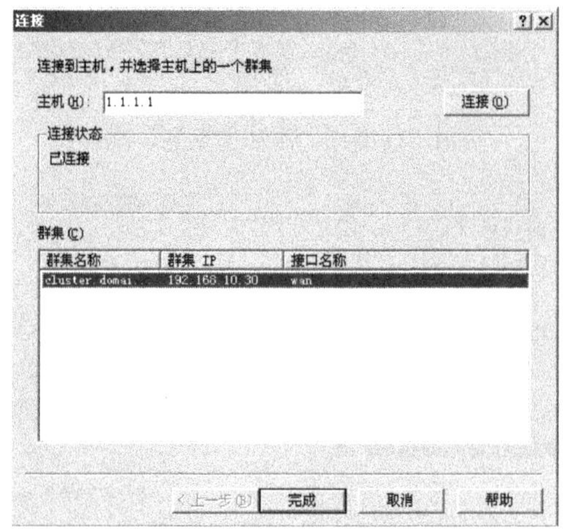

图 11-1-21　“连接到现存的群集”

14 单击“完成”按钮，在等待一段时间就能看到 WIN2003-B 和 WIN2003-A 的网络负载平衡管理器完全相同了，如果看不到，刷新、等待即可。在完成后就能看到两个群集主机完全一样，但是有主次之分，优先级高的总是先被访问，当优先级高的不能访问时，优先级低的才被正常使用，如图 11-1-22 所示。

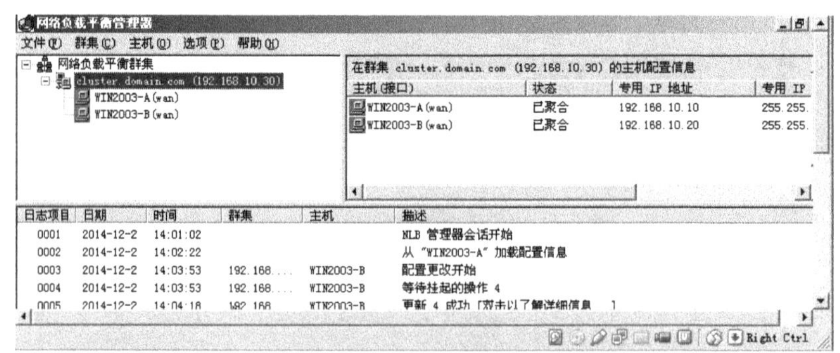

图 11-1-22　群集聚合成功

15 测试：在两台服务器上分别搭建一个 Web 服务器，主页分别写上各自服务器的名称，然后在“测试机 1”上浏览测试，访问 http://192.168.10.30，会显示 win2003-A，如图 11-1-23 所示，说明 WIN2003-A 被优先访问。当断掉 WIN2003-A 的“wan”网卡，现在测试结果显示 win2003-B，如图 11-1-24 所示，说明服务器 WIN2003-B 开始被访问。

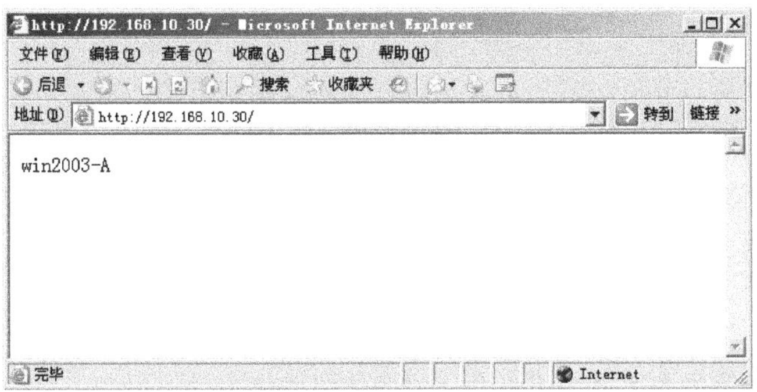

图 11-1-23　显示 WIN2003-A

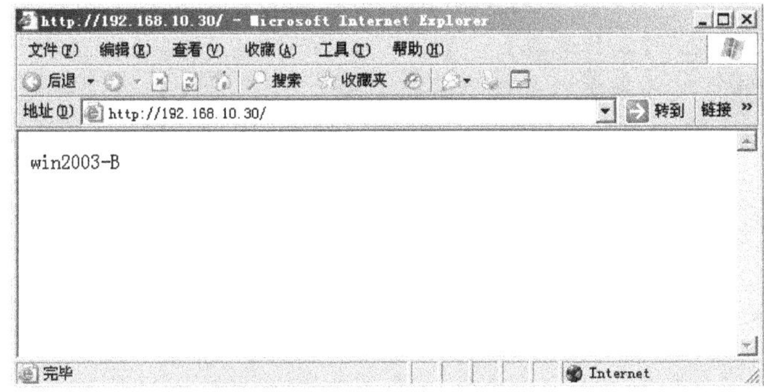

图 11-1-24　显示 WIN2003-B

小贴士

实训过程中容易出现的问题

1. 双网卡容易搞错方向，设置完成后一定要 ping 通再做实验。

2. NLB 是群集服务器，不单单是 Web 或者 DNS，它的作用是将多个服务器的同一个服务联合起来形成一个更有容错性的服务器。

1. 练习群集服务器的安装与配置。
2. 练习测试在多台客户机上访问结果。

任务 11.2 使用 DNS 服务器实现负载均衡

◎ 任务描述

用户 Windows Server 2003 提供的网络负载均衡服务的设置非常复杂，通过 DNS 服务器实现网络负载均衡则是一种比较简单的方法。本任务以企业网中的 Web 服务器为例来介绍如何使用 DNS 服务器实现网络负载均衡。

为了提高域名为“www.cqn.com”的网站的访问量，在企业网中部署两台内容相同的 Web 服务器，它们提供相同的服务，但每台服务器的 IP 地址都不一样。下面对企业网中的 DNS 服务器进行设置来实现两台 Web 服务器共同承担客户对网站的访问。

◎ 任务目标

1. 了解循环 DNS 的工作原理。
2. 掌握用 DNS 服务器实现负载均衡的方法。

◎ 设备工具

1. 一台安装 Windows Server 2003 操作系统的计算机作为 DNS 服务器，两台 Web 服务器。
2. 两台安装 Windows XP 操作系统的计算机作为客户端测试机。

知识 DNS 的轮询

本任务的负载均衡是通过 DNS 的轮询来实现的，拓扑结构如图 11-2-1 所示。在 DNS 服务器上同一个域名如 www.cqn.com，同时指向两个地址 192.168.10.10 和 192.168.10.20。当第一个用户访问时，DNS 就会解析第一个地址给用户；当再来一个用户时，就会解析第二个地址给用户；第三个用户访问，又解析第一个，依此循环，直到达到均衡的效果。

本 DNS 服务器实训情境拓扑结构，如图 11-2-1 所示。

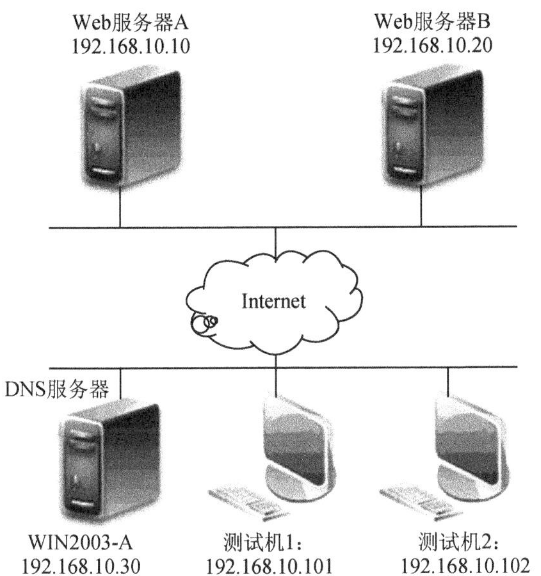

图 11-2-1　DNS 轮询拓扑结构

活动 1　启用循环

01 选择“开始→程序→管理工具”命令，打开 DNS 管理界面，如图 11-2-2 所示。

02 右击 DNS 服务器，在弹出的快捷菜单中选择“属性”命令，在弹出的对话框中选择“高级”选项卡，勾选“启用循环”复选框，然后单击“确定”按钮，如图 11-2-3 所示。

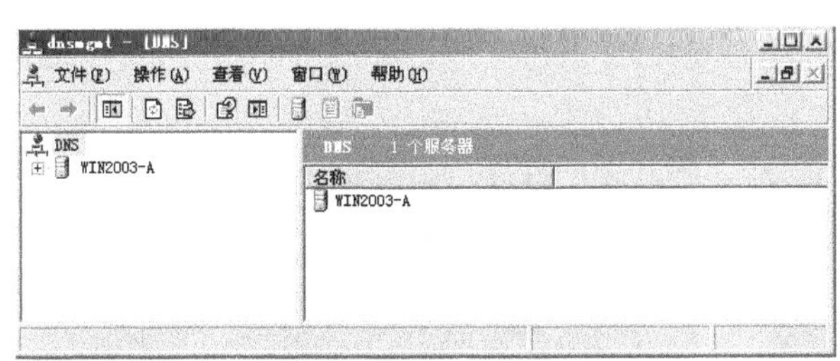

图 11-2-2　DNS 管理界面

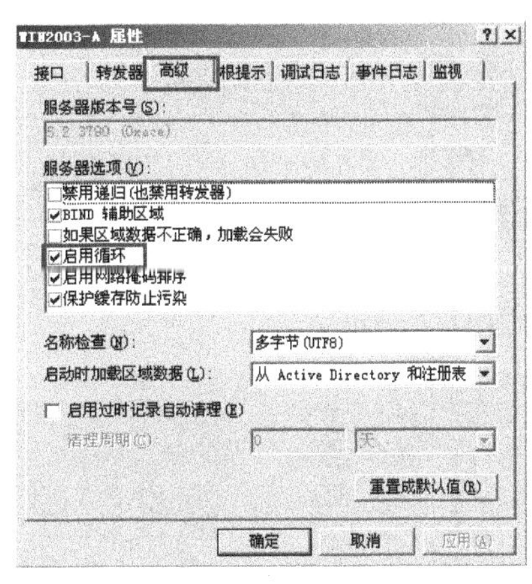

图 11-2-3　WIN2003-A 的 DNS 属性

活动 2　添加主机记录

01 在“cqn.com”区域中创建主机记录。

02 在 DNS 管理界面的右侧窗格中右击，在弹出的快捷菜单中选择“新建主机”命令，主机名为 www，IP 地址为 192.168.10.10，如图 11-2-4 所示。按照同样的方法，再新建一个主机，名为 www，IP 地址为 190.168.10.20，如图 11-2-5 所示。

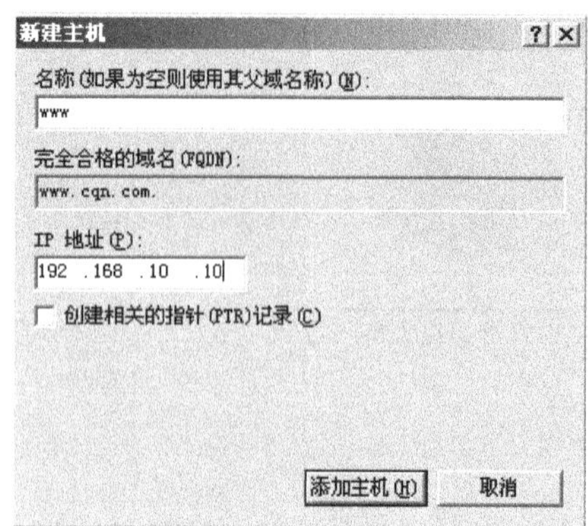

图 11-2-4　新建主机

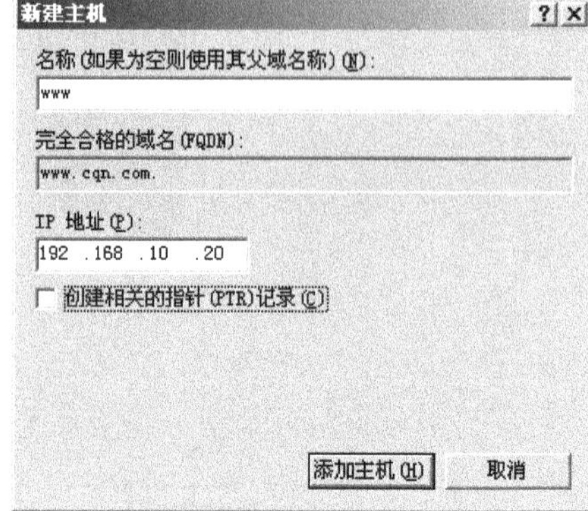

图 11-2-5　新建另一个主机

03 添加效果，如图 11-2-6 所示。

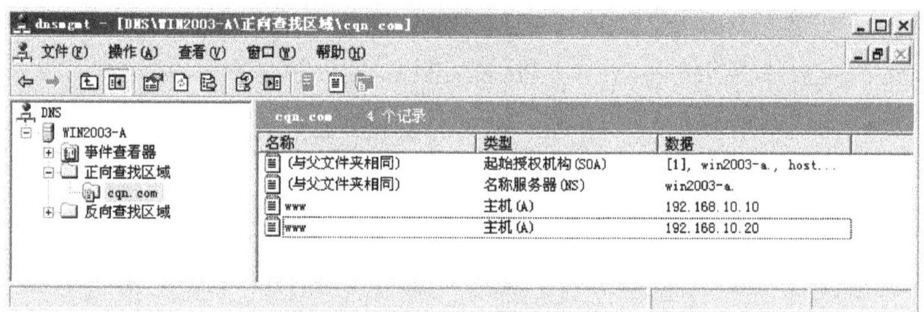

图 11-2-6　DNS 主机记录添加结果

活动 3　DNS 轮询测试

01 在“测试机 1”上进行 ping 测试，ping 向域名 www.cqn.com 得到的地址是 192.168.10.10，如图 11-2-7 所示。

02 在“测试机 2”上进行 ping 测试，ping 向域名 www.cqn.com 得到的地址是 192.168.10.20，如图 11-2-8 所示。

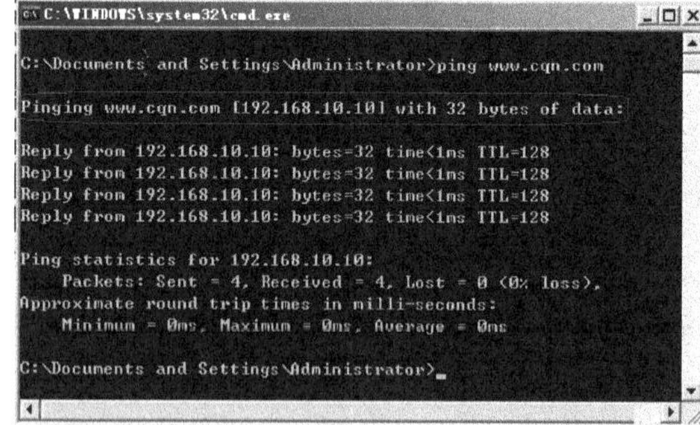

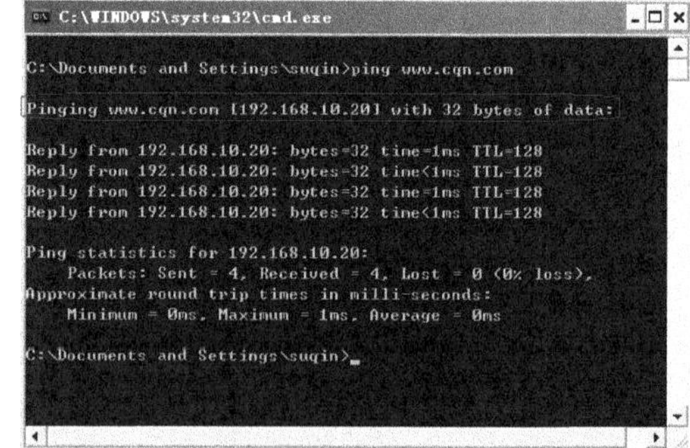

图 11-2-7　在“测试机 1”上 ping 测试的结果　　图 11-2-8　在“测试机 2”上 ping 测试的结果

03 在两台 Web 服务器创建 Web 站点，网站主页内容分别是主机名和 IP 地址。在“测试机 1”通过浏览器访问域名 www.cqn.com，效果如图 11-2-9 所示。在“测试机 2”上通过浏览器访问域名 www.cqn.com，效果如图 11-2-10 所示。

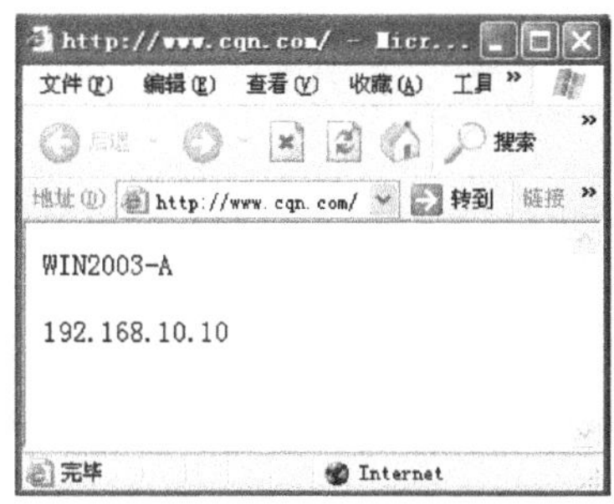

图 11-2-9　在"测试机 1"上访问 Web 的结果

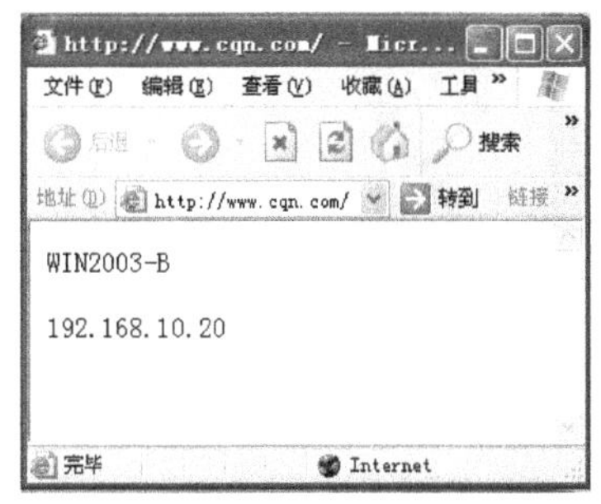

图 11-2-10　在"测试机 2"上访问 Web 的结果

通过以上实验，DNS 服务器实现了网络的负载均衡功能。将用户的访问分担到每台 Web 服务器上，减少了跨子网的网络通信流量，降低了企业的通信负担。

小贴士

实训过程中容易出现的问题

1. DNS 一定要启用循环，如果不启用是看不到均衡效果的。
2. 测试计算机要在多台计算机上实现，在同一台计算机上是不能出现均衡效果的。

巩固练习

1. 练习 DNS 服务器的循环设置和多主机新建安装与配置。
2. 练习测试在这种均衡模式下的响应速度。

12 项目 磁盘卷管理

◎ 项目导读

磁盘管理是一项计算机使用时的常规任务，它是以一组磁盘管理应用程序的形式提供给用户的，无论是操作系统还是数据都存储在容量固定且非常脆弱的磁盘上。因此，能否合理地分配磁盘空间、能否监控磁盘正常运转、能否确保数据不会丢失，就显得非常重要。本项目主要介绍磁盘分区和磁盘卷的管理、磁盘配额的管理。

◎ 能力目标

- 能理解 RAID 技术的功能和工作原理。
- 能创建硬盘分区和各种磁盘卷。
- 能创建磁盘配额用户和设置磁盘配额。

任务 12.1 磁盘卷的创建与管理

◎ 任务描述

本任务是学习磁盘卷的创建与管理，了解磁盘卷的 RAID 技术的功能和工作原理，学习在 Windows Server 2003 中创建硬盘分区、基本磁盘与动态磁盘相互转换、用多磁盘“简单卷”、“跨区卷”、“带区卷”、“镜像卷”、“RAID-5 卷”和“扩展卷”等知识和实训操作，掌握磁盘卷管理的基本知识。

◎ 任务目标

1. 了解 RAID 技术的功能和工作原理。
2. 掌握创建硬盘分区的方法。
3. 掌握基本磁盘与动态磁盘相互转换的方法。
4. 掌握创建“简单卷”、“跨区卷”、“带区卷”、“镜像卷”、“RAID-5 卷”和“扩展卷”的方法。

◎ 设备工具

1. 一台安装有 Windows XP 或 Windows Server 2003 操作系统的计算机（在该计算机上安装一台虚拟机 VMware）。
2. 一张 Windows Server 2003 系统盘（在 VMware 虚拟机上安装 Windows Server 2003 系统，并添加三个以上硬盘）。

知识 

知识 1 RAID 技术简介

冗余磁盘阵列技术（RAID）最初的研制目的是组合小的廉价磁盘来代替大的昂贵磁盘，以降低大批量数据存储的费用，同时也希望采用冗余信息的方式，使得磁盘失效时不会对数据的访问造成影响，从而开发出一定水平的数据保护技术，并且能适当地提升数据传输速度。

过去 RAID 一直是高档服务器才能享用，一直作为高档 SCSI 硬盘配套技术应用。近年来，随着技术的发展和产品成本的不断下降，IDE 硬盘性能有了很大提升，加之 RAID 芯片的普及，使得 RAID 逐渐在 PC 上得到应用。

那么什么是冗余磁盘阵列呢？冗余意思即多余、重复；而磁盘阵列说明不仅仅是一个磁盘，而是一组磁盘。它是利用重复的磁盘来处理数据，使得数据的稳定性得到提高。

知识 2 RAID 的工作原理

RAID 是如何实现数据存储的高稳定性呢？RAID 按照实现原理的不同分为不同的级别，不同级别之间的工作模式是有区别的。整体 RAID 结构是一些磁盘结构，通过对磁盘进行组合达到提高效率、减少错误的目的。它们的原理实际上十分简单。为了便于说明，给出磁盘结构示意图，其中每个方块代表一个磁盘，竖的称为块或磁盘阵列，横的称为带区。

知识 3 RAID 规范

RAID 规范主要包含 RAID 0～RAID 7 等数个规范，它们的侧重点各不相同，常见的规范有如下几种。

1）RAID 0：无差错控制的带区组。如图 12-1-1 所示，要实现 RAID 0 必须要有两个以上硬盘驱动器，RAID 0 实现了带区组，数据不是保存在一个硬盘上，而是分成数据块保存在不同驱动器上。由于数据分布在不同驱动器上，所以数据吞吐率大大提高，驱动器的负载也比较平衡。如果刚好所需要的数据在不同的驱动器上，则效率更好。它不需要计算检验码，实现容易。它的缺点是没有数据差错控制，如果一个驱动器中的数据发生错误，即使其他盘上的数据正确也无济于事，因此不应该将它用于对数据稳定性要求高的场合。如果用户进行图像（包括动画）编辑和在其他要求传输比较大的场合，使用 RAID 0 比较合适。同时，RAID 0 可以提高数据传输速率，如所需读取的文件分布在两个硬盘上，且这两个硬盘可以同时读取，那么原来读取同样文件的时间被缩短为 1/2。在所有的级别中，RAID 0 的速度是最快的。但是 RAID 0 没有冗余功能，如果一个磁盘（物理）损坏，则所有的数据都无法使用。

2）RAID 1：镜像结构。如图 12-1-2 所示，对于使用这种 RAID 1 结构的设备来说，RAID 控制器必须能够同时对两个盘进行读操作和对两个镜像盘进行写操作。通过结构示意图也可以看出，该结构必须有两个驱动器。因为是镜像结构，在一组盘出现问题时，可以使用镜像，提高系统的容错能力。它比较容易设计和实现，每读一次盘只能读出一块数据，也就是说数据块传送速率与单独的盘的读取速率相同。因为 RAID 1 的检验十分完备，因此对系统的处理能力有很大的影响，通常 RAID 功能由软件实现，而这样的实现方法在服务器负载比较大的时候会大大影响服务器效率。当系统需要极高的可靠性时，如进行数据统计，那么使用 RAID 1 比较合适。而且 RAID 1 技术支持“热替换”，即在不断电的情况下对故障磁盘进行更换，更换完毕只要从镜像盘上恢复数据即可。当主硬盘损坏时，镜像硬盘就可以代替主硬盘工作。镜像硬盘相当于一个备份盘，可想而知，这种硬盘模式的安全性是非常高的，RAID 1 的数据安全性在所有 RAID 级别中是最好的。但是其磁盘的利用率只有 50%，是所有 RAID 级别中最低的。

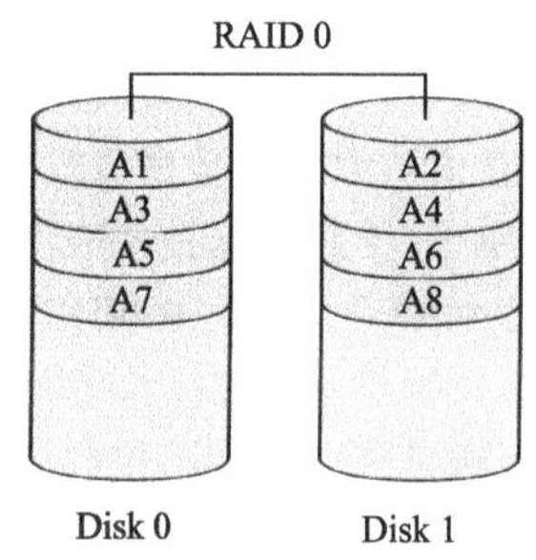

图 12-1-1 RAID 0 磁盘结构示意图

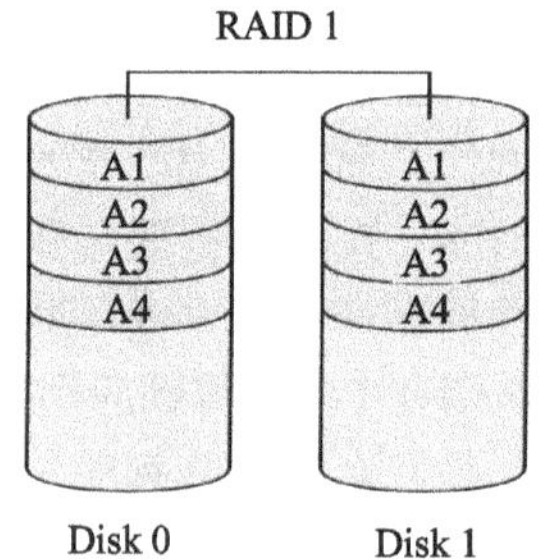

图 12-1-2 RAID 1 磁盘结构示意图

3）RAID 2：带海明码检验。从概念上讲，RAID 2 同 RAID 3 类似，两者都是将数据条块化分布于不同的硬盘上，条块单位为位或字节。二者的差别在于 RAID 2 使用一定的编码技术来提供错误检查及恢复。这种编码技术需要多个磁盘存放检查及恢复信息，使得 RAID 2 技术实施更复杂。因此，在商业环境中很少使用。图 12-1-3 左边的各个磁盘上是数据的各个位，由一个数据不同的位运算得到的海明校验码可以保存另一组磁盘上，具体情况如图 12-1-3 所示。由于海明码的特点，它可以在数据发生错误的情况下将错误校正，以保证输出的正确性。它的数据传送速率相当高，如果希望达到比较理想的速度，则需要提高保存检验码 ECC 码的硬盘的传送速率。对于控制器的设计来说，它又比 RAID 3、RAID 4 或 RAID 5 要简单。要利用海明码，必须要付出数据冗余的代价。其输出数据的速率与驱动器组中速度最慢的相等。

4）RAID 3：带奇偶检验码的并行传送。如图 12-1-3 所示，这种检验码与 RAID 2 不同，只能查错不能纠错。它访问数据时一次处理一个带区，这样可以提高读取和写入速度，它像 RAID 0 一样以并行的方式来存放数据，但速度没有 RAID 0 快。检验码在写入数据时产生并保存在另一个磁盘上。需要实现时用户必须要有三个以上的驱动器，写入速率与读出速率都很高，由于校验位比较少，因此计算时间相对较少。用软件实现 RAID 控制是十分困难的，控制器的实现也不是很容易。它主要用于图形（包括动画）等要求吞吐率比较高的场合。不同于 RAID 2，RAID 3 使用单块磁盘存放奇偶检验信息，如果一块磁盘失效，奇偶盘及其他数据盘可以重新产生数据；如果奇偶盘失效，则不影响数据使用。RAID 3 对于大量的连续数据可提供很好的传输率，但对于随机数据，奇偶盘会成为写操作的瓶颈。利用单独的检验盘来保护数据虽然没有镜像的安全性高，但是硬盘利用率得到了很大的提高，为 n－1。

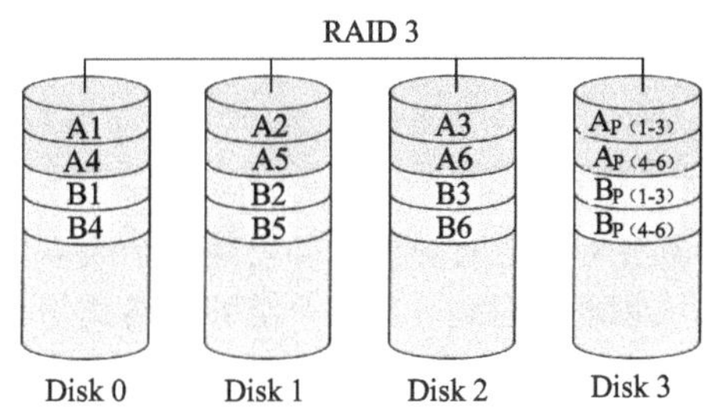

图 12-1-3　RAID 3 磁盘结构示意图

5）RAID 4：带奇偶检验码的独立磁盘结构。如图 12-1-4 所示，RAID 4 和 RAID 3 很类似，不同的是，它对数据的访问是按数据块进行的，也就是按磁盘进行的，每次访问一个盘。在图 12-1-4 中，RAID 3 是一次一横条，而 RAID 4 一次一竖条。它的特点与 RAID 3 也挺像，不过在失败恢复时，它的难度可要比 RAID 3 大得多，控制器的设计难度也要大很多，而且访问数据的效率也一般。

6）RAID 5：分布式奇偶检验的独立磁盘结构。如图 12-1-5 所示，从示意图上可以看出，它的奇偶检验码存在于所有磁盘上。RAID 5 的读出效率很高，写入效率一般，块式的集体访问效率不错。因为奇偶检验码在不同的磁盘上，所以可靠性得到提高，允许单个磁盘出错。RAID 5 也是以数据的检验位来保证数据的安全的，但它不是以单独硬盘来存放数据的检验位，而是将数据段的检验位交互存放于各个硬盘上。这样，任何一个硬盘损坏，都可以根据其他硬盘上的检验位来重建损坏的数据。硬盘的利用率为 n－1。但是它没有很好地解决数据传输的并行性，而且控制器的设计也相当困难。与 RAID 5 相比，RAID 3 每进行一次数据传输，会涉及所有的阵列盘。而对于 RAID 5 来说，大部分数据传输只对一块磁盘操作，可进行并行操作。在 RAID

5 中有“写损失”，即每一次写操作，将产生四个实际的读/写操作，其中两次读旧的数据及奇偶信息，两次写新的数据及奇偶信息。RAID 5 的优点是提供了冗余性（支持一块盘掉线后仍然正常运行），磁盘空间利用率较高（n－1/n），读写速度较快（n－1 倍）。但当掉盘之后，运行效率大幅下降。

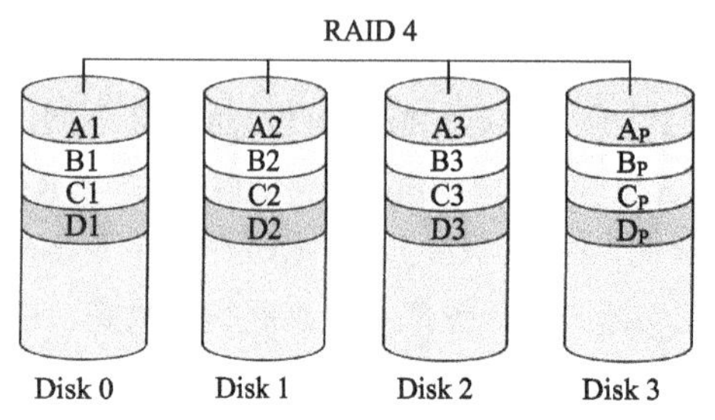

图 12-1-4　RAID 4 磁盘结构示意图

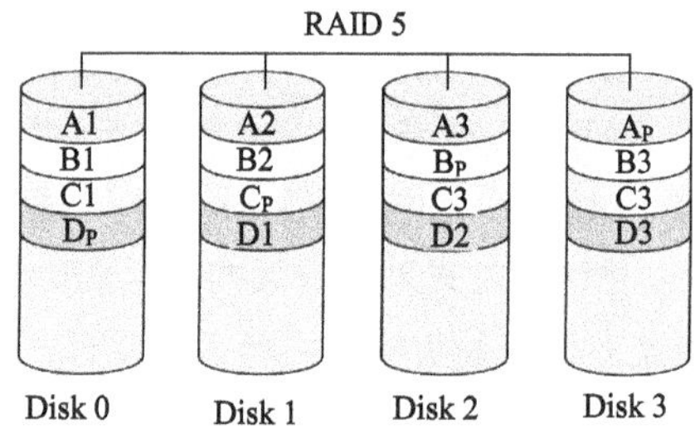

图 12-1-5　RAID 5 磁盘结构示意图

活动 1　磁盘管理

第 1 步　创建硬盘分区

硬盘在存储数据之前，必须先对其进行分区，即创建一个或多个逻辑分区。分区是在硬盘的自由空间上创建的，即将一块物理硬盘划分成多个能够被格式化和单独使用的逻辑单元，具体操作方法如下。

01 选择“开始→所有程序→管理工具→计算机管理”命令，打开“计算机管理”窗口，在左侧的树状列表中选择“磁盘管理”选项，在右侧未指派的硬盘上右击，在弹出的快捷菜单中选择“新建磁盘分区”命令，如图 12-1-6 所示。

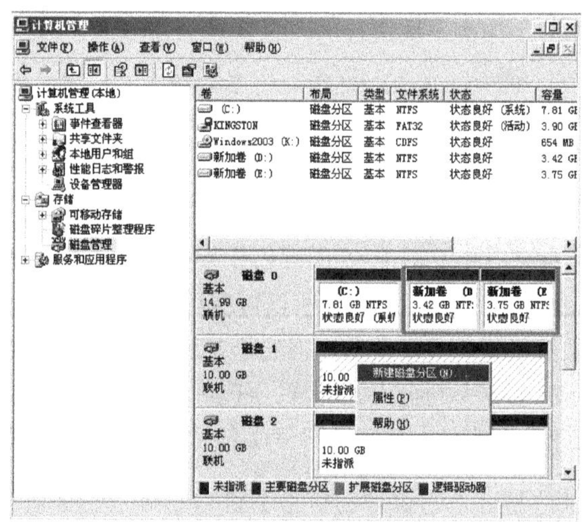

图 12-1-6　新建磁盘分区

02 弹出“新建磁盘分区向导”对话框，如图 12-1-7 所示，单击“下一步”按钮，进入“选择分区类型”界面。在对话框中选择“主磁盘分区”单选按钮，如图 12-1-8 所示。

03 单击“下一步”按钮，在图 12-1-9 所示的对话框中输入分区大小。单击“下一步”按钮，在弹出的对话框中选择“指派以下驱动器号”单选按钮，如图 12-1-10 所示。

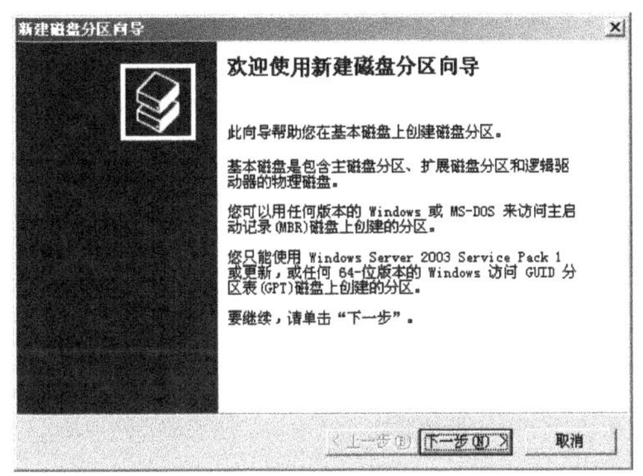

图 12-1-7　新建磁盘分区向导

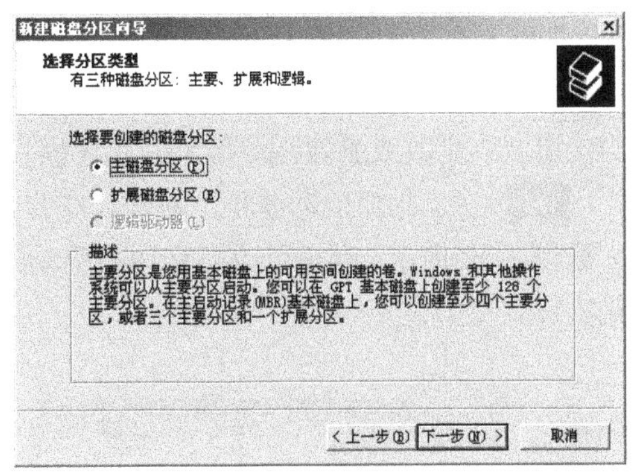

图 12-1-8　“选择分区类型”界面

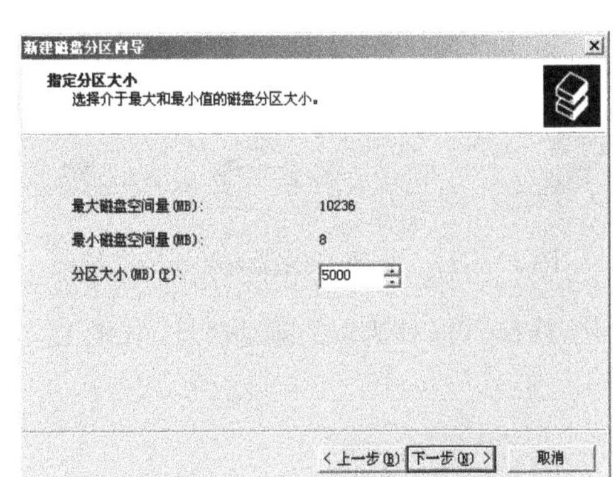

图 12-1-9　“指定分区大小”界面

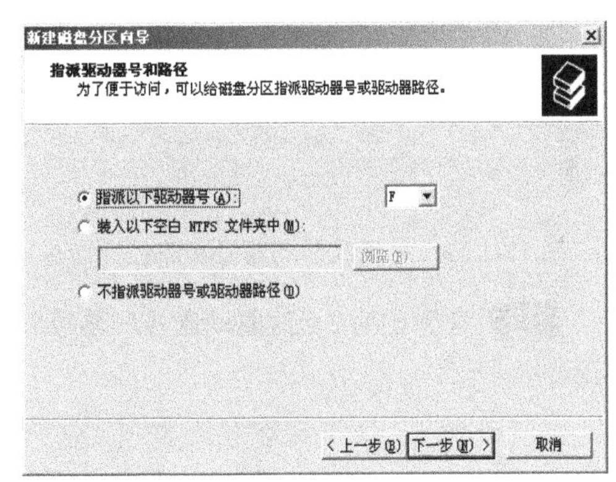

图 12-1-10　“指派驱动器号和路径”界面

04 单击“下一步”按钮，弹出“格式化分区”对话框，选择“文件系统”、“分配单位大小”和“卷标”等信息，如图 12-1-11 所示。单击“下一步”按钮，完成新建磁盘分区，如图 12-1-12 所示。再次单击“完成”按钮，系统开始根据前面的设置进行格式化分区。

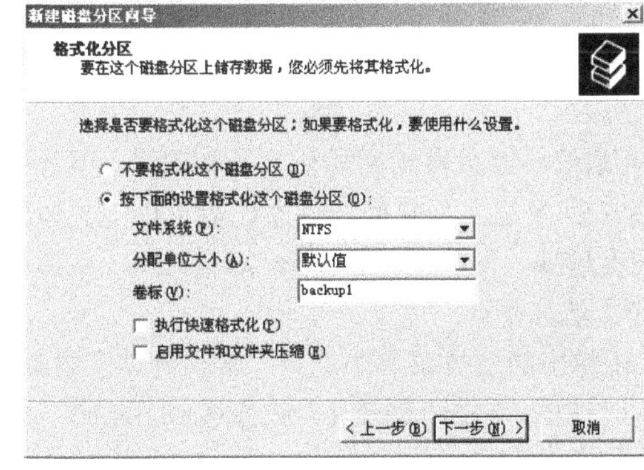

图 12-1-11　格式化分区

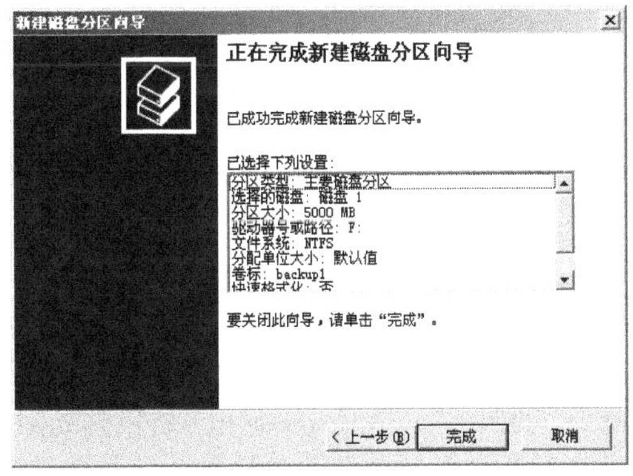

图 12-1-12　完成新建磁盘分区向导

第 2 步　指派、更改或删除驱动号

对磁盘进行分区之后，一般都需要指派一个驱动号，这样方便用户访问和管理，每台计算机最多可以使用 26 个驱动器号。驱动器号 A 和 B 通常是为软盘驱动器预留的，如果计算机没有软盘驱动器，那么可以将驱动器号 A 和 B 指派给可移动驱动器、硬盘驱动器或映射网络驱动器。通常给硬盘驱动器指派驱动器号 C 到 Z，而为映射网络驱动器以倒序指派驱动器号（Z 到 C）。指派、更改或删除驱动器号的具体操作方法如下。

01 在已指派驱动器号上右击，在弹出的快捷菜单中选择“更改驱动器号和路径”命令，如图 12-1-13 所示。弹出更改新加卷的驱动器号和路径对话框，单击“更改”按钮，如图 12-1-14 所示。

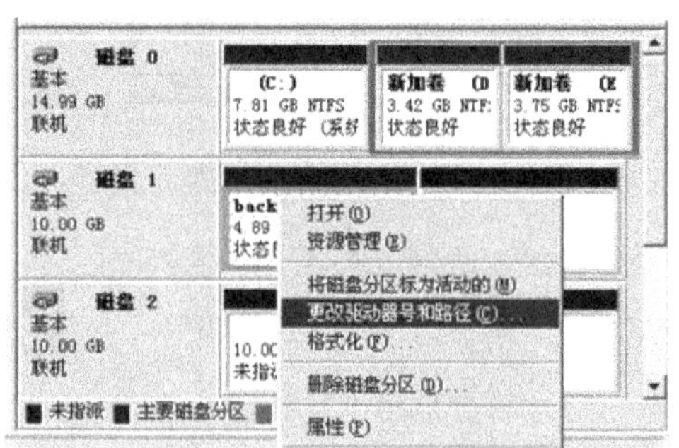

图 12-1-13　“更改驱动器号和路径”命令

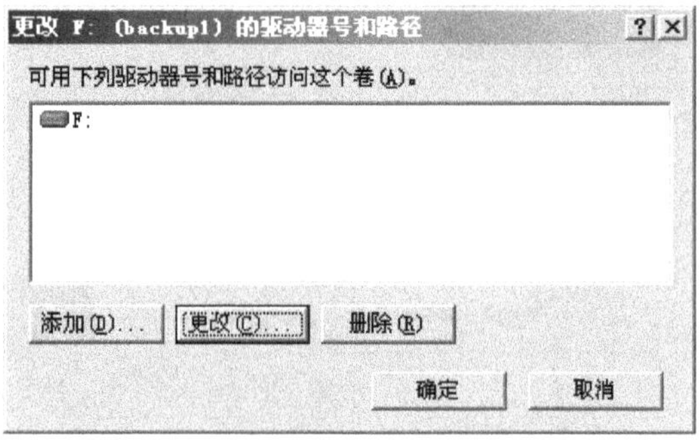

图 12-1-14　更改 F 磁盘驱动器号和路径

02 在弹出的“更改驱动器号和路径”对话框中，选择“G”作为新的驱动器号，如图 12-1-15 所示。

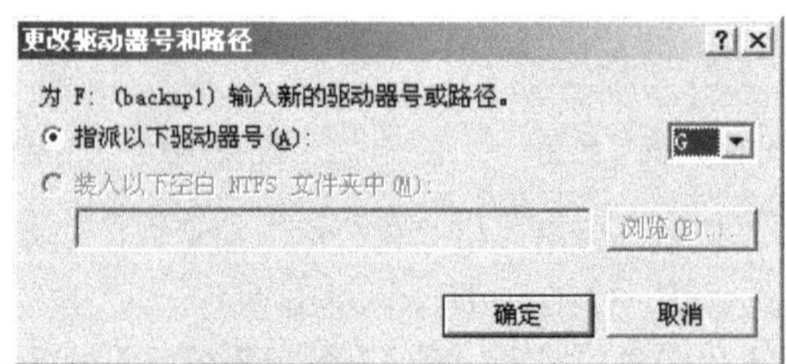

图 12-1-15　指派驱动器号

第 3 步　将基本磁盘转换成动态磁盘

在 Windows Server 2003 系统中，默认状态下，系统将硬盘自动初始化为基本磁盘。但我们不能在基本磁盘分区中创建新卷集、条带集或者 RAID 5 组，而只能在动态磁盘上创建类似的磁盘配置。故动态磁盘与基本磁盘比较，有更多的优越性。可以在 Windows Server 2003 系统安装完成后，将基本磁盘转换为动态磁盘，具体操作方法如下。

01 在需要转换成动态磁盘的磁盘上右击，在弹出的快捷菜单中选择“转换到动态磁盘”命令，如图 12-1-16 所示。弹出“转换到动态磁盘”对话框，勾选“磁盘 1”复选框，如图 12-1-17 所示。

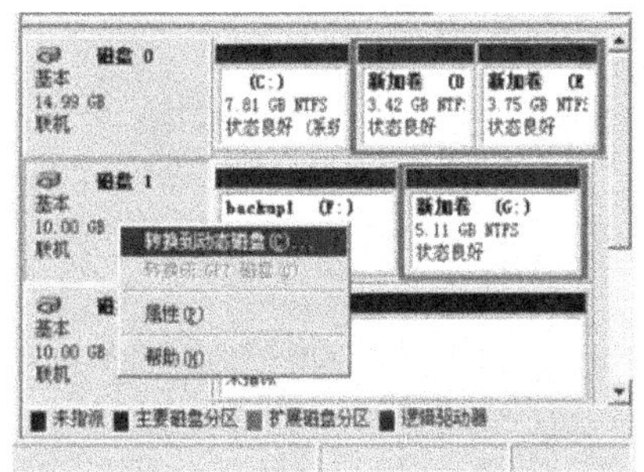

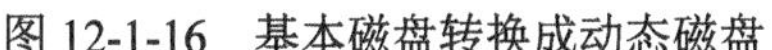

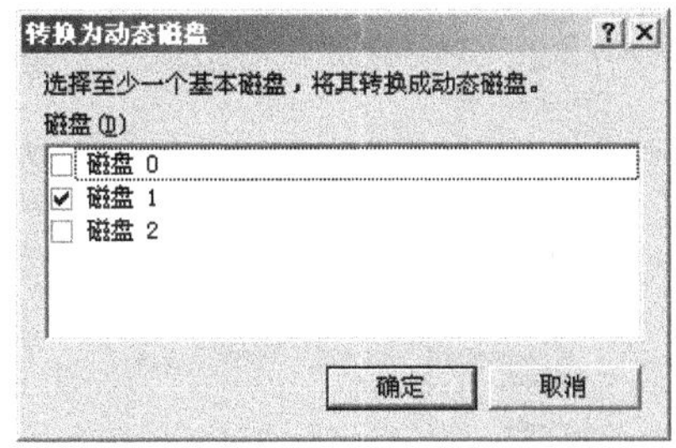

图 12-1-16　基本磁盘转换成动态磁盘　　图 12-1-17　选择基本磁盘

02 单击“确定”按钮，弹出“要转换的磁盘”对话框，如图 12-1-18 所示。

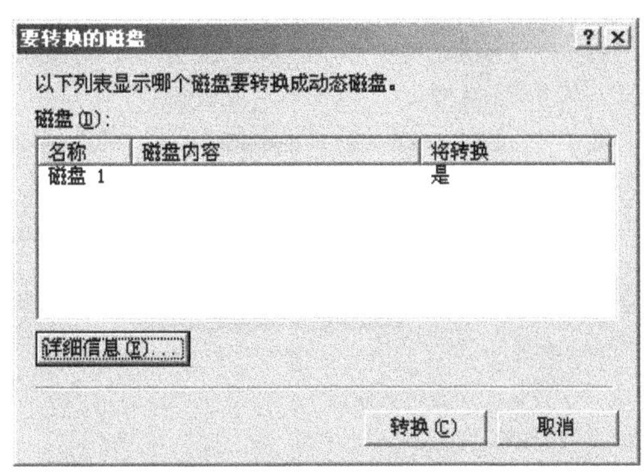

图 12-1-18　显示要转换成动态的磁盘

03 单击“转换”按钮之后，需要两次确定是否要将磁盘转换成动态磁盘，如图 12-1-19 所示，提示转换成动态磁盘后该磁盘的文件系统的情况。

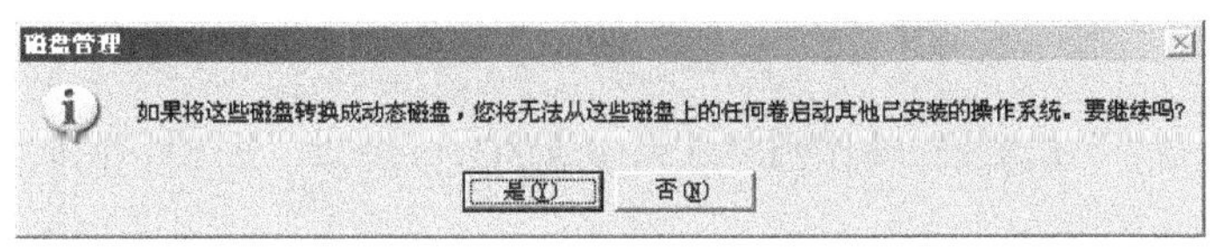

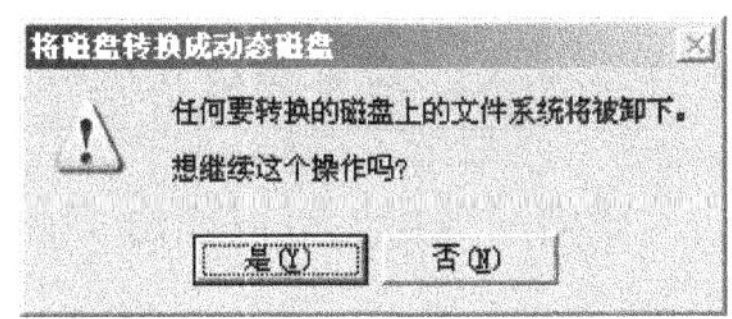

图 12-1-19　磁盘转换成动态磁盘的提示框

第 4 步　将动态磁盘转换成基本磁盘

由于动态磁盘不能直接由 MS-DOS、Windows 95、Windows 98、Windows Millennium Edition、Windows NT 或 Windows XP Home Edition 访问，也不能在动态磁盘上启动这些操作系统，因此根据需要，有时还要将动态磁盘转换成基本磁盘，在将动态磁盘转换回基本磁盘之前，该动态磁盘决不能有任何卷，也不能包含任何数据。如果要保存数据，则在转换动态磁盘之前备份该动态磁盘上的数据，或将其转移到另一个卷上。一旦把动态磁盘转换回基本磁盘，就只能在该磁盘上创建分区和逻辑驱动器。具体操作方法如下。

01 在动态磁盘的卷上右击，在弹出的快捷菜单中选择“删除卷”命令，删除所有的卷，如图 12-1-20 所示，并提示删除卷会丢失卷上的所有数据，如图 12-1-21 所示。

02 删除所有卷之后，在磁盘上右击，在弹出的快捷菜单中选择“转换成基本磁盘”命令，如图 12-1-22 所示。

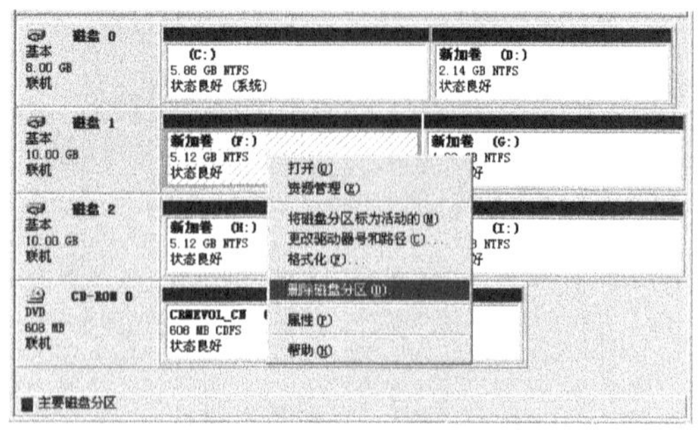

图 12-1-20 “删除卷”命令

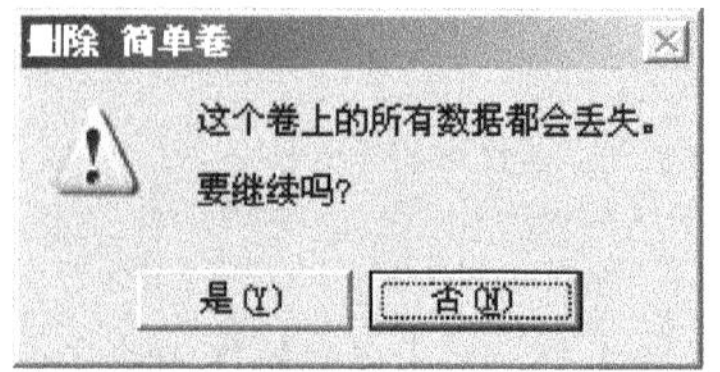

图 12-1-21 删除卷提示

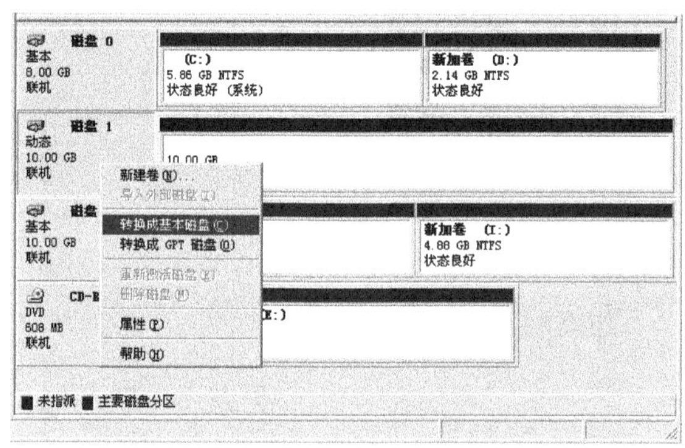

图 12-1-22 “转换成基本磁盘”命令

活动 2 创建磁盘卷

第 1 步 创建“简单卷”

在动态磁盘上可以创建“简单卷”，其功能和操作都与基本磁盘的分区类似，具体操作方法如下。

01 在动态磁盘未分配的空间上右击，在弹出的快捷菜单中选择“新建卷”命令，如图 12-1-23 所示。在弹出的对话框中单击“下一步”按钮，如图 12-1-24 所示。

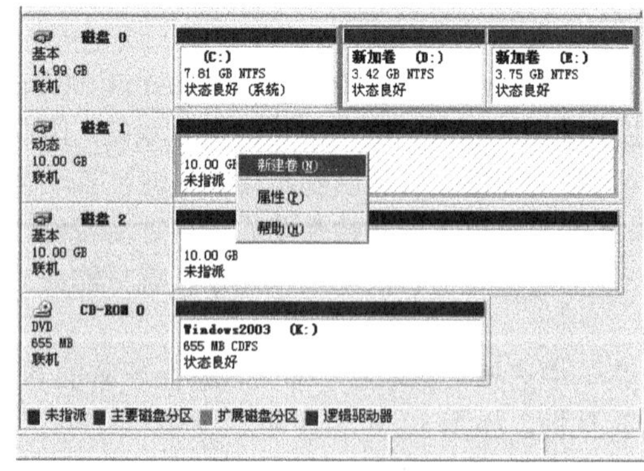

图 12-1-23 “新建卷”命令

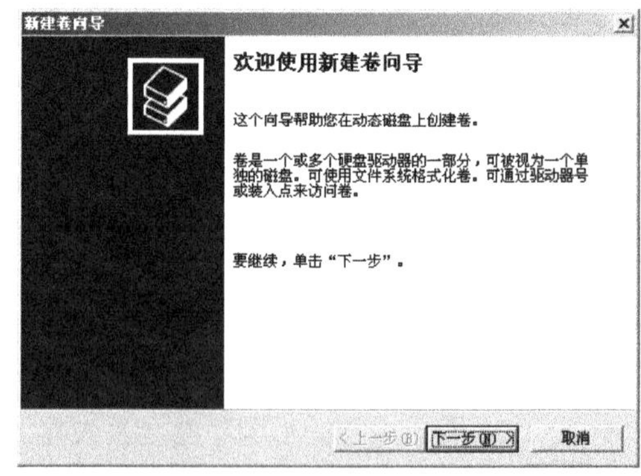

图 12-1-24 “新建卷向导”对话框

02 进入“选择卷类型”界面，选择“简单”单选按钮，如图12-1-25所示。单击“下一步”按钮，进入“选择磁盘”界面，选择“磁盘 1”选项，单击“添加”按钮，添加至“已选的”列表中，并在“选择空间量”文本框中输入这个简单卷的空间值，如图12-1-26所示。

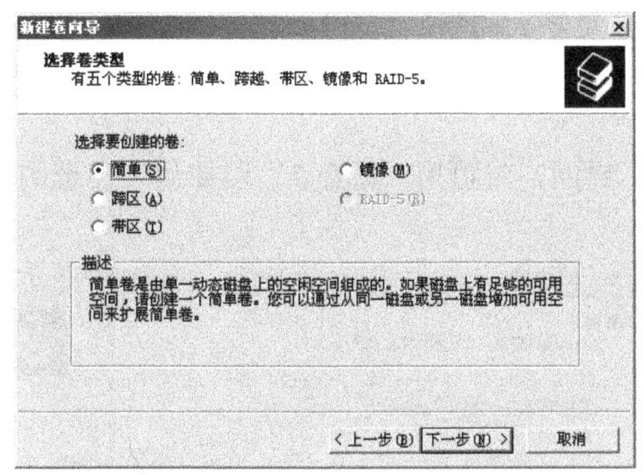

图12-1-25　“选择卷类型”界面

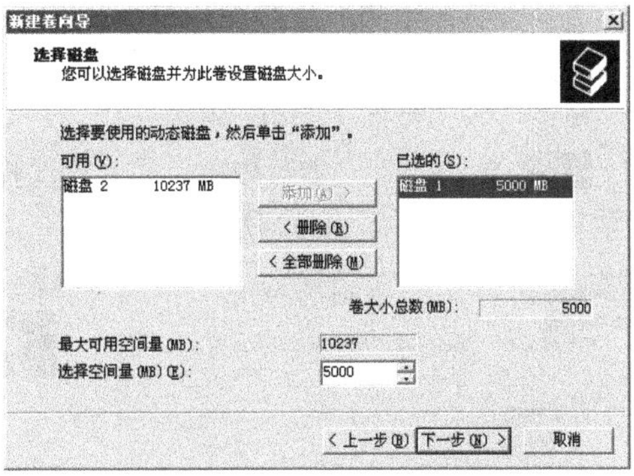

图12-1-26　“选择磁盘”界面

03 单击“下一步”按钮，弹出如图12-1-27所示的对话框，然后在“驱动器号”下拉列表中，选择驱动器号“F”。单击“下一步”按钮，进入“卷区格式化”界面，选择“按下列设置格式化这个卷”单选按钮，文件系统选择“NTFS”，分配单位大小选择“默认值”，如图12-1-28所示，勾选“执行快速格式化”复选框。

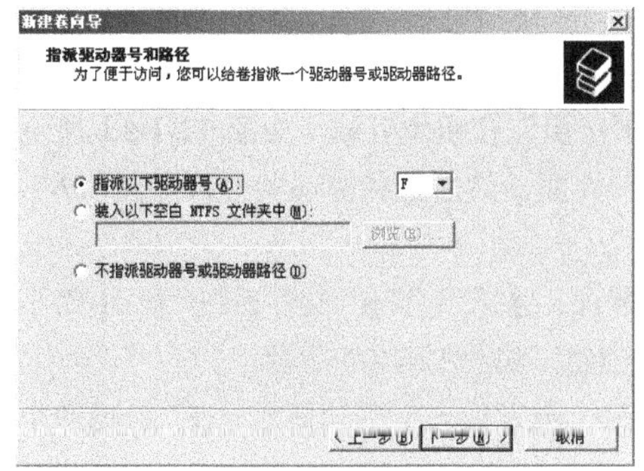

图12-1-27　“指派驱动器号和路径”界面

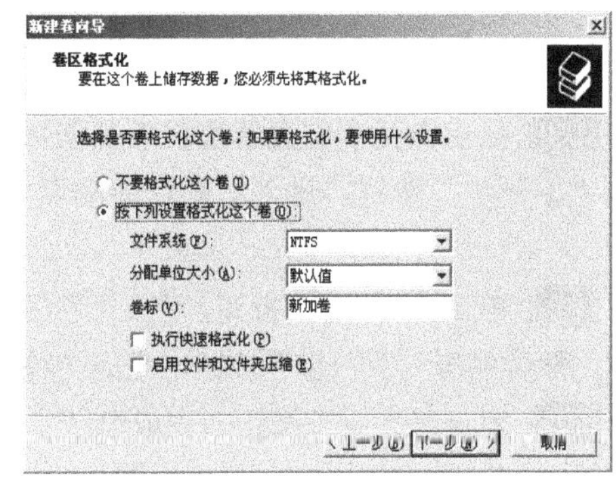

图12-1-28　“卷区格式化”界面

04 单击“下一步”按钮，弹出对话框，提示完成新建卷的创建，如图12-1-29所示，单击“完成”按钮，在“磁盘管理”区域可以看到格式化中的简单卷（F），如图12-1-30所示。

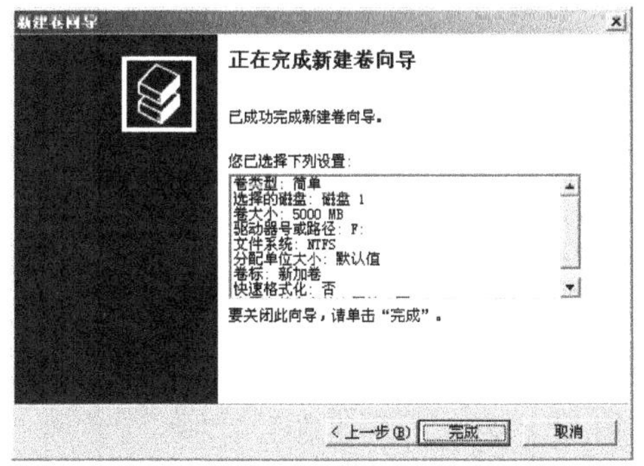

图12-1-29　完成新建简单卷的创建

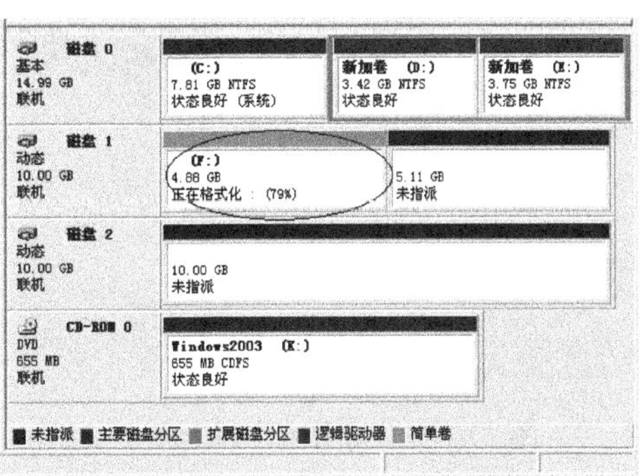

图12-1-30　完成的简单卷

第 2 步 创建“跨区卷”

如果需要创建卷，但又没有足够的未分配空间分配给单个磁盘上的卷，则可通过将来自多个磁盘的未分配空间的扇区合并到一个跨区卷来创建足够大的卷，具体操作方法如下。

01 在动态磁盘未分配的空间上右击，如前操作，进入“选择卷类型”界面，选择“跨区”单选按钮，如图 12-1-31 所示。

02 单击“下一步”按钮，进入“选择磁盘”界面，将可用“磁盘 2”添加到“已选的”磁盘列表中，如图 12-1-32 所示。

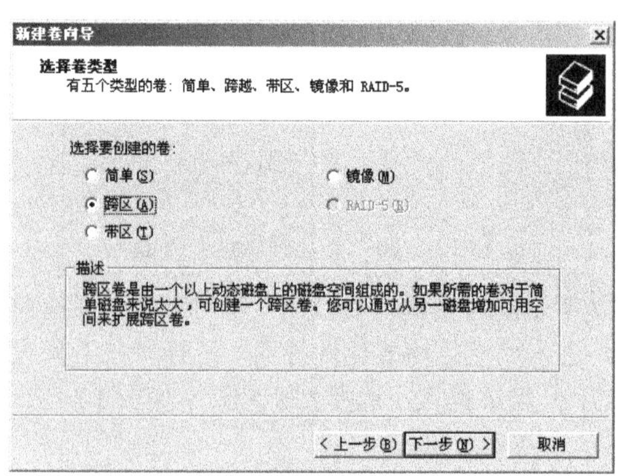

图 12-1-31 “选择卷类型”界面

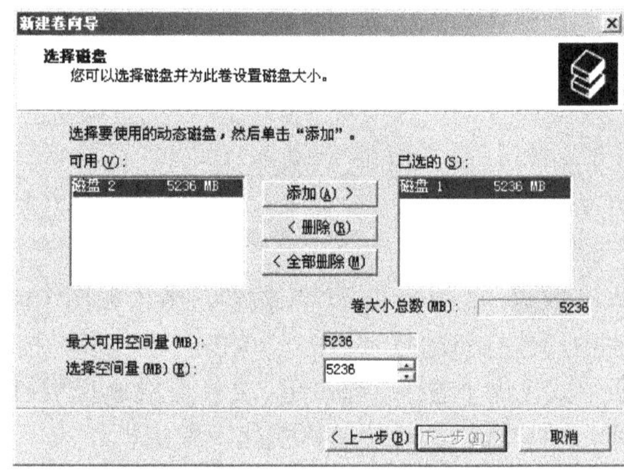

图 12-1-32 “选择磁盘”界面

03 只有当两个磁盘的空白卷都选择之后，“下一步”按钮才有效，如图 12-1-33 所示。单击“下一步”按钮，进入“指派驱动器号和路径”界面，然后选择驱动器号，如图 12-1-34 所示。

04 单击“下一步”按钮，进入“卷区格式化”界面，选择“NTFS”文件系统，如图 12-1-35 所示。然后单击“下一步”按钮，完成“跨区卷”的创建，如图 12-1-36 所示。

05 单击“完成”按钮，完成跨区卷的创建以后，会发现一个驱动器号“H”跨越两个磁盘“磁盘 1”和“磁盘 2”，效果如图 12-1-37 所示。

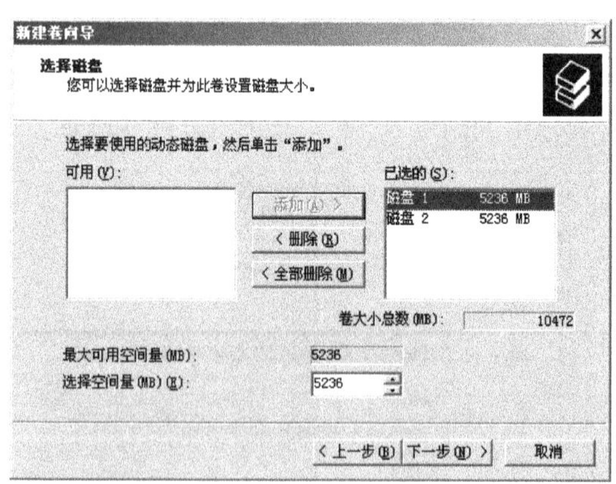

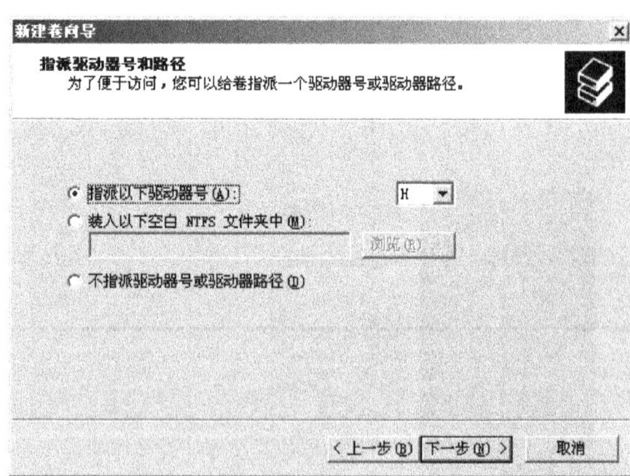

图 12-1-33 选择两个以上磁盘

图 12-1-34 “指派驱动器号和路径”界面

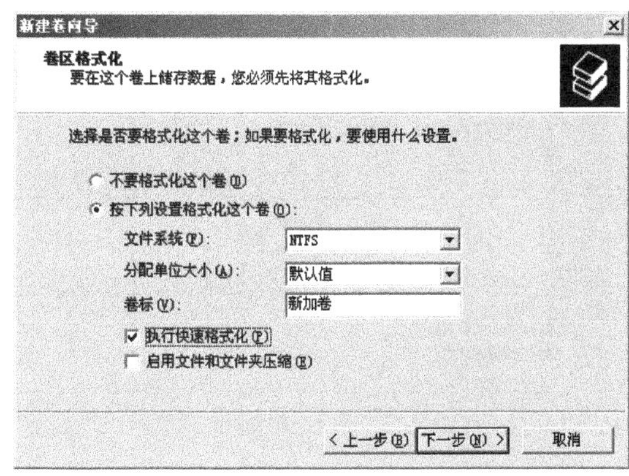

图 12-1-35 “卷区格式化”界面

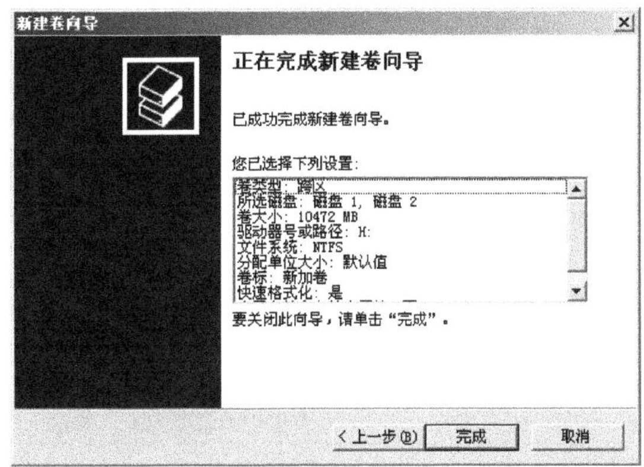

图 12-1-36 完成新建跨区卷的创建

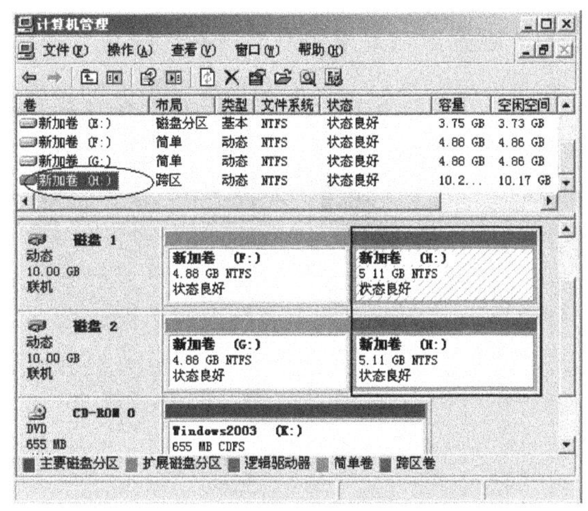

图 12-1-37 跨区卷效果图

第 3 步 创建“带区卷”

“带区卷”是通过将两个或更多磁盘上的可用空间区域合并到一个逻辑卷而创建的。“带区卷”使用 RAID 0，从而可以在多个磁盘上分布数据。“带区卷”不能被扩展或镜像，并且不提供容错。如果包含“带区卷”的其中一个磁盘出现故障，则整个卷无法工作，创建动态磁盘“带区卷”的具体操作方法如下。

01 在动态磁盘“磁盘 1”的未分配空间上右击，如前操作，进入“选择卷类型”界面，选择“带区”单选按钮，如图 12-1-38 所示。

02 单击“下一步”按钮，在弹出的对话框中，将“磁盘 2”选项添加到“已选的”磁盘列表中，如图 12-1-39 所示。

03 单击“下一步”按钮，进入“指派驱动器号和路径”界面，然后选择驱动器号，如图 12-1-40 所示。

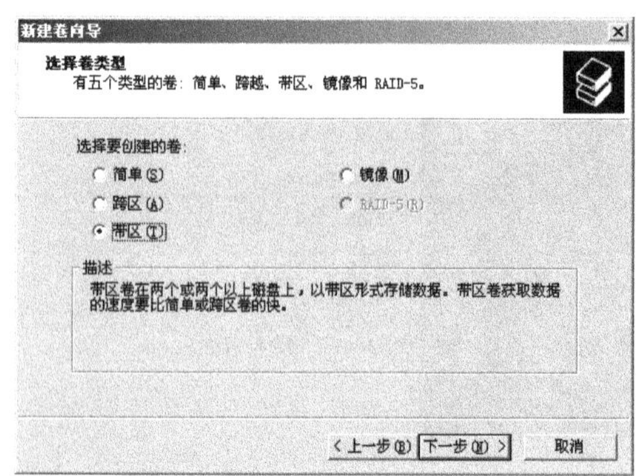

图 12-1-38　选择卷类型

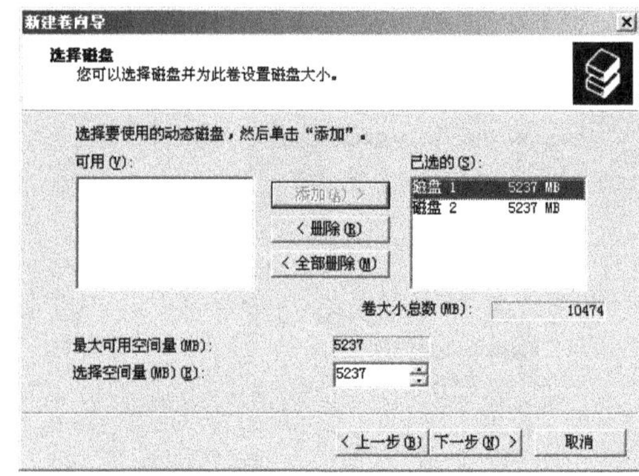

图 12-1-39　选择磁盘

04 按提示进行“下一步”操作，完成“带区卷”的创建以后，会发现一个驱动器号“I”跨越两个磁盘“磁盘 1”和“磁盘 2”，效果如图 12-1-41 所示。

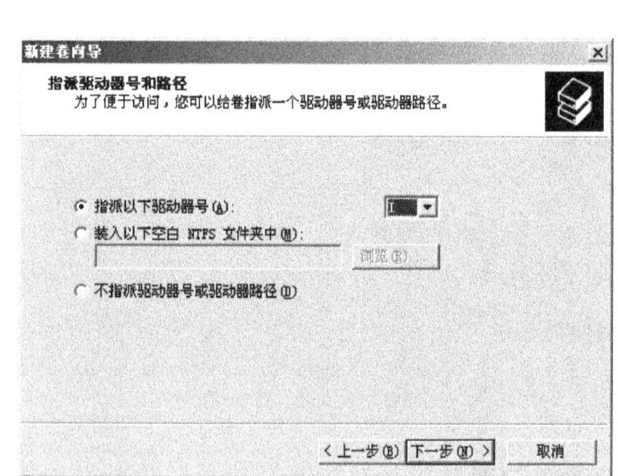

图 12-1-40　指派驱动器号和路径

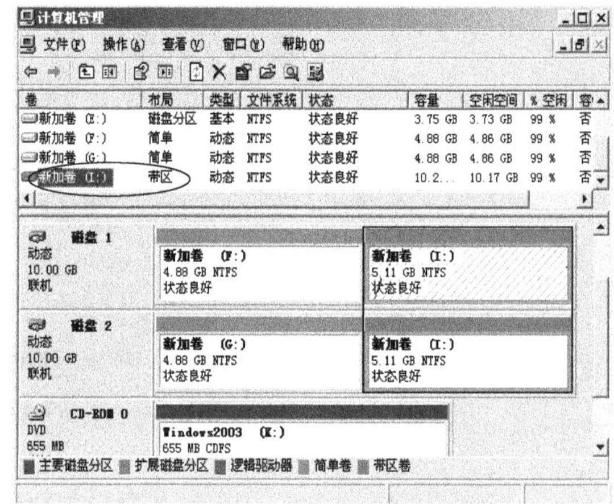

图 12-1-41　带区卷效果图

第 4 步　创建“镜像卷”

镜像卷是具有容错能力的卷，它通过使用卷的两个副本或镜像复制存储在卷上的数据。写入到镜像卷上的所有数据都会写入到位于独立的物理磁盘上的两个镜像中。如果其中一个物理磁盘出现故障，在该故障磁盘上的数据将不可用，但是系统可以使用未受影响的磁盘继续操作，创建动态磁盘“镜像卷”的具体操作方法如下。

01 在动态磁盘“磁盘 1”的未分配空间上右击，如前操作，进入“选择卷类型”界面，选择“镜像”单选按钮，如图 12-1-42 所示，单击“下一步”按钮。

02 进入“选择磁盘”界面，将可用“磁盘 2”选项添加到“已选的”磁盘列表中，如图 12-1-43 所示。

03 单击“下一步”按钮，进入“指派驱动器号和路径”界面，然后选择驱动器号，如图 12-1-44 所示。

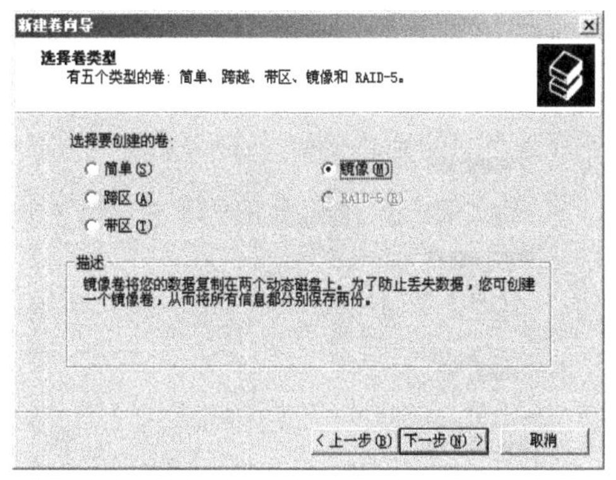

图 12-1-42　选择卷类型

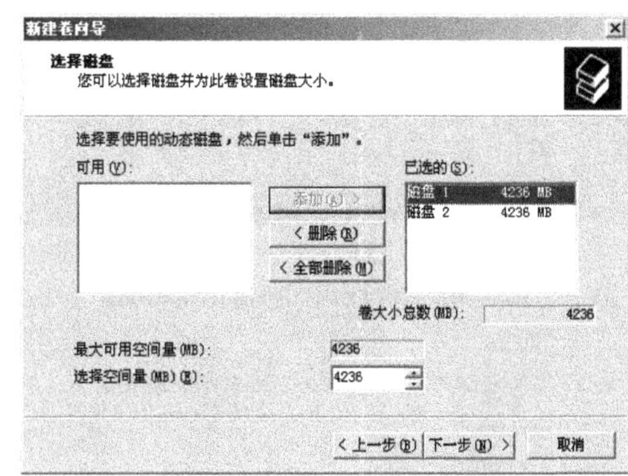

图 12-1-43　选择磁盘

04 按提示进行"下一步"操作，完成"带区卷"的创建以后，会发现一个驱动器号"J"跨越两个磁盘"磁盘 1"和"磁盘 2"。在镜像卷中，同一驱动器号的卷空间是一样大的，效果如图 12-1-45 所示。

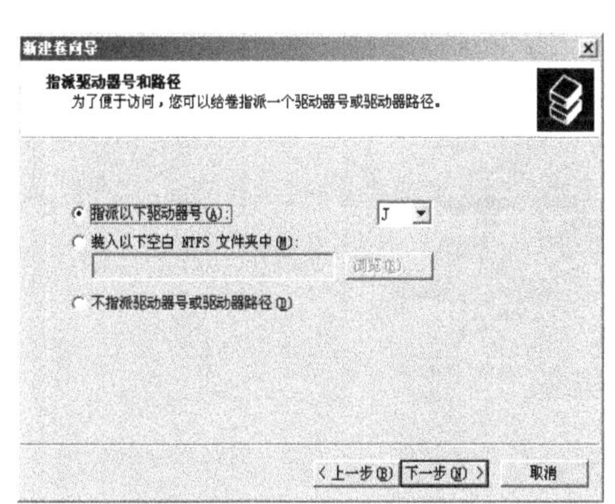

图 12-1-44　指派驱动器号和路径

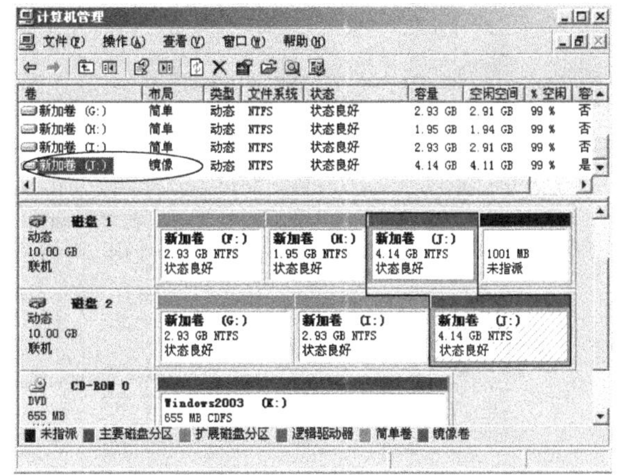

图 12-1-45　镜像卷效果图

第 5 步　添加镜像

任何现有的"简单卷"均可以镜像到其他动态磁盘上，只要该动态磁盘有足够的未分配空间。如果动态磁盘不具备足够未分配空间，则"添加镜像"命令不可用。操作方法如下。

01 在已经建立的"简单卷"（如"磁盘 2"的"简单卷 F"）上右击，在弹出的快捷菜单中选择"添加镜像"命令，如图 12-1-46 所示。

02 弹出"添加镜像"对话框，在该对话框中选择一个准备添加的卷（如"磁盘 1"4.88GB 未指派），如图 12-1-47 所示。通过"添加镜像"操作，将两个卷形成一个"镜像卷"，效果如图 12-1-48 所示。

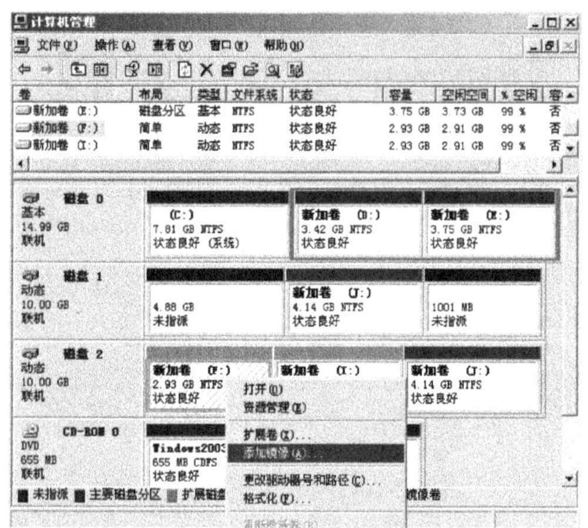

图 12-1-46 “添加镜像”命令

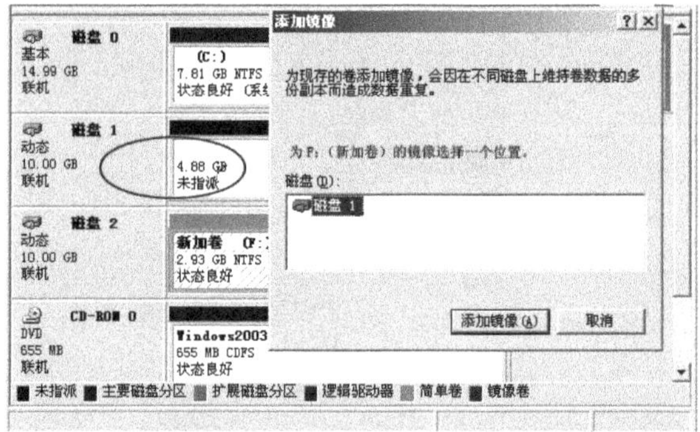

图 12-1-47 添加镜像磁盘

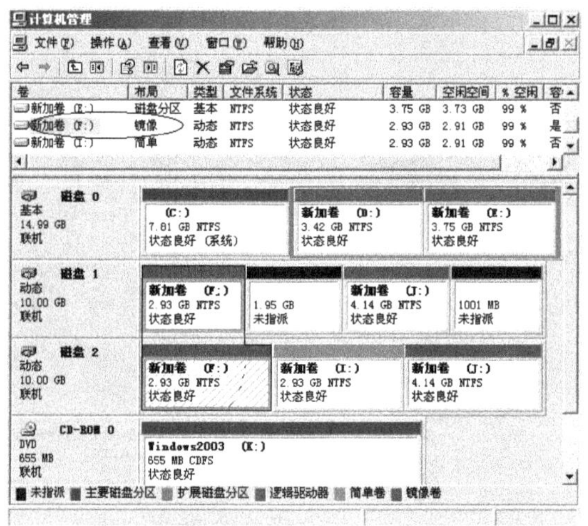

图 12-1-48 添加镜像效果图

第 6 步 中断镜像卷

中断镜像卷时，组成镜像卷的两个卷副本就会成为两个单独的简单卷，且这些卷不再具备容错能力。中断镜像卷时，一个卷的驱动器号仍然保留，同时将下一个可用的驱动器号分配给其他卷，操作方法如下。

01 在已经建立镜像的卷上右击，在弹出的快捷菜单中选择“中断镜像卷”命令，如图 12-1-49 所示。弹出“中断镜像卷”提示框，如图 12-1-50 所示，选择“是”按钮，将镜像卷中断。

02 镜像卷中断之后，形成两个独立的卷，“磁盘 2”的镜像卷“F”变成了简单卷“F”和“G”，效果如图 12-1-51 所示。

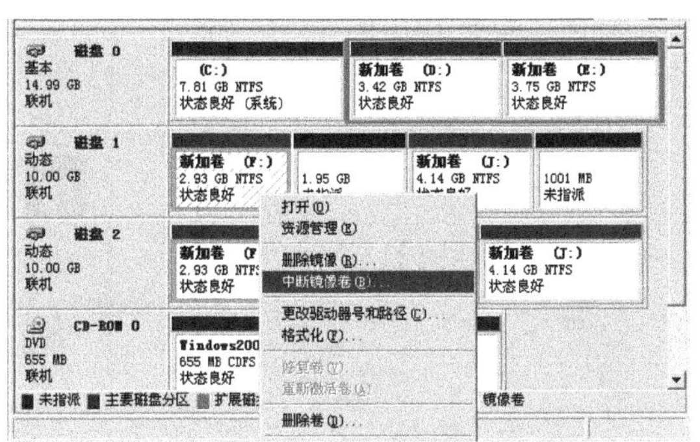

图 12-1-49 中断镜像卷

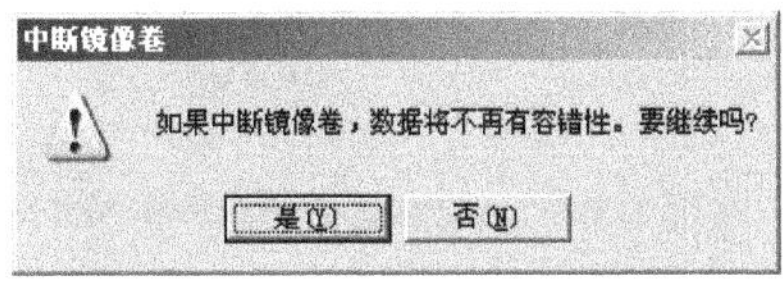

图 12-1-50 “中断镜像卷”提示框

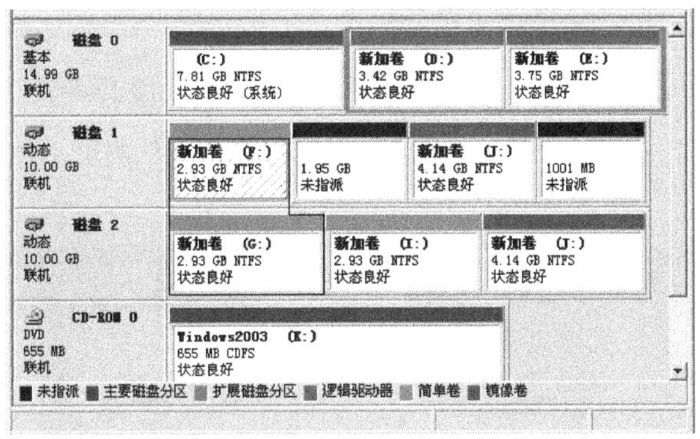

图 12-1-51 镜像卷中断后效果

第 7 步 创建“RAID 5 卷”

至少需要三个（但最多不能超过 32 个）动态磁盘才能创建一个 RAID 5 卷。RAID 5 卷具备容错能力，但需要为该卷额外增加一个磁盘。例如，如果使用三个 10GB 磁盘创建一个 RAID 5 卷，则该卷将拥有 20GB 的容量，剩余的 10GB 用于奇偶检验。创建动态磁盘“RAID 5 卷”的具体操作方法如下。

01 如图 12-1-52 所示，有三个动态磁盘（磁盘 1、磁盘 2、磁盘 3），并且三个磁盘都有未指派的磁盘空间。在动态磁盘“磁盘 1”的未分配空间上右击，如前操作，进入“选择卷类型”界面，选择“RAID-5”单选按钮，如图 12-1-53 所示。

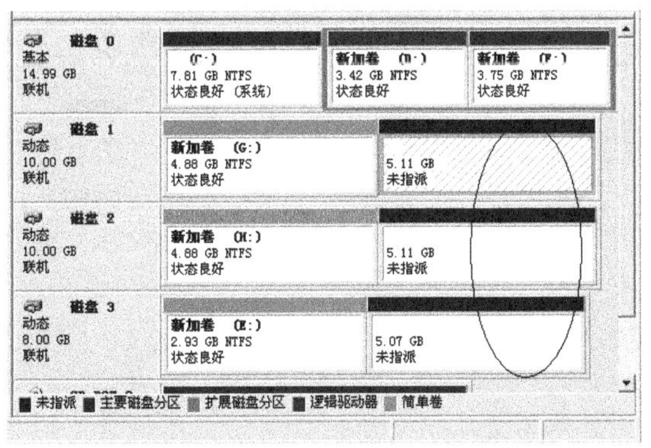

图 12-1-52 最少三个动态磁盘

02 单击“下一步”按钮，进入“选择磁盘”界面，如图 12-1-54 所示。将可用“磁盘 2”和“磁盘 3”选项添加到“已选的”磁盘列表中（最少添加三个活动磁盘），如图 12-1-55 所示。

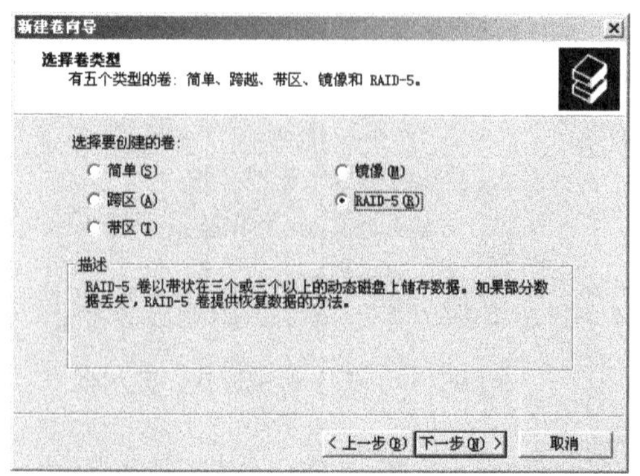

图 12-1-53　选择卷类型

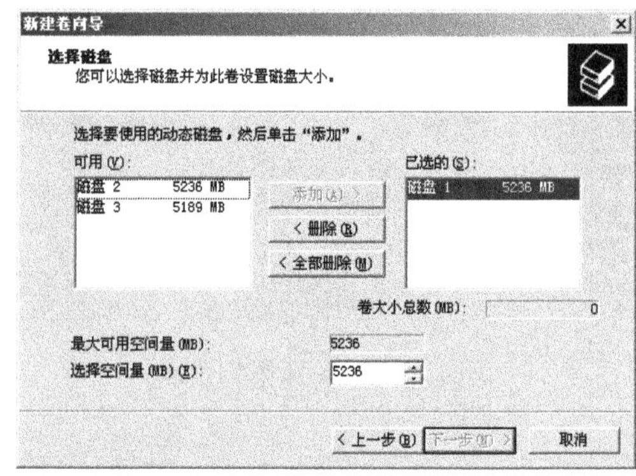

图 12-1-54　选择磁盘

03 单击“下一步”按钮，进入“指派驱动器号和路径”界面，然后选择驱动器号“I”，如图 12-1-56 所示。

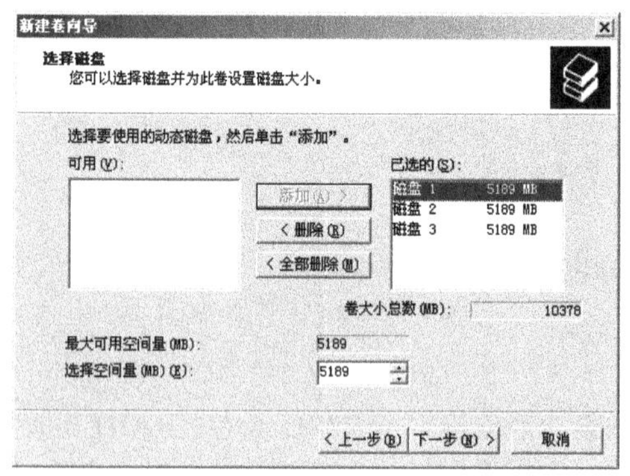

图 12-1-55　添加最少三个活动磁盘

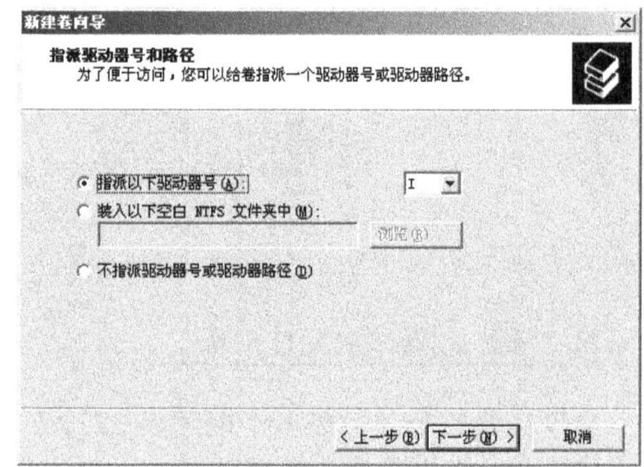

图 12-1-56　指派驱动器号和路径

04 按提示进行下一步操作，完成“带区卷”的创建以后，会发现一个驱动器号“I”跨越三个磁盘“磁盘 1”、“磁盘 2”和“磁盘 3”。在 RAID 5 卷中，同一驱动器号的卷空间是一样大的，效果如图 12-1-57 所示。

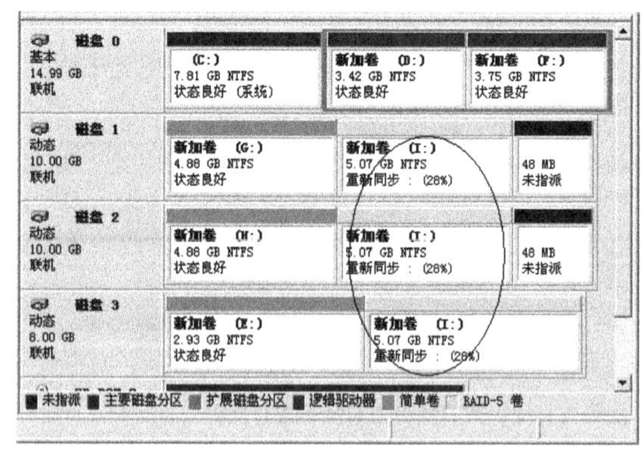

图 12-1-57　RAID 5 卷效果图

第 8 步　创建扩展卷

在使用的过程中，如果发现“简单卷”和“跨区卷”的空间太小，还需要增加空间，这时就可以采用“扩展卷”功能来增加卷大小，当然需要先保证其他磁盘上还有未分配的空间。具体操作方法如下。

01 在动态磁盘的一个卷（“磁盘 2”简单卷 H）上右击，在弹出的快捷菜单中选择“扩展卷”命令，如图 12-1-58 所示。

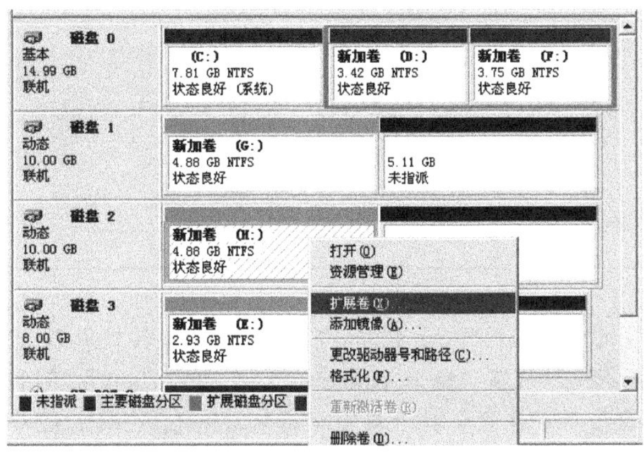

图 12-1-58　“扩展卷”命令

02 弹出“扩展卷向导”对话框，单击“下一步”按钮，在“选择磁盘”界面中选择含有未分配空间的可用磁盘“磁盘 3”，再单击“添加”按钮，如图 12-1-59 所示。

03 单击“下一步”按钮，在“完成扩展卷向导”界面中选择“磁盘 2”和“磁盘 3”选项作为扩展区域，然后单击“下一步”按钮，进一步完成“扩展卷”的操作，如图 12-1-60 所示。

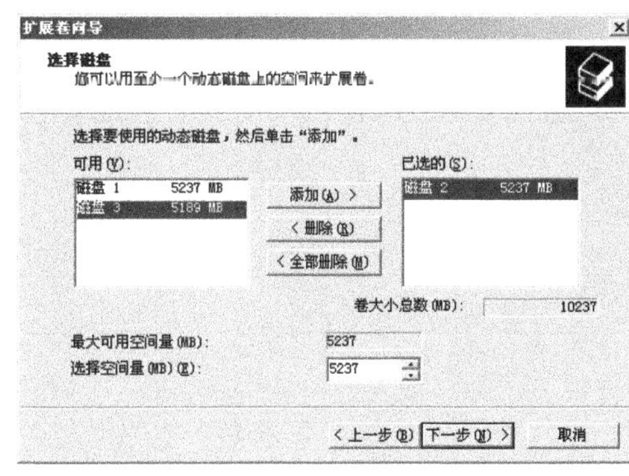

图 12-1-59　选择磁盘

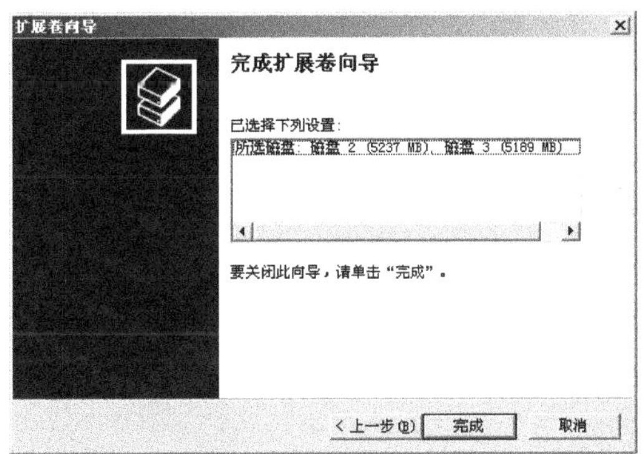

图 12-1-60　完成扩展卷向导

04 单击“完成”按钮，将三个卷形成一个“跨区卷 H”，效果如图 12-1-61 所示。

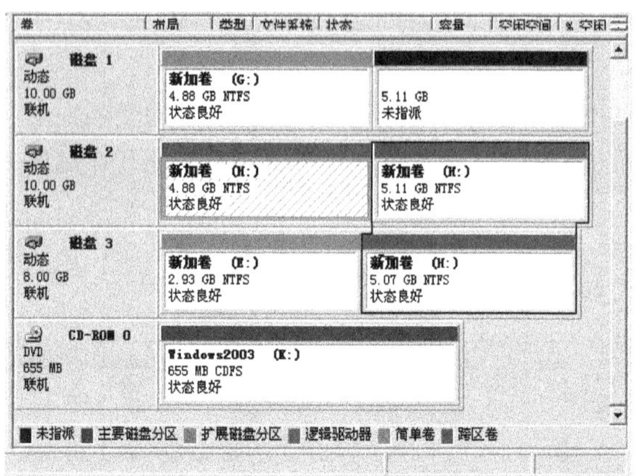

图 12-1-61　完成扩展卷效果

小贴士

安装系统后，运行 CONVERT.exe 程序，将已有的 FAT 转换成 NTFS，但是不能逆转。

命令格式：在命令提示符窗口输入 convert drive_letter:/fs:ntfs。例如，要把 D 盘的 FAT32 格式改变成 NTFS 格式，可在命令提示符窗口输入 convert d:/fs:ntfs。

1. 在一个 Windows XP 或 Windows Server 2003 系统中安装一台虚拟机 VMware。
2. 在虚拟机上安装 Windows Server 2003 系统，并在虚拟机上添加三个以上硬盘。
3. 练习创建硬盘分区（主分区和扩展分区）。
4. 练习基本磁盘与动态磁盘的相互转换。
5. 练习创建“简单卷”、“跨区卷”、“带区卷”、“镜像卷”、“RAID 5 卷”和“扩展卷”。
6. 练习删除和中断各种卷。

磁盘配额管理

◎ 任务描述

对于拥有共享文件夹写入权限的用户而言，默认情况下可以无限制地向共享文件夹中写入数据。这种任意性可能导致共享文件夹所在磁盘分区空间紧张，因此为了保证所有用户都能正常使用共享文件夹，要针对每个用户设置磁盘配额，设置磁盘配额后，可以限制用户有权使用的硬盘空间。本任务是学习磁盘配额的设置与管理，学习创建磁盘配额用户、设置用户磁盘配额和设置磁盘配额导出/导入到其他卷的方法。

◎ 任务目标

1. 理解磁盘配额的特点。
2. 掌握设置磁盘配额的过程。
3. 掌握磁盘配额设置导出到其他卷的方法。

◎ 设备工具

1. 一台安装了 Windows Server 2003 操作系统的计算机（作为磁盘配额服务器）。
2. 一台 Windows 客户机测试磁盘配额。

知识 磁盘配额的特点

1）Windows Server 2003 的磁盘配额是以卷为单位管理磁盘配额，必须在 NTFS 的卷上才可以实现该功能。

2）用户使用的磁盘配额是指在某卷上所有权是该用户的文件占用的磁盘容量的总和，与用户文件在卷上的位置无关。磁盘配额是以文件所有权为基础，一个用户获得 NTFS 卷上的文件所有权（读取、写入、完全控制），将占用其磁盘配额。

3）Windows Server 2003 的磁盘配额具有警戒和限制两个磁盘配额级别，并且允许只跟踪每个用户的磁盘空间使用情况，而不限制用户的配额。

试想，如果任何人都可以随意占用服务器的硬盘空间，那么，服务器硬盘空间能够支撑多久？所以限制和管理用户空间是非常重要的。Windows Server 2003 中的磁盘配额功能，就能够简单高效地实现这个功能，与其他配额软件相比，它更有“原装”优势。

磁盘配额管理器根据网络系统管理员设置的标准跟踪对被保护卷的写操作，如果被保护卷达到或者超过了某一级别，写卷的人就会收到信息，警告他该卷已经接近配额了，或者磁盘配额管理器将阻止用户向该卷写入数据，或者两者兼有。Windows Server 2003 的磁盘配额管理是根据用户标识和用户存放信息的文件夹进行的，所以通过磁盘配额管理不仅可以控制一个用户所用空间的大小，而且可以控制用户使用空间的位置。

为访问服务器资源的客户端设置磁盘配额，可以限制一次性访问服务器资源的空间数量。其目的就是防止某个客户端过量地占用服务器和网络资源，导致其他客户端无法访问服务器和使用网络，设置磁盘配额的操作方法如下。

活动 1 磁盘配额设置

01 在计算机管理中创建一个用户“a”，如图 12-2-1 所示。

02 在需要设置磁盘配额的 NTFS 格式卷上右击，在弹出的快捷菜单中选择“属性”命令，弹出“属性”对话框，选择“共享”选项卡，然后设置磁盘共享，如图 12-2-2 所示。

03 选择“安全”选项卡，添加“Everyone”用户，表示共享对全部用户和管理员可用，如图 12-2-3 所示。

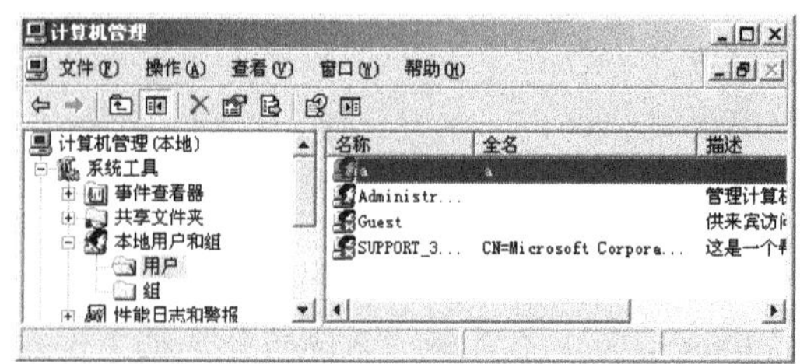

图 12-2-1　创建用户

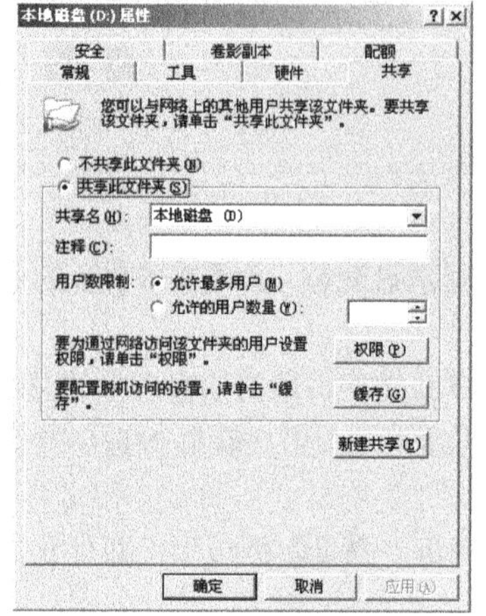

图 12-2-2　设置磁盘共享

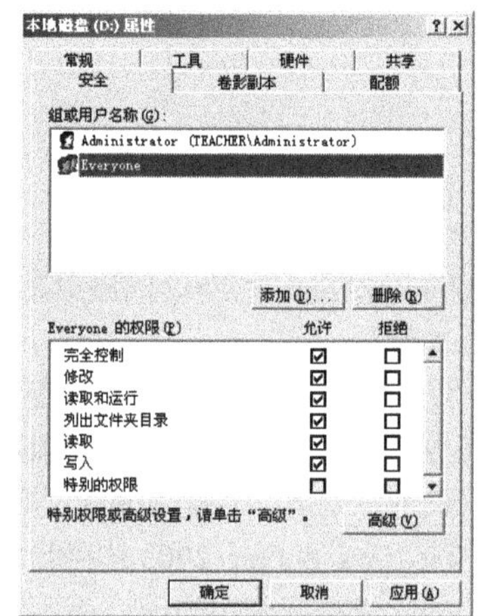

图 12-2-3　设置 Everyone 用户权限

04 选择“配额”选项卡，然后对磁盘进行配额设置，勾选“启用配额管理”和“拒绝将磁盘空间给超过配额限制的用户”复选框，再设置磁盘空间限制大小和警告等级，如图 12-2-4 所示。单击“确定”按钮，弹出“磁盘配额”提示框，如图 12-2-5 所示。

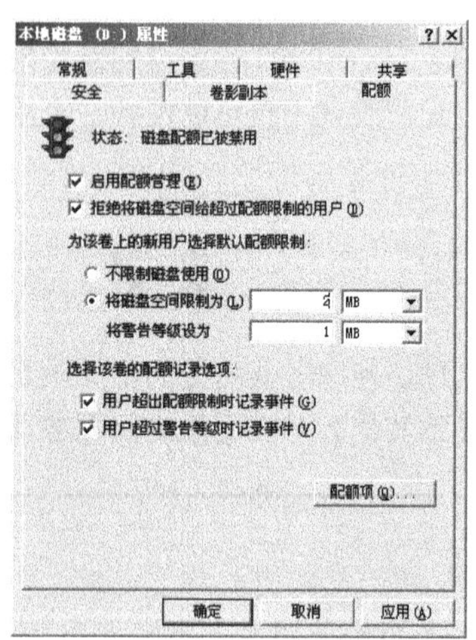

图 12-2-4　启用配额管理

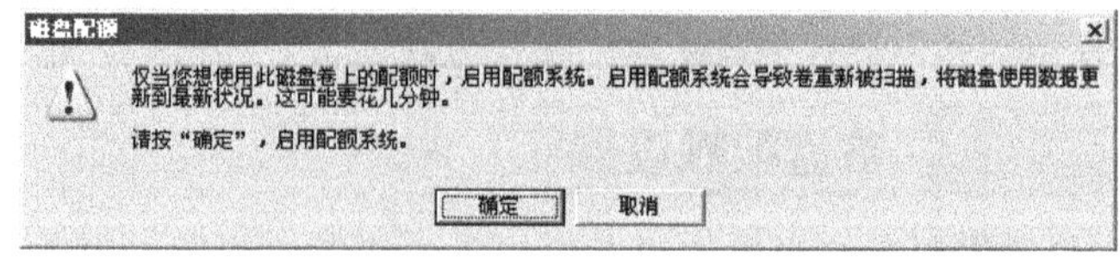

图 12-2-5　启用配额提示

05 设置磁盘配额，再单击“配额项”按钮，打开“配额项”窗口，通过该窗口来管理配额项，可以进行“新建配额项”、“删除配额项”等操作，本次选“新建配额项”命令，如图 12-2-6 所示。

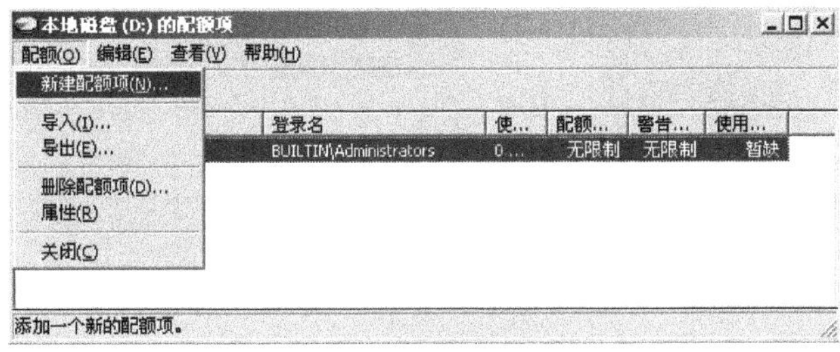

图 12-2-6　新建配额项

06 弹出“选择用户”对话框，如图 12-2-7 所示，单击“高级”按钮，弹出如图 12-2-8 所示的对话框，单击“立即查找”按钮，开始搜索计算机中的用户，然后选择“a”用户，单击“确定”按钮。

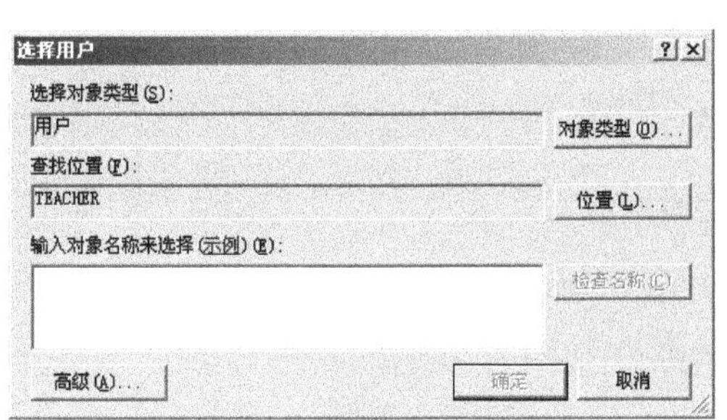

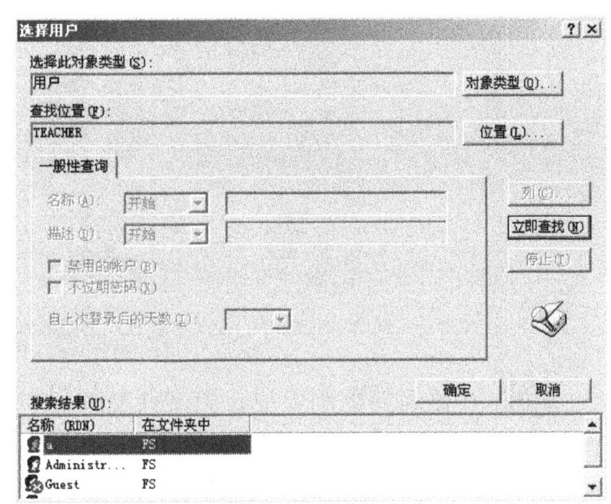

图 12-2-7　查找磁盘配额用户　　　　图 12-2-8　选择磁盘配额用户

07 在随后的界面中确认对象类型和查找位置无误后，再次单击“确定”按钮，如图 12-2-9 所示。

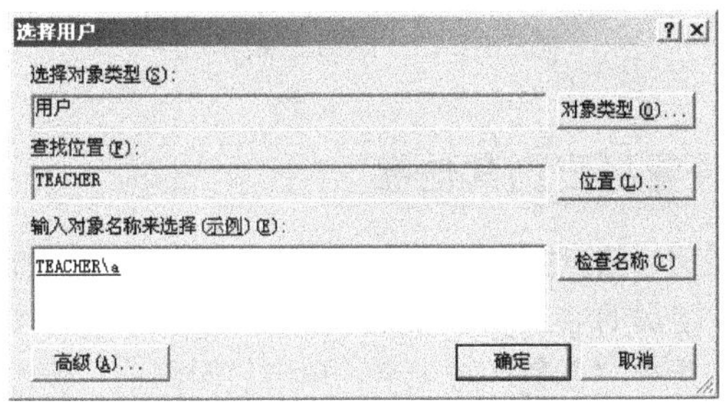

图 12-2-9　确认磁盘配额用户

08 在弹出的“添加新配额项”对话框中，选择“将磁盘空间限制为”单选按钮，在其后文本框中输入“5”，设置磁盘的配额限制为“5MB”，将警告等级设为“3MB”，如图 12-2-10 所示，再单击“确定”按钮，在磁盘的配额项中出现如图 12-2-11 所示的一条配额项。

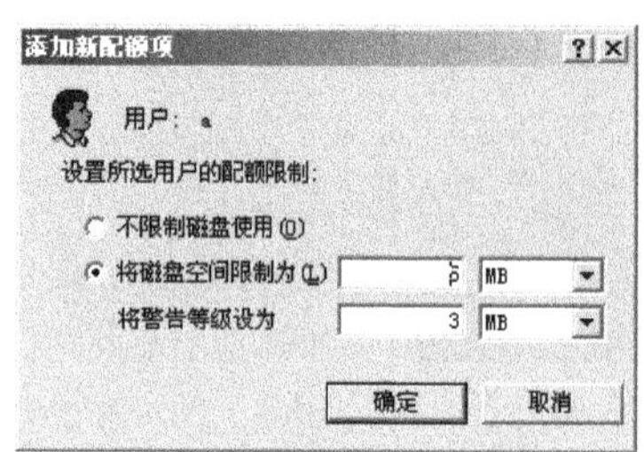

图 12-2-10　设置用户 a 配额限制

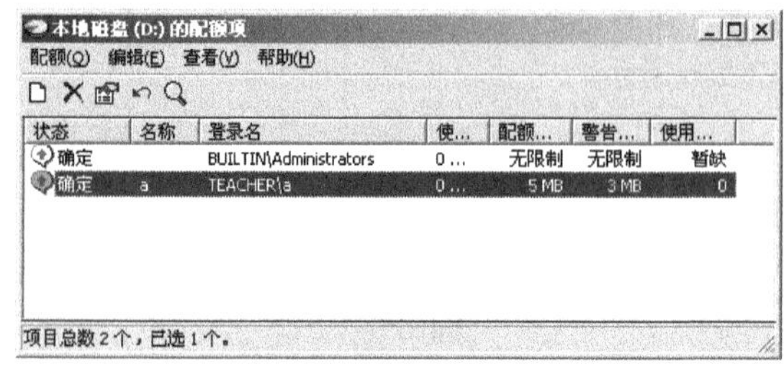

图 12-2-11　完成设置的配额项

09 磁盘配额测试：在另一台计算机访问共享的 D 磁盘，上传 5MB 以上的文件，当上传文件超过 5MB 时，弹出如图 12-2-12 所示的“复制文件或文件夹时出错”提示框，说明磁盘配额设置成功。

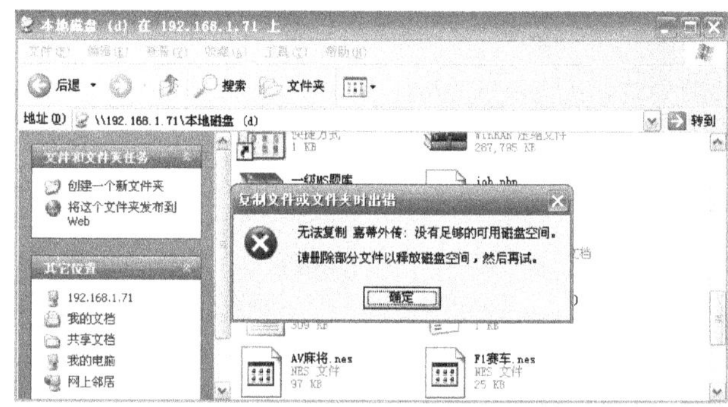

图 12-2-12　测试磁盘配额

10 在磁盘的配额项中，当文件复制到 3MB 时会出现警告提示，如图 12-2-13 所示。

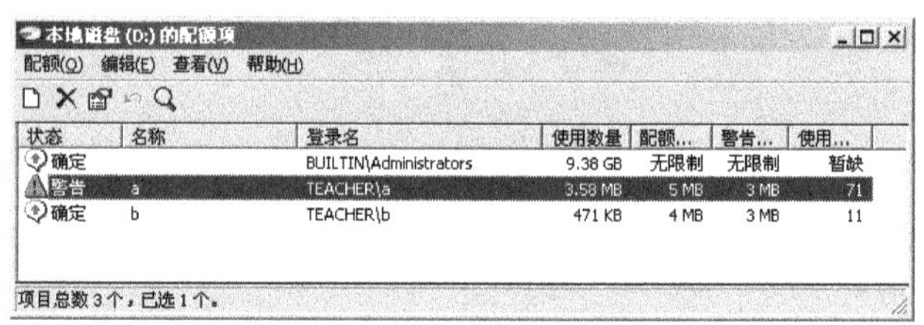

图 12-2-13　磁盘配额警告

活动 2　将磁盘配额设置导出到其他卷

磁盘配额设置可用于在不同的卷之间导入和导出，这样可以避免重复设置，操作方法如下。

01 在已经设置磁盘配额的卷上右击，在弹出的快捷菜单中选择“属性”命令，弹出“属性”对话框，在该对话框中选择“配额”选项卡，单击“配额项”按钮，在打开的“配额项”窗口中右击需要导出配额设置的卷，在弹出的快捷菜单中选择“导出”命令，如图 12-2-14 所示。

02 弹出“导出配额设置”对话框，在对话框中输入文件名并保存，如图 12-2-15 所示。

03 在另一个卷上打开“属性”对话框，选择“配额”选项卡，单击“配额项”按钮，如图 12-2-16 所示。

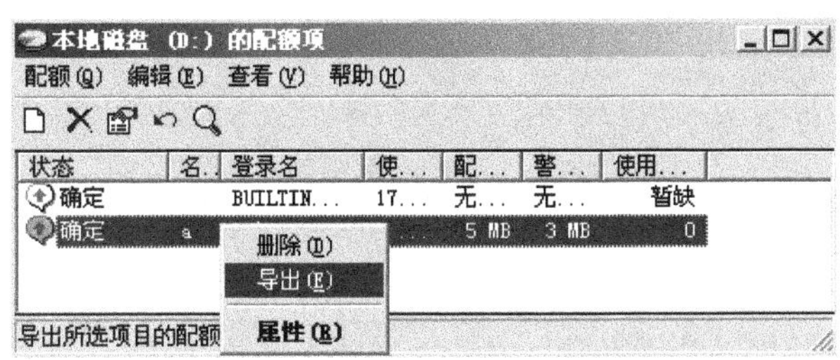

图 12-2-14 导出磁盘配额设置

04 打开“配额项”窗口，选择“配额→导入”命令，如图 12-2-17 所示。弹出“导入配额设置”对话框，选择配额文件“D 磁盘配额”，导入磁盘配额设置，如图 12-2-18 所示。

图 12-2-15 保存导出磁盘配额设置

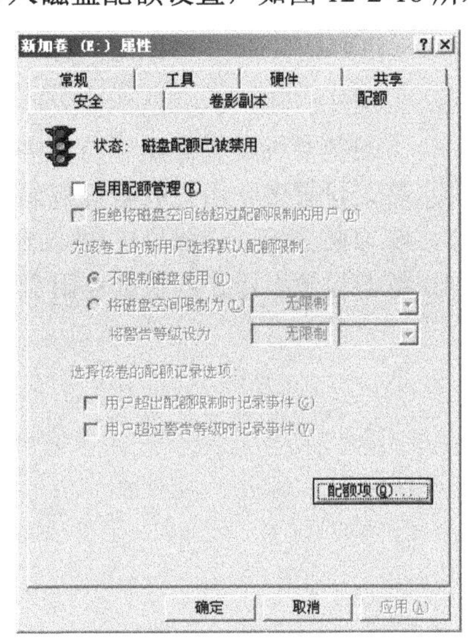

图 12-2-16 “配额”选项卡

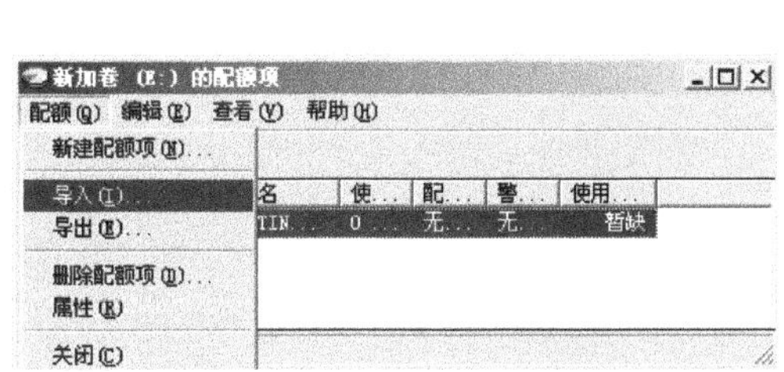

图 12-2-17 导入磁盘配额设置

图 12-2-18 选择磁盘配额设置文件

05 在磁盘 E 导入“D 磁盘配额”文件后，在 E 磁盘的配额项中增加一条配额项，如图 12-2-19 所示。

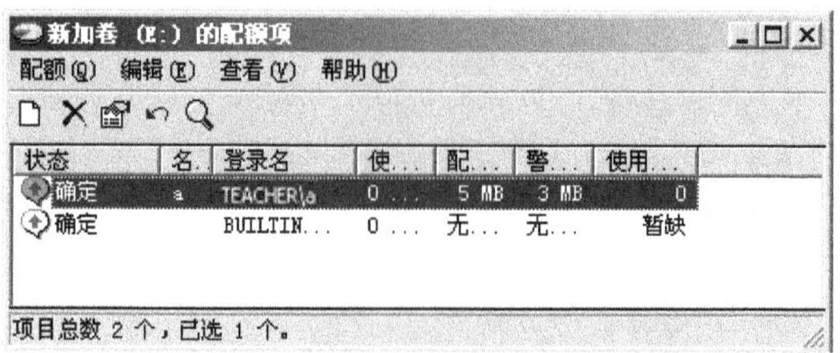

图 12-2-19　完成导入磁盘配额设置

1. 练习把要设置磁盘配额的卷格式化成 NTFS 格式。
2. 练习设置多个用户的磁盘配额。
3. 练习磁盘配额设置导出/导入到其他卷。
4. 练习设置多用户的权限和限额。

项目13 文件服务器的搭建与配置

◎ **项目导读**

本项目主要学习文件的共享权限和分布式文件系统（DFS）的设置，通过学习 Windows Server 2003 中分布式文件系统（DFS），将分散的网络资源逻辑地整合到文件服务器中，简化访问者的访问，同时通过设置也能实现数据在多个服务器上的同步。

◎ **能力目标**

- 能进行文件的共享和用户权限的设置。
- 能配置高级共享应用分布式文件系统（DFS）。
- 能按实际应用环境搭建文件共享服务器。

任务 13.1 文件共享权限的设置

◎ 任务描述

随着企业的发展，利用计算机进行信息化管理变得越来越重要，员工进行计算机协同工作时，很多文件、资料需要共享。然而普通的共享方式对于很多信息是不安全的，因此我们需要对共享的权限进行控制，让不同身份的用户对文件夹、文件具有不同的访问权限。

◎ 任务目标

1. 掌握文件共享和用户权限的设置。
2. 掌握创建隐含共享文件夹和删除共享的方法。
3. 掌握管理本地计算机所有共享的方法。

◎ 设备工具

1. 一台安装有 Windows Server 2003 操作系统的计算机（作为共享服务器）。
2. 一台安装有 Windows 操作系统的计算机（作为测试的客户端）。

知识 共享权限与 NTFS 权限

共享权限是基于文件夹的，也就是说用户只能够在文件夹上设置共享权限；NTFS 权限是基于文件的，用户既可以在文件夹上设置，也可以在文件上设置。共享权限只有当用户通过网络访问共享文件夹时才起作用，如果用户是本地登录计算机，则共享权限不起作用。NTFS 权限指无论用户是通过网络还是本地登录使用文件都会起作用，只不过当用户通过网络访问文件时会与共享权限联合起作用，取最严格的权限设置。

【情境】共享权限设置实训环境的拓扑结构，如图 13-1-1 所示。

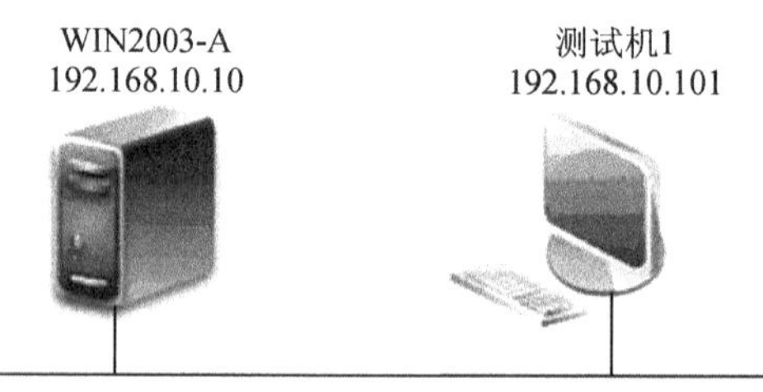

图 13-1-1 共享权限设置实训环境的拓扑结构

活动 1 文件共享设置

第 1 步 设置共享文件夹

01 以管理员身份在逻辑盘创建一个文件夹，命名为 share，在文件夹 share 下新建测试文档“共享测试.txt”如图 13-1-2 所示。

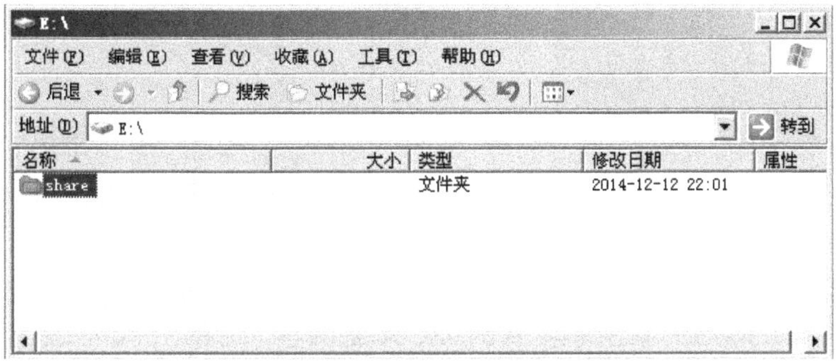

图 13-1-2 创建共享文件夹

02 右击文件夹 share，在弹出的快捷菜单中选择“共享和安全”命令，如图 13-1-3 所示。

03 在弹出的“share 属性”对话框中选择“共享”选项卡，选择“共享此文件夹”单选按钮，共享名为“share”，注释“共享测试”（注释可以不填），允许的用户数量为“10”，如图 13-1-4 所示。

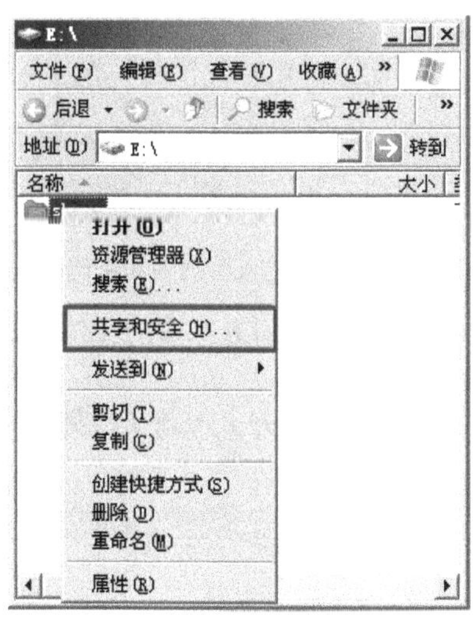

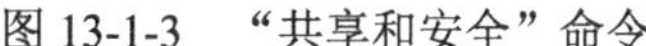

图 13-1-3 “共享和安全”命令

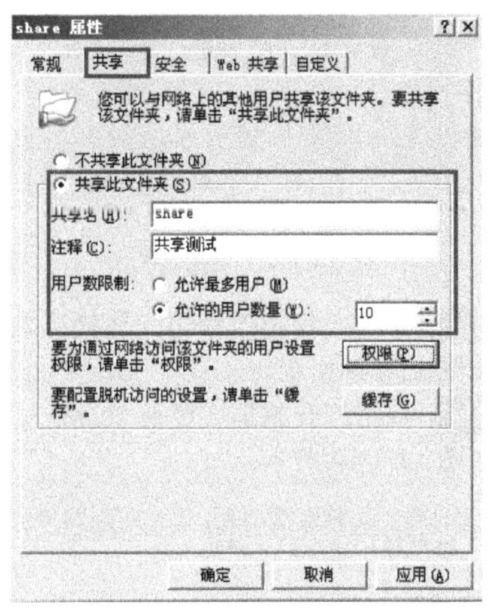

图 13-1-4 “share”属性设置

04 单击“权限”按钮，设置通过网络访问该文件夹的用户的权限，弹出如图 13-1-5 所示对话框，选中 Everyone 用户，设置权限为“更改”和“读取”，共享文件夹就可以在网络中被读取和修改了。

05 文件夹设置共享后，该共享文件夹的图标会发生变化，如图 13-1-6 所示。

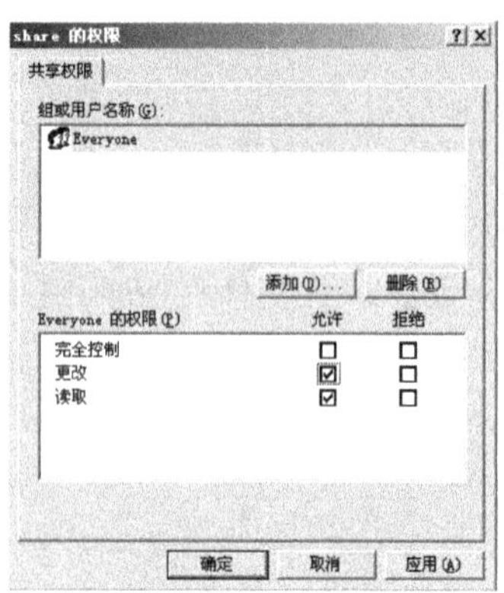

图 13-1-5　共享权限

图 13-1-6　设置共享的文件夹

第 2 步　测试“share”共享

01 从 Windows XP 系统访问 WIN2003-A 的共享，选择“开始→运行”命令，输入 WIN2003-A 的 IP 地址，如图 13-1-7 所示。

02 单击“确定”按钮，弹出连接共享服务器对话框，在连接对话框中输入用户名和密码（如果 WIN2003-A 管理员没有设置密码，这里是不能登录的，因此要提前设置好密码），如图 13-1-8 所示。

图 13-1-7　“运行”

图 13-1-8　输入用户名和密码

03 单击“确定”按钮，连接到共享服务器，可以看到服务器所有共享的文件夹或逻辑盘，如图 13-1-9 所示。

04 双击打开共享文件夹 share，就能看到“共享测试”文件，并上传新文档测试修改权限，如图 13-1-10 所示。

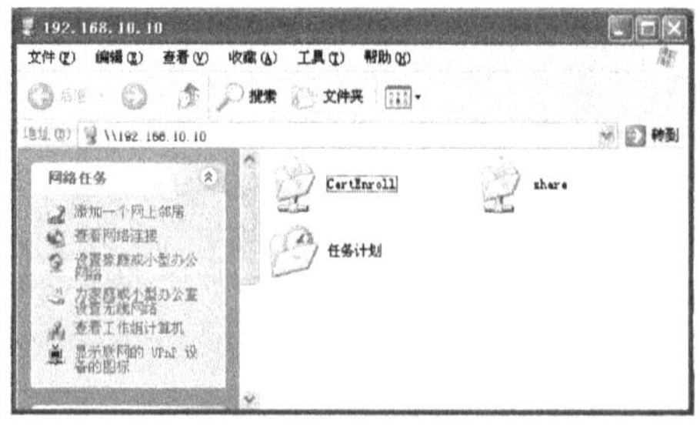

图 13-1-9　访问共享服务器

图 13-1-10　共享测试

活动 2　设置文件夹隐藏共享

01 一个文件夹可以使用多个共享名共享，并设置不同的共享权限。继续在 WIN2003-A 上右击 E 磁盘下的文件夹 share，打开文件夹属性对话框，选择“共享”选项卡，如图 13-1-11 所示。

02 如果不想共享的文件夹在网络上被看到，可以设置隐藏共享。隐藏共享只需要在共享后面添加“$”符号即可。单击“新建共享”按钮，在弹出的对话框中输入共享名“yincang$”，同样也可以设置用户数量和权限，这里不做设置，单击“确定”按钮，如图 13-1-12 所示。

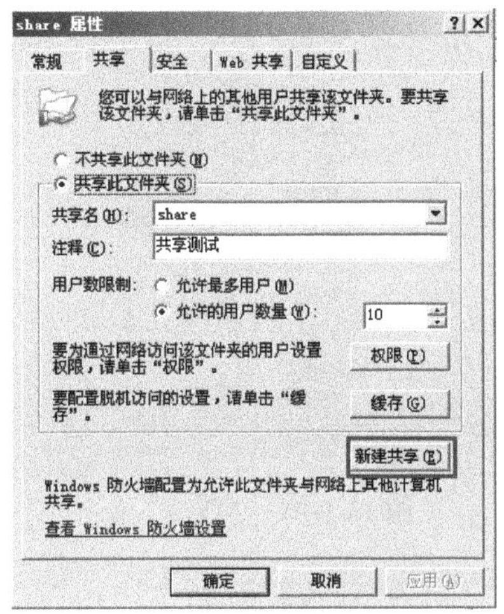

图 13-1-11　share 属性

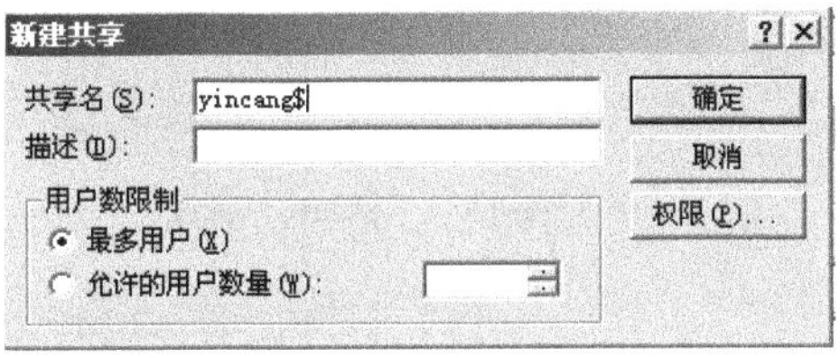

图 13-1-12　隐藏共享

03 测试隐藏共享：在 Windows XP 系统中访问“\\192.168.10.10”，看不到文件夹“yincang$”，效果如图 13-1-13 所示。

04 访问隐藏文件夹时，要输入隐藏文件夹的名称才能访问，在 Windows XP 系统中访问“\\192.168.10.10\yincang$”，就会看到“yincang$”文件夹中的内容，如图 13-1-14 所示。

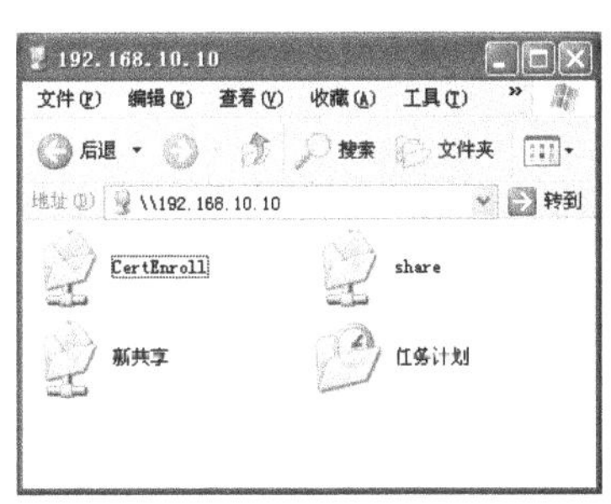

图 13-1-13　访问共享服务器

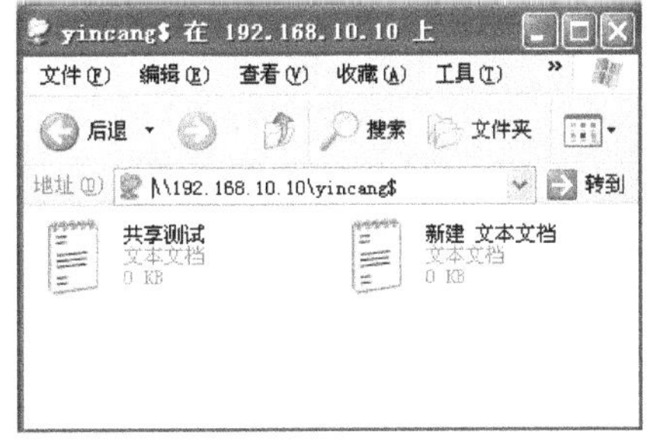

图 13-1-14　访问隐藏共享

活动 3　删除共享文件夹

删除共享有多种方法，这里重点介绍两种常用的方法。

1）如果一个文件夹有多个共享且需要删除其中一个，那么在图 13-1-15 中先选中要删除的共享，如这里的“新共享”，单击“删除共享”按钮，再单击“确定”按钮。如果要删除全部共享，直接选择“不共享此文件夹”单选按钮，再单击“确定”按钮，共享删除。

2）右击“我的电脑”，在弹出的快捷菜单中选择“管理”命令，如图 13-1-16 所示。在“计算机管理”窗口中展开“系统工具→共享文件夹→共享”，就能看到所有的共享文件夹，右击需要删除共享的选项，在弹出的快捷菜单中选择“停止共享”命令即可停止共享，如图 13-1-17 所示。

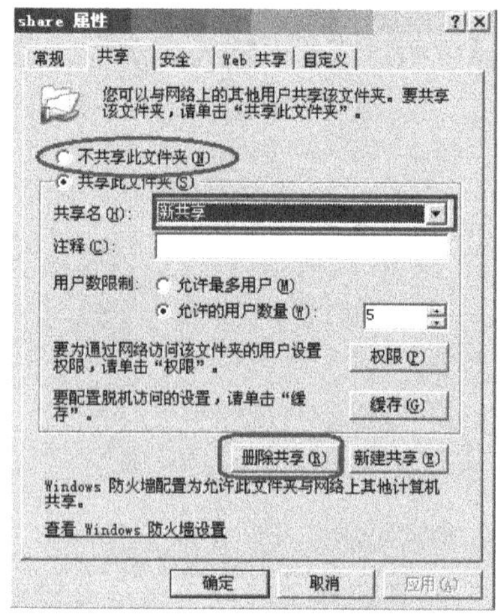

图 13-1-15 “share”属性

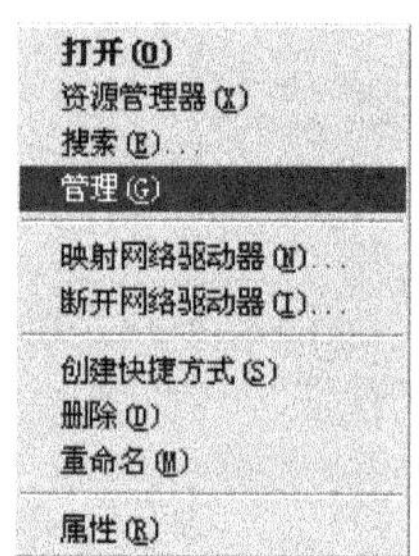

图 13-1-16 “管理”命令

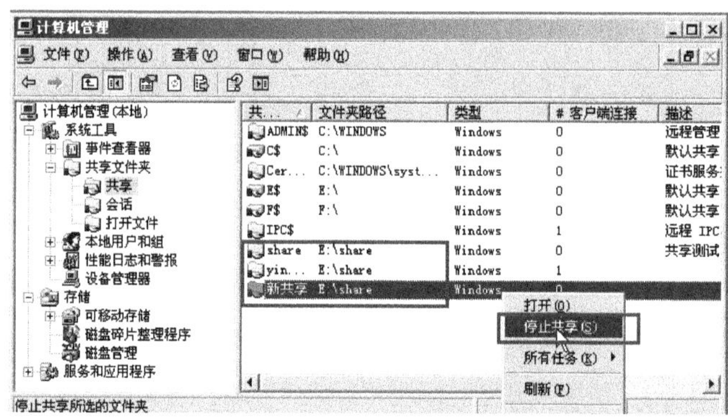

图 13-1-17 计算机管理删除共享

活动 4 映射网络驱动器

如果共享需要经常访问，为了方便可以将共享的文件夹映射到网络驱动器，就可以像磁盘一样打开。

01 在已经共享的文件夹上右击，在弹出的快捷菜单中选择“映射网络驱动器”命令，如图 13-1-18 所示。

02 在映射网络驱动器中，选择“Z：”盘作为映射，同时勾选“登录时重新连接”复选框。然后单击“完成”按钮，如图 13-1-19 所示，完成映射网络驱动器设置。

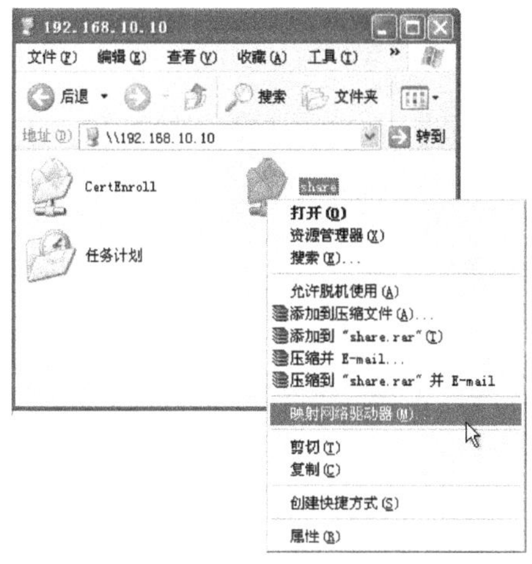

图 13-1-18　右击 share

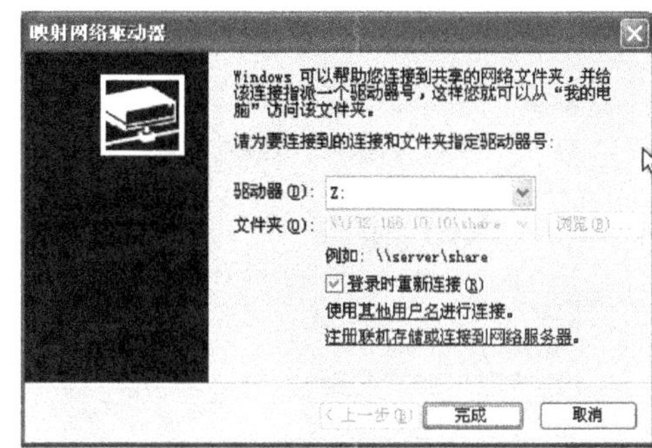

图 13-1-19　映射网络驱动器

03 映射完成后，双击"我的电脑"图标，就能看到所映射的硬盘"Z:"盘，如图 13-1-20 所示。

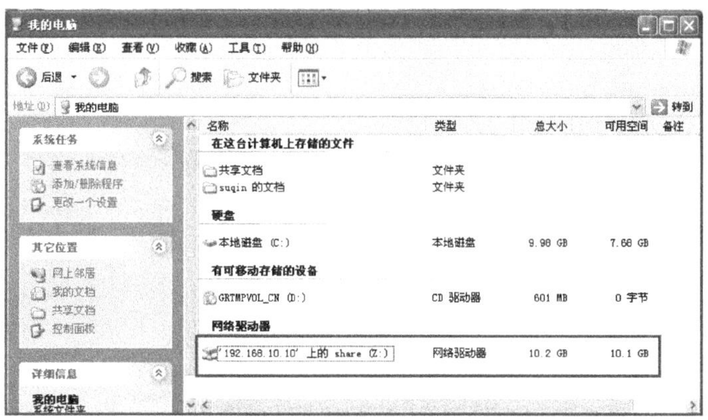

图 13-1-20　磁盘映射完成

活动 5　设置计算机用户权限

第 1 步　设定活动情境（特定用户访问特定共享文件夹）

本活动情境如下。

1）在 D 盘创建 share 文件夹，并在 share 文件夹中创建 AAA、BBB 和 CCC 文件夹。

2）创建 aaa、bbb 和 ccc 三个计算机用户。要求：只有 aaa 用户能访问 AAA 文件夹，只有 bbb 用户能访问 BBB 文件夹，只有 ccc 用户能访问 CCC 文件夹。

第 2 步　用户权限的设置

01 把 D 盘转换或格式化为 NTFS 格式，如图 13-1-21 所示。在 D 盘创建 share 文件夹，并在 share 文件夹中创建 AAA、BBB 和 CCC 文件夹，如图 13-1-22 所示。

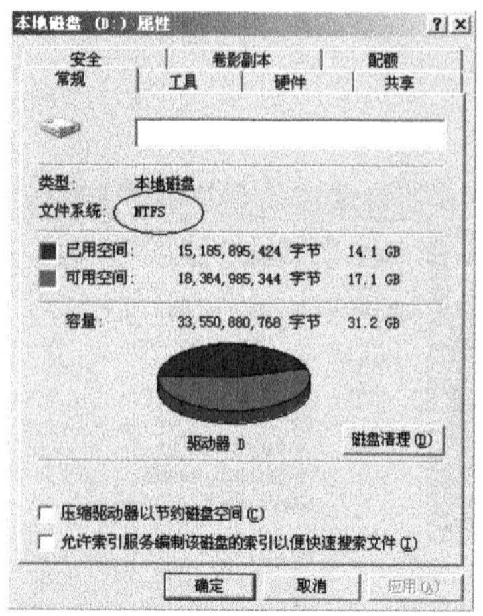

图 13-1-21　磁盘为 NTFS 格式

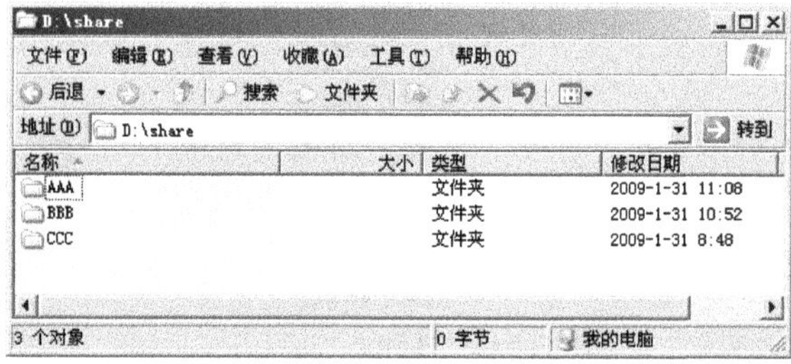

图 13-1-22　创建文件目录

02 设置 share 文件共享：在该文件夹属性对话框中选择“共享”选项卡，选择“共享该文件夹”单选按钮，表示该文件设置了共享，如图 13-1-23 所示。选择“安全”选项卡，删除全部默认用户权限，如图 13-1-24 所示。“组或用户名称”列表框为空，表示该文件夹不能被任何用户访问。

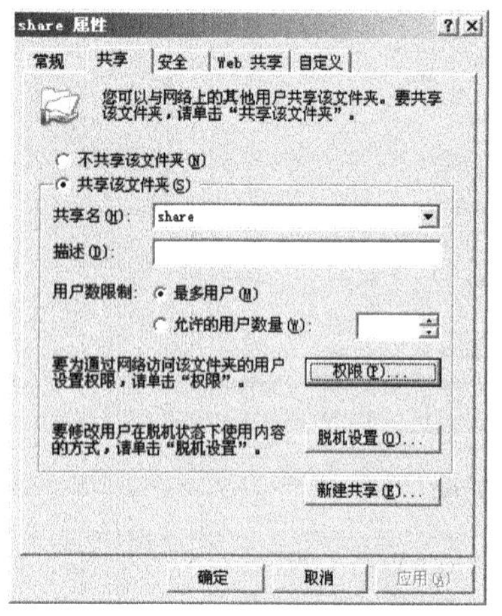

图 13-1-23　设置文件夹共享

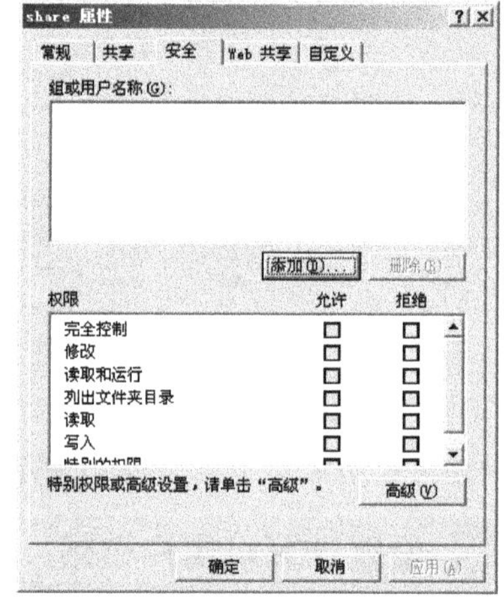

图 13-1-24　文件夹安全属性

03 添加安全访问用户：单击“添加”按钮，弹出“选择用户或组”对话框，如图 13-1-25 所示。单击“高级”按钮，选择 Everyone 组，如图 13-1-26 所示。

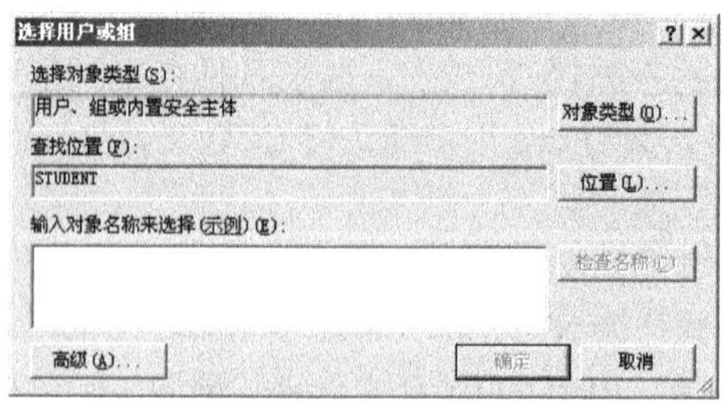

图 13-1-25　“选择用户或组”对话框

04 选择 Everyone 权限：在“Everyone 的权限”列表中选择允许“列出文件夹目录”选项，如图 13-1-27 所示。

05 设置 AAA 文件夹的属性：在“共享”选项卡中选择“不共享该文件夹”单选按钮，如图 13-1-28 所示。

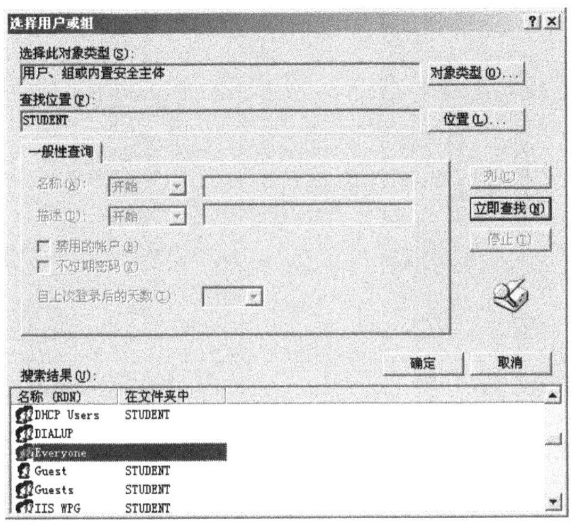

图 13-1-26　选择 Everyone 组

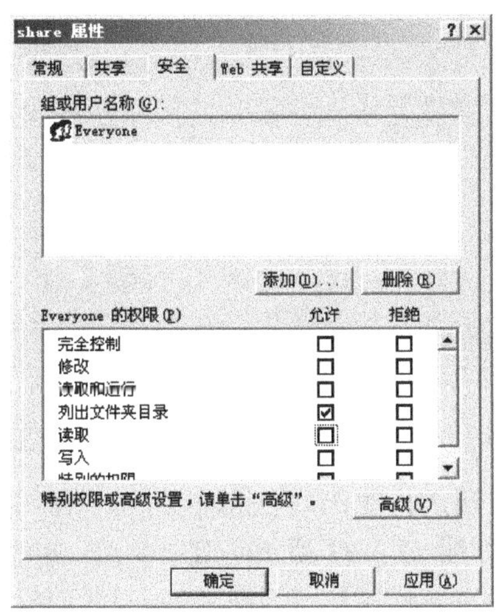

图 13-1-27　设置 Everyone 的权限

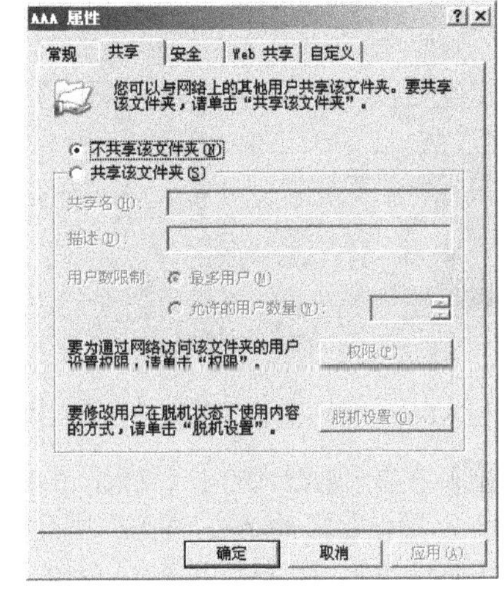

图 13-1-28　设置 AAA 文件夹为不共享

06 设置 AAA 文件夹的安全属性：打开 AAA 文件夹的属性对话框，选择“安全”选项卡，如图 13-1-29 所示，默认已经有一些权限设置，本例取消了所有权限。

07 设置用户或组访问 AAA 文件夹权限：在“安全”选项卡中单击“添加”按钮，在“选择用户或组”对话框中选择 aaa 和 Administrator 用户，如图 13-1-30 所示，表示只有 aaa 和 Administrator（管理员）用户可以完全控制访问 AAA 文件夹。

08 重复以上过程，设置 BBB 和 CCC 文件夹的用户访问权限，如图 13-1-31 所示，表示只有 bbb 和 Administrator 用户可以完全控制访问 BBB 文件夹。如图 13-1-32 所示，表示只有 ccc 和 Administrator 用户可以完全控制访问 CCC 文件夹。

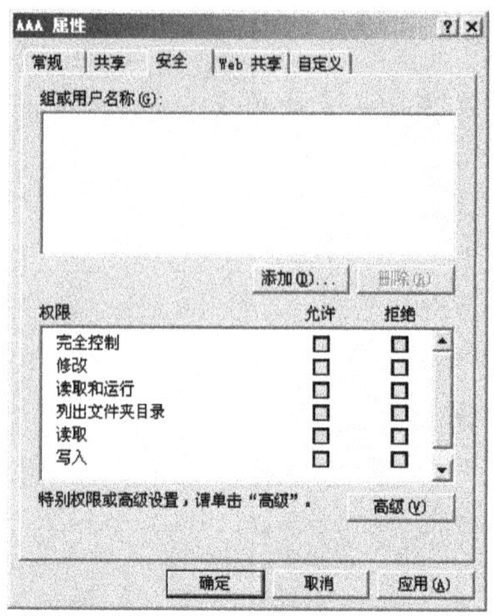

图 13-1-29 “安全”选项卡

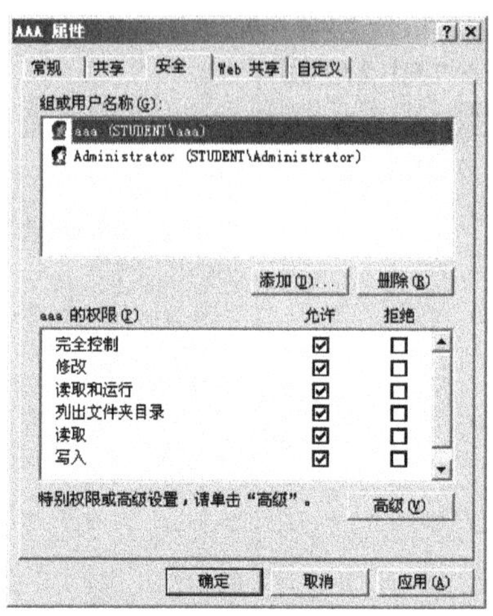

图 13-1-30 AAA 目录设置用户访问权限

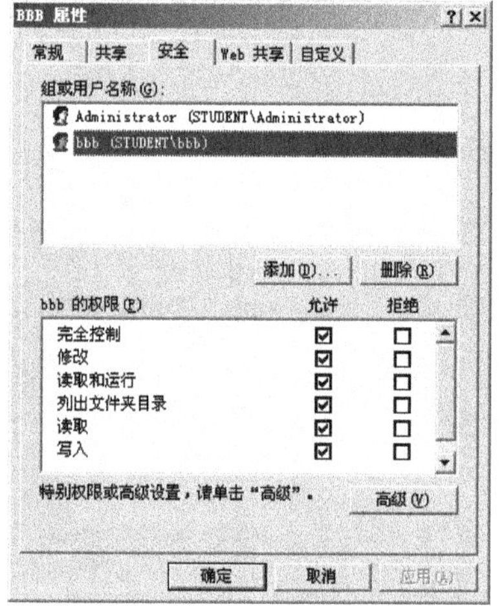

图 13-1-31 BBB 目录设置用户访问权限

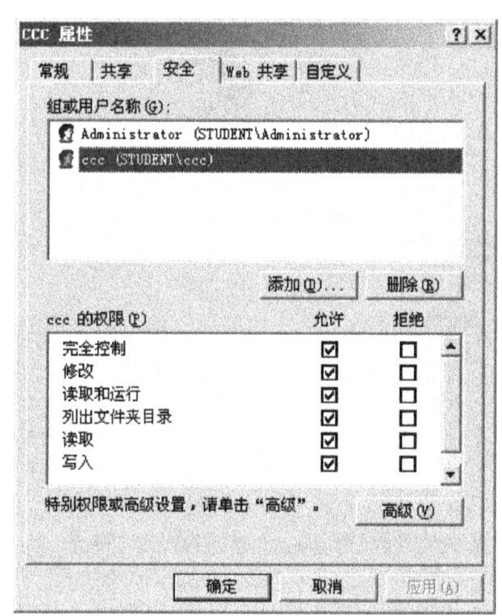

图 13-1-32 CCC 目录设置用户访问权限

09 在客户端测试文件夹权限：在客户机上用 aaa 用户名登录，在地址栏输入“\\共享主机IP\share”，可以看到 share 文件夹中所有的子文件夹，如图 13-1-33 所示。双击 AAA 文件夹，如图 13-1-34 所示，可以访问 AAA 文件夹中的内容，表示 aaa 用户有访问 AAA 目录的权限。

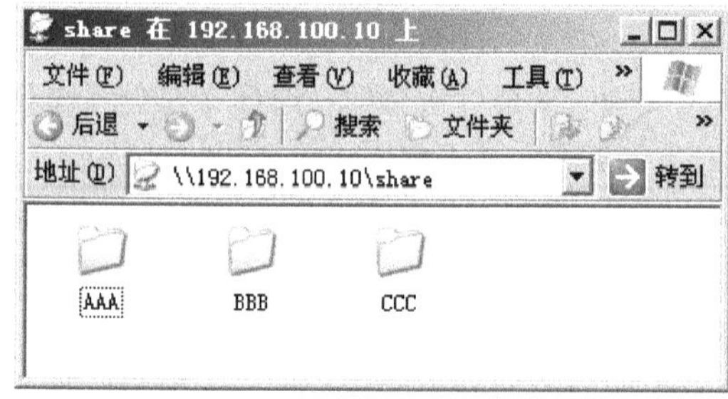

图 13-1-33 客户端访问共享文件

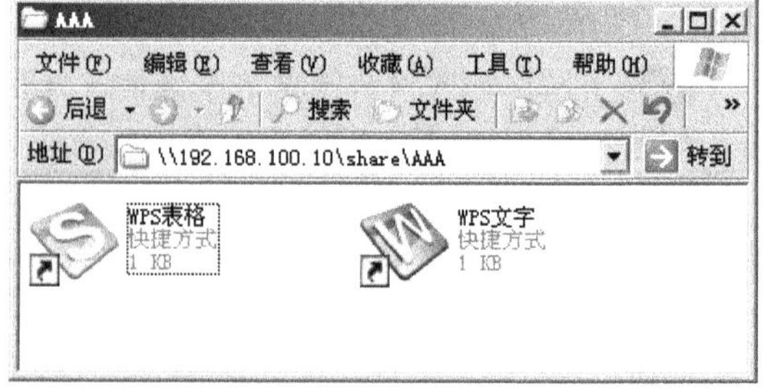

图 13-1-34 aaa 用户有访问 AAA 目录权限

10 返回 share 共享文件夹，尝试再打开 BBB 和 CCC 文件夹，弹出图 13-1-35 所示的“拒绝访问”提示框，表示 aaa 用户没有访问 BBB 和 CCC 目录的权限。

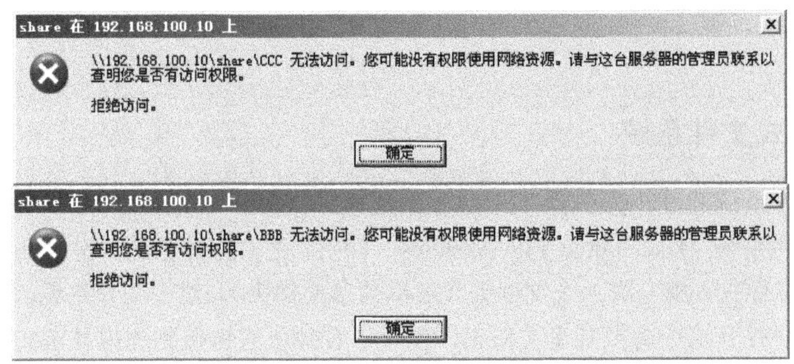

图 13-1-35　BBB 和 CCC 目录拒绝用户 aaa 访问

11 在客户机上试着用 bbb 和 ccc 用户名登录，会发现 bbb 用户只能访问 BBB 文件夹，ccc 用户只能访问 CCC 文件夹，符合本实训计算机用户权限设置要求。

1．在 Windows 系统中设置共享文件夹，使其他计算机能读取共享数据。
2．设置文件夹隐藏共享，并能成功访问隐藏共享文件夹。
3．完成计算机用户权限设置，使特定用户可以访问特定共享文件夹。

任务 13.2　分布式文件系统设置

◎ 任务描述

如果局域网中有多台服务器，并且共享文件夹也分布在不同的服务器上，这就不利于管理员的管理和用户的访问。而使用分布式文件系统，系统管理员就可以把不同服务器上的共享文件夹组织在一起，构建一个目录树。在用户看来，所有共享文件仅存储在一个地点，只需要访问一个共享的 DFS 根目录，就能够访问分布在网络上的共享文件和文件夹，而不必知道这些文件的实际物理位置。

◎ 任务目标

1. 学会安装分布式文件系统（DFS）的方法。
2. 掌握分布式文件系统的配置方式。

◎ 设备工具

1. 一台安装有 Windows Server 2003 操作系统的计算机（作为 DFS 服务器）。
2. 多台安装有 Windows 操作系统的计算机（作为文件共享服务器）。

知识 分布式文件系统

分布式文件系统的设计基于客户机/服务器模式。

分布式文件系统（Distributed File Systems，DFS）把一些分散的（分布在局域网内各个计算机上）共享文件夹，集合成一个文件夹（虚拟共享文件夹）。对于用户来说，要访问这些共享文件夹时，只要打开这个虚拟共享文件夹，就可以看到所有链接到虚拟共享文件夹内的共享文件夹，用户感觉不到这些共享文件是分散于各个计算机上的。分布式文件系统的好处：集中访问，简化操作，提高文件存取效率。分布式文件系统是基于共享目录的，简单地说就是将共享在各地的共享的文件夹合起来使用，以增强磁盘的使用率，同时也提高了磁盘使用的便捷性。

DFS 的拓扑结构，如图 13-2-1 所示。

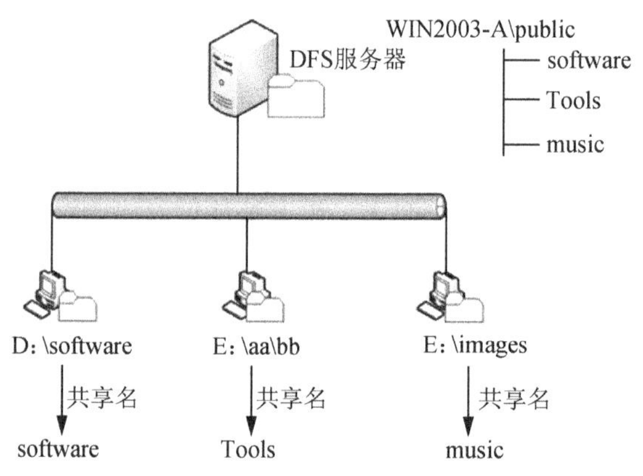

图 13-2-1　DFS 拓扑结构

【情境】在 WIN2003-A（IP：192.168.10.1）服务器上创建一个文件夹，共享名为“software”。在另外两个 Windows 系统上分别创建共享名为“Tools”和“music”的共享文件夹。

活动 配置分布式文件系统

在 WIN2003-A 服务器上进行如下设置。

01 选择“开始→管理工具→分布式文件系统”，打开“分布式文件系统”窗口，如图 13-2-2 所示。

02 右击“分布式文件系统”，在弹出的快捷菜单中选择“新建根目录”命令，打开“新建根目录向导”对话框，如图 13-2-3 所示。

03 单击“下一步”按钮，选择“独立的根目录”单选按钮，如图 13-2-4 所示。

04 单击“下一步”按钮，在主服务器中，填写当前服务器的主机名“WIN2003-A”，然后单击“下一步”按钮，如图 13-2-5 所示。

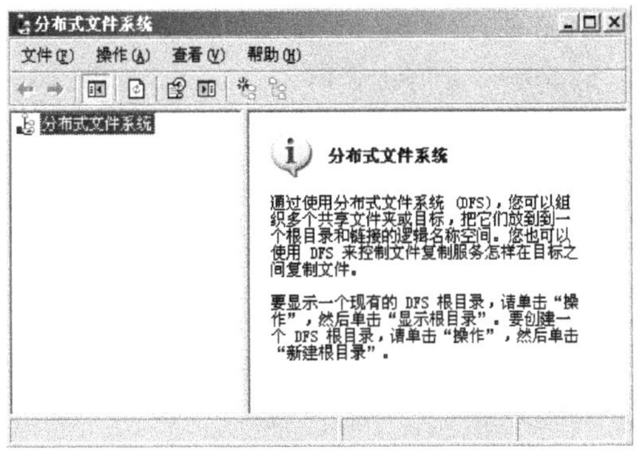

图 13-2-2　分布式文件系统

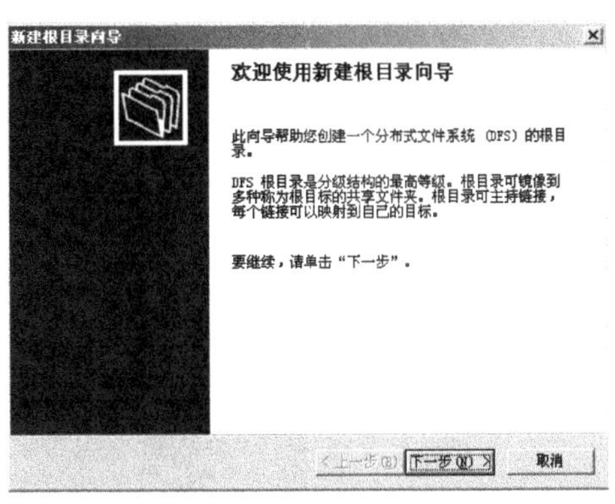

图 13-2-3　新建根目录向导

图 13-2-4　根目录类型

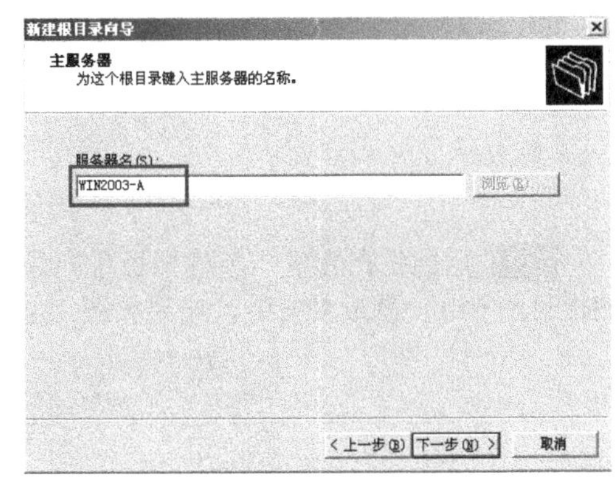

图 13-2-5　主服务器

05 弹出“根目录名称”对话框，在“根目录名称”文本框中输入 public，这个名称为根名称，也是最后访问时的共享名，可以输入注释信息，如图 13-2-6 所示。

06 单击“下一步”按钮，弹出“正在完成‘新建根目录向导’”对话框，将之前的设置列出，如图 13-2-7 所示。

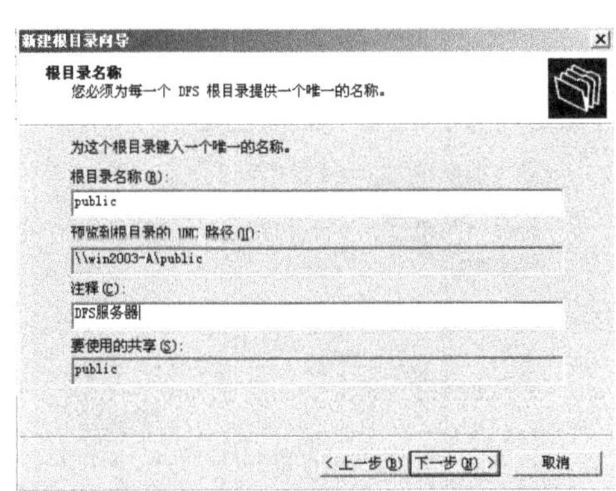

图 13-2-6　根目录名称

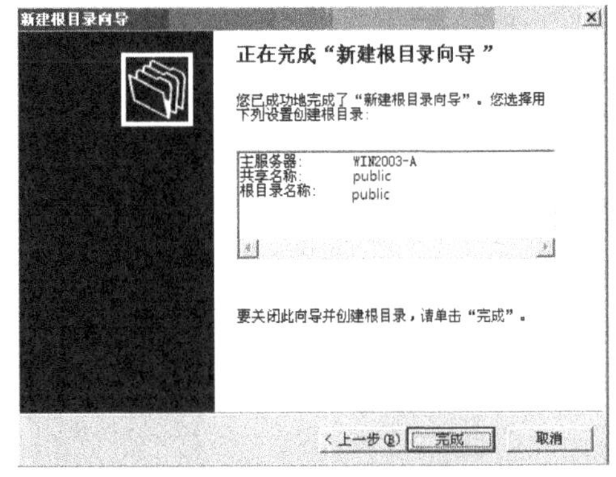

图 13-2-7　正在完成“新建根目录向导”

07 单击“完成”按钮，如果 DFS 服务器没有启动 Distributed File System 服务，会弹出一个警告提示框，提示要启动分布式文件系统服务，如图 13-2-8 所示。

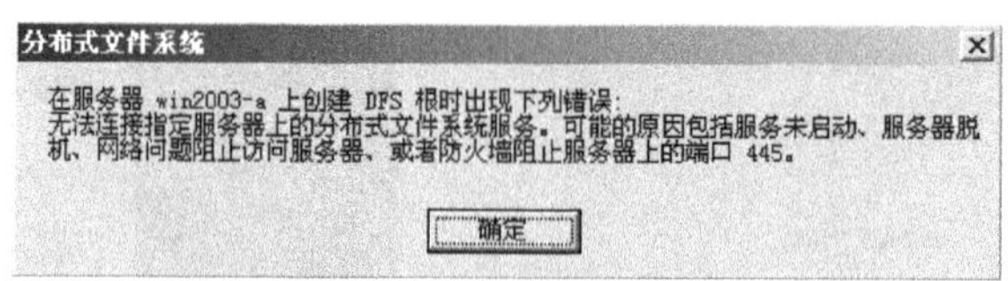

图 13-2-8　创建根错误提示框

08 选择“开始→管理工具→服务”命令，启动 Distributed File System 服务，如图 13-2-9 所示。

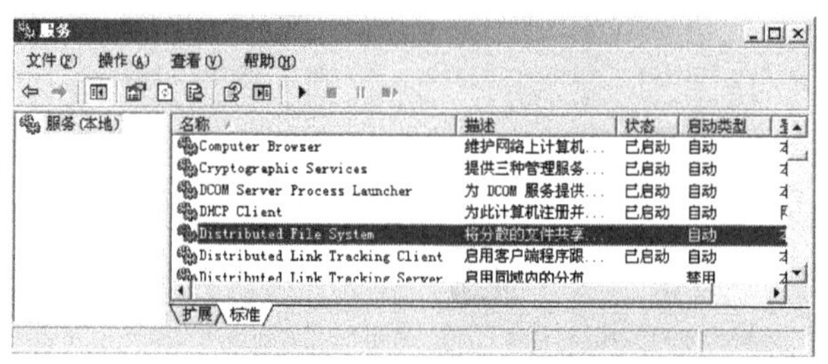

图 13-2-9　启动“Distributed File System”服务

09 返回正在完成“新建根目录向导”对话框，再单击“完成”按钮，分布式文件系统的根目录 public 就成功安装，结果如图 13-2-10 所示。

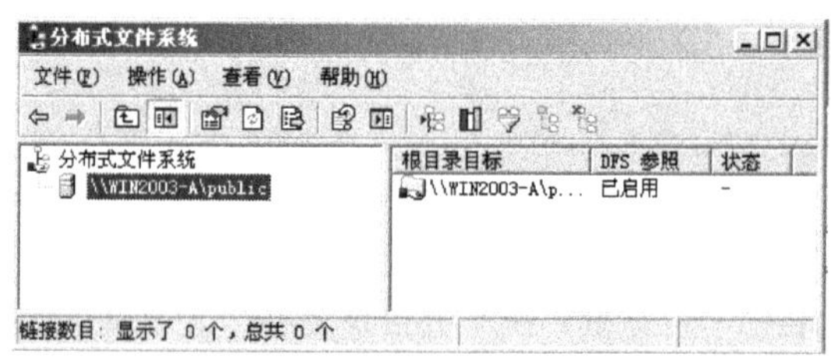

图 13-2-10　分布式文件系统

10 DFS 根目录设置完成之后，就开始将散落在各个共享文件服务器上的共享文件夹集合起来放在 DFS 服务器上。在根目录 public 上右击，在弹出的快捷菜单中选择“新建链接”命令，如图 13-2-11 所示。

11 在弹出的“新建链接”对话框中，链接名称填写 software，如图 13-2-12 所示。

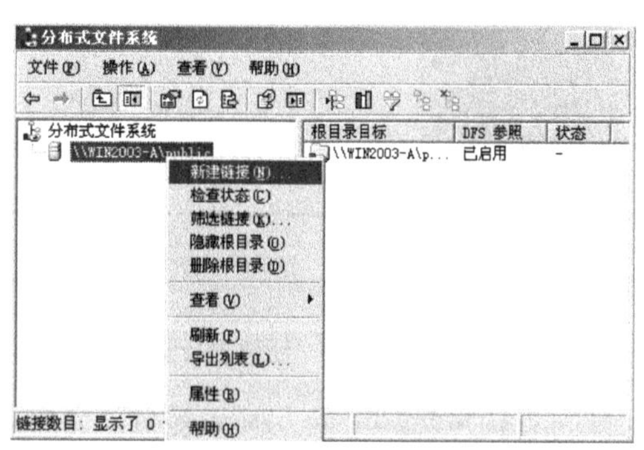

图 13-2-11　“新建链接”命令

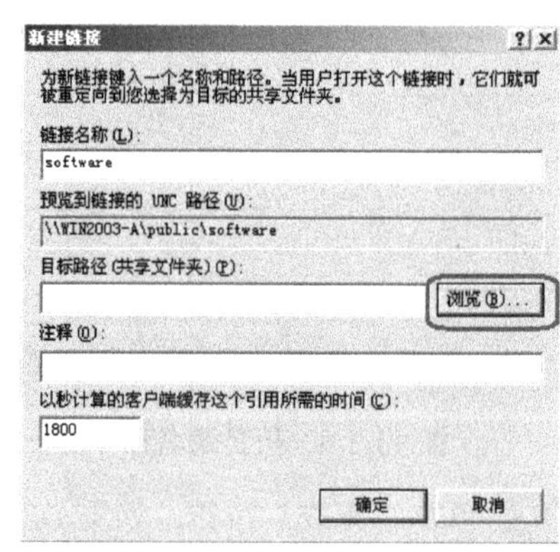

图 13-2-12　“新建链接”对话框

12 单击“浏览”按钮，在弹出的“浏览文件夹”对话框中，展开“网上邻居”，再展开“整个网络”，接着展开 Microsoft Windows Network，再选择本服务器 Win2003-a 的共享文件名 software，如图 13-2-13 所示。

13 单击“确定”按钮，目录路径（共享文件夹）选择成功，可以在“注释”文本框中输入注释信息，如图 13-2-14 所示。

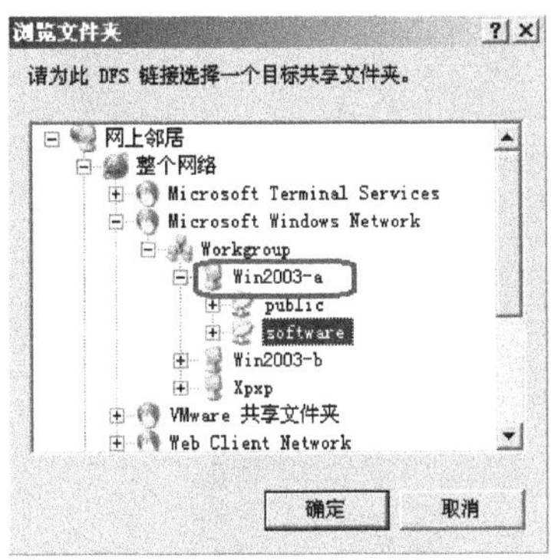

图 13-2-13　选择网上邻居共享文件夹

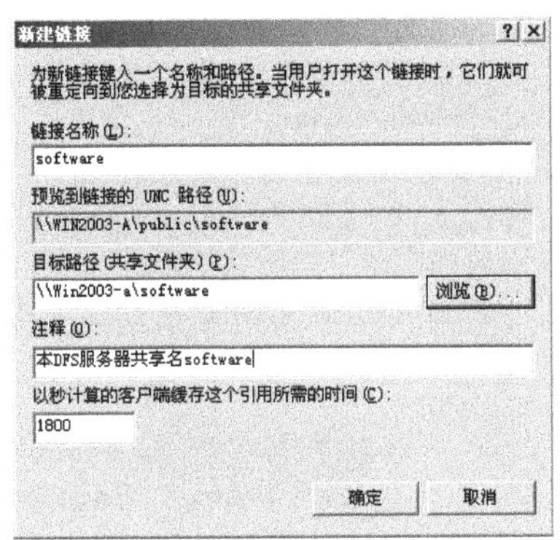

图 13-2-14　选择目录路径（共享文件夹）

14 单击“确定”按钮，一个新的链接 software 就设置成功，效果如图 13-2-15 所示。

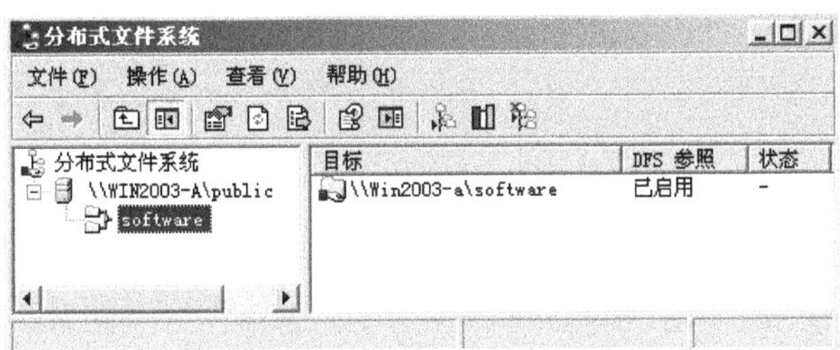

图 13-2-15　新链接 software

15 继续添加其他文件共享服务器的链接，如添加 Win2003-b 系统中的 Tools 共享名，如图 13-2-16 所示。添加 Xpxp 系统中的 music 共享名，如图 13-2-17 所示。成功添加 Tools、music 两个共享链接后，效果如图 13-2-18 所示。

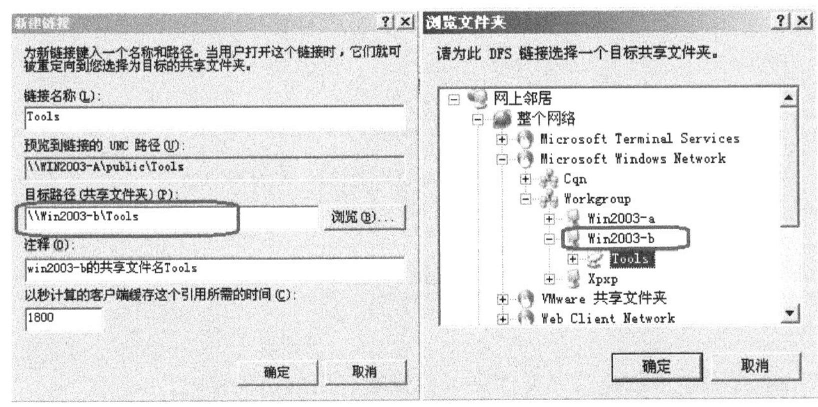

图 13-2-16　添加 Win2003-b 中的 Tools 链接

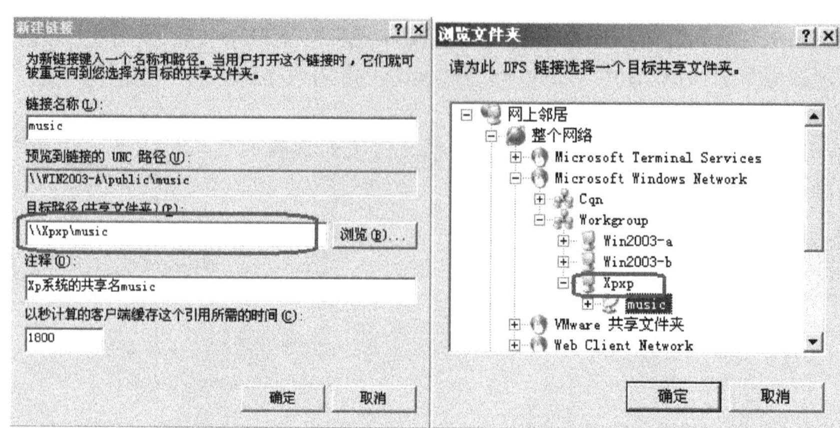

图 13-2-17　添加 Xpxp 中的 music 链接

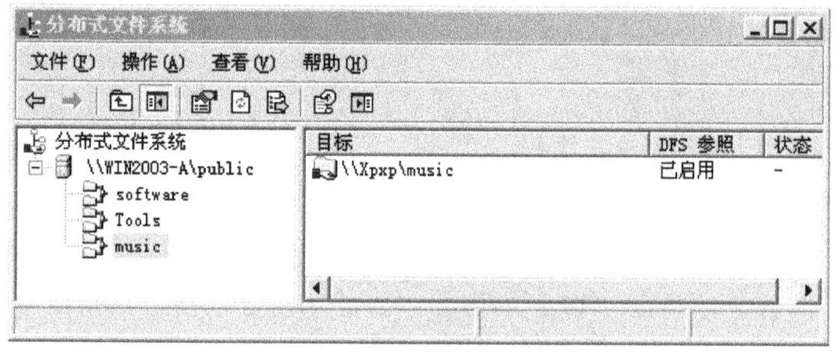

图 13-2-18　成功添加三个链接效果

16 测试：在 Windows XP 系统上，访问 DFS 服务器 Win2003-a（IP 地址为 192.168.10.1），打开 DFS 根目录 public，看到三个系统的共享文件名，可以在 DFS 服务器上对共享文件进行集中管理，如图 13-2-19 所示。

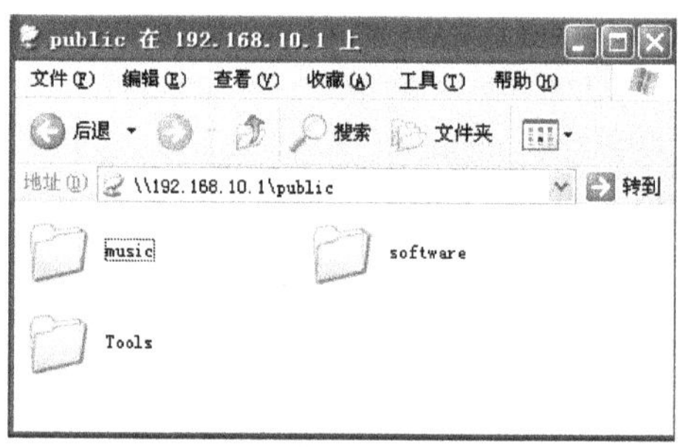

图 13-2-19　在 Windows XP 上访问 WIN2003-A

1. 在 Widnows 系统中创建共享文件夹，并设置好用户访问权限。

2. 在 Windows Server 2003 R2 系统中设置分布式文件系统，利用 DFS 集中管理不同系统的共享文件。

14 项目 组策略管理

>>>>

◎ 项目导读

组策略的配置与管理一直是 Windows Server 2003 域管理的重点和难点，特别是基于组策略的应用，更是千变万化、层出不穷。

其实组策略中实现的功能原来在注册表中已有体现，但是使用注册表对有些功能的配置显得比较复杂，一般人难以掌握，而组策略中对这些功能的配置采取了完全不同的组织方式，更加容易掌握，所以通过组策略来实现域网络的用户、计算机桌面环境和安全策略的配置就成了日常网络管理中最常用的方法。但在组策略中的配置都会同步应用到对应的注册表项。

◎ 能力目标

- 能用多种方式打开组策略编辑器和组策略管理平台。
- 能正确配置组策略中账户策略和本地策略。
- 能正确配置“软件限制策略”并掌握组策略的应用技巧。

任务 14.1 组策略编辑器和控制台的应用

◎ 任务描述

组策略编辑器和管理控制台是配置与管理组策略的窗口。本任务根据不同需求提供多种方式配置组策略，并学习如何编辑组策略对象，了解组策略和注册表的关系。

◎ 任务目标

1. 了解组策略的功能和注册表的关系。
2. 了解组策略和 Microsoft 管理控制台。
3. 掌握打开组策略编辑器的几种方式。
4. 掌握编辑组策略对象的方法。

◎ 设备工具

1. 一台安装有 Windows Server 2003 操作系统的计算机（作为组策略配置服务器，可以是实现 Active Directory 的 Windows Server 2003 域控制器）。

2. 一台客户机（用来测试验证服务器的组策略配置）。

知识 1 组策略的概念

组策略（Group Policy），顾名思义就是基于组的策略。它以 Windows 中的一个 MMC 管理单元的形式存在，可以帮助系统管理员针对整个计算机或是特定用户来设置多种配置，包括桌面配置和安全配置。例如，可以为特定用户或用户组定制可用的程序、桌面内容，以及“开始”菜单选项等，也可以在整个计算机范围内创建特殊的桌面配置。简而言之，组策略是 Windows 中的一套系统更改和配置管理工具的集合。

知识 2 注册表的概念

注册表是 Windows 系统中保存系统软件和应用软件配置的数据库，随着 Windows 功能越来越丰富，注册表里的配置项目越来越多，很多配置都可以自定义设置，但这些配置分布在注册表的各个角落，如果手工配置，是很困难的。而组策略将系统重要的配置功能汇集成各种配置模块，供用户直接使用，从而达到方便管理计算机的目的。简单地说，组策略设置就是修改注册表中的配置。

实 训

活动 1 添加管理单元到新 MMC 控制台

在微软公司近几年推出的软件中，用户已经开始接触管理控制台如 IIS、Proxy 等，只不过这些控制台适用于单项功能的管理。而在 Windows Server 2003 中，管理控制台已经成为所有管理工具的统一平台。用户可以使用控制台（Microsoft Management Console，MMC）创建、保存或打开管理工具来管理硬件、软件和 Windows 系统的网络组件。

在创建控制台之前，必须标识控制台将要处理的任务、要管理的组件，以及执行任务所必需的管理单元和控件。还应当考虑是否需要创建任务面板视图和任务。在决定之后，可以打开新的控制台，向控制台树添加项目。

01 选择“开始→运行”命令。在弹出的“运行”对话框中输入命令 mmc，如图 14-1-1 所示。

02 然后单击“确定”按钮，打开“控制台 1”窗口，如图 14-1-2 所示。

03 在“控制台 1”窗口中选择“文件→添加/删除管理单元”命令，如图 14-1-3 所示。弹出“添加/删除管理单元”对话框，如图 14-1-4 所示。

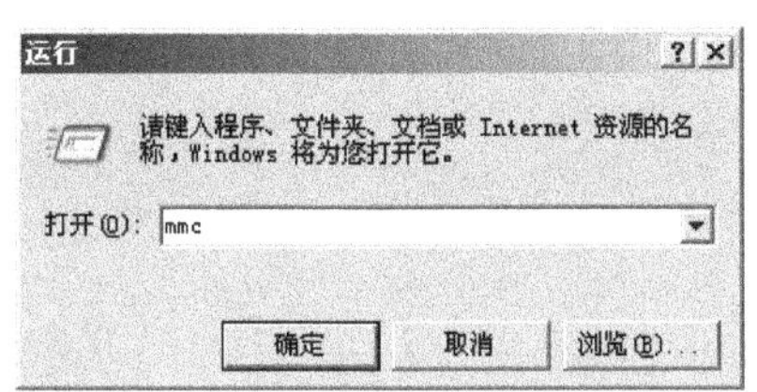

图 14-1-1　利用 mmc 命令打开控制台

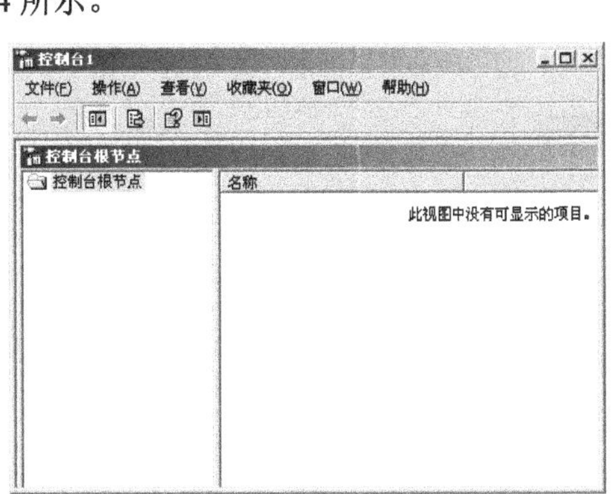

图 14-1-2　控制台窗口

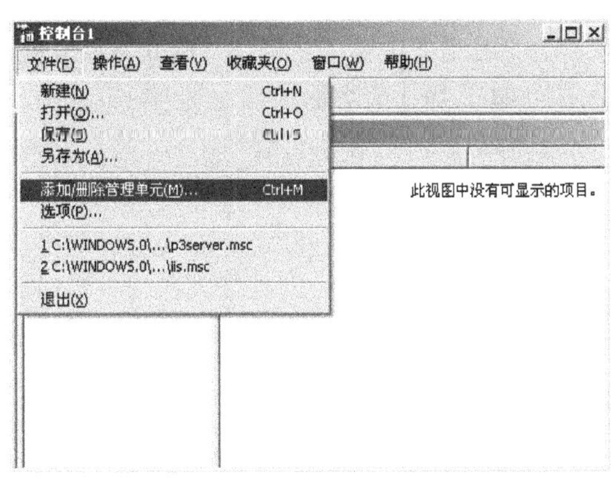

图 14-1-3　“添加/删除管理单元”命令

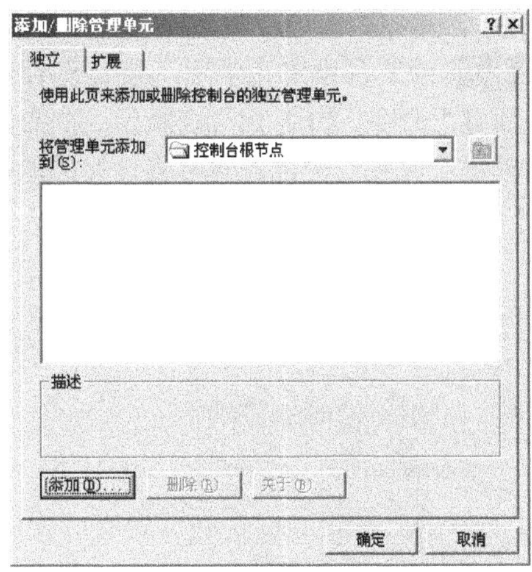

图 14-1-4　“添加/删除管理单元”对话框

04 单击“添加”按钮，在弹出的“添加独立管理单元”对话框中选择需要添加的管理单元，如“组策略对象编辑器”管理单元，如图 14-1-5 所示。然后再分别单击“添加”按钮，在“添加/删除管理单元”对话框中添加选中的管理单元，如图 14-1-6 所示。

图 14-1-5　添加的管理单元

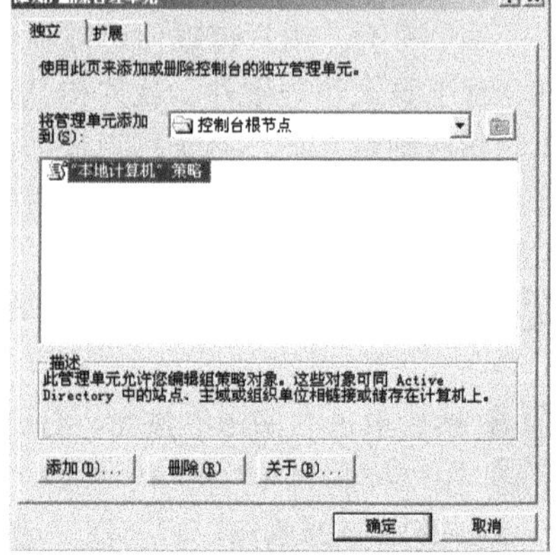

图 14-1-6　完成管理单元添加

05 单击“确定”按钮，在控制台根节点中会添加选择的管理单元，如图 14-1-7 所示。

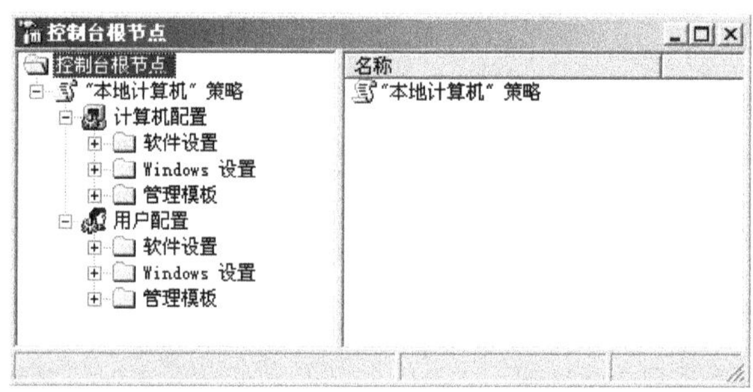

图 14-1-7　完成控制台添加管理单元

06 控制台设置完毕后，将其保存，以备下次使用。在“控制台 1”窗口中，选择“文件→保存”命令，如图 14-1-8 所示。在弹出的“保存为”对话框中输入文件名，选择保存位置，然后单击“保存”按钮，即可将设置好的控制台保存，如图 14-1-9 所示。

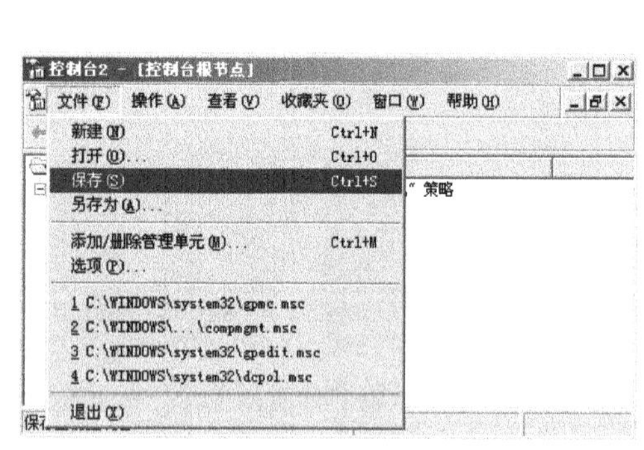

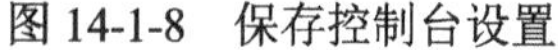

图 14-1-8　保存控制台设置　　　　图 14-1-9　输入文件名和保存位置

07 要想打开刚才保存的控制器，可以双击“本地计算机策略”图标直接打开该控制器，如图 14-1-10 所示。

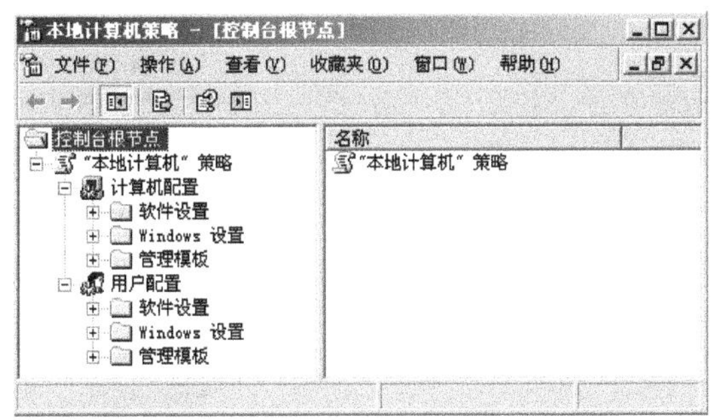

图 14-1-10　“本地计算机策略”窗口

活动 2　打开组策略编辑器

组策略在计算机的管理中非常实用，那么如何才能打开组策略编辑器呢？打开组策略编辑器的方式很多，下面分几种情况进行说明。

1. 以命令的方式打开组策略编辑器

选择“开始→运行”命令，在弹出的对话框中输入命令 gpedit.msc，如图 14-1-11 所示，单击“确定”按钮，出现“组策略编辑器”窗口，如图 14-1-12 所示。

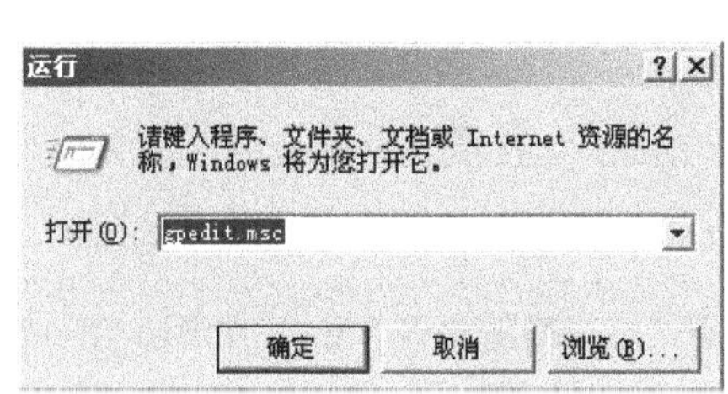

图 14-1-11　用命令打开组策略编辑器

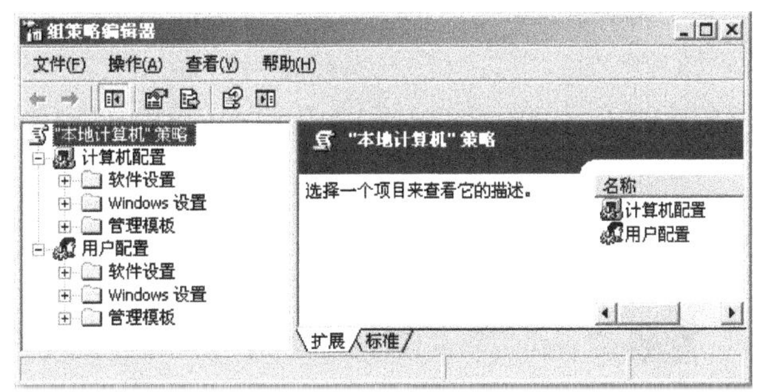

图 14-1-12　组策略编辑器

2. 以“Active Directory 用户和计算机”方式打开组策略编辑器

01 选择“开始→所有程序→管理工具→Active Directory 用户和计算机”命令，打开“Active Directory 用户和计算机”窗口，展开域和组织单位，右击“计算机科”选项，在弹出的快捷菜单中选择“属性”命令，如图 14-1-13 所示。

02 在弹出的“计算机科属性”对话框中选择“组策略”选项卡，可以看到当前组策略对象链接是空的，如图 14-1-14 所示，然后单击“添加”按钮。

03 在弹出的“添加组策略对象链接”对话框中选择适当的“查找范围”，再选择需要添加的组策略对象，如图 14-1-15 所示。

04 单击“确定”按钮，返回到“计算机科属性”对话框，可以看到当前组策略对象链接已经添加了一项组策略对象，如图 14-1-16 所示。

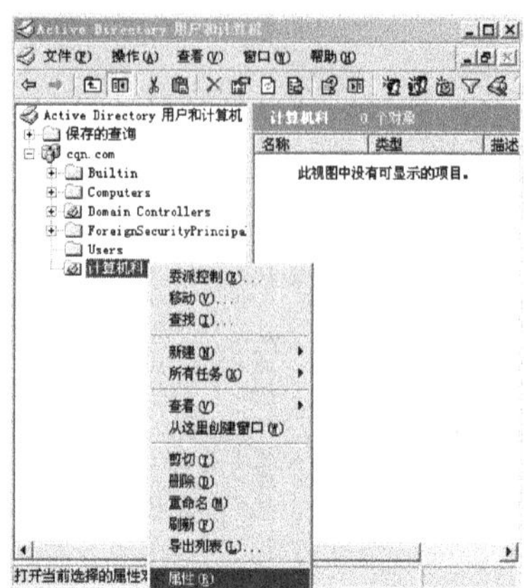

图 14-1-13　组织单位属性

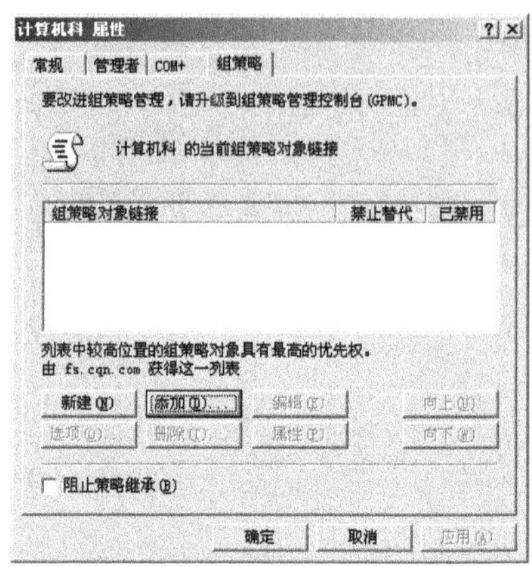

图 14-1-14　“组策略”选项卡

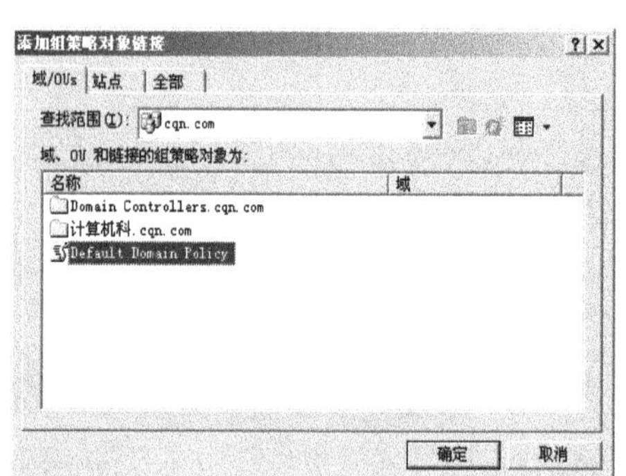

图 14-1-15　添加的组策略对象

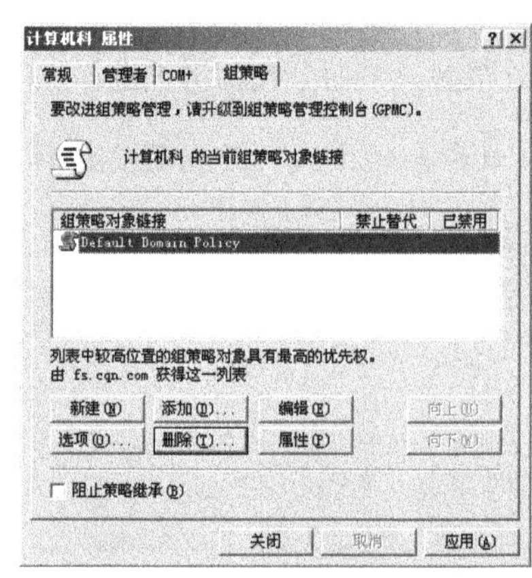

图 14-1-16　添加组策略后的“组策略”选项卡

05 选择组策略对象链接，单击“编辑”按钮，即可打开“组策略编辑器”窗口，如图 14-1-17 所示。

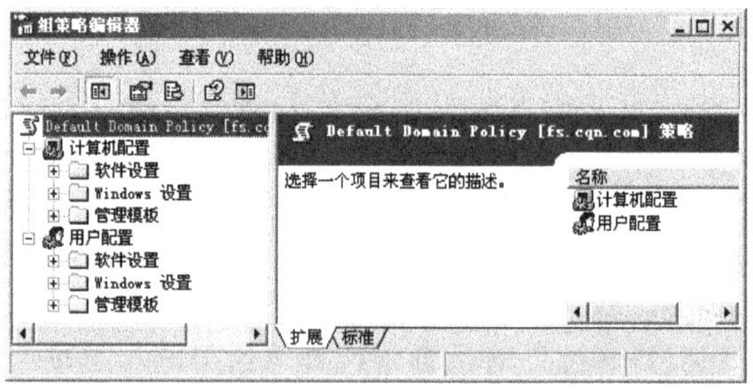

图 14-1-17　组策略编辑器

3. 以“Active Directory 站点和服务”方式打开组策略编辑器

01 选择“开始→所有程序→管理工具→Active Directory 站点和服务”命令，打开“Active Directory 站点和服务”窗口，展开 Sites，然后在站点名称上右击，在弹出的快捷菜单中选择“属性”命令，如图 14-1-18 所示。

02 弹出属性对话框，单击“新建”按钮，然后输入新的组策略名称 new，如图 14-1-19 所示。

03 选择 new 组策略，单击“编辑”按钮，即可打开“组策略编辑器”窗口，如图 14-1-20 所示。

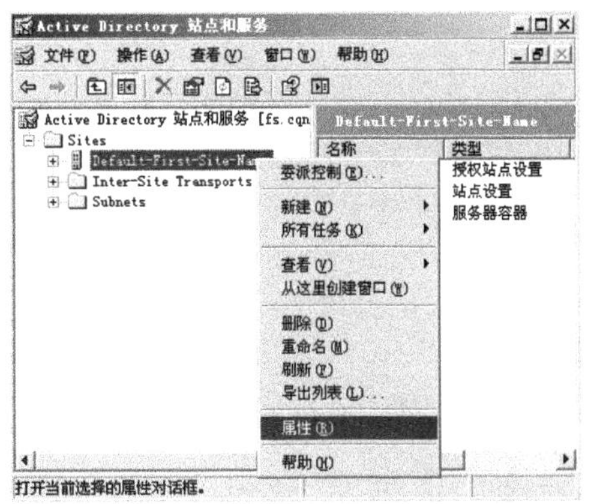

图 14-1-18　Active Directory 站点和服务

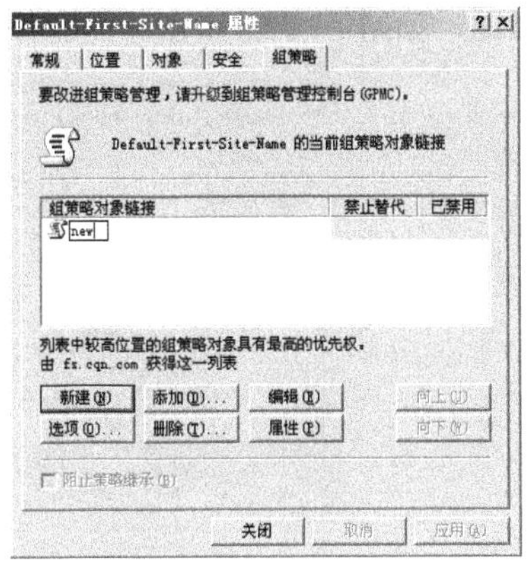

图 14-1-19　新建组策略

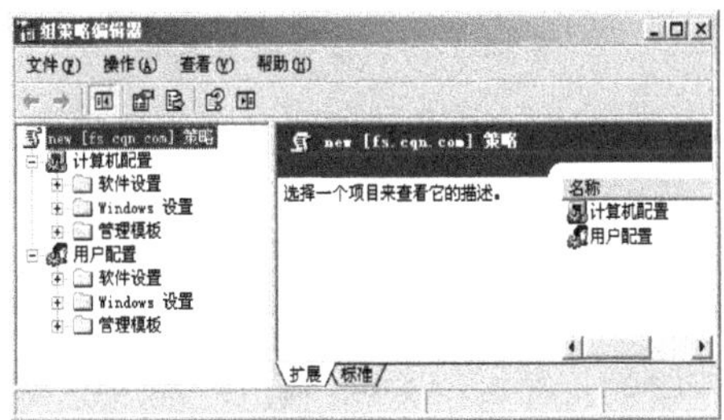

图 14-1-20　组策略编辑器

4．以 GPMC.msc 命令或菜单方式打开组策略管理控制台

通过安装组策略管理控制台（GPMC）打开组策略管理器，首先下载 GPMC.msc 软件并安装，GPMC.msc 可以在微软网站上下载。

在安装组策略管理控制台后，通常从 GPMC 中打开组策略编辑器，而不是像以前一样从 ADUC 中打开。安装 GPMC.msc 后原来在 ADUC 中的“组策略”选项卡就不能用了，此时组策略的编辑只能在 GPMC 控制台中进行，可以通过选择“开始→管理工具→组策略管理”命令打开或在“运行”对话框输入“gpmc.msc”命令方式打开，如图 14-1-21 所示，打开 “组策略管理”窗口，如图 14-1-22 所示。

图 14-1-21　用命令打开组策略管理窗口

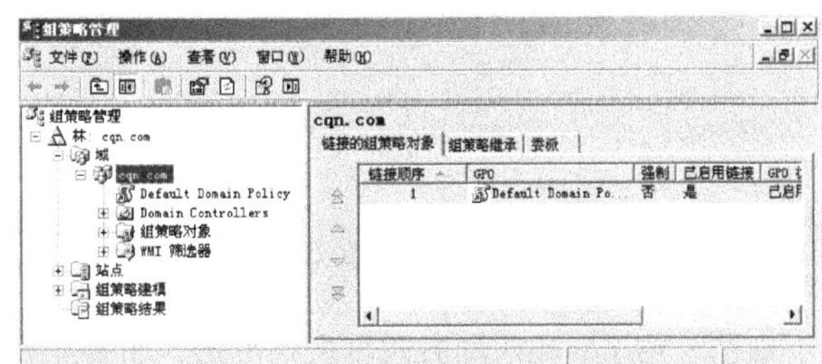

图 14-1-22　“组策略管理”窗口

活动 3　编辑组策略对象

打开组策略编辑器后，还需要对组策略的内容进行进一步编辑，过程如下。

01 打开组策略编辑器后，在控制台树状列表中，双击文件夹以便在详细信息窗格中查看其策略，如图 14-1-23 所示。

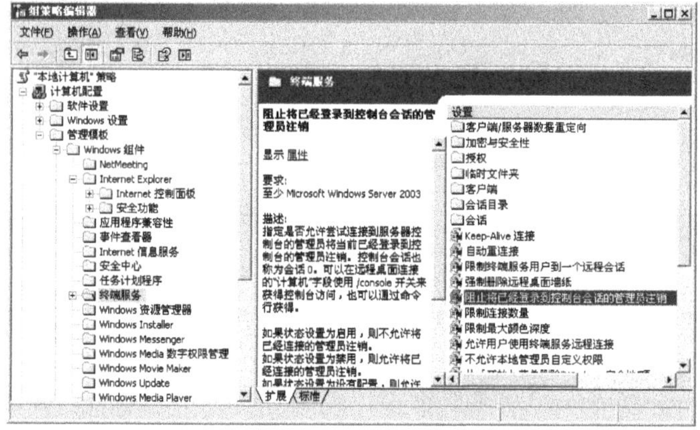

图 14-1-23　查看服务策略

02 在弹出的如图 14-1-24 所示策略属性对话框中，选择“已启用”单选按钮，然后单击“确定”按钮，可以对某个具体的策略进行设定。

03 立即刷新组策略。如果对组策略进行了更改，则需要即时刷新组策略，具体操作方法如下：选择“开始→运行”命令，在弹出的“运行”对话框中或在命令提示符窗口输入命令 gpupdate/force（强制刷新组策略），然后按 Enter 键，如图 14-1-25 所示。

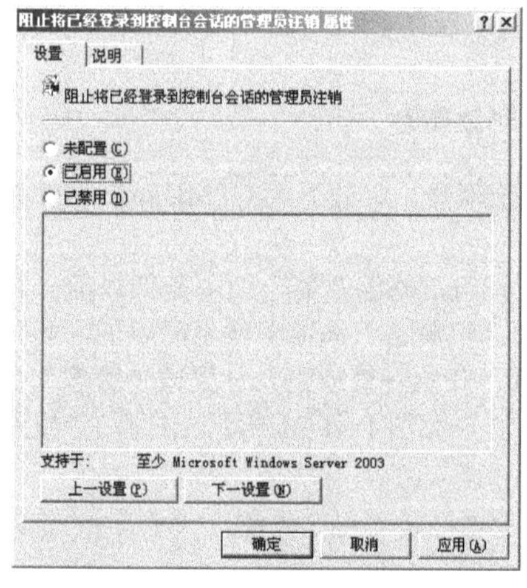

图 14-1-24　设置策略属性对话框

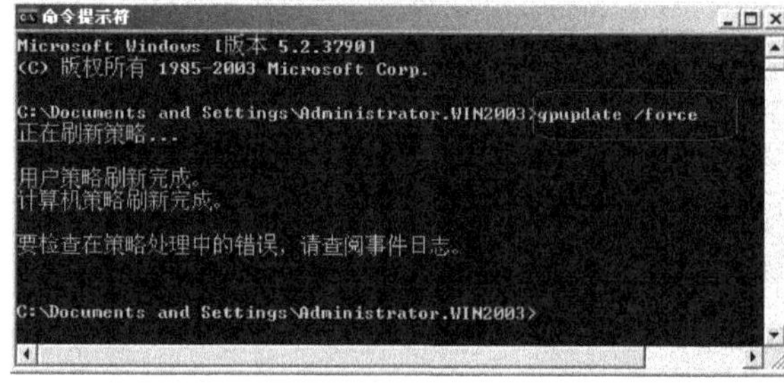

图 14-1-25　gpupdate /force 命令

活动 4　设置计算机的组策略刷新率

前面介绍了利用手动方式刷新组策略，如果需要经常更新组策略，则可以设置计算机的组策略刷新频率，具体的操作方法如下。

01 选择“开始→运行”命令，在弹出的“运行”对话框中输入命令 gpedit.msc，打开“组策略编辑器”窗口，在左侧窗格中依次双击展开“计算机配置→管理模板→系统”选项，再选择“组策略”选项，在右侧窗格中双击“计算机组策略刷新间隔”策略，如图 14-1-26 所示。

02 在弹出的“计算机组策略刷新间隔属性”对话框中选择“已启用”单选按钮，并从下面的时间范围中将时间调整为“60 分钟”，表示每 60 分钟刷新一次，然后单击“确定”按钮，如图 14-1-27 所示。

03 返回到“组策略编辑器”窗口，在窗口右侧的窗格中双击“关闭组策略的后台刷新”策略，在弹出的“关闭组策略的后台刷新属性”对话框中选择“已禁用”单选按钮，表示禁用此选项，设置完成之后，再单击“确定”按钮，如图 14-1-28 所示。

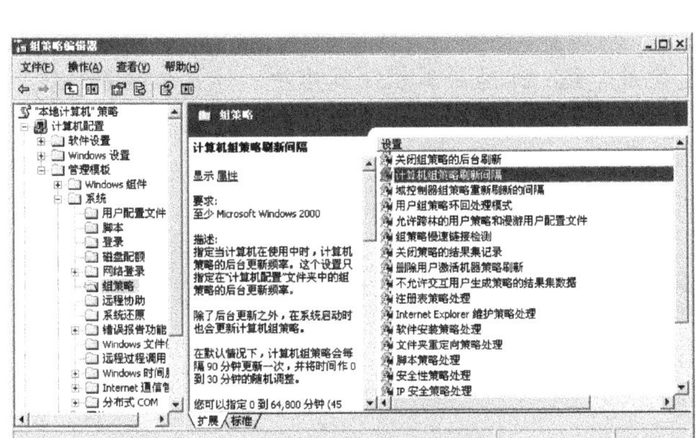

图 14-1-26　计算机组策略刷新间隔

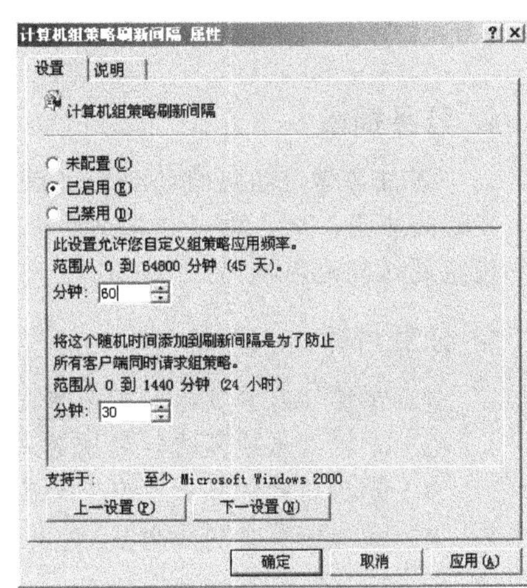

图 14-1-27　设置策略属性对话框

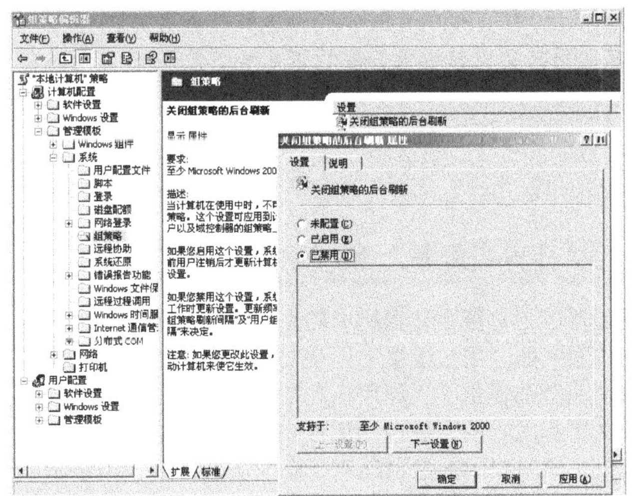

图 14-1-28　“关闭组策略的后台刷新”策略

巩固练习

1. 练习添加管理单元到新 MMC 控制台。
2. 练习以命令的方式打开组策略编辑器。

任务 14.2 组策略的配置与应用

◎ 任务描述

本任务学习组策略的配置过程，主要是介绍“本地计算机”策略中“计算机配置”组策略的应用，重点学习“账户策略”、“本地策略”以及“软件限制策略”的配置方法，掌握组策略的应用技巧。

◎ 任务目标

1. 掌握“账户策略”的配置与应用。
2. 掌握“本地策略”的配置与应用。
3. 掌握“软件限制策略”的配置与应用。
4. 掌握组策略的应用技巧。

◎设备工具

1. 一台安装有 Windows Server 2003 操作系统的计算机（作为组策略配置服务器，可以是实现 Active Directory 的 Windows Server 2003 域控制器）。
2. 一台客户机（用来测试验证服务器的组策略配置）。

知识 组策略中的“计算机配置”和“用户配置”的区别

这里的“计算机配置”是对整个计算机中的系统配置进行设置的，它对当前计算机中所有用户的运行环境都起作用；而“用户配置”则是对当前用户的系统配置进行设置的，它仅对当前用户起作用。例如，两者都提供了“停用自动播放”功能的设置，如果是在“计算机配置”中选择了该功能，那么所有用户的光盘自动运行功能都会失效；如果是在“用户配置”中选择了此项功能，那么仅仅是该用户的光盘自动运行功能失效，其他用户则不受影响。

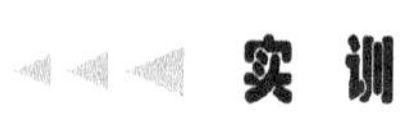

活动 1 “账户策略”的配置与应用

组策略可用于定义将自动应用到 Active Directory（是存储关于网络上对象的信息并使这些

信息可以为用户和网络管理员所用的目录服务）中的用户和计算机账户的默认设置。组策略设置可用于管理桌面显示，指派脚本，将文件夹从本地计算机重新定向到网络位置，确定安全选项，以及控制特定计算机上可安装的软件和特定用户组可用的软件。

第 1 步　配置“密码策略”

配置“密码策略”就是服务器的超级管理员对服务器中的密码配置规则进行管理，包括密码复杂性要求、密码长度最小值、密码最长使用期限、强制密码历史、使用还原的加密来存储密码等几项，其他用户在设置密码时应遵守这一规则。在安装好的 Windows Server 2003 服务中，不需要安装任何组件就能配置“密码策略”。

01 在“组策略编辑器”窗口中，依次展开各项至“密码策略”，如图 14-2-1 所示。

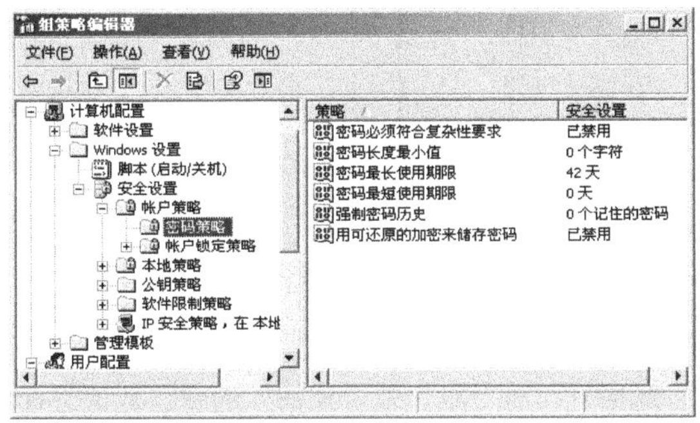

图 14-2-1　密码策略

02 在“组策略编辑器”窗口的右侧窗格中，双击“密码必须符合复杂性要求”策略，如图 14-2-2 所示。弹出“密码必须符合复杂性要求属性”对话框，按图 14-2-3 所示操作，启用密码复杂性要求。

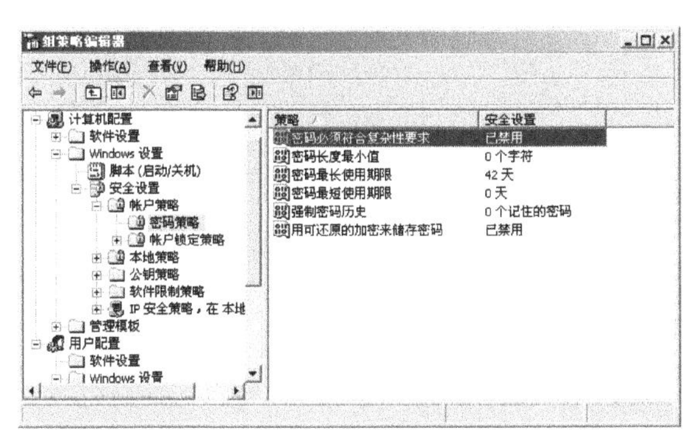

图 14-2-2　“密码必须符合复杂性要求”选项

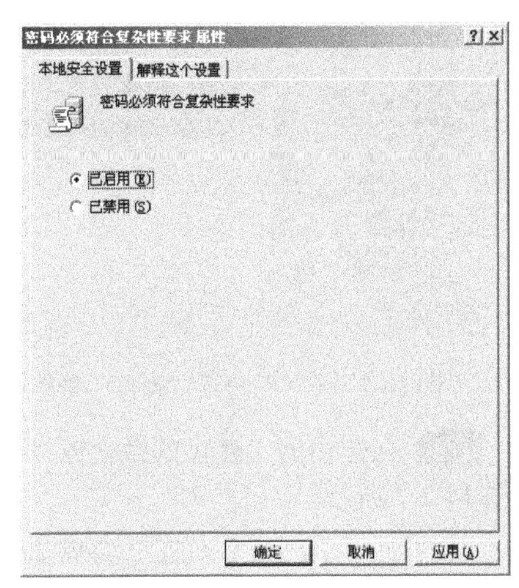

图 14-2-3　本地安全设置

03 参照上面步骤依次在“组策略编辑器”窗口的右侧窗格中，选择其他项目并双击，设置相应的密码策略。

第 2 步　配置账户锁定策略

为了加强服务器的安全，防止其他人员用管理员的身份登录服务器，可以限定账户登录的次数和当密码输入错误时，用户不能登录的时间，以及账户登录次数的复位时间。“账户锁定策略”的具体操作方法如下。

01 在“组策略编辑器”窗口中，依次展开各项至“账户锁定策略”，如图 14-2-4 所示。

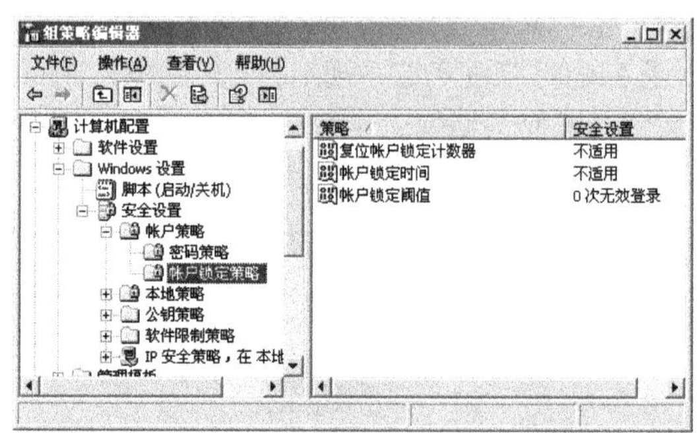

图 14-2-4　账户锁定策略

02 在“组策略编辑器”窗口的右侧窗格中，双击“账户锁定阈值”选项，如图 14-2-5 所示。弹出“账户锁定阈值属性”对话框，对“账户锁定阈值”的建议数值进行修改，如图 14-2-6 所示。

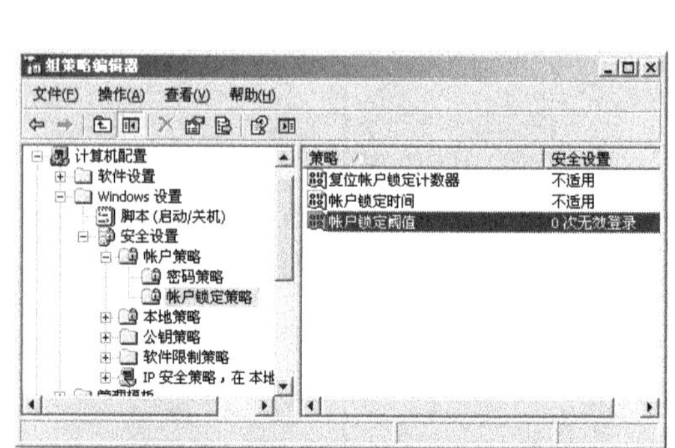

图 14-2-5　“账户锁定阈值”策略

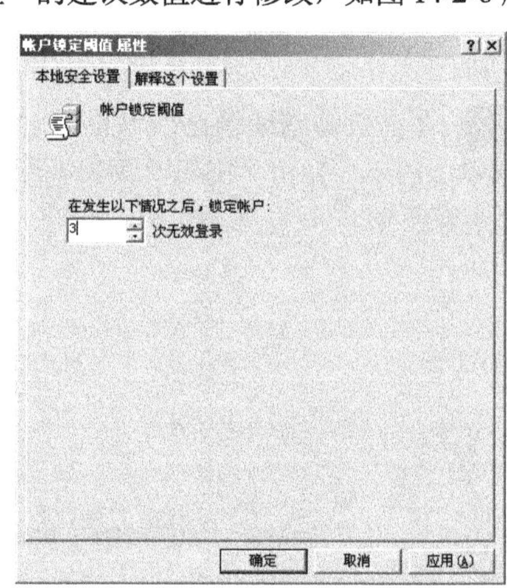

图 14-2-6　设置账户锁定阈值

03 在弹出的“建议的数值改动”对话框中单击“确定”按钮，表示接受建议的数值，如图 14-2-7 所示。

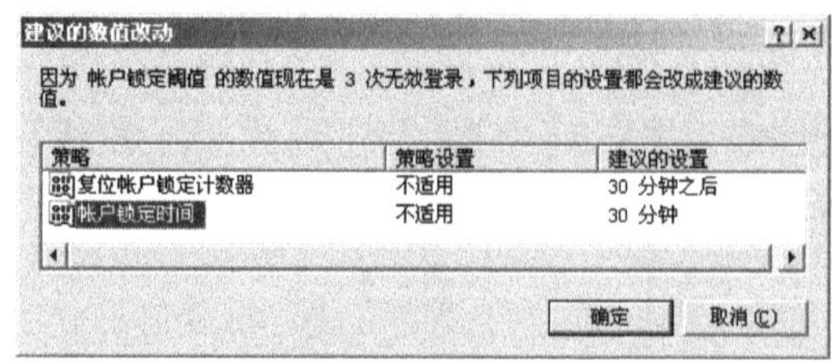

图 14-2-7　“建议的数值改动”对话框

04 在“账户锁定时间”策略上双击，如图 14-2-8 所示。弹出“账户锁定时间属性”对话框，对“账户锁定时间”策略的建议数值进行修改，如图 14-2-9 所示。

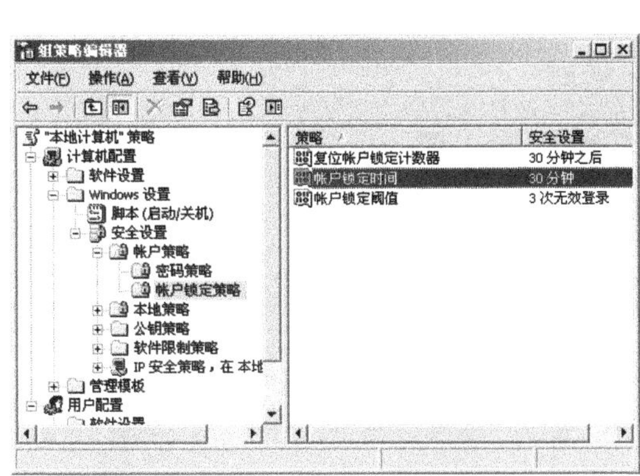

图 14-2-8　“账户锁定时间”策略

图 14-2-9　设置账户锁定时间

05 在“复位账户锁定计数器”策略上双击，如图 14-2-10 所示。弹出“复位账户锁定计数器属性”对话框，对“复位账户锁定计数器”策略的建议数值进行修改，如图 14-2-11 所示。

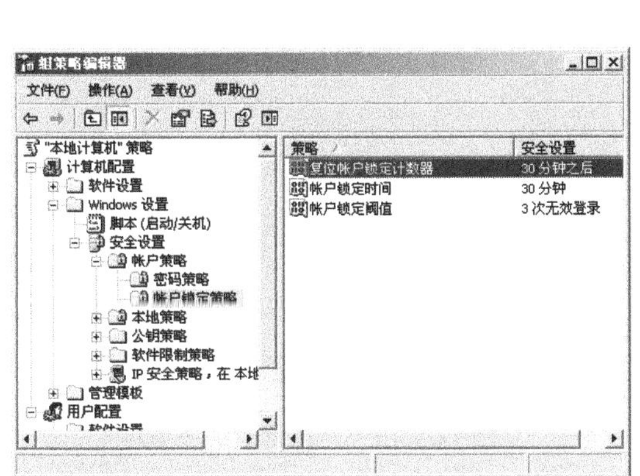

图 14-2-10　“复位账户锁定计数器”策略

图 14-2-11　设置复位账户锁定计数器

活动 2　“本地策略”的配置与应用

“本地策略”的配置也是保护服务器安全的一个重要方面，它包括“审核策略”、“用户权限分配”、“安全选项”三个方面。通过对这三个方面的配置，可以规定不同用户的不同权限，服务器系统对事件的审核，以及服务器的安全设置。

第 1 步　配置“审核策略”

配置“审核策略”就是为服务器配置诸如登录事件、访问对象、特权使用、账户管理等的审核权限，具体操作方法如下。

01 在“组策略编辑器”窗口中，依次展开各项至“审核策略”，如图 14-2-12 所示。

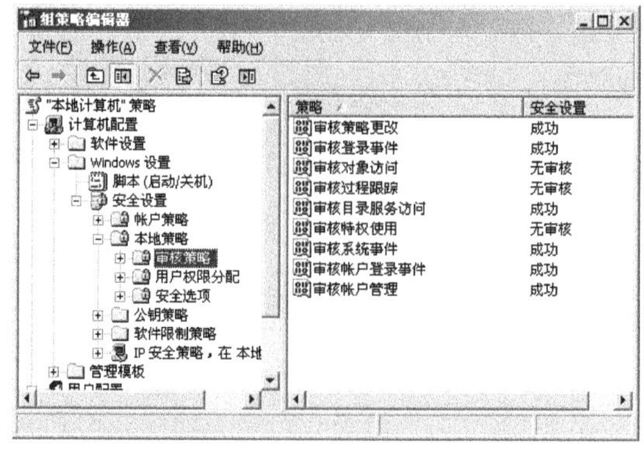

图 14-2-12　组策略编辑器

02 在“组策略编辑器”窗口的右侧窗格中，双击“审核策略更改”选项，如图 14-2-13 所示，弹出“审核策略更改属性”对话框。

03 根据需要，可在“审核策略更改属性”对话框中勾选“成功”和“失败”复选框，如果全部不选择，表示无审核，如图 14-2-14 所示。

图 14-2-13　审核策略更改

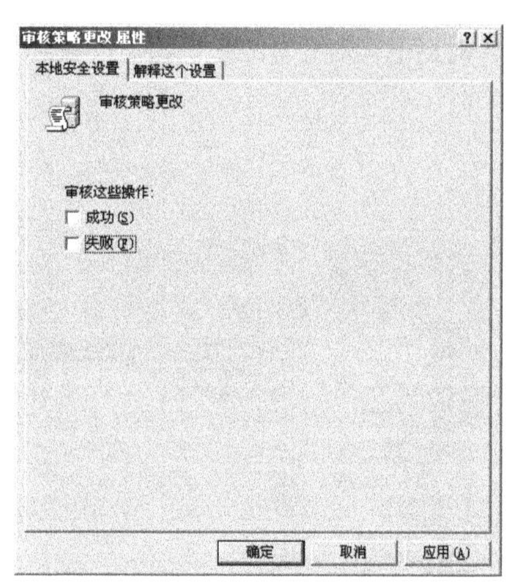

图 14-2-14　审核策略更改属性

04 参照上面的步骤设置其他选项的审核。

第 2 步　配置“用户权限分配”策略

对不同的用户分配不同的权限，这是服务器实现分级管理的依据。进行分级管理就需要为用服务器配置“用户权限分配”策略。下面从新建用户开始，介绍如何配置“用户权限分配”策略。

01 选择“开始→所有程序→管理工具→计算机管理”命令。在打开的“计算机管理”窗口的左侧窗格中，依次展开“系统工具→本地用户和组→用户”选项，在右侧窗格的空白处右击，在弹出的快捷菜单中选择“新用户”命令，弹出“新用户”对话框，如图 14-2-15 所示。

02 在“新用户”对话框中，输入“用户名”、“全名”、“描述”以及“密码”、“确认密码”，如图 14-2-16 所示，创建一个名为“王小明”的新用户，创建好的用户如图 14-2-17 所示。

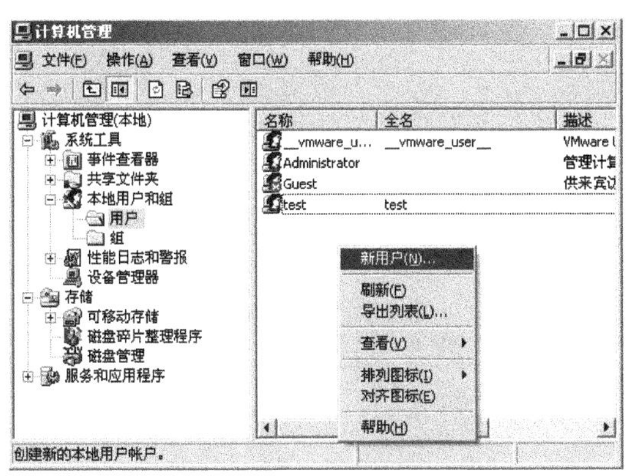

图 14-2-15　创建新用户

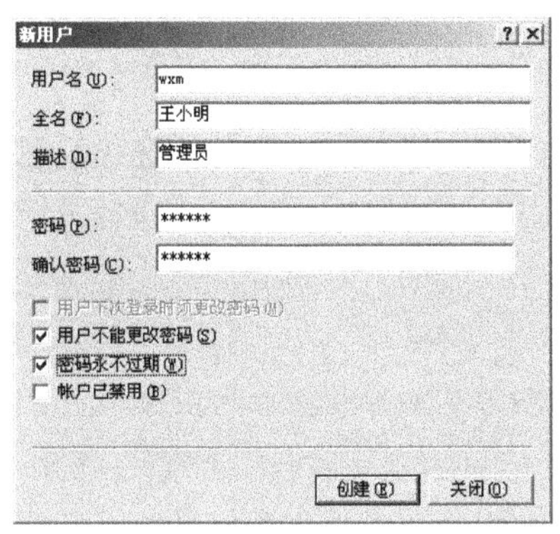

图 14-2-16　“新用户”对话框

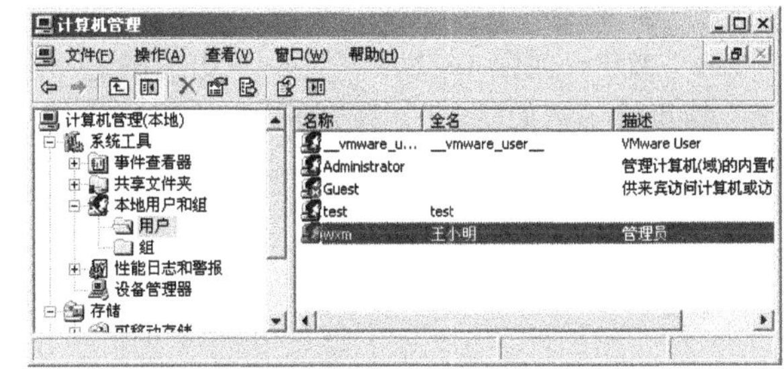

图 14-2-17　完成新用户创建

03 打开“组策略编辑器”窗口，依次展开各项至“用户权限分配”，如图 14-2-18 所示。在“组策略编辑器”窗口的右侧窗格中，双击“备份文件和目录”选项，弹出“备份文件和目录属性”对话框，如图 14-2-19 所示。

04 在“备份文件和目录属性”对话框中，单击“添加用户或组”按钮，弹出“选择用户或组”对话框，如图 14-2-20 所示。单击“高级”按钮，对话框如图 14-2-21 所示。

图 14-2-18　“备份文件和目录”选项

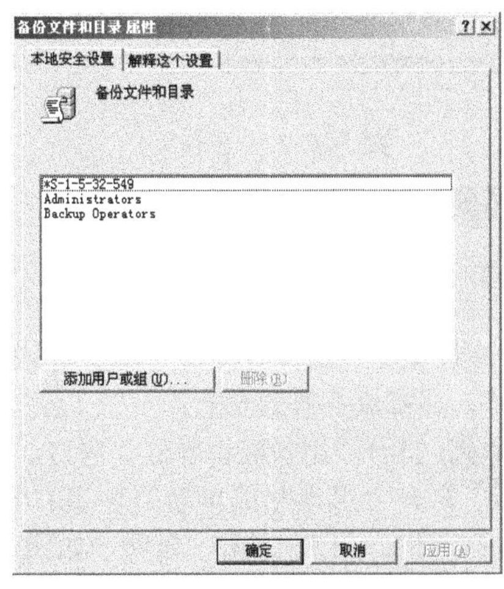

图 14-2-19　“备份文件和目录属性”对话框

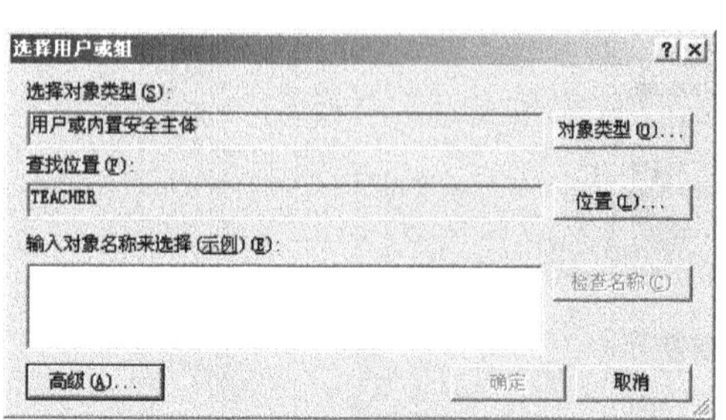

图 14-2-20　“选择用户或组”对话框

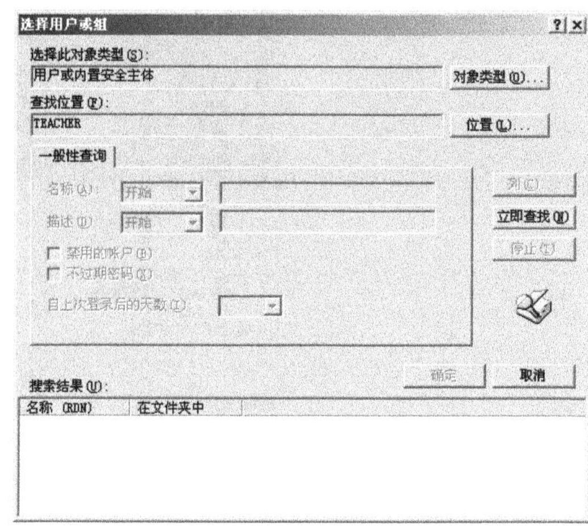

图 14-2-21　高级用户组设置

05 单击“立即查找”按钮，在“搜索结果”中出现全部的用户名和组，选择刚创建的“wxm”用户，如图 14-2-22 所示。单击“确定”按钮，把用户“wxm”添加到“备份文件和目录”组策略中，如图 14-2-23 所示。

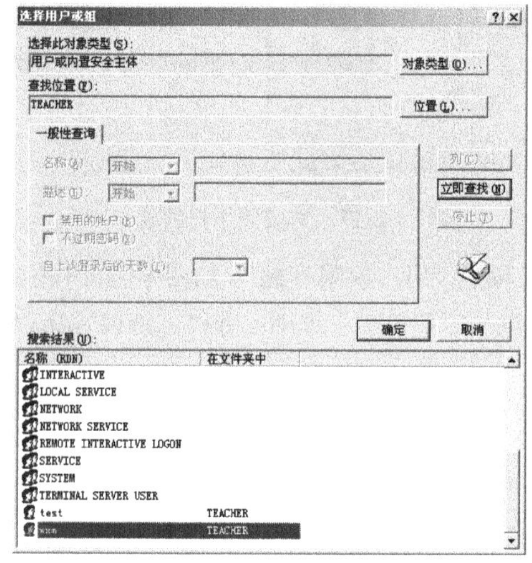

图 14-2-22　选择用户

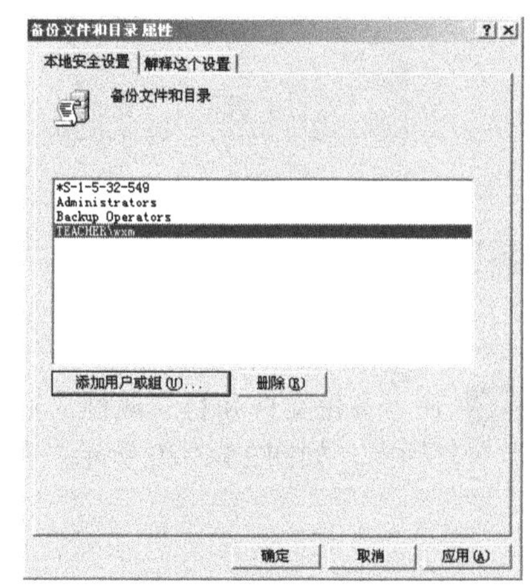

图 14-2-23　完成配置“用户权限分配”策略

06 参照上面步骤完成其他项目的用户权限配置。

第 3 步　配置“安全选项”策略

“本地策略”最后一项“安全选项”为用户在访问服务器时配置一些类似如访问安全等方面的策略，提高服务器的安全。

01 打开“组策略编辑器”窗口，依次展开各项至“安全选项”，如图 14-2-24 所示。

02 在“组策略编辑器”窗口右侧窗格中双击需要修改的选项，如“交互式登录：不需要按 CTRL+ALT+DEL”选项，如图 14-2-25 所示。双击该选项，弹出“交互式登录：不需要按 CTRL+ALT+DEL 属性”对话框，选择“已禁用”单选按钮，如图 14-2-26 所示。

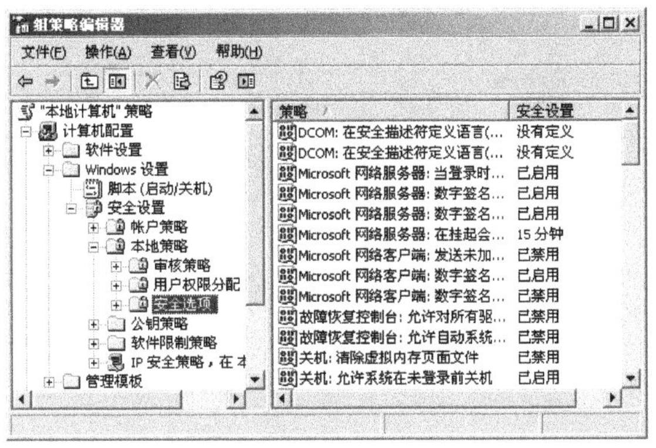

图 14-2-24　安全选项

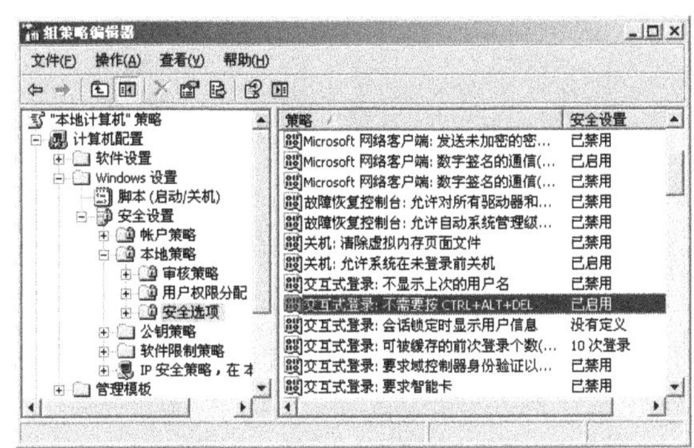

图 14-2-25　组策略编辑器

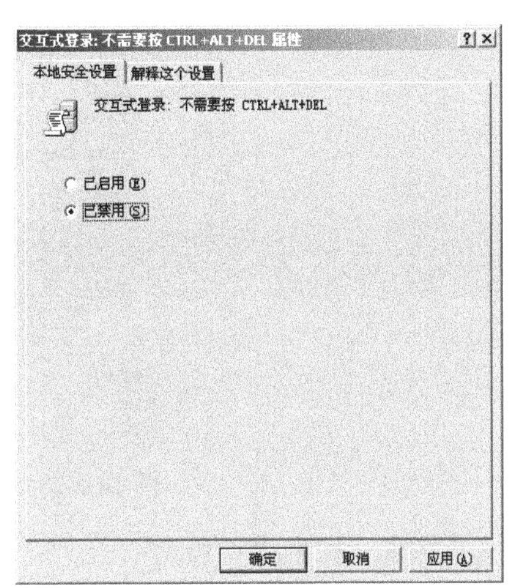

图 14-2-26　交互式登录属性

03 参照上面步骤完成其他项目的设置。

活动 3　“软件限制策略”的配置与应用

使用“软件限制策略”，通过标识可以指定在计算机上允许哪些应用程序运行，从而保护计算机环境免受不可信代码的侵扰；软件可以运行在两个级别上：“不受限的”与“不允许的”。

第 1 步　创建软件限制策略

“软件限制策略”在默认状态下是关闭的，需要手工创建一个策略，具体的操作方法如下。

01 打开“组策略编辑器”窗口，依次展开“计算机配置→Windows 设置→安全设置”选项，并在“软件限制策略”选项上右击，在弹出的快捷菜单中选择“创建软件限制策略”命令，首次打开“软件限制策略”时，该项目是空的，如图 14-2-27 所示。

02 策略需要由管理员手动添加，方法是单击“软件限制策略”使其处于选中状态，选择“操作→新建一个策略”命令，此时可以看到“软件限制策略”下增加了“安全级别”和“其他规则”以及三条属性。一旦执行新建策略操作后，就不能再次执行该操作，并且这个策略也不能删除，如图 14-2-28 所示。

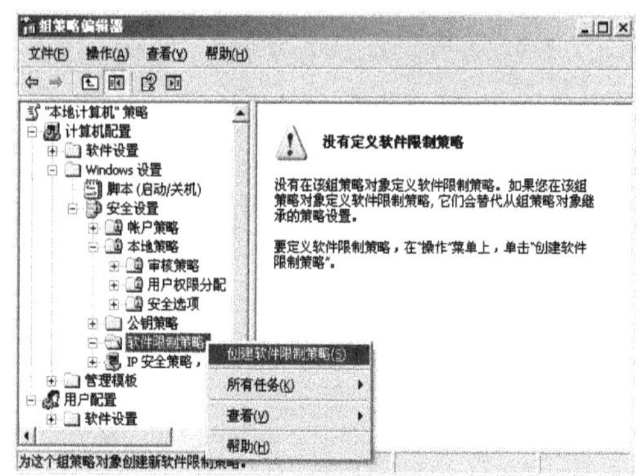

图 14-2-27 “软件限制策略”选项

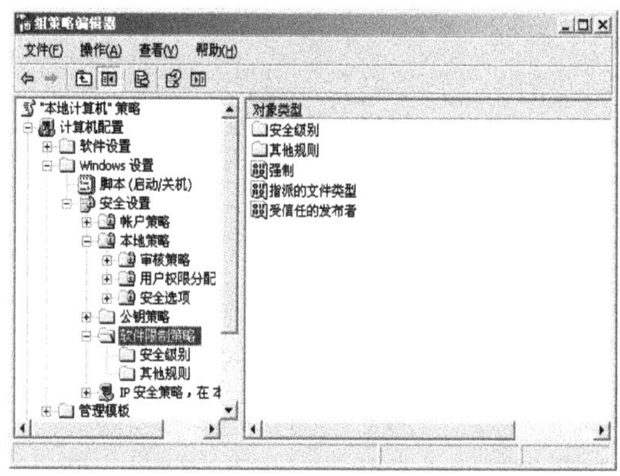

图 14-2-28 创建“软件限制策略”后窗口

第 2 步 配置安全级别

软件安全级别分为“不允许的”和“不受限的”。“不允许的”是指无论用户的访问权限如何，软件都不会运行。“不受限的”是默认的安全级别，其解释为“软件访问权由用户的访问权来决定”。这里可以把“不允许的”或者“不受限的”设置为默认值，具体的操作方法如下。

01 打开“组策略编辑器”窗口，依次展开“计算机配置→Windows 设置→安全设置→软件限制策略”选项，然后选择“安全级别”选项，在右侧窗格显示当前状态，默认值为“不受限的”，且在“不受限的”图标上标示有“√”标号，如图 14-2-29 所示。

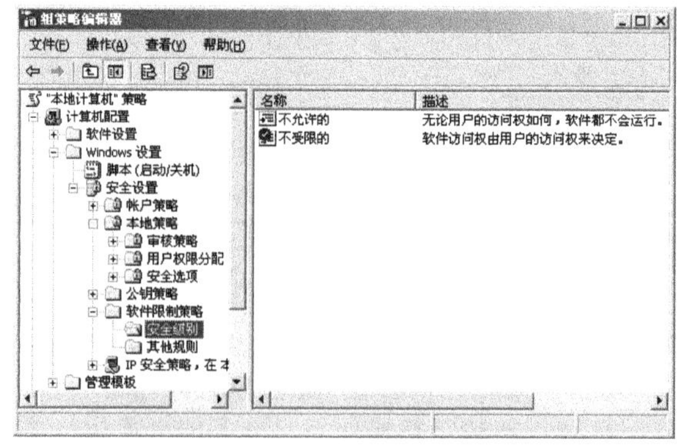

图 14-2-29 安全级别

02 可根据需要将默认状态设置为“不允许的”，只需要在“不允许的”名称或者图标上右击，在弹出的快捷菜单中选择“设置为默认”命令即可，如图 14-2-30 所示。

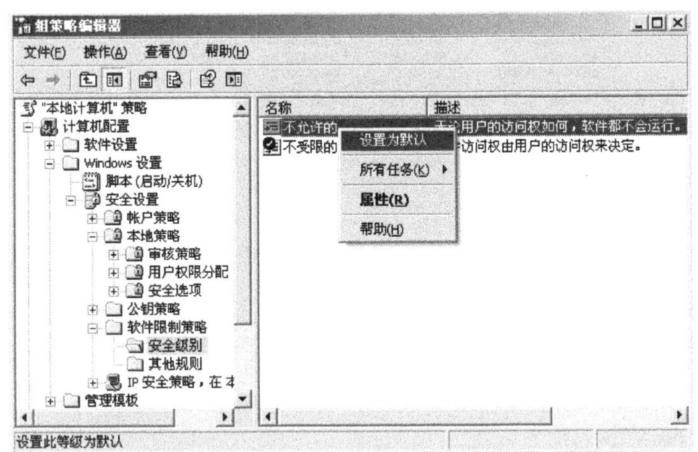

图 14-2-30　设置默认安全级别

03 系统弹出“软件限制策略”提示框，单击“是”按钮，完成设置，如图 14-2-31 所示。

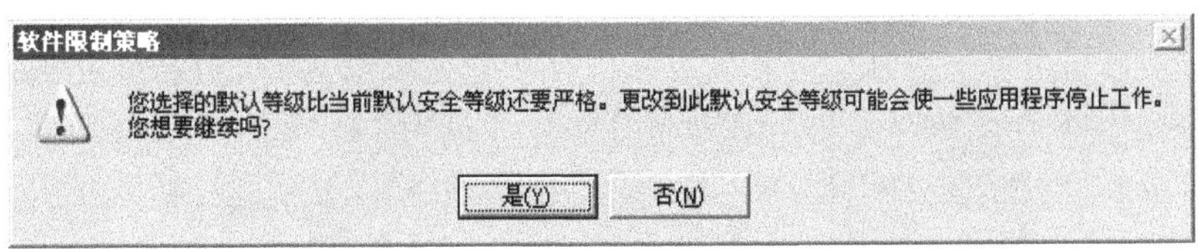

图 14-2-31　设置“软件限制策略”提示框

第 3 步　创建证书规则

“证书规则”指定代码签名软件发布者的证书，它是一种非常有效的标识软件的方法，下面就来创建证书规则，具体的操作方法如下。

（1）启用证书规则

“证书规则”在默认状态下是未启用的，需要手工启用。

01 选择“开始→运行”命令，在弹出的“运行”对话框中输入 regedit 命令并单击“确定”按钮，打开“注册表编辑器”窗口，依次展开 HKEY_LOCAL_MACHINE→SOFTWARE→Policies→Microsoft→windows→safer→codeIdentifiers 选项，在右侧窗格中双击 authenticodeenabled 选项，如图 14-2-32 所示。

02 弹出“编辑 DWORD 值”对话框，在“数值数据”文本框中把“0”改为“1”表示启用“证书规则”，如图 14-2-33 所示。

（2）导出证书

01 双击桌面上的 IE 图标，在打开的 Microsoft Internet Explorer 窗口中选择“工具→Internet 选项”命令，如图 14-2-34 所示。在弹出的“Internet 选项”对话框中选择“内容”选项卡，单击“证书”选项组中的“证书”按钮，如图 14-2-35 所示。

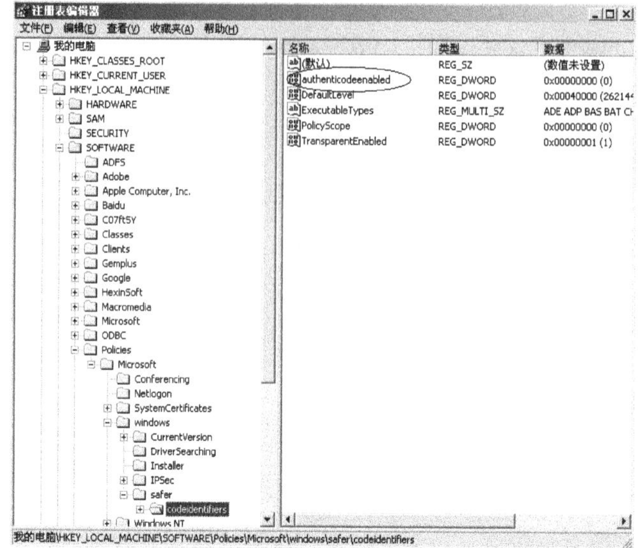

图 14-2-32　“注册表编辑器”窗口

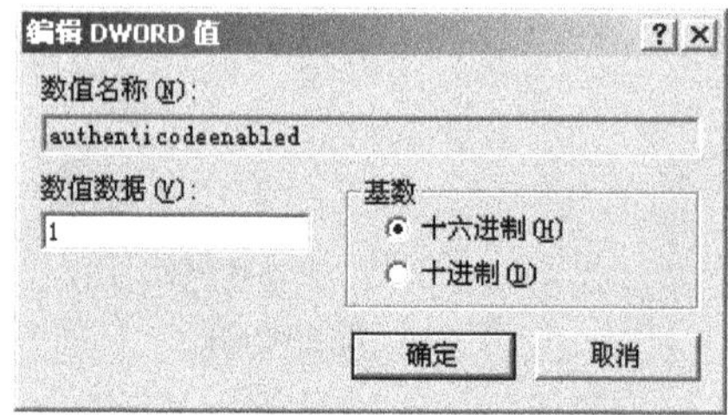

图 14-2-33　“编辑 DWORD 值”对话框

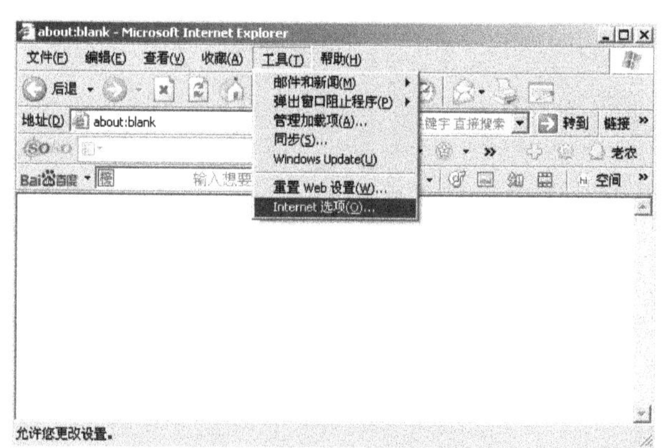

图 14-2-34　“Internet 选项”命令

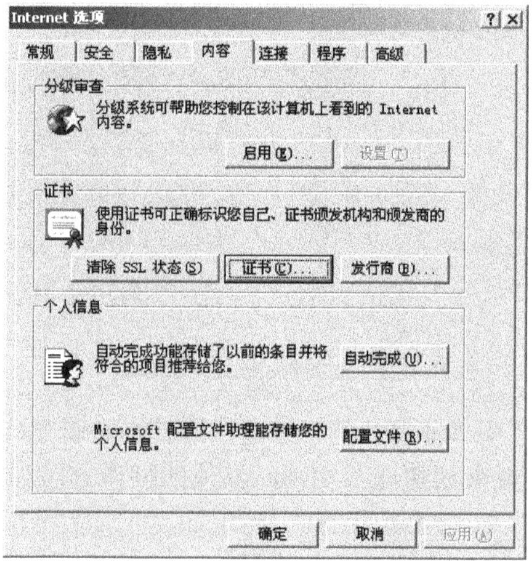

图 14-2-35　“内容”选项卡

02 在弹出的“证书”对话框中选择“受信任的根证书颁发机构”选项卡，选择需要导出的证书，如图 14-2-36 所示。然后单击“导出”按钮，弹出“证书导出向导”对话框，单击“下一步”按钮，如图 14-2-37 所示。

03 在“导出文件格式”界面中选择一种格式，如图 14-2-38 所示。然后单击“下一步”按钮，进入“要导出的文件”界面，单击“浏览”按钮，如图 14-2-39 所示。

04 在弹出的“另存为”对话框中选择文件保存位置，如“我的文档”，然后在“文件名”一栏中输入文件名，如“证书.cer”，如图 14-2-40 所示。单击“保存”按钮，返回“要导出的文件”界面，单击“下一步”按钮，如图 14-2-41 所示。

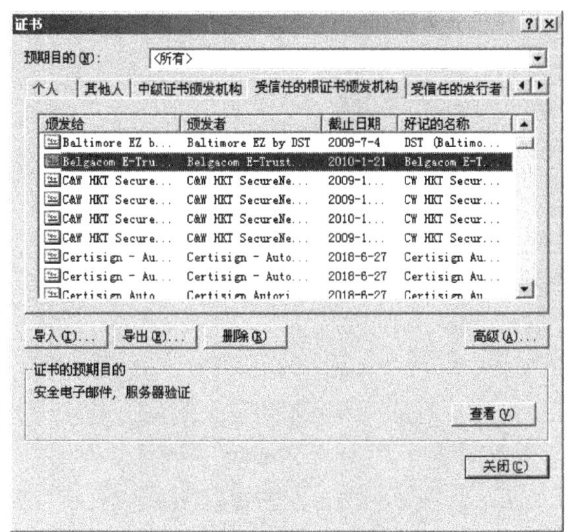

图 14-2-36　选择需要导出的证书

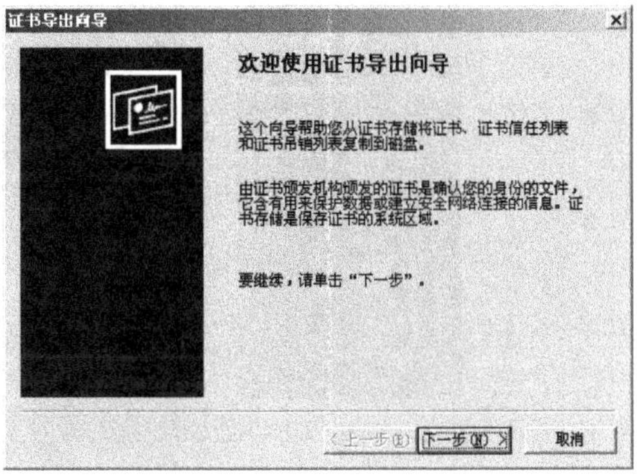

图 14-2-37　“证书导出向导”对话框

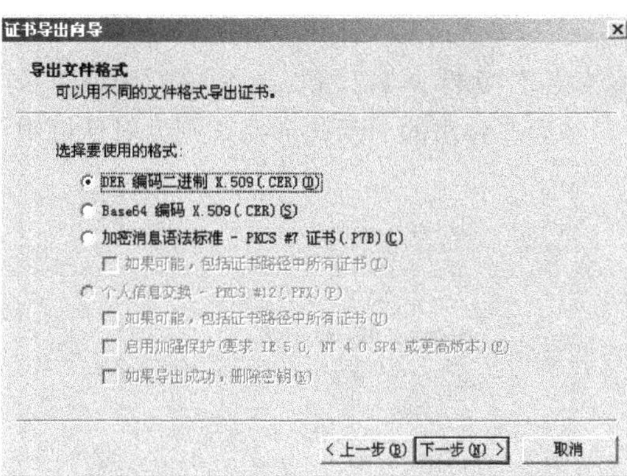

图 14-2-38　导出文件格式设置

图 14-2-39　设置要导出的文件

图 14-2-40　“另存为”对话框

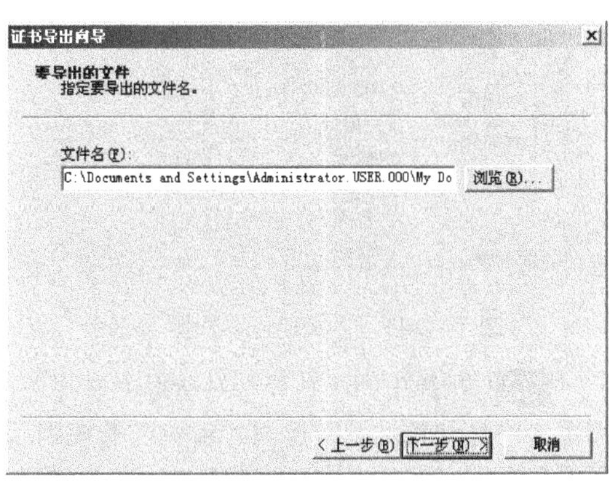

图 14-2-41　导出的文件路径

05 经过上述操作步骤，完成证书导出向导操作，最后单击“完成”和“确定”按钮，如图 14-2-42 所示。

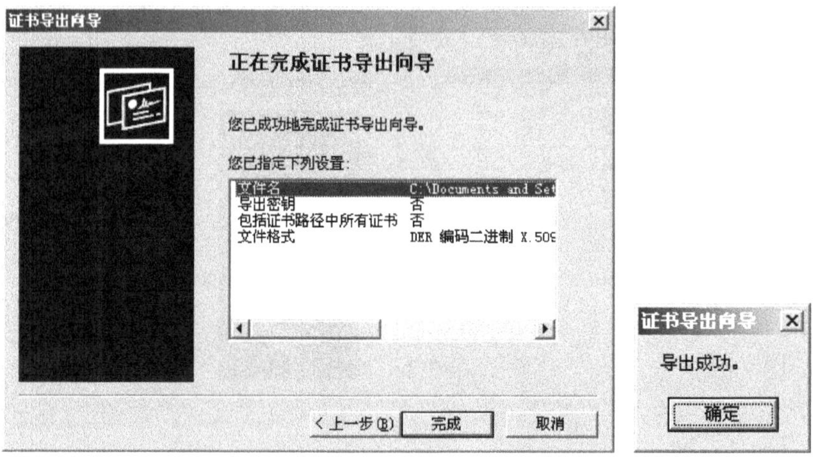

图 14-2-42　完成证书导出

（3）创建规则

01 在“软件限制策略”文件夹下的“其他规则”文件夹上右击，在弹出的快捷菜单中选择“新建证书规则”命令，如图 14-2-43 所示。然后在弹出的“新建证书规则”对话框中单击“浏览”按钮，如图 14-2-44 所示。

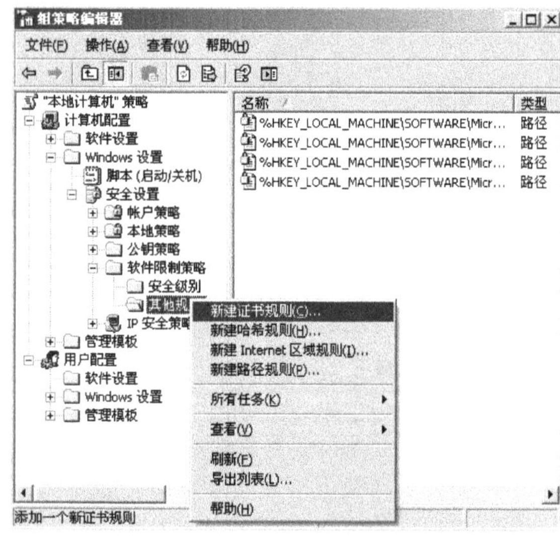

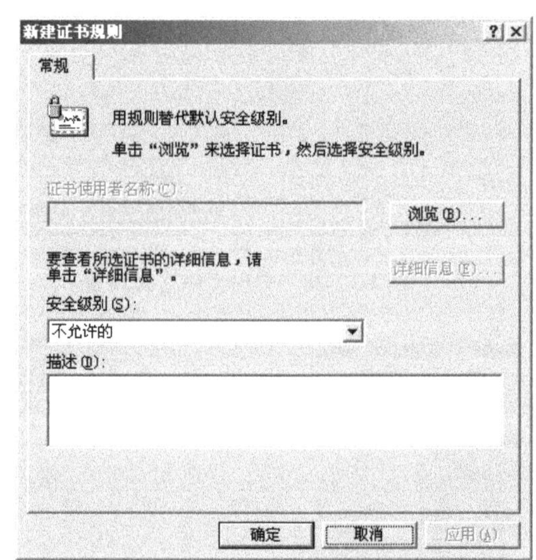

图 14-2-43　“新建证书规则”命令

图 14-2-44　“新建证书规则”对话框

02 在弹出的“打开”对话框中选择前面保存的证书“证书.cer”，如图 14-2-45 所示。然后单击“打开”按钮，返回“新建证书规则”对话框，在“安全级别”下拉列表中选择“不受限的”选项，然后单击“确定”按钮，如图 14-2-46 所示。

图 14-2-45 打开“证书”文件

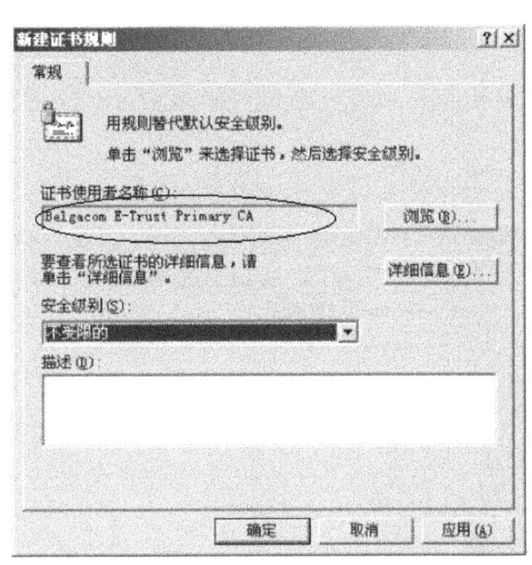

图 14-2-46 “新建证书规则”对话框

第 4 步 创建哈希规则

哈希规则可以唯一标识软件程序或可执行文件（即使该程序或可执行文件已被移动或重命名）。这样，管理员可以使用哈希规则来跟踪不希望用户运行的特定版本的可执行文件或程序。如果程序在安全或隐私方面存在漏洞，或者可能会破坏系统的稳定性，则可以使用哈希规则。下面就通过创建哈希规则来禁止用户使用我们已经建好的一个可执行文件，具体操作方法如下。

01 打开“组策略编辑器”窗口，在“其他规则”文件夹上右击，在弹出的快捷菜单中选择“新建哈希规则”命令，如图 14-2-47 所示。弹出“新建哈希规则”对话框，单击“浏览”按钮，如图 14-2-48 所示。

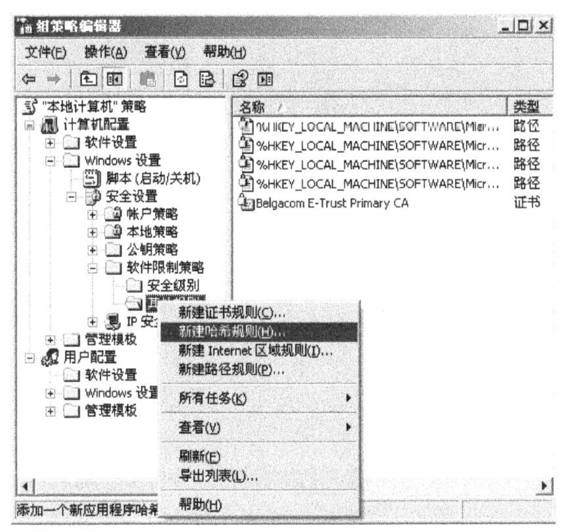

图 14-2-47 “新建哈希规则”命令

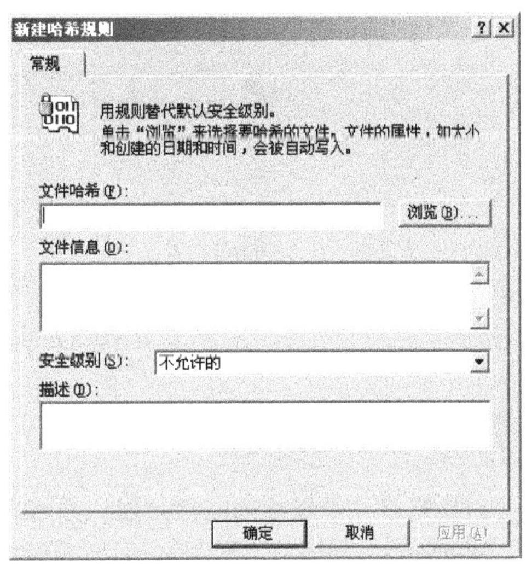

图 14-2-48 “新建哈希规则”对话框

02 在“打开”对话框中选择需要禁用的可执行文件，如禁止 Windows Media Player 播放器 wmplayer.exe 运行，如图 14-2-49 所示。然后单击“打开”按钮，返回“新建哈希规则”对话框，在“安全级别”下拉列表框中选择“不允许的”选项，再单击“确定”按钮，如图 14-2-50

所示。

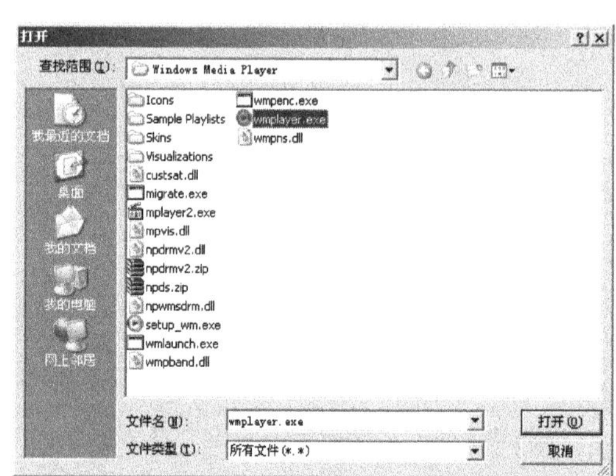

图 14-2-49 选择需要禁用的可执行文件

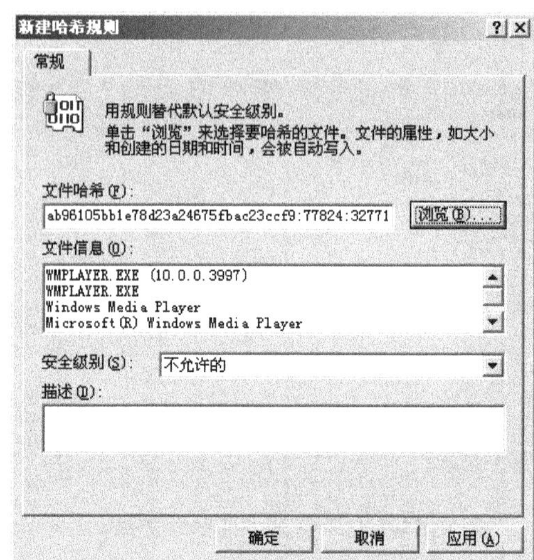

图 14-2-50 “新建哈希规则”对话框

03 当再试图去运行已经被禁用的可执行文件时，会弹出一个被阻止打开的提示框，如图 14-2-51 所示。

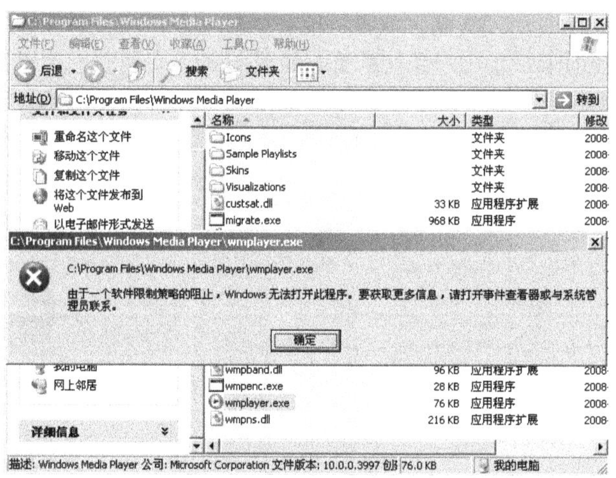

图 14-2-51 测试哈希规则

活动 4 组策略的应用

组策略是系统策略的高级扩展，是管理员管理用户和计算机、控制程序、网络资源、系统、Windows 组件的主要工具，可对系统的各种特殊属性进行设置。简单的解释：组策略是调整注册表的一个所见即所得编辑器。利用组策略可以很方便地管理和优化操作系统。

1. 隐藏系统盘

为了保证系统的安全性，最好的方法是将系统盘隐藏起来，具体的操作方法如下。

01 在“组策略编辑器”窗口中，依次展开“用户配置→管理模板→Windows 组件→Windows 资源管理器”选项，在右侧窗格中双击“隐藏‘我的电脑’中的这些指定的驱动器”选项，如图 14-2-52 所示。在弹出的“隐藏‘我的电脑’中的这些指定的驱动器属性”对话框中选择“已启用”单选按钮，然后在下面的下拉列表框中选择“仅限制驱动器 C”选项，单击“确定”按钮，如图 14-2-53 所示。

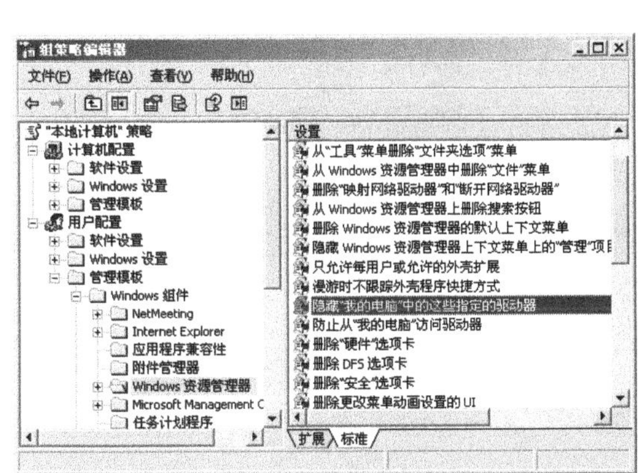

图 14-2-52　隐藏指定的驱动器

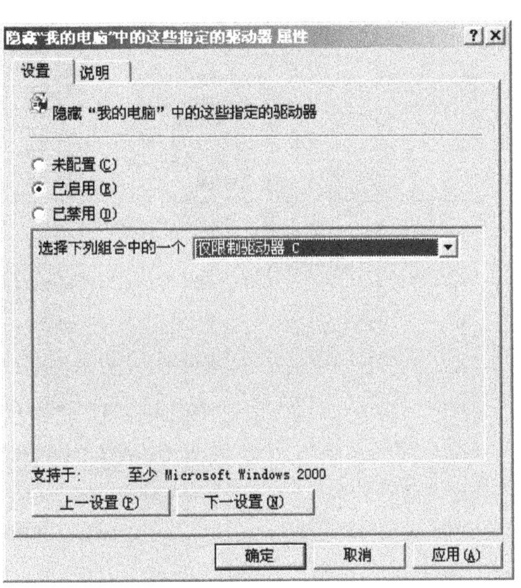

图 14-2-53　隐藏指定的驱动器属性

02 打开“我的电脑”窗口，会发现系统盘“C 盘”隐藏起来了，如图 14-2-54 所示。

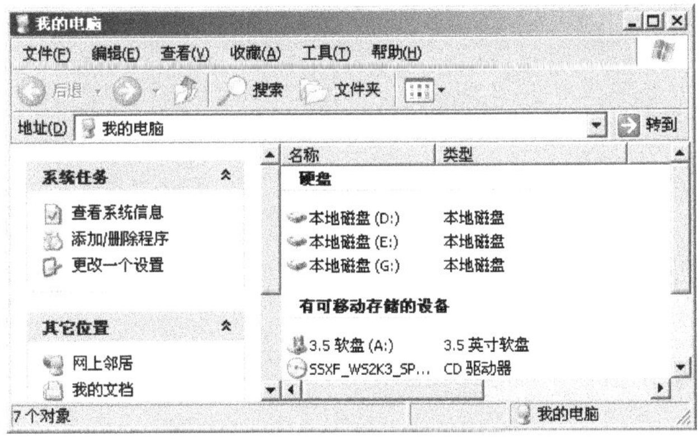

图 14-2-54　隐藏系统盘效果

2. 进入系统前显示警示语

在别人使用我们的计算机时，希望他们不要破坏系统文件，这时最好给他们一些提示性的警示语，具体的操作方法如下。

01 在“组策略编辑器”窗口中，依次展开“计算机设置→Windows 设置→安全设置→本地策略→安全选项”选项，在右侧窗格中双击“交互式登录：用户试图登录时消息标题”选项，如图 14-2-55 所示。在弹出的“交互式登录：用户试图登录时消息标题属性”对话框中输入消息框的标题“欢迎您使用我的电脑”，并单击“确定”按钮，如图 14-2-56 所示。

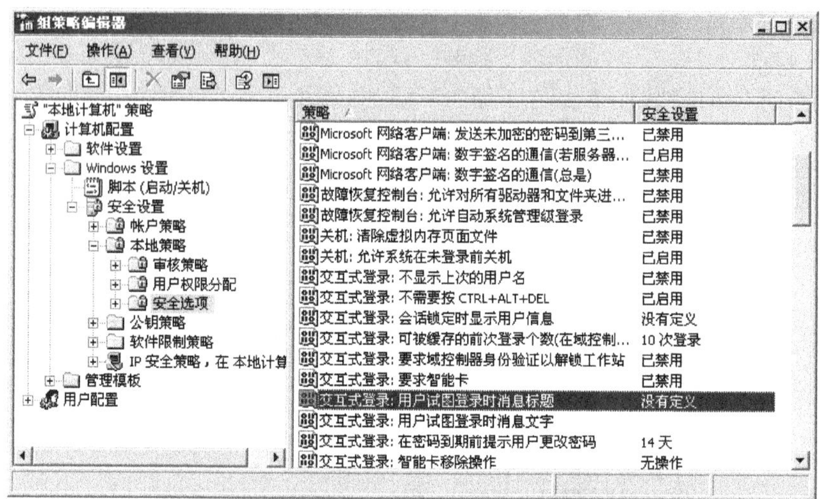

图 14-2-55 “用户试图登录时消息标题”选项

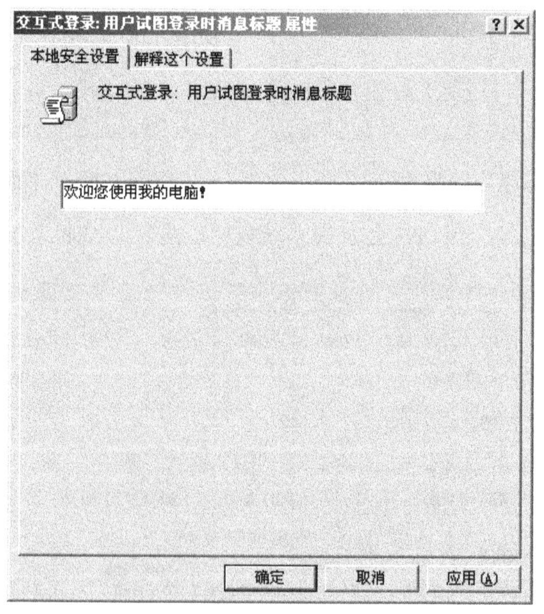

图 14-2-56 输入消息框的标题

02 在“组策略编辑器”窗口中双击“交互式登录：用户试图登录时消息文字”选项，如图 14-2-57 所示。在弹出的“交互式登录：用户试图登录时消息文字属性”对话框中输入消息文字，最后单击“确定”按钮，如图 14-2-58 所示。

03 重新启动计算机后，显示提示消息，单击“确定”按钮后，才会打开登录界面，如图 14-2-59 所示。

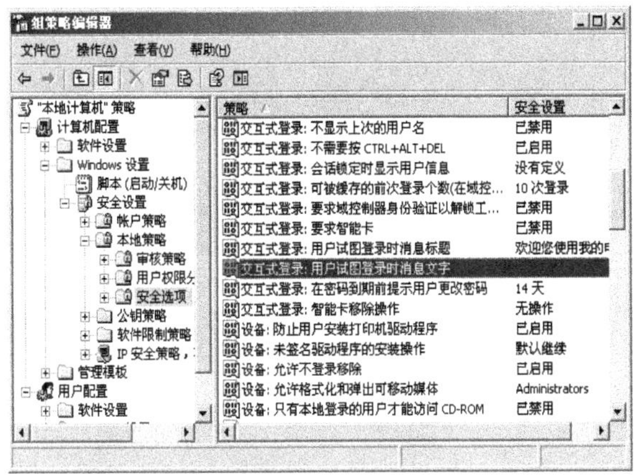

图 14-2-57　“用户试图登录时消息文字”选项

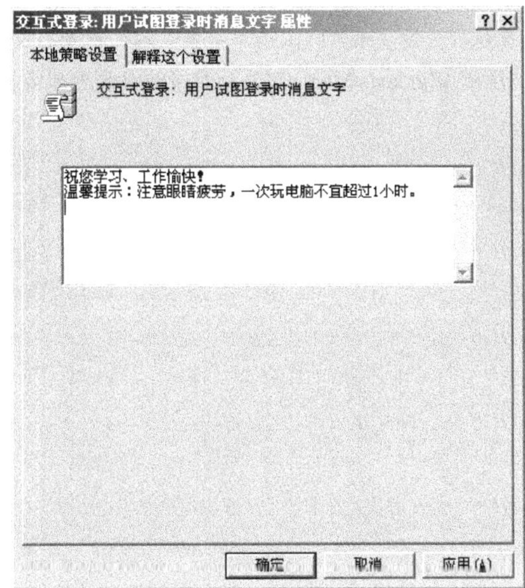

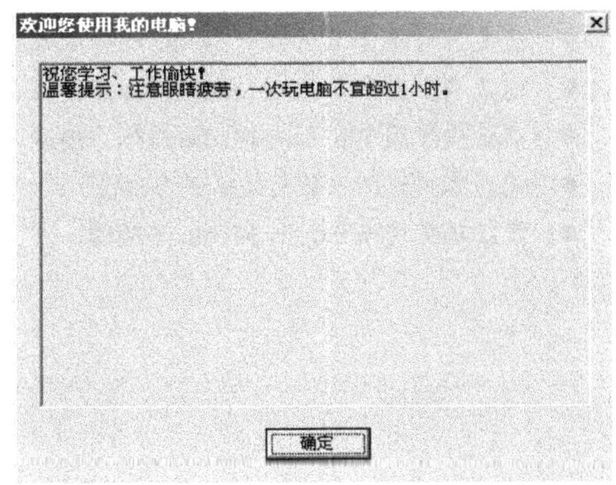

图 14-2-58　输入消息文字

图 14-2-59　进入系统前显示警示语

1．练习配置“密码策略”。
2．练习配置“安全选项”策略。
3．练习创建软件限制策略。
4．练习创建哈希规则。

项目 15 流式媒体服务器的组建与管理

>>>>

◎ 项目导读

流媒体是指以流方式在网络中传送音频、视频和多媒体文件的媒体形式。那么传送流媒体的服务器就称为流媒体服务器。流媒体的典型特征是把连续的音频和视频信息压缩后放到服务器上，用户边下载边观看，而不必等待整个文件下载完毕。由于流媒体技术的优越性，该技术广泛应用于视频点播、视频会议、远程教育、远程医疗和在线实时系统中。本项目重点介绍通过 Windows Media 服务组建多媒体视频服务器的过程。

◎ 能力目标

- 能安装与组建 Windows Media 媒体服务器。
- 能正确配置 Windows Media 媒体点播服务。
- 能正确配置 Windows Media 媒体广播服务。
- 能在客户端测试访问媒体服务器。
- 能正确使用 Windows Media 编码器。

任务 15.1　架设 Windows Media 服务器

◎ 任务描述

本任务学习架设 Windows Media 服务器，学习 Windows Media 服务器的安装与设置，重点掌握多媒体视频服务器中点播和广播两种流媒体发布方式，并用播放器和网页两种方式正确访问媒体服务器的视频库。

◎ 任务目标

1. 了解流式媒体服务器的功能和原理。
2. 掌握流式媒体服务器点播和广播两种方式的流媒体发布设置。
3. 理解发布方式和播放方式的四种发布点类型。
4. 掌握客户端用户用 Windows Media Player 播放器和网页两种方式访问媒体服务器。

◎ 设备工具

1. 一台安装了 Windows Server 2003 的计算机（作为流式媒体服务器）。
2. 一台安装有 Windows Media Player 播放器的计算机（作为访问媒体服务器的客户端）。
3. 一张 Windows Server 2003 安装光盘（安装流式媒体服务器用）。

知识　流媒体的播放形式及类型

随着 Internet 的发展，以流媒体技术为主导的网络多媒体视频服务发展很快，为 Internet 的业务发展带来新的机遇。流媒体具有传输率高、数据同步及稳定性高等特点，是实现网络音频和视频传输的最佳方式，可广泛用于电子商务、新闻发布、在线直播、网络广告、视频点播、多媒体远程教学、网上广播台和实时视频会议等网络信息服务领域。

视频点播以流媒体的形式在 Internet 上传输和播放。用户通过浏览器发送和接收播放请求，获取存储在网站服务上的视频文件，并在本地播放。这种流媒体播放方式是一种实时方式，即直接从网上将多媒体信息逐步下载到本地缓存中，在下载的同时播放已经下载的部分。用户不必等整个文件全部下载完毕即可播放，在播放的同时，文件的余下部分将在后台从服务器继续流向用户计算机。这样既节省了用户的磁盘空间，又避免了用户不必要的等待。尤其重要的是，利用流媒体技术，还可以像广播电视直播一样，实现网上现场直播功能。

1. 流媒体的播放方式

流媒体的播放方式可以分为点播和广播两种。

1）点播方式：点播是指用户主动与服务器连接，发出节目内容的请求，用户可对播放的媒体流进行控制，包括实施停止、后退、快进或暂停等操作。

2）广播方式：广播是指用户被动接收媒体流，它类似于观看电视节目。在广播过程中，客户端不能控制流。广播有两种方式，即单播和多播。单播的每个客户端都与服务器建立一个连接，而在多播方式下服务器会将内容交付到网络上的所有发出请求的客户端。

2. 流媒体的主要类型

在传输过程中使用的流媒体文件是经过特殊编码，适合在网络上边下载边播放的特殊多媒体文件，常见的文件类型有 ASF、WMV、WMA、RM、RA 和 SWF 等。可以音频文件、视频文件、图像文件及其他多媒体文件编码，将其转换为流媒体格式。

活动 1 安装流式媒体服务器

01 选择“开始→程序→管理工具→配置您的服务器向导”命令，弹出“配置您的服务器向导”对话框，在“服务器角色”对话框中选择“流式媒体服务器”选项，并且在该对话框中可以看到哪些服务器角色已经配置，如图 15-1-1 所示。

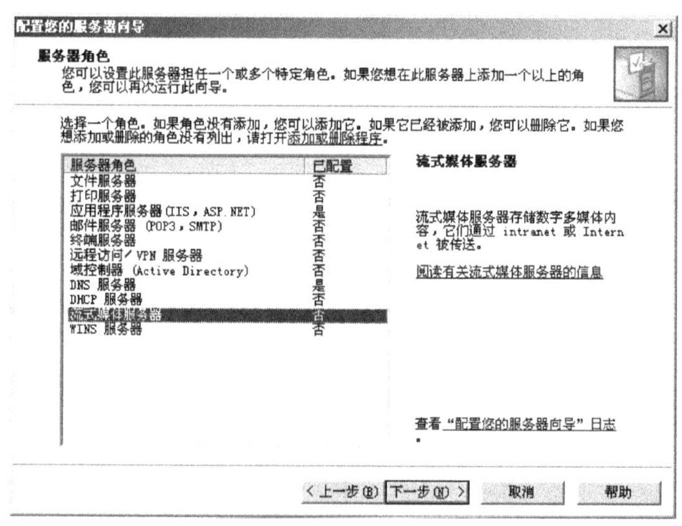

图 15-1-1 安装“流式媒体服务器”组件

02 单击“下一步”按钮，进行 Windows Media Services 安装，插入 Windows Server 2003 安装光盘，如图 15-1-2 所示，按提示操作，出现安装完成对话框，如图 15-1-3 所示。

03 Windows Media 服务安装完成后，选择“开始→管理工具→Windows Media Service”命令，显示 Windows Media Service 主窗口，如图 15-1-4 所示。

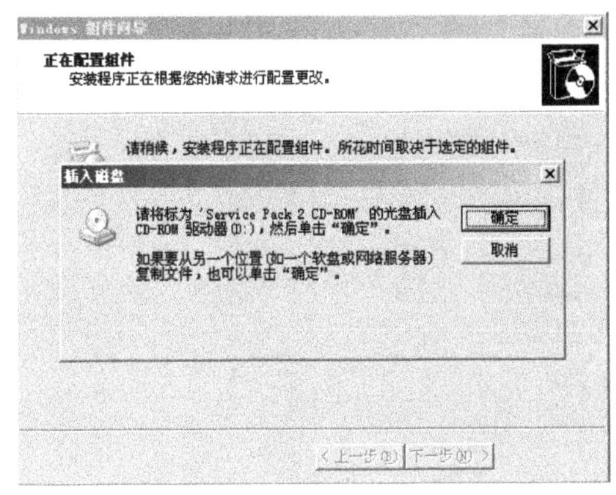

图 15-1-2 插入安装光盘

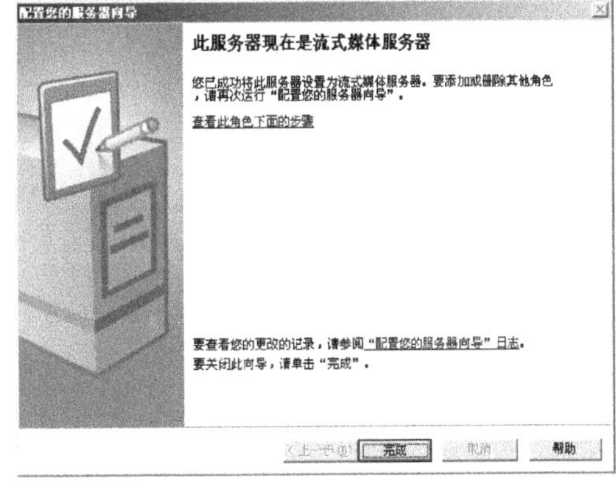

图 15-1-3 安装完成对话框

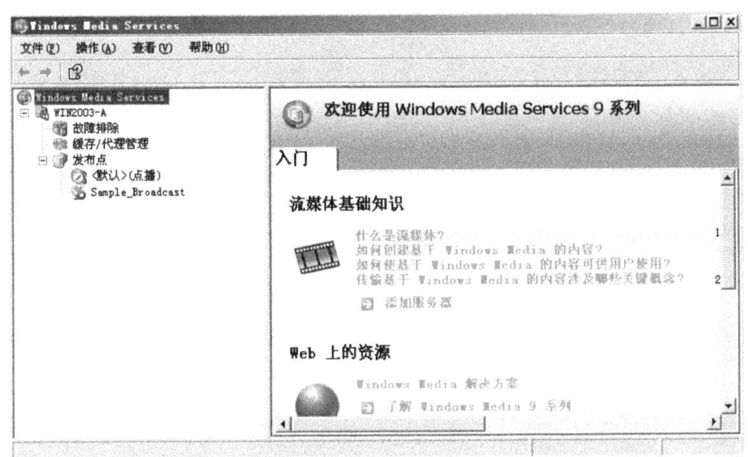

图 15-1-4 Windows Media Services 主窗口

活动 2 设置流式媒体广播发布点

“广播发布点”流式媒体服务器主动向客户端发送媒体流数据，客户端被动接收媒体流，而不能对媒体流进行控制。广播发布点的优点是对所有的客户端只发布一条媒体流，从而节省网络带宽。具体操作步骤如下。

01 组件安装完毕后，选择“开始→设置→控制面板→管理工具→Windows Media Services”命令。在打开的“Windows Media Services”管理器窗口中，在左侧树状列表中选择“WIN2003-A”后，右击“发布点”选项，在弹出的快捷菜单中选择“添加发布点（向导）”命令，如图 15-1-5 所示。

02 在弹出的“添加发布点向导”对话框中，单击“下一步”按钮继续。下一步中需要设置一个“发布点名称”，根据提示，可以得知名称的设置要求，如图 15-1-6 所示。

03 在接下来的对话框中，选择将要发布的文件类型，如果是进行实况直播，可以选择“编码器（实况流）”单选按钮。由于在“D:\mediaGB”目录已经有了制作好的电影文件，所以这里选择“目录中的文件”单选按钮，如图 15-1-7 所示。

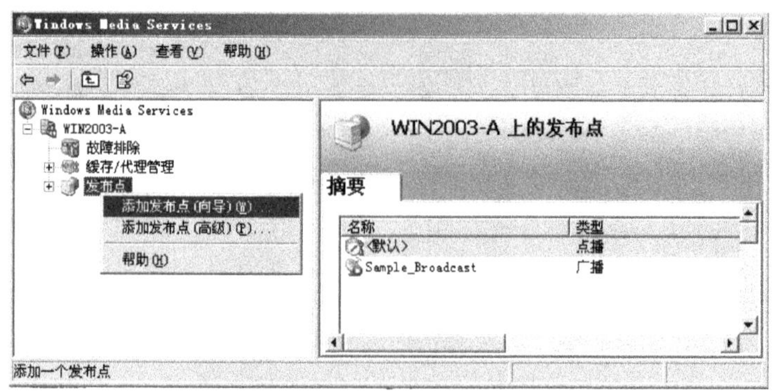

图 15-1-5 “添加发布点”命令

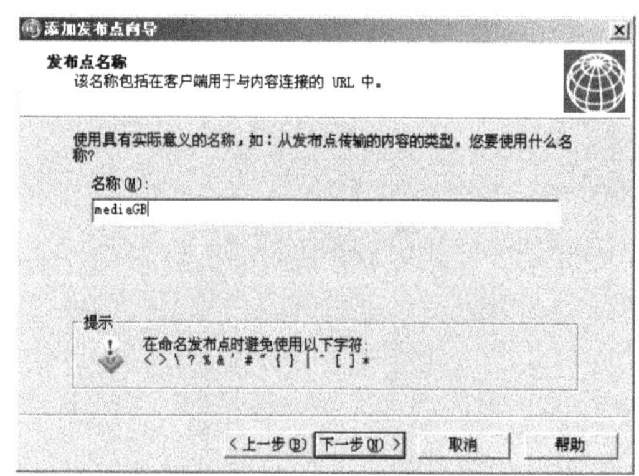

图 15-1-6 设置“发布点名称”

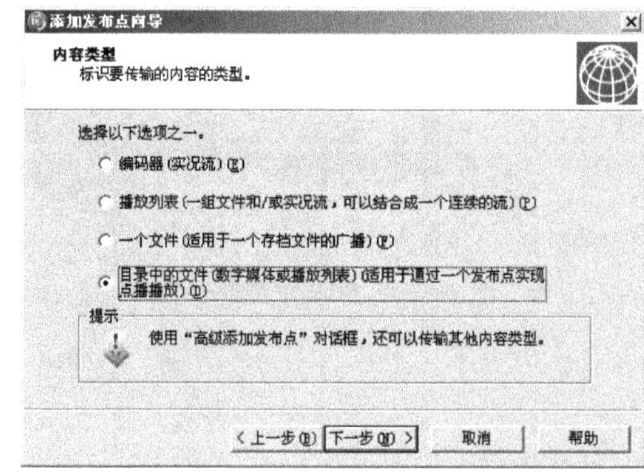

图 15-1-7 选择发布的文件类型

04 在新弹出的对话框中选择将要创建的播放方案，由于即将要创建的是广播站，因此只能选择“广播发布点”单选按钮，如图 15-1-8 所示。单击“下一步”按钮，在接下来对话框的传递方式中选择“单播”单选按钮，如图 15-1-9 所示。

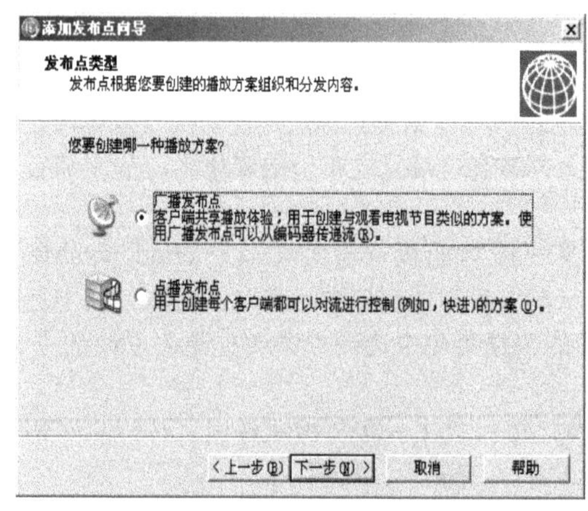

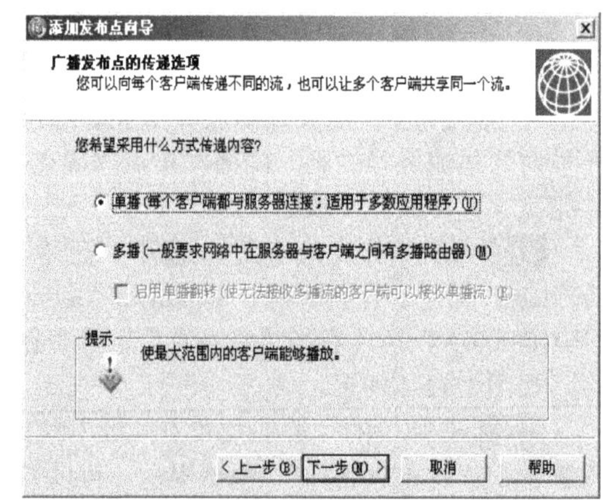

图 15-1-8 选择“广播发布点”

图 15-1-9 选择“单播”

05 单击“下一步”按钮，进入“目录位置”界面，如图 15-1-10 所示。单击“浏览”按钮，弹出“Windows Media 浏览”对话框，选择 D:\mediaGB 目录，如图 15-1-11 所示。

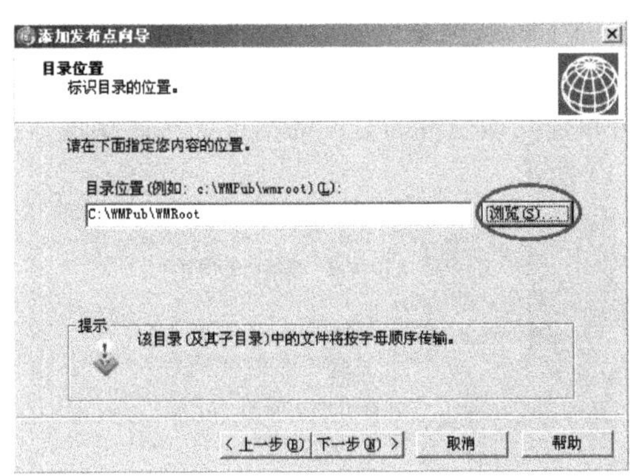

图 15-1-10　“目录位置”界面

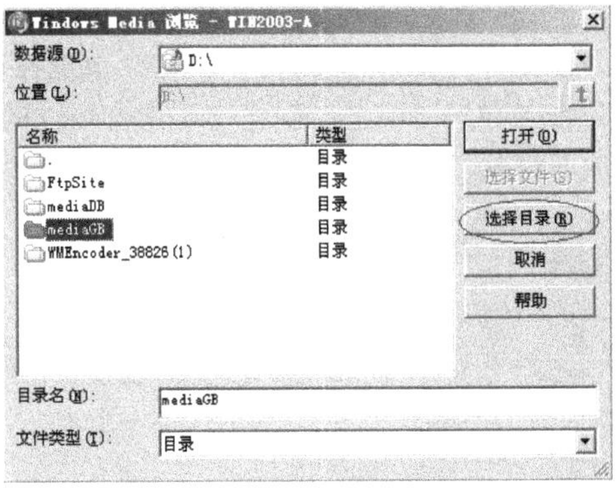

图 15-1-11　选择媒体数据源

06 单击“选择目录”按钮，可以看到发布点的目录位置是 D:\mediaGB，如图 15-1-12 所示。单击“下一步”按钮，根据实际情况选择“循环播放”或“无序播放”复选框，建议选择“循环播放”复选框，因为这样控制起来相对容易些，如图 15-1-13 所示。单击“下一步”按钮。

07 进入“单播日志记录”界面，有复选框“是，启用该发布点的日志记录”，基于安全考虑建议勾选此复选框，如图 15-1-14 所示。单击“下一步”按钮，进入“发布点摘要”界面中，选择默认状态，并单击“下一步”按钮继续，如图 15-1-15 所示。

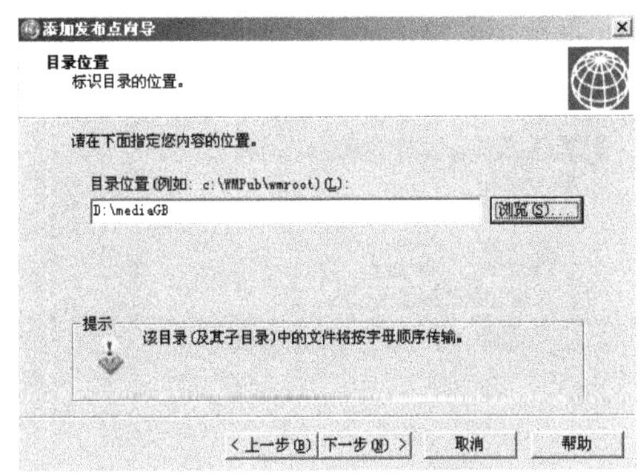

图 15-1-12　目录位置定位

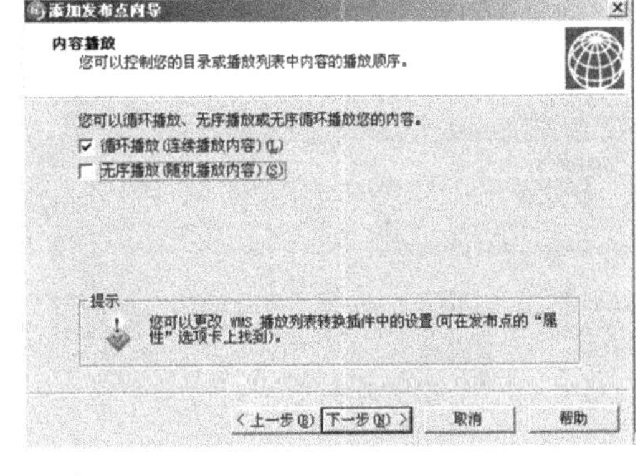

图 15-1-13　选择播放顺序

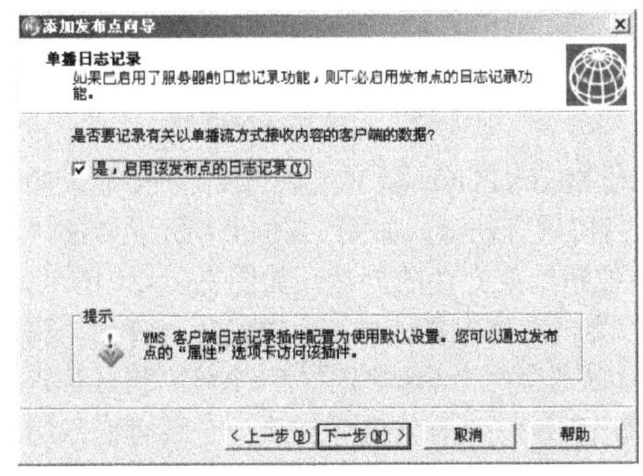

图 15-1-14　“单播日志记录”界面

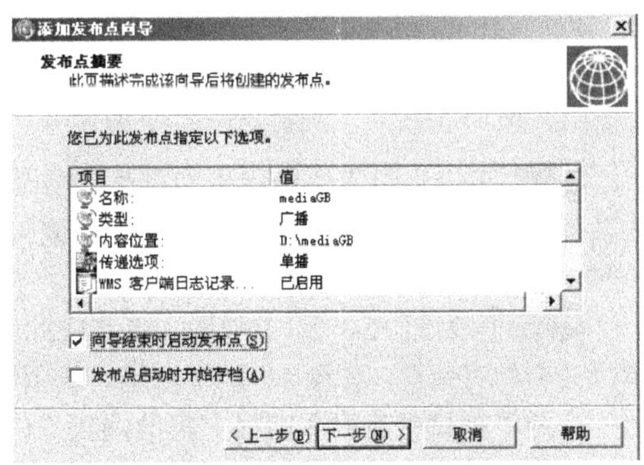

图 15-1-15　“发布点摘要”界面

08 最后单击“完成”按钮，即可完成 Windows Media 网络广播服务器的架设，选择“创建公告文件（.asx）或网页（.htm）”单选按钮，如图 15-1-16 所示。选择了该项，还会弹出“单播公告向导”对话框，创建一个带有嵌入的播放机和指向该内容的链接的网页，从而实现直接生成 HTML 文件以便发布到互联网上，如图 15-1-17 所示。

图 15-1-16　完成广播服务器的架设

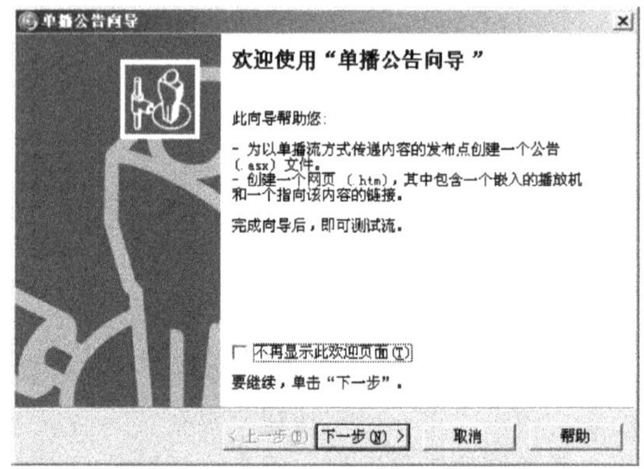

图 15-1-17　“单播公告向导”对话框

09 在“访问该内容”对话框中单击“下一步”按钮，选择默认状态继续，如图 15-1-18 所示。

10 在下一步的“保存公告选项”对话框中需要指定保存的文件路径和文件名，可以勾选“创建一个带有嵌入的播放机和指向该内容的链接的网页”复选框，便于客户端使用 HTTP 方式访问网页，本例没有勾选该选复选框，如图 15-1-19 所示。

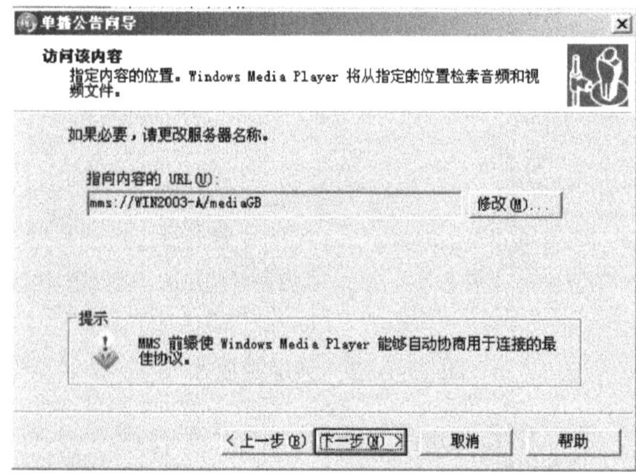

图 15-1-18　“访问该内容”界面

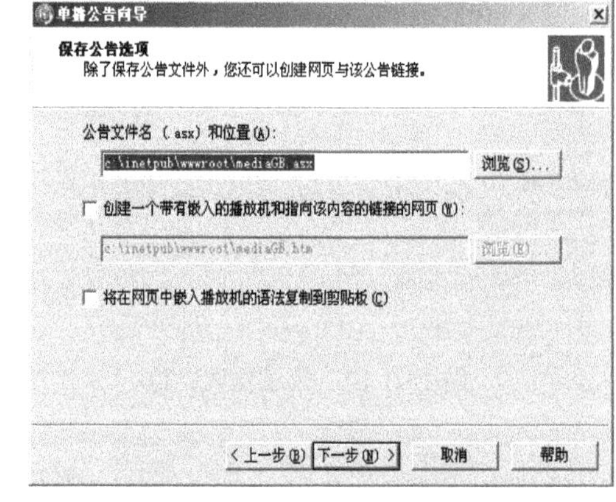

图 15-1-19　“保存公告选项”界面

11 下一步中需要设置在客户端使用 Windows Media Player 播放流媒体文件时，显示的公告数据。这里可以先选中需修改项，出现编辑状态后再进行修改，如图 15-1-20 所示，单击“下一步”按钮。最后在弹出的对话框中单击“完成”按钮结束文件的创建，如图 15-1-21 所示。

12 因为图 15-1-21 中勾选了“完成此向导后测试文件”复选框，所以稍后会弹出“测试单播公告”对话框，如图 15-1-22 所示。从图中可以看到有两个测试选项，一个是“测试公告”；另一个是“测试带有嵌入的播放机的网页”（由于图 15-1-19 没有勾选“创建一个带有嵌入的播放机和指向该内容的链接的网页”复选框，所以第二个“测试”按钮为灰色不可用）。分别单击两个项右侧的“测试”按钮后，可以看出调用 Windows Media Player 测试服务器是否架设成功。

单击第一个“测试”按钮后，将调用 Windows Media Player 播放器进行播放；单击第二个“测试”按钮后将调用 IE 窗口对创建的内嵌播放器的页面文件进行测试。

13 单击第一个“测试”按钮，出现 Windows Media Player 播放流媒体，可以看出测试是成功的，如图 15-1-23 所示。

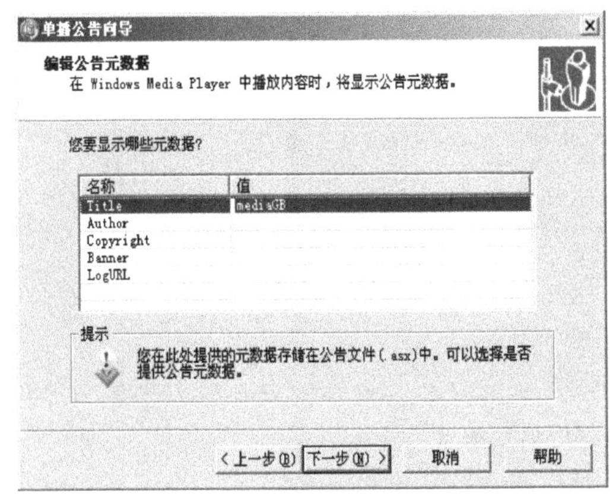

图 15-1-20　编辑公告元数据

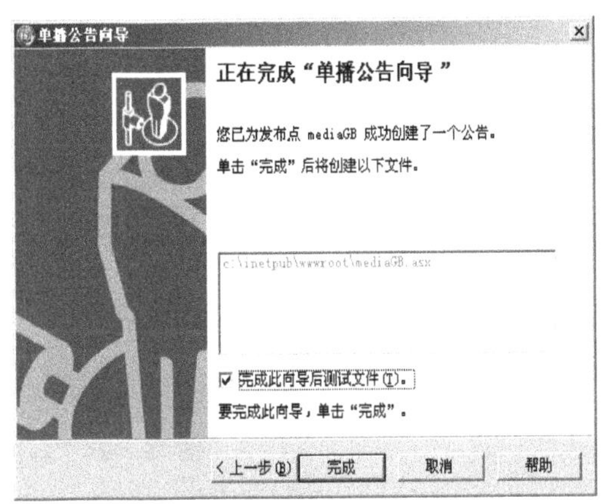

图 15-1-21　完成文件的创建

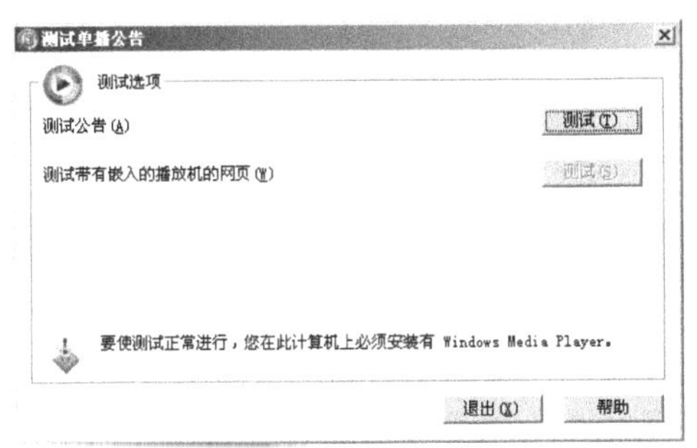

图 15-1-22　“测试单播公告”对话框

图 15-1-23　测试播放流媒体

14 返回至“Windows Media Services”窗口，选择“发布点→mediaGB”选项，在右侧“当前目录”列表中有一些可供广播选择的媒体文件，如图 15-1-24 所示。

15 经过上述设置后，网络中的客户端用户就可以在 IE 的地址栏中，或在 Windows Media Player 播放器界面中选择“文件→打开 URL”命令，在弹出对话框的“打开”文本框中输入：mms://服务器 IP 地址/发布点名称，如图 15-1-25 所示。

16 在客户端用户接收广播媒体，Windows Media Player 播放器的“上一个”和“下一个”按钮是灰色不可用的，如图 15-1-26 所示。表示广播中客户端用户是不可以自主选择媒体内容的，只是在接收媒体服务器的媒体广播。

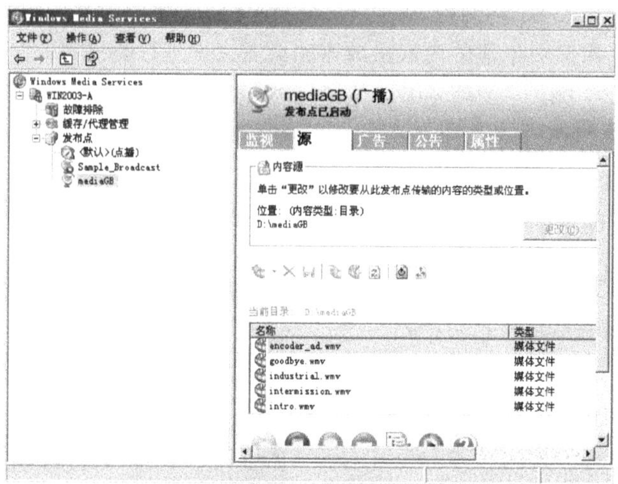

图 15-1-24　媒体服务器广播发布点

图 15-1-25　客户端用户打开 URL

图 15-1-26　客户端用户接收广播媒体

活动 3　设置流式媒体点播发布点

“点播发布点”客户端主动向流式媒体服务器发出连接请求，流式媒体服务器响应客户端的请求并将媒体流发布出去。用户能够像在本机播放媒体文件一样控制媒体流的开始、停止、后退、快进或暂停操作。点播发布点的特点是给每个客户端发布一条单独的媒体流，且每个客户端独享一条网络带宽。

01 组件安装完毕后，选择“开始→设置→控制面板→管理工具→Windows Media Services”命令。在打开的 Windows Media Services 窗口中，在左边树状列表中选择 WIN2003-A 后，依次展开各项至“发布点”，右击“发布点”选项，在弹出的快捷菜单中选择“添加发布点（向导）”命令，如图 15-1-27 所示。

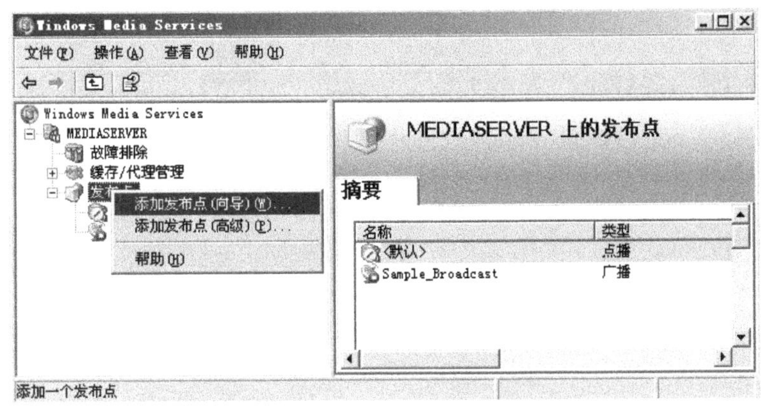

图 15-1-27　“添加发布点”命令

02 弹出“添加发布点向导”对话框，在欢迎对话框中直接单击“下一步”按钮。进入“发布点名称”界面，在“名称”文本框中输入能够代表发布点用途的名称（如 mediaDB），并单击“下一步”按钮，如图 15-1-28 所示。

03 在“内容类型”界面中，用户可以选择要发布的流媒体类型。这里由于已经在 D:\mediaDB 目录中有了制作好的电影文件，所以选择“目录中的文件”单选按钮，如图 15-1-29 所示。单击“下一步”按钮。

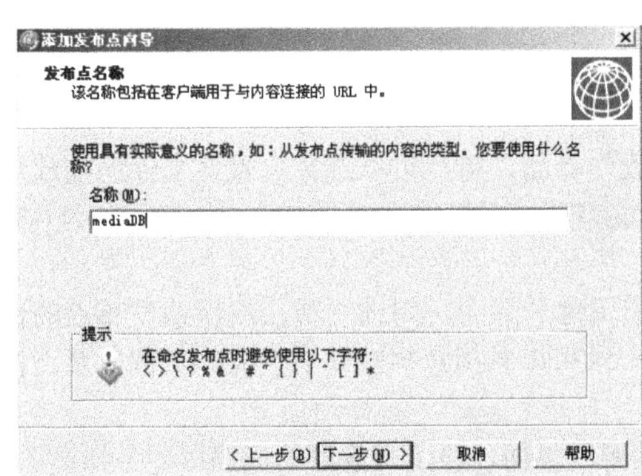

图 15-1-28　设置“发布点名称”

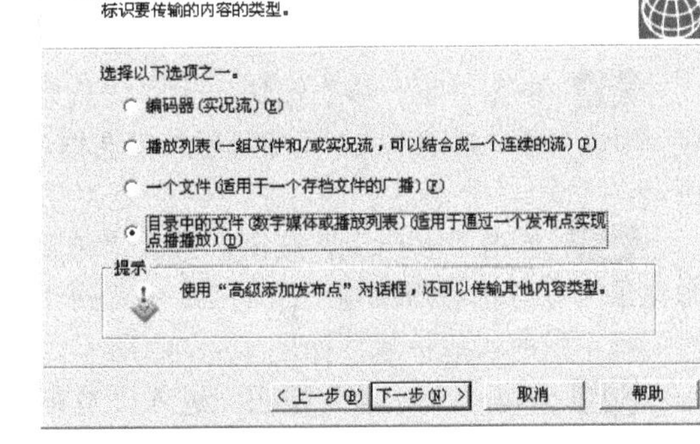

图 15-1-29　选择发布的流媒体类型

04 选择将要创建的播放方案，由于即将要创建的是点播站，因此在弹出的对话框中选择“点播发布点”单选按钮，如图 15-1-30 所示。

05 单击“下一步”按钮，进入“目录位置”界面，在这里需要设置该点播发布点的主目录，如图 15-1-31 所示。单击“浏览”按钮，弹出“Windows Media 浏览”对话框，单击“数据源”下拉列表框右侧的下拉按钮，选择主目录所在的磁盘分区。然后在文件夹列表中选择主目录，并单击“选择目录”按钮，如图 15-1-32 所示。

06 返回至“目录位置”界面，如果希望在创建的点播发布点中按照顺序发布主目录中的所有文件，则可以勾选“允许使用通配符对目录内容进行访问”复选框，如图 15-1-33 所示。设置完毕。

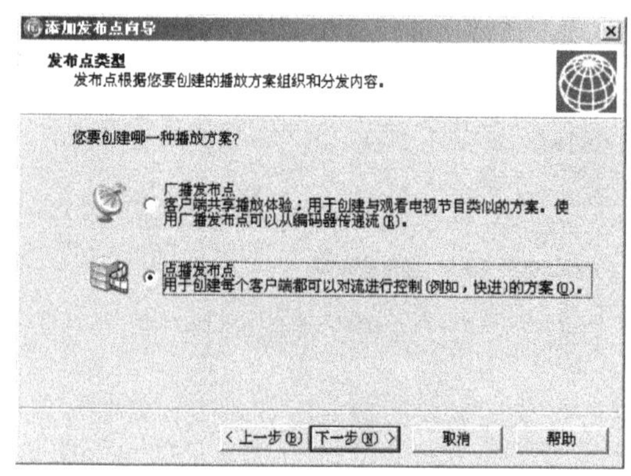

图 15-1-30 选择“点播发布点”

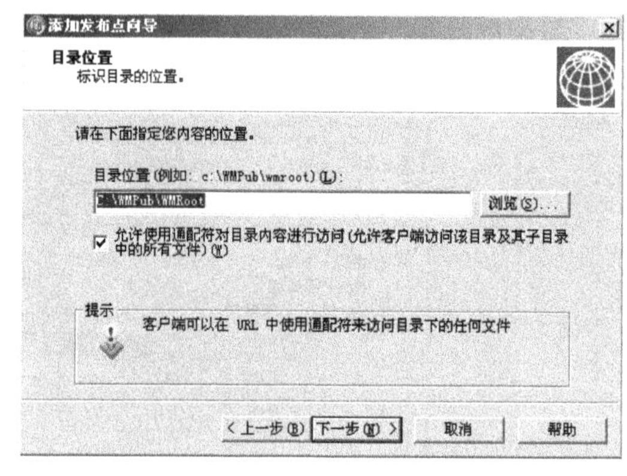

图 15-1-31 “目录位置”界面

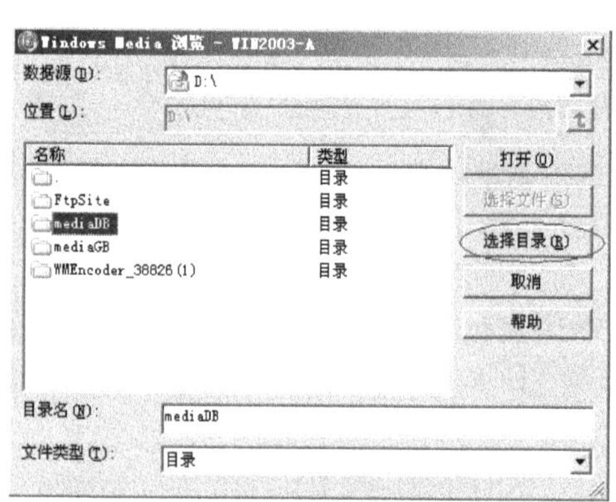

图 15-1-32 选择媒体数据源

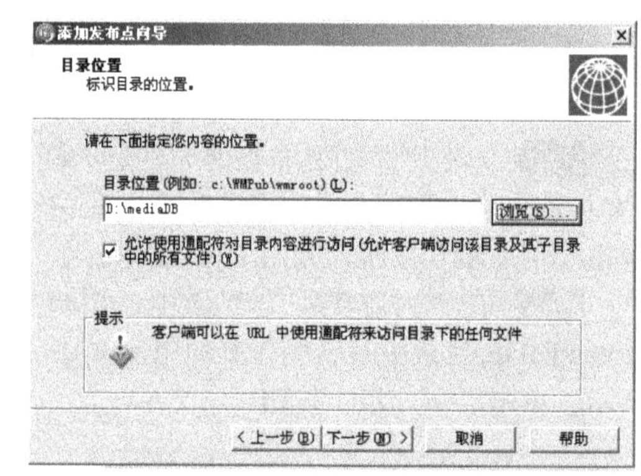

图 15-1-33 设置目录位置

07 单击“下一步”按钮，进入“内容播放”界面，用户可以选择流媒体文件的播放顺序。勾选“循环播放”或“无序播放”复选框，从而实现无序循环播放流媒体文件，如图 15-1-34 所示。

08 单击“下一步”按钮，进入“单播日志记录”界面，勾选“是，启用该发布点的日志记录”复选框启用单播日志记录。借助于日志记录可以掌握点播较多的流媒体文件以及点播较为集中的时段等信息，如图 15-1-35 所示。

09 单击“下一步”按钮，进入“发布点摘要”界面，显示所设置的流媒体服务器参数，如图 15-1-36 所示。单击“下一步”按钮。

10 进入“正在完成‘添加发布点向导’”界面中勾选“完成向导后”复选框，并选择“创建公告文件（.asx）或网页（.htm)”单选按钮，最后单击“完成”按钮，如图 15-1-37 所示。

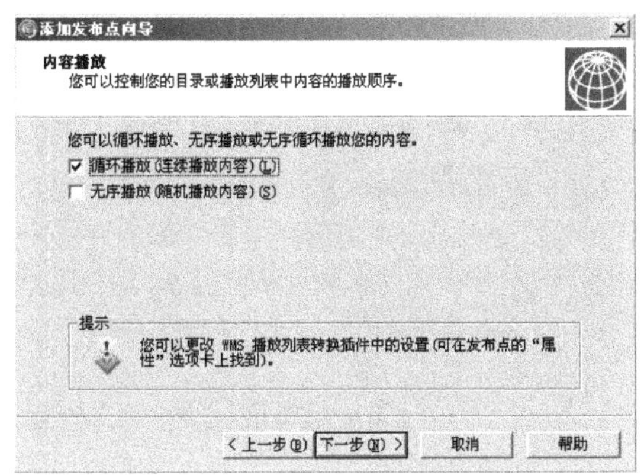

图 15-1-34　选择播放顺序

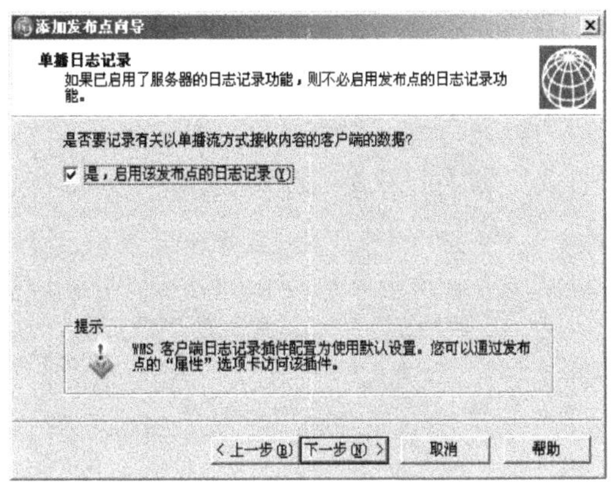

图 15-1-35　单播日志记录

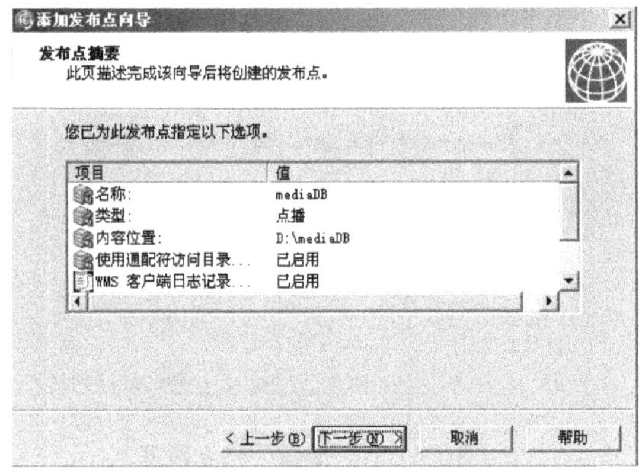

图 15-1-36　发布点摘要

图 15-1-37　完成点播服务器的架设

11 成功创建发布点以后，为了能让用户知道已经发布的流媒体内容，应该创建发布公告告诉用户，在“点播目录”界面中，选择“目录中的一个文件”单选按钮，单击“浏览”按钮选择一个媒体文件作为公告内容，如图 15-1-38 所示（因为在图 15-1-33 所示的“目录位置”界面中勾选了“允许使用通配符对目录内容进行访问”复选框，因此也可以选择“目录中的所有文件”单选按钮）。

12 单击“下一步”按钮，在“访问该内容”界面中，可以直接单击“下一步”按钮，选择默认状态继续，如图 15-1-39 所示。

13 在“保存公告选项”界面中，用户可以指定保存该公告和网页文件的名字和位置。可以勾选“创建一个带有嵌入的播放机和指向该内容的链接的网页”复选框。然后单击“浏览”按钮，选择 Web 服务器的主目录作为公告和网页文件的保存位置。本例选择网页方式，如图 15-1-40 所示。

14 在“编辑公告元数据”界面中，单击每一项名称所对应的值并对其进行编辑。在用户使用 Windows Media Player 播放流媒体中的文件时，这些信息将出现在标题区域。设置完毕单击“下一步”按钮，如图 15-1-41 所示。

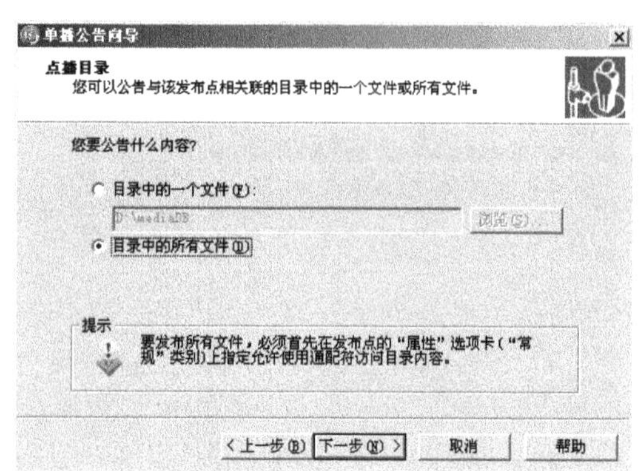

图 15-1-38　点播目录公告内容

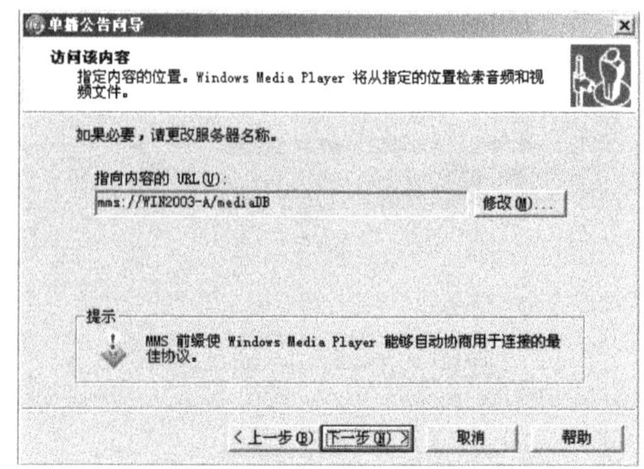

图 15-1-39　访问内容设置

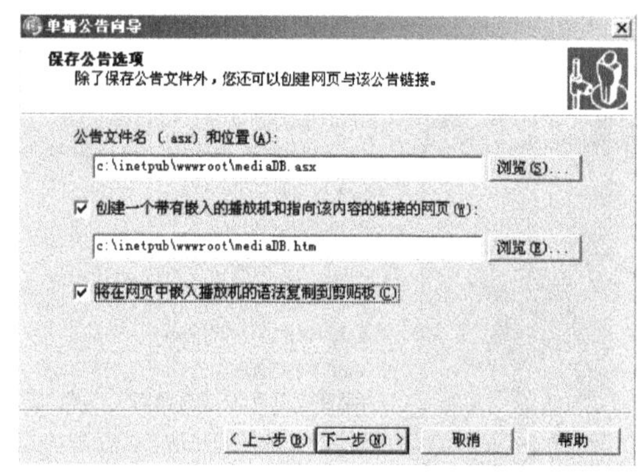

图 15-1-40　保存公告选项

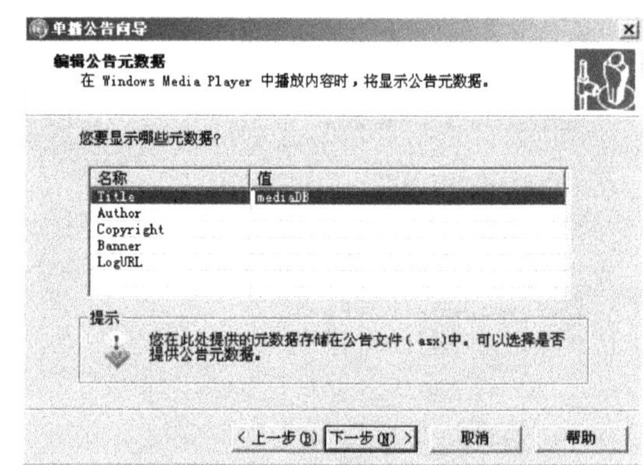

图 15-1-41　编辑公告元数据

15 在弹出的“测试单播公告”对话框，提示用户已经为发布点成功创建了一个公告。勾选“完成此向导后测试文件”复选框，并单击“完成”按钮，弹出“测试单播公告”对话框，如图 15-1-42 所示。分别单击“测试”按钮测试公告和网页（由于图 15-1-40 中没有勾选“创建一个带有嵌入的播放机和指向该内容的链接的网页”复选框，所以第二个“测试”按钮为灰色不可用）。

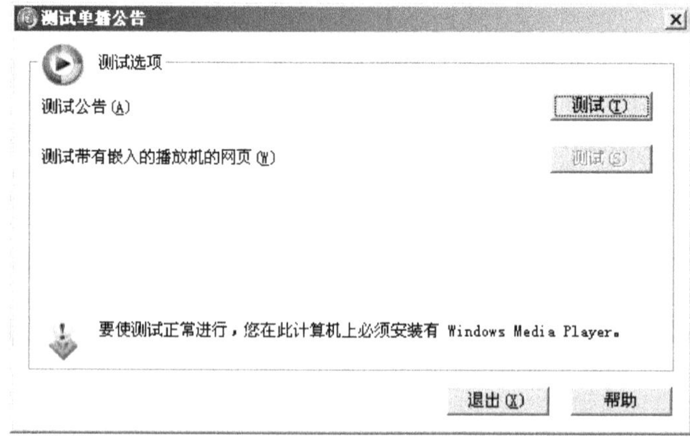

图 15-1-42　测试单播公告

16 单击第一个“测试”按钮，出现 Windows Media Player 播放流媒体，可以看出测试是成功的，如图 15-1-43 所示。

17 返回“Windows Media Services”窗口，选择发布点“mediaDB”选项，在右侧“当前目录”列表中有一些可供点播选择的媒体文件，并且还可以更改源目录的路径，如图 15-1-44 所示。

图 15-1-43　测试播放流媒体

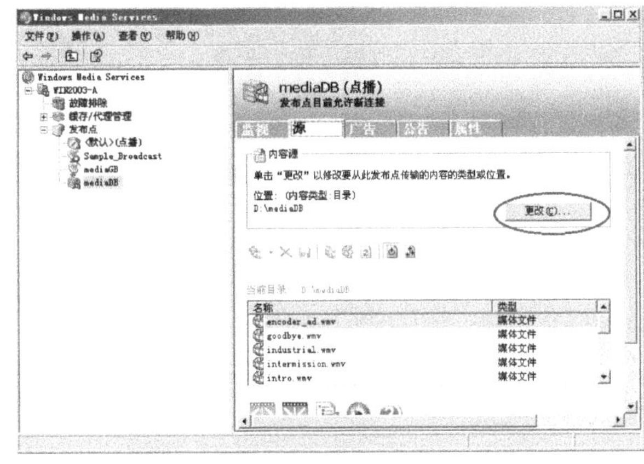

图 15-1-44　媒体服务器点播发布点

18 经过上述设置后，网络中的客户端用户就可以在 IE 浏览器的地址栏中，或 Windows Media Player 播放器窗口的菜单栏选择“文件→打开 URL”命令，在弹出对话框的“打开”文本框中输入：mms://服务器 IP 地址/发布点名称，如图 15-1-45 所示。这样就可以对网络点播式的媒体文件进行欣赏了。

19 在客户端用户点播如图 15-1-46 所示，Windows Media Player 将连接到发布点，并开始连续循环播放发布点中的流媒体内容。“Windows Media Player 播放器”的“上一个”和“下一个”按钮是可用的，表示点播中客户端用户是可以自主选择媒体内容的，用户可以对媒体流进行暂停、播放和停止等播放控制。

图 15-1-45　客户端用户打开 URL

图 15-1-46　客户端用户点播媒体

20 还可以在 IE 中输入“http://服务器 IP 地址/发布点名称.htm”进行网页方式欣赏点播视频，如图 15-1-47 所示，并且在网页中可以单击“启动独立 Windows Media Player”链接，转换成 Windows Media Player 播放器播放。

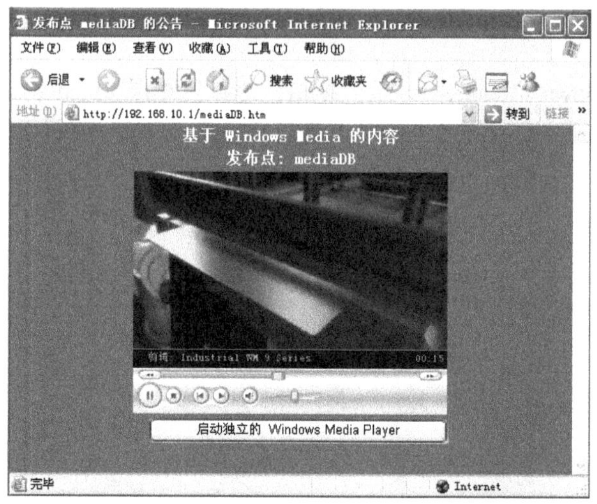

图 15-1-47　在客户端用网页方式点播视频

1．在 Windows Server 2003 上安装流式媒体服务器。
2．设置流式媒体广播发布点。
3．设置流式媒体点播发布点。
4．客户端用户用 Windows Media Player 播放器方式访问流式媒体服务器。
5．客户端用户用网页形式访问流式媒体服务器。

设置 Windows Media 编码器

◎ 任务描述

本任务是学习 Windows Media 编码器使用，掌握 Windows Media 编码器的安装与基本应用，重点掌握利用 Windows Media 编码器转换媒体的文件格式、对实况进行编码、捕获屏幕等，使 Windows Media 编码器应用于多种媒体环境。

◎ 任务目标

1. 了解 Windows Media 编码器功能。
2. 掌握 Windows Media 编码器转换文件格式的应用。
3. 掌握 Windows Media 编码器对实况进行编码。
4. 掌握 Windows Media 编码器的捕获屏幕应用。

◎ **设备工具**

1. 一台安装有 Windows Server 2003 操作系统的计算机（作为流式媒体服务器并安装 Windows Media 编码器）。

2. Windows Media 编码器 9 系列安装软件（在网上下载并安装 Windows Media 编码器）。

知识 Windows Media 编码器简介

制作与发布实况广播要用到 Windows Media 编码器，它是实现 Windows Media 实况广播方案的重要软件。不仅如此，它还可以将 AVI、WAV 及 MP3 等多媒体文件转换为 ASF 流媒体文件，功能十分强大。该软件支持 Windows XP/2003 操作系统，并附带 4 个实用工具，即 Windows Media 配置文件编辑器、Windows Media 文件编辑器、Windows Media 流编辑器和 Windows Media 编码脚本。

Windows Server 2003 中没有 Windows Media 编码器，可到网上下载 Windows Media 编码器 9 系列安装软件。

活动 1 安装流式媒体服务器

01 双击下载的 Windows Media 编码器安装文件，弹出“Windows Media 编码器 9 系列安装”对话框，如图 15-2-1 所示。

02 单击“下一步”按钮，显示安装文件夹路径，如图 15-2-2 所示，下面按提示进行安装直到完成。

图 15-2-1　安装向导

图 15-2-2　默认安装文件夹

03 选择“开始→程序→Windows Media→Windows Media 编码器”命令，显示“Windows Media 编码器”窗口，如图 15-2-3 所示。

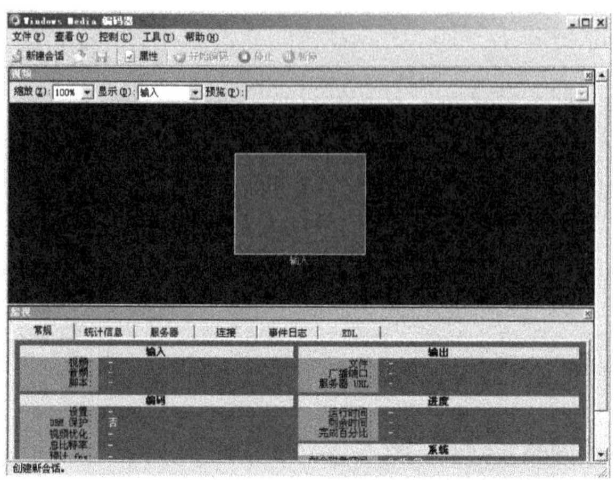

图 15-2-3 “Windows Media 编码器”窗口

活动 2 转换文件格式

转换文件格式的标准描述应当是“对存储信息源编码”，其实也就是将保存在硬盘或光盘上的多媒体文件转换为 Windows Media 服务可使用的流媒体文件格式，这个文件格式转换过程叫做编码。Windows Media 编码器可以将 MPG 和 AVI 格式的多媒体文件编码为 WMV 格式。

01 选择“开始→所有程序→Windows Media→Windows Media 编码器”命令，弹出“新建会话”对话框。选择其中的“转换文件”图标，如图 15-2-4 所示，以准备转换视频文件。

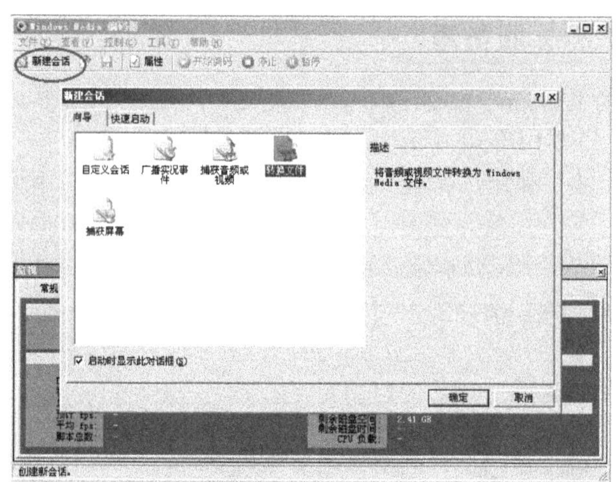

图 15-2-4 新建会话

02 单击“确定”按钮，弹出“新建会话向导”对话框。直接在“源文件”文本框中输入要转换文件所在的文件夹和文件名，或者直接单击“浏览”按钮，以查找要转换的文件，如图 15-2-5 所示。默认状态下，输出文件与源文件均保存在同一文件夹。当然，也可以重新指定保存的文件夹。

03 单击“下一步”按钮，进入“内容分发”界面，以指定分发内容的方式。由于是为 Windows Media 服务制作节目，所以在这里要选择“Windows Media 服务器（流式处理）”选项，如图 15-2-6 所示。

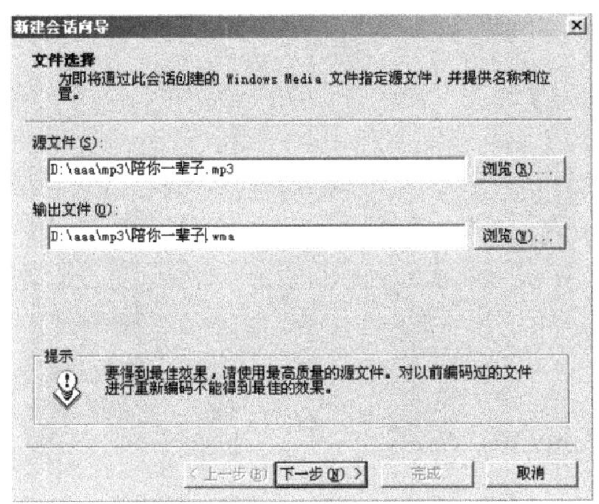

图 15-2-5　“文件选择”对话框

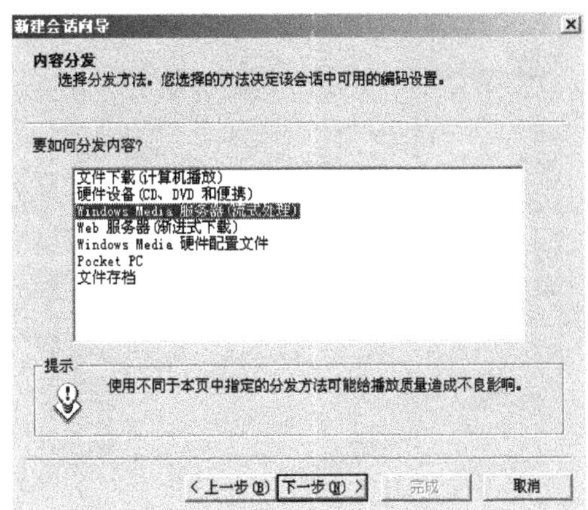

图 15-2-6　指定分发内容的方式

04 单击“下一步”按钮，进入“编码选项”界面，在这里可以指定音频和视频编码方式。如果该视频文件只被用于局域网或宽带传输，可选择高质量的视频和音频，并指定较高帧速率，从而获得清晰的图像和逼真的声音。当然，此时所占用的网络带宽也偏高，文件存储空间也就大。在这里每选中一个比特率就会生成一个相应的 WMV 文件，因此通常情况下只需选中一个比特率即可，如图 15-2-7 所示。

05 单击“下一步”按钮，进入“显示信息”界面，分别可以在相应的文本框中输入该视频文件的相关信息，如图 15-2-8 所示。

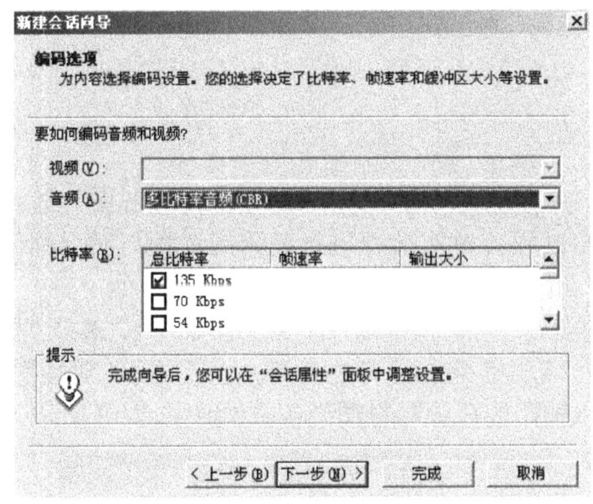

图 15-2-7　选择比特率

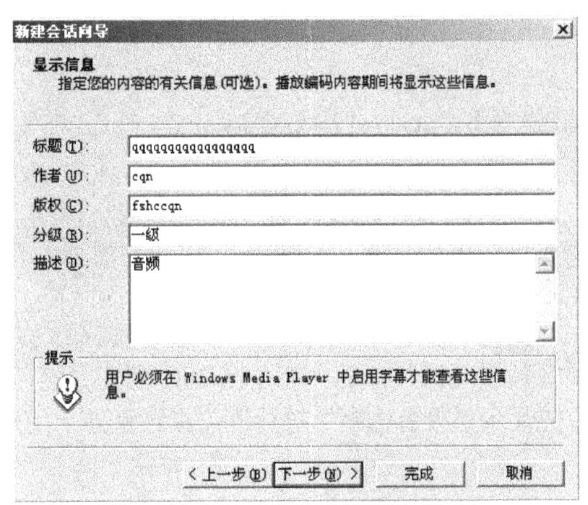

图 15-2-8　“显示信息”界面

06 单击“下一步”按钮，进入“设置检查”界面，在这里可以显示并检查该音（视）频文件的相关信息，如图 15-2-9 所示。如果有任何错误，可以单击“上一步”按钮以返回至相关页面重新进行相关的设置。

07 单击“完成”按钮，系统将开始文件格式的转换，如图 15-2-10 所示。这可能需要一段时间，需耐心等待。

08 文件的格式转换完成后，弹出“编码结果”对话框，单击“关闭”按钮，以结束格式转换过程，如图 15-2-11 所示。若要继续转换下一个视频文件，可单击其中的“新建会话”按钮。若要检查刚转换的视频文件，可单击“播放输出文件”按钮。

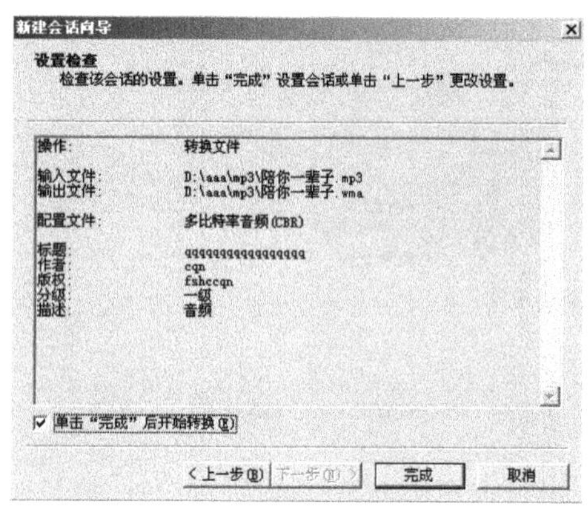

图 15-2-9 设置检查

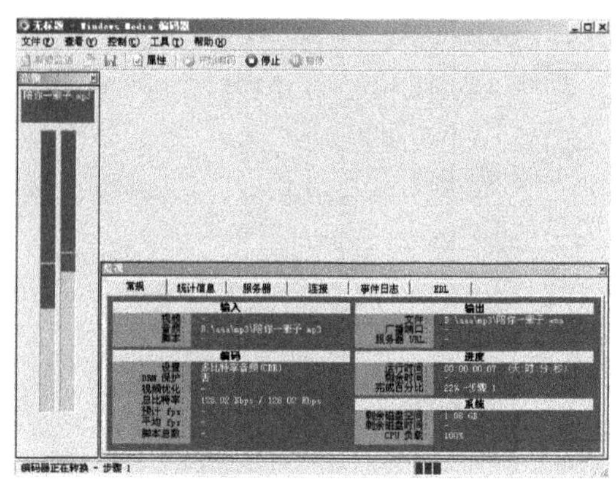

图 15-2-10 开始文件格式转换

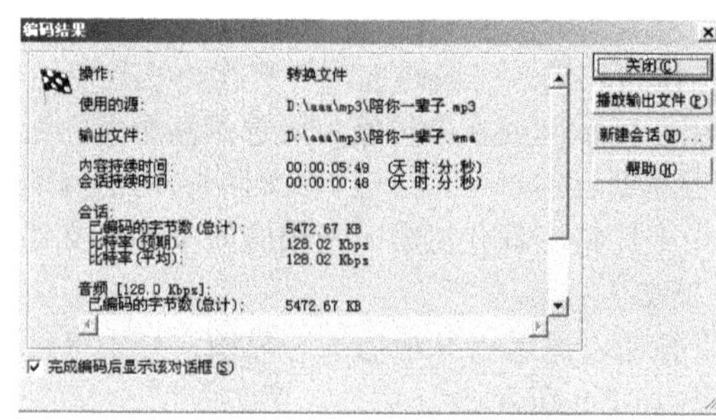

图 15-2-11 “编码结果”对话框

活动 3 对实况进行编码

对实况信息源进行编码运算，就是指通过将音频或视频设备录入的音频、视频或图片等源信息进行编码运算，以将它们转换为流或流文件的过程。对实况源进行编码的过程与对已存储信息源的编码过程特别相似。

01 启动 Windows Media 编码器后，在“新建会话”对话框上的“向导”选项卡中，选择“捕获音频或视频”选项，如图 15-2-12 所示，然后单击“确定”按钮，弹出“新建会话向导”对话框。首先显示“设备选项”对话框，在这里显示用户可以使用的视频和音频设备，如图 15-2-13 所示。

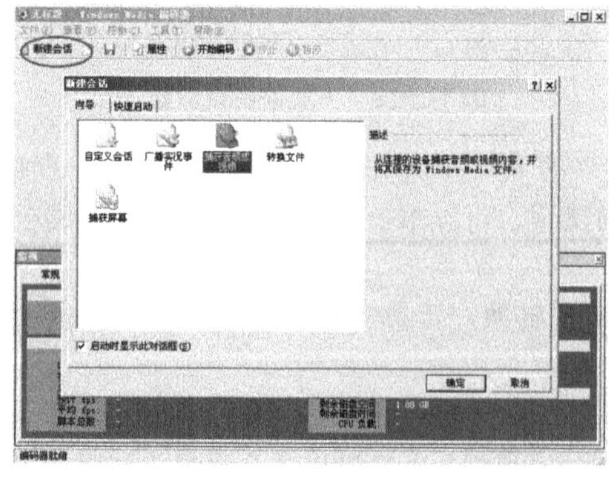

图 15-2-12 新建会话

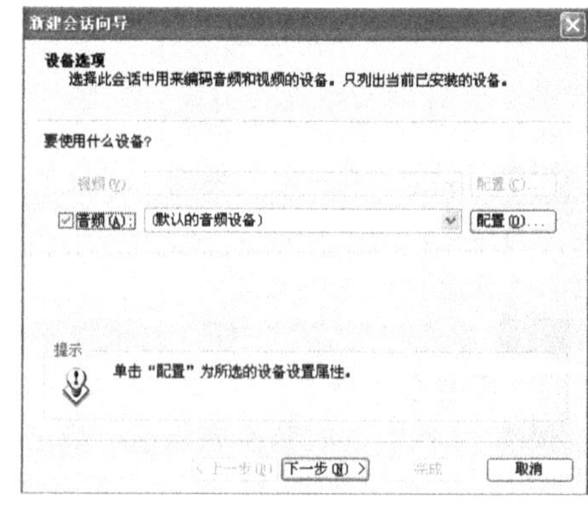

图 15-2-13 设备选项设置

02 单击“下一步”按钮，进入“输出文件”界面，由于要将所创建的文件保存，需要在“文件名”文本框中输入保存路径，并自定义一个文件名，当然也可以单击“浏览”按钮来选择保存文件的文件夹，如图 15-2-14 所示。

03 单击“下一步”按钮，进入“内容分发”界面，在“要如何分发内容”列表框中列出可以使用的分发方式。由于是对实况源进行流式处理，所以在这里应该选择“Windows Media 服务器”选项，如图 15-2-15 所示。

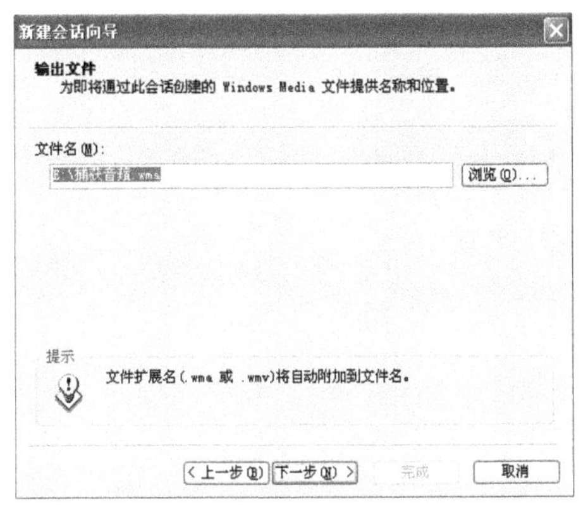
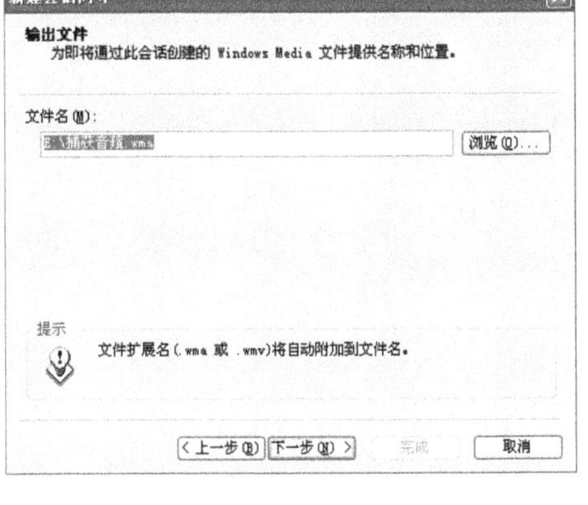

图 15-2-14　输出文件设置

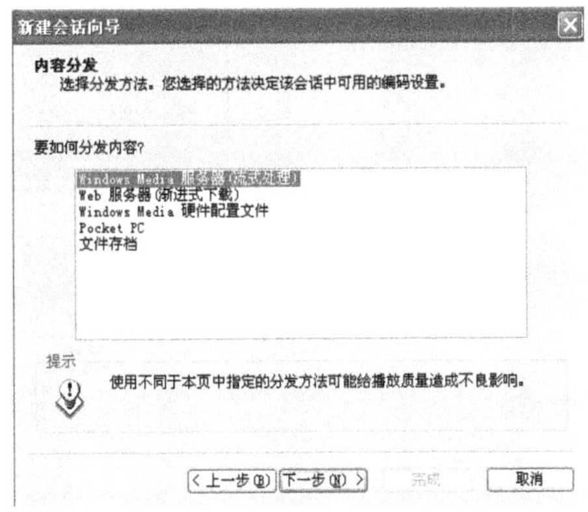

图 15-2-15　“内容分发”界面

04 单击“下一步”按钮，进入“编码选项”界面。在这里显示了所选择的分发方式的编码设置，其中包括视频、音频和比特率等。如果用户不想使用这些默认设置，也可以进行修改，如图 15-2-16 所示。

05 单击“完成”按钮，打开 Windows Media 编码器进行编码，也可以单击“下一步”按钮，进入“显示信息”界面。在这里可以为该编码文件添加显示信息，这些信息将在使用 Windows Media Player 播放，并且只存在启动了字幕时才可以看到，如图 15-2-17 所示。

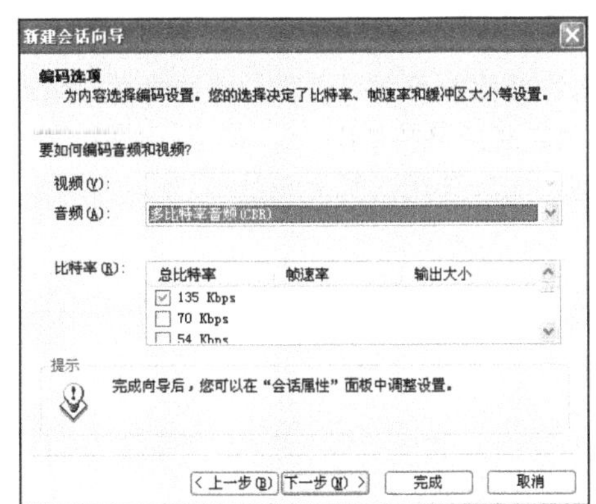

图 15-2-16　“编码选项”界面

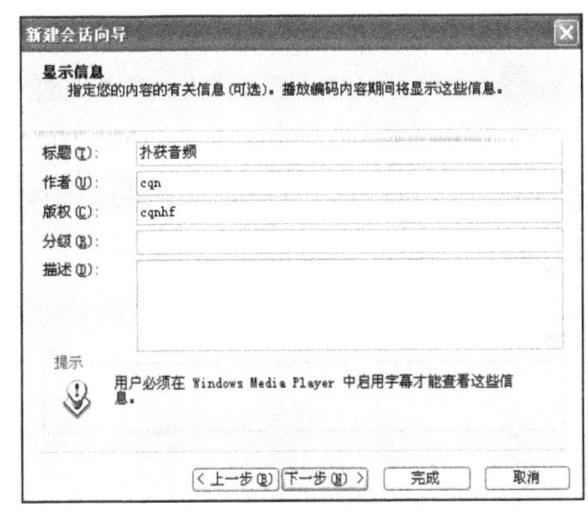

图 15-2-17　“显示信息”界面

06 单击“完成”按钮后，会打开 WindowsMedia 编码器直接进行编码，也可以单击“下一步”按钮对刚才的设置信息进行检查，进入“设置检查”界面，如图 15-2-18 所示。

07 如果确认所进行的设置无误后，就可以单击“完成”按钮完成设置。在这里要注意的是，如果勾选“单击‘完成’后开始捕获”复选框，在单击“完成”按钮后会立即捕获信息并进行编码。否则不会立即进行捕获，将显示窗口，如图 15-2-19 所示。

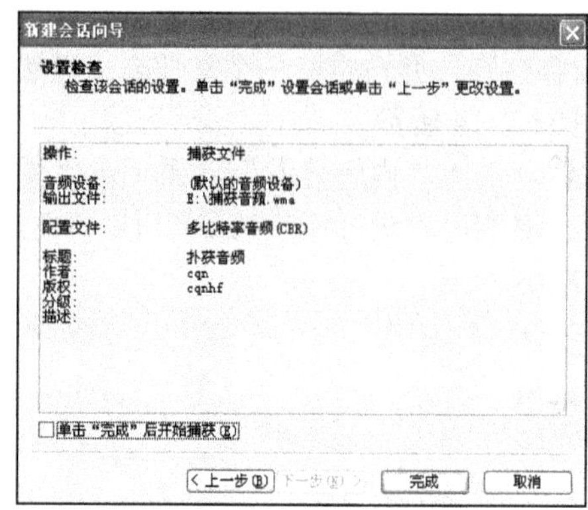

图 15-2-18 “设置检查”界面

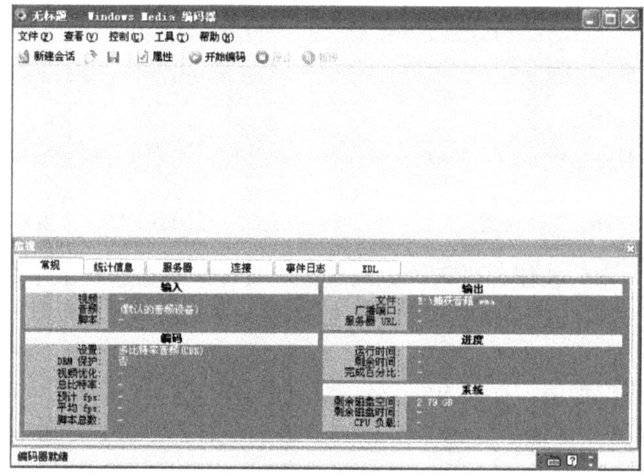

图 15-2-19 显示编码器窗口

08 这时可以单击工具栏上的“属性”按钮来查看或修改所进行设置。如果要进行编码，可以单击“开始编码”按钮，如图 15-2-20 所示。当编码完成后可以单击“保存”按钮以打开“另存为”对话框，将该流的配置信息进行保存，以便于以后再次使用或修改配置。

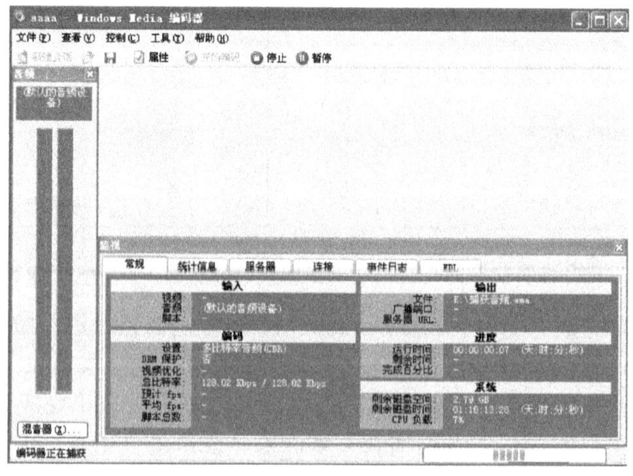

图 15-2-20 开始编码界面

09 编码完成后，单击“停止”按钮，出现编码结果窗口，显示完成编码音视频文件的信息，如图 15-2-21 所示。创建好流媒体文件以后，即可通过 Windows Media Player 播放器欣赏该文件。

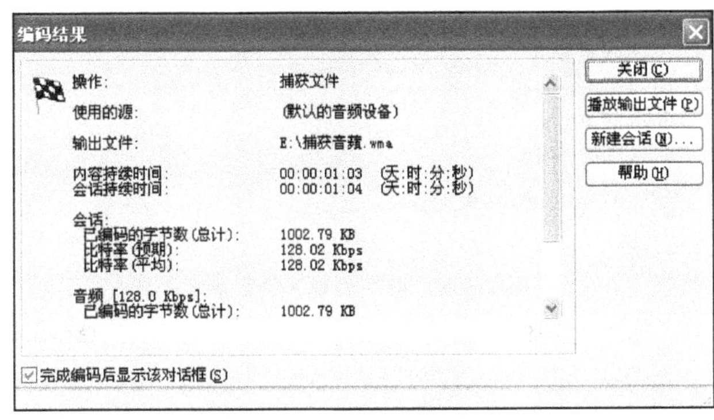

图 15-2-21　编码结果

活动 4　捕获屏幕

Windows Media 编码器还可以用来捕获屏幕、窗口，并且还可以把屏幕、屏幕中的特定区域或窗口在一段时间内的活动信息捕获并做成演示文件，以供其他用户观看或下载。

01 启动 Windows Media 编码器，然后在 Windows Media 编码器主窗口中单击工具栏上的“新建会话”按钮，弹出“新建会话”对话框。选择“向导”选项卡中的“捕获屏幕”选项，然后单击“确定”按钮，弹出“新建会话向导”对话框，如图 15-2-22 所示。

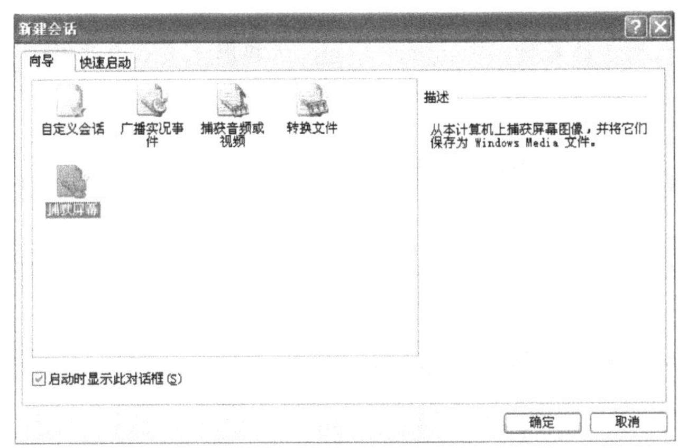

图 15-2-22　新建捕获屏幕

02 在该对话框中列出了可以捕获的三种方式，即特定窗口、屏幕区域和整个屏幕。选择“整个屏幕”单选按钮，如图 15-2-23 所示，然后单击“下一步”按钮，就会把整个屏幕的活动信息全部捕获下来，并做成相应的流文件。

03 单击“下一步”按钮，进入“输出文件”界面，由于要将所创建的文件保存，需要在“文件名”文本框中输入保存路径，并自定义一个文件名，当然也可以单击“浏览”按钮来选择保存文件的文件夹，如图 15-2-24 所示。

04 单击“下一步”按钮，进入“设置选择”界面，根据输出文件的质量和大小要求，选择低、中、高单选项，如图 15-2-25 所示。

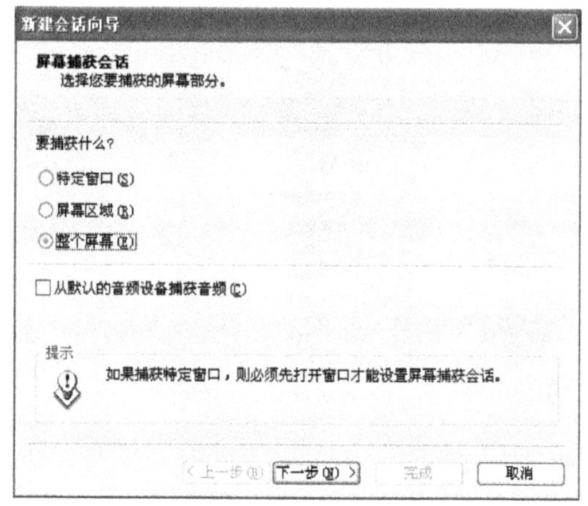

图 15-2-23　屏幕捕获会话

小贴士

如果在“屏幕捕获会话”对话框中选择了“特定窗口”单选按钮，单击“下一步”按钮，在弹出对话框的“窗口”下拉列表中列出了当前所有的活动窗口，用户可以根据需要来选择一个要捕获的窗口。

如果在“屏幕捕获会话”对话框中选择了“屏幕区域”单选按钮，单击“下一步”按钮后将显示“屏幕区域”对话框，这时可以在坐标框中输入屏幕区域的位置。如果为了方便，还可以单击“屏幕区域选择”按钮，然后在要捕获的屏幕区域上拖动鼠标指针来选择屏幕区域。然后在捕获屏幕时，Windows Media 编码器主窗口会被最小化，并且不会同时被捕获。

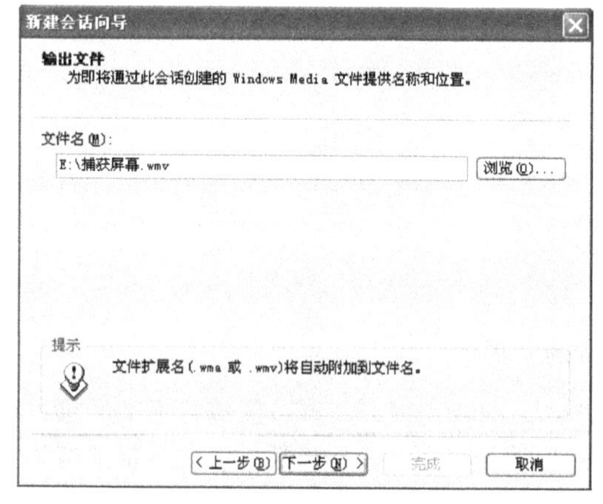

图 15-2-24　“输出文件”界面

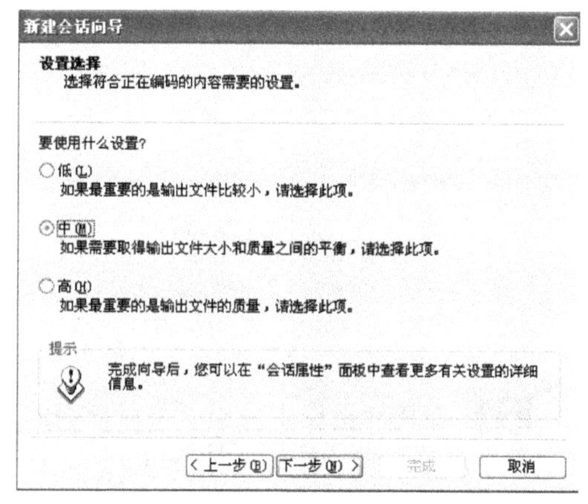

图 15-2-25　“设置选择”界面

05 单击“下一步”按钮，进入“显示信息”界面。在这里可以为该编码文件添加显示信息，这些信息将在使用 Windows Media Player 播放，并且只存在启动了字幕时才可以看到，如图 15-2-26 所示。

06 单击“完成”按钮后，会打开 Windows Media 编码器直接进行编码，也可以单击“下一步”按钮对刚才的设置信息进行检查，进入“设置检查”界面，如图 15-2-27 所示。

07 单击“完成”按钮后，会打开 Windows Media 编码器直接进行“捕获屏幕”编码，捕获屏幕的所有操作过程，输出文件为图 15-2-24 中所示“输出文件”的文件名，用播放器播放该视频文件，播放效果如图 15-2-28 所示。

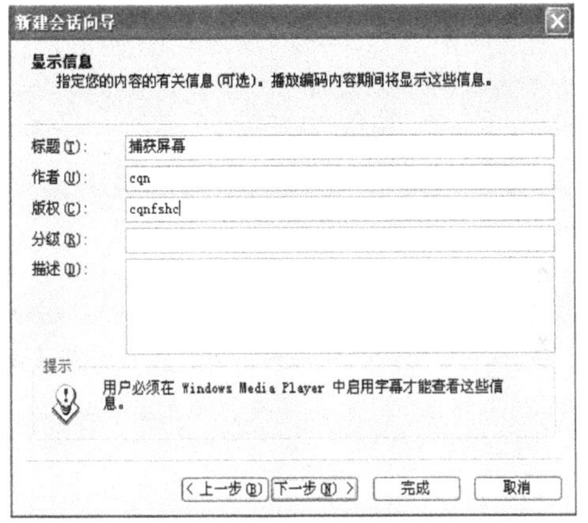

图 15-2-26　“显示信息”界面

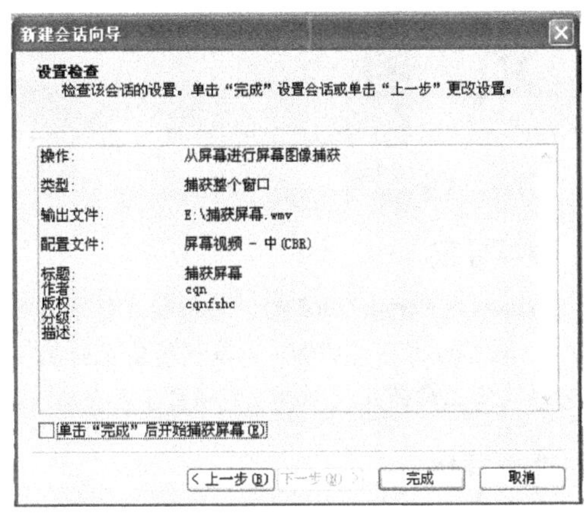

图 15-2-27　“设置检查”界面

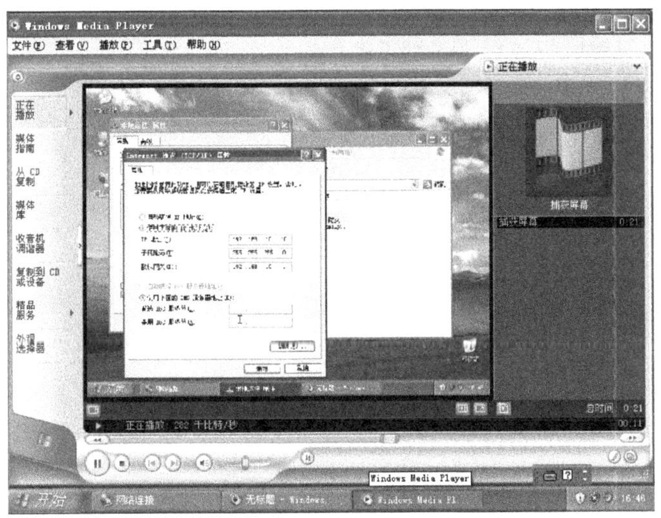

图 15-2-28　“捕获屏幕”效果

1. 在 Windows XP 上安装 Windows Media 编码器。
2. 用 Windows Media 编码器转换文件格式，把 AVI 格式的视频文件转换成 WMV 文件。
3. 用 Windows Media 编码器对实况进行编码，捕获音频文件。
4. 用 Windows Media 编码器对捕获屏幕进行编码，用屏幕区域进行视频文件捕获。

16 项目 Windows 路由和远程访问

◎ 项目导读

Windows Server 2003 的“路由和远程访问”服务提供多协议路由服务，包括 LAN 到 LAN、LAN 到 WAN、虚拟专业网（VPN）以及网络地址转换（NAT），是一个全功能的软件路由器，是一个用于路由和互联网络工作的开放平台。本项目主要介绍 VPN 和 NAT 的工作原理、应用环境和配置方法。

◎ 能力目标

- 能理解远程访问的作用和意义。
- 能理解虚拟专用网络（VPN）服务的工作原理。
- 能正确搭建 VPN 服务的应用环境，正确配置 VPN 的服务器和客户端，并能成功测试和验证。
- 能理解网络地址转换（NAT）服务的工作原理。
- 能正确搭建 NAT 服务的应用环境，正确配置 NAT 的服务器和客户端，并能成功测试和验证。

任务 16.1 配置虚拟专用网络服务连接

◎ 任务描述

本任务是学习虚拟专用网络（Virtual Private Network，VPN）服务的基本配置，了解 VPN 的应用环境和工作原理，掌握 VPN 实训环境的搭建和 VPN 服务器与客户端的设置。

◎ 任务目标

1. 理解 VPN 连接的工作过程及与其他连接的区别。
2. 能够配置 Windows Server 2003 为 VPN 服务。
3. 能够在客户端和 VPN 服务器建立安全连接。
4. 了解 VPN 的安全性及实现方法。

◎ 设备工具

1. 一台安装有 Windows Server 2003 操作系统的双网卡的计算机（作为 VPN 服务器）。
2. 一台安装有 Windows 操作系统的计算机（作为外网客户端）。
3. 一台安装有 Windows 操作系统的计算机（作为内网客户端）。
4. 一张 Windows Server 2003 的安装光盘。

知识 虚拟专用网的概念及关键技术

虚拟专用网是目前最常用的远程访问技术，它利用公共网络（如 Internet 或 Intranet）在客户机与局域网之间建立一个安全的、点对点的连接，数据用隧道技术穿越公共网络。VPN 的两个关键技术如下。

1. 隧道技术

为防止数据在穿越公共网络时被窃取，数据在进入公共网络时被重新打包并加密，到达目的网络时再按照一定的协议还原数据包。两端的设备负责隧道的建立和数据的加密、解密。常用的隧道协议有 PPTP、L2TP、IPSec、SCKS V5 等。加密、解密过程如图 16-1-1 所示。

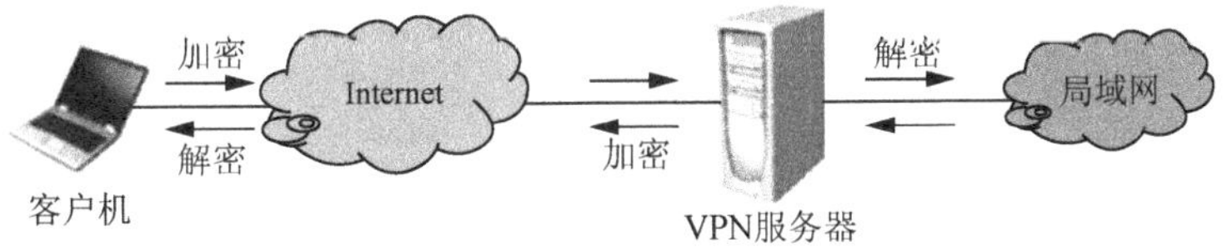

图 16-1-1 VPN 加解密过程

2. 身份验证

为防止非法用户利用 VPN 访问内部网络，VPN 应提供身份验证功能，保证用户的合法性。身份验证功能通常通过在 VPN 服务器中设立账户来限制 VPN 用户，如图 16-1-2 所示。

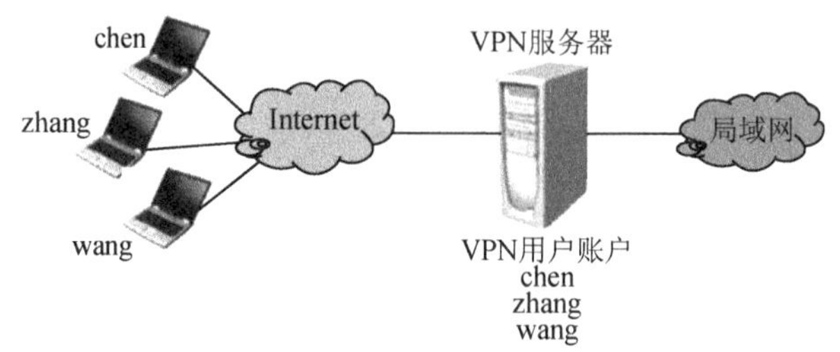

图 16-1-2　VPN 身份验证

【情境】一台双网卡的主机作为 VPN 服务器，VPN 服务器主机名为 VpnServer，连接内部局域网网卡(LAN)的 IP 地址为 192.168.10.1，连接外部网络网卡(WAN)的 IP 地址为 172.19.0.1；外网 VPN 客户机主机名为 Client，其 IP 地址为 172.19.0.11；内网 LAN 客户机主机名为 FileServer，其 IP 地址 192.168.10.11。网络拓扑结构，如图 16-1-3 所示。

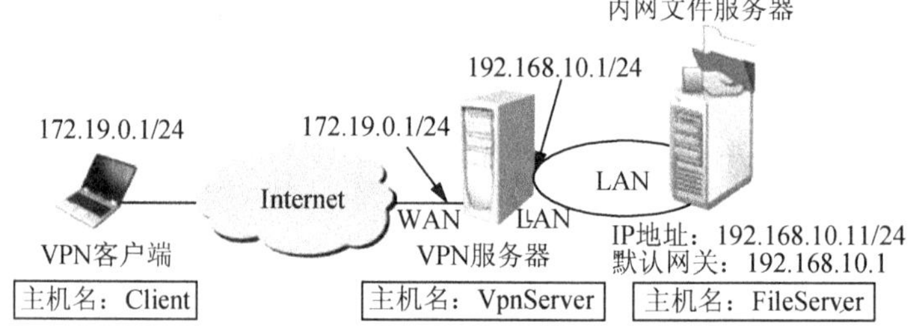

图 16-1-3　架设 VPN 服务器网络拓扑

活动 1　配置 VPN 服务器

01 选择“开始→所有程序→管理工具→路由和远程访问”命令，打开“路由和远程访问”窗口，如图 16-1-4 所示。

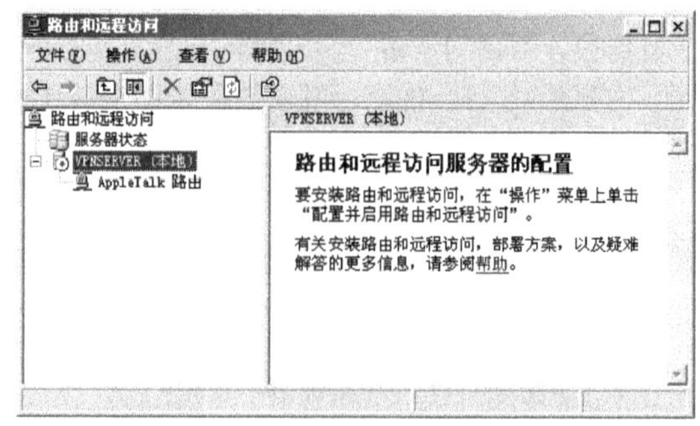

图 16-1-4　“路由和远程访问”窗口

02 右击“VPNSERVER（本地）”（“VPNSERVER”为服务器名）选项，在弹出的快捷菜单中选择“配置并启用路由和远程访问”命令，弹出“路由和远程访问服务器安装向导”对话框，如图 16-1-5 所示。

03 在使用路由和远程访问服务器安装向导中介绍了本向导的作用，直接单击“下一步”按钮继续。

04 在“配置”界面中需要选择“虚拟专用网络访问和 NAT（V）”单选按钮，然后单击“下一步”按钮继续，如图 16-1-6 所示。

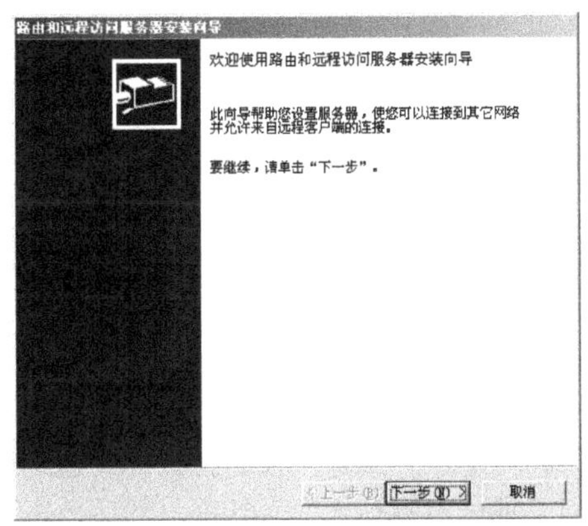

图 16-1-5　配置并启用路由和远程访问

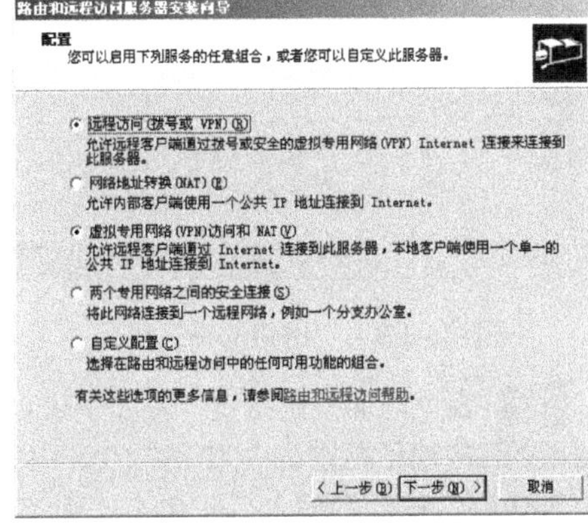

图 16-1-6　“配置”界面

05 在“远程访问”界面中勾选“VPN（V）”复选框，直接单击“下一步”按钮继续，如图 16-1-7 所示。

06 在“VPN 连接”界面中需要指定服务器所使用的连接。选择连接外网的“WAN”选项，直接单击“下一步”按钮继续，如图 16-1-8 所示。

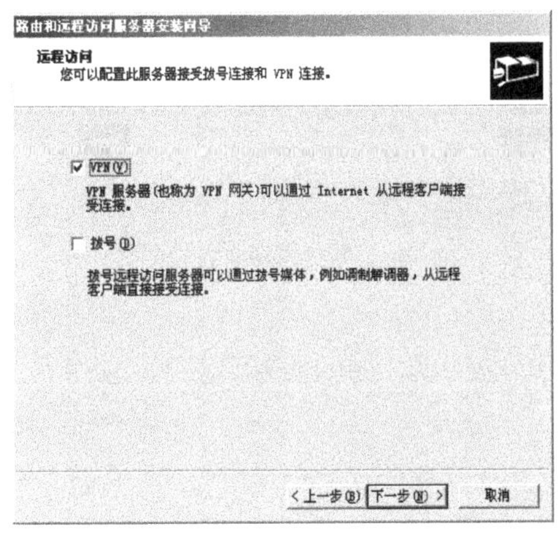

图 16-1-7　“远程访问”界面

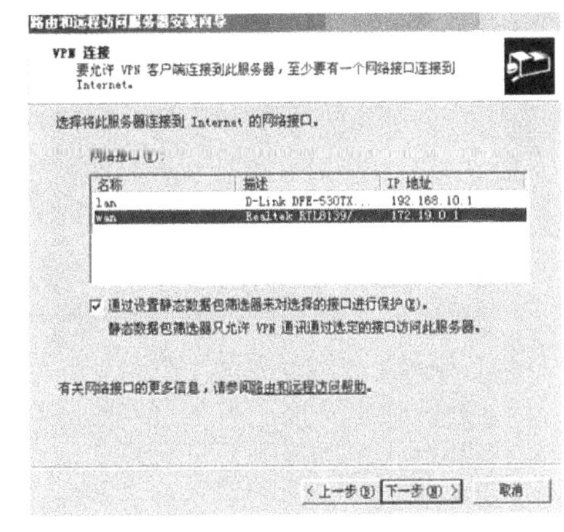

图 16-1-8　“VPN 连接”界面

07 在弹出的图 16-1-9 所示界面中指定服务器要连接内网的 LAN 网络接口。单击“下一步”按钮。

08 在“IP 地址指定”界面中需要选择为远程 VPN 客户端指定 IP 地址的方法。默认选项为“自动”，由于本机没有配置 DHCP 服务器，因此需要改选为“来自一个指定的地址范围”

单选按钮，然后单击“下一步”按钮继续，如图 16-1-10 所示。

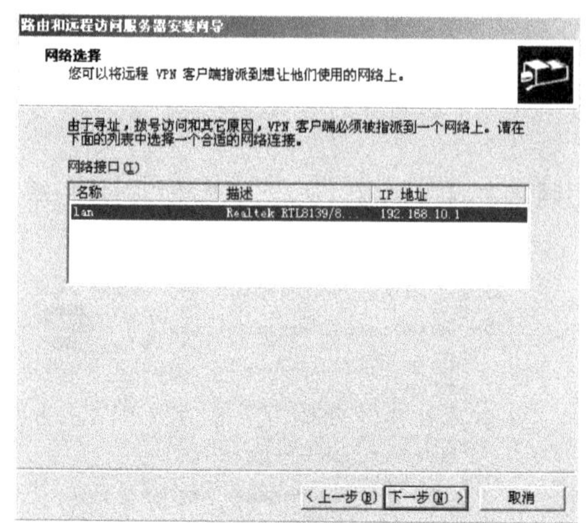

图 16-1-9 “网络选择”界面

图 16-1-10 “IP 地址指定”界面

09 在“地址范围指定”界面中可以为 VPN 客户机指定所分配的 IP 地址范围。例如，打算分配的 IP 地址范围为 192.168.10.2～192.168.10.50，则单击“新建”按钮打开“新建地址范围”对话框，按提示输入后，单击“确定”按钮返回“地址范围指定”对话框，然后单击“下一步”按钮继续，如图 16-1-11 所示。

小贴士

这些 IP 地址将分配给 VPN 服务器和 VPN 客户机。为了确保连接后的 VPN 网络能同 VPN 服务器原有局域网正常通信，它们必须同 VPN 服务器的 LAN 接口 IP 地址处在同一个网段中。即假设 VPN 服务器 LAN 接口 IP 地址为 192.168.10.1，则此范围中的 IP 地址均应该以 192.168.10 开头，是分配给图 16-1-11 中所示的 LAN 的局域网。

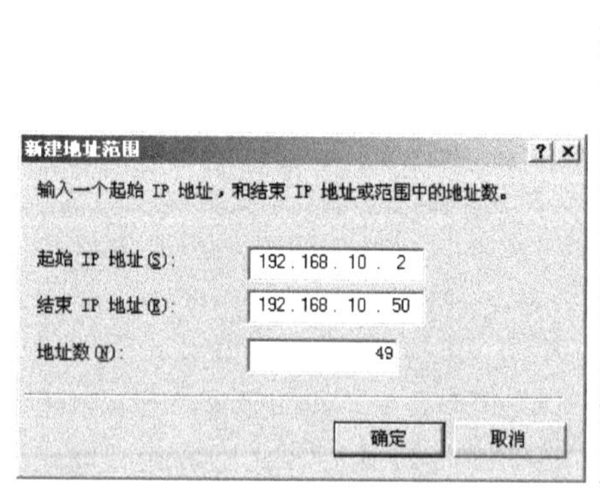

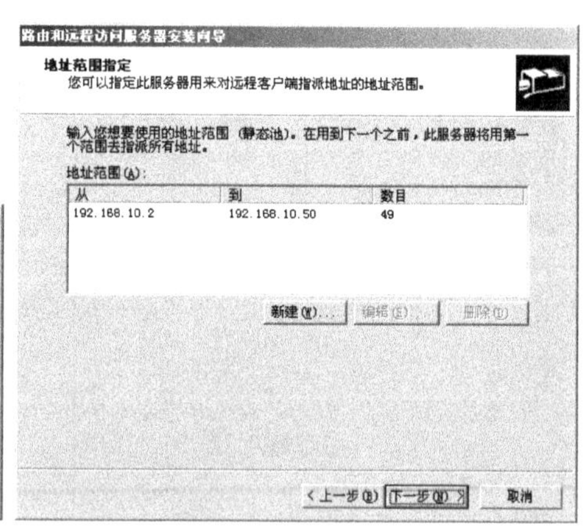

图 16-1-11 指定地址范围

10 在“管理多个远程访问服务器”界面中用于设置集中管理多个 VPN 服务器。默认选项为“否，使用路由和远程访问来对连接请求进行身份验证”，不用修改，直接单击“下一步”按钮继续，如图 16-1-12 所示。

11 单击“完成”按钮，即完成 VPN 服务器的配置，如图 16-1-13 所示。

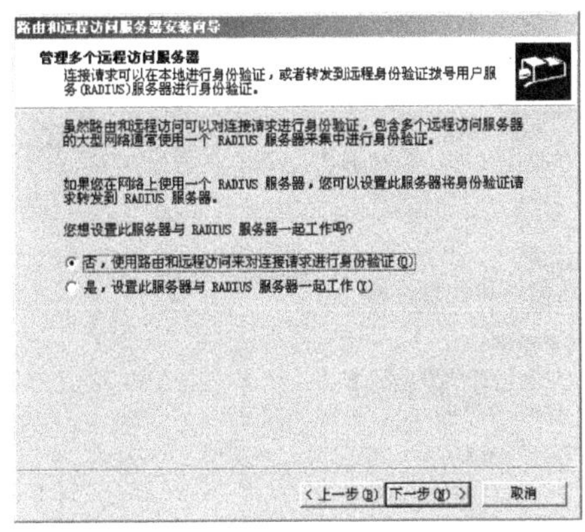

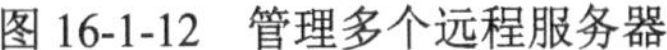

图 16-1-12　管理多个远程服务器

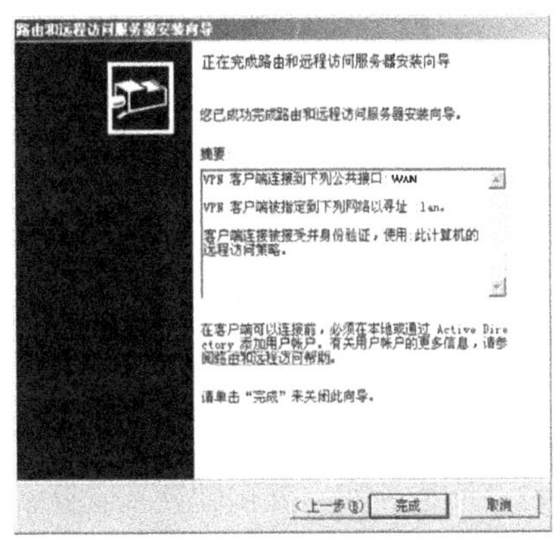

图 16-1-13　完成安装向导

12 默认情况下，任何用户均被拒绝拨入到服务器上。如果希望赋予用户拨入到此服务器的权限，需打开管理工具中的用户管理器（在“计算机管理”选项或“Active Directory 用户和计算机”选项中），创建用户如图 16-1-14 所示。

13 选中用户，右击，在弹出的快捷菜单中选择“属性”命令。在弹出的用户属性对话框中选择“拨入”选项卡，然后选择“允许访问”单选按钮，再单击“确定”按钮即可完成赋予此用户拨入权限的工作，如图 16-1-15 所示。

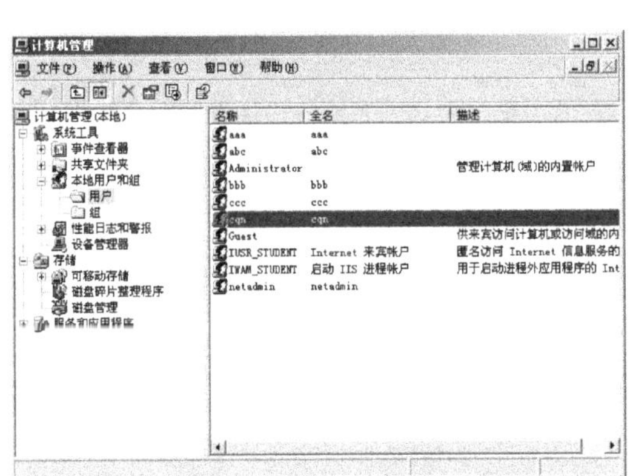

图 16-1-14　建立新用户

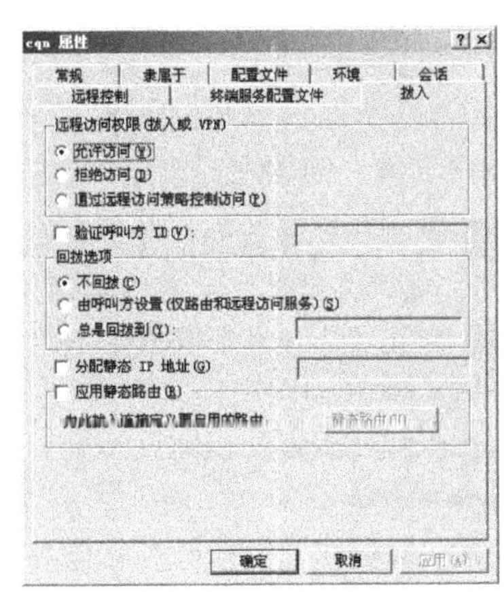

图 16-1-15　用户 cqn 属性设置

活动 2　连接 VPN 客户端和 VPN 服务器

01 设置 VPN 客户机 Client 的 IP 地址，要与 VPN 服务器的 WAN 接口在同一网段，如图 16-1-16 所示。

02 在客户端计算机桌面上右击“网上邻居”图标，在弹出的快捷菜单中选择“属性”命令，弹出“网络和拨号连接”对话框，如图 16-1-17 所示。

03 右击“新建连接”图标，打开“网络连接向导”对话框，如图 16-1-18 所示。

04 单击“下一步”按钮，进入如图 16-1-19 所示界面，根据网络配置和联网需要，选择网络连接类型。

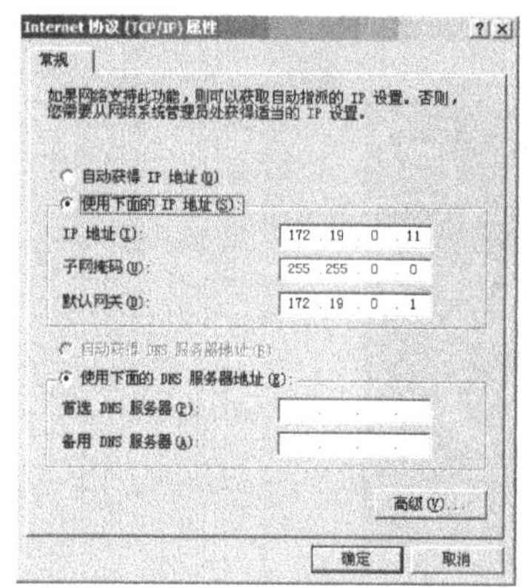

图 16-1-16　设置 VPN 客户机 IP 地址

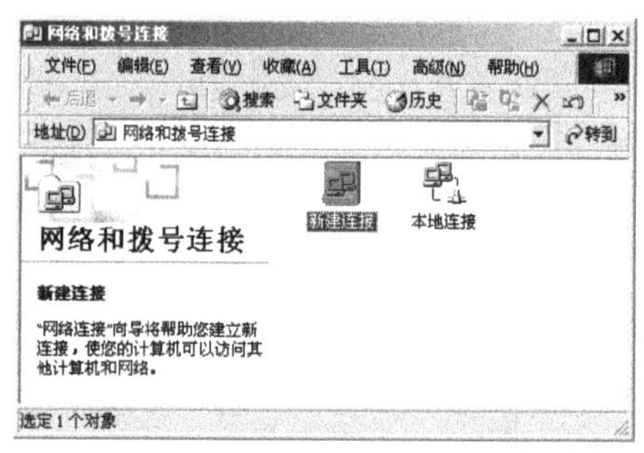

图 16-1-17　“网络和拨号连接”窗口

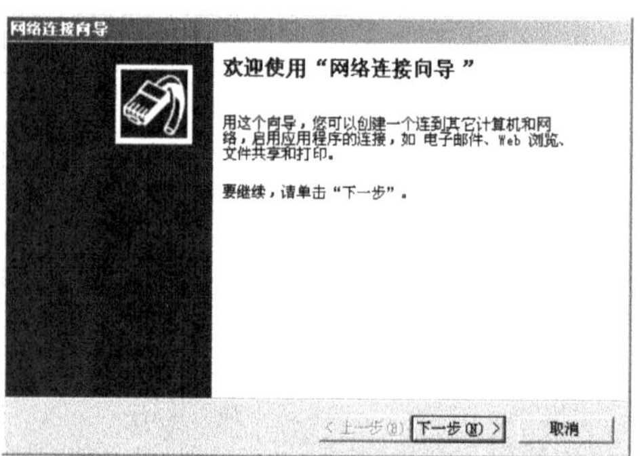

图 16-1-18　“网络连接向导”对话框

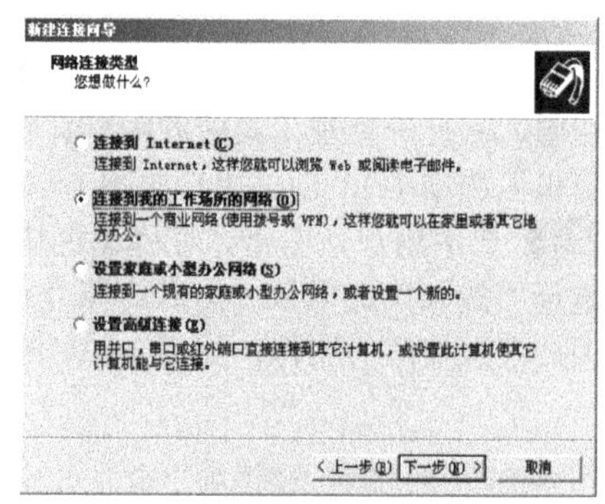

图 16-1-19　“网络连接类型”界面

05 选择“连接到我的工作场所的网络”单选按钮，单击“下一步”按钮，进入“连接名”界面，在“公司名”文本框中输入一个连接名，如“fshc”，如图 16-1-20 所示。

06 单击“下一步”按钮，在“公用网络”界面中，选择“不拨初始连接”单选按钮，如图 16-1-21 所示。

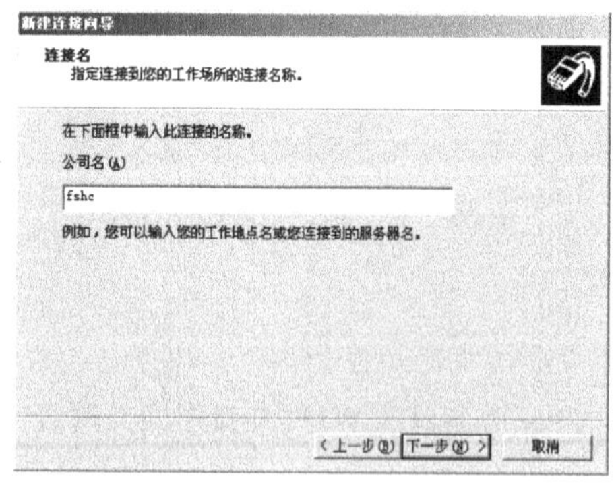

图 16-1-20　“连接名”界面

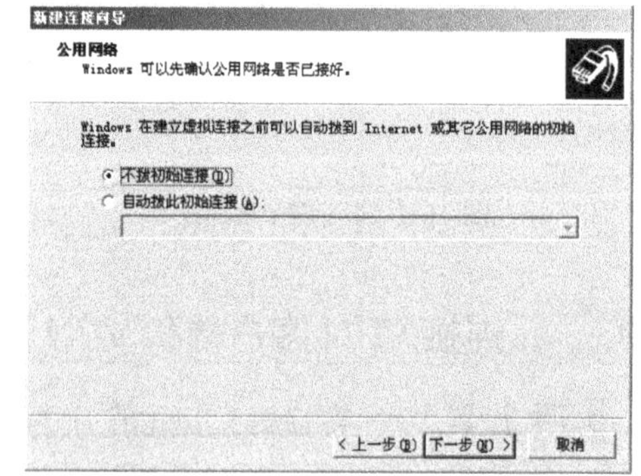

图 16-1-21　“公用网络”界面

07 单击“下一步”按钮，进入如图 16-1-22 所示“VPN 服务器选择”界面，输入所要连接的 VPN 服务器的主机名或 IP 地址。

08 单击“下一步”按钮，进入“可用连接”界面，选择 VPN 连接对所有用户有效还是仅对当前用户有效，在此选择“所有用户使用此连接”单选按钮，如图 16-1-23 所示。

09 单击“下一步”按钮，进入“正在完成新建连接向导”界面，如图 16-1-24 所示。连接自动命名为 fshc，单击“完成”按钮，即可完成连接的设置。

10 在“网络和拨号连接”窗口即出现灰色的连接名为 fshc 的虚拟专用连接图标，如图 16-1-25 所示。

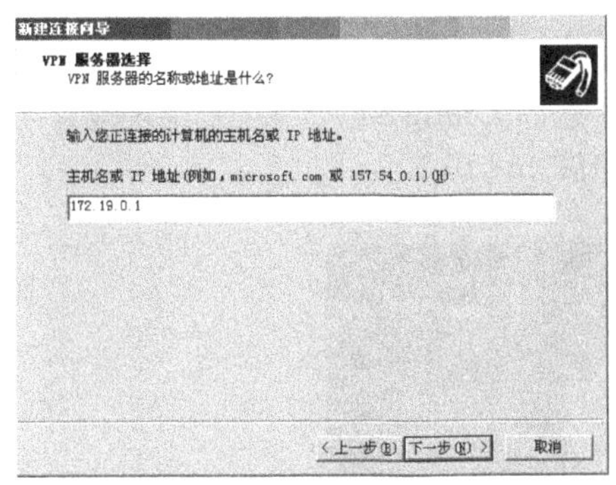

图 16-1-22　输入 VPN 服务器 IP 地址

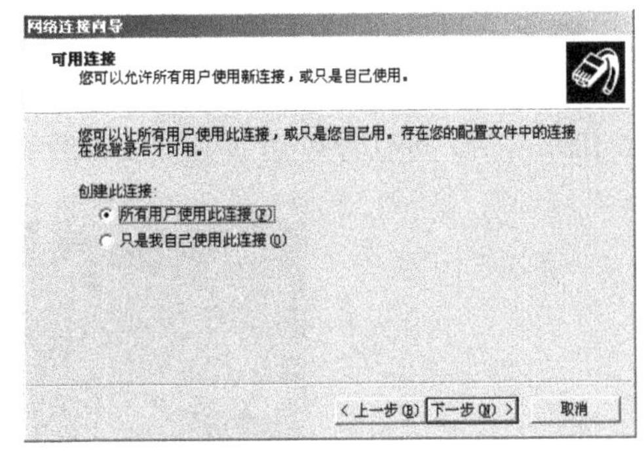

图 16-1-23　“可用连接”界面

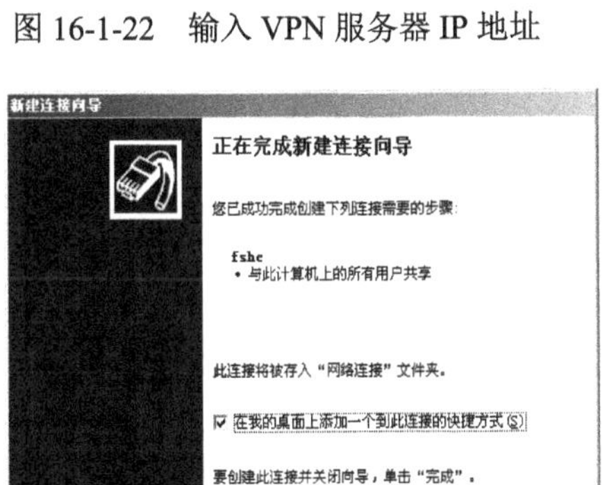

图 16-1-24　完成 VPN 连接

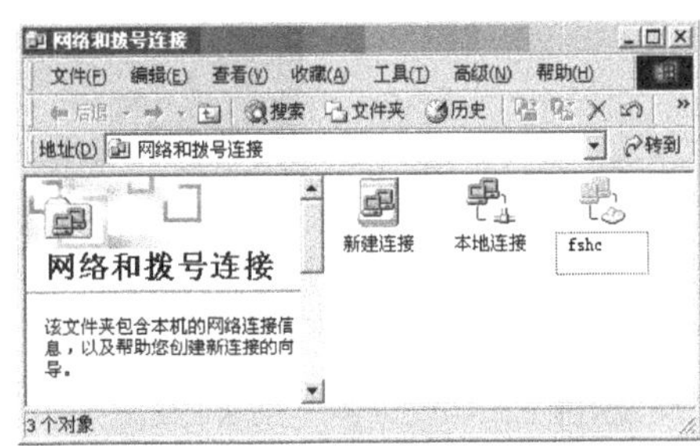

图 16-1-25　网络和拨号连接窗口

11 在“网络和拨号连接”窗口中，双击 fshc 虚拟专用连接图标，弹出如图 16-1-26 所示对话框，输入连接的用户名和密码。

12 单击“连接”按钮，连接成功后，图 16-1-25 所示的灰色 fshc 虚拟专用连接图标变亮，表示双方已建立好连接，如图 16-1-27 所示。至此，双方建立好 VPN 连接，即相当于建立好一个双方专用的虚拟通道。通过此通道，双方可在“网上邻居”中进行互访，相当于又组成了一个双方专用的局域网络，并且具有良好的保密性能。

图 16-1-26　网络和拨号连接

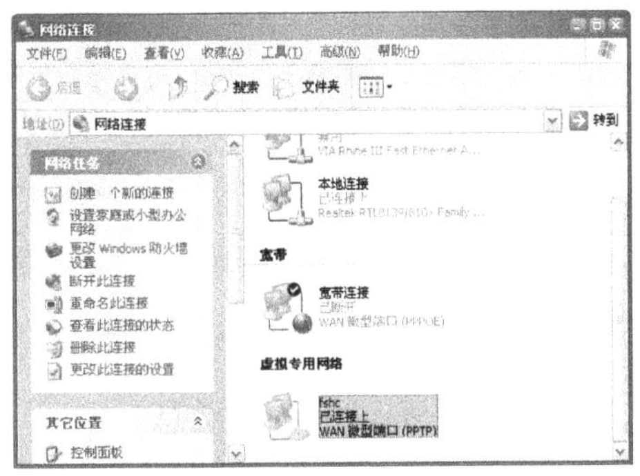

图 16-1-27　完成 VPN 连接

活动 3 验证 VPN 连接

Client VPN 客户机连接到 VPN 服务器后，可以访问公司内部局域网的主机。可用以下两种方法验证 VPN 连接是否成功。

01 查看 VPN 客户获取到的 PPP adapter VPN 的 IP 地址。VPN 客户机（Client）登录连接上 VPN 服务器后，打开命令提示符窗口，输入命令“ipconfig/all”查看 IP 地址信息，如图 16-1-28 所示，可以看到 VPN 连接获得的 IP 地址为 192.168.10.7。

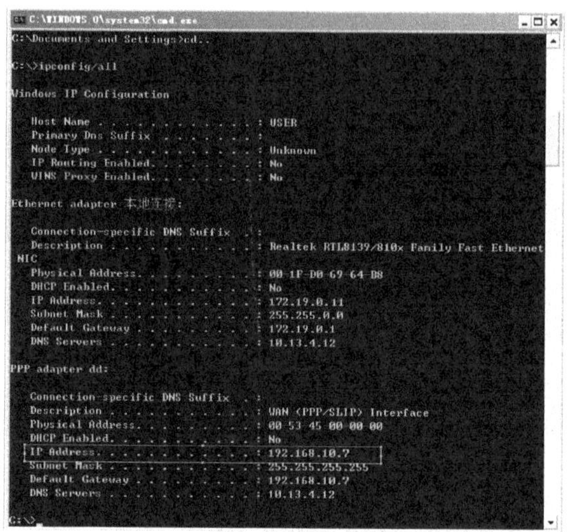

图 16-1-28 VPN 客户获取到的 PPP adapter VPN 的 IP 地址

02 在 Client 客户机（172.19.0.11）ping VPN 服务器的 LAN 网络接口（192.168.10.1）和 FileServer 网络接口（192.168.10.17），如图 16-1-29 所示。说明通过 VPN 已连接，不同网段的主机可以相互访问。

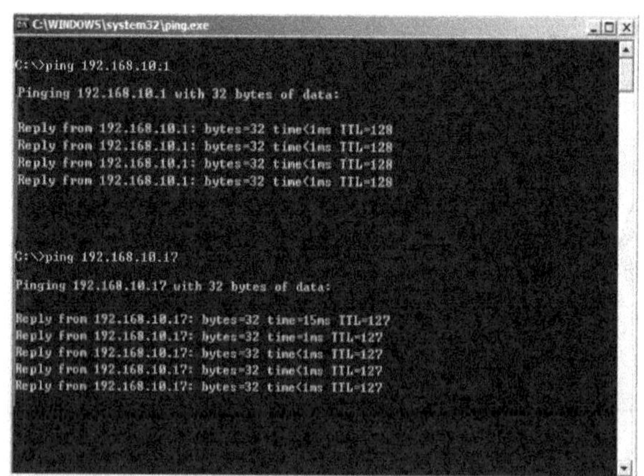

图 16-1-29 测试外部网络 VPN 客户机与内部网络的连通性

活动 4 查看 VPN 服务器状态

01 完成 VPN 服务器的创建，返回“路由和远程访问”窗口，由于目前已启用了 VPN

服务，所以显示绿色向上的标识箭头，如图 16-1-30 所示。

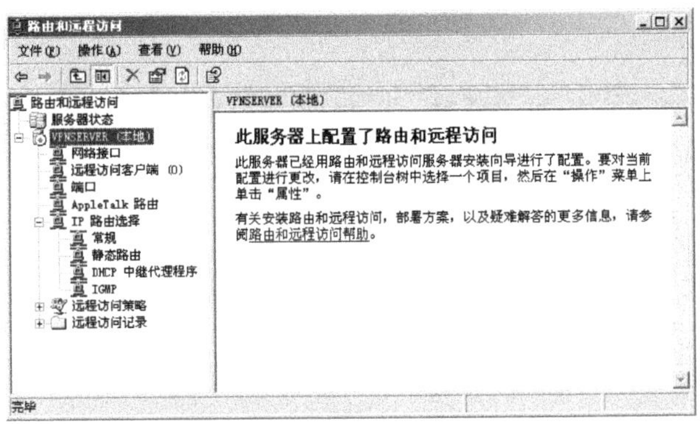

图 16-1-30　VPN 配置完成效果

02 单击“端口”选项，在“路由和远程访问”窗口右侧窗格中显示的所有端口的状态都为“不活动”，如图 16-1-31 所示。

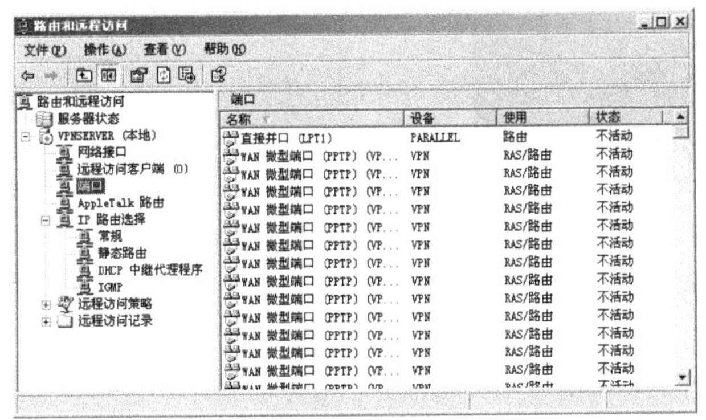

图 16-1-31　显示所有端口的状态都为“不活动”

03 单击“网络接口”选项，“路由和远程访问”窗口右侧窗格中显示 VPN 服务器上的所有网络接口的状态为“已连接”，如图 16-1-32 所示。

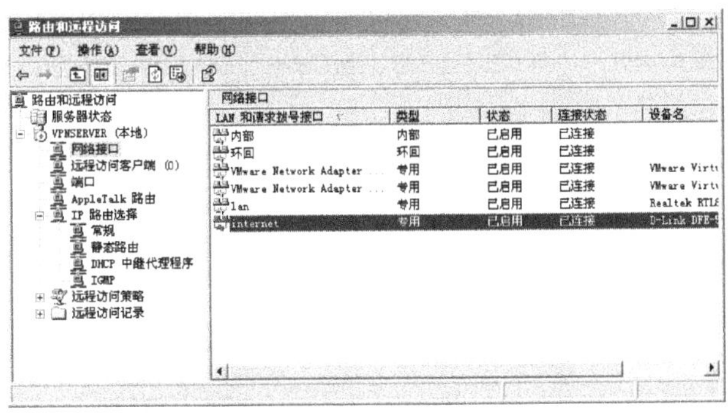

图 16-1-32　VPN 服务器网络接口的状态为“已连接”

活动 5　停止和启动 VPN 服务

要启动或停止 VPN 服务，可以使用 net 命令、“路由和远程访问”控制台和“服务”控制台，具体方法如下。

1. 使用 net 命令

以域管理员账户登录到 VPN 服务器，在命令提示符窗口中，输入命令 net stop remoteaccess 可停止 VPN 服务，输入命令“net star remoteaccess”可启动 VPN 服务，如图 16-1-33 所示。

2. 使用“路由和远程访问”控制台

在“路由和远程访问”控制台中，右击服务器，在弹出的快捷菜单中选择“所有任务→停止或启动”命令，即可停止和启动 VPN 服务，如图 16-1-34 所示。

VPN 服务停止以后，“路由和远程访问”控制台界面显示红色向下标识箭头。

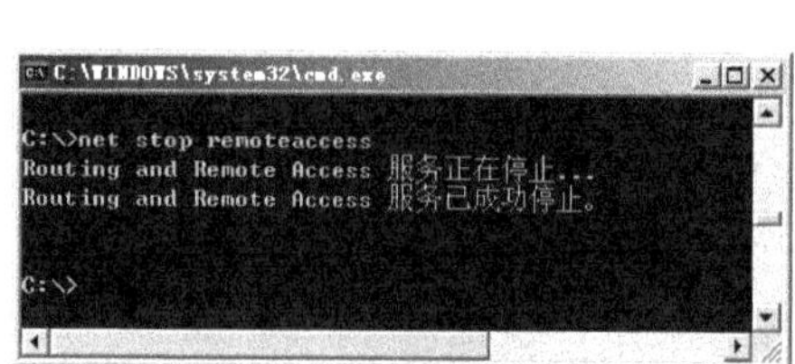

图 16-1-33 使用 net 命令启动和停止 VPN 服务

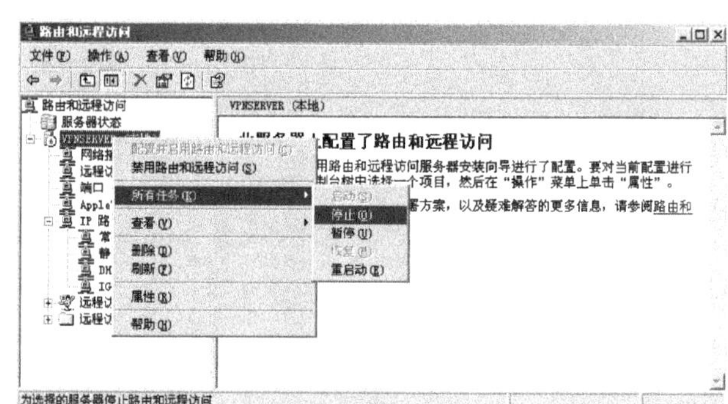

图 16-1-34 使用“路由和远程访问”控制台停止和启动 VPN 服务

3. 使用“服务”控制台

选择“开始→所有程序→管理工具→服务”命令，打开“服务”控制台，右击服务“Routing and Remote Access”选项，在弹出的快捷菜单中选择“停止”或“启动”命令，即可停止和启动 VPN 服务，如图 16-1-35 所示。

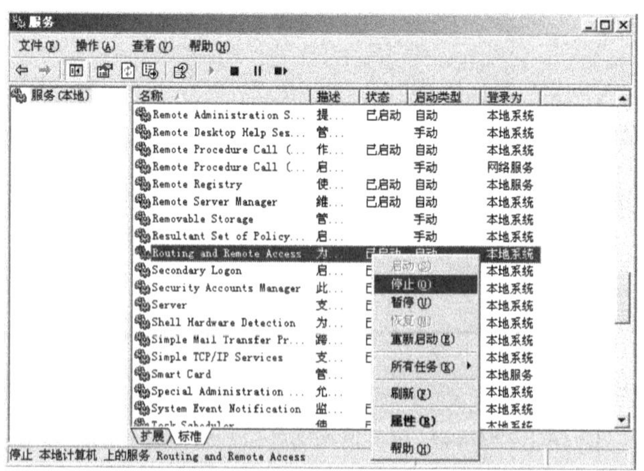

图 16-1-35 使用“服务”控制台停止和启动 VPN 服务

1. 练习 VPN 服务器的安装和配置。
2. 练习 VPN 用户的创建。
3. 练习安装 Windows 系统 VPN 客户端。
4. 练习 VPN 服务器的基本管理。
5. 练习 VPN 服务的停止和启动。

任务 16.2　设置网络地址转换服务器

◎ 任务描述

本任务是学习网络地址转换（NAT）服务的基本配置，了解 NAT 的应用环境和工作原理，掌握 NAT 服务器的配置，掌握 NAT 客户端内外部网络计算机的配置与测试。

◎ 任务目标

1. 了解 NAT 的工作原理。
2. 掌握架设 NAT 服务器的方法。
3. 能够通过 NAT 服务器实现内外网络地址转换。
4. 了解 NAT 的安全性及实现方法。

◎ 设备工具

1. 一台安装有 Windows Server 2003 操作系统的双网卡的计算机（作为 NAT 服务器）。
2. 一台安装有 Windows 操作系统的计算机（作为外网客户端）。
3. 一台安装有 Windows 操作系统的计算机（作为内网客户端）。
4. 一张 Windows Server 2003 的安装光盘。

知识　NAT 工作原理及工作过程

网络地址转换（Network Address Transition，NAT）的原理主要是指将运行 Windows Server 2003 的计算机作为 IP 路由器，通过它在局域网和 Internet 主机间转发数据包从而实现 Internet 共享。NAT 方式也称为 Internet 的路由连接。NAT 通过将专用内部地址转换为公共外部地址，对外隐藏了内部管理的 IP 地址。这样，通过在内部使用非注册的 IP 地址，并将它们转换为一小部分外部注册的 IP 地址，从而减少了 IP 地址注册的费用，有效地节约合法 IP 地址。同时，这也隐藏了内部网络结构，从而降低了内部网络受到攻击的风险。

图 16-2-1 所示为 NAT 原理示意图，一个小型企业网络使用 192.168.0.0/24 作为企业内部网络私有 IP 地址，其 Internet 网络服务提供商（ISP）分配单一公用 IP 地址为 218.76.216.15。

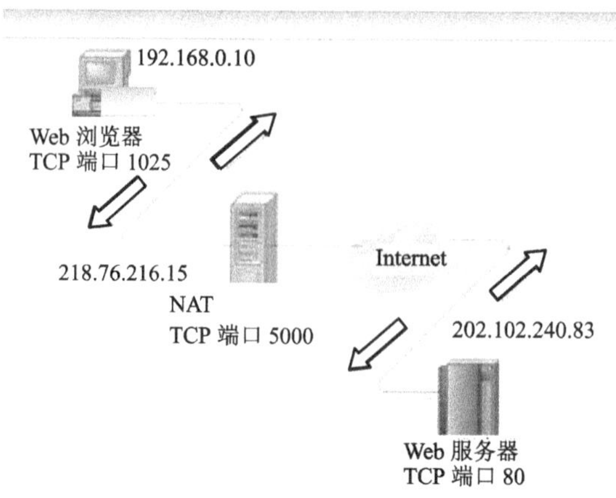

图 16-2-1　NAT 原理示意图

经过 NAT 传送数据可以简单地概括为，对于向外发出的数据包，NAT 将源私有 IP 地址和源 TCP/UDP 端口号转换成一个公共的 IP 地址和端口号；对于流入内部网络的数据包，NAT 将目的地址和 TCP/UDP 端口转换成私有的 IP 地址和最初的 TCP/UDP 端口号，具体转换过程如下。

1）当小型内部网络中一台私有地址为 192.168.0.4 的客户访问 IP 地址为 202.102.240.83 的 Web 服务器时，此用户的 TCP/IP 产生一个包含以下在 IP 和 TCP 或 UDP 标头中的数值 IP 数据包：

目标 IP 地址：202.102.240.83　　源 IP 地址：192.168.0.4
目标端口：80　　源端口：1025

2）请求源主机将此 IP 数据包发送给 NAT 服务器，然后由 NAT 服务器解析向外发送数据包的地址如下：

目标 IP 地址：202.102.240.83　　源 IP 地址：218.76.216.15
目标端口：80　　源端口：5000

3）NAT 服务器将重新映射后的 IP 数据包发送到 Internet。Web 服务器向 NAT 返回一个响应。当 NAT 服务器接受到此响应时，数据包包含以下地址信息：

目标 IP 地址：218.76.216.15　　源 IP 地址：202.102.240.83
目标端口：5000　　源端口：80

4）当 NAT 服务器完成地址的映射和解析后，它将此数据包发送给 Internet 客户端，数据包包含以下地址信息：

目标 IP 地址：192.168.0.4　　源 IP 地址：202.102.240.83
目标端口：1025　　源端口：80

实训

【情境】一台双网卡的主机作为 NAT 服务器，NAT 服务器主机名为 NatServer，连接内部局域网网卡 IP 地址为 192.168.10.1，连接外部网络网卡 IP 地址为 172.19.0.147；外网 NAT 客户机主机名为 Client，其 IP 地址为 172.19.0.11；内网 NAT 客户机主机名为 LanPC，其 IP 地址 192.168.10.11。具体网络拓扑如图 16-2-2 所示。

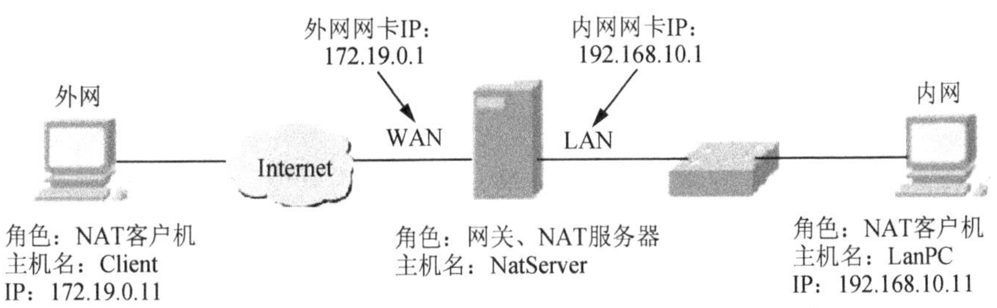

图 16-2-2 架设 NAT 服务器网络拓扑

活动 1 设置 NAT 服务器双网卡的 IP 地址

01 连接外部网网卡的 IP 地址的配置，如图 16-2-3 所示，连接 WAN 网卡的 IP 地址由 ISP 提供或按实验环境设置。

02 连接内部网网卡的 IP 地址的配置，如图 16-2-4 所示。

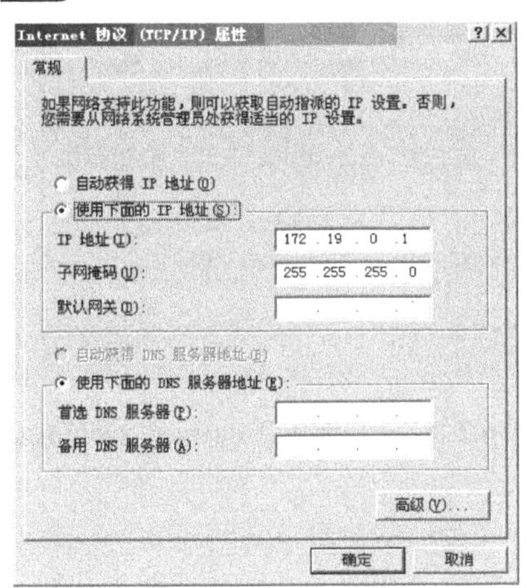

图 16-2-3 外部网网卡的（TCP/IP）属性（一）

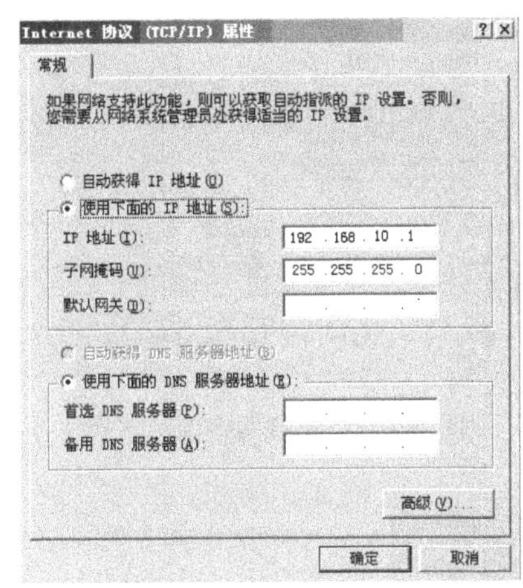

图 16-2-4 内部网网卡的（TCP/IP）属性（二）

活动 2 配置 NAT 服务器

01 选择“开始→所有程序→管理工具→路由和远程访问”命令，在弹出的窗口中右击“NATSERVER（本地）”（NATSERVER 为服务器名）选项，如图 16-2-5 所示，在弹出的快捷菜单中选择“配置并启用路由和远程访问”命令，弹出图 16-2-6 所示的安装向导。

02 单击“下一步”按钮，选择“网络地址转换（NAT）”单选按钮，如图 16-2-7 所示。

03 单击“下一步”按钮，进入“NAT Internct 连接”界面，在“使用此公共接口连接到 Internet”列表框中选择连接外网的“wan”网卡，并勾选“通过设置基本防火墙来在对选择的接口进行保护”复选框，启用基本防火墙，如图 16-2-8 所示。

04 单击“下一步”按钮，进入完成 NAT 设置界面，表示 NAT 设置已经完成，单击“完成”按钮，启用 NAT 服务，如图 16-2-9 所示。

05 完成设置后，可在控制台看到“NAT/基本防火墙”选项，并定义了内部连接和外部连接的接口，查看属性即可确认是否选择了正确的接口，如图 16-2-10 所示。

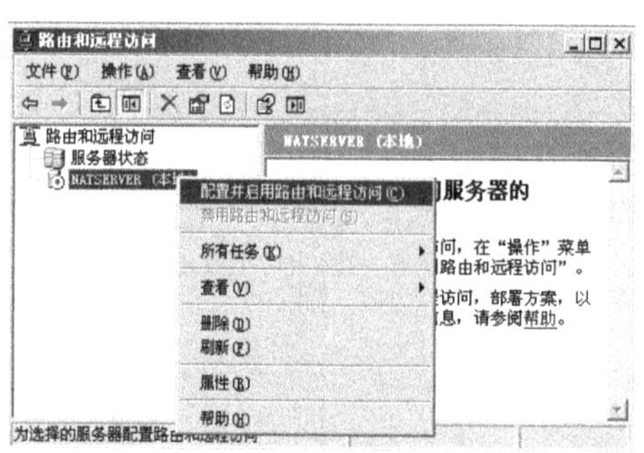

图 16-2-5 “路由和远程访问”对话框

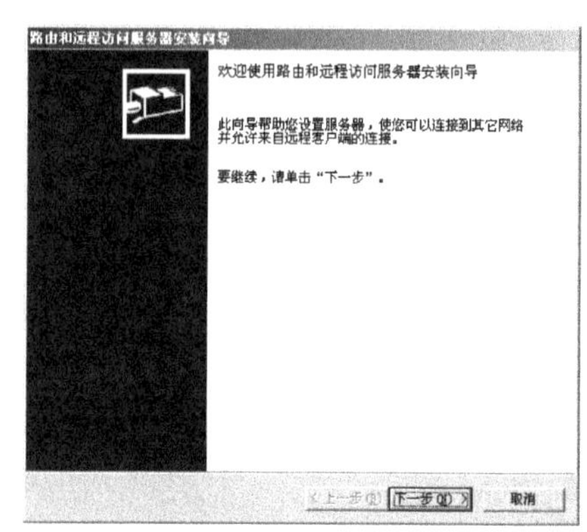

图 16-2-6 路由和远程访问服务器安装向导

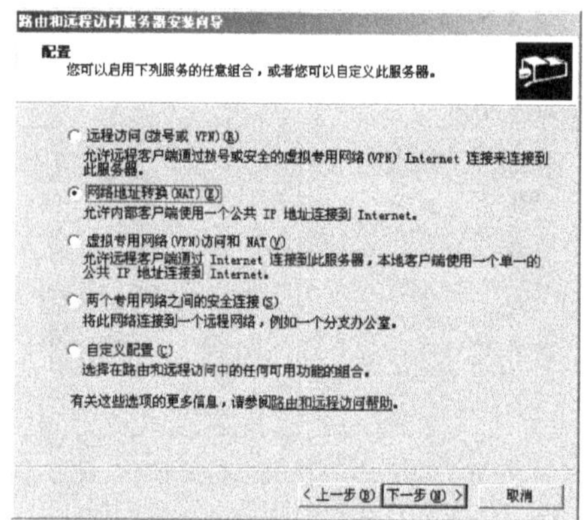

图 16-2-7 选择网络地址转换

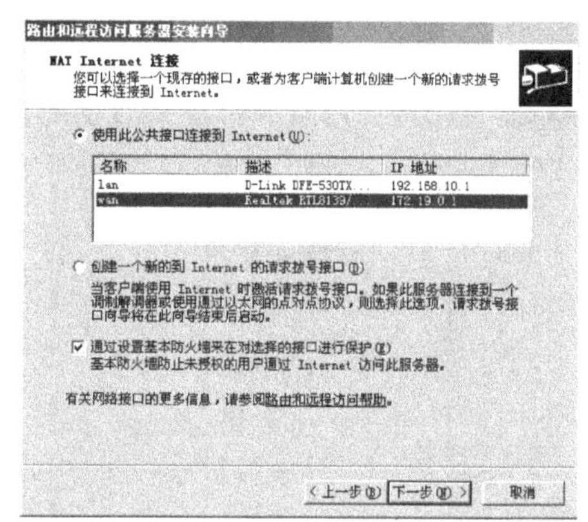

图 16-2-8 选择连接到 Internet 的网络接口

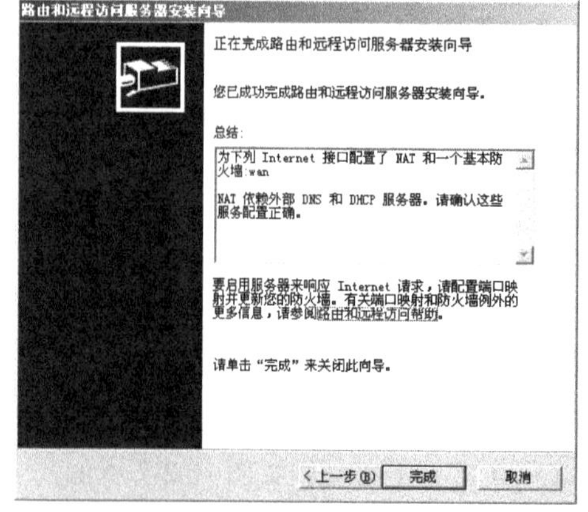

图 16-2-9 完成安装向导对话框

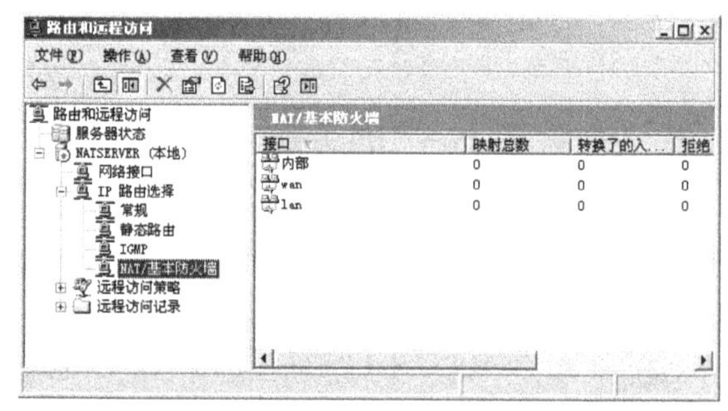

图 16-2-10 出现“NAT/基本防火墙”选项

06 右击“lan”接口，在弹出的快捷菜单中选择“属性”命令，弹出如图 16-2-11 所示的对话框，并看到已选择“专用接口连接到专用网络”单选按钮。

07 同样方法打开图 16-2-12 所示“wan 属性”对话框，并看到已选择“公用接口连接到 Internet”单选按钮。

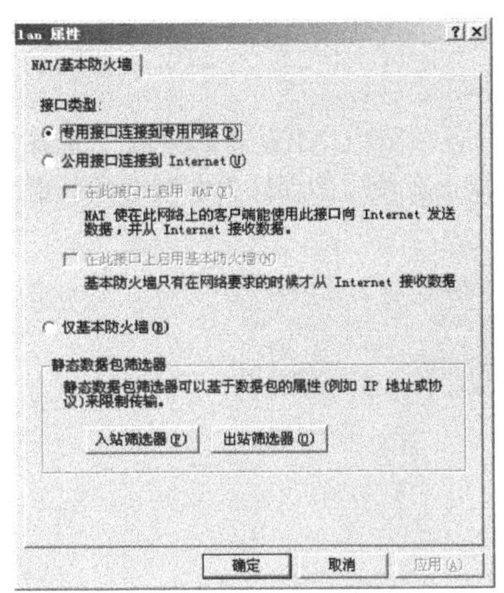

图 16-2-11　“lan 属性”对话框

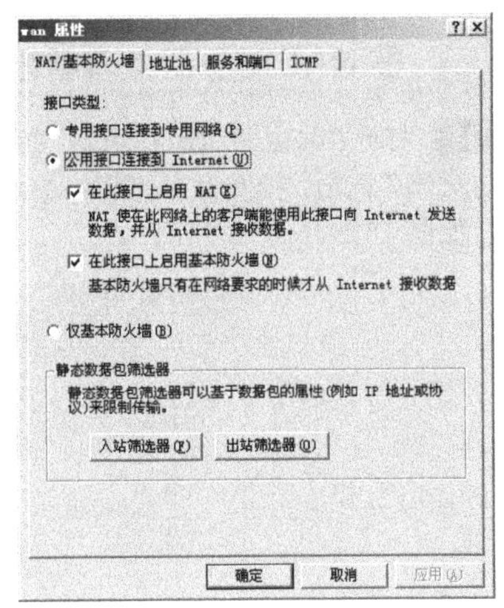

图 16-2-12　“wan 属性”对话框

活动 3　NAT 客户端内部网络计算机的配置与测试

01 设置内网 LanPC 网关地址：打开“Internet 协议（TCP/IP）属性”对话框，设置“默认网关”为 NAT 服务器内网卡的 IP 地址（192.168.10.1），如图 16-2-13 所示。

02 测试与外网 Client 的连通性：打开命令提示符窗口，输入命令“ping 172.19.0.11”，测试与外部网络 NAT 客户机的连通性，如图 16-2-14 所示，表示 LanPC 访问 Clinet 是连通的。

03 网页访问测试：在内网 LanPC 的 IE 浏览器地址栏中输入“http://172.19.0.11”，访问外部网络 Clinet 发布的网站，如图 16-2-15 所示，表示内网成功访问外网网站。

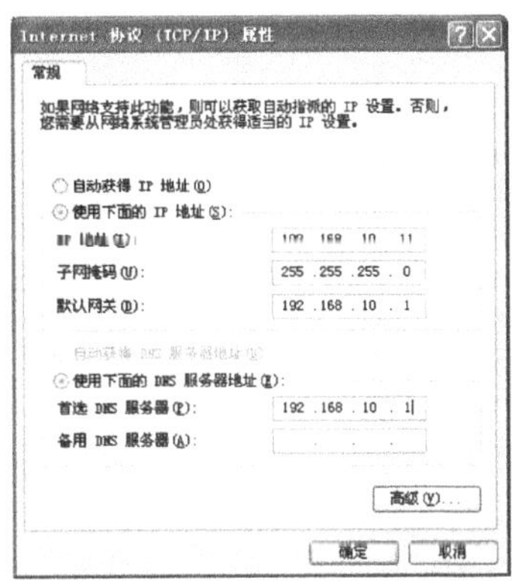

图 16-2-13　内部网络计算机 IP 地址

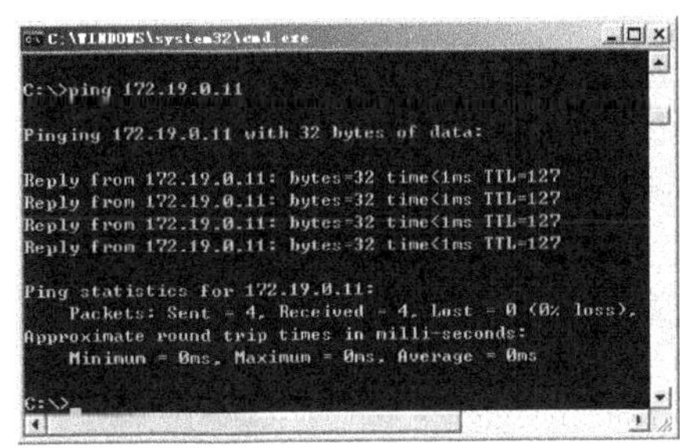

图 16-2-14　测试内网 LanPC 与外网 Client 的连通性

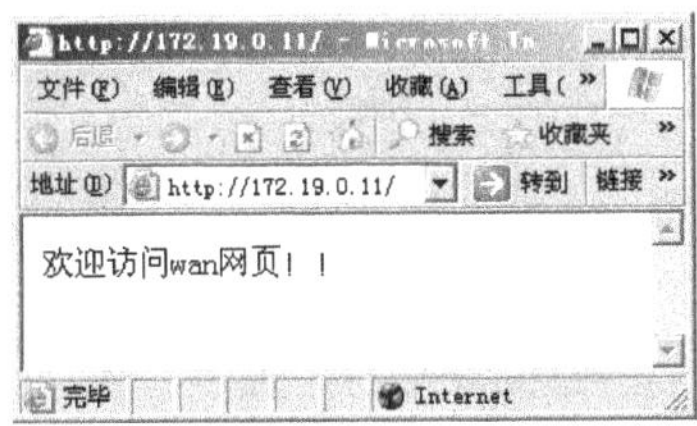

图 16-2-15　网页访问测试

活动 4 在 NAT 服务器上查看地址转换信息

01 打开“路由器和远程访问”控制台，依次展开各项至“NAT/基本防火墙”，选择“NAT/基本防火墙”选项，控制台右侧窗格中显示 NAT 服务器正在使用的连接内部网络和外部网络的接口，如图 16-2-16 所示。

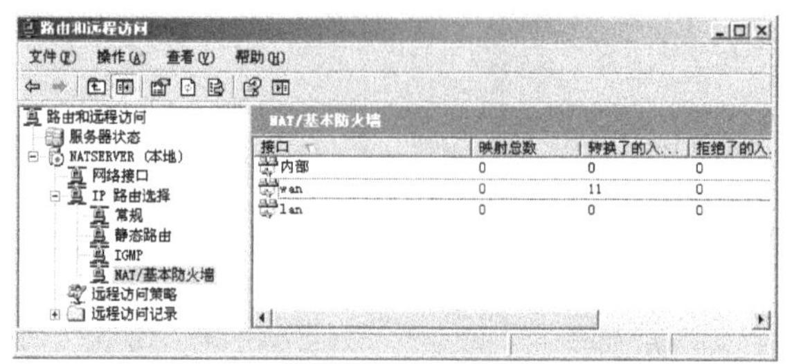

图 16-2-16 NAT/基本防火墙

02 右击“wan”接口，在弹出的快捷菜单中选择“显示映射”命令，弹出图 16-2-17 所示的“网络地址转换会话映射表格”对话框。该信息表示内部网络计算机 192.168.10.11（LanPC）访问外部网络计算机 172.19.0.11 网站，NAT 服务器将内部网络地址转换成了外部网络地址 172.19.0.1。

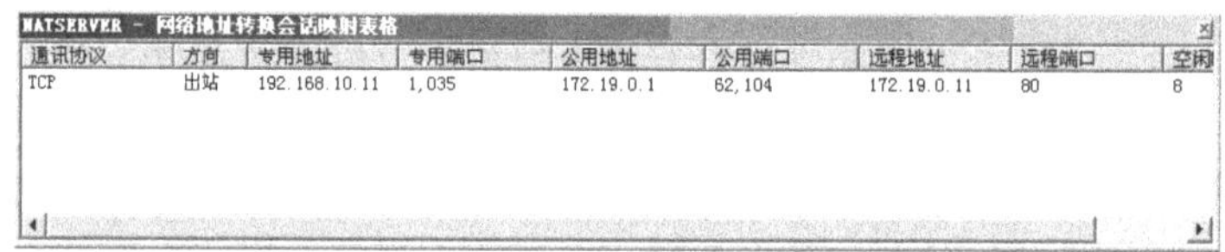

图 16-2-17 “网络地址转换会话映射表格”对话框

活动 5 测试外部 NAT 客户机与 NAT 服务器、内部网络的连通性

01 在外部 NAT 客户机打开命令提示符窗口，依次使用 ping 命令测试该主机与 NAT 服务器的内卡、外卡及内部网络的连通性，如图 16-2-18 所示。图中所示表示均不能连通。

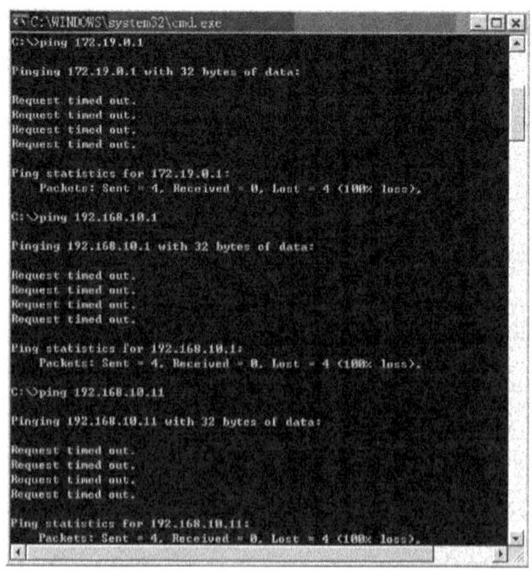

图 16-2-18 测试外部 NAT 客户机与 NAT 服务器、内部网络的连通性

02 关闭基本防火墙：在 NAT 服务器上打开“路由和远程访问”控制台，依次展开各项至“NAT/基本防火墙”。在控制台右侧窗格中右击“WAN 接口”，在弹出的快捷菜单中选择“属性”命令，弹出“wan 属性”对话框；选择“NAT/基本防火墙”选项卡，取消勾选“在此接口上启用基本防火墙”复选框，如图 16-2-19 所示。

03 在外部 NAT 客户机打开命令提示符窗口，依次使用命令“ping 172.19.0.1”和“ping 192.168.10.1”，再次测试该主机与 NAT 服务器的内卡、外卡连通性，如图 16-2-20 所示。可以看到，与 NAT 服务器的外网卡能连通，与 NAT 服务器的内网卡不能连通。

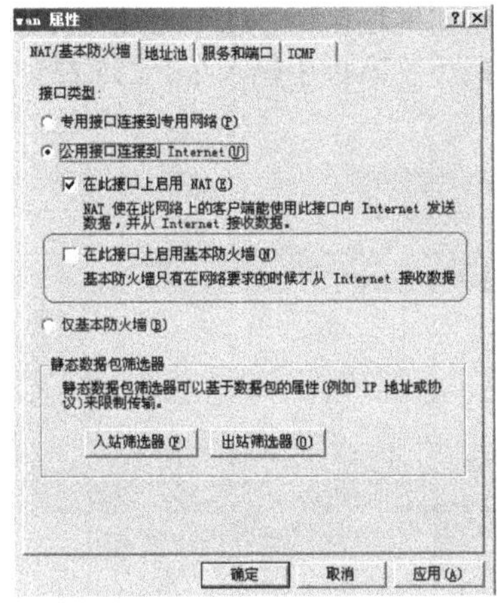

图 16-2-19　关闭基本防火墙

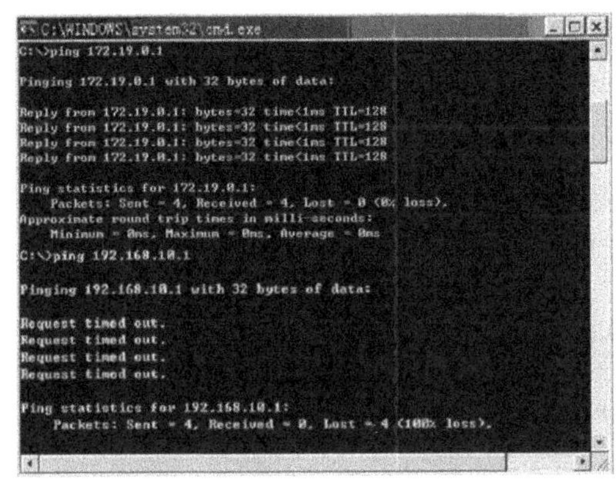

图 16-2-20　再次测试外部 NAT 客户机与 NAT 服务器的连通性

活动 6　外部网络主机使用远程桌面连接到内部网络主机

要让外部网络的计算机能够使用远程桌面连接到内部网络计算机上，具体步骤如下。

第 1 步　启用内部网络计算机远程桌面功能

在内网的 LanPC 客户机选择“开始→设置→控制面板→系统”命令，弹出“系统属性”对话框，选择“远程”选项卡，在“远程桌面”选项区域中勾选“启用这台计算机上的远程桌面”复选框，如图 16-2-21 所示。

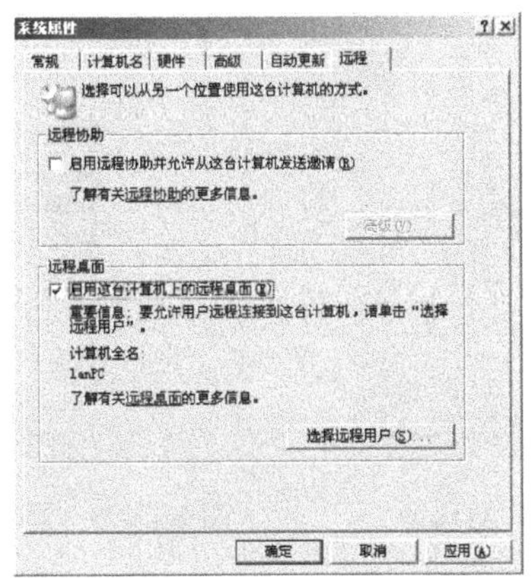

图 16-2-21　启用内网计算机上的远程桌面

第 2 步　添加地址池

01 打开“路由和远程访问”控制台，依次展开各项至“NAT/基本防火墙”，在控制台右侧窗格右击 NAT 服务器的外网网卡 wan，在弹出的快捷菜单中选择“属性”命令，如图 16-2-22 所示，弹出“wan 属性”对话框。

02 在“wan 属性”对话框中选择“地址池”选项卡，如图 16-2-23 所示，可以添加 NAT 服务器的多个公用 IP 地址。在“您的 Internet 接入服务提供商（ISP）分配此地址池”选项区域中，单击“添加”按钮，弹出“添加地址池”对话框，在“起始地址”和“结束地址”文本框中输入公用 IP 地址范围 172.19.0.12～172.19.0.20，并在“掩码”文本框中输入 255.255.255.0，如图 16-2-24 所示。

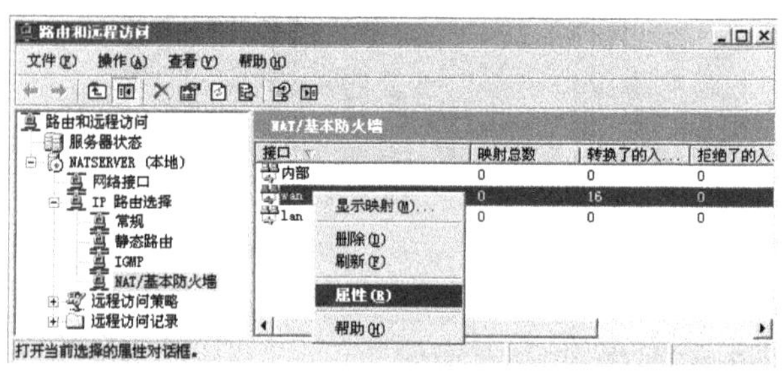

图 16-2-22　选择“属性”命令

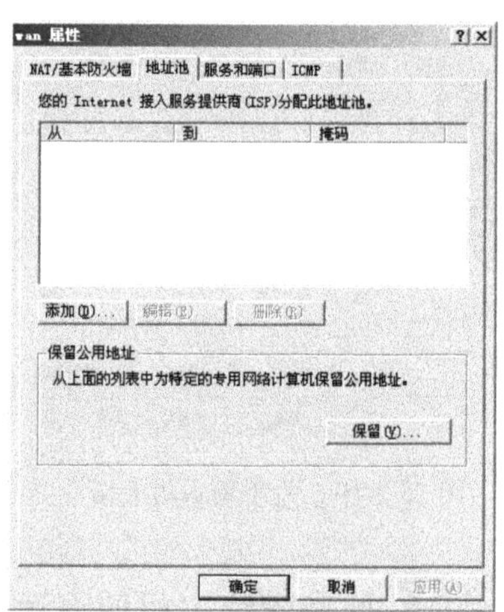

图 16-2-23　“地址池”选项卡

03 单击“确定”按钮，返回“地址池”选项卡，如图 16-2-25 所示，可以看到已经添加了地址池。

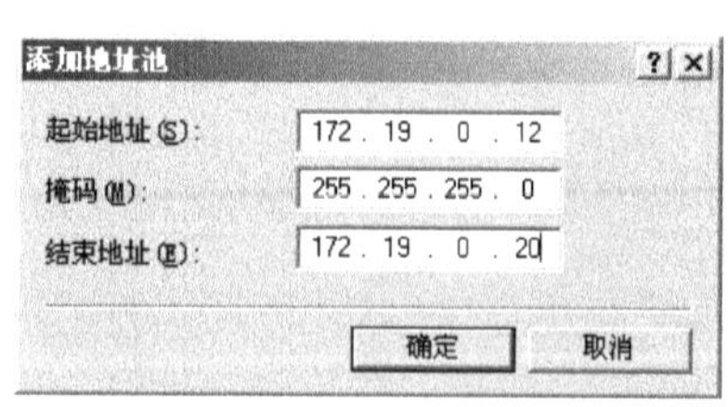

图 16-2-24　“添加地址池”对话框

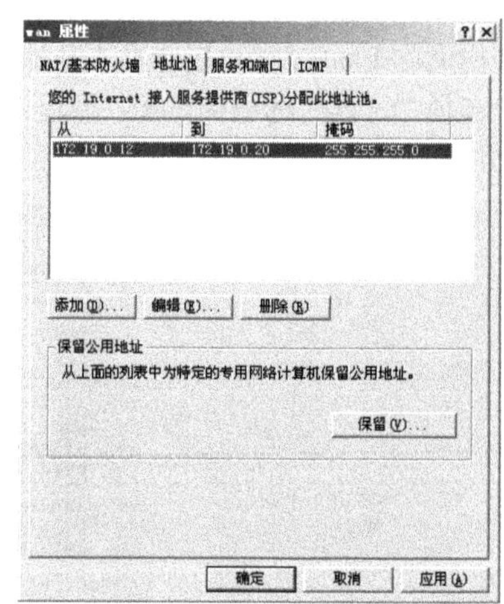

图 16-2-25　添加了地址池后的“地址池”选项卡

第 3 步　添加保留地址

01 在图 16-2-25 所示的对话框中单击“保留”按钮，弹出“地址保留”对话框，可以将指定的公用 IP 地址保留给内部网络计算机。单击“添加”按钮，弹出“添加保留区”对话框。在“保留此公用 IP 地址”文件框中输入一个映射给内部网络公网 IP 地址 172.19.0.12，这个公网地址必须在地址池范围内，在“为专用网络上的计算机”文本框中输入内部网络的计算机 IP 地址 192.168.10.11，并选择“允许将会话传入到此地址”复选框，如图 16-2-26 所示。

02 单击“确定”按钮，返回“地址保留”对话框，可以看到已经为 192.168.10.11 的计算机保留了公用 IP 地址 172.19.0.12，如图 16-2-27 所示。

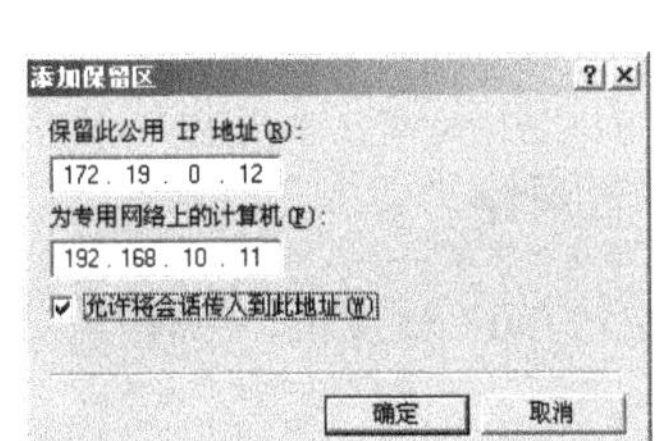

图 16-2-26　“添加保留区”对话框

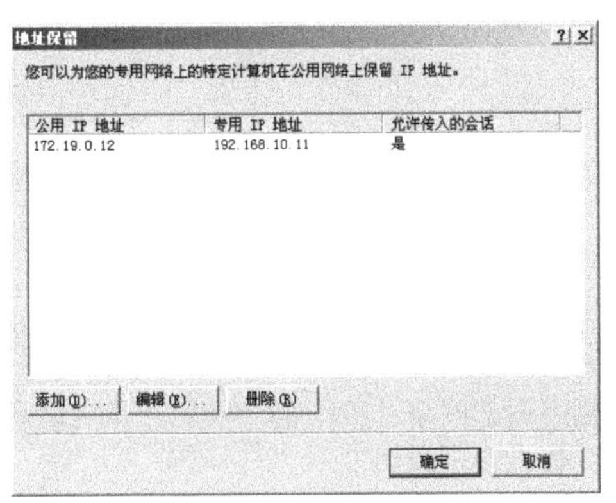

图 16-2-27　特定地址保留

第 4 步　远程桌面连接

01 以本地管理员账户登录到外部网络 NAT 客户机上，单击“开始→所有程序→附件→通信→远程桌面连接”命令，弹出“远程桌面连接”对话框，在“计算机”文本框中输入保留的公用 IP 地址“172.19.0.12”，如图 16-2-28 所示。

02 单击“连接”按钮，弹出如图 16-2-29 所示的“登录到 Windows”对话框。输入具有远程桌面连接权限的用户账号和密码，在此使用管理员账号 administrator，单击“确定”按钮，即可远程连接到内部网络的 NAT 客户机 LanPC，界面如图 16-2-30 所示。可以清楚地看到，在外部网络 NAT 客户机上，用保留公用 IP 地址 172.19.0.12 远程登录到了内部网 192.168.10.11 的 LanPC 客户机上。

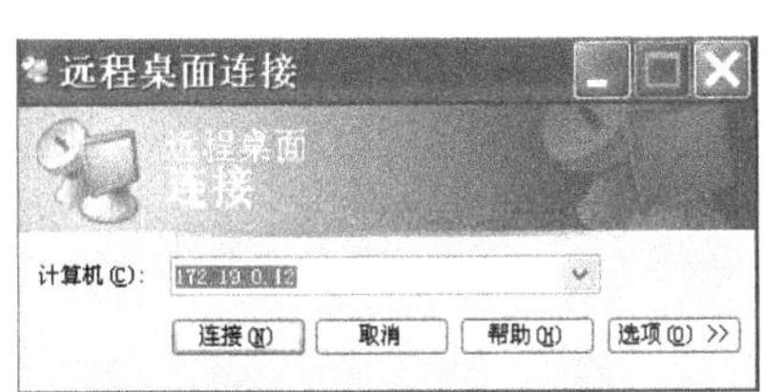

图 16-2-28　“远程桌面连接”对话框

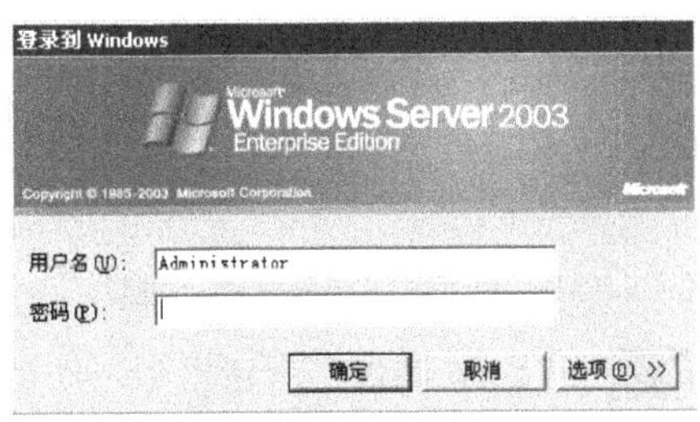

图 16-2-29　“登录到 Windows”对话框

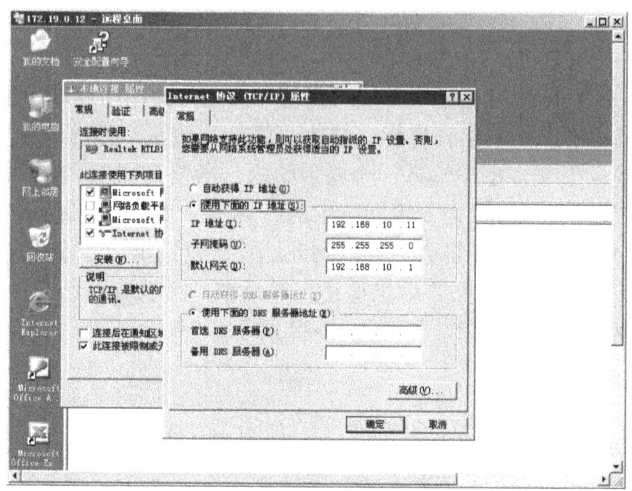

图 16-2-30　已经登录到内网 LanPC 的远程桌面

活动 7　配置“入站筛选器”，拒绝内部网络访问外部网络

要拒绝内部网络“192.168.10.0”计算机访问外部网络“172.19.0.0”计算机，可使用入站筛选器，具体设置过程如下。

01 内网 LanPC 测试与外网 Client 的连通性：在 LanPC 打开命令提示符窗口，输入命令“ping 172.19.0.11”，测试与外部网络 NAT 客户机的连通性，如图 16-2-31 所示，表示 LanPC 访问 Clinet 是连通的。

02 配置入站筛选器：打开 NAT 服务器“路由和远程访问”控制台，依次展开至“NAT/基本防火墙”选项，在右侧窗格右击 lan 并在弹出的快捷菜单中选择“属性”命令，如图 16-2-32 所示。

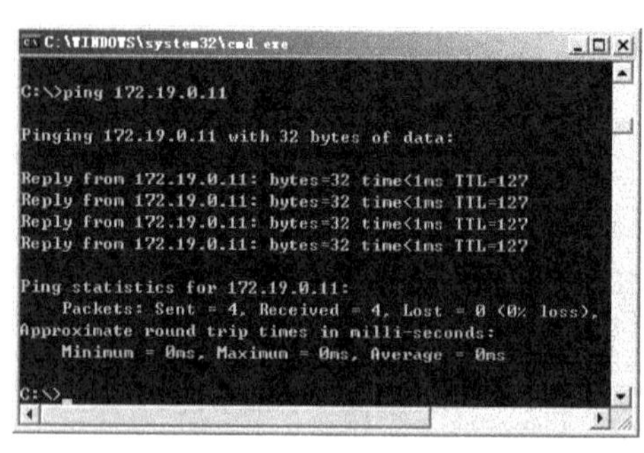

图 16-2-31　测试内网与外网的连通性

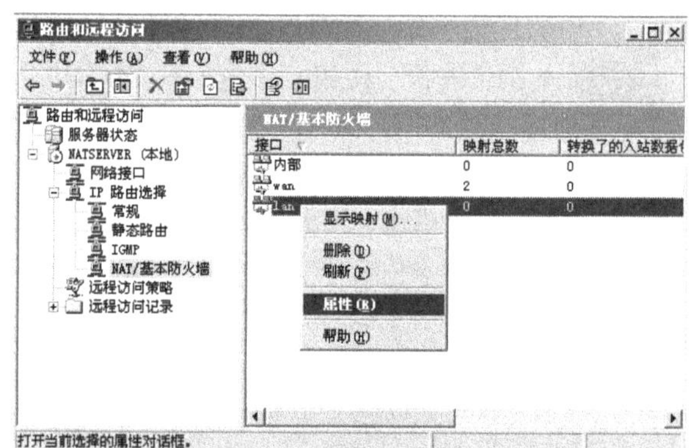

图 16-2-32　选择 lan 网卡属性

03 在“lan 属性”对话框中，如图 16-2-33 所示，可以配置接口类型和防火墙设置。在“静态数据包筛选”选项区域中单击“入站筛选器”按钮，弹出“入站筛选器”对话框，如图 16-2-34 所示，可做 IP 筛选操作。

04 单击“新建”按钮，弹出“添加 IP 筛选器”对话框，分别勾选“源网络”和“目标网络”复选框，设置源网络为内部网络地址 192.168.10.0、目标网络为外部网络地址 172.19.0.0，并选择“任何”协议，如图 16-2-35 所示。

05 单击“确定”按钮，返回“入站筛选器”对话框，可以看到已经添加了一条筛选器。在“筛选器操作”选项区域选择“接收所有除符合下列条件以外的数据包”单选按钮，如图 16-2-36 所示，单击“确定”按钮完成设置。

06 再次测试内部网络计算机与外部网络计算机的连通性：在内部网络 LanPC 上，打开命令提示符窗口，输入命令“ping 172.19.0.11”，结果如图 16-2-37 所示，显示不能连通，这是因为数据包被添加的入站筛选器阻止了。

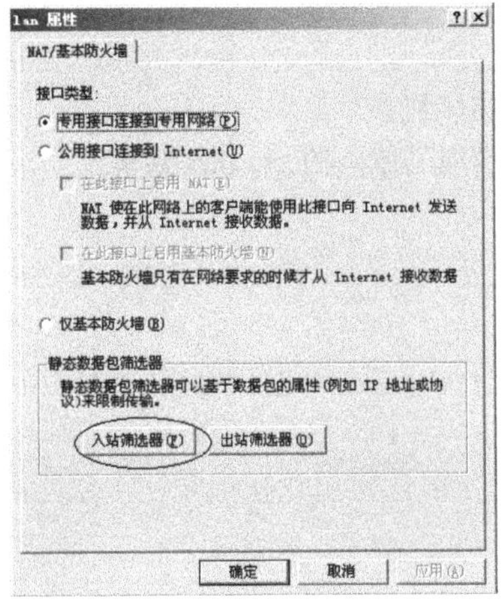

图 16-2-33 “NAT/基本防火墙”选项卡

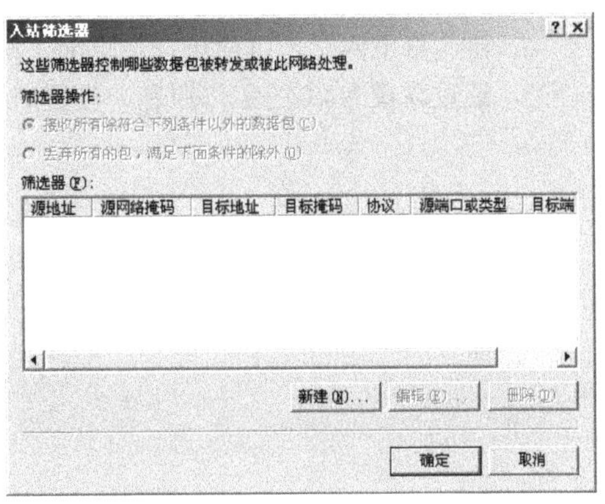

图 16-2-34 “入站筛选器”对话框

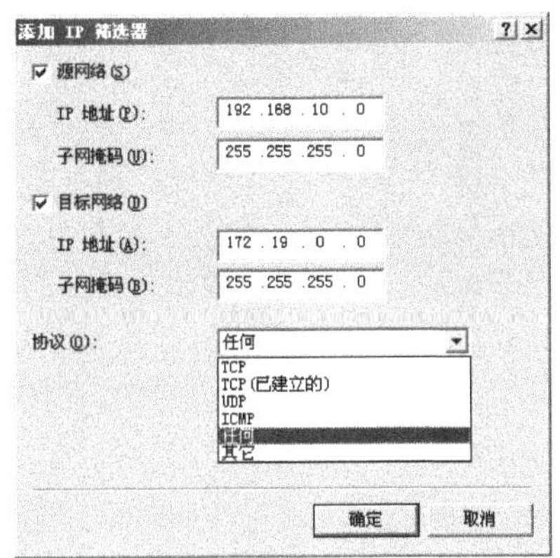

图 16-2-35 添加 IP 筛选器

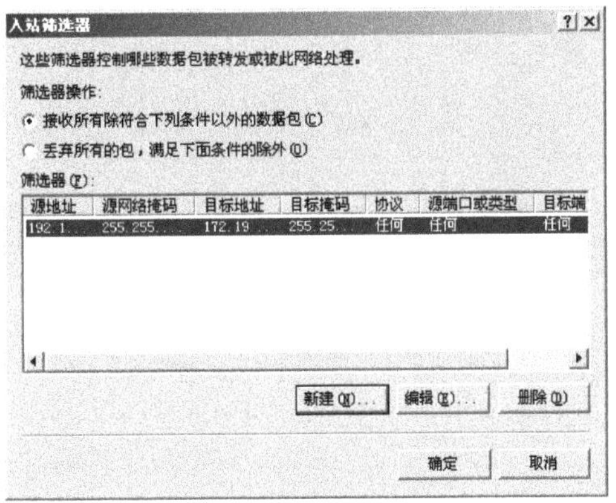

图 16-2-36 设置筛选器操作

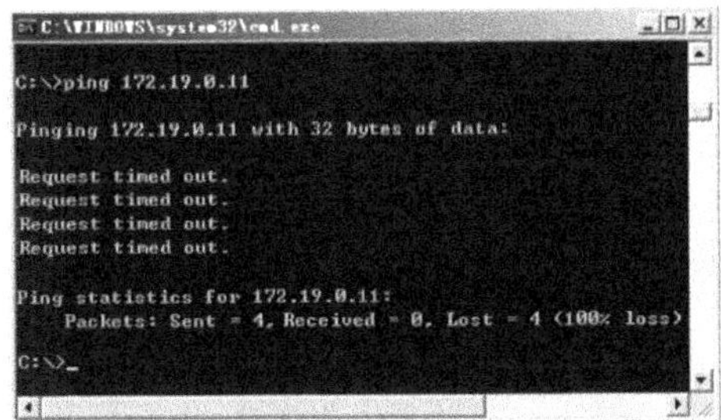

图 16-2-37 测试内网与外网的连通性

1．学会通过 NAT 的工作原理搭建 NAT 的实验环境。
2．练习 NAT 服务器内外网卡 IP 地址的设置方法。
3．练习配置 NAT 服务器。
4．练习 NAT 客户端内部网络计算机的配置与测试。
5．学会查看 NAT 服务器地址转换信息。
6．练习外部网络主机使用远程桌面连接到内部网络主机。
7．通过掌握 NAT 的工作原理，设置 NAT 服务器实现局域网的 Internet 共享。

项目 17 简易无线路由器的设置

◎ **项目导读**

无线路由器已经越来越普及，大多数用笔记本电脑或者智能手机的用户，都希望能直接用 WIFI 连接上网，方便、省流量。但是，很多刚接触无线路由器的用户，不知道无线路由器怎么用。虽然路由器设备有说明书，但说明书都是简单介绍，没有网络基础的用户很难按说明书进行设置。本项目以较为普遍的 TP Link 无线路由器为例，跟大家分享一下怎么设置无线路由器。任务 17.1 是介绍无线路由器的结构、功能和连接方法，并且以“设置向导”完成无线路由器的基本设置；任务 17.2 是介绍无线路由器的基本管理，加强用户对无线路由器的高级设置与管理。

◎ **能力目标**

- 能正确物理连接简易无线路由器。
- 能正确设置路由器，实现 Internet 共享。
- 能正确设置路由器的安全管理。

任务 17.1 路由器的连接与基本设置

◎ 任务描述

本任务是学习无线路由器在生活、工作中的基本应用，学习简易无线路由器连接、基本设置和应用，重点学习以“设置向导”方式来设置路由器。

◎ 任务目标

1. 掌握简易路由器的 PPPoE、动态和静态 IP 的上网连接方式。
2. 掌握简易路由器设置向导的配置。
3. 掌握利用路由器实现无线上网的基本设置。

◎ 设备工具

1. 一台无线路由器。
2. 一台有无线网卡的便携式计算机或智能手机。

知识

知识 无线路由器简介

无线路由器（Wireless Router）好比将单纯性无线 AP 和宽带路由器合二为一的扩展型产品，它不仅具备单纯性无线 AP 所有功能如支持 DHCP 客户端、支持 VPN、防火墙、WEP 加密等，而且还包括了网络地址转换功能，可支持局域网用户的网络连接共享。可实现家庭无线网络中的 Internet 连接共享，实现 ADSL、Cable modem 和小区宽带的无线共享接入。无线路由器可以与所有以太网接的 ADSL MODEM 或 CABLE MODEM 直接相连，也可以在使用时通过交换机/集线器、宽带路由器等局域网方式再接入。其内置有简单的虚拟拨号软件，可以存储用户名和密码拨号上网，可以实现为拨号接入 Internet 的 ADSL、CM 等提供自动拨号功能，而无需手动拨号或占用一台计算机做服务器使用。此外，无线路由器一般还具备相对更完善的安全防护功能。

无线路由器信号强弱受环境和距离的影响较大。路由器的“有效工作距离”是无线路由器的重要参数之一，只有在无线路由器的信号覆盖范围内，其他计算机才能进行无线连接，“室内 100m，室外 400m”是理想值，它会随网络环境的不同而各异，通常室内在 50m 范围内都可有较好的无线信号，而室外一般来说只能达到 100～200m。

实训

活动 1 无线路由器的外形构成及功能

目前市场上比较流行的无线路由器有 TP-link、腾达、D-link、netgear、斐讯、磊科、中兴等。不同品牌的路由器的设置界面有差异，但原理相同，操作方法基本一致，本活动以比较常用的无线 TP-link 路由器为例。

01 认识无线 TP-link 路由器的外形，如图 17-1-1 所示。其前面板样式的指示灯，如图 17-1-2 所示。

图 17-1-1　无线路由器整体外观

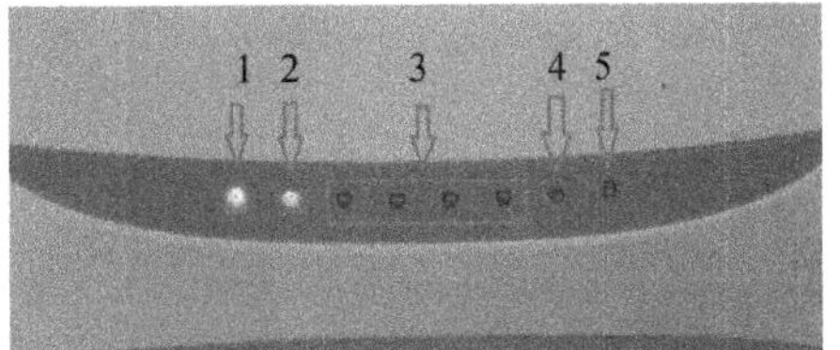

图 17-1-2　前面板指示灯

前面板指示灯的功能介绍，如表 17-1-1 所示。

表 17-1-1　前面板的各项功能说明表

序　　号	指　示　灯	功　　能	描　　述	功　　能
1	☼	POWER	系统状态指示灯	常灭——系统存在故障 常亮——系统初始化故障 闪烁——系统正常
2	(无线图标)	WIFI	无线状态指示灯	常灭——没有启用无线功能 常亮——已经启用无线功能 闪烁——正在进行无线数据传输
3	(LAN图标)	LAN	局域网状态指示灯	常灭——相应端口没有连接上 常亮——相应端口已正常连接 闪烁——相应端口正在进行数据传输
4	(WAN图标)	LINK/ WAN	广域网状态指示灯	常灭——端口没有连接上 常亮——端口已正常连接 闪烁——端口正在进行数据传输
5	(锁图标)	QSS	安全连接指示灯	慢闪——表示正在进行安全连接（此状态持续约 2min） 慢闪转为常亮——表示安全连接成功 慢闪转为快闪——表示安全连接失败

小贴士

安全连接成功后，QSS 指示灯的常亮状态约持续 5min 后会自动熄灭，此种状态仍然属于正常连接状态。

02 认识路由器后面板及接口，如图 17-1-3 所示。

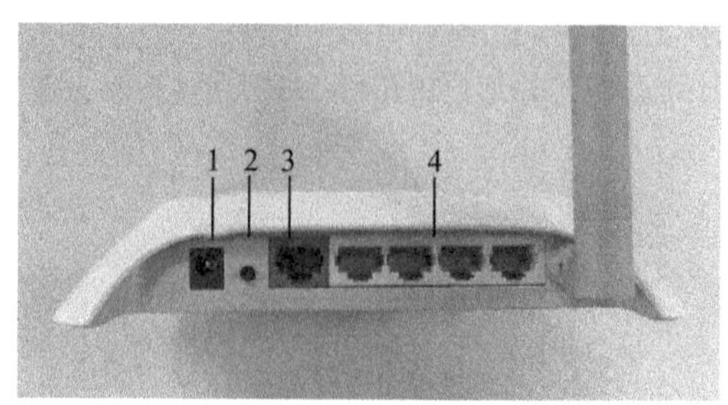

图 17-1-3　后面板

后面板接口的功能介绍，如表 17-1-2 所示。

表 17-1-2　后面板的各项功能说明表

项　　目	功　　能
电源插座	电源适配器插座，请使用路由器配套电源适配器
复位键	当系统死机需重启或是需要重新更改设置而无法进入系统时，按下此键 10s 系统自动重新启动，按下此键 3s 以上的时间后，系统将恢复出厂默认值
WAN 口	连接广域网（也就是连接 modem 的端口）
LAN 口	连接局域网（也就是连接自己计算机的端口）

03 了解路由器的默认设置。

初次安装，当路由器启动完成后，所有的设置内容均为产品出厂时的设定值。主要包括以下设定值：

IP 地址为 192.168.1.1 或 192.168.0.1。

用户名：admin。

密码为空或为 admin。

DHCP 服务已启用。

这个信息可以从路由器的背面标签中找到，这些信息需要做一下记录，在后面的设置中要用到，如图 17-1-4 所示。

图 17-1-4　路由器的背面标签

活动 2　无线路由器的连接

无线路由器的连接方法如图 17-1-5 所示。

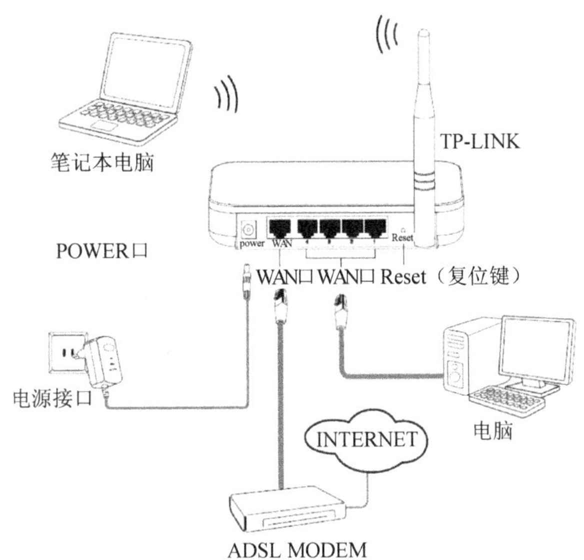

图 17-1-5　无线路由器的连接示意图

1）局域网连接：用网线将计算机以太网端口连接到本产品的任一 LAN 口（即编号为 1、2、3、4 的端口）。如果局域网中的交换机超过 4 台时，需要级联交换机或集线器扩展网络。

2）广域网连接：用网线连接您的电缆或 DSL modem 到本产品广域网 WAN 端口。

3）把本产品和交换机相连：如果您想连接本产品至交换机，用网线连接局域网端口 1～4 中的任一个至交换机，如果您连接的交换机有 UPLINK 端口，也可以直接用以太网电缆连接到交换机的 UPLINK 口。

4）接通电源：连接电源线至电源端口，打开电源开关，在本产品上电复位后，路由器进入正常工作状态。

5）无线网连接：路由器接通电源后，可通过便携式计算机、智能手机或有无线网卡的计算机通过无线连接路由器，开始默认是无认证连接。

活动 3　无线路由器的基本设置

1. 连接计算机与无线路由器

01 进行网络连接。

① 有线连接：用网线把计算机和路由器的 LAN 口进行连接，设置计算机的 IP 地址为 192.168.1.×××（×××范围是 2～254）。例如，我们可以输入 192.168.1.6，子网掩码是 255.255.255.0，默认网关为 192.168.1.1，如图 17-1-6 所示。（或者设置计算机的 TCP/IP 协议为“自动获取 IP 地址”，这样无线宽带路由器内置的 DHCP 服务器将自动为计算机 A 设置 IP 地址。）

② 无线连接：首先确保打开计算机的无线功能，然后右击桌面右下角的无线网络图标，选择“查看可用的无线网络→刷新网络列表”命令，选择要设置的无线路由器（初始的 SSID 名称为路由器型号，密码为空），如图 17-1-7 所示。双击选择的路由器，自动无线连接路由器，如图 17-1-8 所示，路由器的 DHCP 自动分配 192.168.1.0/24 网段的 IP 地址给计算机。

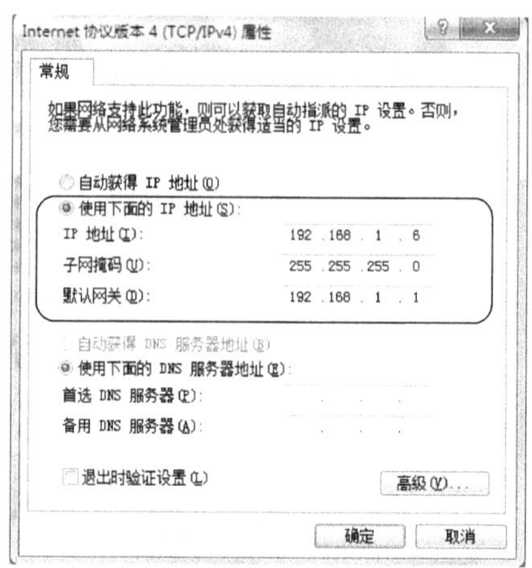

图 17-1-6　TCP/IP 属性

图 17-1-7　查看可用的无线网络

图 17-1-8　无线连接路由器

02 打开一个 IE 窗口，在地址栏上输入 http：//192.168.1.1，输入用户名和密码（用户名和密码的出厂默认值均为 admin），如图 17-1-9 所示。

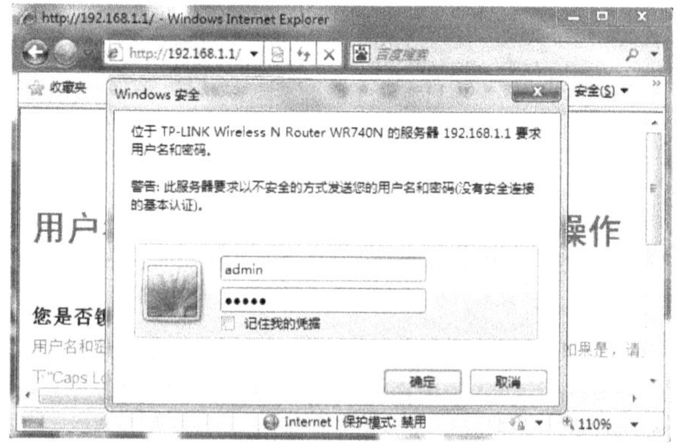

图 17-1-9　登录路由器窗口

3）输入用户名和密码后单击“确定”按钮，出现路由器设置界面，如图 17-1-10 所示。

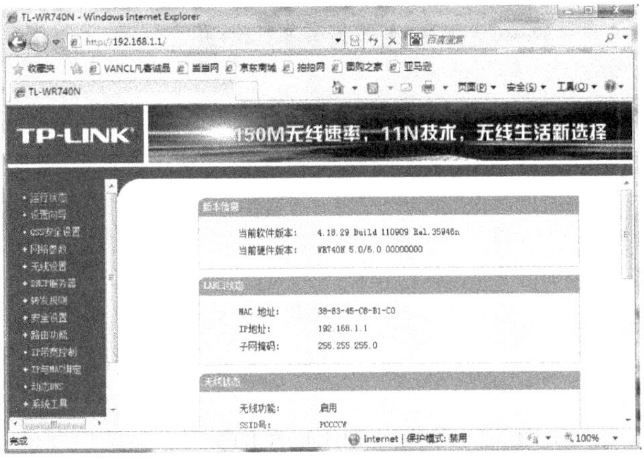

图 17-1-10　路由器设置界面

2. 过“设置向导”设置路由器

（1）“PPPoE（ADSL 虚拟拨号）”上网方式

01 设置向导可设置上网所需的基本网络参数，是设置路由器比较简单和比较直观的操作方式，如图 17-1-11 所示。

02 单击“下一步”按钮，出现“上网方式选择”界面，向导提供三种最常见的上网方式供选择，按照网络环境选择一种上网方式，如果不清楚使用何种上网方式，可选择“让路由器自动选择上网方式”，路由器可智能根据现有的网络环境选择上网方式，一般家庭宽带用户是 PPPoE 拨号用户，这里选择“PPPoE（ADSL 虚拟拨号）”上网方式，如图 17-1-12 所示。

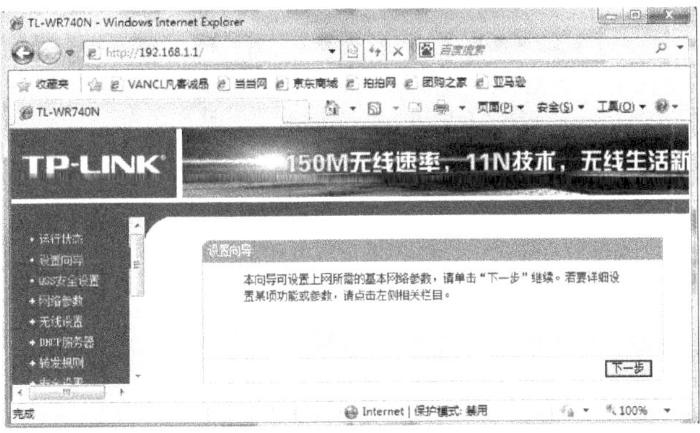

图 17-1-11　设置向导界面

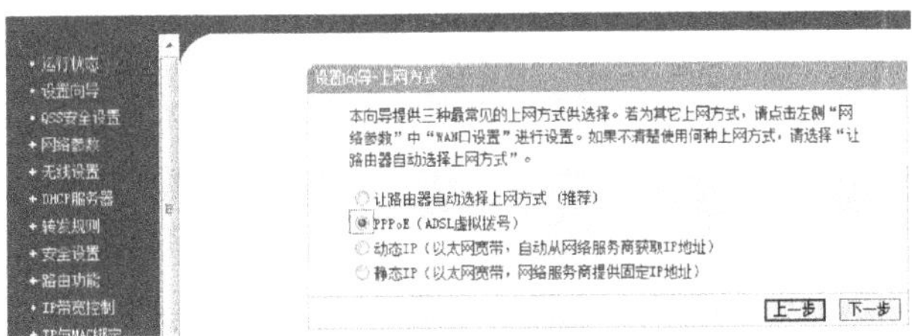

图 17-1-12　选择 PPPoE 单选项

03 单击“下一步”按钮，出现填入网络服务商提供的 ADSL 上网账号及口令的窗口，并输入正确的账号和口令，如图 17-1-13 所示。

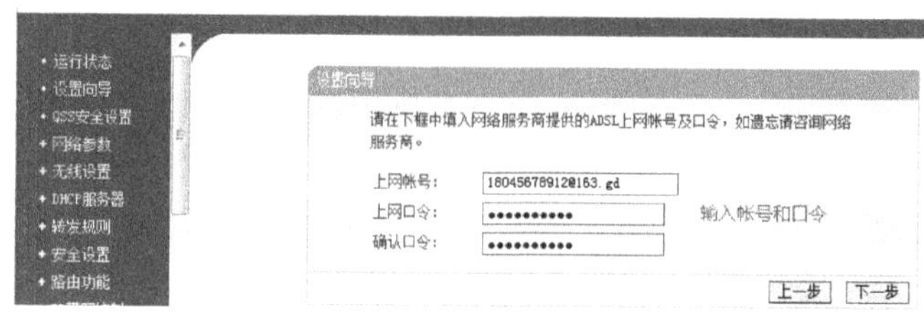

图 17-1-13　输入的账号和口令

04 单击“下一步”按钮，出现“无线设置”界面，在 SSID 栏输入“无线网络的名称”（默认 SSID 是无线路由器的型号），在 PSK 密码输入无线网络安全密码，如图 17-1-14 所示。

05 单击“下一步”按钮，出现“完成”设置界面，如图 17-1-15 所示，再单击“完成”按钮，重启以后 TP-Link 无线路由器的基本设置就完成了。

06 用便携式计算机无线测试：选择“控制面板→网络连接”命令，右击“无线网络连接”选项，在弹出的快捷菜单中选择“查看可用的无线连接”命令，也可以直接双击计算机桌面右下角的“无线网络连接”图标，可以查看计算机搜索到的所有可用的各运营商的无线网络，如图 17-1-16 所示。

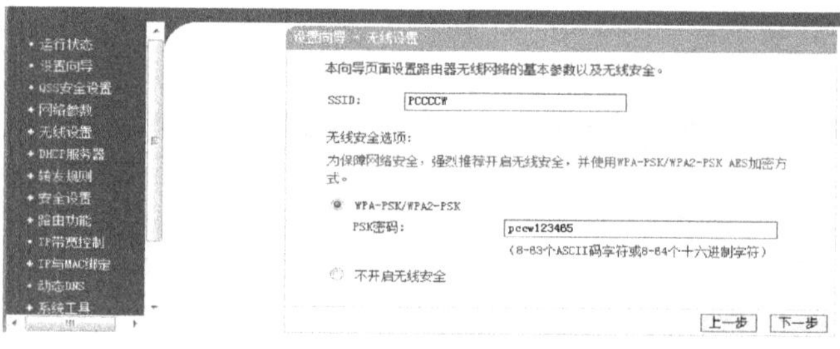

图 17-1-14　“无线设置”界面

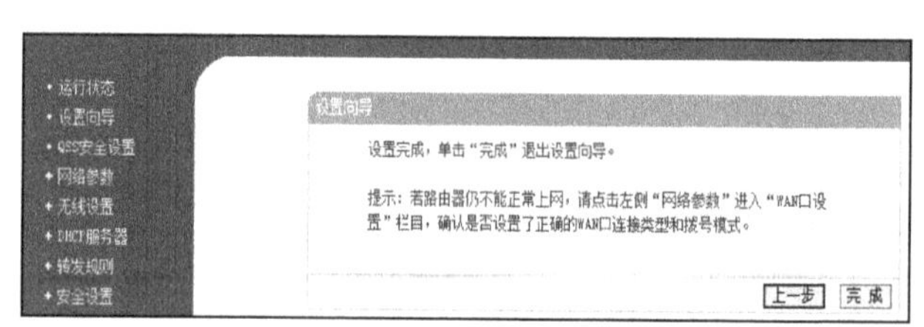

图 17-1-15　完成设置界面

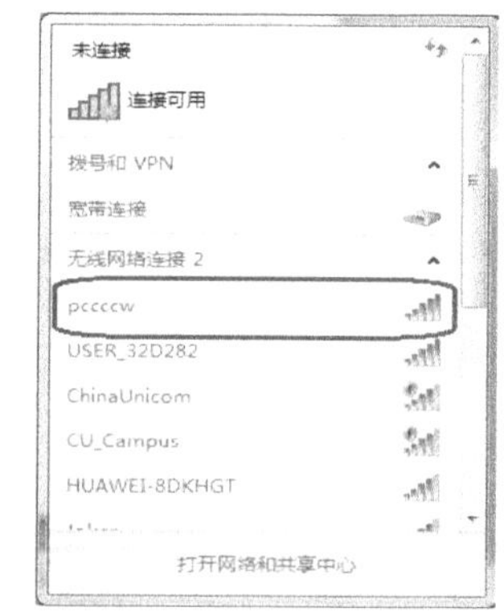

图 17-1-16　查看可用的无线连接

07 双击要连接的无线网络，进入“键入网络安全密钥”界面，在“安全关键字”栏输入安全密码，如图 17-1-17 所示。

08 单击“确定”按钮，完成无线网络连接，如图 17-1-18 所示，这时计算机可以通过无线路由器共享 Internet 上网。

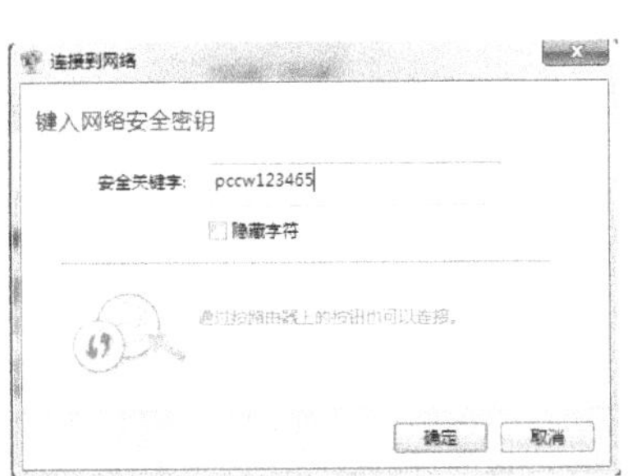

图 17-1-17　“键入网络安全密钥”对话框

图 17-1-18　完成无线网络连接

（2）“动态 IP”和“静态 IP”的上网方式

01 选择 IP 地址类型。

① 以上介绍了 PPPoE 无线设置过程，但如果是以太网宽带网，并自动从网络服务商 DHCP 服务器中获取 IP 地址，选择“动态 IP”单选按钮（本选项一般应用于酒店、办公室等网络环境中，应用比较广泛），如图 17-1-19 所示。

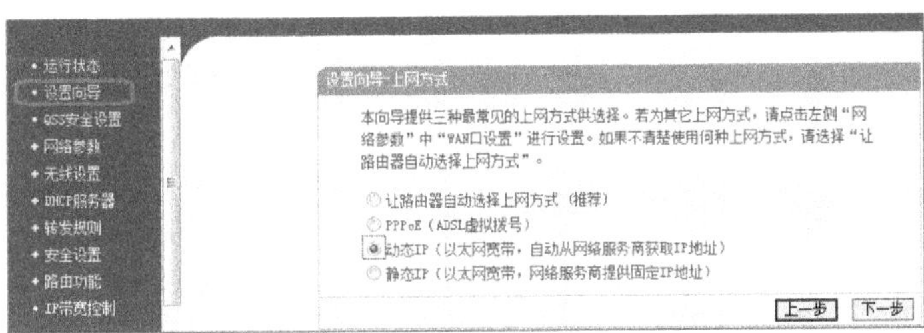

图 17-1-19　选择“动态 IP”单选按钮

② 如果是以太网宽带网，并且网络服务商提供固定 IP 地址，选择“静态 IP”单选按钮，如图 17-1-20 所示，本选项一般应用网吧、学校计算机房等。（静态 IP 地址一般都用在专线网络上，如网吧所用的网线。电信公司通常会给网吧分配固定的 IP 地址，永远都不会变化的，像这种网络就要在路由器上 WAN 口设置固定 IP 地址来连接）。

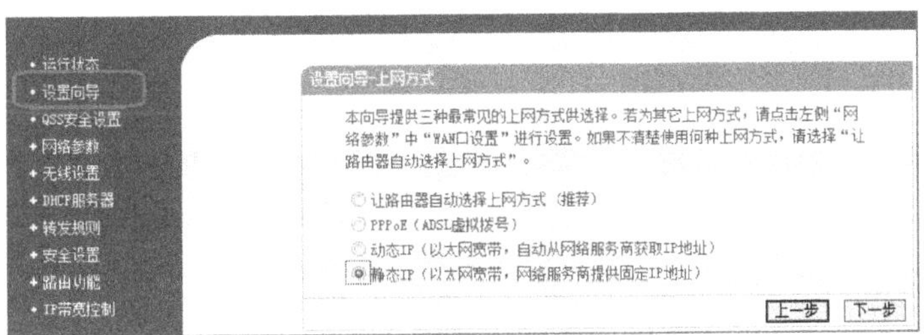

图 17-1-20　选择“静态 IP”单选项

02 单击“下一步”按钮，填入网络服务商提供的基本网络参数，如图 17-1-21 所示。这是路由器连接外网 WAN 口的 IP 地址，这些 IP 地址是固定的。

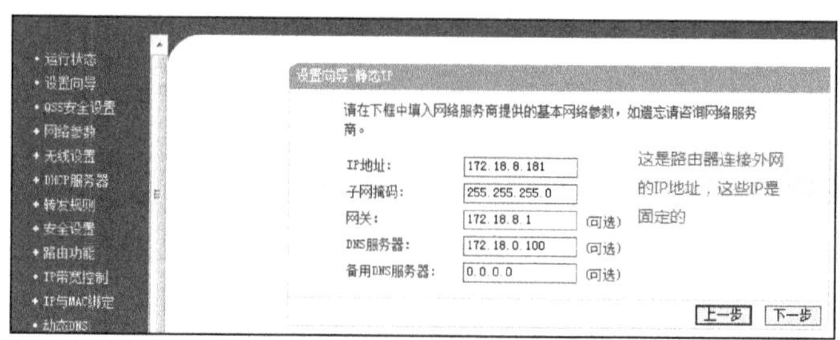

图 17-1-21　静态 IP 网络参数设置

03 选择并设置好上网方式后，单击“下一步”按钮，弹出“无线设置”对话框，，输入“无线网络的名称”和无线网络安全密码，完成无线路由器设置。

小贴士

要把路由器设置得能上网，无非就是设置 WAN 外网接口连接而已。WAN 接口能上网，则连接的计算机就能上网，反之则上不了网。只不过 WAN 接口往往有 PPPoE、动态 IP、静态 IP 三种连接方式，这需要根据现有网络环境进行选择。

1. 利用无线路由器的设置向导，为家庭搭建一个无线网络环境。
2. 利用学校计算机室现有的网络环境，用无线路由器的静态 IP 上网方式搭建无线网络。

任务 17.2　无线路由器的基本管理

◎ 任务描述

如果是无线路由器的普通用户，掌握无线路由器的基本设置即可，但作为网络专业技术人员必须掌握路由器管理，能根据用户的需求解决问题，无线路由器功能强大。本任务主要是学习路由器常用的功能设置，掌握路由器的基本管理。

◎ 任务目标

1. 掌握简易路由器的网络参数中 WAN 口和 LAN 口的设置原理。
2. 掌握简易路由器无线网络的设置。
3. 掌握路由器 DHCP 地址池的设置。
4. 掌握路由器的安全设置和路由功能管理。

◎ 设备工具

1. 一台无线简易路由器。
2. 一台有无线网卡的便携式计算机或智能手机。

知识　无线路由器的安全类型

无线路由器主要提供了三种无线安全类型：WPA-PSK/WPA2-PSK、WPA/WPA2 以及 WEP。不同的安全类型下，安全设置项不同。

1. WPA-PSK/WPA2-PSK

WPA-PSK/WPA2-PSK 安全类型其实是 WPA/WPA2 的一种简化版本，它是基于共享密钥的 WPA 模式，安全性很高，设置也比较简单，适合普通家庭用户和小型企业使用。

2. WPA/WPA2

WPA/WPA2 是一种比 WEP 强大的加密算法，选择这种安全类型，路由器将采用 Radius 服务器进行身份认证并得到密钥的 WPA 或 WPA2 安全模式。由于要架设一台专用的认证服务器，代价比较昂贵且维护也很复杂，所以不推荐普通用户使用此安全类型。

3. WEP

WEP 是 Wired Equivalent Privacy 的缩写，它是一种基本的加密方法，其安全性不如另外两种安全类型高。选择 WEP 安全类型，路由器将使用 802.11 基本的 WEP 安全模式。这里需要注意的是因为 802.11N 不支持此加密方式，如果您选择此加密方式，路由器可能会工作在较低的传输速率上。

活动 1　网络参数设置

01 WAN 口设置：进入了网络参数设置的 WAN 口设置，如图 17-2-1 所示，可以查看设置好的 WAN 口上网方式，也可以在本界面设置或更改上网方式，保证路由器能正常连接 Internet。

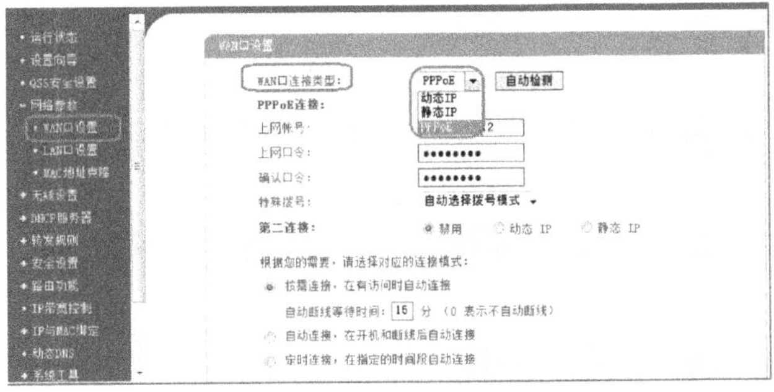

图 17-2-1　WAN 口设置窗口

02 LAN 口设置：进入了网络参数设置的 LAN 口设置，如图 17-2-2 所示，这是要组建局域网的网段，这个 IP 地址将是要使用局域网的网关，也是登录路由器管理界面的 IP 地址，常见的默认 IP 地址是 192.168.1.1（或 192.168.0.1），可以更改这个管理 IP 地址。

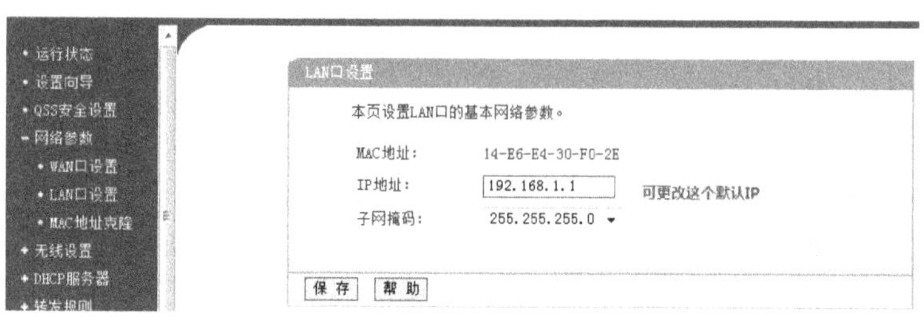

图 17-2-2　LAN 口设置窗口

03 MAC 地址克隆：进入了网络参数设置的 MAC 地址克隆，如图 17-2-3 所示，有些运营商也为了限制上网终端个数，采用静态 IP+MAC 地址绑定的方法给终端分配上网信息（只能一台计算机上网），这种方式的主要缺点就是只要换机器或者换网卡就无法正常上网，这时候就用到了 MAC 地址克隆。只需要用能正常上网的机器连接到路由器上，将 WAN 口 IP 地址改成能正常上网的机器的 IP 地址，然后克隆一下 MAC 即可，这样路由器即可共享上网。

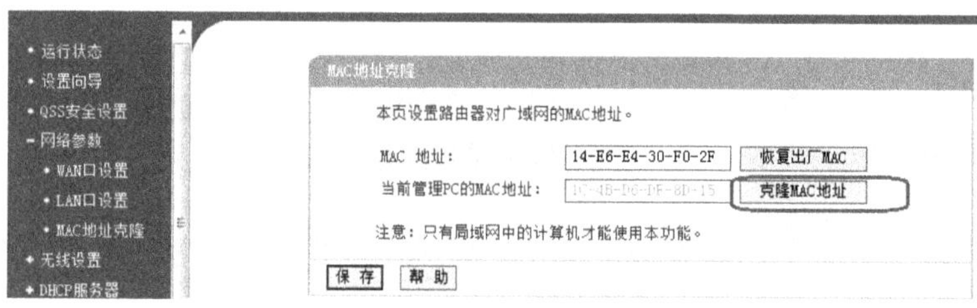

图 17-2-3　MAC 地址克隆窗口

活动 2　无线设置

01 基本设置：进入了无线设置的基本设置，如图 17-2-4 所示，这是无线参数的基本设置，主要说明的是安全设置，默认开启就可以，默认 SSID 号是无线路由器的型号，最好更改一下 SSID 号，这是对外显示的无线网络名称。

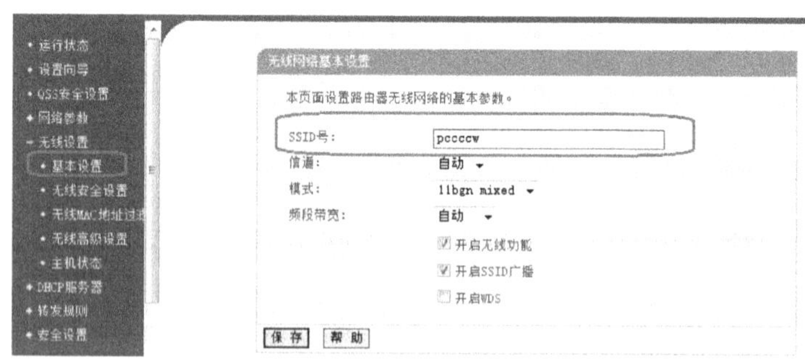

图 17-2-4　无线基本设置

02 无线安全设置：进入了无线设置的无线安全设置，路由器自动选择 WPA-PSK/

WPA2-PSK 安全加密方式，如图 17-2-5 所示，在 PSK 密码栏输入或更改密码。它是基于共享密钥的 WPA 模式，安全性很高，设置也比较简单，适合普通家庭用户和小型企业使用。

03 无线主机状态：进入了无线设置的主机状态，如图 17-2-6 所示，显示连接到本无线网络的所有主机的基本信息，可以查看有多少主机连接到本无线网络。

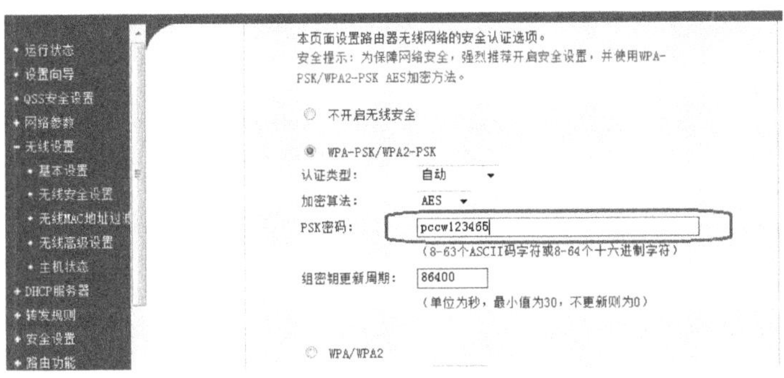

图 17-2-5　无线安全设置

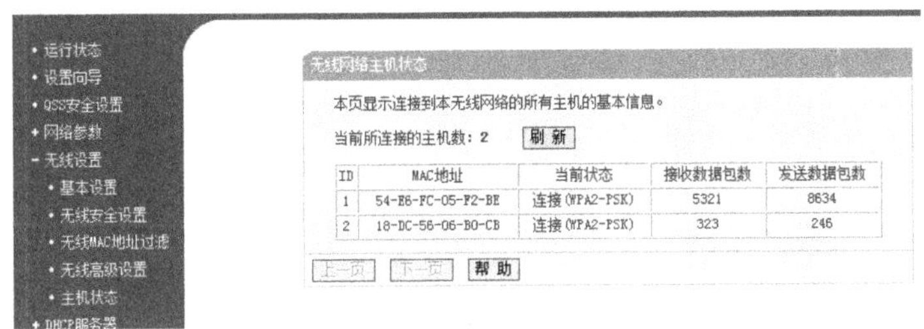

图 17-2-6　无线网络的主机状态

活动 3　DHCP 服务器设置

01 设置 DHCP 服务：进入了 DHCP 服务器的 DHCP 服务，如图 17-2-7 所示，这里可以选择是否启用 DHCP 服务。如果启用了可以分配地址段等信息，即我们用计算机上网是自动分配的 IP 地址，默认的 DHCP 地址池范围为 192.168.1.100～199，可以根据需要进行修改。

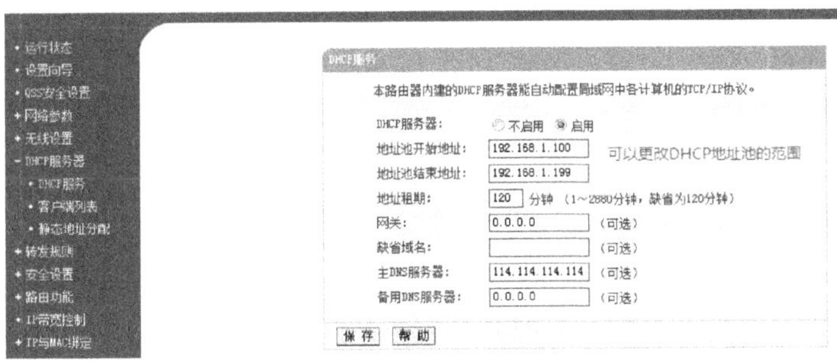

图 17-2-7　DHCP 服务窗口

02 设置客户端列表：进入了 DHCP 服务器的客户端列表，如图 17-2-8 所示，显示 DHCP 服务器自动分配 IP 地址的客户端所有主机的基本信息，这是连接到本网络的所有主机数。

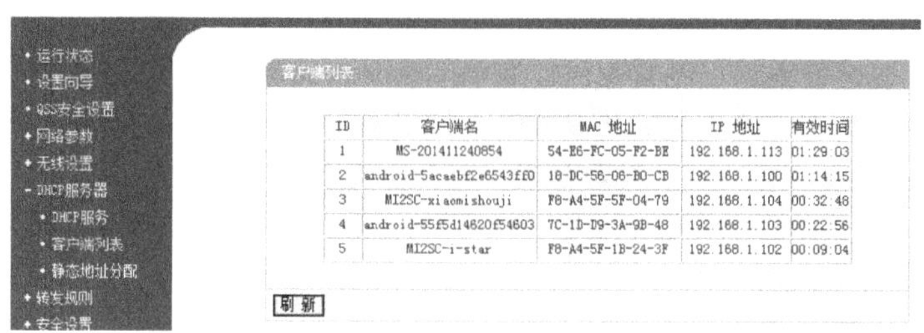

图 17-2-8　DHCP 客户端列表

活动 4　安全设置

路由安全设置包括“防火墙设置”、“IP 地址过滤”、“域名过滤”、“MAC 地址过滤”、“远程 Web 管理”和“高级安全设置”项目。在默认的情况下，路由器安全设置的防火墙功能是关闭的，一般情况下保留默认设置即可。

01 进入安全设置的远程 Web 管理，如图 17-2-9 所示，把“远端 Web 管理 IP 地址：”默认 IP 地址 0.0.0.0 改为 255.255.255.255，表示广域网中所有的计算机都可以登录路由器执行远端 Web 管理，更多知识请看本窗口的“注意”信息。（它只应用于以太网宽带网，不能运用于 PPPoE 拨号网，此功能需要重启路由器才能生效）。

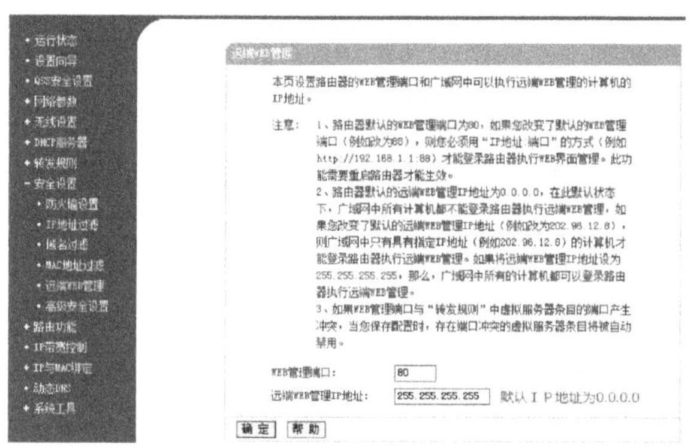

图 17-2-9　远程 Web 管理窗口

02 在远程 Web 管理情况下，WAN 口的 IP 地址就是远程 Web 管理 IP 地址，远程计算机通过广域网登录路由器 WAN 口的 IP 地址，弹出“Windows 安全”对话框，要求输入登录路由器的用户名和密码，如图 17-2-10 所示。

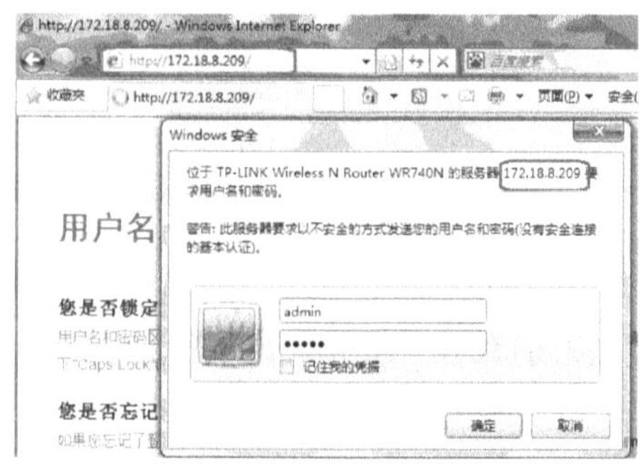

图 17-2-10　用 WAN 口 IP 远程管理路由器

03 在 Windows 安全窗口输入用户名和密码后，单击“确定”按钮，出现如图 17-2-11 所示信息，表示远程 Web 管理成功登录，可以进行远程管理了。

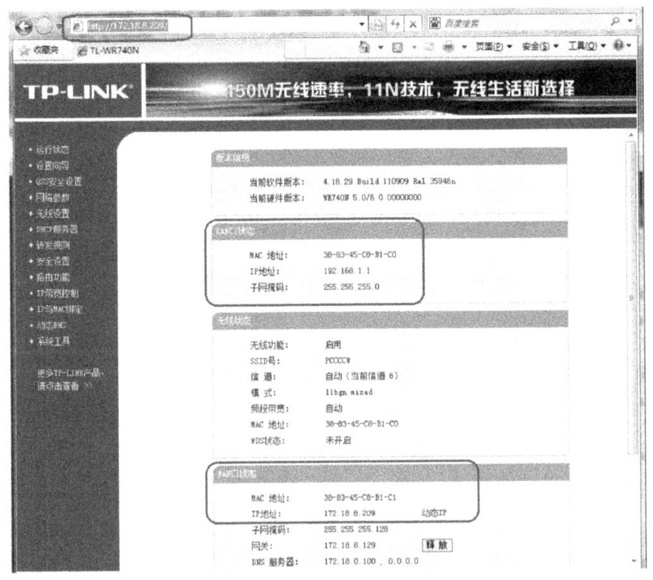

图 17-2-11　远程 Web 管理界面

活动 5　路由器的其他管理

01 IP 带宽控制：进入了 IP 带宽控制界面，勾选“开启 IP 带宽控制”复选框，对特定用户 IP 地址的带宽进行限制或保障的设置，如图 17-2-12 所示。

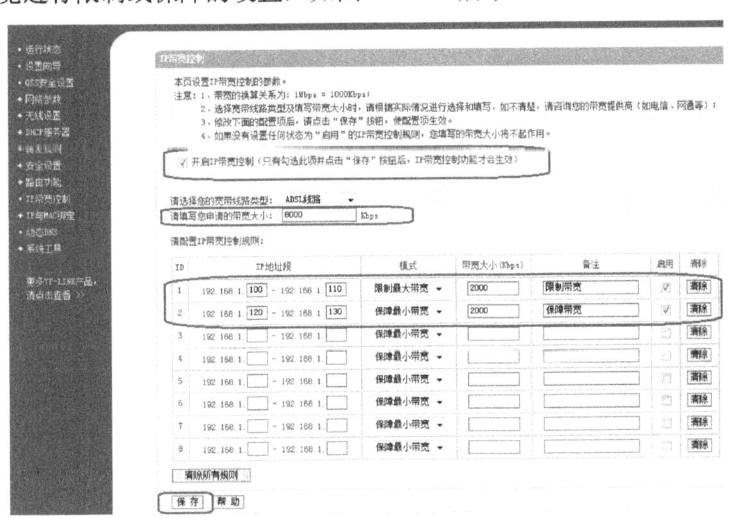

图 17-2-12　IP 带宽控制窗口

02 静态 ARP 绑定设置：某计算机需要设置固定的 IP 地址（如共享打印机的计算机），可以使用 IP 地址与 MAC 地址绑定的方法，进入 IP 地址与 MAC 地址绑定的静态 ARP 绑定设置项，把计算机的“MAC 地址”和“IP 地址”进行绑定，如图 17-2-13 所示，按“保存”

按钮。

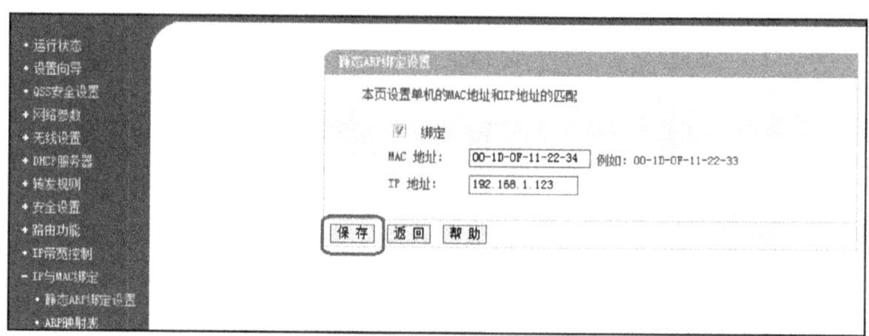

图 17-2-13　静态 ARP 绑定设置窗口

03 返回 ARP 绑定启用窗口，选择“启用”单选按钮，如图 17-2-14 所示，单击“保存”按钮，绑定设置完成。

04 恢复出厂设置：进入系统工具的恢复出厂设置界面，单击“恢复出厂设置”按钮，路由器将恢复到出厂时的默认状态，如图 17-2-15 所示，也可以在通电的情况下按 Reset（复位）键 3s 以上恢复出厂设置。

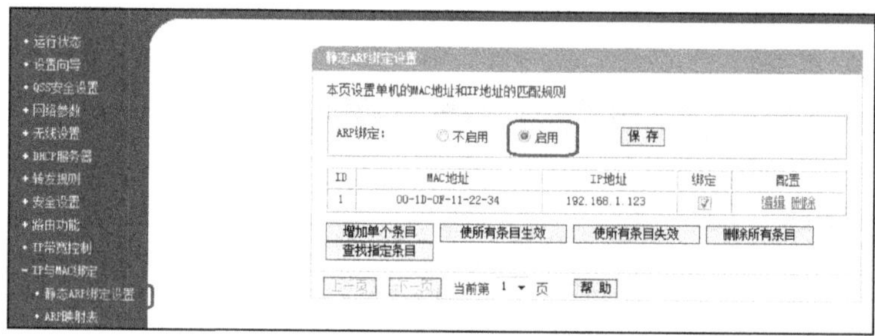

图 17-2-14　启用 ARP 绑定

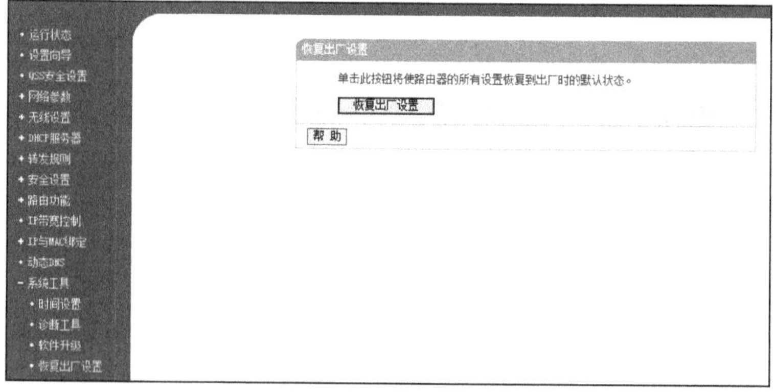

图 17-2-15　恢复出厂设置

05 修改登录口令：进入系统工具的修改登录口令界面，为了路由器设置的信息安全，建议更改登录路由器所需的用户名和口令，如图 17-2-16 所示。

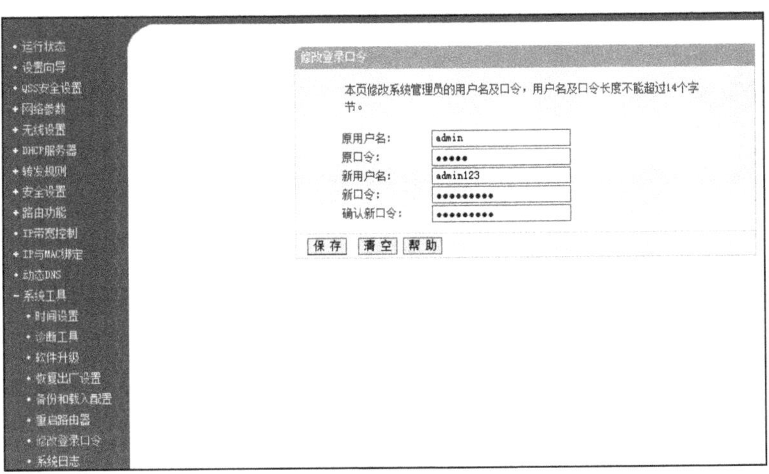

图 17-2-16 修改路由器登录口令

1. 设置路由器 LAN 口 IP 地址为 192.168.学号.1，并能正常登录管理路由器。
2. 设置路由器的远程 Web 管理。
3. 修改路由器的登录用户名和口令。

项目 18 常用网络检测命令的应用

>>>>

◎ 项目导读

本项目着重介绍网络管理中常用到的 DOS 网络命令及其基本用法，包括 ping、net、ipconifig、tracert、netstat、telnet、arp 及 hostname 等命令，学习这些网络命令工具，对日常的网络管理、维护以及诊断网络故障会有很大的帮助。

◎ 能力目标

- 能利用基本的 DOS 网络命令检测网络的连通性。
- 能利用网络命令工具对网络故障进行诊断。
- 能利用网络命令工具对网络进行日常网络管理。

任务　使用网络检测命令对网络进行诊断与管理

◎ 任务描述

本任务是学习 ping、ipconfig 等常用网络检测命令的使用。要求熟悉基本的语法格式，并能够熟练使用网络检测命令诊断网络故障。

◎ 任务目标

1. 能够使用 ping 命令检测网络连通性。
2. 能够使用 ipconfig 命令查看网络配置。
3. 能够使用 tracert 命令跟踪路由。
4. 能够使用 nbtstat 命令查看显示本地计算机和远程计算机的基于 TCP/IP（NetBT）协议的 NetBIOS 统计资料、NetBIOS 名称表和 NetBIOS 名称缓存。
5. 能够使用 telnet 命令进行远程管理。
6. 能够使用 arp 命令显示和修改“地址解析协议（ARP）”缓存中的项目。
7. 能够使用 hostname 命令查看主机名。

◎ 设备工具

一台安装有 Windows 操作系统的计算机（要求系统版本高于 Windows 95）。

知识　常用的网络检测命令及命令提示符窗口的进入方式

Windows 操作系统自带了许多网络检测命令，常用的有 ping、netstate、nbtstat、tracert、ipconfig、arp 等，这些命令简单易用，功能强大，熟悉掌握这些命令，可以使网络维护达到事半功倍的效果。

网络检测命令需要在命令提示符窗口内输入，进入命令提示符窗口有两种方法（以 Windows XP 系统为例）。

1）选择“开始→运行”命令，在弹出的“运行”对话框的“打开”文本框中输入 cmd，然后单击“确定”按钮，打开“命令提示符”窗口。

2）选择“开始→所有程序→附件→命令提示符”命令，打开“命令提示符”窗口。

活动 1　使用 ping 命令检测网络连通性

ping 命令是用于查找故障原因的基本命令，用于确认能否通过 IP 网络与通信对象交换信息。利用 ipconfig 命令可以让用户很方便地了解到 IP 地址的实际配置情况，如 IP 地址、网关、子网掩码、网卡的物理地址等。因此，用好这两个命令，对于了解故障情况非常重要。ping 命令的使用：ping 命令是 Windows 95 以后的系统中集成的一个专用于 TCP/IP 协议的探测工具。它是在 DOS 方式下测试网络性能的程序，用于分析能否通过 IP 网络与特定计算机进行通信的命令。执行 ping 命令即面向 IP 地址所指定的对象发送信息，然后等待对方的应答。如果能够正常地收到应答，就说明对方的计算机以及中间的线路是正常的。如果没有收到应答，或者收到应答所需的时间太长，就能推断网络的某个地方存在问题。

ping 命令常用的用途是在安装网络或调试网络故障时查看网路是否连通，也可以用来查看连接到某一站点的网速快慢。

在命令提示符窗口的命令行输入带参数的 ping 命令，即可显示 ping 命令的响应信息。凡是应用 TCP/IP 协议的局域网或广域网，当客户端与客户端之间无法正常进行访问或者网络工作出现各种不稳定的情况时，总是使用 ping 命令来确认并排除问题。

1. ping 命令的语法格式

ping 目的地址（或者 IP 地址）[参数]

其中，目的地址是指被测试计算机的 IP 地址或域名。

常用的主要参数有：

-a：解析主机地址。

-n：数据，发出的测试包的个数，默认值为 4。

-l：数值，所发送缓冲区的大小。

-t：继续执行 ping 命令，直到用户按 Ctrl+C 组合键终止。

有关 ping 命令的其他参数，可通过在 MS-DOS 提示符下运行“ping”或“ping-?”命令来查看。

2. 用 ping 命令检查本地计算机是否与指定 IP 地址的计算机相连接

用 ping 工具检查网络服务器和任意一台客户端上 TCP/IP 协议的工作情况时，只要在网络中其他任何一台计算机上 ping 该计算机的 IP 地址即可。

例如，要测试 192.168.0.1 机器上的 TCP/IP 协议工作是否正常，只要在命令提示符窗口的当前命令提示行中输入“ping 192.168.0.1”，然后按 Enter 键即可。

如果该机器的 TCP/IP 协议工作正常，即会在命令提示符窗口中显示连通信息。包括以下内容：

1）bytes <32，表示测试中发送的数据包大小是 32B。

2）time <10ms，表示与对方主机往返一次所用的时间小于 10ms。

3）TTL＝128，表示当前测试使用的 TTL（生存时间）值为 128（系统默认值）。

如果网络有问题，就要仔细分析网络故障出现的原因和可能有问题的网上结点。用户可以从以下几个方面来考虑：

1）检查被测试计算机的网卡安装是否正确和是否已经连通。

2）检查被测试计算机是否已安装了 TCP/IP 协议。

3）检查被测试计算机的 TCP/IP 协议是否已与网卡有效的绑定。

4）检查 Windows 服务器的网络服务功能是否已启动。

如果通过以上步骤的检查还没有发现问题的症结，建议重新安装并设置 TCP/IP 协议。

3. 用 ping 命令检查本机的 TCP/IP 协议

使用 ping 命令不仅可以测试网络上的其他计算机是否与本地计算机相连，也可用于测试本地计算机上 TCP/IP 的工作情况。即用户可以直接在本地计算机上 ping 本机的 IP 地址，若返回成功的信息，说明 IP 地址配置无误；若失败则应检查 IP 地址的配置。

需要注意的是，当 ping 本机的 IP 地址成功后，仅表明本机的 IP 地址配置没有问题，但并不能说明网卡的配置完全正确。例如，虽然在本机的“网上邻居”中能够看到本机的计算机名，可无法与其他的用户连通，这时问题往往就出在网卡上，很有可能是网卡的 I/O 地址、IRQ 值和 DMA 值与其他设备发生了冲突。

4. 检查网络的连通性

ping 命令不仅在局域网中广泛使用，在 Internet 中也经常使用它来探测网络的远程连接情况。

当用户遇到以下两种情况时，可以利用 ping 命令对网络的连通性进行测试。例如，当某一网站的网页无法访问时，可使用 ping 命令进行检测。又如，当用户无法访问东南大学校园网的主页时，可使用 ping www.21cn.com 的命令行进行测试，如果返回类似于“pinging www.21cn.com[202.104.32.165]with 32 bytes of data…”的信息，如图 18-1-1 所示，说明对方的主机已打开，相反则表明在网络连接的某个环节可能出现了故障，或对方的主机未打开。

另外，用户在发送 E-mail 之前也可以先测试一下网络的连通性。许多 Internet 用户在发送 E-mail 后经常收到诸如 Returned mail：User unknown 的信息，这说明用户的邮件未发送到目的地。为了避免此类事件再次发生，建议用户在发送 E-mail 之前先 ping 对方邮件服务器地址。例如，当给 hcjs@fshc.net 发邮件时，可先输入 ping fshc.net 进行测试。

```
F:\WINNT\system32\cmd.exe

F:\>ping www.21cn.com

Pinging www.21cn.com [202.104.32.165] with 32 bytes of data:

Reply from 202.104.32.165: bytes=32 time=70ms TTL=242
Reply from 202.104.32.165: bytes=32 time=50ms TTL=242
Reply from 202.104.32.165: bytes=32 time=40ms TTL=242
Reply from 202.104.32.165: bytes=32 time=50ms TTL=242

Ping statistics for 202.104.32.165:
    Packets: Sent = 4, Received = 4, Lost = 0 (0% loss),
Approximate round trip times in milli-seconds:
    Minimum = 40ms, Maximum = 70ms, Average = 52ms

F:\>
```

图 18-1-1　对方主机已经打开

如果返回类似于 Bad IP address cniti.com 或 Request timed out 的信息，如图 18-1-2 所示，说明对方的主机未打开或网络未连通。这时即使将邮件发出去，对方也无法收到。

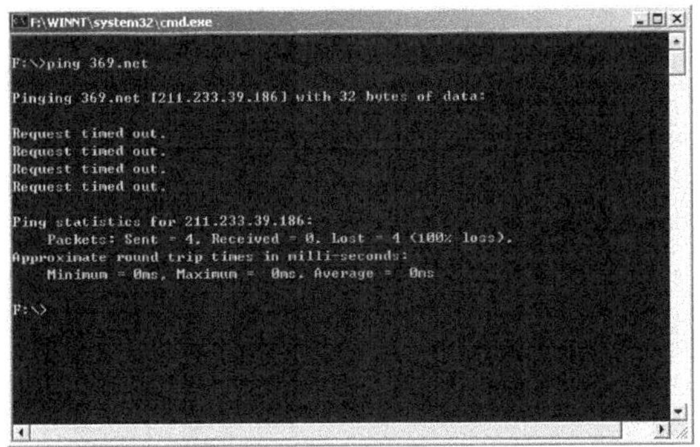

图 18-1-2　网络未接通

5. 根据 ping 命令的响应信息预测网络故障

如果执行 ping 命令不成功，则可以预测故障出现在以下几个方面：网线是否连通、网络适配器配置是否正确、IP 地址是否可用等。如果 ping 成功而网络仍无法使用，那么问题很可能出在网络系统的软件配置方面，ping 成功只能保证当前主机与目的主机间存在一条连通的物理路径。

网络管理员可对该用户的远程主机使用 ping 命令进行联机检查，如果成功，接着再用户端对远程主机执行 ping 命令，如果也成功，则说明这一网络故障很有可能是用户遇到故障的那个应用程序导致的。如果网络管理员的 ping 命令执行成功而用户的 ping 命令执行不成功，则故障原因很可能是用户端的网络系统配置文件有问题。

如果网络管理员和用户的 ping 命令都失败了，这时可注意 ping 命令显示的出错信息，这种出错信息通常分为三种情况：

1）unknown host（不知名主机），这种出错信息的意思是该远程主机的名称不能被命名服务器转换成 IP 地址。网络故障可能是命名服务器有故障，或者其名称不正确，或者网络管理员的系统与远程主机之间的通信线路有故障。

2）network unreachable（网络不能到达），这表示本地系统没有到达远程系统的路由，可用 netstat -m 检查路由表来确定路由配置情况。

3）no answer（无响应），远程系统没有响应。这种故障说明本地系统有一条到达远程主机的路由，但却接受不到它发给该远程主机的任何分组报文。这种故障的原因可能是远程主机没有工作，或者本地或远程主机网络配置不正确，或者本地或远程的路由器没有工作，或者通信线路有故障，或者远程主机存在路由选择问题。

活动 2 使用 ipconfig 命令查看网络配置

ipconfig 命令能报告出用户计算机中的拨号网络适配器和以太网卡的信息。它等价于 Windows 95/98 中的 winipcfg，可用于显示当前的 TCP/IP 配置的设置值。利用 ipconfig 命令可以查看和修改网络中的 TCP/IP 协议的 IP 配置信息和 IP 配置参数，如 IP 地址、网关、子网掩码等，这些信息一般用来检查人工配置的 TCP/IP 设置是否正确。ipconfig 命令格式为

```
ipconfig  [/参数]
```

1）其中最实用的参数是 all：显示与 TCP/IP 协议相关的所有细节，其中包括主机名、结点类型、是否启用 IP 路由、网卡的物理地址、默认网关等，如图 18-1-3 所示，非常详细地显示了 TCP/IP 协议的有关配置情况。其中网络适配器的物理地址在检测网络错误时非常有用。其他参数可在 DOS 提示符下输入“ipconfig / ?”命令来查看。

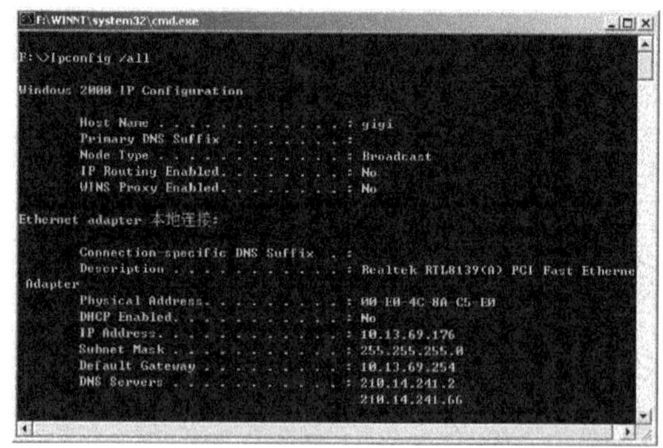

图 18-1-3 ipconfig / all 命令显示 TCP / IP 的配置信息

2）ipconfig/release 和 ipconfig/renew 是两个附加选项，只能在向 DHCP 服务器租用其 IP 地址的计算机上起作用。如果输入 ipconfig/release，则所有接口的租用 IP 地址重新交付给 DHCP 服务器（归还 IP 地址）；若输入 ipconfig/renew，则本地计算机无法与 DHCP 服务器取得联系，并租用一个 IP 地址。大多数情况下，网卡将被重新赋予和以前所赋予的相同的 IP 地址。

3）如果用户使用的是 Windows 95/98 系统，则更应习惯使用 winipcfg 而不是 ipconfig，因为 winipcfg 是一图形界面，所显示的信息与 ipconfig 相同，且也提供发布和更新动态 IP 地址的选项。

配置不正确的 IP 地址或子网掩码是接口配置的常见故障。其中配置不正确的 IP 地址有两种情况：

1）网号部分不正确，此时执行 ipconfig 命令会显示 no answer，这样，执行该命令后错误的 IP 地址就能被发现，修改即可。

2）主机部分不正确，如与另一主机配置的地址相同而引起冲突。这种故障只有当两台主机同时工作时才会出现间歇性的通信问题，建议更换 IP 地址中的主机号部分，该问题即能排除。

当主机系统能到达远程主机但不能到达本地子网中的其他主机时，表示子网掩码设置有问题，进行修改后故障便不会再出现。

活动 3　使用 net 命令进行网络管理

net 命令是最重要的网络命令之一，它是多个子命令的集合。通过各子命令可以完成各相关网络的不同功能，网络管理员必须熟练掌握每个子命令的用法。在 DOS 窗口命令行中输入“net /?”后按 Enter 键，显示 net 命令的语法格式及其参数说明，如图 18-1-4 所示。

```
Microsoft Windows [版本 6.1.7601]
版权所有 (c) 2009 Microsoft Corporation。保留所有权利。

C:\Users\Administrator>net /?
此命令的语法是:

NET
    [ ACCOUNTS | COMPUTER | CONFIG | CONTINUE | FILE | GROUP | HELP |
      HELPMSG | LOCALGROUP | PAUSE | SESSION | SHARE | START |
      STATISTICS | STOP | TIME | USE | USER | VIEW ]

C:\Users\Administrator>
```

图 18-1-4　net 命令的语法格式及其参数说明

如果需要知道某个 net 子命令的使用方法，则使用/? 命令参数进一步查询。例如，要知道 net user 子命令的使用方法，则执行如下命令：

```
net user /?
```

显示的 net user 命令的语法格式及其参数说明如图 18-1-5 所示。鉴于 net 命令的功能较多，本节仅介绍几种最常用的 net 命令。

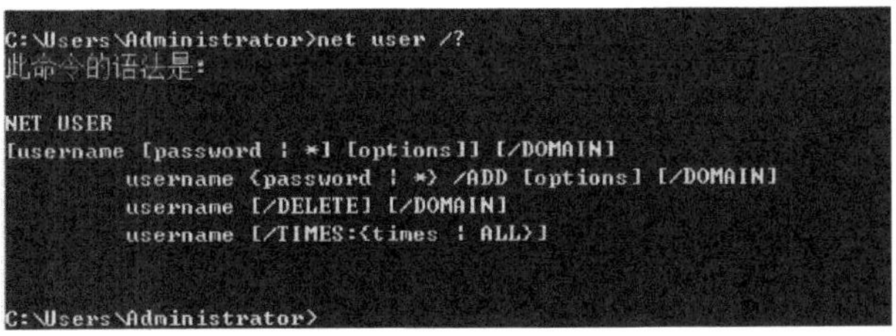

```
C:\Users\Administrator>net user /?
此命令的语法是:

NET USER
[username [password | *] [options]] [/DOMAIN]
         username {password | *} /ADD [options] [/DOMAIN]
         username [/DELETE] [/DOMAIN]
         username [/TIMES:{times | ALL}]

C:\Users\Administrator>
```

图 18-1-5　net user 命令的语法格式及其参数说明

1. net view 命令

net view 命令用于查看远程主机的所有共享资源，其语法格式为：

```
net view \\IP 地址
```

例如，想查看远程计算机 192.168.10.10 的共享资源，其命令及执行结果如图 18-1-6 所示。

2. net use 命令

net use 命令把远程主机的某个共享资源映射为本地盘符以方便使用，其语法格式为：

```
net use <驱动器盘符>: \\IP 地址\共享名
```

例如，把 192.168.10.10 共享名为 abcd 的目录映射为本地的 Z 盘的命令为：

```
net use z:\\192.168.10.10\abcd
```

命令执行结果如图 18-1-7 所示。

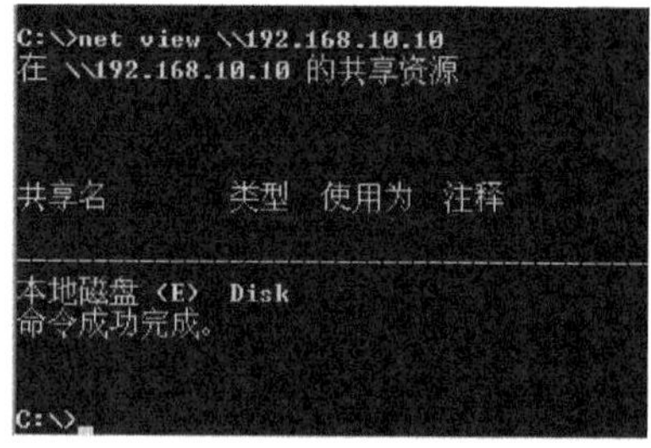

图 18-1-6 查看共享资源的命令及执行结果

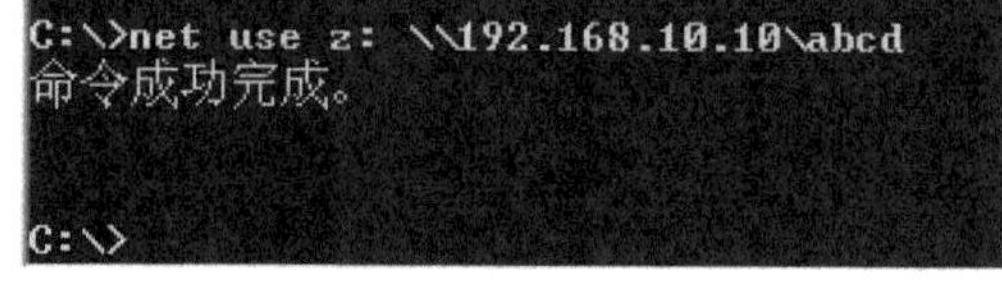

图 18-1-7 net use 命令执行结果

执行命令后，可以在 Windows 资源管理器中看到已经有 Z 盘存在，Z 盘的内容就是 192.168.10.10 的共享名 abcd 的目录内容，如图 18-1-8 所示。

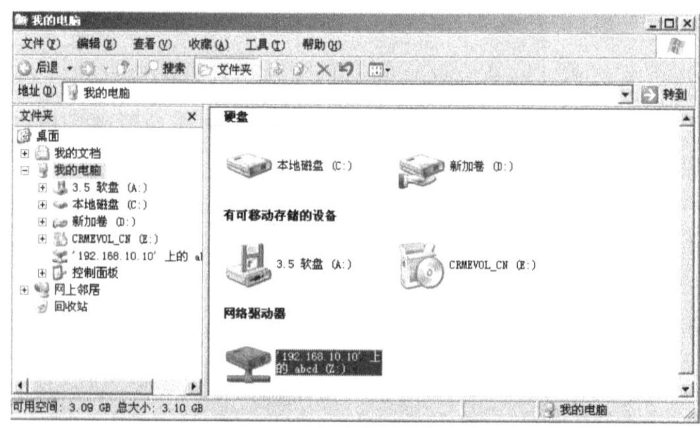

图 18-1-8 映射的 Z 盘

3. net start/stop 命令

net start/stop 命令用于查看、启动或停止本机或远程主机上的某个服务，其语法格式为：

net start 服务名称
net stop 服务名称

（1）查看本机或远程主机已启动的服务

查看本机已启动的服务的命令即省略参数的 net start 命令，执行该命令的结果如图 18-1-9 所示。

（2）启动/停止某服务

如果需要启动或停止服务器上的服务，则使用 net start/stop 服务名命令，如图 18-1-10 所示。

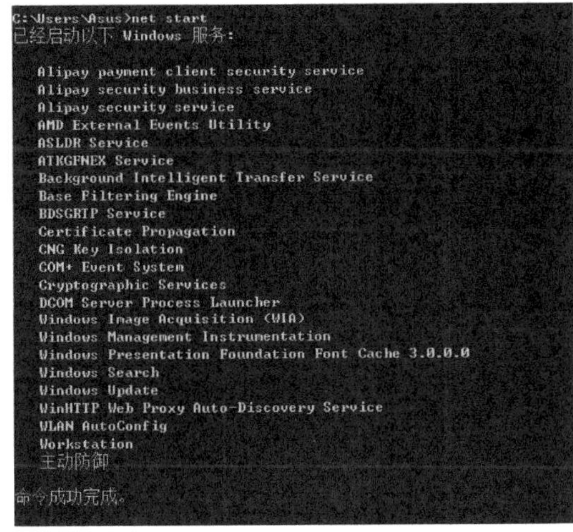

图 18-1-9　查看已启动的服务命令执行结果

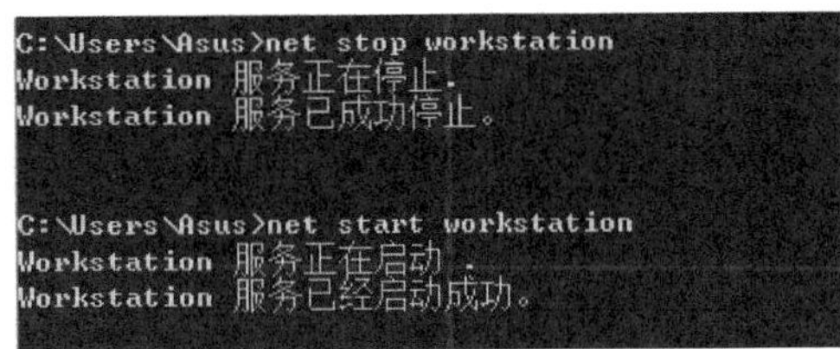

图 18-1-10　启动和停止 workstation 服务的结果

4. net user 命令

net user 命令可以查看并管理与账户有关的事务，包括新建账户、删除账户、查看特定账户、激活账户及禁用账户等。

（1）查看账户信息

输入不带参数的 net user 命令，可以查看所有账户（包括禁用的账户），如图 18-1-11 所示。

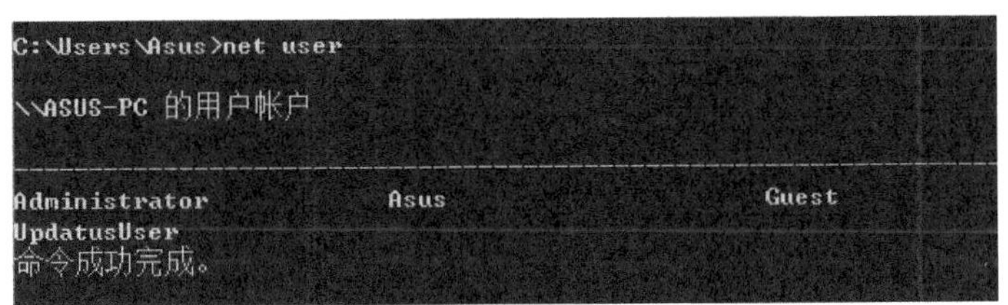

图 18-1-11　查看所有账户

如果想查看某个账户的详细信息，可以在 net user 命令后加上账户名，如查看用户名 Asus 的命令，如图 18-1-12 所示。从执行结果可以看到，已经显示用户 Asus 的全部信息。

```
C:\Users\Asus>net user asus
用户名                 Asus
全名
注释
用户的注释
国家/地区代码          000 (系统默认值)
帐户启用               Yes
帐户到期               从不

上次设置密码           2011/3/8 12:31:10
密码到期               从不
密码可更改             2011/3/8 12:31:10
需要密码               No
用户可以更改密码       Yes

允许的工作站           All
登录脚本
用户配置文件
主目录
上次登录               2014/11/19 18:42:40

可允许的登录小时数     All

本地组成员             *Administrators
全局组成员             *None
命令成功完成。

C:\Users\Asus>
```

图 18-1-12　net user 账户名命令执行结果

（2）新建账户

使用 net user 命令“/add”参数可以为计算机新建一个账户，同时可以为该账户设置用户密码，新建账户默认为 user 组成员。使用 net user 命令新建账户的命令格式为：

```
net user [用户名][用户密码] /add
```

例如，新建一个用户名“abcd”，密码为“123456”的账户的命令为：

```
net user abcd 123456 /add
```

执行命令后，使用 net user 命令可以查看用户名为“abcd”的账户已经新建成功，如图 18-1-13 所示。

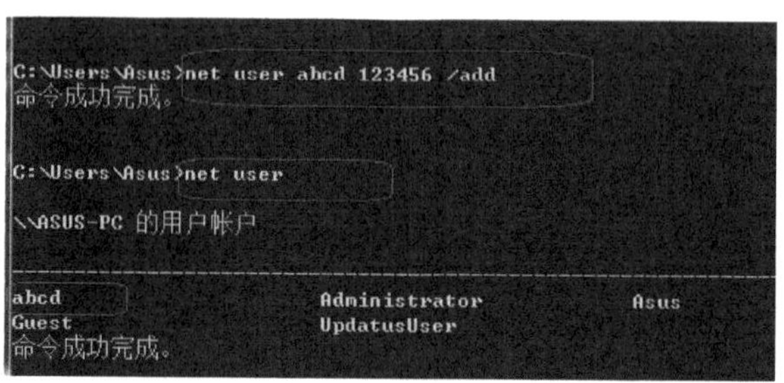

图 18-1-13　新建账户成功

（3）删除账户

使用 net user 的“/del”参数可以将指定的账户删除，命令格式为：

```
net user [用户名] /del
```

例如，删除用户名为“abcd”的账户的命令，如图 18-1-14 所示。

```
C:\Users\Asus>net user abcd /del
命令成功完成。

C:\Users\Asus>net user

\\ASUS-PC 的用户帐户

-------------------------------------------------------------------------------
Administrator            Asus                     Guest
UpdatusUser
命令成功完成。

C:\Users\Asus>_
```

图 18-1-14　删除用户

（4）禁用、激活、账户

使用 net user 的“/active”参数可以控制账户的使用情况，命令格式为：

```
net user [用户名] /active :<yes/no>
```

例如，禁用用户名为“abcd”的账户的命令为：

```
net user abcd /active:no
```

例如，激活用户名为“abcd”的账户的命令为：

```
net user abcd /active:yes
```

命令执行后，可查看到该账户已禁止或被激活，如图 18-1-15 所示。

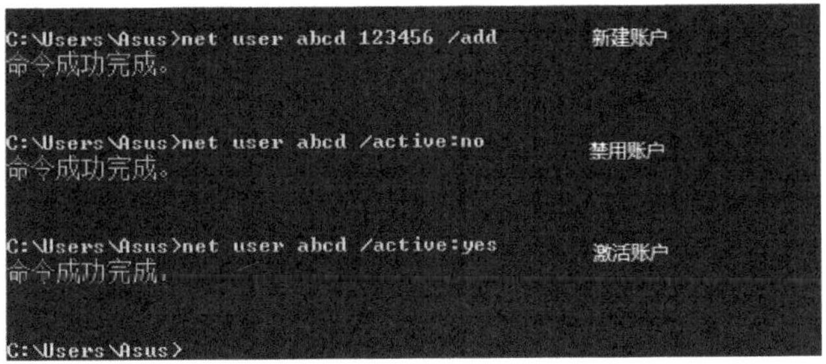

图 18-1-15　禁用/激活账户

活动 4　使用 tracert 命令跟踪路径

当数据包从用户的计算机经过多个网关传送到目的地时，tracert 命令用来显示数据包到达目标主机所经过的路径，并显示到达每个结点的时间。该实用程序跟踪的路径是源计算机到目的地的一条路径，不能保证或认为数据包总遵循这一路径。tracert 命令功能同 ping 类似，但它所获得的信息要比 ping 命令详细得多，它把数据包所走的全部路径、结点的 IP 以及花费的时间都显示出来。该命令比较适用于大型网络。

tracert 命令格式：

```
tracert IP地址或主机名 [-d][-h maximumhops][-j host_list] [-w timeout]
```

参数含义：

-d：不解析目标主机的名称；

-h：maximum_hops 指定搜索到目标地址的最大跳跃数；

-j：host_list 按照主机列表中的地址释放源路由；

-w：timeout 指定超时时间间隔，程序默认的时间单位是 ms。

例如，大家想要了解自己的计算机与目标主机 www.cce.com.cn 之间详细的传输路径信息，可以在 MS-DOS 中输入 tracert www.cce.com.cn。如果我们在 tracert 命令后面加上一些参数，还可以检测到其他更详细的信息。

用 tracert 命令跟踪访问本校网站 www.fshc.net 和禅通网站 www.foshan.net 的路径情况如图 18-1-16 所示。

```
C:\WINNT\system32\cmd.exe
Microsoft Windows 2000 [Version 5.00.2195]
(C) 版权所有 1985-2000 Microsoft Corp.

C:\Documents and Settings\Administrator>tracert www.fshc.net

Tracing route to www.fshc.net [221.4.151.160]
over a maximum of 30 hops:

  1   <10 ms   <10 ms   <10 ms  www.fshc.net [221.4.151.160]

Trace complete.

C:\Documents and Settings\Administrator>tracert www.foshan.net

Tracing route to www.foshan.net [221.4.151.8]
over a maximum of 30 hops:

  1   <10 ms   <10 ms   <10 ms  172.18.0.1
  2     *        *        *     Request timed out.
  3     *        *        *     Request timed out.
  4    31 ms   172 ms    31 ms  www.foshan.net [221.4.151.8]

Trace complete.

C:\Documents and Settings\Administrator>
```

图 18-1-16　tracert 命令的使用

活动 5　使用 netstat 命令显示活动 TCP 连接

使用 netstat 命令可以帮助网络管理员了解网络的整体使用情况。它可以显示当前正在活动的网络连接的详细信息，如显示网络连接、路由表和网络接口信息，可以统计目前总共有哪些网络连接正在运行。利用命令参数，命令可以显示所有协议的使用状态，这些协议包括 TCP 协议、UDP 协议以及 IP 协议等，另外还可以选择特定的协议并查看其具体信息，还能显示所有主机的端口号以及当前主机的详细路由信息。

netstat 命令格式：

```
netstat [-a] [-e] [-n] [-o] [-p Protocol] [-r] [-s] [Interval]
```

参数含义：

-a：显示所有主机的端口号及所有活动的 TCP 连接以及计算机侦听的 TCP 和 UDP 端口。

-e：显示以太网统计信息，如发送和接收的字节数、数据包数。该参数可以与-s 结合使用。

-n：以数字表格形式显示地址和端口。

-o：显示活动的 TCP 连接并包括每个连接的进程 ID（PID）。该参数可以与-a、-n 和-p 结合使用。

-p Protocol：显示 Protocol 所指定的协议的连接。

-r：显示本机路由表的内容。

-s：显示每个协议的使用状态（包括 TCP 协议、UDP 协议、IP 协议）。

Interval：每隔 Interval 重新显示一次选定的信息。按 Ctrl+C 组合键停止重新显示统计信息。如果省略该参数，netstat 将只打印一次选定的信息。

用 netstat –na 组合参数查看本计算机侦听的端口，如图 18-1-17 所示。

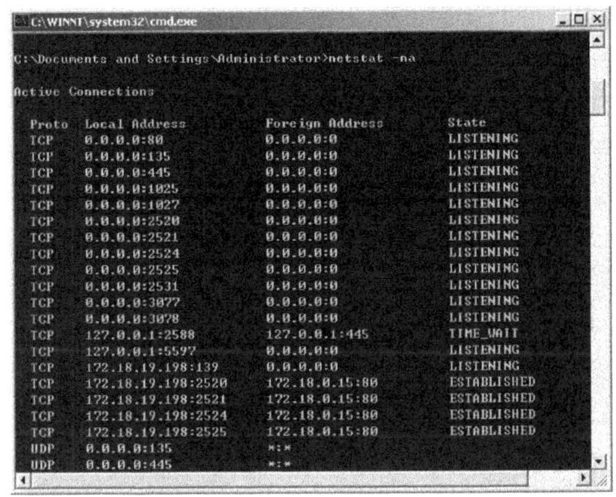

图 18-1-17　netstat 命令使用

活动 6　使用 telnet 命令进行远程管理

打开命令提示符窗口，在命令提示符下输入：

```
telnet [hostname  port  #]
```

端口号是可选的，除非所需的端口号不是 telnet 默认的端口号。

Hostname 参数是可选的。如果没有提供主机名，telnet 在启动时不会自动连接服务器。采用远程登录的方式，可实现在 Windows 中远程更改 Windows 2003 用户密码，方便对局域网进行管理。

1. 开启 telnet 服务

在 Windows 2003 服务器上，选择“开始→所有程序→管理工具→服务”命令，双击“telnet”项打开其属性窗口，然后将“启动类型”改为“自动”，以便每次 Windows 2000 启动后 telnet 服务器都能自动运行；再单击“启动”按钮，使其处于“已启动”状态，最后单击“确定”按钮，保存退出即可，结果如图 18-1-18 所示。

图 18-1-18　服务窗口

2. 修改 NTLM 验证

在默认情况下，Windows 2003 的 telnet 服务器只能用 NTLM 身份验证方式登录，而 Windows 98 的 Telnet 客户端却无法通过此验证，因此需在 Windows 2000 中禁止相关身份验证。

01 在 Windows 2003 中，选择“开始→运行”命令，输入 cmd 后，单击“确定”按钮，进入命令提示符窗口（DOS 状态）。

02 在命令提示符后输入 tlntadmn，再按 Enter 键便可得到 telnet 服务器设置的主菜单，如图 18-1-19 所示。

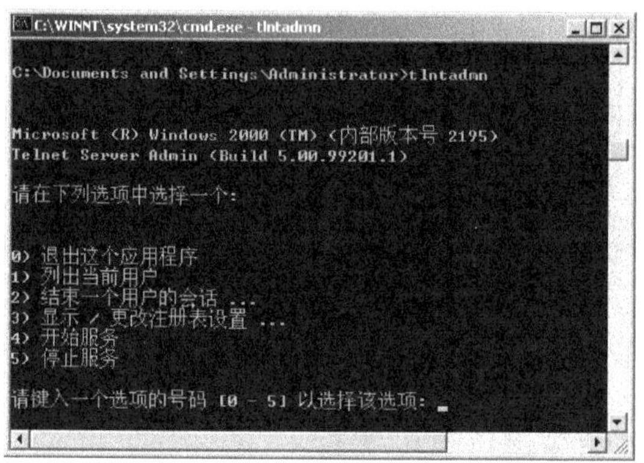

图 18-1-19　tlntadmn 命令窗口

03 在主菜单中，先按键盘上的数字键 3，以选择“显示/更改注册表设置”选项，接着按数字键 7，以选择 NTLM 选项，再根据提示，将 NTLM 身份验证项改为 0，最后按数字键 0 返回主菜单，结果如图 18-1-20 所示。

身份验证选项说明：

① 0：不使用 NTLM 身份验证。对连接到或从其他操作系统连接很有用。

② 1：先尝试 NTLM 身份验证。如果失败，再使用用户名和密码。用于在运行 Windows NT 或 Windows Server 2003 的计算机和运行其他操作系统的计算机之间建立连接。

③ 2：只使用 NTLM 身份验证。用于在运行 Windows NT 或 Windows 2000 的计算机之间建立连接。

04 按数字键 5 停止 telnet 服务后，再按数字键 4 重新开启。

05 当所有操作均完成后，按数字键 0 退出此 telnet 服务器设置即可。

3. 客户端登录

01 在 Windows 系统中，进入命令提示符窗口，在命令提示符后输入 TELNET Servername（其中 Servername 为 telnet 服务器名），如图 18-1-21 所示，CQN 为 telnet 服务器名。

02 按 Enter 键，根据提示输入管理员（Administrator）的用户名和密码，如图 18-1-22 所示。

03 按 Enter 键后弹出如图 18-1-23 所示的窗口，表示登录成功。此时就可以远程管理 telnet 服务器。

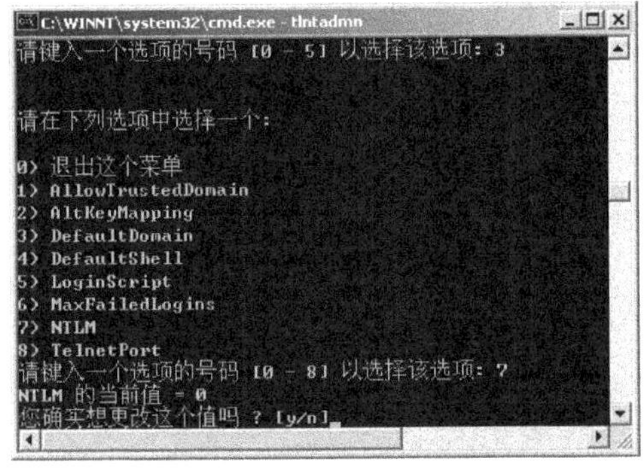

图 18-1-20　设置 NTLM 值

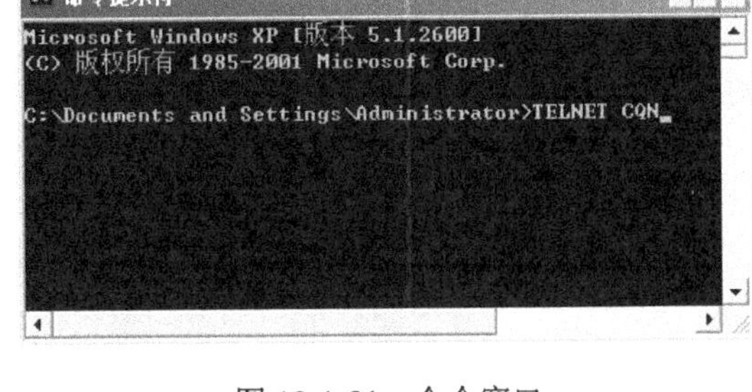

图 18-1-21　命令窗口

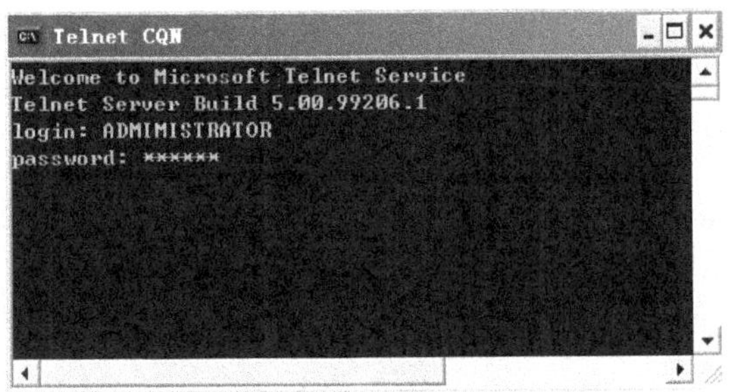

图 18-1-22　登录 Telnet 服务器过程

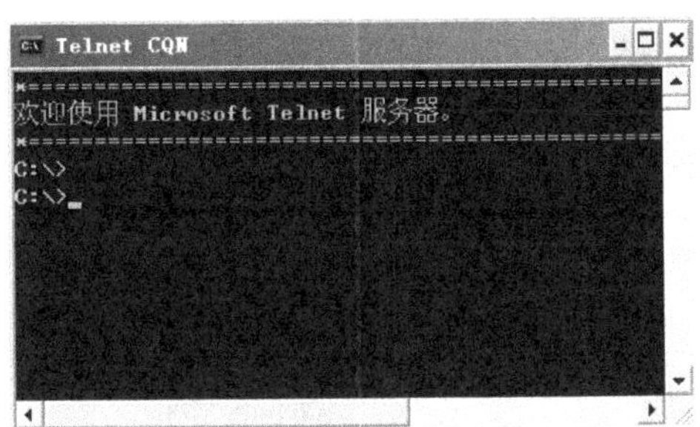

图 18-1-23　成功登录 Telnet 服务器

小贴士

1. 只需用如“net user administrator abcd”的格式即可改变指定用户的密码，其中“Administrator”为用户名，“abcd”为新密码。不需提供该用户原来的密码。

2. 用“exit”命令（或直接关闭窗口）即可中断与 telnet 的连接。

活动 7　使用 arp 命令显示和修改“地址解析协议”缓存中的项目

arp 是一个重要的 TCP/IP 协议，并且用于确定对应 IP 地址的网卡物理地址。使用 arp 命令，用户能够查看本地计算机或另一台计算机的 arp 高速缓存中的当前内容。此外，使用 arp 命令，也可以使用人工输入静态的网卡物理/IP 地址对，用户可能会使用这种方式为缺省网关和本地服务器等常用主机进行这项操作，这样有助于减少网络上的信息量。

按照默认设置，arp 高速缓存中的项目是动态的。每当发送一个指定地点的数据包且高速缓存中不存在当前项目时，arp 便会自动添加该项目。一旦高速缓存的项目被输入，它们就已经开始走向失效状态。例如，在 Windows NT 网络中，如果输入项目后不进一步使用，物理 IP 地址就会在 2～10 min 内失效。因此，如果 arp 高速缓存中项目很少或根本没有项目时，通过另一台计算机或路由器的 ping 命令即可添加。所以，需要通过 arp 命令查看高速缓存中的内容时，最好先 ping 此计算机（不能由本机发送 ping 命令）。

arp 常用命令选项有：

1）arp－a 或 arp－g：用于查看高速缓存中的所有项目。－a 和－g 参数的结果是一样的，－g 一直是 UNIX 平台上用来显示 ARP 高速缓存中所有项目的选项，而 Windows 用的是 arp－a

（－a 可被视为 all，即全部的意思），但它也可以接受比较传统的－g 选项。

2）arp－a IP：如果用户有多个网卡，那么使用 arp－a 加上接口的 IP 地址，就可以只显示与该接口相关的 ARP 缓存项目。

3）arp－s IP：用户可以向 ARP 高速缓存中人工输入一个静态项目。该项目在计算机引导过程中将保持有效状态，或在出现错误时，人工配置的物理地址将自动更新该项目。

4）arp –d IP：使用本命令能够人工删除一个静态项目。

以上参数的综合应用如图 18-1-24 和图 18-1-25 所示。

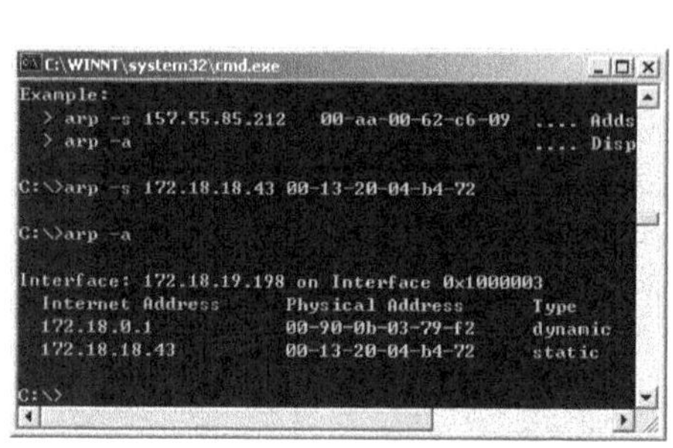

图 18-1-24　ARP 命令 1

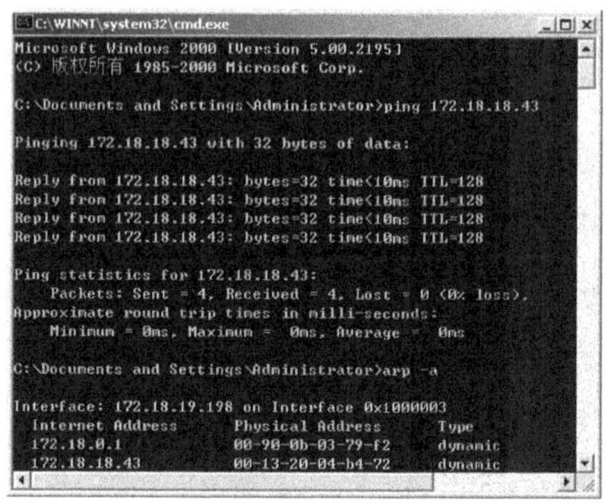

图 18-1-25　ARP 命令 2

活动 8　使用 hostname 查看主机名

使用 hostname 查看当前计算机（主机）的名称。该命令只有在安装了 TCP/IP 协议之后才可使用，如图 18-1-26 所示。

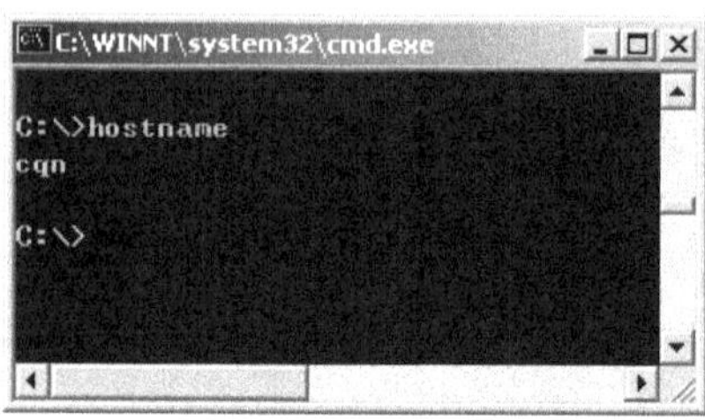

图 18-1-26　使用 hostname 查看主机名

1. 使用 ipconfig 命令查看网络配置。
2. 使用 net user 命令创建用户名。
3. 使用 ping 命令查看网络的连接情况。
4. 使用 telnet 命令进行远程管理。
5. 使用 netstat 命令查看活动的 TCP 连接。
6. 使用 tracert 命令跟踪路由情况。

参 考 文 献

陈启浓．2009．计算机组网实验教程．北京：科学出版社．

李红．2012．网络服务器配置与管理：Windows Server 2003．北京：人民邮电出版社．

孙小善．2010．网络服务器配置与管理（Windows Server 2003 版）．北京：中国铁道出版社．